中山大学历史学系学科建设经费专项出版资助

中国近代人物文集丛书

孙 洪 伊 集

（上）

谷小水　张建宇 编

中 华 书 局

图书在版编目(CIP)数据

孙洪伊集/谷小水,张建宇编. —北京:中华书局,2020.11
(中国近代人物文集丛书)
ISBN 978-7-101-14735-3

Ⅰ.孙… Ⅱ.①谷…②张… Ⅲ.孙洪伊(1872~1936)-文集
Ⅳ.Z426

中国版本图书馆 CIP 数据核字(2020)第 170346 号

书　　名	孙洪伊集(全二册)	
编　　者	谷小水　张建宇	
丛 书 名	中国近代人物文集丛书	
责任编辑	吴冰清	
出版发行	中华书局	
	(北京市丰台区太平桥西里 38 号　100073)	
	http://www.zhbc.com.cn	
	E-mail:zhbc@zhbc.com.cn	
印　　刷	北京瑞古冠中印刷厂	
版　　次	2020 年 11 月北京第 1 版	
	2020 年 11 月北京第 1 次印刷	
规　　格	开本/850×1168 毫米　1/32	
	印张 22　插页 8　字数 490 千字	
印　　数	1-900 册	
国际书号	ISBN 978-7-101-14735-3	
定　　价	88.00 元	

▲函電▲

四川甯軍劉存厚致大元帥電

廣州非常國會□大元帥陳督軍李宗謀總長南雷譚總長南雷譚總司令零陵劉總司令並轉上海孚西林孫伯蘭溫欽甫先生均鑒昨接滬電荷川滇調和真象各省大抵未悉好人藉故造謠邇在亂人禮閣希即明白通告勿釋羣疑等信存厚久痛兵爭知大義前此川滇誤會均爲戒覽所挑現已猗穢畫釋宣協於好翼庶既推誠相與存厚自當協力同仇護法衞國原期初志固鞏共和始終不渝會希轉達各省義軍長官是所盼禱劉存厚叩

孫內政總長洪伊致大元帥電

上海來電廣州軍政府孫大元帥暨各部部長非常國會海軍程總長約鑒段氏佈告篡攘政柄專橫恣復不惜喪辱國體與外人訂軍械同盟結蹇欺壓應請迅集義師聲罪致討以臨禍害而貿茲臨穴難不勝切盼之致孫洪伊叩寒印

湖南第一師師長趙恒惕致大元帥電

孫中山先生鈞鑒前奉鸞電敬悉今日林君祖涵到此屢遵宣德洋並致舉殷拳荷北伐楊勝職澈湘宜護法詩臧陽以守制迫半大義勵出支持治軍月餘倘無寸效所幸士氣用張粵援大義連戰皆捷敵膽衣寒掃穴竟庭直在指顧我公首創去和萬流宗仰柔時錫俾膚針俾食資啐是所至禱惕恒惕叩寒印

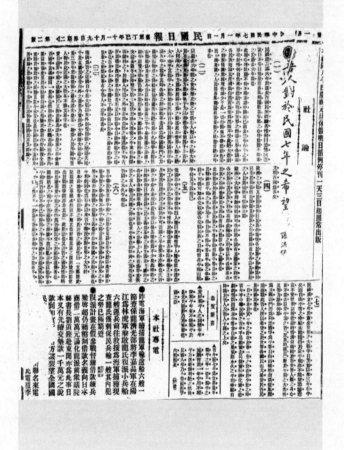

吾人对于民国七年之希望

庐举国会议员真相敬告国民书

孙洪伊为中日新约之通电

新文化雜誌刊行有日謹獻蕪詞以爲賀書

天賦地賦胥如合也，何知獄義與接晨，既而君子立人倫，此會構，當爲幸福二字，從此惠視雨珠，祗賞洛咿，東弧明星，栖此躔，嘗諸古詞爲文化行乎至，天賦觀之胥無偏陂，此間美徧旅民者，世界運步乎千里，況復輪軌造四涂，朝夕鹿誹文爰綱，節約力求普敦育，君賓何患暴亨主，閭泰拉久望一通，峰敎蒽如綖文字，識時移

新文化雜誌，已脐生於此躋步人之韶會，其足以與人者，當爲幸二字，從此惠視雨珠，祗賞洛咿，東弧明星，栖此躔，蜀一人於同薫之多，一良友，亦即脗說，赤實賢社會之多一福星也，虜士态皆奇高渦編明尼，新箿當作詞山蜚，一枝新菁當作招埋史，不睚而走不覺飛，先觀爲快，謌發計新文日新，請以此吿爲埤矢，

新文化萬歲

愛高编蘇社會福星之初，

新文化社題詞

蒼蒼大運氣象雱千聿倡文化執
菁祖靋懿欤新社崛起卓然北方
論筭未之或先那情孔思亞藥歐
鉛新牟特起赤幟明鮮若心政造
六刀傳宣間風嵩慕願役馬前

孫洪伊

儗西詞君，以高涸之思想，富沉敎之定力，本正大之眼先，應世潮之趨際，創刊，顧名思義，實與吾人以完滿幸褔之先醒也，歷九年之久乃顯得美譎的成功，君會主持本報筆政，而具有壯會碨足之宏圖，由其餘緖，郗獨烟可鑑，今後治峨當若閱承先，讀發程

關儜稿於
呼倫慕次

人類之自由萬歲
世界之耀青萬歲

泰東日報同人

報界前輩　西河
傳君　美博如畫
健筆淩雲　特創
月刊　日新文化
輪灌文明　洋溢
華夏　其言則善
千里應之　豈惟

青年　寶良導師　約禮博文
譬猶北辰　衆星環極　崇爲楷式

關東報社同人

孙洪伊为新文化社题词

孙洪伊为《三五》期刊题词"先觉之任"

内務總長孫伯蘭先生題

理求其真

求是新報館屬

孫洪伊

孙洪伊为求是新报馆题词“理求其真”

勉國人 （仿樂府體用李白將進酒調）（徐翰臣）

中華民國建設有由來
尊別掃除不復回
國步放今貪吏哲
國人其柰國步忘
復五州 國恥紛紛至面吞來
繁絲直擣貧穴 割取頭顱作酒杯
希臘切 成慣生 紙在案 筆不停 寫此國步曲 國人行細一個
外患危似千鈞懸一髮
國步最多是五月
五五九

聽 地大物無倫比 睡獅睡醒其早醒 言論本為申實母
按劍立功名 國恥能雪民衆榮 跬羅三百愆謷誄 國人立志貴取 撰戈
持 出血濺應期附 拼犧牲 雖成灰 秦帝單程驟易環 莫使
他年悲更慈

行政

俾民不迷

孫洪伊題

我之政見以與國民會議諸君一商榷之 （徐翰臣）

孙洪伊为《国民先导月报》题词"俾民不迷"

目 录

上 册

卷　二

卷 三

下　册

卷 五

卷　六

附　录

整理说明

孙洪伊(1872—1936年),幼名洪仪,字伯兰,天津北仓人,祖籍浙江绍兴。孙家数代经营油坊,家境生活颇为优渥。9岁入乡塾,为学勤勉,用功倍于常人。21岁时受业蒋冶亭,智识大开,学问益进。孙洪伊出生及青少年阶段,正值中国积弱,列强肆虐之时。1900年夏,八国联军入寇天津,北仓惨遭洗劫,孙家大部被毁,洪伊之弟仲华被戕。举目四望,家国残破,孙洪伊痛愤不已,国家民族观念勃然奋兴。此后,他重视人才培育,积极捐资兴学,参与地方事务,并于1907年当选为天津县议事会议员,1909年顺直谘议局成立时又当选议员,其与政治的不解之缘由此奠定。

清末立宪运动中,孙洪伊因缘际会,脱颖而出,迅速跻身全国一线政治人物的行列。1909年12月,由江苏谘议局议长张謇发起的各省谘议局代表会议在上海召开,各省代表持续集议,决定发起国会请愿运动。因直隶系各省之首,兼以直省代表公推,孙洪伊被推举为国会请愿代表团领衔代表。在翌年前后相继的三次国会请愿运动中,面对清廷一味推脱敷衍,孙洪伊奋不顾身,态度鲜明,坚决要求速开国会,率众与专制政治作殊死战。其卓然独立,毫不妥协的战斗身姿为世人所瞩目。清季声势浩大的国会请愿运动虽以失败而告终,但却是孙洪伊在全国性舞台中央的初次亮相,其闪亮表现既有效提升了在全国政坛上的影响力,也淬砺了其政治品行,为此后政治生涯的展开提供了良好的铺垫。

民国建立后,孙洪伊积极投身政党政治,先后参与组建共和党、民主党、进步党等党派团体,并担任重要职位。1913年1月初次国会选举,当选众议院议员。履职期间,他坚持以维护立宪政体为志,时发"谠论警袁",与袁的专制取向格格不入。1915年8月筹安会成立后,帝制运动如火如荼,在各方或冷眼旁观或噤若寒蝉的情况下,孙洪伊不畏强权,频频发声,公然警告袁氏,反对帝制,而被袁政府视为眼中钉肉中刺,必欲除之而后快。为力阻复辟帝制,孙洪伊南下赴沪,积极联络进步党、国民党以及地方实力派,策动反袁,其沪上寓所俨然成为东南讨袁总机关。护国战争发动后,孙洪伊利用自身影响力施行釜底抽薪之策,运动冯国璋、陆徵祥、王士珍等袁氏集团的核心成员反正,劝告各国驻华公使切勿承认袁政府,对袁世凯的统治造成了明显的冲击。从某种意义上说,孙洪伊实为护国战争发动、发展以致取得胜利的关键性人物之一。

袁世凯死后,段祺瑞续掌北京政权,孙洪伊被任命为内务总长。履职伊始,即因国务院秘书长徐树铮专权擅势,数度与之发生激烈冲突,仅一月后就向大总统黎元洪提出辞呈。后经慰留虽勉强在任,但与徐树铮的冲突却更趋激化,在后者的一再纠缠下,最终于就任不足四个月后被正式免职。孙洪伊遭解职后,府院之争愈演愈烈,愈出愈奇,张勋复辟乘隙发生,继而又引出致使南北分立十馀年之久的护法战争。

护法战争爆发后,因政治立场趋同,原立宪党人出身的孙洪伊毅然加入孙中山领导的护法运动,成为南方阵营的重要成员。

1917 年 9 月中华民国军政府成立时,孙洪伊先被任命为内政总长,旋鉴于其人脉和影响力,又改任为军政府驻沪全权代表,专责对外联络宣传事宜。秉承孙中山的指示,1917—1924 年间孙洪伊常年驻沪,致力于舆论宣传、分化北洋集团、联络国会议员及地方实力派等工作,为维护中华民国的法统、南方军政府的存续,制衡北京政府的卖国违法行径做出了突出贡献。在此期间,孙洪伊颇为孙中山所倚重,兼之在国会中追随者众多,发言立论常为各方所关注,以其为首的势力集团因此被时人称作"小孙派"。需要特别指出的是,由于孙洪伊与国、共两党领导人孙中山和李大钊均关系匪浅,机缘巧合之下,遂于 1922 年促成孙、李二氏的晤面,为第一次国共合作的形成提供了重要的条件。

晚年的孙洪伊虽淡出政坛,但仍不忘国事。"九一八"事变发生后不久,发表《警告日本国民书》,批评日本政府倒行逆施,期望日本国民督促政府收敛野心,立即退兵。次年又被聘为国难会议议员,继续为国献言献策。1936 年 3 月,因病于上海逝世。

孙洪伊为人"轻财守义,重然诺,颇有燕赵侠士风"。挚友白坚武在日记中数度对其气度、品行极表感佩,谓其"根器既厚,得天独真","刚毅朴讷之气概,终非时髦政客纯盗虚声者比也"。此外,孙洪伊虽"为人木讷,拙于词令",却才思敏捷,极善为文,在从事政治活动的同时始终笔耕不辍,勇于发声,留下了为数不少的各类文字。这些文字既是他参与政治活动的重要方式,也是他参与政治活动的基本见证。

综上可见,孙洪伊为清末民初非常重要的政治人物,其亲身参与并发挥重要影响的重大政治活动有晚清国会请愿,民初国会政治、护国战争和护法战争。然而迄止目前,学界对其较为忽略,高水平的学术研究尚未展开,与其曾经拥有的历史地位远非相称。基本原因之一,或为有关材料散落各处,研究者不易搜集利用,进而影响到对其历史地位的判定。

十多年前编者因为研究孙中山的关系开始接触孙洪伊,认识到其人其文的重要性,是以开始了孙洪伊集的搜集整理工作,期望通过资料的整理推动相关研究向纵深发展。这项工作若断若续十馀年后终于完竣。本书稿收录三十馀种民国报刊、数十种近代以来的出版物和中国国民党党史馆馆藏环龙路档案中所散存的孙氏各种文字,包括文章、函电、演说、谈话、通告、题词等,共计近四百篇。相信本书的出版,无论是对孙洪伊其人的研究,还是以点带面,对清末民初若干重大事件研究的拓展和深化,均会起到一定的推动作用。

本书编订整理所依据的具体原则如下:

一、收录范围。包括孙洪伊执笔的各种著作,别人执笔经他同意署名的函电、通告,当事人事后忆载的可信谈话,以及一部分题词、挽联、墓志铭等。

二、编排次序及时间。所有著述均按写作时间先后编次,如无写作日期,即按发表、接收日期编排。写作、发表、接收日期均难确考者,则按估定时间。无法判断时间的,则编排于最后一卷末。

三、分卷。依据孙洪伊不同时期政治活动的基本情况,将本书正文部分划分为六卷,即卷一,为1908—1911年晚清国会请愿;卷二,为1912—1914年民初国会政治;卷三,为1915—1916年6月讨袁护国;卷四,为1916年7月—1922年府院之争与两次护法;卷五,为1923—1925年直奉大战、北京政变与孙中山逝世;卷六,1926—1936年,淡出政坛。附录部分有记录中原大战期间孙氏为晋阁扣押的经历趣闻,民国学人陆乃翔所撰《孙公洪伊行状》,编者自撰的《孙洪伊年谱简编》以及征引文献。

四、底本。优先采自与孙洪伊立场相近的报刊,或态度较为中立的全国性大报所刊内容。凡同一演说、谈话的原始记录达两种以上,而内容文字有一定出入且各具特色,则选取其中较完整详尽者为主文,其馀以同题异文的方式附载于后。个别语句涉及时局,是报纸刊载孙洪伊言论,本书视情况将之作为资料予以保留,请读者明察。

五、标题。一般保留原有标题,部分由编者酌加改动。标题下面圆括号内标出时间,统一采用公历。

六、注释。部分篇目酌加题注,提供有关背景,或作必要考释及说明。各篇著述末后,注明材料来源。

七、校勘和分段、标点。原文确有讹误者,订正错字,置于〔 〕内;增补脱字,置于〈 〉内;衍文加[ ];原文漫漶不清、缺字者,用□表示。史实正误或文字表述,一般不在校勘之列。所有文字均使用新式标点重新句读,篇幅较长的依据内容重新分段。

八、原文的繁体、古体、异体字,一般改用通行简体字,但有特殊含义者不改。

在资料搜集整理的过程中,编者得到了许多友人的无私帮助。本书的责任编辑吴冰清先生,在审校编辑的过程中提出了很多意见和建议,在此一并谨致谢忱。由于编者才疏学浅,书中难免存在疏漏错误之处,敬请方家不吝指正。

谷小水

2020 年 8 月 5 日

卷　一

致王竹林函[①]

（1908 年 10 月至 12 月间）

一、本年六月二十四日上谕，按照宪政编查馆奏定章程颁行各省，每省设立谘议局一所，选举绅民充作议员，与议本省政事，监查本省财政。我直隶督宪杨[②]业经饬令谘议局筹办处选派各县绅士，调查有选举权者之资格，预备明年举行选举。

一、资格五项：办理学务及其他地方公务满三年有成效者；曾在本国或外国中学堂及与中学同等之学堂毕业者；有举贡生员以上之出身者；曾任实缺官文七品、武五品以上者；有五千元以上之财产者。如有一项，即为合格，得有选举议员之权。

一、查谘议职任，于本省行政之事，无一不可过问。其最要者为预算、决算本省财政之出入，增加税捐及单行之章程规则，皆须经谘议局议决，本省总督乃得施行。其应议之范围愈宽，则直接间接关于吾民人之利害愈多。比如将来被选议员（皆外县之人），而我天津无几人，其所议决之事，我津人必多吃亏，此万不可忽视者也。吾津为通商之大埠，又为省会，将来谘议局所议之事，吾津必居一大部分，无论绅商学界，必直接受其利害。故窃谓谘之议员，为吾津人所必应争者也。

---

① 王竹林（1856—1939），名贤宾，字竹林，以字行。时为天津商务总会总理。原文无年月，据《天津商会档案汇编（1903—1911）》编者推断该函日期为 1909 年 10 月 2 日，应误。据其内容，当在 1908 年 10 月至 12 月间。

② 直隶总督杨士骧。

一、顺直隶议局额数,定为一百四十人,其分配之法,按照有选举权之人之多寡为标准。比如一省人有选举权者十四万,应每千人中得一议员,如津民有选举权者三千人,则得举议员三人;有选举权者二千人,则得举议员二人;若仅数百,则或并一议员亦不能得。故欲吾津多得议员之数,必先设法使有选举权之人不自放弃其权,庶造册时有选举权之人多,行选举时得议员者自不至于少也。此吾津人所急应预备者也。

一、拟择期假东宣讲所,邀集绅商学界开演说会一次,并筹商定补助调查员之方法。期吾津人皆知选举权之重要,谘议局之关系,或当收善果于万一也。

此事理由太长,非数言所能尽。惟言之太多,恐诸君转有误会。故仅就吾津之利害,撮要志之。即希林仁兄大人查鉴。弟孙洪伊顿首。十九日。

《孙洪伊为直隶谘议局选举于津埠各界利害极大必多选数人参加事致王竹林函》,《天津商会档案汇编(1903—1911)》下册,第 2305 页至 2306 页

上津浦铁路四省总协理书

(1909 年 9 月 24 日刊)

敬启者:前因津浦铁路北段总办李革道乘便营私、败坏路政等事,前后三书,揭其弊混,同时通禀于督宪及前督办大臣,蒙贵公司会议转达于前督办,并公推查账员清厘其弊混,又由高侍御奏参,经那阁宪逐款查实革惩,各如其罪,此固由当路诸公秉公办理,实亦深赖贵公司总、协理大人鼎力维持,俾此路不致终废,全省绅

民同深感佩矣。

惟此路糜款甚巨，弊窦已深，虽经查账员用心抽查十馀日，因账无华文，又不归类，已见弊端，莫稽实数。即查明奏参各款，亦第就其串谋买地，显然不法者罪之。至其侵吞冒滥虚支路款，因以实败路工者，一时难核其实际，即惩处未定其罪名。此等情形，应已为诸公洞鉴。伏念整顿之实，仍以核款、用人、考工、审料为要务，既由李革道败坏至此，工料之窳败、人员之冒滥，断非剔除一二即能整理全局。现经此番查办，是非大明，贵公司统筹全局，必能商之新督办大臣，更有厘剔维持之大计。惟代表等深维始终，不无过虑，谨就现所见闻及前日所调查者，敢再条献刍言，祈总、协理诸公转达督办大臣，以备整顿时之采择焉。

一、清厘款目须设一查账会也。查此路要工尚未动，已用款至八百馀万金，虚糜之数，人皆知其甚巨。即李革道与其婿永祺广置私产之资，亦系私移路款无疑，惟无华文帐又无预算表，此因李革道之狡计，使人不易查者。特糜费侵移如此其甚，不得其实数，即难定李革道应赔之罪。路款不能清厘，即路股亦无人承认，则此时查账机关固至要而不容缓者。特恳贵公司请之督办大臣，特设一查账会，查账时第核纸篇不谙工料，仍难见冒滥之实，故查账员中有精通簿计者，尤须有深明路工确识物料者，按某月截清，逐款核对，虚实乃见。清前弊以杜后患，法无愈于此。且此会务使独立而不附于铁路局，彼局中固有所谓总稽查巡查者，然实为置闲员糜薪水之计，于路事有损无益；不然弊害至此，任稽查之职者终未见指一疵诘一语，则此职之有不如无，固绅民所共知，亦诸公所久悉。果能裁彼费以设此，于铁路全局实有裨益。虽专设此会，不无多费，然无此核实机关，一任当事者因循相继，萧规曹随，前弊未清，后患相踵，浮糜巨万，不识谁任其咎。逮至款尽而工未成，尔时因筹款之难追计，前此糜款之巨，应有过于设查帐会之费百倍者。则惩前毖后以维此路命脉，舍设查帐会外别无良法也。

一、求节经费先汰冗员也。自李革道背条约滥用洋员至七八十名，已岁糜数十万，而徇私滥设之华员亦复不少。此害不除，即言整顿，亦无实迹。洋员虽订合同不能遽退，然循名核实，可用者留之，其不职者或实诘其过，或赠之二三月薪金，加以川资，相机续裁，亦无不可。至冗滥之华员，宜破除情面以廓清之。第一为食干脩而不到局者。此等恶习，久为各局所众生民之大蠹，而于铁路局宗旨尤不宜。将来官商合办，此路实有商务性质，商务谋在营利，而先容此耗利之徒，两相对勘，实为怪现象。故欲求任事者以节费，必先使不任事者勿冒费。第二为事少员多坐食无事者。自李革道徇私情不惜糜费，局中总会办三四人，薪水自八九百金至四五百金不等。总稽查亦数百金，实无所事。正副提调四五人，文案十数人，帮文案十数人，缮校收支又十数人。此外尚有各种委员，内中以收支股为最杂，以文案股为最冗，闻多有被参革食鸦片者。其贤者坐食无为，不肖者或借势力别图私利，如张镒、蔡锡麟、永祺等特其已犯而可见者。因人杂而弊多，甚至此路包一工卖一料，各外段包一土方，亦不能徒手而得，如高锡九之买地送礼，吴鸿之敛钱送匾，又特其已犯而可见者。以加盐价重利借外债之路款，任若辈徇情挥霍，且更为民害。此弊不清，则款尽而路难成，后患何堪设想也！

一、欲保路工须核物料也。自李革道糜十馀万金造窑烧砖以代石子，始基已坏。其原因为李与京奉铁路当事者不合，故忍心出此恶策，为斯路害。至其土坡，直旁路窄，路工危险，前已言之，此皆须设法补救者。其馀局中恶例，凡包工购料，大半均以贿成，在交易时必用私费，即物料中必杂劣品，此自然之理。如李莲溪之合谋分肥、包运包料，蔡锡麟之偷使押款、私买道木，已犯者如是，其未犯者尚多。如此工料，安得坚实？若不设法勘验救正，恐本剥者道难经久，此路经数年而始成者，不数年又将报废矣。

至于应用材料，如钢轨、铁轨、铁钉、铁炉零件，自李革道有媚外主义，多订购于德国，货价、运费、邮费、保险费外均加以五厘行用，忍心使利权外溢。夫物为中国所无，或有而不适用者，固不能不取之于外。若钢轨、铁轨诸件，汉阳铁厂所造者，各处用之而称善，何独不宜于此路？彼或藉口于中国价昂，然购自外洋者，既有诸费加以五厘行用，住外验料员薪水通盘计之，较购自本国者费尤多。且闻所购之料，多属人之弃馀，不适时又不耐久。是故以高价购劣品，非李之丧心媚外，何背谬至此！此除预订已用者无可挽救外，务祈斟酌应用之料，凡中国所有者尽先购用，则挽回利权，裨益路政，实非浅鲜。

再者，李革道败坏路政，大亏路款，赃私若此，中外法均所不容。至与其婿永祺各置房产，勒买民地数十顷，皆系移路款所为，其私产作何究诘，其亏款若何追偿，为举国人所注意。若终任其满载而去，既无以保路款，即无以警将来，更无以伸国法而服绅民之志意。

又，蔡锡麟等盗用关防，串买枕木一案，现归天津县管押，万一含糊了结，后之舞弊者益无所忌。合将关于此案代表等前禀那阁督宪及他文件并呈钧览，用凭究诘而警群邪。

以上所陈，为此路成败所关，改良所不容缓者。代表等以智虑浅短，又各有琐务，偶有指陈，不克久与其事，故善后之策仍惟贵公司是赖。况此路主权，实赖诸公争得之，招股监察之责，又赖诸公分任之，此番之剔奸厘弊，亦深赖诸公默与主持。贵公司之有裨于斯路，有造于四省，士民莫不感戴矣。惟感戴愈深者，将来之期望愈大，想贵公司原始要终，必有以符士民之私祝。或谓事有专责，权限难逾，伏念督办大臣负我乡重望，为国为民，其整顿路政者与诸公同一热诚，凡有裨路政之言，谅无不集思以收其益，用是敢再陈管见，伏乞钧鉴，不胜翘企待命之至。直隶绅民代表谷芝瑞、李长生、孙洪伊、刘孟扬、温世霖顿首。

《直隶全省绅民代表上津浦铁路四省总协理书》，《北洋公牍类纂续编》，《近代中国史料丛刊三编》第 86 辑，第 1161 页至 1165 页

直隶谘议局预备议案之提议

（1909 年 10 月 15 日、17 日刊）

此稿拟就后，友人某君拟为宣诸报纸，仆初疑而却之。前日谘议局开临时会，假议长报告云，谘议局筹办处已奉到宪政编查馆通饬，因山东质问预算、决算权限，宪政编查馆复电，已将谘议局监督财政权削夺殆尽。仆时闻之，脑识受非常之激刺，几欲发狂。

查资政院设立之根本主义，为上下两议院之基础；谘议局设立之根本主义，为国家地方行政之监督机关。今未几时，资政院民选议员员额大加削减，代表下议院之精神扫地以尽，以国家维新之第一要政，既已失其效力，而同于无有，兹复将谘议局监督财政之权，全行削夺，而谘议局亦同于无有，政府诸巨公不过恐人民之势力张，则为大吏者误国殃民，不能为自由之行动，而无以饱其私橐耳。以此一念之私，猜嫌防护之心遂无所不至，负我先皇，负我国家，皆

视等土苴而不足以当其一顾,而惟个人之私利是计。

　　呜呼!各国因中国财政紊乱,既已派人调查,将以监督中国财政问题,付之于下次万国平和会,并议定其在中国之势力范围。亚洲数千年先进之文明古国,行将为埃及之续。我四万万同胞,奴隶牛马,万劫不可复。而我政府犹不激发天良,与我全国人民开诚相见,以共救国家之危亡。乃我孝钦显皇后、德宗景皇帝弃民未久,忍将其手订之章程全行破坏,使在天之灵有知,能不诛殛此辈乎?我国民一日未死,能不声其罪以致讨乎?仆拟发起二十二行省谘议局联合会,专以资政院民选议员员额问题,及谘议局权限问题,与我政府开正式之争议。此固俟诸异日,而此稿所论谘议局权限一节,虽未能尽达所见,要于原订章程之纲要不相背驰,用敢不辞谫陋,质诸我国公忠之官吏、知亡之国民。至于所拟各项议案,及谘议局各种进行之方法,亦皆关于全国普通之问题,非顺直一省特别之问题。且虽已付议于个人组合之团体议案预备会,而未经谘议局正式付议,尚未成为议案,得多数之赞同与否,尚不可知,仍为仆个人之意见,用敢并附于后,与我同胞一商榷焉。

　　谘议局为我国国民获有政权之始,而本年之通常会为谘议局开幕之始,使茫然瞢然不认定其职任权限所在,则一切议案必至无从着手。而欲知谘议局之职任权限,必先明谘议局之地位与性质。

　　当国家诏令各省试办谘议局之初,一时异说蜂起,有谓谘议局即国会者。此其说一无价值,不旋踵而消灭。有谓谘议局为地方最高级自治团体者。直至今日,其说犹占势力于政论界。窃观宪政编查馆与资政院会奏《谘议局章程》,□其要义有云,谘议局之设,为中央集权与地方自治之枢纽。则谘议局者,实中央集权与地方自治中间之一机关,其非自治机关也明甚。且《谘议局章程》第二十四条、第二十七条、第三十条,督抚对于谘议局所议决之议案,不能径行取消,必待决于资政院,则督抚虽有解散谘议局之权力,谘议局亦有监督督抚之实力,确为监督机关而非补助机关。中央与地方之间,特设此一阶级,其制度为他国所未有。我乃不循列国之常轨,独创此奇异之制度,岂故好为立异哉,盖原因于我国之历史而有不能不然者也。

我国疆宇之大,过于全欧,中央政府有鞭长莫及之势,不能不分省以治之。自元人以外族莅中原,置中书行省十有一,立于各路监司之上,以取镇摄之势。有明因之,相沿未改。逮于本朝,以督抚总揽一省之行政权,犹俨然一小政府焉。加以南北异宜,风土各异,此省与彼省不同,彼省与彼省又不同,除一二经常大政外,不能施以划一之政策。故他国地方行政长官,必立于内务大臣积极的监督之下,而我国之督抚则有多少自由之馀地,不能不任其省自为治。今使于国会而外,无一有力之言论机关以监督督抚,恐中央专制之威虽戢,而地方专制之焰方张,终不能完成宪政之效果也。

我德宗景皇帝知其然也,故有各省谘议局之设。谘议局者,一方面代表地方,为地方行政之议决机关;一方面代表国家,为国家行政之议决机关者也。国家中央之政务由政府执行者,以国会议决之;国家地方之政务由督抚以下官厅执行者,以谘议局议决之。国会所议者,一国之行政;谘议局所议者,一省之行政。国会监督政府者也,谘议局监督督抚者也。议决机关之权限范围,必以执行机关为比例。故督抚权限之所及,即谘议局权限之所及;督抚权限以内应行之事,即谘议局权限以内应议之事。谘议局之对于督抚,惟其权限之所至,固不可稍为退让者也。

夫谘议局之职权,足以监督督抚,亦足以牵掣中央。使为谘议局议员者,只知有本省而不知有国家,或国家应于时势之不得已而增一税额,一省人民乃以不任担负而强争之;或国家欲厚中央之经济力,执行某种实业国有之政策,一省人民乃以为本省之财产而抗辩之,我国中央之权力既微弱矣。乃复以地方之分权,防害中央之集权,其危险更有甚于今日者。

夫当此竞争激烈之时代,使无强大巩固之国家,何以争存于世界?是故以一人言之,个人之利害与国家有冲突时,则必牺牲个人以利国家;以一省言之,局部之利害与国家有冲突时,则亦必牺牲局部以利国家,此在今日已如天经地义之不可动摇。合之者,其国昌;离之者,其国亡,我人民所尤宜懔懔者也。且我顺直为畿辅之重地,据有天下之形势,一举一动,全国之视瞻系焉。顺直之地位,既有纽转天下之势力,顺直之人民,即负有纽转天下之责任。凡所议行者,必使直接以利我本省,更间接以利我全国。况复防害国家,岂我顺直人之所应出者哉!

惟是谘议局权限之范围益宽,则谘议局议案之预备也愈难。凡百政治,不能同时而并举也。治一国有然,治一省亦何不然?限于势,限于人,限于财,限于时,且利害冲突,政策□难□存,秩序陵乱,效果转无一得。知治理者,握其要领,注以全力,执定一术,虽趋于极端而不恤。迨后成效既著,影响所被,直接间接全体蒙其利益,转非泛骛者所能及。泰西各国,一政府之成立也,必先宣布其政策;一政党之组合也,必先预定其政纲,盖非此则未有不失败者也。今谘议局方在开幕之初期,一省应除之弊害,既已不可胜言,一省应兴之事业,更复不能枚举。纷然淆乱之中,使不权衡于轻重缓急之宜,豫定一进行之方针,恐其始欲无所不为,其卒乃至一无可为。开议之始,议案纷罗,及几经讨论而后,窒阻实多,进行匪易,仅议决一二曲端末节以塞责,则本年开会之效力,不既微乎?

夫所应提出之议案,约而计之,应分两种:一为积极的议案,一为消极的议案。积极的议案,以兴利为目的;消极的议案,以除弊为目的。不除弊,则万事皆无可为,苟有发见,固在必行。然世界之风潮日急,国家之命脉已危,人民之生计益困,一切积极的行政,尤应急起直追,更不得以稍缓者也。独是一言兴利,则与财政相连,无论实行预算尚待明年,本年谘议局无完全监督财政之权,此日〔曰〕,当务之急,事在必行,彼曰,无款可筹,势不能办,徒起非常激烈之冲突,终无何等之效果也。

以吾顺直之财政言之,即予我以完全监督之权,使非自定方针,另筹一适宜之政策,亦得安如此大宗巨款,以兴办无量数待举之事业哉!则执定一进行之方针,务期贯彻其目的,是为必不可已者也。所谓进行之方针如何?曰:必为远大之计,勿沾沾于目前;必为根本之图,勿营营于枝叶。择定一二大宗目款,认真清理,即以清理所得者,举办所主张之要政,以全力图之,勿张皇,勿歧误,三数年后,必当有以收其效者,着手极近而收功则远,用力虽微而结果甚大。谨将所拟提议各项,条列于后。一省当务之急,亦国家根本之图,勿谓卑高无论而政策因人也。

《直隶谘议局预备议案之提议》,天津《大公报》1909 年 10 月 15 日至 17 日

调查财政之手续

(1909 年 10 月 18 日刊)

今日中国,上下所汲汲皇皇者,莫不曰财政。盖财政为一切行

政之根本，善理财政，则凡百俱举；不善理财政，则任举一事而亦不能实行。虽谓我国生死存亡，皆系之于财政，非过言也。

《谘议局章程》第二十一条第二项曰，议决本省岁出入预算事件。第三项曰，议决本省岁出入决算事项。一省监督财政之权，既已予之吾民，自是而后，一省财政之就理与否，非第官府之责，而亦吾民之责也。按宪政筹备清单，明年即应实行预算，而一切调查预备，即本年议案所必不可少之件。然而我国一省之财政，紊乱已甚，虽有善者，一时亦无从措手。盖财政学与行政学本相连属，管理财政，其权在于行政官厅；行政之机关紊乱，管理财政之机关亦愈紊乱。以吾直隶言之，曰藩库，曰监库，曰厘局，曰关税，曰筹款局，皆为收入之地；曰支应局，曰银钱所，及一切官厅局所，皆为支出之地。且名目繁多，头绪纷乱。以支出一端言之，若者为协饷，若者为指拨，若者为解部，若者为抵偿某项费，若者为提充某项费，若者为挪补某项费，几至不可究诘。无论明年实行预算，未易统计，即本年预备调查，亦难得其纲要也。

今幸直隶清理财政局既已成立，为一省财政总汇之地，其所订之章程表式，亦应详密。彼以清理一省之财政为目的，其进行方法，应与谘议局预备预算之方法相同，使谘议局能与为联合，彼此当各获其益。拟请督宪通饬财政局，凡调查既得之案件，以及报部之各种财政表，并照录一份，通告谘议局存查。谘议局如有所质问，应据实答复。彼应用谘议局帮同调查之处，随时通告，谘议局亦当举员以应其请。他如宪政调查局，及一切官厅局所，亦应并请通饬，按照财政局一律办法。如此则谘议局应有之调查，不至阻难扞格。不独财政一端也，此谘议局从事调查所必由之手续也。

《调查财政之手续》，天津《大公报》1909 年 10 月 18 日

关于清理局所之意见

（1909 年 10 月 19 日刊）

局所之设，原于咸同之际，为行军一时权宜，非国家法定官制。自是厥后，时局日变，旧有之官，不周于用，局所之设愈多，至于今而极盛，而尤以直隶为最。

其所司之职务，皆侵越行政官厅之权。一省之行政机关，愈形紊乱。其内部之组织，凡职任、权限、员额、辛金，并无法定规则，惟以督抚个人之意思行之。是以一局所内，委员、司事以外，总办、会办、帮办、随办、提调，多至五六十人者有之，辛金自一百金而二百金而三百金而八百金者有之。或以一人而兼差十馀处，或奉委四五年而未一到差。以吾直一省言之，每年各局所开支之款，约须二三百万。奇异之现相，为法治各国所未有。常此不改，省治安得而不日坏也。

拟除国家法定如调查局、财政局、自治局外，所有本省自设之局所，一并裁除。其职务之必不可废者，苟属于相当之行政官厅，设专科以掌之。如关于财政者，则属之于藩司；关于各种行政者，则属之于各高级行政长官。无相当行政之机关者，假定他种机关以暂辖之。其有必应暂存者，亦为之核定员额、经费。行政既归于统一，仕途亦为之一清，此国家新官制未颁定以前，整理省治之根本法也。总计裁并而后，每年所节省之款，当在百数十万金以上。

即用此款以实行各项必不可缓之要政，一切积极的议案，乃不至因筹款问题不能决议。此本年谘议局所应着手之第一要件也。

其进行之法，应请督宪将直隶一切局所成立之缘起，所司之职务，需用之款项，通饬各局所自行造具清册，于本年例会期内送交谘议局，由谘议局委员会检查之。某局所应裁撤，某局所应归并何种官厅，某局所暂令存在，由委员会勾稽而排比之，拟成草案，议决后呈请督宪，一并实行。如督宪坚执不允，则与之为强毅之交涉，必达其目的而后已。盖局所不除，则仕途之庞杂，必无术而廓清；行政之紊乱，必无术以统一；款项之虚糜，必无术以清厘。今日整理庶政，未有更急于此者也。

《裁并关于财政之各局所及关于行政之各局所并设分科莅属于相当之行政长官》，天津《大公报》1909 年 10 月 19 日

请以公款成立直隶教育总会预备案

（1909 年 10 月 24 日刊）

教育总会，为教育行政补助机关，关于一省教育前途甚大。乃部章颁行既已数年，今年直隶学界同人并曾拟订章程规则，而迄今又阅数月，尚成立无期。究其原因，虽曰不一，而误以教育会为个人组合之团体，一切经费必由会员担任，不得仰给公款，此则其总因也。

夫教育会为部章所颁定，且其权限泛及于教育行政，为国家法定机关，与教育界自行发起组合，以研究教育理法者迥异。闻之他省教育总会，既有以公款成立者矣，吾省独何疑难乎？拟由谘议局

请之行政长官,筹给经费,限于今年成立。约计开办费,合之《教育杂志》股本,至多不过万金,常年费至多不过三千金。本年谘议局无预算之权,款由何出,亦不必由我指定,惟要求行政官设法筹措而已。会员之会费,仍照章交纳。其职任以内一切事务机关成立后,自谋进行,则教育会会员之责亦不必代为谋也。

或曰:教育会章程既已明明规定由会员担任会费,未尝许用公款,何得不遵章而行?然部章虽未明言许用公款,亦未尝禁用公款也。盖此等组织,既为国家教育行政补助机关,则会员之纳会费是为例外,不能不明为规定。应用国家公款是为原则,故不必明为规定也。不然,教育会为私人自由之结合,但无背于集会结社之律,其宗旨规则应由会员自定,非学部所能代谋。且每省必有一教育总会,每厅、州、县必有一教育分会,其强制个人之自由不既甚乎?吾直隶人对于各项新政,往往谬于不完全学说,不能权衡于轻重缓急之宜,卒至因噎废食,贻误大局,而犹不悟也。此谘议局所应急为补救者也。

《请以公款成立直隶教育总会预备案》,天津《大公报》1909 年 10 月 24 日

上清政府书

(1910 年 1 月 3 日至 4 日刊)

直隶人民代表孙洪伊、谷芝瑞、温世霖、于邦华、王法勤、张铭勋、齐树楷、崔谨、高俊彤、李景芳、张锡光、张肇隆等匍匐上书于我王爷中堂大人钧座:窃以中国时局之危,至于今而极矣。天下事机之变,有非常识之所能预料者也。十馀年前,欧洲列强盛倡瓜分中

国之说,国家之命运,悬于旦夕。人民等憬憬危惧,方谓埃及、波兰之惨剧,必将复演于今。我中国四万万同胞,奴隶牛马,万劫而不可复矣。而当时英、美、俄、德、法、日诸强国,或主侵略,或主和平,各国因其利害之不同,互相猜忌,互相牵掣,两派对峙而莫能调和,我国能暂免于亡,延其命以至今日。

及日俄战役终结,侵略派戢其凶锋,保全派占有优势。英日协约,法日协约,美日协约,俄日协约,相继成立,皆以保全中国领土、尊重中国主权为口实。昧昧者于此,方以为我国家托庇于列国保全之下,得以宽闲之岁月,修明内政,徐以图强,异日必能以大国之资格,占世界最高之地位。当局者以此自慰,在下者亦以此相安,一若中国真可以不亡者。抑知各国协约,虽若有爱于中国,而各欲巩固己国之势力,伸己国之权利,是固不可为讳者耳。前者尚互相防御,今则互相默认。其对于我中国也,各欲常保其均势,遂不能已于进行。中国之利益有尽,列强之贪欲无穷,则瓜分案之通过于世界,当有不期而至者也。

其包藏祸心者,以日本为尤甚。而实行其政策,以为列强之先导,则莫著于七月之中日新约。人民等前以新约之成,即中国瓜分之始,惶惧无措,曾条列新约之种种失败,上书呈请代奏,请速废约,以挽危局。并申明国法,治□□□□□□□□以误国之罪。想我王爷中堂大人,眷怀时局,俯察愚忱,必能仰体我朝廷庶政公诸舆论之意,下采刍荛,上达天听矣。惟翘首待命,已逾两旬,人民等愚昧寡识,惶惑实甚。因念同此国民,共托斯宇,环顾国家,既已休戚同体,瞻望朝廷,莫释爱戴之愚诚,用敢不辞冒昧,为我王爷中堂大人再一陈之。

夫国家危亡之运,迫于眉睫,虽有善者,一若莫可如何,上下皇皇,不知所出。推其致此之故,不独由于内政,亦并缘于外交。盖我国与列强所订之条约,皆片面的,而非相互的;有义务而无权利,有牺牲而无报酬。故迩年以来,列强之势力益张,我国之主权日促,非独强弱之不同,亦受条约之限制也。夫当时缔结条约,皆在战败而后。因鸦片战役,而有五口通商条约;因中法战役,而有《中法新约》;因中日战役,而有《马关条约》。战时之国际交涉,与平时之国际交涉,原不可同日而语,战败国之对战胜国,自不能立于同等之地位,而享对等之权利,斯固无可如何者也。今日救亡之策,方在上下一心,改订前此片面之条约,而为相互之条约。至于新发生之交涉,无论如何,必不可再蹈故辙矣。

日俄战役,中国严安中立,未加入战争团体。且日人取得俄人既得之权利,如大连、旅顺之租借,及南满铁路之占有,须待我国承认者,既已于光绪三十一年,缔结中日条约,则今此七月新约,已与日俄战役无若何之关系,纯然为平时之国际交涉。夫平时国际条约,自应以两国之意思合致为原则。条约之缔结,既须双方之允许,条约之关系,必为双方之利益,相互的而非片面的者也。乃观于中韩之界务条约,及东三省五案条约,举东省之铁路、矿产,以及土地上之主权,尽以让诸日本,而日人并无相当之利益以为报酬,与战败国对于战胜国缔结条约,无丝毫之异。日人欺凌我国,至此已极,而外务部竟慨然允许,外交手段之脆弱,亦令人百思而不能得其解也。窃思外务部所自解免者,必曰以条约与之,主权仍自在我;使不应日本之要求,而妄加抵抗,日人必以强力而自取之。国势既弱,终不能与一战,所损失者当较此而尤巨。人民等愚陋寡识,而独不解我外务部昧于世界之大势,何竟瞆瞆至此也。

夫保全中国领土,各国协约所公认者也。尊重中国主权,亦各国协约所明言者也。英日、美日、法日、俄日诸协约,其势力足以亡我中国,其效力亦足以牵掣列强。使日本于此甘冒天下之不韪,以强力占我土地,侵我主权,不独破坏中日之国交,并破坏各国之协约。中国弱矣,固莫敢谁何,而各国之对于日本,必不甘受其侮,不独与日本所订之协约同时解散,尤必互相联合以摈日本。日本孤立无援,转陷于极困难之地位。故日本上自政府,下迄国民,虽以阴谋诡术,煽动祸机,处心积虑,图亡我国,而和平之假面目必不敢显然揭破,此固可断言者。

或曰:安奉铁路,日人既采用自由改筑之政策,则以强硬之手段,攫取我各种之权利,安在其不可为也。抑知安奉铁路之改筑,载在光绪三十一年中日会订之附约,经我国主权者之允许者也。中韩界务条约及东三省五案条约,所与日本之铁路、矿产及土地上之主权,在初议定约时,未经我国主权者之允许者也。既经我国主权者之允许,日本有应享之权利,虽期限已过,效力既失,日人曲为解释,以强力责我条约之履行,尚不患其无词。然当时日本政府,建自由改筑之议,内阁诸人开秘密会议三次,犹兢兢以列强干涉为虑。在野党领袖大隈重信辈,尚倡言而反对之,责其政府之失策。若夫未经条约所允认,而谓日人肆行无忌,以强力而夺取之,侵害我国之主权,蔑视列国之协约,日人虽骄,必不敢悍然而出此,此可与天下人以共信者也。是则中日七月新约,无论日人为何等之要求,我国坚执不允,日人固无如我何也。

然而一着既误,则全局皆非。自七月新约成立,日本对我之政策于是而一变。英、美、俄、法对我之政策,亦于是而一变。日人既取得非常之权利，惧招列强之忌，乃谋接近俄人，抵御英、美。伊藤满洲之行，盖欲实行其政策也。而英、美诸国，实去满洲甚远，明知我东三省土地已在日人势力范围之中，而此次上月新约既经中国政府之允许，即非日本所强占，又不能遽责以违背协约之罪。与其责难日本，必无若何之结果，何如取偿于中国，仍可暂保其均势。近观各报所载，英国国务大臣答议院质问之词曰，此中日两国之事，非英国所应干涉。美国政务处近亦刊发报告谓，既经本国询问中国政府，中日新约并无屏弃美国之意；如有美国及他国人民寻得中国矿产，中国政府必无拒绝。呜呼！英、美外交之手段灵敏已极，而此后对我之方针，并已昭然若揭矣。

利益均沾，机会均等，援中日新约以为口实，各即其势力范围之所及，肆行无理之要求，我政府其拒之欤？违反于最惠国之前例，难逃各国之责言，其许之欤？则二十二行省之路权、矿权，及土地上之主权，当不待一二年并以削夺而尽。不假手于武力，并无待于协商，各国合意一致，默喻于无言，即其势力范围所及，行使其先占之权，我中国瓜分之局，将从此而大定。在我国虽欲自救而不得，在各国虽欲自已而不能。异日追原祸始，则七月之中日新约，岂非亡国之导线也哉！

夫以平时之国际交涉，俨然为战时之国际交涉，本应为相互的之条约，而竟甘为片面的之条约，一若日人已以强暴之武力迫胁，我国急于自救而无如何者。然当订约之时，外务部严守秘密主义，日人有若何之举动，通国皆不之知，岂日本已有作战之计画耶？以世界之大势论之，是固不敢出此者也。抑其以强暴之手段，加诸我外交之代表者耶？准诸国际法之公例，对于国家之代表者，加以强暴迫胁，其条约当为无效。而亦未闻日本之对我外部，如日韩订约时以兵力迫胁之也。

呜呼！日本以空言吓我，既视我中国如无人。外务部□□□□□，亦竟以此奏请皇帝陛下，结此怪异之条约。其敢于欺蒙我皇帝陛下，实我全国人民所疾首痛心，同深愤慨者也。顷闻俄国政府已拟定六款，对于黑龙江、库伦、蒙古、伊犁、新疆等处，要求特别之权利，而其意尤注重于西北。援中日新约而首先发难者，已有人矣。英、美、德、法必亦各自准备，将为意外之要求。我国前途，尚堪设想也耶！

人民等除请代奏废约外，外务部□□□□□，欺朦我皇帝，而误我国家，尤应责成其挽回者也。陆沉之痛，已在目前。椎心泣血，夫复何言。临楮不胜惶悚待命之至。肃此。恭请钧安。直隶人民代表孙洪伊等公叩。

《直隶人民代表孙洪伊等上政府书》，《申报》1910 年 1 月 3 日至 4 日

上都察院书

（1910 年 1 月 26 日至 27 日刊）

呈为时局阽危，非速开国会，不足救急，合词恳请代奏事。窃查上年夏秋之际，各直省人民，始有伏阙请开国会之举，虽未获明奉谕旨训示施行，然天高听卑，六月二十四日、八月初一日，孝钦显皇后之懿旨，德宗景皇帝之上谕，固已明定国事〔是〕，颁布《宪法大纲》，开设资政院及各省谘议局，以造议院基础，标准既定，天下知朝廷早以国会为图治之本，所兢兢致慎者，不过迟早数年之别耳。夫使冰霜未兆，时尚宽闲，宪政按照期限与年俱进，讵非循序图功

之道？无如内觇国本，外察邦交，无一不足增皇上之殷忧，即无一非加监国摄政王之担负。大臣咨嗟于上，人民叹息于下，一年现象，即已如此，推之九年，能无懔栗？夫宪政之当行，国会之当立，朝野上下，本无异词。洪伊等之所欲言者，在于速开国会而已。盖拯溺救焚，刻不容缓，其激切有非上年请愿所能比者，谨为我皇上披沥陈之。

一在内政。内政之改革，视乎机关之善不善。机关一日未善，则政令一日不得实行。九年筹备之政，一切将等诸具文。国会者，宪政机关之要部。有国会，然后政府有催促之机，庶政始有更张之本。不然者，无提挈纲领之所，畛域各分，十一部不相统一也。上下相诿，地方官无可执行也。仍向来所有之旧制，责以向来未有之设施，此必无可行之事。计自筹备以来，按照清单所列，京内外衙门，业已奉行矣，类有文书之移，几无可睹之效。盖机关之不完善，方针之不确定，虽有忠荩之臣，勤敏之士，无以尽其职而期其功也。以程度论，则长此筹备，九年后之国步，未必进于今日。以时机言，则从容坐失，九年后之危局，不知又当如何，岂徒虚掷此九年之岁月而已。

资政院之设，其制亦略似国会。然国会之为用，在于政府对之负责任。今资政院章程，绝不见有责任之政府。政府无责任，则资政院何能为。欲藉此以督促政治之统一，振起国民之精神，必无国会之效。如其有效，则此制长行可也，又何必期以九年更立国会乎？此内政中关于机关之改革，不可不速开国会者也。

内政之举，又视乎财政。古今中外，断无府藏空虚，庶政棘手，而其国能久存者。我国自甲午、庚子以后，至辇天下之财，以应赔款，而岁入只此抵质，已穷过此三十一年，不知何以为计？筹备之事，合十一部之新政，责各省以施行，举凡国家行政之经费，其用又将何出？自各省谘议局成立，参稽互证，竭蹶皆同，相顾忧惶，无从措手。剜肉医疮，既有必穷之势。量出为入，复无可恃之源。循此以往，将内之无以为兴革之资，而宪政之前途可危；外之无以偿积年之负，而列强之干涉尤可惧。欲亟纾内外之交困，必先求上下之大通。通亿兆人之好恶于各省谘议局，而范围只限于一方，何如通各省谘议局之计虑于国会，而精神贯及于全国。国会者，人民与闻政治之所也。必人民得有公举代表与闻政治之权，国家乃能加以增重负担以纾国难之责。与其待之于九年之后，涣散而难与图功，何如行之于九年之前，鼓舞而期其自效。此内政中关于财政之筹画，不可不速开国会者也。

机关能立，财政能裕，然后乃有筹备之可言。否则不利之器，无米之炊，岂能举其事而收其功者。此国会之关于内政，一日不可缓者也。

一在外交之难处。即使强盛之国，有时迫于事势，稍稍退让，国人尚起反抗之声，政府且为丛怨之地。况我国自有交涉以来，始以暗于外情，操纵失策，继以势成积弱，因应弥艰。政府受困于上，国民不满于下，每缔一约，事前则秘密万端，事后则亏损百出，忽而蹙地，忽而负债。政府之作用，人民不知也。政府之苦衷，人民不喻也。条约出之一二人之手，负担加之亿兆人之身，设使易地而观，安得不为怨府。既致怨矣，何从求谅。凡人对不谅之人，其助力必寡。政府处寡助之地，则因应愈难。苟有国会，则国际交涉，无论如何困难，政府即有不得已之衷，不能尽喻于国民者，国会犹可以代申。国民即有不可忍之痛，不能直达于政府者，国会亦可与代陈。且各国之于我立宪，其注视甚勤。和平者，期我有同等之政治。雄猜者,忌我无可攘之利权。是以著论赞誉者有之,宣言轻量者有之。乘我国会之尚未成立,而公然自由行动于我域内者有之。虑我国会之终不成,而必至财政紊乱不可收拾者,亦有之。

有国会则对于全国,为政府交通之邮。对于列邦,为政府文明之帜。上下相通,猜疑自泯。邦交既正,民气自和。非独证世界公理之同,且可保东亚和平之局。若更徘徊待之九年,九年之中,患机叵测,设使雄猜者时遂其进步,窃恐和平者亦易其方针,外交必更颠危,民怨必更剧烈。万一有强邻之群蠹,得无惧覆辙之蹈? 前此国会之关于外交一日而不可缓者也。

抑洪伊等今日更有迫切不能已于言者。东西各国,凡君主立宪国,其皇位之继承,以及亲王之摄政,皆有国家根本之法,定之于前,人民爱戴之诚,卫之于后,而其君主又处最高不负责任之地,临以神圣不可侵犯之尊,故宫府安而国家盛也。我国宪法大纲,本已取法于是。而孝钦显皇后、德宗景皇帝不及亲见宪政之实施,国会之成立,此薄海臣民之所共痛,欲攀龙驭而无从者。皇上冲龄,入承大统,监国摄政王以周公之谦光,受阿衡之重畀,而适当此内外交困、上下未通之时,以言宪政,则甫有《大纲》,而责任内阁未立也,皇室典范未定也。内无可以表彰尊亲之宜,外无可以代负人民之责,设使内政外交之际,百密偶有一疏,则怨归于朝廷,望轻于监国摄政王。监国摄政王受先帝之付讨〔托〕,而孤立于庙堂之上,坐抚四百兆涣散之人民,而莫得其助,而四百兆之人民,虽共有忠君爱国之忱,欲为皇上为监国摄政王之舆卫,亦以涣散而莫能效助于分毫,甚非所以巩固皇祚,而措国家于磐石之安也。

有国会,则与之对待之责任内阁始能成立。国会有议政之权,然后内阁得尽其职务。内阁负全国之责,然后皇上益处于尊崇,显可以末虑助圣主之聪明,隐可以公论消奸人之反侧。人情一日不安食,则必易其所食;一夕不安寝,则必易其所寝。宁有图国本之安于息息可危之日,而必迟迟至于九年之后。此为根本中之根本计,宜速开国会者也。

论者或谓九年筹备之旨,降自先朝,不宜轻有更易。洪伊等诚愚又以为不然。夫先朝既以国会为必当开,则我摄政王正宜体皇上继志述事之心,速开国会,以慰先朝在天之灵。如曰缩短其期,即为背旨,是谓先朝有意濡滞,不欲国运之早进步,皇室之早奠安也。是厚诬先圣,非我皇上及我监国摄政王之所忍出也。抑朝廷周详慎审,惟恐人民程度不及,不可谓非圣主之至仁,然及与不及,必试之而后见,不试之而强抑之,毋乃冤吾民乎?且所谓不及者,必有一标准,今日不及之标准安在?谓恐其葸荼耶,则有法律为之根据,而馁者壮矣。谓恐其叫嚣耶,则有法律为之范围,而激者随矣。谓恐其智识不足耶,则磨励之而聪明出矣。今年各省谘议局既小试之矣,曷尝累圣明重宵旰之忧乎?

洪伊等伏愿皇上速降谕旨,颁布议院法及选举法,期以一年之内,召集国会,含创忍痛,共图补救,俾尽协赞之忠,而收舆论之效。此诚国家之至计,安危之所系,惟我皇上以孝钦皇后、德宗景帝之心为心,俯鉴人民忧国之愚悃,宸衷独断,毅然行之,天下幸甚。谨冒死以闻,伏乞代奏。直隶孙洪伊、谷芝瑞、张铭勋、王法勤,奉天永贞、刘兴甲,吉林李芳,江苏方还、于定一、吴荣萃,安徽陶镕、潘祖光,江西闵荷生、汪龙光,浙江郑际平、应贻诰、吴赓廷,福建刘崇佑、连贤基,湖北陈登山,湖南罗杰、刘善渥,山东周树标、朱承恩,河南陈熙朝、杨治清、宫玉柱,山西渠本翘、刘笃敏、李素、刘懋赏,广东沈秉仁,广西吴赐龄。

《国会代表上都察院请愿书》,《申报》1910 年 1 月 26 日至 27 日

致温世霖函

(1910 年 1 月至 2 月间^①)

支英七哥大人左右:直隶商界诸君发起商界请愿国会,吾直人于将来立宪史上又增一段光荣,弟不胜欣幸。惟我以一省呼动全国,势恐单弱。拟以吾直人为主体,再有几大省出而助我,则其势厚,而其功易成。

中国商业之中心点,已渐渐移于汉口。湖北商业界人才为他省所不及,可为我直一大声援。湖南商会总理为立宪公会之人,亦必能为我援助。江苏为商业最盛之区,亦具有一部分势力。湖北已与弟成约,湖南、江苏两代表亦并允为助力,并云必能办到。惟究用何法联络,弟一时颇无主张。

昨接霱堂兄来函云,拟发起商界邀求国会事,京、津商会已表同情。此为吾省商业界联合之始,不独有补于现局,于将来商界必有一绝好之结果。惟前见直隶绅民通告书,遗漏保定一部,此事已费调和。此次商会似必须联一省为一,凡各分会亦应通告,势力方为雄厚。似一面通告各省,一面先开本省联合会,方立于不败之地。乞我哥往见霱臣一商。

天津情形如何,同人意见如何,弟俱不详。与各省联合方法,

---

① 原函无日期,该日期为编者推断。

无从悬拟。我哥得闲,祈来京面谈尤盼。此函并质霭堂,并道弟意,恕不另柬。此请公安。弟伊顿首。即日。

《孙洪伊为直省商界发起请愿国会应联合各省以壮声势致温世霖函》,《天津商会档案汇编(1903－1911)》下册,第 2335 页至 2336 页

致各省各团体函
(1910 年 2 月 26 日刊)

敬启者:国会请愿,未蒙俞允,迫切呼吁,当在后援。同人等自去腊二十日奉上谕以后,旦晚会议,仍决定进行方针,奔走组织请愿即开国会同志会,草定简章,宣布实行。凡赞成请愿者,均得入会为会员。责任所在,当与全国人民共图之。二十八日开会议决,先行电告各省绅、商、学团体,暂以京师代表团为开会总部,即请各省赶设分会,举定干事,以便继续进行。兹奉简章,至希赐教为幸。诸公热心毅力,素所倾仰,乡望所归,一呼百应。伏望贵处将同志会从速成立,俾得三四月间举员到京,再上请愿书,庶几民心一致,易回君听,同人等曷胜盼祷之至。如何组织,并乞随时详示为荷。专此。祇颂年安。北京国会请愿代表孙洪伊等顿首。

《国会代表在京近状》,《申报》1910 年 2 月 26 日

致苏商总会函
(1910 年 3 月 17 日)

启者:去腊二十七日,同人在京议决继续进行办法之件,曾经

印出通告各省、各团体,并此次到沪、到京各代表,谅邀查入。内有直隶、江苏、广东三省代表签认,于今年正月底派员分往左近各省,游说商学会及其他团体,请其组织同志会支部。并由广东代表沈君担任,设法派员游说海外华侨。诚以国会问题本吾民所应自为主动,仅从政府一方面着手,未易得良好之结果,而欲唤起一般国民,则必须互相派员游说,以资联络而便提倡,收效乃能捷速。当时我同人之列议席者,亦既全体赞成签认前往,各代表且已通函本省,请其照办矣。惟因同志会宣言书及详细章程尚未办齐,特派员出发之期,恐尚须少迟时日。兹谨将致直隶、江苏、广东三省函稿奉呈钧鉴,以释悬罣。特派员到贵省时,尚乞格外关注,妥为招待,俾分会早日成立,同志日多,势力日厚,请愿之目的即可以早达,同人等不胜盼祷之至。专肃。即请公安。国会请愿代表同人孙洪伊等公启。

《中国近代经济史资料丛刊 苏州商会档案丛编 第一辑(1905 年-1911 年)》,第 1259 页

致天津商会函
(1910 年 3 月 21 日)

敬启者:见去腊等议继续进行办法,除函电各省请其成立同志会,并在京组织同志会,成立总部外,拟请直、苏、粤、湘、鄂商会发起联合各省各埠商会,于四月内在汉口开大会一次,即由汉口赴京上书。

盖以世界大势,日趋于经济主义,各国政府无不注重商团者,

我国在今日亦渐呈如是之倾向。若以五省商会名义号召天下，大义所在，当无不响应，不独壁垒一新，而对于政府势力雄厚，亦可免孤弱无援之弊。于此次请愿既可收直接之效力，而于将来经济、社会上亦必有绝大影响。故此间昨接苏省江宁商会业举代表克期来京之电，随即电请暂缓出发，属即以该省商会名义，径函湘、鄂、直、粤各商会会同发起，联络各省各埠商会，定于四月二十前后会于汉口，筹议定后，同时北上。

凤仰公等热心宪政，值我国税则紊乱，商法缺略之际，利害所在，想不辞大声疾呼，急起直追，共图补救也。除函告苏、粤、湘、鄂诸省商会，径函约集贵会外，谨先专函布达，以当介绍。并请贵会接函后，一面径行函电苏、粤、湘、鄂诸省各埠商会共同发起，一面通告武昌、汉口两商会，请其预备一切开会事宜，并以五省名义正式通告各省约期会集。不胜盼祷之至。肃此。祇颂直隶商务总会均祉。国会请愿代表团孙洪伊、陈登山等同启。

《孙洪伊等人为请直苏粤湘鄂商会发起联合各省商会集会汉口再赴京上书事致津商会函》，《天津商会档案汇编（1903－1911）》下册，第2337页至2338页

敬告各省商会书
（1910年4月25日、27日刊）

启者：同人等受父老兄弟之重托，来京请愿国会，迄今逾数月矣。客冬上书，既归无效，当时同人筹议继续进行之策，佥谓国会一事，为立宪国最重大之问题，断非少数人所得而私，必当萃全国之精力才智，集于一途，乃克有济。此同人等近日在京所以披露悃

款,征求声气,而有国会请愿同志会之组织也。

夫同志会设立之要义,首在结合各界,赓续请愿。今此会规模,既已粗定,各省代表,亦先后到京。连日集议,皆以各省商会,最多热心爱国之士,若能速举代表来京,同时并举,政府必有改弦之心,吾侪益无孤立之惧。况现今世界大势,渐趋于经济主义,我国政府之于商团,注视尤勤,若以代表团名义,通函各省镇商会,请其出援,度亦诸君子之所不遐弃者乎。

夫吾国即开国会之有大利,与吾国有确能即开国会之理由,国中人士论之详矣。同人等近于刊布同志会意见书中,尤为批郤导窾,使之无可藉口。诸君子取阅自知,无待复陈。今日所欲与诸君子剖论者,约有两端:

(一)当知吾侪即开国会之目的,决无难达。盖吾国立宪诏旨,颁布频仍,衮衮诸公,皆知时局颠危,舍立宪无以救亡。薄海人士,盼望实行立宪之心理,亦不谋而合。故去岁仓卒发起,各省代表,奔集京师,要求即开国会者,至十九省之多。盛矣哉,前此未尝有也。虽我皇上审慎为怀,不遽俯如所请,然明诏所颁,不有曰朝廷实深嘉悦乎?此其无极端反对之意可知。彼诚见吾侪连袂而来,非有功名富贵之可图,不过枨触时局,欲急起直追,共图补救,精诚所感,不忍大拂乎吾民之情也。同人等默喻此意,既不懈而益勤。一时爱国志士,益相与讨论研究。目的既同,心志斯坚。此两月以来,各省同志会支部,所以同时成立,而赓续请愿之声,所以大震于全国也。

盖政府所挟以为口实者,不过谓吾民程度不及。其实程度之说,本无一定标准。同志会意见书,已详论之。今吾侪果能热心毅力,持久不懈,则反对者且将失据,而请愿之目的,固无虑其不达矣。此非虚揣之词也。数年以前，国中之反对立宪者，比比皆是，今何以反舌无声？比年以来，国中之请开国会者，落落可指，今何以翕然响应？非其心理之果有异同也，向惟昧于立宪政治之真理，故疑虑滋多，畏阻不前耳。顷自国是大定以后，上而政府，知非立宪不足以图存；下而人民，知非开国会不足以救亡，相激相荡，以至今日。所谓虽有镃基，不如待时。时则既然，虽有第二梅特涅出，恐亦不敢扬专制之馀焰，显背我德宗景皇帝庶政公诸舆论之诏旨也。所患我国民舆论不一致耳。果一致矣，以监国摄政王之贤明，安知不俯察民隐，立沛纶音，召集国会乎？况乎今日京内外大僚，能知速开国会之利者亦甚有人，闻不久将有联衔入奏之举。官民合德，上下一心。故吾国要求即开国会一事，下观人情，默察天心，而知必有沟通心理之一日，惟视吾侪之奋励何如耳。

（二）当知国家立宪，与商人有特别之关系。按各国前代，其民之要求立宪最力者，惟两派人，一为政党，一即商人。因政党者原以政治为生活，商人者则别有财产上与商业上之利害。故国家若能整顿政治，则商人受保护之利益者不少；否则无正当之保护，商人之受害必烈，而欲立足于商业竞争之世界难矣。此所以欧美各国对于商务，皆主张保护政策，以与世界争衡。英国之商务，素称霸于世界，因其国政府对于商业，取放任主义，近乃大受德、日、美、法商战之摧挫，现亦改弦易辙矣。从可知今日世界，无不以工商业为立国之根本者。

夫商人既一跃而居国中最重要之地位，则国中政治之得失，自与商人有特别利害之关系。故吾国今日国会请愿之事，尤应以联络商界为中坚。盖吾国人近来实业知识渐发达，商界中尤多具有研究政治之热心。况最近又有湘、鄂、苏、直、粤五省商会联络请愿之成议,并闻鲁、赣两省商会,现已举定代表克期北上。则各省商会之必能踵其美举,无待同人等之鳃鳃过虑者。但流光如驶,国事日危,若吾侪早请愿一日,则速开国会之机,可早养成一日。询谋既已佥同,众志可期成城。此同人等所以急望各省商会共举代表,大举请愿,而尤望彼此相约于四月中弦,开联合会于汉口,同时北上,藉收联络接洽之效,益矢同舟共济之心,于商业前途,影响必大,于国家前途,裨益必多。

除驰书敬告湘、鄂、苏、直、粤各商会,请其发起联络外,拟请贵会直接径函五省商会,彼此约定期间,一面函告武汉商会,属其预备一切开会事,相互联络,相互督促,俾无误四月上呈之期。商界幸甚。大局幸甚。北京请愿国会代表团同人孙洪伊等公启。

《国会请愿代表团敬告各省商会书》,《申报》1910 年 4 月 25 日、27 日

致罗杰函[①]

(1910 年 6 月 10 日刊)

顷奉手教,欲辞代表之名,而行请愿之事,仰见苦心孤诣,纫佩无极。惟念国会一事,关系国家安危,足下主张最早,研究较深,去岁为国奔走,不辞劳苦,同人感激热忱,推为代表团中巨子,今读来教,竟欲辞去。此在足下,或别有感愤,而同人之望于足下者方大,甚不欲中道舍去,易厥初志也。特函敬挽,务须始终一心,相与提

---

① 罗杰,字峙云,湖南国会请愿代表。6 月 8 日前由湘贻书留京代表团,自请辞去代表,孙洪伊等复书挽留。

挈进行,锲而不舍,不计近功,不较毁誉,庶有贯彻政见之一日乎。同人无任盼祷之至。

《请愿国会代表之后望》,《申报》1910 年 6 月 10 日

国会代表第二次请愿书

(1910 年 6 月 14 日至 17 日刊)

　　窃上年冬间,某等伏阙上书,吁请速开国会,蒙温旨慰谕敦勉,跪读之下,感激涕零。某等同具天良,苟时势尚可支持,救国尚有他策,亦安忍渎陈于君父之前,致重贻宵旰之累。惟是细绎朝旨,于宪政期于必立,国会期在必开,其所以审慎图维者,实因筹备之未完全,国民程度之未划一,且谓资政院可为国会之基础,故仍期以九年。然某等之所以谓国会不可不即开者,亦正因筹备之不完全,国民程度之不齐一,资政院之性质,尚未明了耳。今谨将其理由,为我皇上缕陈之。

　　一曰欲宪政筹备之完全,不可不即开国会也。夫有国会,然后可以举行宪政。无国会,则所谓筹备皆空言。此言骤闻之,似近于激。然证以近两年来之政治,实不为诬。内而各部,外而各省,其筹备宪政,大率真诚之意少,敷衍之意多。观其报告,灿若春华。按其实际,渺如风影。两年之情形如此,推之九年可知。所以然者,因无国会以立于其旁,则人民与官僚声气隔阂。其始也,则行政官不能借重全国人之研究,以决定其施政方针。其继也,则因无国会以编订法律法规,一切政治无所遵守。其终也,因无国会以为法律上之纠问,则行政官所负之责任,究属有名而无实,有始而无终。

夫朝廷之所以三令五申，督促筹备宪政者，岂非出于治国安民之至诚。若如今日官僚之奉行不力，则国家因筹备宪政，而较之前日财力更困，元气更伤，是吾国日日言筹备，而宪政之利未收，害已先著也。且考各国宪政之成立，惟英国由于自然之发达，其馀各国，大率模仿英国，并无所谓筹备之时期。而不闻各国以此致败者，良由立宪制度，首重机关完备。去其一而取其一，则运用不灵，反以取祸。惟模仿其全体，则有百利而无一害。人之几经参酌而后得者，而吾国可以顷刻吸收之，稍涉游移，即危国本。夫吾国今日为宪政萌芽时代，即令国会组织未尽适宜，亦属应有之情实。而国会一日不成立，即筹备一日不完全，此必然之势。然则吾国惟其欲筹备宪政，亦当速开国会也。

一曰欲国民程度之划一，不可不即开国会也。夫国会者，所以演进国民之程度，若不开国会，即人民程度永无增进之日。今以欧美人民之程度，衡吾国民，诚见其不及，若以吾民之程度，参与吾之国会，何遽见其低？夫一国各有特别之历史、政治、风化，即各有其肆应之能力，既不能强彼以就此，更何容抑己以扬人。且国会制度者，非尽人而参与国政之谓也。世界无行普通选举之国家，必有限制之资格。吾国资政院、谘议局之选举，即系此种限制制度也。于千万人民中，择其少数有程度者，畀以选举权。又于千百人民中，择其少数有程度者，畀以被选权。国家既限制之于前，而犹谓其程度不足，是矛盾其法令也。况国会将来被选之议员，其大半必系曾有官职有资望者，并非纯系齐民，不过因其为人民所选出，而混称之曰人民而已。例如现在各省谘议局之议员，以在籍之职员为最多。其在本籍为士绅为人民，在他省即为官吏。前既受朝廷之录用，后更邀乡议之推崇，其程度岂反逊于泛泛之官吏乎？其次则以其有新智识者为多。此种人才,朝廷近来亦常破格录用,各部院各新政衙署,无不纷纷调用,委以重权,岂一旦置之国会中,即虑其程度之不足耶?故以议员概视为人民,因人民程度不及,而并谓议员程度不足者,吾侪小人不乐闻也。

至各全体议员中,虽不无少数之滥竽,然宪政者,多数取决之政治也。少数人程度不足,于事何伤?即如全国官吏,又岂能人人称职乎?夫专制国之人才,专投身于官吏。立宪国之人才,则分布于朝野。欧美各国,无不如此。若以专制国衡鉴人才之法,施之于立宪国,则所失多矣。且求智识程度之划一者,为多数国民言之,其收效在于二十年后之教育。求智识程度之较高者,为少数国民言之,其发端在于现在之政治。窃谓中国亟宜择民间之优秀者,许其参政。其多数之国民,一面普及之以教育,一面陶镕之以政治,庶几并行而不悖。若坐待人民程度之划一,而始开国会,是无其时。然则吾国今日,惟其欲培养国民之程度,亦当速开国会也。

一曰资政院不能代国会之用也。夫资政院,为上下两院之基础,近于各国一院之制,然细察其性质,又与国会迥殊。君主不负责任,为立宪国拥戴元首之良法。而资政院与大臣有争执时,则恭候圣裁,是仍以君主当责任之冲,而大臣逸出于责任以外。行政官不兼议员,亦立宪国之良法。而资政院议员,则有各部院司员,是仍为行政、立法混合之机关。况总裁、副总裁,较之议员,品秩特崇,尤与行政部院之堂属无殊。夫国家颁一法令,立一机关,先视其组织之若何,权限之若何,而后効力因之而生差异。今资政院之组织与权限,皆不相融洽,既不利于人民,复不利于官吏,窃恐开院后,将酿成朝野两派之冲突,行政官更无所适从。冰霜所兆,识者忧之。故朝廷既欲实行立宪,必自罢资政院而开国会始。

按以上所陈各节,实与去年冬间所颁之谕旨,精神隐合,想在圣明洞鉴之中。抑某等更有请者,方今国中舆论混淆,多有不悉朝廷殷殷图治之苦衷,而怀觖望,或争路争矿,或拒借外款,或攻击官僚。亦恒有走于狂热,昧于事实之弊,甚或主持舆论者,亦以偏〔偏〕激挑拨之惯技,邀誉于社会。而社会靡然从风,而涵濡于浇漓之舆论中,而不能自拔。众喙争鸣,公理湮晦。不独朝廷荧其听视,即士大夫亦几几不敢与闻国事。危象至此,亦由于无国会以统一舆论、训练舆论之故也。

盖专制国无人民参与政治之机关,故舆论散布于社会。立宪国有之,故舆论汇归于国会。舆论散布于社会,故无统一无训练,其是非淆乱,宜也。舆论汇归于国会,则主持舆论者,事事受法律之节制,有一定之轨线,是以定国家之大计,供政府之采纳。至如国会以外之人民,因有国会耸立于国中,有百千议员参与国政,有确定之责任内阁,彼自不能横倡浮议,鼓动风波。观各国当未立宪之时,舆论披猖,既立宪之后,民安职守,即可知此会中之妙用。夫天下有道,庶人不议者,因盛世无可议之由。若国会既开,庶人亦可不议,因有议员代表庶人议政也。吾国近来当道见国中民气稍激,深恐开国会之后,人民据有机关,更难遏抑。此种谬见,恰与世界治理相反。夫英、法两国,前日人民要求立宪之时,革命大起,岁无宁日。日本人民当明治初年,亦屡次几成革命。今日英、法、日本之人民,其皆各守法令,各尽职务,何也?国体已定,民心已安,乱机无由生耳。倘吾国能步趋各国之成规,急以国会范围民心,则国家安荣,翘足可待。万一再因循不决,则民情日郁,恐日后虽欲定立宪二字,收拾民心,已无及矣。

某等观近今来各省兵变、民变之事,至十数起,天下骚然。遇事发难,虽一时暂归于扑灭,终有铤而走险之时。朝廷若无雷霆之举动,以昭苏薄海之生机,恐人心一去不复回,国运已倾而莫挽。大势滔滔,何堪设想。近来人民窃窃私议,谓吾国历代倾覆之危机,与世界各国灭亡之原因,吾国今日,皆已备具,恐国事从此已矣。某等骤聆之,痛恨此种不祥之言,而一转念间,神魂又未免为所搅乱,觉前途一切之惨象,时悬悬于梦寐中。故今日不得不妄陈圣听,伏愿我皇上念祖宗附托之重,体先帝求治之怀,祛屏浮言,从速颁布国会之诏,以国家之安危,与四万万人共之。则某等虽冒犯忌讳,身膏斧钺,亦所甘心。国家幸甚,宗祖幸甚。

《国会代表第二次请愿书稿》,《申报》1910 年 6 月 14 日至 17 日

上政务处王大臣书

(1910 年 6 月 26 日)

直省国会请愿代表孙洪伊、李长生、乔占九、文耀、雷奋、姚文楠、沈懋昭、杭祖良、余德元、陆乃翔等谨呈王爷公爷中堂大人钧鉴:敬肃者,洪伊等于本月初十日呈进国会请愿呈词于察院后,现已浃旬,日夕彷徨,仰望明诏,有若云霓。今日捧读谕旨,敬悉政务处王大臣于明日会议,闻命之下,欢忭交并。夫所会议者果为何事,虽非民间所得妄揣,然速开国会一节,为国家安危所系,而王爷公爷中堂大人之一言一行,亦国家安危所系,则会议时自当提议此事,精详擘画,赞助圣明,俯顺民情,速定大计。

洪伊等识陋才疏,原不足讨论国政,但外考世界大势,内证中国事实,觉国会有万不能不速开者。其理由已详陈于各请愿呈词

中,兹不复续。窃谓国会之果能速开与否,即于明日政务处会议卜之。倘王爷公爷中堂大人能力持大体,则四海之颂声作,否则四海之泣声起。此所谓善不善,千里之外应之,一言可以兴邦,一言可以丧邦也。庙堂一席之讦谟,指顾间即腾播于寰球,流传于史乘。天地鉴临,鬼神瞰室。其枢机全系于政府诸公之齿颊中,顾可不慎欤!

夫今日朝廷之厉行宪政,取舍原无成心,惟视左右辅弼之陈议何如耳。在洪伊等既各膺代表之重任,势难中止。且近日各省,督促洪伊等请愿之函电极多,皆力陈大局危迫,乱机四伏,非速开国会不能挽救,读之动魄。倘朝廷此次而不能速定大计,哀恤舆情,则洪伊等真进退两难。若再作第三次之请愿耶,则恐上触君父之严谴。若即畏难苟安耶,则下受人民之抨击。洪伊等虽死不足惜,然国事人心,从此必更难收拾。故今日疏狂无状,沥陈下情,敬恳王爷公爷中堂大人俯察刍荛,力持速开国会之议。则不独宗社民生之幸,亦洪伊等身受生死肉骨之恩也。惶恐上言,仰希钧察。附呈上政府书稿一件,伏乞垂鉴。

《请愿国会代表团上政务处王大臣书》,《申报》1910 年 7 月 4 日

在国会请愿代表集议上的发言[①]

(1910 年 6 月 29 日)

此事有进无退,无庸讨论。

《电一》,《申报》1910 年 6 月 30 日

---

① 是日午后,国会请愿各代表续议进行办法,孙洪伊态度坚决,遂决议刊布公函,添举代表续谋第三次请愿。

请愿国会全体代表上政府书

（1910年7月2日至3日刊）

请愿国会谘议局代表孙洪伊，绅民代表李长生，东三省绅民代表乔占九，旗籍代表文耀，教育会代表雷奋，江苏教育会代表姚文楠、商会代表沈懋昭，上海苏州商会代表杭祖良、政治团体代表余德元，南洋暨澳洲华侨代表陆乃翔等谨上书。

敬肃者：窃□国今日之国势，其忧患危迫可谓极矣。政府梦乱于上，士民怨讟于下，各国协商协约于外。以国内之梦乱怨讟言之，则无时无事不可以亡国。以各国之协商协约言之，则无时无事不可促我以亡国。譬如孤舟遇风，生死呼吸，同舟者既束手待毙，而四面又皆敌人，安有幸存之理。观近来外人之评论吾国也，曰财政紊乱可以亡国，吾侪当监督其财政；饥民流寇可以亡国，吾侪当派遣舰队以资镇压。夫外国人谓吾国之必亡，犹可言也。乃吾国人士，亦终日惶骇，奔走呼吁，若皆有汲汲顾影不可终日之概。懦者明知国之将亡，而始终存一灰冷之心。健者日求所以救亡，而遇事挫折，不获一逞，亦时萌灰冷之念。哀莫大于心死，今吾国人之于国事，其心未死者有几？呜呼！国家将亡，必有妖孽；人之将死，其言也哀。此代表等今日所以万难含默，而披鳞触忌，剖心泣血，欲与我执政诸公一痛陈之也。

窃谓吾国致亡之途虽多，然其总因，则首在国家政体不定。代表等所谓政体者维何，即立宪政体也。立宪政体与专制政体之区别，即首在宪法之有无。而国会者，又为宪法上之最重要机关，无国会即无宪政之可言。此非代表等之私言,世界各国极平常之见解也。此中理论,万言难宣。代表等昨呈都察院代奏之请愿书,已将吾国速开国会之利益,与吾国有决可速开国会之理由,一一论列,兹更无烦复述。代表等今只就政府一面之危急情形,非速开国会不能挽救者,略言两事可也。

一曰,吾国若不速开国会,则一切现行法律皆无根据,不能推行也。夫国家所恃以存者,在有法律,以维系一切秩序。各立宪国之所以尊重国会,与国会之所以能维持国家者,首在国会之握有立法权,以编纂一切法律法规也。今吾国无此立法机关,故政务日益紊乱,官民毫无遵守。近来宪政编查馆与各部院所颁布之现行法律规章,非无妥惬者,司员中非无明达者,然颁布之后,不独无甚效力,且多置若罔闻。若因此即谓人民无研究法律之程度耶,则民间号称法政淹通之士,平日素喜研求各国法律者,今对于国中之现行法亦多不经意。且非独在野者如此也,即主持立法之各部院与各省行政官吏,又何尝有信奉此种法律之心乎? 甚或本身行事,显犯本身所定之法律,亦悍然不顾。推此原因,则由于此种法律,非协赞于国会之中,无论其优劣,不足以耸朝野之观听,人民必鄙屑之。此世界人类普通之性情,非独吾国为然。倘非人民所信仰之法律,而可使人民尊重耶,则欧美各国又何不召集国中人才于行政部院之中,命其编纂法律,而必断断设立国会,畀以立法之全权耶? 此其故可深长思矣。

夫人民之所以要求国会者,必因目前极厌恶此种专制政体,极不信任此种官僚,故必欲参与立法,使之独立于行政部之外。若人民所要求之物在此,政府所畀与之物在彼,所答非所问,其根本上已与人民之心理相反。人民走于狂热,其物之美恶不暇辨,必不任受,无怪其然。况国会既开之后,经多数之讨论,其编纂之法律,必与少数司员之讨论者较为详备乎。故吾国若一日不开国会,法律必无效力,则国家可谓为无法律之国家,官吏为无法律之官吏,人民为无法律之人民。上无道揆,下无法守,国家安得不亡。此最可痛心者。故吾国今日人民,只知要求国会,对于一切不完全之法律皆可视若弁髦。政府既不授人民以立法之权利,人民即无遵守法律之义务。日后人民虽酿成大变,虽仇视政府,虽显有不法之举动,代表等亦无力可以导喻之,惟有束手以坐视宗社之墟耳。虽然谁无祖宗庐墓,谁无室家,岂有不思患预防之理。代表等今日要求速开国会之一大理由也。

例如,枢府欲取中央集权政策,则各省督抚联衔电争以挠之。督抚欲取地方分权政策,则枢府可奏陈圣听以扼之。海陆军大臣欲取扩张军备政策,则度支部与各督抚皆不协筹军需。农工商部欲取整顿实业政策,则度支部既不拨给经费,而海军处又到处争拨巨款,致无馀力可以经营实业。度支部欲取财政统一政策,则地方长官暗中梗议,虽清理财政一事亦受把持,他如筹一之款,拟办一事,则各部或奏请拨充,各省或奏请截留,函电纷驰,辗转请托,竞争国帑,如攘私利,令人骇然。全国政务如乱麻,全国政策如飘蓬,扰扰纷纷,徒以召乱。

夫吾国何以毫无政策一至此耶? 则亦因无国会之故。盖无国会,其始也,则责任内阁无所倚重,不能成立,各部政务无连带责任之关系,故行政上各不相谋,必至各部有各部之政策,或各部均无所谓政策。其继也,因无国会以公共讨论,则所谓政策者必系政府一面之理想,不能惬于国势民情,合于世界大势。其终也,则所取之政策,无论是否,不能得全国人之信用,而遇事阻挠,甚或惹起民间之激争,足以堕非常之大业,灰当国者之热心,此祸之最显著者。若既经开会之后,而共同讨论其政策,则朝野联为一气,政府始能贯彻其主张。虽一时国会程度或有不逮,然政府与国会常相接洽,出以大公,则议员亦不至轻于反对,可提携牖导,以跻于中正。且政府之苦心,亦可邀人民之共谅。

国家者,为全国人之国家,其政治又何不可与国人共之也。乃吾国执政诸公,因近来国中舆论混淆,以为纵开国会,恐亦无裨于国家大政,殊不知吾国今日何尝有正当之舆论乎。凡国中一大事之发生也,则民间所倡之言论,不过少数人之意见,一时一事之感触。故甲说与乙说相反,前说与后说相违,是非难于决择。盖吾国宪政未成,既无国会,复无政党,不能集合数百千人讨论国事,其舆论原难悉当,无足深怪,而国中人才,虽有卓识远见者,不能遽显其清议于社会,故其理终湮,国事易败耳。若速开国会之后,则必有伟大稳健之舆论腾布国中,而异说必见渐消,纳于一轨,政府乃可借重此等舆论,以为施政之方针。夫国会既赞成之于前,自能协助之于后。考各国历史,当未开国会之时,则舆论散布社会,辄与政府为敌。既开国会之后,则舆论集中于国会,遇事可资协赞。故代表等窃计,此时若能上下一心,共趋于国利民福之一途,议论或有参差,情势并无隔膜,亦正不难调和之也。此代表等今日要求速开国会之又一大理由也。

以上所论,吾国若不速开国会,其害之大,至易明了。代表等深察国中情形,朝不保夕,觉即从速召集国会,尚恐不能救亡,况并此国会亦靳而不予,窃恐人心一散,危局更难支持。观近来各省兵变、民变之事,数月之间,已数十起,为前此所未闻。虽幸扑灭,未即蔓延,而祸机隐伏,有触必发,汉、唐、元、明末造之祸,必将复见于今日。盗贼蜂起,人民涂炭,宗社邱墟,思之良可寒心。何则?各省民穷财尽,今已无可为讳,况复加之以饥馑,激之以外患,煽之以革党,而政令纷歧,官吏贪婪,又无时无事不可以速乱乎。

代表等鳃鳃过计,与其俟大难已作,同遭玉石俱焚之惨,何不及今力持大体,俯顺民情,速开国会,以弭乱于无形乎。此非代表等丧心病狂,故作危耸之词,以荧执政诸公之听也。诚上迫宗社之危亡,下逼人民之委托,惶恐陈情,势难中止,故语无忌讳,不及选择,惟原其心而宽其罪,幸甚。除胪列情形,呈由都察院代奏外,合再泣陈愚悃,仰候钧裁。不胜悲悚待命之至。

《请愿国会全体代表团合上政府书》,《申报》1910 年 7 月 2 日至 3 日

在筹备第三次国会请愿时的谈话

(1910 年 7 月 17 日刊)

我等受父老之重托,为天下所仰望,苟不达到速开国会之目的,虽诸君尽归,我孙某抵死不出京师一步也①。

政府所以不许即开国会者,以吾辈人数太少,疑非国民之同意

---

① 报载,近来孙洪伊迭与各省同志筹议第三次请愿方法,有以谕旨中勿得再行渎请字样,劝其稍缓运动,孙慨然以此回应。

也。若因私事辄行出京,见笑政府尤小,有负国民实大①。

《国会请愿不死(北京)》,《申报》1910 年 7 月 17 日

为日俄协约事告国民书

(1910 年 9 月 7 日至 8 日刊)

呜呼！我同胞亦知今日国家已亡,主权已丧,土地已削乎？亦知今日有斩吾国脉,剥吾主权,侵吾土地之事乎？亦知今日有斩吾国脉,剥吾主权,侵吾土地之祸首罪魁为谁乎？此非他,即向号称以保全东亚和平鸣于世界之日俄两国也。乌知夫首破坏东亚和平,而妨害列国均等之势者,即为口唱和平之人,此真近世以来之变局,为各国政治家所震骇不置者也。谓予不信,请观日俄缔结新协约一事。

数年以来,瓜分瓜分之声,久喧阗于吾人之耳鼓矣。然所以苟延残喘,而不即形分割者,非惮于吾国之威信也,惮于破列强均势之局而不敢先发耳。自日俄角逐于满洲之野,列强益深信均势之局不可破坏,相率以真意保全东亚和平,维持机会均等。而吾国乃得旦夕偷生于均势政策之下,以多延数年之国脉。此次日俄新协约发表,而吾国四万万人之生命财产,将随此数行条文以俱去。即

---

① 报载,国会请愿,清政府以代表人数过少,未见代表国民公意为词。是以上月 22 日,孙洪伊等召开大会,于代表团中增入举贡、优拔、留学生等数人。又虑及代表均来自政、学两界,拟择日在湖广会馆再开大会,联络农、工、商各界,使各举代表,或附入该会,或另立一派,以为三次请愿之后援。现代表团中有方、陈二人,近因家事出京,让孙洪伊等颇为无奈,有所批评外,拟决定代表团成员此后除关涉公事,概不准出京,以固团体,并电催方、陈赶速返京。

世界各国人民之生命财产，亦将因此而有大受损害之虑。盖吾人为保全国家计，不得不拼生命财产以相殉。各国为维持均等主义，以保全世界之真正和平计，亦不得不拼生命财产以相殉。此诚人类之浩劫，行见天翻地覆、风起水涌之惨剧，出现于地球之中也。吾同胞尚等闲视之哉？

日俄交相携贰，邻国之利，吾国之福也。日俄交相握手，邻国之灾，吾国之祸也。呜呼！阳历某月某日，日俄所缔结之新协约，即近世洪水猛兽之大纪念日也，岂独吾国之受其毒哉？当该协约之发表也，美报则痛诋日俄两国破坏和平，预备以兵力维持矣。德则增兵青岛矣。奥则极端反对矣。英则派兵入藏矣。法则增兵滇边矣。若意大利，若葡萄牙，以及其馀之诸国，均有跃跃欲动之势。盖各国自遭庚子事变以来，久表示不欲以兵力宰割中原矣。今竟将至于此者，岂各国之所得已哉？无非见日俄两国狼吞豕突，悍然排斥满洲列国均等之利益，纳满洲于其怀中，以破坏东亚之和平，不得不出于此，而以生命财产相殉耳。日俄两国之为世界人道之公敌也，其罪岂胜诛哉！

夫各国不过以利害关系，嗜爱和平之故，乃至以生命财产相殉，用极不和平之手段，以求真正之和平，而犹若此其公愤，矧在吾国，有国家存亡之戚者，其奔走号呼，哀痛惨切，当更何如哉！乃返而观之，我国民留学生者，国民之领袖也，而今且预备应试；报纸者，国民之耳目也，而今且相戒不言。酣歌如故，醉饱如故，蝇营狗苟如故，粉饰休明如故。农相安于野，商相安于市，行旅相安于途，工相安于镇，士相安于校，兵相安于营，一若无日俄协约也者。一若日俄协约，与我无关系也者。噫！天下最伤心惨目之事，孰有过于亡国灭种者乎？孰有过于亡国灭种之人，临死而不知痛者乎？

侧闻吾政府诸人,恐有反对协约者出,触犯强国之怒,有碍于目前之禄位,业已通告两国承认矣。丧心病狂,有如是耶! 有如是耶!

夫日俄之必有今日之协约,其远因已伏于日俄之役。盖自战局既终,各国政治家均以为日俄难免第二次之战争,日俄为求免第二次之战争,不能不有今日之新协约。彼诚见前日之旧协约,犹不足以解葛藤也。自伊藤殒命于满洲之野,而新协约已胚胎。自美国国务卿提议满洲铁道中立,而新协约已产生。使我国外务当局,稍有明眼之人,乘其协约未发之时,用敏妙手段以解散之,或于其已发之时,联合与国以反抗之,犹不失为公忠体国者。而乃事前不知防范,事后不知措置,临事又复仓皇,遽与二三昏聩大臣决议,以断送我祖宗发祥之地,则外务当局者误国之罪,诚擢发难数也。

代表等受举国委托,两次请愿,均归无效,知政府已不欲存吾国矣。而忽际此新协约之发现,其后之继协约而起者,不知将演如何之惨剧,是外人又不欲存吾国,而速吾国之亡也。夫吾人处此危急存亡之秋,非合全国人之心思材力,不足以有为也。今请揭示日俄协约之真相,以与国人共讨论之。

一、日俄新协约与旧协约之异同。查一千九百七年七月日俄所缔结之协约,其第一条云:两国相约尊重中国之领土保全,及尊重他国与中国已经正式结约所得之一切权利,并一千九百五年九月五日(即俄历八月十三日),在朴子茅斯所画押之条约,及日本国与俄国间所缔结之一切之特殊条约所生之权利。其第二条云:两缔约国相约,承认清国之领土保全,并列国在清国之商工业机会均等主义;且由自国可取之一切平和手段,拥护支持现状之存续,及前记主权之确立。观此旧协约两条,则俄日两国久已分割满洲,无庸置辨。然犹可以掩人耳目者,则以旧协约中第一条,犹明载以尊重中国之领土,不反列国机会均等之主义;第二条犹明载以由自国可取之一切平和手段,拥护支持现状之存续。是知日俄两国当日缔结条约时,多所顾忌,不敢遽然表示分割之意。故条文中若吐若茹,每多回护掩饰之词,盖深畏各国之抗议也。是当日之分割满洲,为消极主义,而非积极主义也;为单独行为,而非双方行为也。

若夫本年六月所订之新协约,则大不然。其第一条云:两缔约国为便利交通、发达商业起见,相约共同协力,改良各自在满洲之铁道,及整理该铁道之联络事务,并不得为妨害达此目的之竞争。其第二条云:两缔约国相约,无论何国,皆基于自今日至俄日间两国及与清国间所缔结之一切条约,又其他之约定维持尊重之现状。第三条云:如有发生侵迫前记现状之性质之事件时,两缔约国于维持现状认为必要之措置,得随时互相商议。

吾人一读此次日俄所缔结之新协约,即知其为绝对的分割满洲之攻守同盟,可断言也。前次第一条,于满洲铁道未见明文。今则第一条补订之研究铁道联络之方法,预防第三国提议满洲铁道之中立矣。前次第一条,明载限以不反机会均等主义之权利;第二条,明载承认清国之领土保全,并列国在满洲之商工业均等。今则协约全文不载领土保全及机会均等之字样,而默认排斥列国商工业机会均等主义,蹂躏中国之领土主权矣。前次第二条谓,由自国可取之一切平和手段。今则第三条谓,如有发生侵迫现状之性质之事件时,两国认为于维持现状为必要之措置,得随时互相商议,而为分割满洲攻守同盟矣。此等举动,岂特目无中国,且防制各国之势力亦极严密,无异宣告世界,以满洲为日俄之领土也。

由是观之,彼所谓维持现状者,即二国垄断满洲之谓也。满洲之铁道,日俄之铁道也。满洲之森林、矿务,日俄之森林、矿务也。

满洲之盐务、渔业,日俄之盐务、渔业也。满洲之岛屿、江河、山岭、土地,日俄之岛屿、江河、山岭、土地也。而今而后,各国有实行机会均等之主义者,日俄必认为发生侵迫事件,而互相商议措置,不容各国之置喙矣。吾国有欲行使主权,而经营一事者,日俄必认为发生侵迫事件,而共同防御措置,不容吾国之立足矣。昔也,日俄分割满洲,尚属消极主义,今竟成为积极主义矣。昔也,日俄分割满洲,尚属单独行为,今竟成为双方行为矣。然则我最爱平和之亲爱友邦,欲实行机会均等之权利,岂能嘿尔而已乎?然则我虽有数万万方里之雄大民族,欲为保全领土主权之计,又岂能安然而已乎?此吾人所以观于新旧协约之异同,而不能不为我同胞告者此也。

一、日俄密约之关系中国存亡。据世界各报纸所喧传,谓日俄另有密约。吾国报纸所记载,谓日俄另有密约四条。其第一条云,日本吞并韩国。其第二条云,俄国取缔蒙古。其第三条云,日俄两国保护黄河以北权利。其第四条云,两国提议监督中国财政。按第一条,俄承认日本吞并韩国。盖日本久有吞并韩国之心,其所以不敢公然表示者,畏俄国之议其后也。第二条,日本承认俄国取缔蒙古。盖俄人久怀侵略蒙古之野心,其所以不敢公然表示者,惧日人之乘其隙也。第三条,日俄两国保护黄河以北权利。盖俄人守彼得侵略之遗训,久有雄据满洲以席卷中原之志;日人行其政客亚细亚东部霸权之政策,久有抚长城之背,以窥伺幽燕之心,而其视线均以北方为归宿,其迟迟而不敢遽发者,恐因此而酿成利害之冲突也。第四条,日俄提议监督中国财政。盖客岁海牙平和会,某国曾经提议,其寂寂而未见诸事实者,恐难得列国之同情也。今俄既承认日本并吞韩国,日既承认俄国取缔蒙古,是两国向所踌躇顾虑,而不能获圆满之解决者,今则畅然满志,而各如其愿以去矣。且其相约保护黄河以北权利,是知其为预防两国经营北方数省之冲突,而将来之纷争可免,各得如其所约,以攫取人之土地矣。且进而相约监督中国财政,是直行其瓜分中国之决心,不欲以国家视我矣。

循是以往,设令英法协约而谋东南,英美协约而谋长江上下,德奥协约而谋山东辖境,其馀诸国各互相协约,以谋其所欲得之地,吾国尚得谓之国乎? 即令各国酷爱平和,不欲公然利我土地,如日俄之悖戾无人道,而吾国既被人以公式协约分割满洲以去,复被人以秘密条约分割数省以去,吾国尚得谓之国乎? 吾中国尚有人乎? 呜呼! 日俄不畏公法,不讲公理,以甘犯不韪而侵略人之国家,自以为天下莫与敌矣。岂知环地球而居者,尚有数十,各强国以伺其后乎? 呜呼! 日俄违反条约,违反人道,以肆行无忌,而吞灭人之国家,自以为计之得矣。岂知吾中国民族,歌于斯哭于斯者之万难忍受乎? 吾人所以观于密约之关系中国存亡,而不能不为我同胞告者此也。

由是观之,自有此协约出世,即吾同胞为牛为马之日也。即吾同胞永世沉沦,万劫不复之时也。即吾神州陆沉,地图改变颜色之会也。即吾种族灭绝之预兆也。何也? 以日俄两国合以亡我也。然则吾同胞夙昔傲然尊大,动则以堂堂中华自诩者,今则不敢自诩矣。吾同胞动则以四万万民族自雄者,今则不敢自雄矣。吾同胞日日振兴海陆军,欲赫然成为强国者,今则勿望矣。吾同胞日日争矿争路,欲收回已去之权利者,今则可不必矣。而今而后,吾同胞惟有束手待毙耳。尚何言哉! 尚何言哉①!

---

① 　全文未完,但《申报》此后未见续载。下文据《孔圣会星期报》补齐。

然而为国家全体计，不反对日俄协约固亡，反对日俄协约亦亡；等亡也，与其不反对而亡，孰若反对而亡之为快，尚有万一不亡之希冀乎。为人民个人计，不反对日俄协约固死，反对日俄协约亦死；等死也，与其不反对而死，孰若反对而死之为烈，尚有万一不死之理由乎。代表等受托深重，两次请愿，均归无效。吾政府死守专制，不与吾人以参政之权。然外患日迫，国亡无日，吾人又何忍坐视沉沦，以负国家而负同胞耶。自睹此约之后，仓皇失措，废寝忘餐，号泣奔走，群誓以死报国，不敢有二。业已再三讨议，得有对待之条件数则，询谋金同，咸谓可以进行，敢贡献于海内外同胞之前焉。

（一）诘问政府，是否业经承认日俄之新协约。

（二）诘问政府，应否质问各国，日俄新协约有无违反于机会均等主义。

（三）诘问政府，应否质问日俄两国，此次新〈协〉约何以违反于朴子马斯①之主旨，要求其正式回答。

（四）诘问政府，对于此协约之行动及结果，用何方法应付。

以上所举各节，均同人等所认为可行者，已自行担任执行，勿烦吾同胞之顾虑。此外尚有对付条件，如组织应付日俄同志会，组织满蒙调查协会，组织青年队，请国民自由捐资，以为举行各项事业之用。此则非同人等棉力所能及，不能不于吾同胞是赖焉。此外或另有办法，亦请自由行动。同人等与我同胞同处敝舟之中，方法不必尽同，总以能达彼岸为期。

尤有当戒者，吾中国人举事，每多一哄之政策，不问其事之究

_____

① 即前文之朴子茅斯，后文亦作朴资茅斯，现在一般译作朴茨茅斯。

竟如何，·时激于意气，群相奔走叫号，未几热潮一过，而即归于冷静。此吾国人之特有性质，勿庸讳者也。今日之役，如漏舟泛大海，又值狂风怒号，黑浪翻天之际，惟有鼓棹前进，或有一线之生机，否则同归于尽耳。愿吾同胞无气馁，无他诱，无始怠终懈，无作壁上观，大家齐心努力，以争此一息之生命，而令千百世下，凭吊黄魂于东海之滨也。

尤有当戒者，吾国同胞自甲午以还，迭遭外侮，愁视外人之念，郁积于中，有与之谈及外事者，辄群然色变，时有不规则之行动。不知今日之事，吾人所反对者，日俄协约也。与吾人为仇者，日俄也。此外与我通商之亲爱友邦，皆与我无丝毫之嫌，皆被日俄排斥于满洲机会均等主义之外，而与我有同情者也。愿吾同胞认定主脑，勿迁怒于各国，勿作妖言，勿毁教堂，勿妨洋商，以得世界友邦之同情，而共图吾人所欲图之目的。勿得恩怨不明，以惹起各国之干涉，致玉石俱焚，而负友邦维持东亚和平之盛心也。

诚如是也，代表等将登昆仑之顶而呼曰：吾同胞其速起！吾同胞其速起！速起！速起！速起！速起以反对日俄之新协约！奋一往直前之矢，百折不回之气；立破釜沉舟之志，扬拔山盖世之威，天下事尚未可量耳。北渡黄河，南瞰长江，浩浩乎山河之隆，决决乎大国之风，吾中国之数万万方里仍在也。天下岂有拥数万万方里之国，而畏人者哉！睥睨腥膻骨肉，恢复破碎山河，愿与国人共哭之。

《国会请愿同志会干事孙洪伊等为日俄协约泣告国民书》，《申报》1910年9月7日至8日；《国会请愿同志会干事孙洪伊等为日俄协约泣告国民书（续）》，《孔圣会星期报》1910年第32期

为日俄协约事上清政府书

（1910年9月11日至13日刊）

近年以来，国事岌岌不可终日，一般人民忧愤交并，自奉预备立宪之明诏，辄欢欣鼓舞，想望太平。及俯察近年所筹备内外大小衙门，匪特粉饰敷衍，且反假维新之名，为渔利之地。国人有鉴于此，窃以为竞争时代，非实行立宪不足以图存，非即开国会不足言立宪，于是委托代表等以请愿重任。自冬徂春，历寒涉暑，两次陈请，未蒙俞允，久蓄疑虑，欲求宣示，而日俄新协约适又出现，危亡之迫，尤非昔比。传云："国家兴亡，匹夫有责。"不能不披沥下忱，求教于大人之前，幸垂察焉。

呜呼！今日之斩吾国脉，剥吾主权，侵吾土地者，非此日俄协约乎？今日破坏东亚之和平，妨害列国之均势者，非此日俄协约乎？夫列强瓜分瓜分之声，久已腾布于世界矣。然所以苟延残喘，而不即行分割者，非惮于吾国之威信也，惮于破坏列强均势之局，而不敢先发耳。自日俄角逐于满洲之野，列强益深信均势之局之不可破坏，相率以真意保全东亚和平，维持机会均等，而吾国乃得旦夕偷生于均势政策之下，以多延数年之国脉。此次日俄新协约发表，而吾国四万万人之生命财产，将随此数行条文以俱去。即世界各国人民之生命财产，亦将因此而有大受损害之虑。盖吾国为保全国家计，不得不拼生命财产以相殉；各国为维持均等主义，以保全世界之真正和平计，亦不得不拼生命财产以相殉。此诚人类之浩劫，行见天翻地覆、风起水涌之惨剧，出现于地球之中也。我政府诸公,尚能等闲视之哉?

夫日俄交恶,邻国之利,吾国之福也。日俄交亲,邻国之灾,吾国之祸也。呜呼! 日俄所缔结之新协约,即近世洪水猛兽之大纪念日也,岂独吾国之受其毒哉? 当该协约之发表也,美报则痛诋日俄破坏和平,愿备以兵力维持矣。德则增兵青岛矣。奥则极端反对矣。英则派兵入藏矣。法则增兵滇边矣。若意大利,若葡萄牙,以及其馀诸国,均有踊跃欲动之势。盖各国自遭庚子事变以来,固表示不欲以兵力宰割中原矣。今竟将至于此者,岂各国所得已哉? 无非见日俄两国,狼吞豕突,悍然排斥满洲列国均等之利益,纳满洲于其怀中,以破坏东亚之和平,不得不出于此,而以生命财产相殉耳。日俄两国之为世界人道之公敌也,其罪岂胜诛哉!

夫各国不过以利害关系,嗜爱和平之故,乃至以生命财产相殉,用极不和平之手段,以求真正之和平,而犹若此其公愤。矧在吾国,有国家存亡之戚者,其奔走号呼,哀恸惨怛,当何如哉! 乃闻政府诸公,恐有反对者出,触犯强国之怒,业已通告两国承认矣。此语诚然,不知政府诸公果何所恃,而敢于独断独行耶?[①]

夫日俄之必有今日之协约,其远因已伏于日俄之役。盖自战局既终,各国政治家均以为日俄难免第二次之战争,日俄为求免第二次之战争,不能不有今日之新协约。彼诚见前日之旧协约,犹不足以解葛藤也。自伊藤殒命于满洲之野,而新协约已胚胎。自美国国务卿提议满洲铁道中立,而新协约已产生。使我国外务当局稍有明眼之人,乘其协约未发之时,用敏妙手段以解散之,或于已发之时,联合与国以反抗之,犹不失为公忠体国者。而事前不闻防

①　9月11日刊载至此,后署"全完",应误。

范，事后不闻措置，临事又复仓皇，竟以二三私意，承认不遑。此语诚然，不知政府诸公果何所恃，而敢于独断独行耶？谨陈两疑点如下：

一、日俄新协约与旧协约之异同也。查一千九百七年日俄所缔结之协约，其第一条云：两国相约尊重中国之领土保全，及尊重他国与中国已经正式结约所得之一切权利，并一千九百五年九月五日（即俄历八月十三日）在朴子茅斯所画押三条约，及日本国与俄国间所缔结之一切之特殊条约所生之权利。其第二条云：两缔约国相约承认清国之领土保全，并列国在清国之商工业机会均等主义；且由自国可取之一切平和手段，拥护支持现状之存续，及前记主权之确立。观此旧协约两条，久已分割满洲，无庸置辨。然犹可以掩人耳目者，则以旧约中第一条犹明载以尊重中国之领土，不反列国机会均等之主义；第二条犹明载以由自国可取之一切平和手段，拥护支持现状之存续。是知日俄两国当日缔结条约时，多所顾忌，不敢遽然表示分割之意。故条文中若吐若茹，每多回护掩饰之词，盖深畏各国之抗议也。是当日之分割满洲，为消极主义，而非积极主义也；为单独行为，而非双方行为也。

若夫本年所订之新协约，则大不然。其第一条云：缔约国为便利交通、发达商业起见，相约共同协力，改良各自在满洲之铁道，及整理该铁道之联络事务，并不得为妨害达此目的之竞争。其第二条云：两缔约国相约，无论何国，皆基于自今日至俄日间两国及与清国间所缔结之一切条条〔约〕，又其他之约定，维持尊重之现状。其第三条云：如有发生侵迫前记现状之性质之事件时，两缔约国认为于维持现状必要之措置，得随时互相商议。代表等一读此次日俄之新协约，即知其为绝对分割满洲攻守同盟，可断言也。前次第一条,于满洲铁道未见明文。今则第一条补订之研究铁道联络之方法,预防第三国提议满洲铁道之中立矣。前次第一条明载,限以不反机会均等主义之权利;第二条明载,承认清国之领土保全,并列国在满洲之商工业均等。今则协约全文不载领土保全及机会均等之字样,而默认排斥列国商工业机会均等主义,蹂躏中国之领土主权矣。前次第二条谓,由自国可取之一切平和手段。今则第三条谓,如有发生侵迫现状性质之事件时,两国认为于维持现状为必要之措置,得随时互相商议,而为分割满洲攻守同盟矣。此等举动,岂特目无中国,且防制各国之势力亦极严密,无异宣告世界,以满洲为日俄之领土也。

由是观之,彼所谓维持现状者,即二国垄断满洲之谓也。满洲之铁道,日俄之铁道也。满洲之森林、矿务,日俄之森林、矿务也。满洲之盐务、渔业,日俄之盐务、渔业也。满洲之岛屿、江河、山岭、土地,日俄之岛屿、江河、山岭、土地也。而今而后,各国有实行机会均等之主义者,日俄必认为发生侵迫事件,而互相商议措置,不容各国之置喙矣。吾国有欲行使主权而经营一事者,日俄必认为发生侵迫事件,而共同防御措置,不容吾国之立足矣。

昔也,日俄分割满洲尚属消极主义,今竟成为积极主义矣。昔也,日俄分割满洲尚属单独行为,今竟成为双方行为矣。政府诸公即放弃保全领土主权,缄默不言,能保我最爱和平之友邦皆放弃其机会均等之权利,同安缄默乎?此不可解者也(中与《通告国民书》措词相同,因已见前报,从略)[①]。政府诸公苟不忍俯首异国以求容,必不能离中国范围而独立。中国亡,国民俱亡,诸公子孙岂能

———————

① 原文如此。

独存？诸公自身岂能独存？诸公纵不为国民计，独不为子孙计乎？纵不为子孙计，独不自为计乎？谅诸公老谋硕画，必有所以处之也。然天下但见日俄协约之公布，并不闻政府对待之方针，人心汹汹，莫知所向。夫愚民易动而难静者也。窃恐积疑生惧，积惧生忿，积忿生乱，一旦众情溃裂，其事将有不忍言者。彼时诸公虽剖心沥胆，取四万万人耳提而面命之，而噬脐已无及矣。

伏维诸公坚拒国会之请至一至再，诸公固不特自信优于内治，即外交亦应付裕如也。今失败如此，代表等负陈述人民总意之责，不敢避干涉国家机要之愆，恳按后开条件明白训示，以定众志，而息群疑，此则代表等所祷祀以求者也。明知不祥之言，冒渎忌讳，刀锯斧锧，亦所甘心。情迫词激，不胜皇恐待命之至。谨将质问事件条列如左，恭候答裁：一、是否业经承认日俄之新协约；二、应否质问日俄两国，此次新协约何以违反于《朴资茅斯条约》之主旨，要求其正式回答；三、对于此协约之行动及结果，用何方法应付。

《代表团为日俄协约事上政府书》，《申报》1910 年 9 月 11 日至 13 日

致天津商会函

（1910 年 10 月 5 日）

径启者：本团自二次上书，仍归无效。同人等再四筹商，宣布议决案。原拟九月在资政院陈请提议，一面由各省同志会养成实力，明春二月大举要求，彼时海内外函电敦迫追〔进〕行。金谓誓结敢死团体以为后盾，若复如前行动，未免迁缓罢软，有负国民委托。

同人等受诸父老兄弟督责,所以隐忍而不敢置辨者,无非欲合四万万同胞积诚呼吁,以见吾国民程度并无不足,冀君父之一悟,不终为贪庸政府所蛊惑,以达夙昔平和请愿之目的,而不演各国上下交哄之惨剧也。

无如风云日恶,时势逼人,日俄协约发现,而日本吞并韩国随即实行。近且外人胜兵快炮,分布南北满洲,野心勃勃,真有一日千里之概。东三省人民惊惶无措,各谋迁徙,特派专员李君芳、文君耆来本团告急,共图挽救。窃惟朝鲜灭亡,满蒙全部,他人入室,已非我有,再乘其高屋建瓴之势,狼奔豕突,将何所底? 况各国本其机会均等、利益均沾主义,相沿而起,吾国五分四裂,直旦夕间事耳! 嗟我同胞,急何能择!?

兹经本团开会集议,决定由驻京各代表上监国书,上政府书,上资政院书,抵死请愿,无论如何危险,皆所不计。并请贵团体同时开会,邀集大多数国民,速赴各督抚衙门,泣恳代奏速开国会,以救国亡,或联电政府代奏。尤愿布告本省诸志士,各抒平日宗旨,竭其能力,但于救国有济,任用何种手段,分途并进,务求内外策应,声势联络,使强邻咸憬然于吾政府可欺,吾国民必不可侮,或者稍戢凶威,顾全睦谊。吾国存亡,在此一举,谅诸君子必能奋发争先也。

嗟乎! 国步艰难,当途晦塞,急起直追,深悔优游之贻误,天荆地棘,宁容苟且以偷生。谨布下忱,恭祝热度。北京国会请愿代表团孙洪伊等启。

《孙洪伊等人为二次请愿无效拟再上书并请各分会速邀大多数国民向督抚泣诉事致天津商会函》,《天津商会档案汇编(1903—1911)》下册,第 2339 页至 2340 页

与毓朗的谈话[①]

（1910 年 10 月 14 日）

去冬叩谒，深知贝勒对于国会极表同情。今贝勒已入军机，益望极力主持，以救国亡，而慰民望。

《代表谒见朗贝勒庆邸详闻》，《申报》1910 年 10 月 26 日

与奕劻的谈话[②]

（1910 年 10 月 15 日）

时势危迫，所仰赖者，仅摄政王及王爷。国会如不早开，庶政即无主宰。请王爷早定大计。

宪政馆所编筹备清单，先后缓急，大失其宜。

《代表谒见朗贝勒庆邸详闻》，《申报》1910 年 10 月 26 日

---

① 是日，国会请愿代表一行九人谒见爱新觉罗·毓朗，孙洪伊述代表来意。毓朗表示"极力主持"。本文系节录。

② 是日，孙洪伊与湖北代表陈登山、东三省代表李芳等往谒奕劻，陈述东三省危状，恳请主持，早开国会。奕劻表示，"决不忍心反对"，尽力而为之。本文系节录。

上监国摄政王载沣书

（1910 年 10 月 16 日刊）

　　监国摄政王爷殿下：敬肃者，前所上书，度蒙省览。岁月不居，邈焉已秋，洪伊等慨念时局，奔走呼吁，希望国会，怒如朝饥，一再陈请，矢志不忒〔贰〕。私谓世界立宪，皆经铁血，吾国当圣君贤王临轩出治，顺民之欲，期以九年，膺福安怠，实为至幸，顾当饥而思食，迫寒而求衣，期之旦暮，虽欢欣鼓舞，犹虑饥寒之不及待，矧九年之久乎？

　　窃计洪伊等自去年至今，蠡国势之阽危，痛外患之亟迫，思救国亡，惟有国会，既两次奔叩帝阍，未邀俞允，抱忠怀愚，不敢谓见屏于君父，辄自退阻，方欲与全国人民，为三续请命之举，而海内外父老昆弟，亦复函电交驰，迫不令去。洪伊等滞羁京师，其所以奔走号呼不敢告劳者，诚欲以款款之愚诚，冀幸君父之一悟也。

　　乃者东三省人民，以日本并韩而后，势力渐趋于南满，北部则迫于强俄，介居两大，协谋来侵。约章既成，风云益剧，东省人民，寝不贴席。既合全省士绅，会议数四，乃公推特派员数人到京。佥谓及今不开国会，国家必无幸存，东三省有变，则全局瓦解，宗社人民，将置何地？虽欲从容立宪，不可得矣。时势迫促，不能再缓须臾。嗟嗟吾王，期年之间，时变如此，吾贤王受先朝遗命，监辅冲主，身膺国家之重，倘亦有震撼于中，不能自己者乎。

　　夫鉴往以知今，即今以察来，有远虑而后免近忧。人民生长草野，习审时变，私冀奋然图治，转弱为强，转危为安者，非贤王莫属，徒以天泽之分，不能旦夕面王，痛陈国家之大计，变革之大纲，为可痛耳。方今之病，患在壅隔。以贤王求治之殷，吾民望治之切，两相需于冥漠之中，而迄不能豁然大解者，则以上下不交通之弊也。顾上下交通，则机关之设，首在国会。国会者所以通上下之情，为宪法上立法最高之机关。有国会而后可言立宪。无国会而言立宪，人民生其疑阻，政事日即惰偷，虽日日言筹备，而财用之耗蠹，人才之蹙藏，民生之凋敝，恐即在此筹备之中，而祸乱之至且无日矣。

王试思列国之强，皆有一日千里之势，而吾国至今犹在纷纭梦扰中。庶政孔多，而财政奇绌。官僚充斥，而责任无人。非不日言筹备也，而局处衙门，凡号称新政机关者，率皆东涂西抹，举一遗二。而其间犹复新旧杂糅，有举无废，循节敷末，百孔千疮。以如此之政治，当列强之竞争，其有幸乎？且无暇与列强絜短较长也。凡事不从根本解决，而徒爬枝搔叶，鲜克有济。王试观两年以来，宪政筹备之清单，不可谓之不密矣。督促进行之诏旨，不可谓之不勤矣。以言财政，而财政之紊乱如故；以言教育，而教育之腐败如故；以言警察，而警察之疲玩如故。其他军事、实业，凡关于国家大计者，更无一足餍人心焉。外人之觇吾国者，以为吾国之政治，如灭烛夜行，无一线光明，几不足与于国家之数。故其在吾国之行动，皆不以平等相待。

值此内外交迫之际，若非有大举动大变革，则孰若速开国会，与天下以更始，令四海万国耳目一新，知吾国家真实立宪，见日月之明，而奸谋自阻。以中国幅员之广，人民之众，必不信开国会后不能自强也。凡百事功，皆发乎机，机之一发，则群耳易听，万目改视，腾为舆论，亦遂朝黄暮绿，南北易位。开国会即其机也。我能行之，安知不足以震慑列强。闻卧虎之啸，则猎者骇走，莫之敢撄。国家危亟，北钥告警，猎人在前，当复何谋。

洪伊等分属国民，有俱烬之痛，义不忍复偷瞬息之安，所以昧死一言，冀吾王之投袂而起也。伏愿吾王，上为皇上，下为人民，巩固我国家亿万年永永长治久安之基，当幾立断，即日请旨，速开国会，上以副先朝托付之重，下以慰亿兆人民望治之心，俄顷之间，立新朝局。但令国会早开一日，即人民早享一日之太平，洪伊等归耕垄亩，歌咏衢壤，于愿足矣。

所有披沥下情，请速开国会缘由，除陈请资政院议决代奏，并呈由政务处代奏外，谨合词笺状以闻，惟冀垂鉴。抑更有言者，资政院之性质，本与国会不同，其组织亦与国会迥别，万不足以代国会，前由都察院代奏书中，已缕晰言之，幸王少留意，毋惑于叶公之龙也。迫切陈请，语不及检，无任惶恐待命之至。秋风迅厉，伏惟万福。

《代表团孙洪伊等上监国书》，《申报》1910 年 10 月 16 日

上资政院书

（1910 年 10 月 18 日至 19 日刊）

为时局阽危愈甚，臣民望治愈亟，请速开国会，俾宪政得以实行，以苏民困而救危亡，联名陈请，泣恳代奏事。窃洪伊等闻，事君父者无隐，发于天性之爱，不忍为饰辞也。救焚溺者不趋，迫于祸害之急，不敢循迂节也。洪伊等前曾代表民意，吁请速开国会，叠于上年十二月二十日、本年五月二十日钦奉明诏，诲以勿骛虚名，

勉以一心图治，鉴其忠爱，而戒其渎请。洪伊等循诵再四，感极生泣，何敢更犯威严，自干罪戾，顾犹哓哓焉不能已于言者，则以国家危急存亡，实迫眉睫。

今日事势，已迥异数月以前，更阅岁时，安知所届。昔人有言，鹿死不择音，又曰疾痛惨怛，未尝不呼父母。洪伊等窃见自五月二十二日以后，时局骤变，惊心动魄者，不一而足。外之则日俄缔结新约，英法夙有成言，诸强释嫌，协以谋我。日本遂并吞朝鲜，扼我吭而拊我背。俄汲汲增兵，窥我蒙古。英复以劲旅捣藏边。法铁路直达滇桂，工事急于星火。德美旁观，亦思染指。瓜分之祸，昔犹空言，今将实见。内之则各省饥民救死不赡，铤而走险，土匪乘之，骚乱日告。长沙、莱阳几酿大变，虽幸获戡定，而善后之策，一筹莫展，乱源不拔，为患方滋。此外各地无不嗷鸿遍野，伏莽满山，举国僛然，不可终日。此等现象，皆起于最近数月之间，非惟洪伊等所不忍闻，当亦我皇上所不及料。

昔汉臣贾谊陈时局之危，譬诸抱火厝积薪之下，而寝其上，火未及然，因谓之安。数月以前，我国时势，盖有类于是。今则火既然矣，且将燎原矣，举国臣民，顾影汲汲，朝不保夕，非赖皇上威德，亦复何所怙恃。此所以不敢避斧钺之诛，沥心泣血，而思上诉者也。伏读谕旨有云，国家至重，宪政至繁，缓急先后之间，为治乱安危所系。大哉王言，治道尽于是矣。夫求治莫要于审缓急先后，而若者宜缓，若者宜急，若者宜先，若者宜后，则不能徒征诸理论也，而当以事实为衡。今中国非实施宪政，决不足以拯危亡，尽人而知之矣。然宪政若何而始实施，此最不可不审也。

比者，筹备宪政之有名无实，天下共见。中外臣僚，其涂饰敷衍，捏报成绩，苟以塞责者，固所在多有。而一二忠勤爱国之大吏，亦尝知虚名之不可以久假,欺罔之不可以公行,力陈现在筹备之失当,成效之难期。如督臣李经羲、陈夔龙,抚臣陈昭常、孙宝琦,藩臣王乃徵等,皆先后有所献替,虽所求补救之策,各有不同,至其言现在筹备之不能举实则一也。筹备而不能举实,则何如不筹备之为犹愈,于是诸臣中渐有倡停办宪政之说者。夫以今日之所谓筹备,非惟不足以利国,而反以病民,则停之似宜也。虽然曾亦思孝钦显皇后、德宗景皇帝所以赫然宣布立宪者,其意果何在乎?使专制政体,而尚足以维持国命于不坠,则以在天两宫之圣,亦何乐为此扰扰,以摇惑天下之耳目。先圣之以宪政贻谋于皇上也,盖洞瞩时势,深察民情,知中国非此则不足以图存也。夫朝令暮改,君子犹讥其反汗,况于先朝训诰,为国家定百年大计者,为人臣子乃敢窃窃焉议废弃乎?是故以现在筹备宪政之不能举实,而务设他法以举其实焉可也,坐是而疑宪政之当废焉不可也。此如抱病之夫,缘食增病,不务治病,而思绝食,未有不速其死者也。

洪伊等以为,筹备宪政之实之所以不举者,皆坐无国会而已。何也?盖立宪之真精神,首在有统一行政之机关,凡百设施,悉负责任,而无或诿过于君上,所谓责任内阁者是也。责任内阁何以名?以其对于国会负责任而名之也。是故有责任内阁,谓之宪政;无责任内阁,谓之非宪政。有国会则有责任内阁,无国会则无责任内阁。责任内阁者,宪政之本也。国会者,又其本之本也。本之不立,而末将安所丽?两年以来,所以筹备一无成绩,而宪政二字几于为世诟病者,皆坐是也。

洪伊等恭绎谕旨,谓据各衙门行政大臣奏称按期次第筹备,一切尚未完全。又云仍俟九年筹备完全,再行降旨,定期召集议院。皇上慎终于始之盛心,洪伊等具有天良,岂不知感?特不知届九年期满之时，倘筹备仍未完全，亦将召集国会否耶？如云不完全而亦召集也，则等是不完，后之与今，复何所择？如云必完全而始召集也，窃恐似兹筹备终古，更无获效之时。此非洪伊等疏逖小臣，吹毛责备之私言，即以国之世臣如李经羲辈，身处当局，洞悉情伪，而其言之忧危既已若彼，皇上于召见中外大吏时，试命其自抚良心，问有一人焉敢谓前此筹备之确著成效者乎？又命其自撼怀抱，问有一人焉敢谓将来筹备之确有把握者乎？他勿具论，即就财政一端言之，自侈言筹备以来，岁费增加，司农竭蹶，数倍于前，后此且将益甚，筹备案中所列诸要政，虽欲勿停，又安可得？一事如此，他事可推。若是乎筹备宪政一语，不过供大小官吏欺罔君父，自便私图之口实，而于先朝殷殷贻谋之本意，更复何有？我皇上如谓，今日中国可以不复筹备宪政也，则洪伊等亦复何言。亦既知筹备之不可以已矣，又灼见乎二三年来，所谓筹备者之一无实效矣，而不深考其所以无效之故，而别思所以致效之途，此洪伊等所大不解也。

夫筹备何以能有效，必自行政官各负责任始。行政官何以能负责任，必自有国会以为监督机关始。是故他事皆可后，而惟国会宜最先。他事皆可缓，而惟国会宜最急。谕旨谓缓急先后之间，为治乱安危所系者，岂不以此耶。昔汉臣刘向上成帝封事云："下有泰山之安，则上必有累卵之危。陛下为人子孙，保持宗庙，而令国祚永移，降为皂隶，纵不爱身，奈宗庙何？"其词危苦，千载下读之，犹将流涕，而独怪当时世主，处彼岌岌之势，闻此謇謇之言，何以漠然曾无所动于中，或明知其善而莫能用，坐使身死国亡，为天下笑，岂天命不佑，非人力之所能回，毋亦在上者不能听言择善，有以自取其咎也。

今国势之危,过于汉季者,且将十倍,出万死以求一生,惟恃国会与责任内阁之成立。及今急起直追,犹惧已迟,更复荏苒数年,后事何堪设想。夫自五月二十二日,以迄于今,不过数月间耳,而事变之咄咄逼人,已再四而未有已。盖悬崖坠石,愈近地而速率愈加。今后数月中,其可惊可痛之事,恐将又甚于此数月。而筹备案之敷衍告竣,乃须期诸六年以后,此六年中内忧外患,谁复能料?而长以此泄沓阘冗不负责任之政治应之,祸变之惨,岂复臣子所忍言者哉!昔朝鲜当光绪二十一年,其主亦尝誓庙告天,宣言预备立宪,设责任内阁,其所颁大诰十二条,略与我《宪法大纲》相类,徒以无国会之故,监督机关不立,凡百新政,皆有名无实,利不及弊,坐是鱼烂,以底于亡。《诗》曰:"殷鉴不远,在夏后之世。"若朝鲜者可以鉴矣。

洪伊等诚知冒渎宸严,罪合万死,徒以时局煎迫,朝不逮夕,国脉民命,系兹一线,谨合词沥血,陈请贵院迅赐提议,于宣统三年内召集国会。并请提前议决代奏,恭候皇上圣鉴,训示施行,须至陈请者。

《国会请愿代表孙洪伊等上资政院书》,《申报》1910 年 10 月 18 日至 19 日

致宁郡教育会函

(1910 年 10 月 19 日刊)

日德〔俄〕协约发现,而日本并韩随即实行。近且外人胜兵快炮,分布南北满洲,野心勃勃,真有一日千里之概。东三省人民惊惶无措,各谋迁徙,特派专员李君芳、文君耆来本团告急,共图挽

救。并请贵团体同时开会，邀集大多国民，速赴各督抚衙门，泣恳代奏速开国会，以救国亡。

《教育会预备讨论国会问题》，《申报》1910 年 10 月 19 日

致各省谘议局函

（1910 年 10 月 19 日刊）

国会三次请愿，经各省谘议局联合会决定日期，拟在十一月间举行，顷以东三省自日俄缔约而后，惶急万状，屡派专员到京上书，而直隶人民复于本月初四日，集合二千馀人，要求陈督代奏请开国会，业允即日缮递。山西巡抚闻亦专折奏陈。乘此机会，倘得各省谘议局同时要求督抚专折代奏，则声势较壮，必能集事同舟之谊，谅贵省必表同情也。鹄候裁夺，祗请台鉴。北京国会代表孙洪伊等公叩。

《代表团函请各省要求国会》，《申报》1910 年 10 月 19 日

上奕劻书

（1910 年 10 月 23 日刊）

王爷殿下：去腊严寒，恭敏邸第，得侍光颜，备陈草莽区区之忱，请求速开国会，过蒙损纳，皇感万状。时日靡常，历春涉秋，忽忽数月，而外交变更，旧藩不祚。日俄肆启野心，意在东省，协约发表，举国震骇，愈谓非国会不足救亡。各省督抚，亦心知其然，时流

露于奏牍之间，所以不敢直陈者，犹虑枢府中慎重国是，或干渎冒耳。

伏维王爷，手掌枢衡，数十馀年，凡国家变法之大计，维新之景运，皆出王爷主持，翼赞圣德，以有今日。顺时为变通之道，王爷既熟审而利行之，今者中外人民，希望国会，若饥渴之于饮食，时会既至，因势利导，惟王爷是望。国家根本，首在民心。王爷更历时变，老谋深识，度亦洞鉴。今日时事，惟恃此民心之忠爱，尚有可为。倘得矜鉴愚诚，慨念国本之靡定，密陈黼座，代为人民吁请速开国会，以慰中外之望，则微特人民感激涕零，歌颂周召夹辅之勋，抑大清万年巩固之基，先朝神圣，实式凭之。若其稍有回皇，窃恐四海人心，怏怏失望，而外患日迫，内体不坚，国家大事，或蹉跌不虞。当此时而责任所在，夫谁与归？王爷试言念及此，何以图之。急切不皇择言，匍匐待命，无任皇悚。

《国会请愿代表孙洪伊等上庆邸书》，《申报》1910 年 10 月 23 日

与汪荣宝、雷奋等的谈话

（1910 年 10 月底①）

此次一不得请，人民绝望，怨毒所发，不知演出如何惨剧。大众争此生死关头，苟有所闻，万不能不即行揭载，以破阴谋，诚不暇

---

① 《申报》报道时称"昨晚"，时间应在 10 月 29 日至 30 日间。是晚，资政院议员雷奋等于石桥别业公宴《太晤士报》主笔，孙洪伊及资政院民选议员汪荣宝等在座。席间，汪荣宝称自己向来主张速开国会外界不容，谓其反对速开，殊不可解。孙洪伊除陈述速开的重要性外，又请汪等坚持初志，予以促成。

爱惜个人名誉,致妨大计。足下但能始终赞成甚好,世界自有定论,谅不至因人言而变初志也。

《各省官民之国会热》,《申报》1910 年 10 月 31 日

通问各省同志书

(1910 年 11 月 5 日)①

敬启者:某等承全国诸父老委托之重,匍匐都门,请求国会,积诚罄哀,一年于今三次上书,幸值各省督抚连翩之电奏力争于外,资政院全体之通过主持于中,王大臣乃始临朝震悚,翻然改图,会议数四,顾犹回翔容与,疏慢不促,定为宣统五年开设议院,昨奉上谕已宣示臣民。千气万力,得国会期限缩短三年,心长力短,言之痛心。以诸父老希望之殷,而效果止此,委任非人,能无惭悚?

夫令时会可以少安,国步不致日蹙,则优游坐待,即至九年之久,何容焦燥。无如国家时变,瞬息万端,今去宣统五年,尚复距离三年,不审此三年中,列强环视,外交上有无变更与否?财政竭蹶,内部分事有无嚣暴与否?公廷揽权,私室幸进,叫嚣奔竞,中央政府有无内讧与否?且国会未开,而先设内阁,监督无人,有无滥用权利〔力〕与否?新旧过渡,必防官邪,政治改革而宽以岁月,有无佥任〔壬〕贪缘,大臣把持,肆其奸谋与否?国本未定,而人心惶惶,我谋不用,有无灰绝与否?中央集权,而无人民为之赞助,治不统

---

① 天津商会收函时间为 11 月 9 日。

一,各省督抚有无不能行政与否?宪法先颁,而不经国会通过,有无权限失当与否?三年遥遥,夜长梦多,诸父老与有兴亡之责,为国忧勤,其何以图之?

夫我皇上冲龄践祚,监国摄政王负斧〈扆〉而朝,内处深宫,日月固有遗照之明,今兹主谋,度必有一二昏耄老臣,势居津要,阳为老成持重之言,而阴以遂其敷衍苟且窃踞朝柄之私心。而新进得幸之臣,又甚虑国会一开,人才勃兴,或致摇撼其禄位,坐是遏抑阻,力主五年之说,相与扬波而助焰。是举各督抚与人民之所要求明年速开者,率皆一不审谛,徒取决于少数之廷臣。而廷臣仰承风旨唯诺者十九,草具说贴,不敢有异论,相率画诺,遂为定议。朝命即下,度非复挟一公呈,一请愿书,可以力争也。又非复少数人奔走呼吁,可以终得请求也。惟诸父老实图利之。鹄候裁示,以定进止,无任惶悚。国会请愿代表团孙洪伊等谨启。

《国会请愿代表孙洪伊等为第三次上书仍归失败事发布〈通问各省同志书〉》,《天津商会档案汇编(1903—1911)》下册,第 2341 页至 2343 页

致各省谘议局电
(1910 年 11 月 7 日)

谘议局转各团体鉴:国会仅缩三年,人心失望,如何速复。伊。

《请愿代表不满意于国会年限》,《申报》1910 年 11 月 9 日

遵谕解散国会请愿代表团启事

（1910 年 11 月 20 日）

敬告者：自奉初三上谕以后，同人等咸以国会期限虽经缩短，而请愿速开之目的尚未得达，私衷自问，负疚良多。顾既迫于朝命劝谕散归，则一时之间，势必难求挽回，惟有解散代表团。至此后同人通信机关，暂以在京同志会总部为收发处。特此报告，祗请台鉴。国会代表孙洪伊等谨启。

《孙洪伊等人发布遵谕解散国会请愿代表团启事及〈同志会通告书〉》，《天津商会档案汇编（1903—1911）》下册，第 2343 页

同志会通告书

（1910 年 11 月 20 日）

敬告者：请愿代表业已解散，而各省同志函电纷纷，垂询同人在京行止，并进行方略。同人责任所在，敢不自勉。地势辽远，恐劳厪系。谨将暂时规划之梗概，奉告如左：

一、代表团。既奉朝命劝谕解散，自不能再行存在，致招干涉。纵国会期限之缩短，揆之请愿之初衷，殊未圆满，亦未便于一时之间，出而要求。盖既为事实上决无效力，诚不如暂时消灭代表团，异日再有要求，另行组织。

一、同志会。其宗旨本不仅在请愿，并为灌输一般国民之宪政

知识而发。且原章规定,非国会成立后不得解散。此次所得请愿之效果并未圆满,自应存此机关在京总部,于代表团解散以后,政党之基础未成立以前,即为同人通信之所。

一、国会期限。上谕既定宣统五年,遽请收回成命,诚恐难达此希望。拟由种种方面督促之,稍缓须臾,或可要求四年春间或秋间召集。

一、宪法、议院法、选举法及官制、内阁组织法。此数项为国会未开以前,应行设备之事,自应要求赶早编定,并设法参预之。

一、政党。各处函电皆属改组政党,兹事体大,势不可不慎重将事。今议先拟纲要一通,已经举人起草,月底发表,大概作一底稿。至如何组织,均祈海内贤达指示方针。如有函电,暂以北京国民公报内之附设同志会为机关部。

一、各省之行动。代表团既奉散归之命,不能再作要求。然直省中如有主张急进,仍继续要求者,尤所切望。盖一面促动政府,一面唤起民气,微特可以为将来倡议宣统四年召集国会之动机,且令一般国民希望宪政之热度再进一步,亦未始非国利民福之举。

以上数项,系同人所拟现在办法与此后进行之大概,统希赐教,祗请台鉴。假定同志会干事孙洪伊等谨启。

《孙洪伊等人发布遵谕解散国会请愿代表团启事及〈同志会通告书〉》,《天津商会档案汇编(1903-1911)》下册,第 2343 页至 2344 页

上载涛书

(1910 年 11 月 27 日刊)

曩叩起居,备聆清诲,钦感莫名。吾国朝局,自初三日上谕发

表后,振新气象,企望日进。顾立宪机关,诚在设内阁,开国会,然其所以成此阁会者,势不可不有政党。吾国民气衰荼已极,拔而起之,非得朝廷举旧时党禁廓然解除,深恐人民瞻顾回皇,而疑沮之心未能尽泯。矧戊戌往事,四海痛悼,主张变法,实惟德宗,时会中梗,乃坐狱党人,诛戮窜亡,士气顿沮。今所存者,栖息海外,拳拳忠爱,未更初节,闭户撰述,则鼓吹宗邦之立宪;旅行考察,则论列各国之政俗,传播内地,诧为异材。夫是非不明,功罪不彰,此最天下痛心之事。今当朝廷急促更新,需才若渴之秋,岂可遗贤异国,坐枉受锢,久不昭雪?殿下明照及于四海,伏望嘉谟入告,解除禁网,则群生腾跃,咸沐清化,政党之兴,行有日也。夫事诚发之自上,则人民距跃感激抵厉十倍,胜于下之陈请万万也,惟殿下裁之。少闲当再趋叩,皇悚不备。

《海外逋臣与都中同志之关系》,《申报》1910 年 11 月 27 日

同志会通告各团体函

(1910 年 11 月 27 日刊)

国会期限,业经缩短,政党发生,正在此时。顾吾国民气,壅蔽遏抑,更数千祀,涣而不群,将欲凝散为团,一朝融合,势必先举旧时禁网,扫荡廓除,而后海内人心淬焉振厉,翔跃清明,四无障碍。此先朝党禁,不可不请求开释者也。

矧戊戌之役,为吾国维新开幕,功在党人,义不容掩,属以时会所厄,诛戮窜亡,四海痛悼,至今未息。而逋臣在外,始终一德,拳拳忠爱,日望兴邦,著述饷人,皆在国计,鼓吹立宪,其说风行。岂可功罪不明,长罹禁锢?夫宪政萌芽时代,时局孔艰,需才甚殷,正

当招贤进能,网罗陬滋,则南海、沧江①,政治学识,卓然不群,并世论才,诚不数数,沦弃不用,亦深为国家可惜。

今当资政院开院期内,拟上书陈请开释党禁,昭示天下,宏政党之先声,广贤能之登进。朝局一新,则庶几举国耳目,易视改听,宪政进行,为效尤捷。诸君子倘具有同情,务望签名寄示。方当脱离专制,捐弃忌讳之秋,苟利于国,岂可默尔不言,坐是上辜君父,下负人民。利害昭然,惟诸君子裁之。

《海外遗臣与都中同志之关系》,《申报》1910 年 11 月 27 日

同志会通告海内外书

(1910 年 11 月下旬②)

敬告者:世界大势,惟有急进。婴此时艰,万潮交撼,奋勉担任,知在吾党。去冬请愿国会,至今周晬,重呼累吁,终获缩改。志气所赴,冈有大小,必底于成。方当吾会发起之日,三数君子,焦然罹忧,协议一室,规定章程,分布各省,而曾不逾年,跃然响应,至今如是。同人慨念斯义,益用愧奋,鼓厉进行,将自今以后,无论国家时局千艰万阻,义当植立不挠,尽斯民之天职;上以敦督政府厉行宪政,而下以牖启人民演进文化。人心一日不死,民气一日不馁,而国家犹陷沦胥之祸者,愚未闻之也。故天下之患,不在政治之不

---

① 南海指康有为,沧江指梁启超

② 天津商会收函时间为 11 月 30 日,接函后批示:不理。《孙洪伊等为立内阁释党禁参与宪法事拟定〈同志会通告书〉》,《天津商会档案汇编(1903－1911)》下册,第 2344 页至 2347 页。

改良,社会之不竞进,而在吾党靡然疲荼,无以为倡道振厉之方。若其坚心定志,致能效功,何所求而不得?区区之私,或有海内外未能鉴及者,用述日来规定之大纲,与诸君子共行之,以尽吾同志会之职务,幸垂教焉。

一、宜督促政府速立新内阁。军机总揽政权,不负责任,国家前途,何等危险。今虽奉上谕,即设新内阁,并未明定期限,不有督促,深恐仍事敷衍,苟延岁月,或竟至宣统五年成立,则中间距离三年,试问就现在之军机制度,能当此国家危局乎?是以资政院连次会议,弹劾军机不负责任,并请速立内阁。折稿已起,当即日具奏,惟资政院苟无后援,尚恐能力薄弱,或难奏效,拟由各省同志会要求督抚代奏,请明发上谕,于年内成立内阁。或径电军机,请其速改,是亦一法。总之,中央行政机关必定有确实之责任,然后发生各项新政皆有主体。此则目前第一件所当办理者也。

一、宜要求参与宪法。吾国宪法,诚当然出于钦定。顷者业奉上谕,派出伦、泽二公为纂拟大臣。顾宪法为国家根本法,关系颇巨。纂拟大臣不过名义上总其大成,其实均出于协纂之手。而协纂诸臣将来调派者,必不出于宪政编查馆。彼辈灌输东学,浸淫日久,若令以日本宪法纯然施之吾国,其危险不可思议。

盖一国有一国之历史、地理、风俗、习惯之不同,岂可强以相绳。就日本宪法之不可通行于吾国者,一为紧急命令,二为纬〔缔〕结条约之不从议院通过,三为修改宪法之必由君主提出。举此落落数端,已于吾国情势断不适宜,其馀可资研究者正复不少。此系国家之存亡、人民之生死问题,应由各省同志会径电资政院,请其具奏上请,将来宪法条文纂拟告成后,作为法典议案,交院协赞通过,然后仍由君上裁可颁行。上下合谋,期于适当,庶免危险之虞。

此则目前第二件所当办理者也。

一、宜请释党禁。立宪国家,纯然以政党为组织之要素。吾国今日正在政党发生之时,顾数千年专制政体才经蝉蜕,民气薄弱,犹怀疑沮,凝散为团,良非易易,非得明发上谕,将旧时禁网廓除一清,不足以资鼓厉。曩者戊戌党禁,积疑构似,实为冤狱。而概〔慨〕痛逝者,言念逋亡,沦陷至今,未闻见赦,是使朝廷有遗贤之憾,志士腐伤类之悲。若不即日昭雪,从民所好,则四海疑沮之心,势必未能尽泯,而伟大政党亦将无自发生。应由各省同志会签名具稿,上书资政院,陈请提作议案,据情上奏,开释党禁,以示朝廷蠲除烦苛,与民更始之至意,而令举国人民跃然兴感,易视改听。庶海内向新之机,一朝勃发,罔有忌讳,则党人始兴。此为目前第三件所当办理者也。

一、宜灌输国民宪政之知识。吾国幅员辽广,其在省城地方与通商大埠,风气固已开通,至内地偏僻之区,国民宪政之常识,犹未普及。朝廷既缩改国会期限,自应双方并进,一面督促政府定行宪政,一面启迪民智。日本维新,固由西乡、板垣、伊藤、隈伯诸贤为政治上之活动,亦由福泽谕吉辈四处讲演,为教育上之昌明。斯事不可不注意。应由各省同志会,多编白话浅说,阐发宣讲,以尽吾党先觉之责。此则目前第四件所当办理者也。

以上四项,姑就所见,贡之同志,甚望急促办理,以发见吾党之精神,则政党基础,其由此始乎。同人在京,顷方组织宪法研究会,将即日宣告成立。各省同志倘亦有意于斯,并可设会研究,条举所得,裒集成文,以备纂拟大臣之采择,与异日资政院通过时议员参考之资料,裨益良非浅鲜。至政党之说,尚俟同人草定纲要后,暂立干事部,以通其邮,至明年春夏间举行大会,合并奉闻。假定同志会干事孙洪伊谨启。

《同志会通告海内外书》,《申报》1910 年 12 月 6 日

致顺直谘议局函[①]
(1910 年 12 月 9 日刊)

人事劳劳,不克到局,有负职守,决意辞职。

《顺直谘议局呈请弹劾警道》,《申报》1910 年 12 月 9 日

通告各报社函
(1910 年 12 月 16 日刊)

吾帝国国会缩改期限,朝局更新,邦人大和,恢恢治道,自当蠲除烦苛,解脱文网。旧时党锢,即应特诏赦免,振厉四海,宏普及之仁,作向新之机。盖吾国民气,衰茶不振,自数千年迄于今兹,震苏良难。往者党人悯世矫俗,激荡过中,遂罹刑禁。揆其初志,固非薄于忠爱,论厥功罪,尤当不掩是非。吾同志于去月上书涛邸,已发其端。顷者奉、直志士,又议请疆臣代奏,而资政院亦提出议案。公理所在,契合阃间。贵报职司遒铎,宣发公言,伏望论列而鼓吹之,则广大清明,宏我宪政,厥功甚伟。无任顿首以请。同志会干事孙洪伊等谨启。

《挈下志士之开释党禁热》,《申报》1910 年 12 月 16 日

---

① 报载,顺直谘议局接函后讨论,议员咸谓:"孙君为全局委托,办理请愿事,苦心孤诣,多著勤劳。"公决挽留,不允告退。

请各方捐款函

(1911 年 1 月 7 日)

敬启者:自十月初旬宣告代表团解散后,总计代表团共亏短洋三千馀元,皆系同人借垫。经函恳各省,无论团体,无论个人,酌量捐募,赶紧汇京,以清债务。两月以来,收数寥寥。窃弟等以樗栎下材,辱承诸公委托,驻所办事,羁滞都门,一年于兹,消耗私费,已形竭蹶,若再受公款之累,棉力实有不逮。君子对于朋友私交,一旦告急,犹宜有无相通,况关系全国非常举动,各团体以一省财力分头接济,直九牛一毛耳。当此年关逼近,债主追呼,急于星火,诸公既不以弟等为不肖,信任于前,谅必不忍弃置于后,兹谨逐月列表呈览,实在共亏洋三千零三十九元零九分六厘,到日希即迅速凑集,径汇北京《国民公报》收理,俾得履行债务,保全信用,受赐不浅。摊认代表团公费,以此次为截止期,万万不敢再请将伯助予。无金玉尔音,而有遐心,蒙所愿也。肃此,即颂公安。孙洪伊等叩。

《孙洪伊等诉陈国会请愿团驻京一年欠款三千余元请各方捐款文》,《天津商会档案汇编(1903—1911)》下册,第 2347 页至 2348 页

请各团体电约各议长入都定计书

(1911 年 3 月 20 日)

时事艰危,当涂庸葸,英、法、俄、日相继迫胁,已各表得意之态

度,此后之咄咄逼人,又不知几英、法、俄、日耶。锦绣江山,任人刀俎,吾民真死无葬身之地矣。然而扶危定倾,是赖非常之人,济屯出险,断难安坐而致,计惟有要求各省议长入都协争,一举而三善备焉。请缕陈之。

第一,可以破政府轻视国民之习见也。自去腊资政院下场,政府党完全立于优胜之地位,而民气已残。同时温世霖又获发往新疆之重谴,而民气益残。于是政府视人民直蝼蚁之不若,虽百般哀号呼吁,而彼乃一笑置之。内政之阘茸如故也。外交之疲软如故也。此无他,彼盖深信其权力犹足以专制国民而已。今者萃各省谘议局之议长,奔走都门,则政府必幡然于吾民之未可轻量,心理稍变,种种方面,必有一番活动。此一善也。

第二,可以动外人尊重国民之观念也。自去年请愿国会、鸦片废约两问题发生,外人对于我国民,大有士别三日刮目以待之概〔慨〕。然以中国时局而论,其有类于国会、鸦片两问题者,且什伯也。设皆漠然,无所动于中,则吾民之国家思想厚薄若何,吾民之责任能力强弱若何,外人必有以窥其隐矣。夫小胜而喜,良将所耻;一哄之举,壮夫不为。今若得各省谘议局议长联袂而起,攘臂而争,则外人知吾民之热心毅力,方兴未艾,未始不稍戢雄心,相戒开衅。此二善也。

第三,可以定吾民最后自立之方针也。百足之虫,至死不僵,以扶之者众也。我国疆域之辽廓,种族之庞杂,语言、山川之梗阻,恒老死不相往来,向有散沙之喻。此在竞争时代,虽内治不至十分窳敝,外患不至十分迫切,犹不适于生存,而况种种亡国之惨象纷现于眉睫之间,皆吾民之身受痛苦者。现政府之不足以托命,夫人而知之矣。而犹束手吁嗟,不思早自为计,甘牺牲四万万人之生命财产,供二三枢要之玩弄,断送而不之惜,是尚有人心耶? 谘议局者一省人民之代表机关也,议长者又代表机关之代表也。聚各行省代表机关之代表于一堂,即不啻聚四万万同胞于一堂,因而共谋最后自立之方针,必切实而有力。此三善也。

总之,此次各议长之行止,实关系吾国之存亡。何以言之? 盖各议长既仅以一电警告政府,已非拯溺救焚之举动,而电文又极简单,匪特不足以耸动政府,而自外人视之,益见吾民之能力与政府之能力,亦一与一之正比例而已。设非趁此机会,奋发一行,则民气扫地,祸不旋踵,同人等所为眷眷怀顾,而不能自已也。伏冀贵团体发起,电约各谘议局议长,准于三四月间齐集京师,决定救亡大计。至于提议之条件,进行之秩序,则在诸议长抵京后共同商榷,非同人等所敢擅拟。嗟乎! 乱离瘼矣,邦人诸友,不遑启处。此其时乎! 此其时乎! 谨布下忱,统希亮察。北京同志会干事孙洪伊等公启,二月二十日。

《同志会请各团体电约各议长入都定计书》,《申报》1911 年 3 月 28 日

与沈笏臣等的谈话[①]

(1911 年 5 月 4 日)

各省联合会非专为禁烟一事,应先提出禁烟条件,以资研究。

《顺直禁烟会大会纪事》,《申报》1911 年 5 月 30 日

----

① 报载,顺直禁烟会会员沈笏臣等奉派来京联合各省谘议局办理禁烟,5 月 3 日抵京后,是日来访,沟通意见。此为沈氏转述。

在各省谘议局联合会议上的发言①

（1911 年 5 月 11 日）

刻下以禁运为汲汲，更论缔结条约之损失。

《顺直禁烟会大会纪事》，《申报》1911 年 5 月 30 日

---

① 报载，经沈筼臣等多方联络，是日午后，十五省谘议局假松筠庵开会，讨论禁烟问题，孙洪伊与会并发言。此为沈氏转述。

卷　二

致梁启超函

（1912年5月1日）

读致济武书，敬悉种切。小党分立，非国之福。大同团结之必要，已成舆论，不久当可见诸事实，同人等亦倾于此鹄以进行者也。

此次七团合并，本由本会发起，不图奔走弥月，结果乃反于所期，此中情形实有万非得已者。自与各团开议联络，始悉其声势虚张，中坚实弱，而且人怀意见，颇难调和。即以统一党言之，张、熊、程、赵为一派，章公太炎及其门生辈为一派，互相猜防；今复加国民协进会、民国公会、民社分子，愈形复杂，人才无几而精神各异。吾党即加入之，虑亦难健全发达，万一分裂，则来日愈难。且所举理事五人，无一人能直接以负责任者。黎公宋卿既拥虚号；阿尔木灵圭为蒙古诸王之一；严范老恬退迂谨，不适于政党之活动；季直公为自身营业所累，已失自由；比较上能直接尽力于该党者，惟章公一人。该党中人亦知五公之不足恃，乃谓干事为中坚，干事得人，彼五理事皆可利用。

国家需政党方殷，政党领袖不久必为内阁执政之人，何取于傀儡登场，演前清时代败亡之覆辙？同人拟以济武加入五理事之一，而各党坚拒之。其组织、其意向，隐然有贵族之一级，此与同人心理所最违反者。同人以为今后之政党，除一二魁领外，党员必咸与平等，不可抑之太甚，使无自见之地。否则后起之人才，必为社会上素有资格之诸公所掩，不独非国之福，党势亦难发达也。

现在国内各团，除同盟会外，比较的有历史、有精神者，厥为吾党，若贸然与并，则固有之历史、精神将缘此泯灭以尽。且默察近日政团之结合，多激于一时之狂热，问其所属之政党，主义若何，内容若何，多瞠目不能答，甚且有疾首蹙额，而莫能自言者。各政团自然，同盟会尤甚，度将来之脱党者必不乏人。若两党之形势过于固定，转失消融调剂之作用，虑将发生无数小党。统一党成立最早，而不能禁沪上各团之发生，其前鉴也。欲速不达，防害实多，故同人拟暂树一帜，以俟时机。

至与各团预图联合地步，此亦同人素志，来命自当遵照进行。至吾党奉公为首，此无待再决。所谓明暗迟早，似亦无容过虑。暧暧昧昧，长此安穷？岂独不利于我公，抑亦不利于吾党。且正式发表而后，无论如何，终不能免于激战，则迟早又何择焉。特本会发起稍迟，实力未充，不能不借重于他党。济武北行，同人已以全权界之，属在京与国民协会、统一共和党协议，即时政党正式发表。国民协会重要分子皆本会会员，固无所用，其合并仅利用其名义耳。统一共和党一部分为本会会员，一部分尚多同盟会分子，果能如愿与否，尚不可知。若不能完全达我目的，拟俟三数月后，本会实力稍充，即自正式政党推公为首，此同人等必能以决心行之者。反对派之势力，他无足畏，惟虑其以卑劣之手段仇害个人。拟当发表时，我公暂不必归，同人自当其锋，均以镇静之态度应之，其凶焰不久自熄。非同人有异能，盖若辈之仇同人，究不入〔如〕仇我公之甚耳。至谓妨害他方进行，此尤无虑，虽有一时小损，牺牲之亦何恤焉。

来示拟拨会报抵《国风报》，自可照办，当就近与擎一商之。自革命成功后，我公尚无言论发表，无以征信国人。会报初出板〔版〕之时，固不能直署公名，使社会之眼光有所偏倚，不复注重于本会。

拟俟三四期后，除社说认为本会意见外，似可直署公名，以为在会直接行动之初步，未审公意如何？济武赴京，崧生、宗孟回闽，在沪人少，会报进行甚迟，我公肯以全力注之，同人不胜欣幸。现拟月出两期，以五月中为始。初期各稿，虽经同人分任，而终不敢信其所作为本报生色。发刊词拟稿已不甚合，同人属致意，仍乞公撰，大约本报大部分非公莫了也。或由我公另觅外稿，寄下开示，笔资当可照酬。《中国立国大方针》已寄到，现以单行本印行之，俟本报出版，仍载入社说。

新内阁财政政策，专恃借债，闻拟借六万万，以备填补五年以内行政经费，一若舍此别无他术者。各政党中人谈及财政，亦均不得要领，度我公必有以解决之。

改省为道，取消都督，兵权统于中央，财政改别为区域，国内已成舆论，度不难实行。对于省制之如何破除，外官制之如何改定，若得详明之规画，拟一面刊布，一面提出参议院议决颁行。现在破坏时代尚未终了，趁此铲除犹易为力，迟则缪辘横生，恐难措手。且法制既定，各都督必不敢于违抗，若再得一二都督倡首承认取销，则全局当不数月而定矣。最好由松坡发起承认，既可增其声价，并可脱离政界，从事政党之活动。或请黎公发起，谅亦不难作到。

参议院在南京时，吾党已有潜势力，维持大局，隐与有力。此次改组，虽未见详细名册，约可得二三十人。本日得北京电，吴君景濂被举议长，济武被举副议长，两君皆吾党之士，则第一着已占胜利矣。闽、粤尚未举人，蒲伯英、萧秋恕、刘崧生、林宗孟诸君亦尚有希望。

《孙洪伊致沧江先生书》,《梁任公先生年谱长编稿本》第 10 册，第 4919 页至4926 页

致梁启超函

（1912 年 5 月 8 日）

　　沧江先生道鉴：我公三次惠书，拜领读悉。伊前日草草作长函，想尘清听。昨济武来电，京中现象，关于重大问题，阁院及各党均无主张，吾党所持政见能次第提出，必可制胜。我公胸罗成竹，及一切大问题之主张，务希从速寄来沪部，一供本会杂志之资料，一供济武之急需，此亦不可失之机会也。

　　我公前允担任杂志文稿，编辑部拟月杪发行，社说以公自撰为主，论丛其他则觅稿亦可，望于中旬赐下，无任盼祷。姚君已赴京，函告济武就近接洽。浙江之行，稍迟旬日，或由洪伊自去，或会中职员李文熙君、萧湘君代去亦可。济武来函，统一共和党、国民协会并合问题，本会京中已着开议，想易解决。解决财政问题文，请即赐下。

　　《孙洪伊致沧江先生书》，《梁任公先生年谱长编稿本》第 10 册，第 4948 页至4949 页

致梁启超函

（1912 年 5 月 11 日）

　　前上两函，想均达左右矣。本会自与各团合局破裂后，始自谋进行，大概分四种办法：一、联络参政院议员及北京有力分子；一、

各省省城设交通处;一、通函各府厅州县议事会及高等小学;一、招来旧时同志。每日公私函件之外发者,约二三百分。吴莲伯、汤继〔济〕武、向淑予、李味斋、邓寿侠、顾巨六、胡夔文、张倩若去京,胡子笏、张海若去武昌,谢敬虚去南昌,余樾园去杭州,舒湜生去长沙,刘崧生、林宗孟去福州,张智远、程文焕、夏鸿儒去成都。除成都外均有报告,党势可望发展。其他各省及各府州县之交通干事,推定者已有二百馀人,惟云南尚未得人。拟请我公作书与蔡公松坡,请其酌约地方有力士绅,设云南交通处。前拟推蔡公为首领,系由统一共和党提议。松坡与本会尚无直接关系,并拟请其入会,可否惟公酌之。

贵州宪政党、自治党竞争最烈,积嫌甚深。宪政党旧与吾党有关系,其大部分已入统一党。同人拟联自治党,迟疑未敢遽决。公意如何,希便中示及。会报前推济武、宗孟主任,济武去京,宗孟去闽,继推与之,黄君亦因病不能任事,现由杨次典、陈仲远、余樾园代理,而樾园又去杭,杨君又将去贵州。自公作《立国大方针》发布后,社会极表欢迎,因而入会者益众,设会报迟不出板〔版〕,或出板〔版〕而内容大逊,本会前途,影响匪浅。拟请觉顿兄来此主持,既电陈左右,想觉顿对于同人之倾仰,及本会之关系,决不忍辞也。务请我公速其早来。

现在会务繁冗已极,发展之速,亦非始料所及。他党之人,逃杨归墨者亦日众。推极其故,约有两大原因:一、泛然结合,本无历史之关系,故虽挂名党籍,忠实义务无由而生;一、各党皆无行动,除三数重要职员外,其普通党员虽有聪明、才力、学识、经验,无自见之机会。故入党之始,兴会飙举,未几则索然意尽,即不弃而之他,亦若渺不相属。此种现象,比较上吾党差愈于他党,惟策励进行,愈不可忽。

拟实行政坛演讲及调查两事。政坛演讲,即责之于各省及各地方会员,每月由本会发给资料,或一次,或二次,亦不必甚多。调查一事,我国人无及此者,拟作一分类调查表,及种种调查方法,详细附以说明。闻济武云,政坛演讲资料,我公已有预备,极盼寄下。调查方法及分类表式亦希拟定,盖舍公莫属也。想公必表同意。

接济武电,与国民协会、统一共和党合并,已开议一次,约尚可成。结果如何,俟得详报,再行奉闻。待商之处甚多,同人极望我公回国矜式。拟俟并合结果如何,再定办法。

附呈《选举法》及《议院法》两册,系公旧稿,拟请再加审定,以本会名义发布之。《选举法》第一章,原稿有以人数为标准,分配直隶、江苏议员额数一节,当时陈请资政院,因同人争议不决删去之,似仍应添入,惜原稿已迷失公处,当有底本也。右院组织法,可按照我公所拟宪法草案,定名为议政院。至于参政院之组织,吾国实有特别情形,国人尤无准的,可否并拟一草案,统希我公酌之。

第二次信因伊赴昆山,由李君缉庵代书,其意实同人所预决者也。

《孙洪伊致沧江先生书》,《梁任公先生年谱长编稿本》第 10 册,第 4956 页至 4961 页

致梁启超函

(1912 年 5 月 16 日)

再启者:《中国立国大方针》始印万本,早已送完。近日纷纷来

函索取者，日数百起，因复再版一万。大有鸡鸣一声，众山皆曙
之概。

《孙洪伊致沧江先生书》，《梁任公先生年谱长编稿本》第10册，第4966页

致梁启超函

（1912年5月18日）

前上四函，谅并达左右。顷闻黄君与之言，共和党拟请我公任
政务调查部长。与之及同人皆谓，公当不允其请。特虑久居海外，
于国内情形或有未详，敢陈鄙见，惟公裁之。

我公一国之公人也，非一党所得而私。第既为一国公人，则公
之进退，不能不以一国之现势定之。即不能不以各党之现势，及将
来之趋势定之。其所亟待研究者：

一、同盟会果能为永久有力之大党否也？同盟会现势之盛，一
般心理以为，将来之大党，必居其一。区区之意，窃不谓然。何则？
政党以历史及主义为要素，有历史而后团结坚，同主义而后趋向
定。同盟会固有历史者矣，然自南京政府成立而后，攫金争席，恒
因之伤及个人感情。如黄留守迭次被刺害，皆该本党中人，此最著
者。感情伤，则历史因而动摇。况该党非常复杂，刀匪、会匪合为
一团，革命时期中，横暴苛虐、凶焰至今未息，地方人对之非常愤
恶，其进行亦有绝大之障碍。以利害共同之关系，虽有三五贤者，
尽力维持，然即能次第改良，已属匪易。

至于主义之变迁，实关于该党之运命。十馀年来，该党大揭革
命之帜，故其党员趋向一致，团结甚坚。革命成功，主义消灭，今日

所恃为号召者，曰民生主义，实则社会主义。其最大之条件，曰社会革命，曰女子参政权。此主义之不适于中国，尽人皆知。该党中分子，虽不肯倡言反对，其大部分皆不赞成，伊闻之者数矣。自今以后，同盟会不改主义，则不能划一进行；欲改主义，必易首领及三数重要人物，谈何容易！该党将来之进行如何，今虽不敢断定，而即现相言之，二三年后欲在国内两大政党中占一位置，亦在必不可能之数矣。

一、二三年内，吾国果能完成两大政党否也？今日一般人之议论，以为将来两大党，一为同盟〈会〉派，一非同盟〈会〉派。此亦理想之言，而不尽合于事实。同盟会未必为永久之大政党，前既言之，非同盟会派果能并为一党，吻合无间？此亦一大疑问也。凡政党之实力，其大部分必在地方。自改革以来，各地方在同盟会外者，无处不含有两派，贵州之宪政党、自治党，其最显著者也。以外各省，竞争逼忌，虽不若贵州之甚，然各以感情、历史之相水火，不能融洽为一。如本会江西交通处之成立，因共和党发生，统一党与民社之分子各不相容，乃以全部加入吾党。他省之类此者，亦复不少。今若在同盟会外只有一党，势必横绝四出，转以促成无数小党；否则，国会议员无所属派，必占多数，临时仍必发生一政党，两党对峙之局，终不能以长保也。

以个人理想推定之，吾国二三年内，在同盟会外必须有两大党，始足以尽吸收之用。将来渐次变迁，或同盟会确能成一大党，以外两党于中央、地方两方面，皆为外力迫逼，结合为一大党；或同盟会不能永久成一大党，则此两党即渐次发达为两大政党。非凭空臆说也，邪正分途，新旧缓急异辙，各根于其人之天性。同盟会外社会上占有势力者，实有此两种分子，要未易强合者也。

一、现有之共和党，果足以网罗天下之豪杰否也？彼虽为五团体合成，形势上仍为统一党（理事五人，统一居其三），实质上则实为协进会（既迁北京，而后实权必在协进会）。统一党发生于南，协进会发生于北，皆不能禁各小团体纷纷独立，则今后亦可略推矣。如黄与之、汤继〔济〕武、林宗孟皆挂名统一党，复为讨论会之发起者，有所不得已也。即以本会人才言之，如蒲君殿俊、罗君纶、谭君延闿、刘君崇佑、胡君瑞霖、高君崧如、梁君善济、萧君湘，皆极天下之选，异日政党内阁成立，必以一般之新人才组织之，国家前途庶有希望。

军兴以来，此十馀人多抑郁不得志，使无一大党以为试验活动之场所，必至兴味索然，日趋消极。即强其加入他党，亦不甚关切，与与之、继〔济〕武等耳。夫人有特别之才望，即有特别之性情，必不肯轻易为人下也。而足为诸君之魁率者，惟我公一人。我公趁此时机，收拾天下之豪杰，自树一帜，异日国内两大政党尚有他属耶（蔡公、蒋公以我公之关系，必应加入吾党；李公盛铎本为本会之发起者；李公经羲近与吾党往来甚密；汪公大燮、张公鸣岐，曾得子楷来信，以为两心极同意于本会，昨已函子楷，请其正式加入。此皆天下才也）。即或不然，挟天下英异之士，以与各党争衡，分合进退，亦可径行其志，占优胜之地位。否则，使建〔健〕全分子怅怅无所之，为国家计，为我公计，皆非宜也。

以上所陈，虽不敢谓尽当，要亦不中不远。洪伊素承眷爱，故敢为此尽言。同人倚公为生命，相信神明，所以言此者，亦欲同人所素主张，一贡于我公之前耳。尚望不吝教益，匡所不逮。

《孙洪伊致沧江先生书》，《梁任公先生年谱长编稿本》第10册，第4972页至4979页

致黄与之书

（1912年5月19日）

公去后，细思沧公①此次北行，可虑殊多。为接近政府计与？此犹前清时之观念，今后之民党，果挟有大党以盾其后，政府将俯就之不暇，安用接近为也。为结纳民党，吸收建〔健〕全分子计与？京中志士一望皆黄茅白苇，要皆官僚派耳。其肯为民党活动者，寥寥不过数人，此数人者类已入他党。沧公以素人资格，安从而吸收之？况因此类人者而为北京之行，此数人是否为国内贤豪，弟窃不敢信，亦颇不值。况崇拜沧公者，异日沧公正式为一党之首领，当亦无不归来，预为接纳；其不崇拜沧公者，即结纳之，亦奚益？沧公文章言语，公布于海内者数十年矣，其精神已无一日不与国人相往来，安用一见为也。为补助政府计与？既不能直接以当政权，拾遗补缺，裨益几何，何如挟一党之力，堂堂正正，以监督而指导之之为效宏也。为自谋归国计与？浩然自归，兴味索然，何如有一二政党举以为魁，欢迎之而后归，其价值之相去甚远也。总而言之，则沧公北行，实为无目的之行也。而其害则有五：

〔一、〕敌党凶焰，尚未尽敛，以罗伦〔纶〕、谭延闿辈为革命首功之人，尚有以宪政党目之，而思以暗杀从事者，何况沧公？万一事出意外，竟负初志，其害一也。

即无他故，浮沉京邸，毫无依据，东征西攘，去就何从？万一偶

---

① 指梁启超。

有不合,悄然而返,社会信仰因而大减,其害二也。

沧公向日挂名统一党,共和党即举为调查部长,沧公就之,既非党魁,恐不能行其素志,却之又必不能自由,为种种方面所牵迫。试问该党分子若何,现状若何?章太炎宣言独立已见破裂之端,沧公加入亦必有一大部分破去(统一党分子既不纯,民社尤可虑),党势骤衰,何从而振起之(勿以为有副总统为首领,其党即可大可久。若以政党言之,今日之副总统,尚无此信用与价值也。盖第一次之总统,国人皆属意项城,第二次之大选尚遥遥无期,而黎公又实不足为政党之指导者)?与共和党之分子既无历史之关系,又无感情之结合,泛然相与,势成孤立,其团体既复杂,纷争扰攘,何从调和之而训练之?即或将来得列五人之席,亦非正式党魁,况其终局不过以调查部长之名,使之长久办一会报已耳。希望其悍然不顾利害,并脱却一切旧关系,举为党首(章太炎若出会,共和党必骤衰,盖统一党者,实章公一人之党也),恐共和党中人必无此魄力。而其对于沧公亦无此非常之感情,进退失据而已,其害三也。

本会与共和党不能并合,实为历史上之关系,有不期然而然者。弟尝谓政党之结合,固为政见之结合,实为精神之结合。政见有临时发生者,精神则永久不移者。精神同,则所发生之政见无不同,即有不同,亦易于调和迁就;精神异,则虽事事相同,终必有一二事之不同,而此不同之主张,或即根本上不能相容之点。请愿国会之争,及中美银行之争,同人之与张季直公,中道异趋,其前鉴也。铁路借款之争,黄远庸、孟庸生极主张运动荫君、味斋,及与吾党有关系之资政院议员。第一、二次谈判在宪报馆(此尚在五六月时,去资政院尚远),遂与远庸决裂,其后至取消庸生议案研究会之会长,此又一左证也。共和党重要分子,一变而为协进会,协进会实以远庸、亮侪为主脑(此次南来合并,其代表为籍亮侪,其故可知)。两公皆宪友会要人,而在宪友会时代,其精神上与同人已多不合。两公未始非佳士,而同人迹近朴拙诚实,两公迹近虚华巧黠,其精神上原有不同之点。

陈叔通亦然(叔通亦宪友会中人)。今宪友会解散,讨论会发生于南,协进会发生于北,叔通虽同在上海而独立一□□公会,虽彼此各无成见,而精神上之感召,似有不期然而然者,况民社尤不敢信,张季老亦有不同者也(直隶略近朴诚之士,亦多未进入协进会,此尤明证)。此次七团之并合统一党,章、张两公极思结纳吾党,其终决裂者,实籍、陈两公为之梗(此事调查颇确)。外交之失败,失去一首领(黎公大与本会有关系,本会之经费半出此公,使五团不合,此公终能使之去民社而入本会),又赠人以绝大之政见(开议后,各团皆无主张,初稿由民社、协进会、民国公会拟定,该〔概〕括政纲三条,直难索解。现共和所公布之政纲,实出弟与崧生之手,并有条目十馀项。苦思十馀日,然后定稿,临时虑各团反对,又千回百折,乃出之而不愿为本会之主张,其条目未发布,后见其增改者多在文字,然已大失本意),今本会既分立,而彼复被我以恶名,以感情上、精神上言之,将来虽不敢知,而现在则必无与共和党合并之望。况同人原不信同盟会必能永为大党,亦不信吾党必不能成一大党,又深知数年以内,必不可仅有两党,亦必不能仅有两党。共和之组织之人物,又非所赞同,罔其所信,盲从沧公之后而入共和党,豪杰之士不肯为也。而群龙无首,振起亦难,徒使吾国建〔健〕全之大政党,一时不能成立而已。其害四也。

抑或政府诸公,与以一不甚爱措之官以羁縻之,纵辞而不受,亦足损其声价,贻反对者以口实,其害五也。

既无目的而有实害,此行何为也。夫使沧公果无回国之机会,抑或虽有机会,而不免于迟滞,冒险以为此行,犹可言也。今社会之变迁甚速,人心之转移亦甚速,谅不久必有欢迎之使来者。况同人又日夜为之谋,吾党又非无实力,必不得已,即以本会为活动之始,如日间弟所举似之种种办法,一月内亦必能发表,三四月内亦必能举为首领,归国之期,并不在远。沧公有沧公之信用,有沧公之魔力;同人有同人之信用,有同人之魔力,互相为用而不能成一大党者,弟绝对不肯信也,非弟之臆说也。吾党尚有三数年之历史,他党何如?吾党尚有历共甘苦患难不渝之友,他党何如?吾党自革命以来,多受折挫,有互相爱护之精神,有弥加惕厉之阅历,他党何如?吾党员多旧议局议长,其在地方终有信用,吾多新起之人才,他党何如?如各省之都督罗伦〔纶〕、蒲伯英、谭组庵辈,沧公来,蔡锷、蒋尊簋亦必为吾党员,他党何如?李盛铎为本会之发起人,汪大燮并曾致意,愿暂为精神上之会员,李经羲近亦往来甚密,高崧如亦旧官界中之矫矫,此数公亦不得谓之非人才,故前日谓沧公归后,吾党即能为健全之政党,确有所见而然,非异日之事也。彼党不过以二三伟大人物以争持门而〔面〕耳,吾何畏彼者!

务请吾兄即切实作一书,以与沧公,劝其万勿北行,一面俟崧生来,我辈即定进行发表之法。此着所关甚大,随笔书意,不觉其言之长。擎一、愚伯[①]拟阻其行,更请兄促两公必作书与之,勿迟疑也。弟拟亦作一函,但因与讨论会太近,不愿尽言,颇不知所措词,应如何说法,并乞兄略拟大意,示知为盼,以速为上。

《致黄与之先生书》,《梁启超年谱长编》,第 629 页至 633 页

---

① 愚伯即麦孟华。

致汤觉顿书

（1912 年 5 月 21 日）

手书敬悉。沧公北归，权其利害，曾与愚伯、与之商之，顷两君云，已将鄙意上达沧公，兹不复赘。惟就日来情形观之，似沧公归计，应俟本会与统一共和党、国民协会并合结果如何，再定行止。大约此间为沧公谋，归计约分三种办法：一、与统一共和党、国民协会合并，正式举为首领；一、如有阻碍，或与国民协会合〈并〉，或即由本会发表；一、请蔡公松坡通电各督，请沧公归国。

昨接济武北京函，并合事约以就绪，有举岑公春萱〔煊〕为理事长，蔡、汤为理事之议。此间极不赞成，西林已电京力争，并仍主前议，沧公为首，蔡、汤副之。接济武回电，拟改举蔡公，此间同人仍不赞成。今日又发一电，主持前议，并拟举李公经羲、李公盛铎、蒲公殿俊、吴公景濂、汪公大燮、蒋公尊簋为参事，以辅助之（汪、蒋未入会，汪已电刘子楷君，与言蒋拟即日持梁公绍介书往商），其结果未知如何，大致必不相远。必不得已，或先举沧公为参事，再徐图之。

至于蔡公通电一议，已由萧君垫函蔡公，弟并函胡君瑞霖商之。黎公元洪请为援，应由本会直接发表一议，合并问题未决，未便及此。然本会实力确已差足自立，即不得已而取此策，亦未始不可行也（第一次与沧公书时，其情形与现在大异。社会变迁之速，始料亦所不及）。

要之，沧公归国之期愈迟重，则社会之欢迎愈至；自行归国，终不如国人迎之以归。能否于社会上占大势力，其关键全在此也。

事机不远,希与沧公商之。

《致汤觉顿先生书》,《梁启超年谱长编》,第 633 页至 634 页

致梁启超函

(1912 年 5 月 28 日)

前上觉顿兄一函,想已呈清鉴。北京并合事,因两事未能解决暂停议,待伊到京再议。初拟即行,沪事由刘君崧生、萧君秋恕代理,嗣以崧生被举参议院议员,势不能两人皆去此,乃改议刘君去京,伊与萧君留沪。

所未能解决者,一为国民公党前在沪定议,与统一共和党、国民协会并合,不知何以加入此团?此团重要分子,温某、虞某、王某已难与共事。而其在京代表江孔殷,其人尤为广东公敌,沪上广东巨商,并在本会一闻此君之名,畏恶已甚,安肯与之共党?迁就他团,致本会解体,势不可行也。

一为首领问题。此间同人坚持前议,非我公首领,则宁勿与合。盖以首领既定,更易甚难。理事长名异而实同,轻易举人,万一不合,则一党将由根本上摇动。蔡公未去都督之任,举为理事长,遥制非宜;且旁观者易,当局者难,蔡公今后之举措,万一有不满舆论者,既非党议,亦难为之分谤(近因四川尹督之事,云南借款之事,外间对于松坡颇有微词)。此次与各团议合,原欲借其声援,为我公地①,与初意亦觉违反。昨接济武电,已商允黎副总统,电

---

① 原文如此,疑有脱漏。

请大总统聘公回国，月内可发表。同人以为，必由黎公通电全国，效力乃大，已电济武请续图之。并拟具电文大意，寄交胡子笏君，备黎公采择。

会报拟俟并合解决后再出板〔版〕。公著财政问题，盼早寄。

《孙洪伊致沧江先生书》，《梁任公先生年谱长编稿本》第 10 册，第 5005 页至 5007 页

致梁启超函

（1912 年 5 月 29 日）

昨上一函，谅达左右。今晚复奉到二十三日及二十四日书，所虑共和党强公任调查部长，以伊推测之，为必无之事。以本会例之，拟请公为本会会报主任，提议数次，同人咸有此意，而未能决行。其主张分两派：一、不欲以一部分事屈公，故急欲与他团合并，以首领名义发表；一、虑党中或有变动，必经济势力稍稳固，有作战之备，然后发表。共和党并合后，章公太炎君一意孤行，全党动摇，各支部多解体。于此时间欲其悍然出此，其小部分或有此意，大多数不能通过也。彼之为此，或俟公归国后社会欢迎，然后决行之耳。公既归国，则彼此皆可面商，亦不致不待公诺而强行之；纵或有此，婉言辞却，亦不至伤感情。盖国人之在今日，除同盟〈会〉外，党界本不甚严，且共和党与吾党提携之处甚多，虽未能即合，亦无他恶感也。

公归国之期，似应候袁总统聘公之命既下，黎副总统通电后，然后决行。公在吾党发表之期，亦必不远，此须与各党议合，似不应再破裂。万不得已，亦可让步，不设首领；请公暂任一部之事，

想各团应亦不至拒绝。本会对于共和党并非绝对主张不合,日前共和党员黄群君并曾提议及此(此君极可爱敬)。所以迟疑者,以公意言之,虑两党形势过于固定,无以尽收调剂之用,其不满于本党之人,或转以资敌,而折入同盟会或另发生小党(例如直隶王君法勤、温君世霖原在统一党,近皆出党而入同盟会,来函痛诋直隶统一党之复杂,两君皆健者。直隶同盟会员为李君石曾、张君溥泉,皆该党之杰出者。两君因之入党固无足怪,但两君本与吾党极密,使本会早日改党,何至出此。伊去信阻之,恐已不及矣。昨日始接友人一详函,云现发生六七小团,各怀观望,无所归属,以直隶公会为最稳。现已去函约其加入吾党,未知能达目的否?他省类此者,亦当不少。盖自中央一方面观之,实无不合之必要,而自地方一方面观之,则不能无少踌躇)。以私意言之,共和党中坚人物,本多旧识,非请愿国会时曾共一团者,即前宪友会之会员。当时于精神上隐分两派(一近朴拙诚实,一近灵华巧黠。非敢谓其有所轩轾,而精神上之不同,则有不可为讳者),事实上亦时有竞争(例如中美银行之争,张君季直及孟君森主之,而同人反对;铁路借款之争,孟君昭常、黄君为基主之,而同人反对之)。历史上之关系如此,万一不合而再分裂,则旧有基础全行丧失。异日时势变迁,我公归国后,或有并合之机会,亦同人所甚愿,但在今日,则不可轻于一试耳。

　　前时在沪倡议合并,其时小团体太多,虑有小党分裂之弊。今各党已渐次归并,有三大党之趋势,暂保留此形式,以视各党之盛衰变迁如何,以为将来两大党之准备,为国计,为党计,进退较有馀裕也。国民党成立,约须少迟时日。昨函所言,一国民公党,一首领问题,同人希望达我目的,则不能无少拖延,以图转环〔圜〕。《财政计画意见书》应速发布之。国民党成立后再提作党议,亦未始不可,但此事必期于实行。拟印布后,无论国民党成立与否,请由济武开一各党联合谈话会,要求各党承认,移作参议院议案,迫政府实行,似较有力。已函商济武,公意如何?

公名及觉顿兄名并遵照来属,填入讨论会会员名册。徐勤君办国民捐事,已转知胡君子笏。但闻黎公主办公债,不赞成国民捐,或能委办公债尤善。湖北财政之规画,其开始皆出自胡君,全国受其赐,而黎公亦信之甚坚,言之或当有效。徐君历史□力,似应开具大略,使胡君知其详,方好措词。应请觉顿作一详函,直接寄交胡君。伊已知照胡君,此后与觉顿直接矣。

与之呕血,甚可虞。今日得家信,家母患病甚重,心神纷乱无主,一二日内拟即北归,沪事由萧君秋恕、李君缉庵代理,陆君劼夫辅助之。五六日内崧君亦当即行。我公归国事及各团合并事,此后可由北方函商。虑伊归后,一时不能到京,崧生拟往来于京津之间,如有赐函,请径寄伊家(天津城北乡北仓镇)。总统聘公之命,日内当可发表(约在南京留守取销之后,至迟不出一月)。副总统通电,谅亦可办到。公归不远,到京后如伊不南旋,即可面聆教益,欣慰无似。然总望我公归时,勿过急速也。

《致沧江先生书》,《梁启超年谱长编》,第 637 页至 640 页

致梁启超函

(1912 年 6 月 1 日)

今日晚十二钟,即当附轮北行,适接我公二十六号来书,称许逾量,愧甚愧甚。

外债非不赞成,且素所私计,以起死回生之剂,舍此无术。但如现政府之财政计画,则期期以为不可也。前时即疑国家财政,应以中央银行为关键,其他种种皆无需现款,因素不学,未详办法,疑莫能决,今读公财政计画,乃知所归向矣。

熊总长报告,各省钞币三万万五千馀万,真不可解。前清时各省所发纸币,以奉天、湖北为最多,然奉天不过千万,湖北二千万(据高君崧如云,湖北银行皆伊经办,虽有纸币二千万,无一文无抵项。今虽经乱,不无损失,然亦不过数百万)。兵兴以后,湖北续发,闻并前时所发者,不过三千馀万。加以广东二千馀万。南京、上海、浙江未详,然闻南京不过数百万(南京政府第一次发行者,其额仅一百万,后亦未闻续发),浙江有云一百五十万,上海约亦不过数百万。前清时大清银行所发,不及千万。安有三万万五千万?

并合事,情势日变。济武来电,以为不久当有大合机会。共和党员黄君,前日又向伊提议合并。伊以为,伊所不遽主和〔合〕者非他,实欲为国家造一健全政党耳。今欲合并,应有三事:一、慎选中坚人物;一、剔除地方复杂分子;一、以黎公及我公为首领,不加第三人。果能做到,则伊素主张,皆可牺牲。否则总〔终〕能大合,不过成一似是而非政党,并生种种防害,则吾党宁孤立,不愿附从也。黄君亦然此言。此不过个人之谈话,然黄君极注意,并云到京后当图之,或亦一动机也。

国民党尚未成立,刘崧生到京再开议。伊此次北行,亦极思一到京,以观各方实情。则国民党成立之期,或当在伊与崧生到京后也。袁总统及黎副总统皆已允诺,请公回国,议由副总统电请总统。但袁公之意以为,应俟南京留守取消之后(南京留守已自愿取消,现正准备交代。此事陈、黄、李诸君,主力居多)。伊复请济武、子笏,请副总统通电全国,盖欲借此以消反对力,而并增进社会之信仰心也。

财政计画,拟先以本会名义,印单行本发布之,国民党成立后,仍可提作党议。前时与统一各团议合,同人曾有暂留讨论会之意。彼时实因各团多不可信,虑有破坏。现同人之意,如有不协,无宁不合;既合则必公同忠于本党,决不再留本会形迹以启破裂之渐。但一日未合并,则一日不能不力图进行。盖能合则今日本会之势力,即异日国民党之势力;不幸不合,亦不至迟我进行。公意如何?

社会心理,崇拜我公,渐已表著,此时归国,的是绝好机会,然得黎公通电后,尤为圆满。迟速之间,关系甚巨,愿公酌之。

《孙洪伊致沧江先生书》,《梁任公先生年谱长编稿本》第 11 册,第 5035 页至 5039 页

论吾国今日之内阁①

(1912 年 7 月 16 日)

鄙人新自上海归,对于中央政府抱无穷之希望,乃未二日,适遇参议院以不信任陆总理而有不同意新提出阁员之事,又极为失望。虽然本会议员所主张不信任总理者,鄙人亦极赞成之一人。盖自一面观之,内阁不能速立,有陷于无政府之恐;而易一面观之,国家危急至此,非强有力之良政府,何以图功? 求有力之良政府,

---

① 报载,是日共和建设讨论会因内阁总理陆徵祥不信任问题,召开特别大会。孙洪伊发表长篇演讲,陈述意见。

则总理之人选为上。陆公于国中以外交名，然初无赫赫之功。世人所谓海牙和平会，跻吾国于前列者，不知实蒙英文字母之赐。其于内政，则从未经历。前时虽有七十四票之同意，试问参议院诸君，果孰确信陆公能为救时之政治家者？今既发生不信任问题，则直以快刀斩乱麻之手段另易一人。果各政党皆以国家为前提，不参以一人与一党之利害观念，新内阁又岂难成立？

　　隐忍苟安，为我国人普通之习惯。待国事为所败坏，始推倒之，已不可收拾。彼恶政府之误国，窃谓甚于暂时之无政府也。顷闻汤君言，吾党既消极的反对，即不能不为积极的维持。鄙人以为空言维持，终无结果，必当先立维持之标准。本会所应取之标准，须根本于本会之党议。本会第一次发布《中国立国大方针商榷书》，对于内阁问题言之极详。所谓不党内阁，即今所谓超然内阁，吾党所绝对的不赞成者。所谓政党内阁，吾党亦认为今尚非其时。所谓准政党内阁，即混合内阁，则吾党认为过渡时不得已之方法，而适应于今日之需要者也。请就今日之事实，以申其说。

　　今日国民断不能谓，立宪政治可以不成立；断不能谓，政治大权不在于议会。议会之为用，非仅立于敌对政府之地，为其监督而已，必求其进而拥护之辅助之。政府之人与议会多数者为一气，乃能得议会拥护辅助之美果，而政策始赖以施展。所谓超然内阁者，以与议会毫无关系之人，孤立于上，有敌而无友，动辄得咎，虽有善者，其何能为？超然内阁之说，始于日本。日本有君主之大权，以为内阁之屏蔽。议会有与内阁龃龉之时，即由君主大权以调摄之。彼所以能超然于议会者，实由附属于君主而来。我中国既为民国，乃妄引此不相涉之办法，日号于众，岂将谓大权在总统，而内阁得以为屏蔽耶？且超然内阁，与民国制度尤不相容。民国制度，原欲使总统不负责任，而以总理当议会之冲。若超然内阁，于议会无所附丽，自客观的视之，不能不谓其与总统为独亲。甚至妄测者，且将以总理为总统之私人，而为其傀儡。此事之所必至，无庸讳者。果然，则人民将以怨詈总理之心怨詈总统，使总统入于政争之旋涡，国家之险莫过于是。

为超然内阁之说者，亦知所持主义不能贯彻，乃有超然总理、混合阁员之说。然此究与混合内阁何别？且党人既可为总长，又何不可为总理，其理由又安在？彼因谓此可消弭党争，抑知疑之者且谓其实以党争之故，利用之以抑制他党。因果相生，虞诈相尚，窃虑党争未必消弭，而此后之争愈烈矣。故吾辈绝不赞成之。

至政党内阁，固为政治之极轨，然此乃事实问题，非可以空想造成者。无健全之政党，不能组织政党内阁；无议会之多数党，亦不能组织政党内阁。试问今之政党，果孰为健全耶？试问今日各党员之在参议院者，果孰为独占多数耶？今日各党，既皆无一党独成内阁之资格，是政党内阁在事实上断不能生，吾人故谓，今非其时也。

然则今之内阁，当然为混合政党内阁，即所谓准政党内阁矣。准政党内阁，其分子虽不必为一党之人，然可免国会暌隔之弊。虽不若政党内阁之强有力，然不至飘摇无着，且贻总统以意外之忧。其扼要之办法，无论为何党派，拔一人为总理，由总理以党人之资格与各党商，并以个人私交之资格，与各党之分子商。由各党指定阁员之后，总理再提出所主张之政策，得各阁员公同承认，以总理一人维系各阁员，以各阁员个人维系各党。当此内阁总理者，须为与各党可以调和之人，不得为各党必不相容之人；须为民国共知共信学识素著之人，不得为偏为一派所利用之人。如此办法，虽不敢谓一无流弊，而比较上尚可得良政府。两害相权，必取其轻。此吾党所谓不得已方法,而适应于今日之需要者也。

或谓唐内阁失败,实由于混合内阁,岂可再蹈覆辙?不知唐之失败,全由唐之个人不能胜任所致,此事即其本党亦不能为之讳,不得谓混合之过也。吾国人之劣根性,凡数人共一事,成则各自矜功,败则互相诿过。北京政府成立之初,民国构造,本非难事,特以唐公张皇失措,漫无计画,致借款失败,财政问题不能解决,一切行政不能措手,因而其阁员乃互相责难,与同盟会、共和党,究复何与?且唐总理所主张者,是否为同盟会之政见?熊总长所主张者,是否为共和党之政见?熊、唐虽挂名党籍,而其意思、行为全属个人,乃两党必强而亲之,不惜为个人受过而互相攻击,日号于众曰,是混合政党内阁之罪也。误已甚矣。

或又谓政党之不能组织内阁,实由各党人才之乏。此亦不然。人才者,合能力与资格两种而成者也。能力者,个人之所自造。资格者,则社会实造之。专制国造资格之能力在君相,立宪国造资格之能力,则必在政党。盖国家既以立宪制度,使人民□自由出其能力,以参与国政,则才俊翘杰之俦,自跃然起而相逐。合其同者,而拒其异者,于是有群。群之结既广,于是有号召凡众、左右舆论之实力。故政党者,社会之结晶体,而为社会之所趋向。各政党果能自索其党中之才而推戴之,并索其异党之才,而致以相当之崇敬,则其人之资望,即可立增,社会即莫不仰之。今乃不然,其能力虽为同辈所共信,而每以资望慊之,其人亦即自引以为慊,而所谓资望,乃转求之于前清之达官。彼达官之能力及其成绩,吾辈已熟知之,彼其资格由何而来,不过前清之显秩耳。前清所造成之资格而可贵,则其造成此资格之人,不尤可贵?故以资格而用达官,何如保存前清皇帝,保存奕劻总理之尤省事耶。窃谓人之才力聪明,实皆不甚绍远。中人之才，苟得所藉手，固可以建伟大之业，功业成就，则英杰矣。观于今日革命之局，诏我已多。各党员不必谦让，望彼前日曾腰青紫据要津之达官而却步也。

或又谓各党政见不同，党员之界限甚峻，无调和之馀地，混合内阁之说，终难实行。此尤不然。夫各党之党员以政见相结合，而政见之异同，恒由于外界之事实。一事起，甲曰以甲办法应之利，乙曰以乙办法应之利。虽利害之终局，必归于一途，然其初必有二以上政见相争议之馀地，而此二以上之政见始能存在。有二以上之政见，乃有二以上之政党。吾国今日之临时政府，盖建造国家之时代，非发达国家之时代也。其急务在于统一国权，在于回复秩序。应办之事，不过数端，而此数端者，又皆有一定之办法，无论何党，断不能越此范围，舍此方法而别倡异见。即有异见，亦他日民国完全成立之后，灌溉培养，以求发达之所有事，今则犹在种植之时，万目一的，而急求根基之稳固耳。

党派虽多，平心论之，要不出于以建造基础稳固之国家为目的。建造之手段，既不能有二，则何从生二以上之政见哉？故党见不同之说，无当也。至若党员之界限，更不足言。各党政见无大异同，则第一之界限破。成党之日犹浅，依附者以偶合为多，不必皆有深固之关系，则第二之界限破。除少数暗中播弄之官僚派，及顽梗无知之暴烈派外，其树旗帜以相角者，要皆从来之立宪民权派与革命民权派之人。前此所持之手段，虽有不同，而目的则一，今目的既达，二者又安有真正界限之可言。且两派之人，彼此相知，貌虽离而神实合者有之；旧日朋好，因感情中隔而今暂离者有之。以此种种，故今日各党之党员，有挂籍此党而精神上则隐合彼党者，〈有〉挂籍彼党而所抱政策乃同于此党者，有身为党员而乃厌恶本党,或若无与于本党者。自外观之,固不得不谓为政党程度之幼稚,而更察其真相,则实仓卒变革之际,或以地位之不同,或以南北之异处,时势所迫,人人皆漫然为一时无心之集合,不及溯其本意而相为归耳。果其屏除客气,清夜自思,知必有恧然不安者,更何界限之有哉!

惟然则混合政党内阁,断无不成之理。然谓混合政党内阁,不如谓之准政党内阁。盖今日之党,实皆虚象,谓为政党胚胎之时期则可,谓为政党成立之时则不可。故不党内阁既无存在于民国之理由,若以此虚象之政党,遽因而实认之,即以之组织完全之政党内阁,亦属有此理论而无此事实。惟集合各党之人,彼此素相佩而相能者,勤力同心,成一准政党内阁,各自指挥其党员,示以相同之点,减其猜嫌之心,得议会多数人之同情,为政府施政之根据,则基固而无虚悬摇落之虞,事集而无牵掣排挤之弊,一切施措,又何患有不得心应手者?

且更进而言之,今之虚象政党,在理在势,皆必不能久存而不变。所谓变者,则分折其气质,而蜕化其形体也。然政党为人类之集体,其合也虽以政见,究不能不参以感情。相隔而不相适,则其情暌;相拒而不相迎,则其情恶。宋之蜀、洛,明之东林、复社,岂不皆君子而犹门户显分,攻击不已,况在今日道德堕落,意见纷歧之时。故今各党之贤者,当豫见及此,当念国家所以必需政党之故,当念政党所以能利国家之故,凡与我性质相类,宗旨相同者,急当去其无谓之畛域,使彼此有开诚相见之时机,以种异日改造之因,而后吾国乃有真政党诞生之望。能得一完全之甲党,则完固之乙党,亦自因而发生,而我国两大党之美果乃见。此其造端,尤必有待于今日能组成准政党内阁之人物也。

嗟乎！诸君思之，吾辈数年来所抱持之主义果何在？吾辈对于前清政府所不惮再三要求者，果何事？所谓革命派，所谓立宪派，手段不同，究其最终之目的则为何？岂不谓民权发达，冀吾国有真正立宪政治之一日耶？清廷既覆，立宪之障碍物已除，乃不勠力同心，共赴其平日所悬之的，而悻悻然同室操戈于风雨飘摇之日，岂不大可怪者。

嗟乎！诸君非无因也。革命之始，革命派以含有暴烈分子之故，诚有逼立宪派而视之为敌者。立宪派亦以革命派之横暴，而疑其不足与谋建设，因亦相聚而抗之。于是似革命非革命之暴烈派乃出，而愈肆其凶，似立宪非立宪之官僚派乃乘之，用其播弄手段，而谋逞其私利之计，于是目的相同之革命民权派、立宪民权派，遂愈相离而不可复，即今日之局，□其见端也。一时无政府不足以亡国，无政党乃真亡国；一时无政党不足以亡国，全国之政客皆囿于虚象政党之畛域，而无改造真政党之希望，乃真亡国。洪伊无知，特就平日所见而幽忧不已者，缕缕陈之，惟我同人，赐讨论焉，不惟一人之幸矣。

《论吾国今日之内阁》，天津《大公报》1912 年 8 月 14 日至 18 日

在寰球中国学生会的演说

（1912 年 12 月 5 日①）

鄙人自到沪后，由同志数人邀往杭州，观西湖之胜景，登北高

---

① 报章记为"前晚"，应为 12 月 5 日。此次演讲，历时两小时，内容为报章撮要摘录。

之奇峰,山明水秀,令我兴感。旋过苏小墓,又感于古来多少英雄豪杰美人名士过目皆空,富贵利达,转瞬皆非,究不如热心社会、扶助国家,以留爱情于天壤间之为得也。

自有人类以来,由社会而渐成国家,吾人享人群之幸福,自当具有一种爱情,以保护社会与国家。凡一己之权利、名誉、势力,皆当视为身外之物,认定爱国爱群之宗旨,先立于不败之地,无论如何动摇,终当坚持,无恐不达目的不已。此为至高尚之事业,非由天之生成,实从阅历得来。

鄙人窃观中国人民进步之速,有如迅雷,近数年来进化尤疾,如国民能实行其利国利群之宗旨,必可造成极文明极雄武之强国,始以各国之文明促中国之进步,继以中国之进步助全世界之进化,则中国必有一日为全地球之模范。试就目前观之,亚细亚有日本,欧罗巴有德国,皆为尚武之国。有此两国在,故其馀各国疲于奔命,各争其势。吾中国地大物博,论实业则有大资本家可以辅助,论文学则有新旧诸学可以研究,其希望之大,正无限量也。

《孙洪伊之谈论》,《申报》1912 年 12 月 7 日

在民主党上海分部成立选举大会上的演说①

(1912 年 12 月 8 日)

民主党发生于今日,一方面以收容未入党之国民,使益瀹其政

---

① 报载,是日下午 2 时,民主党上海分部在小南门内也是园召开成立选举大会,与会者约四百馀人。

治上之知识,而增进其政治上之能力;一方面又以剂两党之平,而
保持国民真正之福利,关系不可谓不大。今者,民主党既以告成,
各地支分部亦已如林而立。上海为全国交通之中心,互市以来,久
与世界文明相接触。此邦人士,其富于政治之学识者,难缕指计。
分部之设,势不容缓,义不容辞。

《民主党分部成立》,《申报》1912 年 12 月 9 日

在国事维持会谈话会上的讲话^①

(1913 年 2 月 24 日刊)

余之疑问,非对于此会宗旨而言,乃对于简章所列三大纲而
言。民国成立已逾一年,而政治现象毫无起色者,病在敷衍调停,
不知讲求正当解决之法而已。诸君发起此会,以平和统一为目的,
余料全国之民断无不表同情者。惟所列三大纲,专以维持冲突为
宗旨,似与从来敷衍调停之习惯无甚差别。即如中央与地方之关
系,吾人既欲达到统一目的,自当使中央威令能行于地方。若地方
有违法抗令者,而亦以维持为能事,则本以统一为目的者,其弊或
且助长各地方之不统一。政党与政府之关系亦然。使政府而果励

---

① 报载,孙毓筠、王芝祥、陆建章、林述庆等鉴于"南北新旧各主门户",莫衷一是,
国事"已伏有绝大之危机",发起组织国事维持会,旨在"维持时局,巩固国家,以至诚大
公之心,为排难解纷之举"。"凡国会与政府、政党与政党、中央与地方及地方与地方冲
突之处,其影响足以危及国家者",该会"甘受完全维持之责"。至维持之方法及手段,
则因时制宜,"不外藉公论及法律之势,以制裁人,非以调停迁就者所可同日而语"。17
日,该会本部在北京成立。随后,国会维持会假座德昌饭店,邀请政界、军界及各党重
要人物集议商榷,与会者凡三十馀人。孙洪伊与会并发表演说。

精图治,政党自不应有所掣肘;若敷衍因循,一事不办,则政党各有监督之责,岂能坐视不言。倘因此而起冲突,又何维持之有? 至于立法权之行使,全视今后议员学问、才力之如何,果能勉尽监督之任,则冲突亦非所虑。故余以为诸君子之志则善矣,至办法则是否尚有讨论之馀地,余颇不能无疑。

《国事维持会之商榷》,《申报》1913 年 2 月 24 日

在进步党国会议员会议上的讲话①

（1913 年 12 月 27 日）

国会之无成绩,是否为中俄协约、选举议长、大借款三案之争执? 假使吾党当时不与力争,国民党曰可则可之,则全国舆论一致反对政府,大借款不能成立,政府尚能存在否? 政府之得有今日专横如意者,则实我党之力为多。一般脑筋简单之人民,谓吾辈为闹意见,试问吾辈若事事与国民党一致行动,则今日之域中是谁家之天下?

王葆真:《民国初年国会斗争的回忆》,《文史资料选辑》第 82 辑,第 168 页

---

① 为解散国会,袁世凯政府宣传说国会一无成绩。此次会议,孙洪伊批评袁政府横行无忌,进步党实有以致之。

在进步党国会议员恳亲会上的讲话

（1913 年 12 月底[①]）

近日同人对于政局多怀悲观，某窃以为不然。所痛心者，此次政变，社会舆论竟毫无表见，实足伤心。然此实不足怪，盖社会人才，国会选举之后，大众已集中央，同陷于此旋涡中，现国会消灭，各回本省，则社会舆论三五月后安知不有变动？若人心不死，窃以天下决无不变之局。望我同人，无论在京在外，各负责任，以发挥我进步党立宪之精神，则国家前途实尚有无穷之希望。

《国会议员之临歧态度》，《申报》1913 年 12 月 30 日

致汉冶萍股东电

（1914 年 3 月 3 日）

上海《生活报》《神州报》《时事报》《大共和报》《时报》《申报》《新闻报》转汉冶萍公司各股东公鉴：盛宣怀不经部准，擅借日款一千五百万日金，条款苛刻，丧失权利。近开股东大会，冀蒙混通过，为分肥卸责地步，隐串实业当道，主持官商合办，阴为脱

---

① 报章记为"昨"，或为 12 月 29 日。据报道，进步党国会议员，在磨盘院俱乐部召开议员恳亲会，到者三百馀人，讨论国会解散后，进步党善后事宜。

卸。诸公试按此次条款，公司利权全失，前途必致破产。合同未
消，官商合办，汉冶萍公司岂复为吾国所有。诸公血本所关，同
人应尽忠告，维持挽救，望各努力。孙武、汤化龙、孙洪伊、丁世
峄、薛大可、梁善济、牟琳、王乃昌、曾有澜、汪彭年、王治□、张树
森同叩。江。

《北京孙武等通告汉冶萍股东电》，《申报》1914 年 3 月 5 日

在进步党政务部全体职员会上的发言①

（1914 年 9 月 20 日）

此案根本主义无可摇动，而其中详细情形似尚有待商之处。
盖先有立法院及国民会议，后召集国会，今已成为事实，未易轻于
更动。主张即开国会，于事实似乎稍远。至于此案根本主义，政府
与国民必须融成一体，乃足立国于世界。以今日世界之趋势，各国
皆挟国民全体之力以竞争于外。吾国受其压迫，亦必须集合国民
全体之力以与之抵抗，方能有济。其关键操之一二人，而其实力则
在于一般之国民，已为世界各国之通例。而欲达此目的，则必有民
意机关，以为上下勾通之枢纽。此实根本主义，无可动摇。至其手
续如何进行，本案如何主张，拟再交庶政研究会详加讨论。如赞成
此议者请起立。

《进步党职员会新提两议案》，《申报》1914 年 9 月 26 日

---

① 报载，是日午后 2 时，进步政务部召开全体职员会，孙洪伊任主席。会上提
出两案，其中庶政研究会提出《拟建议政府速开国会及回复地方自治意见书》，引发激
烈讨论。孙洪伊发言即针对该意见书。内容系报纸转述。

卷　三

在进步党政务部全体职员会上的讲话[①]

（1915 年 1 月 10 日）

数月以来，国内政论，益趋于冷静，而人人私忧窃叹，以为国之必亡，挽救无术，是真可怪者。一国之兴亡，全在一国之人心自能兴奋与否，若此奄奄无生气，乃真不可救药。盖处今日民族竞争之时代，彼挟其全国民族之势力以俱来，我仅恃政府少数人之力以应付之，其不颠覆者鲜矣。（中略）[②]

本部去年凡所成立之议案，不能无憾，其少且似平淡无奇。然各研究会之审查会及起草会，每一议案，皆费数十日之日力，数十次之研究，皆同人所呕尽心血而成之者，要皆确实可行。今请先议征兵案，此案本由廖君起草，今廖君未到会，由本席代为报告。此案原拟分两案：一、完全征兵案；一、权宜征兵案。盖虑完全征兵案，有未易实行者，故另作一权宜征兵案。其完全征兵，则悬为将来之目的。因权宜征兵案尚未通过于研究会，仅先提出此案，请大众公决。

《进步党开职员会纪事》，《申报》1915 年 1 月 19 日

[①]　报载，是日午后 1 时，进步党政务部召开全体职员会，到者九十馀人，代理部长孙洪伊主席。会议讨论通过议案多件。

[②]　原文如此。

对于肃政史救亡条陈之意见[①]

（1915 年 7 月 13 日至 14 日、16 日刊）

鄙人向抱乐观主义，以为吾国必不至于亡，而由今思之，亦殊可虑。夫当政治组织、社会现象凌乱飐脆之秋，举国人之迷罔若此，欲求一明确之政轨，以定今日救国之方针，云胡可冀？顷读肃政史诸公救亡条议，即觉其所言之未当，乃未几又有某君条陈，请筹巨资以谋平民生计，亦与肃政诸公同一僻见，因益叹今之号为政治家者，其言论思想皆不甚相远，而吾国之濒于危亡，莫能自救者，实一般明达之士有以造成之。

专制国家之人民，无一人能脱离专制政治之理想。有如是之社会，乃有如是之政治。是中大有关键，固不得专为政府咎矣。盖民能自动则强，民惟被动则弱；民能活泼进取则强，民惟屈伏静止则弱。此专制立宪之所由分，亦即国家根本存亡之所由系。专制政治主于消极之维持，立宪政治主于积极之发展。惟其主于维持也，以百姓之安居乐业为最终之目的，故利人民之静止与愚弱，一以防制束缚为最要之手段。惟其主于发展也，以国民分子之健全，进而为国家之健全为目的，故利于人民之智识与活动，必以人民有法律内自由为要义。是故，非有国会有宪法有地方自治，固不得为立宪，而徒有国会有宪法有地方自治之种种形式，如现方筹备之宪政，亦不得为立宪。何则？其精神既异，其结果自不同也。立宪则

---

① 报称，因其中肃政史原条议各条均分别论列，兹节录概要。

民能自动，民皆活泼进取，政府奋发于上，自无不可成之功；非立宪则民惟被动，民皆屈伏静止，政府孤立无援，必流为苟且之治，纵欲振作自强，亦终无效而已。

政府万能，官吏万能，惟专制时代之僻见，则然肃政诸公亦身蹈其弊而不之觉，以专制之精神，谈维新之政治，将□往而不左也。他且无论，仅即原条议所举之军政、财政、教育、实业、用人等项，一究论之。

一曰减省军费，以充军实。夫今日陆军之冗滥，军费之滥支，谓应裁减，谁曰不宜，虽然裁兵亦岂易言哉！吾国军队，大抵皆无家无业之游民，留之则为兵，去之则为匪，聚之则易，遣之则难。渐次裁汰其奇零者，亦未尝不可以少减，而所省军费，则有几何？诚如肃政诸公所言，必使政府行使其非常之英断，大加裁并，如七十师团，一旦悍然裁去三十师团或四十师团而后可。然若此之为，则变乱可以立至。防贼剿匪，兵又不能不增，后来增加之数，复如前时撤去之额，其结果，徒使国家与人民多受一次之损害而已。呜呼！上下相防，至今日而已极，岂独不能裁兵哉，岁势且必至增兵。何者？舍此固无以资镇压而保优势也。国民之国家思想不发达，必无国军之可论。方今世界趋势，必行征兵制度，乃足以立国。而征兵以人民有爱国心为元素，非真正立宪之国家，断无真实爱国之人民，是军事之大本已不立矣。且以军实而论，如枪炮、弹药、军舰之各种制造，物质科学之各种作用，以少数金钱购诸他国，既不足以应用，仅以节馀之款，创设一二兵工厂，亦不易奏效也。使非一国人民能自由发展，民智、民力皆有非常之进步，学术发达，经济充裕，安有军政之可言？而肃政诸公之所云云，亦未免言之太易矣。此鄙人所不能无疑者一也。

一曰严核浮冗,以裕财政。国库奇窘,核减政费固亦补救之一端。虽然汰冗,而不求冗滥之因,以为根本消纳之计,虽日言淘汰,何当焉。减政之声,倡之两载,非实行而辄阻,则甲减而乙增。盖国民官吏之性根既深,其稍为秀异者,遂无不奔竞于仕宦。由拥挤而钻营,由钻营而瞻循,由瞻循而安插,而冗滥之弊,虽明知而无可如何。治水者不导其流,不浚其源,惟以排泄堤防为能事,必非善治者也。夫国民有自由发展之能力,而后社会有自由发展之事业。社会有自由发展之事业,而后国内人才有生成竞争之馀地。故疏通之而得其道,则今日所目为裁汰不尽之冗员,一转移间皆为国家生利之分子。自国会取消,而人才之欲尽力于国家政治者,穷于术矣;自地方自治取消,而人才之欲尽力于地方公益者,无其途矣。举天下人才,并断其衣食之源,绝其竞争之路,昔人所谓纵百万虎狼于山林而饥渴之,而欲其不食人,不可得矣。政府知其然,乃大辟官吏之途,以为羁縻之术,悬一鹄以为之招,冀使天下人才尽归罗致,一方曰裁汰冗员,一方乃不能不制造冗员,盖有至不得已也。肃政诸公不为政治根本之图,求人才疏通消纳之地,徒曰清理仕途,裁减冗员,亦不思之甚矣。此鄙人所不能无疑者又一也。

一曰整饬吏治,以恤民生。夫吏治之坏,民生之苦,至今为极。肃政诸公兴言及此,诚为痛哭流涕之谈。其所持之方术,曰一事权,曰清流品,曰省法令,曰严监察,小甚似而几矣。虽然不清其源,不塞其流,整饬吏治,原无善术。盖吏治之腐败,与专制政治相缘而生,专制政治以威迫压制为必不得已之作用。在下者以专制为精神,为吏者必至以人民为刍狗,凭权借势之下,何所惮而不敢为非。官长之体制愈尊严,人民之分位愈卑下,清议不足以戢其私,众力不足以制其暴,而为之监督而视察者,仅恃其所属之长官。

耳目不周,则奸易生。官官相护,而奸又莫举。世界善良之政治,在国中分子各自发达,各自扶助,官吏之所得为者,有至严之界限,而不能事事代为之谋。此自治之精神,宪政之精义。今立言者,不求诸积极发展之宪政,使一般官吏知职守所在,实为人民之公仆,而不敢不尽其任务,使人民以分子自由之发展,进而为国家全体之发展,乃曰官吏其恤吾民,是仍视官为父母,视民犹赤子。民不必自治,官吏皆可代治,本专制政治之心理。而为此官尊民卑之论调,在古昔为仁民爱物之常谈,在今日实非探本穷源之至论。吾国官吏万能之谬说,相沿不变,将见民力愈弱,国势愈危,异日国家沦亡,我国人将无一不在可恤之列。此鄙人所不能不怀疑者又一也。

一曰广求人才,以应时变。此等迷离之语,为近来普通之论调,不独肃政诸公为然,而出诸条陈救亡肃政诸公之口,则尤不能无辨焉。夫人才两字,至无标准。今肃政诸公之所谓人才,大抵指时流所许为新人者而言。吾非谓新人之非人才也,特以新人而用于专制政治之下,揆诸适者生存之例,不能适合也。且新人所学者何事耶?非所谓世界最新之政治耶?以世界最新之政治,应用于专制复古之时代,是新人已失其所挟持,而无以为竞进之具,以与旧人争一日之短长。进取之人物与保守之政治,实凿枘而不相容。政府宏奖风流,何尝不想天下英雄尽入吾彀,而无如裁成调剂,终觉其不能也。故吾谓,不能行积极发展之立宪政治,虽取今日之所谓新人才并登庸之,终亦无裨于国事,甚且随流而靡,将与末俗同化,而莫能自拔。此观诸近年来人才之成绩,而可见也。且所谓时变者,有愈于应世界之趋势者乎?世界皆为积极发展之立宪政治,我国独取消极维持之专制政治。世界政治利于人民之活动,我国政治则予人民以束缚。优胜劣败,例无可逃。是欲应今日之时变,未有愈于改行政治之轨道者矣。以人才造政治,何如以政治造人才。运会迁流,人才竞出,不必为腐败之官僚,亦不必为维新之时髦;众流并进,取用无方,更安用裁成调剂为哉?此吾人所不能无疑者又一也。

以上四端,固所称为目前之计,补救之方矣。然推求结果,均非改定政治方针,实行积极发展之立宪政治,即补救目前而不可得。至所为根本之图,若普及教育,若整兴实业,亦得就鄙见,一致论之。

试即教育言之。肃政诸公谓,一般人民蠢然如未开化,不特无以立国,其终必至亡种。所言至为深痛,然肃政诸公,但知教育可以造就人才,抑知政治之足以造就人民,其效力且较教育为尤大。专制政府之下,其人民大多数愚拙而不能有为。如吾国秦、汉以后,欧洲中古以前之现象是矣。立宪政府之下,其人民大多数明白事理,所学亦多切实用。如希腊之雅典,与近世实行宪政之诸国是矣。凡兹数者,史策可按,历有明征。知此则教育之与立宪,孰宜为因,孰宜为果,可以了然。且其义尚不止此。无宗旨之教育,其结果必至不良。应于世界之趋势,合乎吾国之现情,必有适当之宗旨,尤为谈教育者所宜知。盖政府与国民不能同生息于宪政之下,各依其所处之地位,对于国家享有或负有相当之权义,究其结果,未有能收国家主义之效者也。

又今之言教育者,咸知注重于实用矣。然欲图实用,当资实验。立宪政治,实国家主义教育之良好实验场也。政府日言国家主义之教育,而不实畀国民以参政之权,自治之柄,岂独空言施教,迹近罔民。而少有国家思想之国民,其爱国之心既已甚炽,而救国之术罔知所用,激刺悲愤之馀,其不役于客气感情,而轶出寻常之轨道者几希。欲使其咸就范围,不至为乱,必当示以政治上之准的,俾各同遵正轨。此教育与立宪所为,当同时并进,而或且应以立宪为先者也。

顾此犹即教育之结果及利害言之耳。若夫普及教育,其必要而不可缺者,有两大端。一办学机关,一小学经费。所谓办学机关者何,地方自治是也。所谓小学经费者何,自治团体所得征收之地方税是也。使无地方自治机关而徒由官吏调查,极其成绩,不过多一种束阁之文书而已。使非由自治团体征收地方税而自办小学,尽由国家筹款设立,窃恐世界极富之国家亦无此国力。而地方自治者,实宪政之一端也。非国家政治休明,人民安乐富足,而又牺牲小己以利大群之思想非常发达,举国人民奋兴鼓舞,人各尽其力,民乐输其财,则即强迫教育亦不能以实行。乃今日吾国则何如矣?诚如肃政诸公之所计画,极其结果,亦不过创设几处师范学校,订立几条筹备章程,奖励若干办学之人员与兴学之官吏,公布几次劝导之文告与命令而已,于教育普及之实行,相去不可以道里计也。故不实行立宪政治,以振起国民之精神,无相当自治机关,以为施行教育之关要,急起直追,与全国人民共此伟业,则主管教育之所谓筹备者,亦自欺欺人耳矣。此不能无疑于肃政诸公之所陈者,又一也。

更即实业言之。夫所谓实业者,盖指一国之经济而言,必国家有良好之政治,人民有充足之实力,而后能以有功。自国家之政治言,凡如货币、银行、运输、交通及农、工、商业各政策,无一不为发展国民经济之原动。世界立宪之国家,凡一政策之实行,皆与经济社会之要求相应。当未实行之先,往往朝野争议,经几许之驳诘研

究,艰难曲折,然后是非利害,纤悉分明,能得国民多数之同情,建
为永久远大之至计。

　　盖凡百政策,皆非易言,而经济政策为尤甚,直接、间接关系
极为复杂,非人民共谋之,非与大多数之人民共谋之,必不能得
一当。顾吾国今日之政治则何如? 专制政府之下,一切设施既
无所谓政策矣。即有熟闻东西洋政治学说者,欲以一二政策相
表见,而或只计国家收入之盈亏,而不顾商民身受之利害,仅凭
学术之研究,而不知经济社会之现情,非竞言其利而罔计其害,
则群疑其难而穷于无术者也。如吾国金融机关,政府坚执银行
统一钞票,统一政策,私家银号钱庄,摧残殆尽,而国家银行又不
能发达。又如矿业,吾国民欲获一采矿权既已甚难,及矿业条例
颁布,又极欢迎外资。严以取缔国内人民,宽以收纳外人资本,
其结果何如,可不言而喻。其他关于实业种种条例,列而书之,
举不胜举,而要可一言以蔽之曰,祸民滋多,益民实寡而已。此
竞言其利,而不计其害之类也。又如改革币制,数年以来,政府
之建议者,不曰大借外资,以储备现金,推广银行,即曰权定银本
位制,改铸银元,非必无术,乃自外资源绝,遂束手不能实行,而
实业无可为矣。又如厘金之裁撤,当局者每以国库短收,无可抵
补为虚,虽明知其病商害民,无可如何,是入口关税既受条约束
缚,不能改革,而内地厘金又不能裁撤,而实业益无可为矣。此
外,明知其利而不能兴,明知其害而莫能革者何限。天下事非不
可为,而在官者辄诿之曰无办法焉而已。此群疑其难,而穷于无
术之类也。

　　凡上所举,虽皆关于实业具体之政策,要为专制政治必至之结
果。吾民之疾苦,社会之情状,本难洞悉靡遗,措施悉当,而既无议

会之监督，人民之赞助，政府奋其私智而好自用，以一二人之意见而定为主张，宜其事多败，而法或不行也。

自人民之实力言：一、关于实业之人才者。近自欧风东渐，在官者亦渐知崇尚实业，然大都罔利营私，实业界中转呈一种黑暗之现象。其凭自力以从事实业者，类皆中流以下之人物，学识疏浅，不足语于高深；气力薄弱，不足以图远大，而实业之人才乃以缺乏。是故不实行立宪政治，铲除国民之官僚性根，而欲求实业之发达难矣。

一、关于实业之资本者。自托辣斯之制兴，跋扈飞扬，其规模之大，势力之伟，几欲并吞一世，资本寡弱者，举不足与之争雄。此等组织，我国人士咸以为是某大资本家、某大实业家之所缔造，而不知其实由于立宪政治下之国民企业心发达之所致，皆一国国民精神之所实现也。若夫专制国家之人民，久处压迫之下，无自助自觉之心，而政治黑暗，又日在危惧之中，更不能安全乐易，发抒其企业之思想，故旋起旋仆，不能自振，则吾国人民企业之实力可知矣。

《孙洪伊对于肃政史救亡条陈之意见》，《申报》1915 年 7 月 13 日至 14 日、16 日

致袁世凯电

（1915 年 10 月 29 日）

自四国警告，瓜分肇端，人民忧惶，祸至无日。顷闻某国增兵派舰，狡然思启，伺隙待时。设当帝制揭幕之间，直进长驱，迫我畿

辅,现在京师兵力只有四镇,既不足以资拱卫,而各省将镇携贰,又已见兆端,我公虽欲效石敬瑭、刘豫故事,暂窃帝号,聊以自娱,亦不可得;更恐拿破仑之大业未成,而大院君之覆辙已蹈。国家既亡,公亦无幸。感怀故旧,痛念国家,心所谓危,弥用渎告。孙洪伊。艳。

《孙洪伊再致总统电》,《中华新报》1915 年 11 月 12 日

反对帝制之通电

(1915 年 11 月 7 日刊)

各省将军、巡按使,贵阳、福州护军使均鉴:帝制发生,人心愤恨,大难之作,已在旦夕。外人警告,辱国尤甚。若不即此终止,灭亡之祸,无可幸逃。诸公引刃自戕,盲从劝进,廉耻气节,扫地无馀。又复假托民意,厚诬吾民,以构成破坏国家之罪。子孙牛马,万劫不复,已身爵位,抑何能保? 应请合力电阻,以安危局。国家幸甚,诸公幸甚。进步党孙洪伊等。

《进步党反对帝制之通电》,《中华新报》1915 年 11 月 7 日

致进步党各省支分部电

(1915 年 11 月 7 日)

帝制发生,人心痛愤,大难之作,已在旦夕,生命财产,在在可危。加以外交警告,坚决万分,大有自由行动、武力干涉之势。政

府志在必行，终当牺牲绝大权利，以为交换，国家命脉，断送无馀，为一人一姓之私，陷吾民于万劫不复之地。当此存亡危急，一发千钧，尚望奋起抗争，联合各界，速电阻止。国家幸甚，国民幸甚。孙洪伊等。虞。

《进步党孙洪伊等反对帝制致各省支分部电》，《中华新报》1915 年 11 月 8 日

致袁世凯电
（1915 年 11 月 7 日）

共和告成，计今四载。我公受国民付托之重，正宜尊崇民意，天下为公。乃过信奸邪，妄行帝制，人心愤恨，大难将兴。顺逆之势迥殊，成败之局自异。加以外人警告，决采自由行动，武力干涉。与其受辱于事后，不如消患于未形。解铃系铃，惟公是赖。夙承知遇，用敢渎陈。孙洪伊。虞。

《孙洪伊致总统电》，《中华新报》1915 年 11 月 8 日

致进步党某省支分部电
（1915 年 11 月 12 日）

某省进步党支分部交通处均鉴：自帝制问题发生，上自京师，远逮乡僻，凡搢绅先生以及愚夫走卒，莫不太息痛恨，力诋其非。乃政府反假托民意，利用丧心病狂、寡廉鲜耻之徒，冒充代表，觍然劝进，岂知涂饰愈工，压制愈甚，其爆发也必愈烈。今日

推翻共和而变为帝政,他日必推翻帝政而返于共和。翻云覆雨,祸乱相寻,溯其由来,只缘一人一姓之故。言念及此,宁不痛心。况默察时势,大变之来,已在旦夕。外交警逼,尤可寒心。虽当局甘为戎首,责有攸归,而吾党力障狂澜,义无旁贷。请诸公及时奋起,共谋补救,转危为安,惟在今日,希速图之。进步党孙洪伊等。

《进步党反对帝制之通电》,《中华新报》1915 年 11 月 12 日

致各省通电

(1915 年 11 月 13 日刊)

各省将军、巡按使,贵阳、福州护军使鉴:民主国家,倡议帝制,谓之叛逆。况复滥用暴力,干涉自由,播弄权谋,假托民意,儿戏举动,腾笑四邻。今以作伪之结果,引起他国之一再警告,犹腹〔复〕怙恶不悛,阴与尝试,冀可托庇于外人之下,作一小朝廷。夫石晋称帝,甘弃燕云;邦昌附金,忍夷汉族。今日何时,岂容复演此怪剧! 现舆情愤激,外患纷乘,国家之危,有如累卵。谁为戎首,责有攸归,苟有天良,奚忍坐视? 诸公膺封疆之重,受总统知遇之隆,长奸逢恶,岂所宜为? 亡羊补牢,实尚未晚。谨据同舟之谊,再申献曝之忱。希迅电政府,力争取消帝政之议,以弭内忧外患。国家人民,实利赖之。进步党孙洪伊等。

《进步党再致各省通电》,《中华新报》1915 年 11 月 13 日

泣告北方同乡父老兄弟书

（1915 年 12 月 10 日刊）

　　天地惨黩，日月昏黑。五千年古国之大命属纩在于俄顷，四百兆黄帝之华胄殄瘁终于万劫。洪伊心惊骨折，血尽泪竭，敬告我最亲爱最尊敬在官在野诸父老伯叔兄弟：

　　昔在辛亥，武昌发难，内顺舆情，外维大势，推翻帝政，制定共和，百日用兵，四海大定。公等以维持国家之故，而赞助共和；以拥护共和之故，而推戴袁氏，用心良苦，厥功至伟。乃袁氏不以公等之心为心，而借公等之力以为力，就职以来，专横暴肆，蹂躏法律，紊乱财政，压抑人民，割丧土地。吾人方隐忍以顾大局，彼益猖披而行诡谋，觊觎非常，盗窃神器。

　　夫国家新建，仅仅四年，丧乱频仍，喘息不暇，遽言更革，已非所以重民生而培国脉也，况改朝窃号，奸宄所为而危险之事乎？夺四万万人之国家，而私诸一家一姓，革命之祸，后必仍多，况断卖国家以博取皇帝乎？实之既亡，名将焉取？彼诚刘豫、石敬瑭、张邦昌之不若，而尧、舜、禹、汤、文、武、周公、孔子所不容者也。

　　乃袁氏帝梦方酣，人言不恤。严范孙，彼之所谓蔡邕也，以泣谏而不从；徐菊人，彼之所谓严子陵也，以去就争而不听。张一麐，彼之所谓荀文若也，痛哭流泣言之而置之闲部；袁克文，彼之所谓陈思也，垂涕泣而道之而幽诸深宫。周玉山，儿女姻亲，效马伏波诫子之文；费树蔚，感恩知己，续嵇叔夜绝交之论。汪凤瀛有《七不可》之书；梁任公有《异哉国体问题》之著。其馀熊希龄、周树模、汤化龙、罗文干、王家襄诸君，或有托而逃焉，皆深恶而绝之者也。

然此犹文士之不足阻挠大计也，而武人则何如？黎副总统不出参政院，而卫队加严；段总长已辞陆军部，而刺客屡见；朱将军瑞不入觐，而求其侄于京以为质；陆上将军荣廷未销假，而酖其子于途以示威。故旧不足恃也，冯上将军华甫以政事堂一电，而北军南下者数千，刺客发觉者亦数次。亲近亦不能相容也，模范团拱卫军兵士被戮者数十，团长受诛者又数人。

然此犹反对之足撄盛怒也，而赞成又何如？蔡锷在通电十二人之列，何以居宅被搜？赵尔巽、李经羲亦非有辞官告病著书立说之罪，何至以警察监视？汤芗铭劝进至勤，陈宦〔宦〕奉事至谨，何又疑为副总统之人？龙济光赞成或非本心，巡按既任其兄，何忽使张鸣岐不奔丧而留粤？总之，袁氏之待遇诸将也，事之愈久，猜之愈深；言之愈甘，恨之愈甚；宠之愈极，报之愈毒；引之愈亲，夺之愈速。

然此犹近事之偶露端倪也，而前事又何如？唐绍仪生死患难，廿年交旧，调和南北，又著大功，总理骤跻，迫之使逃，隙末凶终，遂成离绝。赵智庵鹰犬是任，狼狈为奸，主使京津兵变，藉脱离就职南京之行，暗杀宋教仁，图破坏责任内阁之制，卒也受心腹之寄者成心腹之疾，杀赵灭口，毒而死之。杀宋教仁之应夔丞，既使两高等侦探于车上而杀之，杀应夔丞之二探，令陆建章于陕西而杀之，辗转相寻，有功亦诛，无罪亦戮。王治馨本倚界方隆，以赵故诛之，而恤其家。徐树铮亦有微劳足录，以段故去之，而加以罪。今段更被禁，冯又被疑，韩信、彭越焉能幸免？则凡曾部隶于二公者，其又安知死所耶？即不然，兔死狐悲，亦伤其类，鸟尽弓藏，终有其时，往事明征，祸不远矣！

　　然此犹个人之不足与同患难共安乐也，而大局又何如？今者卤簿已备，宫殿已修，帝称已令行于表文，侯爵又见封于死将；惨淡之九天，望闱阖而将开，谐媚之百官，睹冕旒而欲拜，闻有日矣。四国警告，突如其来，某国尤甚，闻条件比五月九日第五款加酷。所谓加酷者，高丽之合并，安南之保护，印度之灭亡而已。现更霸焰高张，野心勃发，增师派舰，耽逐南北，弯弓盘马，抵隙待时，利吾帝制揭幕之交，长驱直进，薄我京畿，鹽吾头脑，或执大院君以归，或设统监而代治，文官必流为奴虏，武官将易以敌将，禄位终于不保，性命悬于不测。凡有血气，具有天良，其能称顺民事异族乎？公等地位至危，吾北省密迩京师，受祸亦将至酷。

　　素仰公等热心报国，大义干霄，忠于一国以求生，而不私于一人以效死，宁为四万万人死而荣，不为一姓一家生而辱，激励同袍，申讨国贼，大江南北，愤气弥漫，将镇已皆发奋，人民咸乐输将，誓将侄皇帝孙皇帝驱除于域外，而为四万万同胞还自由之神，二万万里中国成不朽之业。此则洪伊粉身碎骨所不辞，赴火蹈刃所不避也。北望于邑，哀痛万千，惨不成声，泣血敬告。

　　《进步党领袖孙洪伊泣告北方同乡父老兄弟书》，《中华新报》1915 年 12 月10 日

致陆徵祥书

（1916 年 1 月 5 日）

　　频年以来，外交益困，揩拄为难，虽举国上下，勠力同心，犹虞不济。乃当局不念国民付托之重，不虑国家覆亡之惨，躬行叛逆，

使人心离散，外侮乘虚，五国之警告未终，而窃号之进行益急。顷者报纸传闻，当局将藉东邻为护符，不惜开门以揖盗。第五项条件，自请承认，更附以其他严酷之约。虽事关秘密，难得真情，然充当局事在必成之心，与外人狡然思逞之意，两相印证，则所传当不尽虚。

呜呼！断送国家命脉，以博一人之尊称，此人类之所不忍为，而正人君子之所痛心疾首，不与并存者也。执事清德重望，中外同钦。在昔中俄协约，不得议会之同情，翩然挂冠，以谢天下，立身正大，出处光明，实足以作从政之楷模，导贤良之先路。今者大盗移国，新莽即真，托庇外人，牺牲国脉，从龙佐命，于民国皆为叛逆，于前清皆为贰臣，于宗邦皆为卖国，较之中俄协约，孰重孰轻？执事秉国家之钧衡，当外交之重任，乃复湅忍屈辱，无所表示。窃维执事冲怀素志，当不至熏心利禄，忘怀廉耻。盖以当局言饫之殷，难于决绝人道，晦冥之际，惧其中伤，自谓明哲保身，遂致迷途罔觉。试问执事交谊之厚，何如东海？责任之重，岂等润生？东海念年莫逆之交，犹不肯为；润生末学新进，犹不屑为（报载陆宗舆辞职）[①]。执事之与当局，不过同僚，在前清已当重任，乃独觍然为之，不特无以对国民，无以对旧君，无以对东海、润生及一般洁己之士，即抚躬自问，能不汗出沾衣乎？

然假使执事同流合污，而必可以保利禄，长子孙，则虽捐弃一切，犹可说也。然当局之阴贼险很〔狠〕，使智庵谋杀钝初，旋杀智庵以灭口，今复与执事谋卖中国，事成之后，能保其不杀执事以灭口乎？外交丧失太多，国民攻击必甚，能保其不杀执事以自解，如

---

① 原编者注。

汉景之诛晁错乎？由此言之，执事以不去为安，而未必安，赵智庵之事可鉴也；以去为危，而未必危，东海、范孙之迹可寻也。执事何不法唐绍〔少〕川故事，径赴天津租界，再行寄书辞职。则彼虽有羁绊，无所设施；虽有鉏麑，无能为役。翩然高举，作圣之清，不亦善乎？若再徘徊容与，莫能自拔，帝政失败，执事固无地自容；帝政成功，则国家权利必有重大损失。即使共和之叛贼，清室之贰臣，任人笑骂，皆所不计，独使天下后世追源亡国之祸，皆由执事助纣为虐之所致；执事当外交之局者十年，而独蒙亡国卖国之名以终，执事虽在九原，能瞑目乎？执事之子孙，又何以自处于人间乎？执事兴念及此，其尚可以稍安毋躁乎？

　　下走与执事有一日之雅，不忍坐视宏材硕望，堕落九渊，用敢披沥肝胆，略陈利害。呜呼！蝮蜿伤手，壮士断臂，唯执事深察而勇断焉。幸甚。五年一月五号。弟孙洪伊谨启。

　　《对内文告·孙洪伊致袁氏外交总长陆徵祥书》，《共和军纪事》，第31页至32页

致王士珍书

（1916年1月5日）

　　帝制事实，突然发现。中外人士，莫不谓当局背誓食言，贼民欺世，在道德为篡窃，在法律为叛逆，对内为扰乱之动机，对外为危亡之导线。此天下之公言，虽百喙而莫能置辨者也。在我公深识远虑，硕望宏才，岂屑以皎皎之身，蒙汶汶之辱，想亦未尝不疾首痛心于公路之所为，抚膺扼腕而莫能救也。

　　然自事变以来，自好之士，相率隐退，朝列为空，莫不惮于附逆，去之若浼，而执事仍居高位，未闻有所表示。执事冲怀素志，知不至有所系念，独以十年交谊，决绝为难。世路嵚巇，中伤可惧，勉求明哲，遂至游移。寻公所怀，窃以为过。若论交好，则彼既可以背旧主，公何不可以绝旧交？是以菊老、范孙洁身远迹，不背附会凶逆，相从入井。且冯华甫虽受监视，犹抗节不屈；段芝泉既被囚禁，亦潜身遁逃，岂曰隙末凶终，实关正谊人道。此数子者，孰非当局之故人乎？执事习于中国史事，试观古之君子，守道不渝，凡当国变之交，莫不迁徙流离，拘囚困辱，甚或妻孥沦丧，身首横分。此等痛苦，宁忍言说，而以大义所在，则躬蹈之而不悔。况今逆焰虽炽，淫威莫逞，薄海内外，尽多乐土，一出国门，则羁绊之术，俎醢之术，皆无能施，鸿飞冥冥，弋人何慕。以视昔贤遭际，难易奚如？乃犹降志辱身，迟疑不决，与冯道、贾充辈，旅进旅退，共为碌碌，窃为执事痛之。

　　夫依违隐忍，苟合取容，幸一时之安，而遗终身之丑者，世固不乏此人矣，愚亦何忍以此妄测贤者。然悠悠之口，亦至足畏，愿执事抚躬一反省之也。倡率义师，声罪致讨，诛残贼之独夫，挽国命于将绝，此豪杰之士之所为，固不敢过望于执事。然执事在海内为人望，在前清为忠臣，当此大节所关，岂有徘徊观望之馀地？无论当局多行不义，众叛亲离，他日灭亡，终归同尽。即其阴贼险很〔狠〕，使帝业幸成，而功高者将伏韩、彭之诛，佐命者皆列贰臣之传，事有必至，无待蓍龟，得失利害，明若观火。则执事行年六十，非图禄养，亦何苦同流合污，自败身名乎？何不比德绍〔少〕川，拂衣径去，涅而无滓，翩然太空，上可以对旧君，下可以谢国民，内可以无惭衾影，外可以无愧故人。较之局蹐辕下，辱身养祸，岂可同年而语哉！

比年以来,当局以金钱威力鞭笞天下,遂使斌媚成风,廉耻道丧,长此不改,人将相食。执事道德高尚,为世所宗。辛亥之际,偶不自得,即敝屣高位,挂冠归隐。岂今大盗移国,乃复甘为佐命?君子德风,窃愿为国家留元气,为社会存道德,决然舍去,作圣之清,匪独一身利害,荣辱所关,世道人心,实攸赖焉。忝属梓末,敢布腹心,伏祈深察。五年一月五号。乡愚弟孙洪伊谨启。

《对内文告·孙洪伊致袁氏陆军总长王士珍书》,《共和军纪事》,第 32 页至34 页

致某某将军、师长、旅长书

(1916 年 1 月 6 日)

民国肇造,疮痍未复,与民休息,方不暇给,乃独去背叛,窃国称尊。以强迫造成民意,使天下无复是非;以暗杀助其淫威,使世界无复人道。诛锄异己,则无间亲疏;求庇外人,则罔恤亡国。图帝制运动之费,极诓骗腹削之能,生民之膏血已枯,而窃号之野心日炽,致使群情怨怒,朝野忧惶。若不亟图救济之方,必有亡国灭种之祸。滇省军民,不忍五千年神明之胄一旦沦胥,代表真正民意,起共和军,声罪致讨之。

以理而言,中国者,我四万万人之中国,非一家一人之中国也。尽力于国家之公职者,谓之忠;尽力于一人之私图,而妨害国民之公意者,谓之叛。中华民国之大总统,由中华民国之法定机关选举之。今袁氏僭窃帝位,背叛民国,已自丧失其元首之资格,并为民国法律上之罪人。故昔之效忠于大总统者,即效忠于国家;今之效

忠于袁氏者，直效忠于叛贼。图一家之私利而残杀同胞，斫丧国家之元气，以自同于叛逆，此乡党自好者之所不为，而况豪杰之士乎？

以势而言，袁氏挟全国之众以抗云南，宜若可以制胜。癸丑之役，其已事也。不知癸丑袁氏挟元首之资格，以指挥军人，而国民之舆论，以其法律上之地位，复拥护而维持之，故能告□成功。此乃全国军民之力，非袁氏一人之力也。今袁氏元首之资格，已自行取消，以独夫而穷兵，兵谁为用？以叛贼而求助于舆论，人谁与容？袁氏之对于舆论，亦可谓极金钱威力之能事矣。然除内地人民横受压迫，莫能表示外，至言论稍可自由之地，则无不万口同声，反对袁氏。其金钱威力，乃不能收毫发之效力，则人心之大同可见也。天下古今，宁有兵不用命，民不归心，而可以成功者哉！

以对内而言，袁氏当总统之任，犹且专横暴厉，无恶不作，称帝之后，专制必当更甚。我四万万人，日在桎梏之中，其能忍与此终古乎？我国人托国于共和之下，人人皆民国之主人翁。一旦称帝，则我四万万之人格，被其取消。男者公为袁氏之臣仆，女者公为袁氏之妾媵。呜呼！人虽无良，亦何忍自弃其至尊至贵之人格，而取得至卑至贱臣仆妾媵之役乎？故兴师讨贼之义，在今日实人同此心，心同此理，特以屈于威力，莫能表现，有大力者负之以趋，则云合响应，捣幽燕而诛桀纣，可操券而获也。

以对外而言，共和民国，已得列邦之承认，袁氏弃总统而称皇帝，则袁氏政府于国际上已不存在。共和军拥护民国，名义至顺，目前固不必列国助我张目，亦必能严守中立。今云南起义，樽俎安然，法国已拒绝袁政府之要求，列国闻将有第二次之劝告，则外交态度，□于指掌。转瞬共和军得地较广，外人将否认不列于国际之袁政府而承认共和政府，事所必至，无待蓍龟。

若夫袁氏之阴贼险很，其罪恶已与天下以共见。智庵是其心腹，饮之以鸩；冯、段是其股肱，屡濒于危。执事自度于袁之谊，与赵孰亲，与冯、段孰优？鉴已往而测将来，戴袁而败，固同归于尽；即侥幸成功，亦必鸟尽弓藏，释兵权而听诛醢。执事试取韩、彭、胡、蓝之传而读之，能不毛骨悚然乎？

由此言之，戴袁为逆，讨袁为义，毁誉荣辱，不可不计也。助袁必败，讨袁必胜，存亡得失，不可不察也。讨袁而胜，即成不世之勋；助袁虽胜，亦不免诛夷之惨，祸福利害，不可不择也。执事所服者，民国之官，非袁氏之官；所食者，民国之禄，非袁氏之禄。以执事之声威卓著，雄略冠时，举手投足，为国轻□，是非利害，既不□□□，不忍坐视民国覆亡，任人盗窃。尚望及时奋起，声罪致讨，□成伟业，同救国危，全国人民，实赖公□。临颖企伫，不尽欲言。民国五年一月六日，孙洪伊谨启。

《孙洪伊致某某将军、师长、旅长书》，《中华新报》1916 年 2 月 8 日

致各友邦书①

（1916 年 1 月 24 日刊）

请求各友邦政府筹计久远，勿承认中央政府。

《滇事问题之军事与外交》，《申报》1916 年 1 月 24 日

---

① 报道称，是月 18 日，驻京各国公使接到南来檄文一件，文末署名者除孙洪伊外，尚有谷钟秀、李述膺、赵世钰、彭介石、彭允彝、陈嘉会、欧阳振声、蓝公武、文群、王侃、杜业业、殷汝骊、汪建刚、汪律本、林森、徐傅霖、杨永泰、萧晋荣、张耀曾等。该函内容为记者所概括。

致曹锟函
（1916 年 1 月）

袁氏背叛民国，薄海同愤，内则众叛亲离，冯、段反对，外则五国干涉，借债绝望。行见湘、粤响应，鄂、豫动摇，入川各军，将无归路。袁氏必败，无待蓍龟。贵军为民国人民豢养，岂能为奸雄牺牲。识时务为俊杰，望当机立断，即在前线反正，加入护国军，功在国家，兆民永赖，岂惟姻娅之幸。

《孙洪伊与民治社》，《天津文史资料选辑》第 16 辑，第 22 页

通告各友邦书
（1916 年 3 月 3 日）

中华民国进步党孙洪伊等，谨以至诚之意，宣告于世界，凡我友邦，敬祈垂听。

我国民夙爱和平，极重秩序，使我国之元首，果能守法求治，以国家之安富尊荣为务，宁非我国之大幸而我友邦之所深愿者乎？乃袁世凯叛国称尊，肆行凶德不恤，斩绝国家之命脉，扰乱世界之和平，以博一人之尊号，使我国民绝望，不能不出最后之决心，除此残贼。此我国之不幸，我国民不得已之苦衷，当亦我友邦所深谅而嘉许者也。

溯自满清失政，共和告成，袁氏藉民军之机势，窃前朝之威权，

表同情于新命，我国民冀其能奠安国家，共求郅治，于是乎举为总统；又虑其心或未诚，言或未信，于是乎要之誓盟。及我正式总统举定之日，即得我友邦同时承认民国之文。我国民以我举出总统，得我友邦之同情也，一方面感谢我友邦之盛意，一方面冀幸我总统之得人。岂知袁氏潜蓄野心，凭藉权势，无恶不作。以强力毁灭国会，以私意窜改约法，以金钱收买党徒，以严刑暗杀诛锄异己。崇诈伪以欺中外之人士，增恶税以供私人之挥霍。凡世界穷凶极恶之事，皆袁氏争权夺利之资。尤复唆其鹰犬爪牙，伪造民意，公然叛逆，背誓称尊。吾党屡进忠言，拒而不纳。重劳我友邦一再儆告，置若罔闻。似此阴贼险很〔狠〕之夫，长居亿兆人民之上，匪特我国道德、法律、民权、国脉同归澌灭，恐影响所及，将决世界人道之大防。吾党为保障国家，维持人道，不能复忍，乃决大计，誓予驱除，敢本斯言，为友邦告。

袁世凯为我中华民国之大总统，今既自称皇帝，自行取消其总统之资格，而构成约法上谋叛之罪人，按照国法，应行解职，靖候裁判。即使今后袁世凯取消帝制，其罪状业已成立，仍应照此制裁。无论如何，我国人决不能再戴叛国之罪人以为元首。我云南政府，既已代表我中华民国，起义兴师，声罪致讨，我国民虽或犹有伏处淫威之下，然莫不具枕戈待旦之心。尚望我友邦，鉴谅我国民之苦衷，权衡世界之公理，亲善我友邦曾经承认之民国政府，弃绝背叛之独夫。我国民本多数之决心，保障固有之国体，他日大功告成，罪人斯得，必得建设完善之政府，内勤治理，外睦邦交，中外和同，利莫大焉。揆之我友邦承认民国之初心，与儆告袁氏之诚意，想必乐予赞同也。中华民国五年三月初三日。中华民国进步党孙洪伊等敬告。

《孙洪伊通告各友邦书》，上海《民国日报》1916年3月7日

代表进步党誓除国贼之布告

（1916 年 3 月 21 日至 22 日刊）

　　呜呼！疾痛惨怛，呻吟憔悴于虐政淫威之下，未有极于吾人，而甚于此时者也。辛亥以来，托国之命，于袁世凯之手，伈伈伣伣，暗无天日。当其废弃国会，擅改约法，停罢地方自治，取消司法独立，宪政根株，铲除无遗，吾国人已当明正其罪，起而诛之。然而笃爱和平，力图迁就，伤民困之未苏，虑兵端之遽动也，茹苦忍痛久矣。而袁之猖狓横恣加甚，当中俄交涉而外蒙失，中英交涉而片马亡，中日交涉而二十一款割让，第五款亡国条件，容后协商，卖国丧权，割地弃利，吾国人更当明正其罪，起而诛之。然而笃爱和平，力图迁就，痛患难之洊至，予奸回以自新也，椎心忍辱，抑又极矣。

　　而袁之专肆暴戾益加甚。自道德上言之，豺狼成性，蜂目忍人，食言而肥，背誓弃信。重悬奖金以行暗杀，使全国皆杀机；假造民意以肆强奸，使全国无完行。牺牲国家以为一己，播弄权术以为万能。恶自性成，物以类聚，机械变诈，麇集而并进。卑污苟贱者，蚁附以相逐。残忍刻酷，跅弛之徒，尤得踞要津而膺上赏。清洁之士，则多其方以辱之；强毅之人，则假以罪而戮之；中庸之才，则以势力胁迫之，以金钱收买之。阴贼险狠之风，倡之自上，成为风气，散之于下，蒸为习俗。阴霾充塞，正气沦亡，不知人世间有道德廉耻，率一国而入禽兽之域。六朝五代，不及今日。国本败坏，一至于此，岂不哀哉？

自政治上言之，行专制而利民愚也，于教育则摧残之，而吾民之智识以塞；宠私人而假官办也，于实业则攘夺之，而吾民之生计以穷。其理财也，取之尽锱铢，用之如泥沙，税目奇苛，用途纷乱。尤不堪者，以烟为国之大害而禁之，忽反卖之于官；以盐为国之大利而税之，竟全押之于外。驱国民赌博以开票，而谓之储蓄；攘救国储金以开会，而谓之筹安。行同盗贼，无赖之尤。为政四年，外债多于前清一代。内债滥发，叠床架屋，漫无统系之计画，复非正当之开销。其养兵也，目的非以固国防，而以防家贼。计画非出自陆军部，而以练太子军。各省将军，请饷请械，充耳不闻。河南招兵，建筑兵房，岁縻〔糜〕巨万。处心积虑，着着为私。欲望有国军之模型，犹却行而求前也。一切法制，远之效王莽之复古，近之仿前清之假立宪，犹其馀事，曷胜诛哉！

世凯者，初无经文纬武之才，更乏平天成地之烈。迹其通显，叨藉门荫，窃得时荣，浠缩节符，遂攘权势，遭遇国变，幸弋今职，在前清则工于钻营，在民国则巧于播弄已耳。此小有才而未尝学问之徒，何势力之与有。然即彼所谓势力而论，姑约为三种，亦人心已去，局面全非矣。

一曰金钱。袁氏本备有巨款，以铺张伪朝。但帝制发生，收买军队，费若干千万；赂遗外人，费若干千万；濡沫报馆，百数十万；呼蹴顽顿无耻、恚诉无节之文人名士，上表劝进，投票署名，费若干千万；侦探加费，暗杀奖金，宝座新宫，龙袍玉玺，数又不赀。即区区筹安会，亦耗六百万。大典之筹备初开，内府之空虚如洗。滇军一起，仰屋徬徨。富省截留，瘠省请拨，外债望绝，内债术穷。欲滥发纸币五千万，以弥缝一时，而中、交两行提款者塞途，兑现者如市。袁令禁之而不听，警厅阻之而不恤，乞灵于商会之维持，而卒无效，空空妙手,穷无复之。至官僚有扣薪搭债之文,清室有勒捐藏金、拍卖古物之议,水尽鱼绝,图穷匕见,支绌现状,中外共睹,不亦蹙乎?

一曰军队。北洋师旅,系属于冯、段者,十而八九。段既被囚,冯又见疑,将领皆为寒心,士卒因而气短。故不得不留兵畿甸,以驻防阎、靳,更不得不集军淮浦,以严备张、冯。然左右皆无足恃,拱卫只寄于太子;东南已非其有,应付仅托于倪奴。况其中此师杂以彼旅,甲旅揉以乙团,暂利生疏,偶幸无事。滇、黔义发,急速求和,诛无可逃,侥幸一战,东抽一旅,西调一营,拉杂成军,驱赴前敌。道经武汉,散漫靡乱,人无斗志,路有怨声。未及泸渝,逃而变者有之,散而抢掠者有之。此皆国人所共见共闻,该处同胞,尤呼诉而痛恨者也。第一军勉强凑集,结果既已无幸,仓皇而为第二军之组织,征调旬月,百不一应。事有类于筑室道谋,情实同于画饼充腹。况模范团日有变动,新华宫几遭爆炸,亲属亦思剚刃,诸将密有通款,嫉恶如仇、待时而动者纷纷哉。虽日捏造捷报,虚传新招,尤末路之征也。

一曰党与。自帝制萌芽,知名之士,自好之伦,儿女姻亲,总角交旧,去之若浼,朝列为空。彼安其禄而仕其朝,充然无复廉耻之色者,盖有两种人焉。一则曰饙餟主义也,一则曰阴柔手段也。阴柔者流,潜状肘腋,沉机观变,用心至苦,操术尤工,罪魁功首,一反覆手耳。彼徒饙餟之侪,义军北兴,必相率匍匐马前,欢迎于箪食壶奖〔浆〕之下。若而人者,见利则鸡鹜相争,失势则鸟兽各散,既非有感恩知己之感,尚安有攀龙鳞附凤翼之心,固非子云之于王莽,伯喈之于董卓者比也。抑近闻之,筹安会魁首杨度等,已惧为亹错,襆被出都。梁士诒、朱启钤亦皆私汇金钱,预备作海外富翁之举。是诚一夫纣耳。

袁世凯之罪恶贯盈若彼,势力虚假又若此。法律上总统之资格消失,国际上警告之文牒频来。人怒天怨,众叛亲离,公私涂炭,中外恶弃。背叛大逆,穷蹙独夫,虽欲为平民,乌可得耶?天相中国,奋兴义师,鹰扬虎视,振旆北征。袁世凯日暮途穷,自知不免,犹复逞其小智小术,取消帝制,被除年号,效前清遣各省宣慰之使,行南京南北构和之谋,缓死须臾,为全躯保禄位之馀地。我国人倘尚隐忍为国,一朝纵敌,不亦为天下姗笑而贻万劫不复之忧哉?呜呼!窃国之罪犹小也,五千年古国之大命,同时属纩,其哀痛何如也!纵敌之患犹末也,四万万神明之裔胄,同时为奴隶牛马,其惨怛何如也!国与贼不相容,民与独大决不并立,系于今日,在于此举矣。幸垂听之,并力图之。

《孙洪伊等代表进步党誓除国贼之布告》,上海《民国日报》1916年3月21日至22日

致袁世凯电

(1916年3月25日)

顷读《申报》,知阁下明令取消帝制,自认前非,自堪嘉尚。惟阁下帝制自为,叛国殃民,实为首恶,庆父不去,鲁难未已。甚望急流勇退,束身司败,国人轸念前劳,或可曲谅。若怀覆雨翻云之心,为卷土重来之计,恐路易十六未能专美于前也。

《孙洪伊与民治社》,《天津文史资料选辑》第16辑,第22页

致唐继尧、蔡锷、陆荣廷电①

（1916 年 4 月初）

袁氏不退位，不受国民裁判，无调停之馀地，各省兵事，仍请速即进行。

《时局趋势与都门近状》，《申报》1916 年 4 月 9 日

否认调停之谈话

（1916 年 4 月 12 日刊）

（日前中外各报喧传袁氏与民军议和，出名发电者若干人，提出条件若干条，民军已认未认者若干条云云，果有此事实否？）②袁氏以黎、段等数人名义，提出条件，电达滇、桂等省，事诚有之。但滇、桂等省毫无复电，又孰与之言和者？以袁氏背誓叛国，已失总统地位，在约法上为叛逆罪，在刑法上为内乱罪之已遂犯，以彼一罪人，岂有言和之资格？见民军有讨逆之责，而无赦免袁氏之权，又何从与之言和？总之，袁不解职，受国民之裁判，他事皆无可言。

（时论有鹬蚌相争，渔人得利，日本雄视东亚，久有野心，兵戎

---

① 该电署名者除孙洪伊外，还有柏文蔚、钮永建等。

② 括号内为报载记者提问。

相持,得无虑其干涉乎?)日本当袁氏派遣送礼大使之时,承认袁氏称帝,何求不遂? 既已拒绝,乃谓其表示好意于先,而忽自乱其主张乘人之危于后,日本外交政策何至如此歧误?

(闻英国惧他国侵夺该国在扬子江流域之权利,特利用袁氏以保之,是故此时能促其不出死力以助之乎? 或劝其他与国贷彼借款,如近日喧传所言,公能保其必不见诸事实耶?)英人此次对我之外交,吾亦为英人惜之。英国以经济侵略吾国已数十年,而我国对于英人毫无恶感,可谓其外交之成功。即近年来内幕操纵袁氏,吾民鲜有知者。今乃欲利用袁氏而自揭其假面,得罪国民,吾知英人异日必悔之也。况袁氏既为举国所弃,断不能因有英人之助而得幸存也。

(俟欧战结局当何如?)中国战事,无论若何延长,总在欧战之先,此无虑也。

(外交方面无大危险,既闻命矣。然今完全独立者,仅滇、黔、桂、粤四省,其馀均在北军之手,纵无外人干涉,南军果能直抵北京,驱彼元凶乎?)此又不明北方真象之言也。夫共和思想,岂能谓为南人专有? 锄奸思想,岂可谓为北人全无? 余北人也,余知北人最□,将来剪除袁氏,定必出于强毅有为之北人自为之,不必待南军之至也。北人诚朴,不尚嚣张。吾知北方健者,沉机观变,不动声色,一击惊人,已大有人在也。试观袁氏左右,如筹安会等诸魁首,及袁氏著名之鹰犬,无一人为北人,即可以窥其隐矣。

《孙洪伊君否认调停之谈话》,《顺天时报》1916 年 4 月 12 日

致冯国璋函

（1916 年 4 月 12 日）

　　华甫先生麾下：迭次函渎，谅已察阅。顷者独立各省势力发展，南方全局大形活跃，即北方亦渐呈摇动之象。袁氏计穷力竭，决不能收拾已去之人心。退位之说，只有时日问题，万无挽回之望，稍明大势者，皆能了然。我公坐镇江南，席左右大局之势。自帝制发生，公主持正论，众望攸归。故党人相率帖然，不愿轻于一逞。目前事机已熟，公必有正当之表示，而后足以慰一般之舆情。且民国再造，万机待理，必有适当之地方，而后足以处置全国之事。以公所负责任，与南京所处地位，皆今日举国之人所属望最殷者。公有一举动，则长江流域皆将闻风响应，而国家大事举付托于麾下以决从违。若再迟疑，望之切者或将为苛责之论，而大势所趋已无游移之馀地。为大局计，为公自身计，似不能不以最后之决心，为及时之表示。断不能不与毗连各省为依违两可之策，致负国人之属望。想公当已熟权之矣。致虑独立之后种种困难，皆易解决。就财政而言，宁省夙称饶富，且上海为通商大埠，筹款之法甚多。即有缓急，临时发行公债票，必能奏效。就环境之军队而言，苏州不成问题。沪上各军现已变易趋向，怵于南方风云紧急，方皇皇无归。公为素所信仰之人，一旦宣言独立，彼为保持地位起见，必相率投诚之不暇，安有肆其抵抗者乎。海军早跃跃欲试，惟虑军饷无出，陆军不相协应。南京独立，彼所虑者，皆已不成事实，更无他虑。

就军事方面而言,袁氏现有兵力,防守北方,已多不支。即派兵南下,亦属有限。临时以一旅驻守南京,以第二师及第十九师各一部分出动于浦口、滁州一带,再于南京附近可以渡江地点,如瓜洲、大胜关、采石矶、龙潭等处,略派监视部队,防北方军队之侵入,则虽有兵来,亦不能直逼金陵。万一滁州、浦口一带有受压迫之虞,该地军队须向后方引退,而沿江各地点皆易于扼守,彼纵无术飞渡也。况沪上各军,必能为公用乎。惟沪军及海军,公须先行派人来此,择其可言者先与接洽耳。洪伊默察时变,熟审机宜,望公速决大计,克期宣布,以张挞伐。则袁氏势已孤立,将有求速退位而不得者。是云、贵倡义于前,而公结束于后,其功诚莫与京也。谨贡愚忱,伏惟亮察。此叩勋安。孙洪伊谨启。四月十二日。

《大树堂来鸿集》,《近代史资料》总第 50 号,第 196 页至 198 页

反对停战议和电

(1916 年 5 月 8 日刊)

滇、黔倡义,桂、粤踵武,风声所树,中外发奋,联合迫退,十有六省。约法具在,继任有人,国会虽散,回复亦易,罪人一去,全局遂定。乃者战事骤息,和议甚哗,大局迷离,又堕雾障。

夫袁氏称帝,蹂躏法律,背叛国家,罪状昭著,爰书已成。率数省雄师义旅,遽为匹夫退步,胥一国仁人志士,竟与罪犯言和,千古所无,万国为笑,此在理不可者也。川南停战,月复一月,袁氏备饷作战,不遗馀力。外之密借美款,又假托华宁公司种种实业名目,

大举外债;内之搜括各省,中、交两行现款提解中央。齐、豫之间,广征新兵,兵工各厂,赶造武器。北军出发络绎,川、汉、湘兵密出衡、永,踞桂八县。倪毓棻督二十馀营,进窥岳州。刘冠雄亲率兵舰,遣兵赴闽,将满一师。上海一隅,新至之士卒,亦日有所闻。作备若此,岂有退意?

兵志曰:"先发制人,后发则为人所制。"一旦反噬,恨悔何追。吾人纵有维持审慎之苦心,大局岂容有从容讨论之馀地?昔宋人议论未定,兵已渡河,可为殷鉴。此则势尤不可者也。事机迫切,患在眉睫,伏望倡义诸君子,张皇六师,罢斥和议,毋误先幾,坐贻后悔。区区愚虑,敬为垂涕陈之。孙洪伊。

《孙洪伊反对停战议和电》,上海《民国日报》1916 年 5 月 8 日

关于冒名勒索之启事

(1916 年 5 月 13 日刊)

顷有假鄙人名义,向本埠南浔路元裕里傅筱庵君勒索巨资。经傅君将原函检送前来,阅之诧甚。查函内系指定在贝勒路吴兴里竞存学校内接洽,并联有钱振鹏、倪贻孙之名。除报请捕房查办外,特登报申明,嗣后如有类于此等函件发现,务希将来信送交鄙人,以便查究,而杜假冒为祷。

《孙洪伊启事》,《申报》1916 年 5 月 13 日

复曲同丰函[①]

(1916 年 5 月 15 日刊)

伟青仁兄执事：津门辱教，快慰平生。仆自出亡以来，奄忽半岁矣。燕云旧识，实无日不萦维脑际。顷奉手书，殷致拳拳，知故人尚不我遐弃，捧读之馀，且感且佩。世事狂澜，倒逾千尺，当局虽强，挽回岂易。果然早自觉悟，知难而退，国家之福，亦其个人之幸也。唯此公狡谲而兼顽钝，仆料不至自误以误国家，恐未必止耳。但大势既去，勉强撑拄，亦不过数十日间而已。

大政付托，终须有人。执事隐相当代人才，谋为适当，具征热心国是，能见其大，敢不钦佩。评论时贤，及于四公，洞澈隐微，语语惬心。军界人贤得卓识如公者，主持其间，疏通引导，巧转弹丸，后此功在国家，岂仆所能望其项背。仆自至沪后，竭其棉薄，奔走各方，私幸所言尚不为国人唾弃。入月以来，国会议员陆续至者，逾三百人。此外各省军政界要人，联翩戾止，几不可指计。此皆吾国之优秀社会之中坚也。联合会议，商量国是，至再至三，不厌求详。尚幸同人均惩往事，以持意见至招挫折，平心静气讨论一切，虽未能尽水乳之融，亦尚无霄壤之隔。于全国重要之言论界中，得此景象，洵亦难能可贵。

顷持来书，出示同人，征求意见。大略均重视建威[②]，以为刚

---

① 曲同丰，字伟卿，山东福山人。前保定陆军军官学校校长，时被视为段祺瑞亲信之一。报载，日前曲氏来函，详论将来继任总统人选，非段祺瑞莫属。此为孙洪伊复函。

② 指段祺瑞。

毅沉穆，志足自胜，颇得老氏"重为轻根，静为躁君"之旨，不仅以军人多其旧部，学生半列门墙已也。共和肇始，建威实翊赞之；共和危急，建威实拥护之。不避艰危，不阿权贵，英雄梗概，略见一斑。至谓性质刚直，用人稍偏，恐亦难全无异议云云。同人以为，丁兹乱世，人心群趋巧诈，于艰危险阻之中，犹见天真本性。本高冈之凤，鸡群之鹤，适标其异，奚足为病。建威总揽军权，虽历年所，然事事受制当局，多非本心，国人亦久谅之。古之大匠，求栋梁于深山大泽，杞梓连抱，尚不以数尺之朽而弃之，况材难如今日，全德如建威者乎？

　　唯同人之意，今有所望于建威者，国家之所以维持不敝，人民之所以范围罔逾，赖有法律而已。各国皆然，乱世尤重，盖舍此则纲维破而竞争起。武力既失其勇，口舌亦穷其巧。天下滔滔，不至亡国不止。临时约法者，创造民国之根本物也。元、二年间，民党骚动，幸未越其范围。赣宁之役，当局利用之，收拾人心。故民党气慑，不数旬而大定。厥后创政治会议、约法会议，废弃国人之公物，贯彻个人之私意。人心之解，大势之去，不自帝制发生而已然也。民党愤兴，指斥袁氏，即以违背国宪为第一罪状。故西南一振，影响全国，此直彼屈，胜败以分。今执己意以测将来，人情可见，大势亦略可推矣。建威为全国属望之人，又为当局倚任之人，东山谢傅不足媲其重也。如能从速揭橥当世，以恢复约法为第一事，则天下归心，建威虽欲弃人，人亦未必弃之也。

　　夫自袁氏当国以来，以不信教天下，国人对于高位，每抱疑怀。建威果有志天下，当以信收天下，则天下不足平也。是故谓建威前途之得失，实在建威之自取。同人此时固不能于法律之外，预悬中矢之鹄，以自塞其口，而启人之争。区区之心，爱国家并爱建威，如是而已。

兹有某君,昔同在议会,亦与建威谂固,素佩建威之为人者也。今便道归京,特属至尊处,面陈一切,至时尚祈赐与接洽。南鸿北雁,千里一心,努力前途,为国珍重。临颖神驰,无任屏营。

《曲同丰与孙洪伊书函》,《申报》1916 年 5 月 15 日

二十二省旅沪公民之宣言[①]

(1916 年 5 月 19 日刊)

中华民国创之南京政府。当时满清势尽力竭,莫资抗御,不得已乞和退位。适袁氏密使载途,誓以至诚,赞成共和。国人亦以袁氏归顺,并率所部促清室反省,尚有足多。乃由南京参议院议决,认许孙大总统辞职,再举袁氏为临时大总统。此为我建设新邦之历史,事迹昭然,有目共睹。彼宣统临去陈言,嘱袁氏如何组织云云,不惟无拘束南京政府之效力,而袁氏之得为总统,确由法定机关依法公选。该电谬称由清宣统付托。微论统治权与所有权不同,不能以私人意思相授受,而充邪说之所至,直欲将我国人无数牺牲,以博得辛亥革命之光荣历史根本推翻,苟非别有肺肠,何至悖戾若是! 此国人不能承认者一也。

袁氏毁裂宪章,谋叛民国,依约法应丧失其元首资格,是为个人犯罪之结果,而固有之国体,与未曾附逆之副总统固安然无恙,

---

①　宣言列名者甚多,孙洪伊为联署人之一。此前唐绍仪等已以二十二省旅沪公民名义致函冯国璋。因该函报载时署名较为简略,未见孙洪伊之名,故本文集未收入。

此理之至明者。而该电谬称，自帝制发生，民国中断，副总统亦同时消灭。以独夫一己之行为，而推其他皆随毁弃，且例视国家为袁氏私产，其居心尤为不可思议。此国人不能承认者二也。

《大总统选举法》第五条载：大总统缺位时，由副总统继任，至本任大总统期满之日止。袁氏既因帝制自为，丧失民国元首之资格，国人一致遵守国法，戴黎公为继任大总统，名正言顺，亿兆咸服。该电谬称与事实不合，不如仍由袁暂负维持责任。前后矛盾，言不成理。揣其意，直欲推翻宪法上之继任总统，仍留袁氏以为傀儡，藉便私图。其结果，将率天下人匄狗法纪，横触蛮争，不陷国家与变乱相寻而不止。此国人不能承认者三也。

二年国会，本真正民意依法组织而成，虽事实上经袁氏以暴力停止，而非法行动，国法不认其有效，参众议员资格，至今尚继续存在也。该电以个人之私欲，组织其所想象之国会，无论一般官吏无权议决，试思民主国家之国会，其组织不拘成法，欲如何便如何，则纪纲秩序荡焉无存，尚复成何事体？况今日国家大政，诸待国会解决。两院议员之集于沪上者，瞬及法定人数。云南唐都督且函催从速成立，共扶国是。该电因欲遂其不可告人之隐，乃悍然为袁氏所不敢为，而自定选举，自造国会，自居权源，自□元首，一若金陵王气，又将钟于河上将军者。此国人不能承认者四也。

在宪法未颁布以前，约法效力与宪法等，除由法定机关得以法定程序增修外，无论何人，不得妄议更张。该电既认以民国元年公布之约法为标准，而又谬称先将适用各条款，提出宣布，约法何物，将军何人，侈言去取，污蔑我国家根本法典实甚。此国人不能承认者五也。

祸首惟袁氏一人，杨度等特属共犯，其应如何处置，依约法属于国会与最高特别法庭之职权。该电轻轻放过首魁，而专归罪于附逆诸人，且主张削除国籍。既纵首要，复侵法权，此国人不能承认者六也。

此外以借助外资，为补救财政之方；以保存旧部，为厚积党羽之谋；解散新招军队，以巩固其势力；禁锢反对党人，以阻遏其民气，要皆有为而发，用便其私，而均为国人所一致反对者。此仅就其东电言之。再观其有、鱼二电，则公然倡纵横割据之论，布左右轻重之局。联合张勋、倪嗣冲，通电附逆，及中立各将军派员赴宁会议，名为保袁，阴实自重，狡谋益彰，无可掩饰。

呜呼！我国人以独夫肆虐，万不获已，至以兵戎相见。果使掌兵将帅稍有人心，当即竭忠尽智，共讨国贼。即不然，亦应开诚布公，涕泣而道，减时局之纷难，措国家于安全，而后能使天下人相谅无他。乃竟不出此，杜撰法律，自绝国人，横梗中原，搅乱大局，卒使战祸延长，不易收拾。言之痛心，闻者发指。今兹之役，在图政治之清明，非关首恶之诛灭。而开宗明义，端在维持约法。其恢复国会与黎公继任总统两事，又为维持约法之根本要务。袁氏目无法纪，为国人起而诛之。苟继此而有效袁氏之行，或其行动较袁氏尤为卑劣者，我国人万难姑容。盖根本革新，在此一举，决不再为敷衍苟且之谋，而贻天下后世之祸。

尤有进者，以武力改革政治，为人间最高尚最纯洁之事。彼胸无丝毫国家观念之醒醍官僚，安足语此？惟冀我国人抱澄清政治之决心，充精神奋斗之实力，有进无退，不屈不挠。众民政治由众民之努力而来，无论何人，有此等联合抗义之举，皆所以促我国人最后之觉心。顺天者存，自暴者亡。我国人除本全国民之心理意志，以武力解决外，无他道足以扫国家之障害，而奠政治改善之基础也。父老昆弟，其亟图之。

　　广东唐绍仪、温宗尧、王宠惠、徐傅霖、卢信、易次乾、叶夏声、江璟、黄增耆、邹鲁等三千三十六人，湖南谭延闿、范源濂、李执中、欧阳振声、周震鳞、罗永绍、陈家鼎、曾毅等四百四十八人，湖北汤化龙、刘成禺、刘公、马宙伯、李步青、吴养之、何成濬、耿觐文、彭养光、曹亚伯、高尚志、邓玉麟、吴醒汉、杜邦俊、谢怀霞、陈重民、黄申芗、杨瀚芳、彭介石、董昆瀛、韩玉辰、张汉、胡祖舜、张大昕、彭汉遗、白逾桓、杨时杰、吴昆、舒敏熙、骆继汉、高仲和、萧萱、孙武、蔡济民等五百四十五人，四川胡景伊、陈廷杰、杨庶堪、蒲殿俊、李为纶、张瑾雯、杨肇基、洪璧、廖希贤、赵时钦、王湘、张知竞、黄金鳌等三百一十六人，江苏唐文治、张相文、董增儒、凌文渊、王汝圻、方潜、王茂材〔才〕、杨择、孟森、茅祖权、张相等三千七百四十人，奉天吴景濂、杨泮溪、罗永庆、李绍白、祁耿寰、温酩德、王步瀛等五百八十四人，江西彭程万、徐元诰、吴宗慈、陈鸿钧、陈子斌、王侃、文群、郭森甲、叶纫芳、周泽南、刘世均、张于浔、黄攻素、徐薰、董福开等四百四十八人，浙江虞和德、田世泽、徐定超、方於笥、王正廷、蒋著卿、虞廷恺、殷汝骊、周珏、俞凤韶等二千八百三十八人，安徽汪律本、陈策、光昇、□□鸣、陈仲、张我华、江晫、汪建刚、丁象谦、凌毅、汪彭年、管鹏、郭卓云等六百二十六人，直隶张继、谷钟秀、孙洪伊、王法勤、王试功、吕复、张士才、温世霖、郝濯、王葆真、赵金堂等一百七十四人，陕西李述膺、赵世钰、徐朗西、杨铭源、张炽章、范樵等八十五人，广西张其钟、萧晋荣、王乃昌、曾彦、邓家彦等西十六人，河南夏述唐、刘积学、王杰、刘奇瑶、李载赓、刘荣棠、刘峰一、杨少石、刘庄甫等七十四人，吉林赵成恩、萧文彬等二十一人，黑龙江秦广礼、杨崇山、管颖侯等十三人，山东丁惟汾、彭占元、于廷樟、张鲁泉、于思波、魏丹书、李元亮、盛际光、史泽咸、张瑞萱等一百九十八人，山西李素、吴映光等一百六十五人，云南张耀曾等二十五人，贵州陈光焘等十人，福建林森、朱金紫、高登鲤等五百四十人，甘肃王鑫润、柴春霖、汪青等三十五人，新疆蒋举清、文笃周、张凤九等十五人，共一万三千九百七十一人。

《二十二省旅沪公民唐绍仪等之宣言》，《申报》1916 年 5 月 19 日

在宪法研究会第二次会议上的发言
（1916 年 5 月 24 日）

民国建设根本在国民，舍此他求，俱背政治本原。立法为国民立法，非为政治家立法。政府党立法则重政府之权，议会党立法则重议会之权。南京主张总统制，所以扩充总统之权；北京主张内阁制，所以限制总统之权。总统一也，因人而异，非为国民立法者也。

《白坚武日记》，第 25 页

国会议员集会通告[①]
（1916 年 5 月 31 日刊）

敬启者：议员等忝受国民委托，彼袁氏非法蹂躏，有职莫举，忽忽三年。值此国变非常，允宜依法集会。查《临时约法》第二十条，

---

① 当日起国会议员连续在《申报》刊载集会通告，孙洪伊为联署人之一。

参议院得自行集会、开会、闭会;第二十八条,参议院以国会成立之日解散,其职权由国会行之。是国会议员得自行集会、开会、闭会,为约法所规定。议员等鉴于时势之必要,已自由集会,先后莅沪者达二百馀人,兹特正式通告:凡我两院议员,统限于六月三十日以前齐集上海,以便择定相当地点,定期开会。云南杨琼、张耀曾、张大义、陈善、袁家谷、李文治、赵鲸、谢树琼、孙光庭、吕志伊、李增、王桢、顾祂高、张华澜、段雄、陈光勋、由宗龙、李燮阳、赵藩、寸品昇,贵州陈光焘、张光炜、陈廷策,广西曾彦、郭椿森、蒙经、萧晋荣、王乃昌、蒋可成,广东徐傅霖、易次乾、李茂之、江琼、邹鲁、谭瑞霖、杨永泰、叶夏声、黄增耆、彭建标、黄汝瀛,浙江杜师业、殷汝骊、周珏、俞凤韶、许燊、金兆棪、虞廷恺、陈洪道、徐象先、蒋著卿、蔡汝霖、金尚铣、童杭时、卢钟岳、田稔、邵瑞彭、张浩、黄群、陈敬第、赵舒、陈燮枢、郑际平、丁俊宣、王正廷、杜士珍,陕西李述膺、赵世钰、范樵、杨铭源、马骧、焦易堂,四川蒲殿俊、杜华、王湘、廖希贤、杨肇基、赵时钦、张瑾文〔雯〕、李为纶、张知竞,直隶张继、谷钟秀、孙洪伊、张士才、王试功、王葆贞〔真〕、吕复、王法勤、赵金堂、郝濯、张书元、胡源汇、江浩、温世霖,奉天杨泮溪、李绍白、吴景濂、罗永庆,吉林赵成恩、萧文彬、李膺恩、范殿栋、杨绳祖、徐清和,黑龙江秦广礼、杨崇山,江苏茅祖权、方潜、蓝公武、高旭、王汝圻、张相文、陈允中、蒋曾燠、董增儒、杨择、朱溥恩、王绍鳌、王茂才、屠宽、杨廷栋、凌文渊、姚文楠、胡兆沂、徐兰墅、孟森,安徽汪律本、汪建刚、陈策、凌毅、汪彭年、曹玉德、陈光谱、张我华、彭昌福、丁象谦,江西吴宗慈、黄攻素、陈子斌、文群、郭同、王侃、邓元、蔡突灵、张于浔、周泽南、陈鸿钧、葛庄、邹树声、赖庆晖、邱冠棻、罗家衡、燕善达,福建高登鲤、朱观玄、黄肇河、刘崇佑、林森、宋渊源、曹振懋,湖北汤化龙、白逾桓、杨时杰、彭介石、刘成禹、韩玉辰、吴昆、董昆瀛、田桐、张大昕、彭汉遗、居正、胡祖舜、张汉、冯振骥、汪哕鸾、骆继汉、刘英、高仲和,湖南彭允彝、陈嘉会、欧阳振声、覃振、陈家鼎、李汉丞、李锜、李执中、陈九韶、胡寿昌、罗永绍、盛时、黎尚雯、周震鳞,山东于廷樟、张鲁泉、彭占元、魏丹书、李元亮、史泽咸、于恩波、张瑞萱、盛际光、丁世峄、金承新、丁惟汾,河南王杰、刘奇瑶、刘荣棠、李载赓、凌铖、刘峰一,甘肃王鑫润、马良弼,新疆文笃周、李式藩、蒋举清,蒙古易宗夔,西藏龚焕辰,华侨卢信、谢良牧等公启。

《国会议员集会通告》,《申报》1916 年 5 月 31 日

致冯国璋函

（1916 年 6 月 1 日）

华甫上将军钧鉴:张君绍先、崔君可亭到沪,谈悉钧座近有不豫,想见排解国难,重劳柱躬之苦。惟念钧座一身,全国之安危系焉,千祈珍重,以慰亿兆喁喁望治之殷。至闻硕画,感佩尤深。洪伊不敏,就大局筹议备者略具:

一、南京后顾之忧,惟有上海卢、杨两师①必收服之,使为我公之用,方无后患。然同时联络两人,势极困难,计应联卢以制杨。先时卢子嘉原有独立之意,曾由同人介绍与沪商会接洽,当由该商会重要人物承认,发难现日即付给兵饷贰拾万元。嗣后按月军饷,

---

① 卢指卢永祥,字子嘉,第十师师长,时任淞沪护军副使;杨指杨善德,字树棠,第四师师长,时任淞沪护军使兼江苏军务帮办。

亦由彼代为筹办。惟有一重要条件,沪上管理民政者,须由该商会自行推荐一人。今卢子嘉果能独立,与该商会重申前议,当能照办。惟若使卢子嘉为我公效用,必先由我公派人与之磋商,许以重要地位,或淞沪总司令,及将来某省都督,方能收其实用。若仅表示好感情,恐未易动也。杨之军队,与同人有关系者极多,此间设法以牵动之,彼必不能抵抗。

二、山东方面,牵制张军①。计画应以兖州、徐州为重点,沿铁路一带之巡防。驻在徐州左近之五营,一朝有事,可以直捣徐州。其馀军队,可牵动者,尚有数营。又有地方团勇一千数百人,并可以为应援。安徽寿州退伍兵约三千人,亦可同时并起。此外,安徽内地有柏烈武经办者。因柏君赴浙江,未能询知其详。以上各路,皆有枪械,惟子弹不甚充足。至于山东济南各军队,亦略有可以着手之处。

三、海军此间亦颇有联络,如有需用之处,当可使为公助。惟每月饷项,既与中央断绝关系,须由公代为筹给。

四、财政收入,应解中央之款,我公应即为截留,勿令其搬运一空,临时无所措手。与中央破裂以后,军事、政治两方,皆需巨款,经常收入,必至不敷。应发行本省公债,以补不足。苏、沪殷商极多,必能设法出售。至于其他筹款之法,如土商等类,仍可提议进行。虽当中、交停兑之时,沪上金融与前略有不同,然总不至一无结果也。

五、我公既担任全国大计,自应厚集兵力,一以防现在之危险,一以维将来之大局。此间同人已有筹画,其军械及成军费亦略有

---

① 指张勋定武军,时驻江苏徐州。

筹议。惟孤立一军,无所附属,实多不便。若能隶属于我公之下,实同人等所深愿。惟既为我公之军队,其军械、款项,似不能尽由民党办理,自应以我公为主体,民党补其不足。至各级军官,由我公委任,惟许同人推荐,请公择用。大约非公故旧,即公学生,皆能为公效死者。如此办法,约有两利。一在我公,能使天下人才尽为我用,声望势力,必益增高。一在国家,项城退位以后,既有两方信任之军队入京拱卫,内阁、国会皆可即时成立,免致疑畏迟延,遗误大计。而我公之势力,亦可藉此以伸张于北京。且添此厚重兵力,既可左右双方;将来建设之时,难免无野心家出而破坏,亦可镇慑于无形。如现在着手准备,可设法招集退伍兵士,大约两星期可以成军。

以上各节,曾与张溥泉、柏烈武、耿鹤生、何成濬诸君再四磋商,原非一无把握。诸君皆民党中确有实力之人,而皆倾向于我公者。数端除请崔君可亭面达外,谨撮要条列于后。是否可行,诸希卓裁。肃此。敬颂勋祺。孙洪伊谨启。六月一日。

《大树堂来鸿集》,《近代史资料》总 50 号,第 205 页至 206 页

致黎元洪电

(1916 年 6 月 9 日①)

黎大总统钧鉴:我公继任,中外腾欢,盛德丰功,曷胜欣幸。当此大变仓皇,人心惶惑,亟宜力避覆辙,确遵法律,以收人心,而餍

---

① 6 月 9 日为该电到京时间。

众望。第一要着,急颁明令,宣布嗣后一切政令,均以民国元年参议院议决之《临时约法》为根据,庶全国上下,有所遵循,伏祈采纳。谨推丁君佛言入京,赞襄一切,希赐接洽。孙洪伊、汪彭年、孙发绪、萧晋荣、王乃昌、彭介石同叩。

《上海孙洪伊等来电》,《天津市历史博物馆馆藏北洋军阀史料　黎元洪卷一》,第 708 页至 709 页

致段祺瑞电

(1916 年 6 月 9 日刊)

北京段芝泉先生钧鉴:项城代谢,匕鬯无惊,毅力宏才,曷胜钦佩。当此大变仓皇,人心惶惑,亟宜力避覆辙,确遵法律,以收人心,而餍众望。第一要着,急须明令宣布,嗣后一切政令,均以民国元年参议院议决之《临时约法》为根据。庶全国上下,有所遵循。孙洪伊叩。

《又电》,《申报》1916 年 6 月 9 日

致段祺瑞电

(1916 年 6 月 10 日)

北京国务院段芝泉先生鉴:项城改定约法,非出国民公意。政府收拾人心,首当宣示遵守元年约法之明令,以定国是。闻阁员主张,颇滋物议。公为南北倚重,乘此纷难,排除不正当之阁议,解决

国家根本之主张,则勋业与国不朽。如国是不定,则国民仇视政府之心不能消弭,反抗之势必愈发展。内而奸人伺衅,别生叵测;外而国际干涉,日呈险象。前途未知所极,一转移间,安危立判。请毅然决行,勿稍瞻徇。大局幸甚。孙洪伊。灰。

《孙洪伊再致段芝泉电》,《申报》1916 年 6 月 11 日

致唐继尧等电
（1916 年 6 月 10 日）

云南唐都督转刘、陆都督,蔡、李、戴总司令鉴:天相中国,袁氏自毙,黎公正位,大局较易解决。惟伪阁员坚持用新约法,冀遂逆党私谋,黎、段尚无廓清实力。应请严电北京明令,迫其宣布遵用元年约法,即时召集国会,改组内阁。军事仍积极进行,必俟实行约法,国会、内阁完全成立,始行停止。时机迫促,惟希亮察。孙洪伊。灰。

《孙洪伊致云南电》,《申报》1916 年 6 月 15 日

拒绝与闻政党团体之宣告
（1916 年 6 月 13 日刊）

民国肇造之初,国基未固,党纷先起,大盗乘之,浸以移国,及今思之,可为痛恨。此次国民群起,维护约法,保障共和,争点已趋归于一,无党派畛域之可言。洪伊忧虑饱经,惩前毖后,只知有国,

不知其他。一切关于国事之主张,苟利于国者,吾尊之从之,否者吾斥之拒之。即今后建设万端,有商榷争持之处,非分立门户之时。在国基未固以前,凡有已往之党帜,暨类似政党之团体名义见召者,概不敢与闻。特此宣告。

《孙洪伊之宣言》,《申报》1916 年 6 月 13 日

复蒋治亭电

(1916 年 6 月 15 日)

天津巡按使署转蒋治亭先生:盐电悉。北京军警由护国军接管,此间确无此议,应系谣传,请勿疑虑。此电乞登京津各报。伊。删印。

《孙洪伊复电》,天津《益世报》1916 年 6 月 18 日

致段祺瑞电[①]

(1916 年 6 月 25 日)

北京段芝泉先生:漾电读悉。元年约法与三年约法之争端,在先决二者孰为法律。如以三年约法为法律,当然不能以命令废止。惟查《临时约法》为民国之所由成,议会、总统皆由兹产出,其效力至尊无上。在国会既成立以后,宪法未制定以前,如欲有所增修,

---

① 该电为驻沪国会议员联署,孙洪伊为联署人之一。

依《临时约法》五十五条及《国会组织法》十四条之规定,当由大总统或国会议员三分二以上之提议,并经国会议员五分四以上之出席,出席员四分三以上之可决,而后其所增修者,乃为合法,乃得有效。

三年约法会议,其组织及程序既与《临时约法》五十五条所载不符,则其所增修者,自不得称之为法律,实属违宪之行为。是《临时约法》本来存在,原无所谓恢复。今日以命令废止三年约法,乃使从前违宪之行为归于无效,更无所谓以命令变更法律。现在各省尚未统一,调护维持,惟有一致遵守成宪,否则甲以其私制国法,转瞬乙又以其私制而代甲,循环效尤,人持一法,视成宪如土苴,国法前途,何堪设想!请公坚持正义,力赞大总统,毅然以明令宣告:不依法律组织之约法会议所议决之《中华民国约法》及其附属之《大总统选举法》《国民会议立法院组织法》,均与民国元年《临时约法》《国会组织法》,并民国二年宪法会议制定之《大总统选举法》相违背,当然不生效力。此后凡百庶政,应与国人竭诚遵守真正国法,以固邦基,而符民意。根本既决,大局斯安,众意金同,特电以闻。国会议员谷钟秀、孙洪伊、王试功、王法勤、吕复、李永声、江浩、童咸曾、杜凯元、张秉文、王保〔葆〕真、郝澯、张书元、江灏、温世霖、吴景濂、杨泮溪、罗永庆、龚玉昆、蒋宗周、杨大实、李绍白、萧文彬、赵成恩、李膺恩、范殿栋、杨绳祖、徐清和、杨宗山、秦广礼、邵仲康、叶成玉、关文铎、杨择、方潜、张相文、茅祖权、高旭、胡兆沂、石铭、陈允中、屠宽、朱溥恩、王汝圻、刘可均、董增儒、汪律本、陈策、汪建刚、凌毅、丁象谦、高荫藻、张我华、陈光谱、张埙、曹玉德、王源瀚、章兆鸿、吴汝澄、王多辅、吴日法、马坤、陈鸿钧、罗家衡、吴宗慈、邓元、邹树声、陈子斌、黄攻素、卢式楷、邹继龙、彭学浚、邱冠

孙洪伊集

棻、赖庆晖、郭同、卢元弼、陈铎、辛际唐、潘学海、欧阳沂、张于浔、燕善达、周泽南、符鼎升、贺赞元、王正廷、金兆棪、许燊、张烈、郑际平、陈洪道、张嘈、童杭时、韩藩、陈燮枢、傅家铨、蔡汝霖、黄群、周珏、陈敬第、胡翔青、杜士珍、卢宗岳、周继潩、田稔、丁俊宣、王烈、邵瑞彭、殷汝骊、徐象先、张浩、谢国钦、俞凤韶、张傅保、金尚铣、朱文劭、俞炜、蒋著卿、金秉理、傅梦豪、赵舒、杜师业、袁荣燮、高登鲤、宋渊源、朱观玄、陈祖烈、朱腾芬、曹振懋、郑德元、张琴、连贤基、李垚年、韩玉辰、高仲和、刘英、白逾桓、骆继汉、杨时杰、汪哕鸾、冯振骥、刘成禺、胡祖舜、邱国翰、覃寿恭、吴昆、彭汉遗、彭介石、张汉、董昆瀛、萧萱郑、张大昕、李执中、罗永绍、周震鳞、陈焕南、陈九韶、周泽苞、李锜、李积芳、覃振、陈家鼎、彭允彝、陈嘉会、欧阳振声、胡寿昺、钟才宏、盛时、黎尚雯、彭邦栋、吴景鸿、魏肇文、丁世峄、丁惟汾、彭占元、张鲁泉、于廷樟、于恩波、王凤翯、史泽咸、张瑞萱、揭曰训、于洪起、董毓梅、盛际光、杜凯之、魏丹书、李元亮、张玉庚、郭广恩、金承新、周庆恩、王靖芳、刘积学、万鸿图、刘奇瑶、刘荣棠、李载赓〔赓〕、刘峰一、王廷弼、岳秀夫、魏毅、王杰、刘盥训、李述膺、杨铭源、赵世钰、马镶〔骧〕、范樵、焦易堂、王鸿宾、茹欲立、寇遐、李含芳、王鑫润、文登瀛、周之翰、蒋举清、李式瑶、文笃周、蒲殿俊、谢持、廖贤希、张瑾雯、李为纶、张知竞、李国定、刘纬、王湘、赵时钦、杜华、杨肇基、杨永泰、徐傅霖、李茂之、叶夏声、易次乾、黄增耆、彭建标、邹鲁、黄汝瀛、郭宝慈、谭瑞霖、萧凤翯、郑懋修、饶芙裳、江琼、何士果、马君武、黄洪宪、卢天游、曾彦、梁培、郭椿森、严恭、赵炳麟、蒙经、翟富文、程修鲁、黄宝铭、蒋可成、龚政、陈绳虬、程大璋、凌发彬、王乃昌、萧晋望、覃超、梁昌诰、梁士谟、罗增麒、张耀曾、陈善、袁家毅、谢树琼、赵黥、孙光庭、李文治、由宗龙、王桢、李增、张大义、段雄、陈光勋、沈河清、陈时铨、寸品昇、陈光焘、易宗夔、张树桐、龚焕辰、王弋、卢信、谢良牧、吴湘、蒋报和。有。

《驻沪国会议员复段芝泉漾电》，《申报》1916 年 6 月 27 日

致胡秀松论国会书
（1916 年 6 月 26 日刊）

秀松仁棣足下：奉来书，忧时心长，甚佩甚佩。遵守《临时约法》，自是正当主张，非此更无以奠安危局也。惟旧国会不主招集，则与鄙见相左。夫约法与国会有不可离之关系，复约法而不复国会，则复若未复，此理至易明也。况国会根据约法而成，有约法而无会，则约法上所规定国会之职权，当由何机关行使？若依法另行选举，未免迁延时日，一切国务仍陷于不能进行之状态，尚何收拾时局之可言。总之，约法不复，国会不开，则国本未固，纷争正未有艾也。孙洪伊启。

《孙洪伊致胡秀松论国会书》，《申报》1916 年 6 月 26 日

致汤化龙电
（1916 年 6 月 26 日）

北京六国饭店汤济武兄鉴：宥电悉。自今大总统就任，天下从风，以为乘此机会，必可刷新一切。乃荏苒两旬，凡百僭制，丝

毫未改。即如遵行约法，召集国会，改组内阁之事，中外环请，函电交驰，匪特迁延不决，乃昨观段芝泉先生祃电，转似被人蛊惑，授意百官，以为拂逆舆论之具。似此倒行逆施，国家宁复有幸？今事未逾月，而川、湘动兵，海军继起，祸机四伏，外患潜滋。长此迁延，小之亦有崩裂之虞，大之必召危亡之祸。当此阴霾四布，伊即轻身入都，于事亦复何补？现在祸乱虽已复萌，民情犹未绝望，若能乘此时机，将约法、国会、内阁三项根本问题，顺从舆论，即日解决宣布，犹能收拾人心，一切事件皆可迎刃而解，伊虽无状，自当竭其棉薄，以助进行。若本源不清，复有何事可议，亦何多此一行？万望切转前途，迅予解决。时不可失，曷胜翘企。孙洪伊。寝。

《孙洪伊致汤济武电》，《申报》1916 年 6 月 27 日

致黄兴电[①]

（1916 年 6 月 26 日）

东京黄克强先生鉴：总统定位，政局仍危，大力匡扶，端赖贤者。我公手造共和，举国宗仰。敢乞即日言旋，主持一切，南针攸锡，庶有遵循。唐绍仪、范源廉〔濂〕、谭延闿、孙洪伊、钮永建、张继、欧阳振声、殷汝骊、杨永泰、徐傅霖、谷钟秀。

《唐少川等致黄克强电》，《申报》1916 年 6 月 27 日

---

① 此为部分驻沪国会议员联名致黄兴电，孙洪伊为联署人之一。

关于处置帝制派的谈话[①]

（1916 年 6 月 28 日刊）

古者，专制国家持狭隘酷烈主义，故党恶之例特严。每国家经一次事变，必有一次诛戮。独吾国自昔有胁从罔治之训，历代开国概置宽大政策，使一切反侧之戾气消化于无形。此风殊足矜尚。而最近各国，如美国南北之战，日本西南之役，皆为极大内乱。然事定之后，亦不闻大狱是兴，穷治羽党。盖以政治上之反动分子，既以政治之力胜之，不更穷治于法律也。故大赦之制，与近世法律主义不相容，而各国犹率因循不革。言法学者谓，此施之普通犯罪为□法，独施之政治上之犯罪为必要。诚以政治犯罪，概为共同犯罪，其人数常划于一阶级或一党派之间，而其原因又极为复杂，苟于事后一一按法惩治，则迹近报复，徒以重社会之纷扰，而于国家亦殊非得策，故惟有藉赦典，可济法律之穷，而得调和之用耳。

溯自帝氛吐焰，全国风靡，天日为昏。所谓请愿者，劝进者，国民代表，大典筹备处，鱼龙杂速，如蚁附膻。社会不良，演兹败象。平心思之，其间亦实有炫于现势而相与盲从，或劫于淫威而苟求全免。论其罪名，皆属诨无可诨。究其情势，又且诛不胜诛。今逆首已伏天诛，大局渐趋底定。其元凶巨慝，为世所指

---

① 洪宪帝制被推翻后，如何处置帝制派人物，甚为各方关注。此为孙洪伊接待访客时所发表的意见。

名，及平日专以金钱为逆贼外府，朋分吞没，破坏国家财政者，抑或今后犹复为鬼为蜮，把持盘踞，图死灰之复然者，自皆应按律惩办，以伸国法。此外嫌疑附和之徒，似皆无足深究，将来俟国会开会，不妨概予大赦，咸与维新。即其情罪重大，法所不宥者，亦须按照司法程序办理，正式宣告，然后定谳，以维法治精神。不可似袁氏破坏法律，草菅人命，藉口军事范围，不由法庭判决，一切草薙而禽狝之也。

总之，今后政治应一以正大宽平为准的。社会上之恶劣势力，惟社会势力足征服之，必非诛锄剪伐所能为力。但使国基巩固，民意获伸，一切政事均可率循正轨，而不必断断于去恶务尽，徒示天下以不广也。

《孙洪伊关于处置帝制派人之谈话》，《申报》1916 年 6 月 28 日

致陈树藩电

（1916 年 6 月 30 日刊）

西安都督府陈伯生先生鉴：秦军崛兴，义声远播。现在袁虽自殒，而群小依然盘据，伪制继续施行，征之起义初心，断非可半途而止。乃执事未与独立各省同一步骤，率然取消独立，东南舆论因以大哗。今约法未复，国会未开，内阁未成立，本根无着，危险万状。全国人民暨多数军民长官，函电纷驰，均以此责难当道，促其实行，冀宁国本。执事独无一事表白，乃返追悼独夫，铺扬叛迹，人心愤激，何怪其然。此外一般舆论，对于贵省谤议犹多。或谓用舍未惬人心，或未〔谓〕施措多拂民意，或谓地方不胜

滋扰。物议纷纭，当不尽无因而至。望速声明，仍与护国军取一致行动，以赎前愆，而全令誉。道路阻修，唯希省察。孙洪伊。

《孙洪伊致陈树藩电》，《申报》1916 年 6 月 30 日

卷　四

致黎元洪函

（1916 年 7 月 1 日）

　　大总统钧鉴：民国更始，维持国本，首以进贤退不肖为要键。帝制派淆乱国是，为国民所嫉视。伊对于此派，雅不欲为苛细之纠绳，惟希望当局用人，少令此派人接近政权，藉以平国民之公愤。比闻直隶将军有以蒋雁行更替之说，同乡闻此消息，异常愤激，谓欲维持现状，则无更替之必要；谓欲刷新政治，则朱固无政绩可言，而蒋尤有惭德，且以万目瞩视之帝制派进权显要，国民必滋疑虑，想段公当不出此。惟近来类此之事不一而足，如张士钰擢为陆军次长，权量擢为交通次长，以此例推，则蒋之传说或非无因。既有所闻，不能不据以入告，伏乞主持大计，俯顺舆情，杜宵小之路，即以奠国家之基。保全桑梓，犹其馀事，想公当不嫌其琐渎也。专此，敬请钧安。孙洪伊谨启。

　　《孙洪伊反对蒋雁行任直隶将军函》，《天津市历史博物馆馆藏北洋军阀史料
黎元洪卷五》，第 1058 页至 1059 页

复黎元洪、段祺瑞电

（1916 年 7 月 1 日）

　　北京大总统、段总理鉴：约法国会，毅然宣布，扶危定倾，具仰宏规。奉电猥以菲材，畀长教育。方今道绝学湮，诚如来示，非有

大雅宏达，安能力挽狂澜。自顾庸愚，断难胜任，若不自审量，必滋陨越。万望另简高贤，以当重任，无任企祷。孙洪伊。东。

《孙洪伊复黎总统、段总理电》，《申报》1916 年 7 月 2 日

复汤化龙等电

（1916 年 7 月 1 日）

北京六国饭店汤济武，北京饭店张乾若，总统府蔡幼香，西城根内务部孙宅、丁佛言、孙瑶卿、孙纯斋、汪瘦岑请转大总统、段总理鉴：时局飘摇，懔如朽索。大号一颁，百纷俱解。仰维硕画，举国昭苏。惟关于内阁一事，鄙见犹有欲陈者。

一国之事，应与一国人才共之。此次改组内阁，既无党派畛域之可分，则凡国内优秀分子，均可量予罗入，使得弘大冶而铸于一炉。惟有附逆嫌疑，及平日劣迹昭著在人耳目者，必汰除净尽，以示与民更始之意，庶群贤汇进，百度维新。自袁氏当国，崇重大僚，驱使贪诈，凡国民所痛心疾首之人，皆政府所倚为心膂股肱之重。会当剥复之际，宜反前人所为，若故见不化，往迹犹循，何以餍慰人望。即勉招一二不相容之分子，以补缀其间，名曰调和，适成庞杂，彼此既无同循之途径，又何能相与有成？彼个人自身且不论，实恐于家国前途，有莫大之影响。

顾兹危局，岂堪再误。我公明达，当早见及此，无待刍荛。但心所谓危，不敢不告，除径电恳辞外，谨披肝胆，百祈省察。孙洪伊。东。

《孙洪伊复汤化龙等电》，《申报》1916 年 7 月 2 日

致黎元洪电

（1916 年 7 月 3 日）

北京大总统鉴：奉冬电，奖饰逾分，感悚交并。国会集会伊迩，一俟诸事区处完竣，即当北来，面罄一切。至教育总长一职，实有不能滥竽之处。其详情，特托郭君同入京代陈，伏惟原察。洪伊叩。江。

《孙洪伊致黎总统电》，《申报》1916 年 7 月 4 日

复段祺瑞电

（1916 年 7 月 4 日）

北京段总理鉴：奉江电，奖饰逾分，感悚交并。国会集会伊迩，一俟诸事区处完竣，即当北来面罄一切。至教育总长一职，实有不能滥竽之处。其详情，特托郭君同入京代陈，伏维原察。洪伊叩。支。

《孙洪伊复段总理电》，《顺天时报》1916 年 7 月 8 日

致唐继尧电

（1916 年 7 月 4 日）

云南唐都督鉴：龙血玄黄，裘葛顿易。彼此虽境殊地异，而艰苦相同。黄海滇地，心神默喻。兹幸袁氏殒命，约法、国会问题业

经解决,既有轨道可寻,但使国中才俊无变初衷,必可渐图治理。惟贵省义声首倡,不恤殚精竭力,还我共和,苦战半年,师行数省,损失至巨。既为全国蒙重大之牺牲,今日国人对于贵处,即应以全力谋充分之回复。所有善后事宜,如需助力之处,务请随时指示机宜,当竭驽钝,补助万一。至弟个人出处,以身许国,其道良多,断不容与一官随俗旅进。知关绮注,并以奉闻。孙洪伊。支。

《孙洪伊致云南电》,《申报》1916 年 7 月 6 日

复谷钟秀等电

(1916 年 7 月 4 日)

北京六国饭店谷九峰、张溥泉、殷铸夫①诸兄鉴:奉电,厚意良感。吾人以身许国,原不必置身政局之外。此次辞不入阁,决非故作撝谦,自鸣高尚。惟现在情形,实难轻进。公等明达,当能共喻。伊。支。

《孙洪伊复谷钟秀等电》,《申报》1916 年 7 月 6 日

复北京政府电②

(1916 年 7 月 4 日)

虽不愿就教育总长之职,然国会召集在迩,一俟摒挡就绪,愿

---

① 殷汝骊(1883—1940 年),字铸夫,浙江平阳人,殷汝耕之兄。早年赴日留学,并加入同盟会。1913 年当选国会众议院议员。1916 年 7 月 27 日,任北京政府财政部财政次长。

② 该电为报刊对电文内容的概括。

以议员资格刻日来京。

《孙洪伊不就教育总长之复电》,《顺天时报》1916 年 7 月 6 日

复黎元洪电

（1916 年 7 月 5 日）

北京大总统钧鉴：奉电,感与惭并,图报之心,无时或已。但为国为公,均有难于就职之处。详情另托萧君晋荣赴京面陈。洪伊叩。歌。

《孙洪伊复黎总统电》,《申报》1916 年 7 月 7 日

复张继等电

（1916 年 7 月 5 日）

北京六国饭店张溥泉、静生、铸甫、儒堂、九峰诸公鉴：支电悉。阁员组织,须与国会意见一致,然后政治可进于轨道。此次改组,似去轨道尚远。况内阁伏有黑幕,如果成立,必增长官僚势力,政治终难清明。循是以往,国将不国,公等想灼知其隐。弟驰驱国事,负责原其本怀,当此危难,敢言高蹈,惟意难苟同,未便受命。爱我如公,尚希亮察。洪伊。歌。

《孙洪伊复张溥泉等电》,《申报》1916 年 7 月 7 日

在国会议员宴请黄兴时的讲话①

（1916 年 7 月 10 日）

　　自辛亥以来，今日开欢迎会，明日开演说会，备极堂皇，而不虑大盗潜已移国。今日之欢迎会，形式上似不如前，然精神上之感召，实是特彩。盖吾辈此次之欢迎克强先生，为推倒袁氏后第一次会，而克强先生以民党之实行家，为手造民国之先觉。欢迎克强先生，即所以巩固民国也。

　　试历览中外史籍，凡以文章名世者，不必其真为政治家，亦不必其为实行家。文学家与实行家，其造益于国家，固各有当。惟是吾国近来有一极大弊习，尝见某人几篇文章，听某人几次演说，即公认为大政治家，社会既鲜知其人，又不用其所长，以致言行不符之人，群相推戴，遂演成一种虚滑之政治。吾国会议员为国民代表，对国家之责任，第一对于当时人才当有真判别，然后有真是非。克强先生为当代实行政治家，坚苦卓绝，历历在人耳目。吾人藉此形式之欢迎，表示诚意，正以此模范之人物，为吾辈之表率也。

　　抑更有言者。国家根本，现已逐渐解决。黎、段二公，真诚谋国，毫无成见，固可庆幸。惟是政局之中，不无隐忧。盖帝制派诸人，吾辈对彼处置，除首要外，本取宽容之态度。惟宽容者，

---

　　① 　报载，是日由国会议员分省公推代表共八十馀人，在上海大马路汇中饭店宴请黄兴，并邀请唐绍仪、温宗尧、王宠惠、柏文蔚、于右任、胡汉民、钮永建等出席。晚宴开始，孙洪伊代表全体议员致欢迎词。此非全文，系报纸择要录载。

既许其自新，即不能限制其活动。因此而若辈内不自安，颇团结一气，以谋活动。闻腐败官僚及志行薄弱之政客，欲操纵政局，恐不见容于民党，因与若辈私相结纳，已成事实。洪伊鉴于目前时局，欲打消前此党籍，防制个人藉口营私，本为主张不党之人，但今日固不可有党，然吾国会议员，若彼此涣散，各不相谋，则一经□扰，议事必难一致，反为若辈所乘。深望同志诸人，为遇事协商之组织，每一问题发生，先行研究，庶在会场发议，不致步调不齐。前此沪上一切进行，赖有唐少川先生及温、王诸先生，提纲挈领。故此筹办之事，颇有统系。此后建设伊始，头绪益繁，则提挈者，当更厚其力。望克强先生时为指导。其关系大局，正非浅鲜矣。

《国会议员欢宴黄克强》，《申报》1916 年 7 月 12 日

复吴蓬仙、籍忠寅电

（1916 年 7 月 15 日）

北京小雅宝胡同吴蓬仙兄并转籍亮侪兄均〔钧〕鉴：蓬兄来函、亮兄佳电均悉。弟二十前后北上，请纾廑念。洪伊。删。

《孙洪伊复吴蓬仙、籍亮侪电》，《顺天时报》1916 年 7 月 24 日

孙洪伊集

在粤籍驻沪议员茶话会上的演说①

（1916 年 7 月 15 日）

中国不进步之原因最大者，为一般之雷同性。有一问题发生，绝不研求其是非得失，或因人所可者，从而可之；或因人否者，从而否之，盲然附和，究不知真正是非得失之所在，尚何能探讨真理以求进步？

两院同人，当日不为利诱，不为威挟，以与恶政府争。政府恶之，而加以名曰捣乱；政府之爪牙，从而掀波逐澜曰捣乱；国民不究，又随而盲附之曰捣乱，于是与袁世凯以推倒国会之机会。今从血泊中恢复国会，则此患吾知免矣。

孙先生②顷言以县为单位，是仆所绝端赞同者。何则？吾国行省，始于元代（中述历史上地方编制）③，广漠难治。且一行省之中，意见纷驰，欲行省长选举，大难大难。而地方行政官，与其决于中央之任命，决非能如地方人民选举之确当，官篓特纸上文章耳。

《粤议员之茶话会》，《申报》1916 年 7 月 16 日至 18 日

---

① 报载，是日下午 2 时，粤籍驻沪国会议员假法租界宝昌路尚贤堂，邀请孙中山及沪上名流、两院议员开茶话会，与会者众。孙中山、黄兴、章太炎、唐绍仪、孙洪伊、伍廷芳、褚辅成等相继发表演说。
② 指孙中山。
③ 报纸原注。

致洪子蘅〔衡〕电

（1916 年 7 月 16 日）

东城南剪子巷洪子衡兄鉴：函悉。弟准于廿左右北上，请纾厪
念。洪伊。铣。

《孙洪伊致洪子蘅〔衡〕电》，《顺天时报》1916 年 7 月 19 日

又致洪子蘅〔衡〕电

（1916 年 7 月 16 日）

东城南剪子巷洪子衡兄鉴：迭承函电，深情感激。弟屡电辞
职，系为政治问题，决无对人关系，电文具在，可以覆案。调任
内务，轻材恐尸不任，猥以当轴使电敦迫，南北同人，复以公义
相绳，谊不容诿，拟廿北上。在京朋友，均祈先为致候。洪
伊。谏。

《又电》，《顺天时报》1916 年 7 月 19 日

致黎元洪、段祺瑞电

（1916 年 7 月 17 日）

北京大总统、总理钧鉴：汪君来，传谕敦促，劝勉备至，敢惜羽

毛,不为当局分责？正在摒挡一切,预计行期,接奉元日策令,调任内务。自维菲材,膺此巨任,何以克堪。而公私交迫,义无可诿,当理琐务,计偕北上,亲承面命。洪伊叩。篠。

《孙洪伊致大总统总理电》,《顺天时报》1916 年 7 月 21 日

致许世英电
(1916 年 7 月 18 日)

内务部许儁人先生鉴:公调交通,内务以弟承乏,自维棉薄,何堪重任。惟当局敦促备至,同人复相责勉,未能再诿,只有勉为其难,藉补时艰于万一。部内各员,仍需相助为理。吴总监炳湘于项城逝世时,维持都中秩序,厥功甚著,就职后仍须藉重。均请代达一切,无任盼祷。洪伊。巧。

《孙洪伊就职之先声》,上海《民国日报》1916 年 7 月 25 日

复天津商会电[①]
(1916 年 7 月 20 日)

商会转绅、商、学各界诸公鉴:效电敬悉。议员停职无状,荏苒至今,愧对国人。今幸民国再造,国会恢复,议员等准克期入都,惟有恪尽固有之职权,期无负父老昆弟之属望。辱承欢迎,万不敢

---

① 7 月 19 日,天津绅、商、学各界由商会致电孙洪伊,询问北上日期,俾便集会欢迎,是为复电。

当,谨此鸣谢。旅沪国会议员同人。哿。

《孙洪伊电复商会》,天津《益世报》1916 年 7 月 22 日

在南京地方公会欢迎会上的演说①

（1916 年 7 月 23 日）

（孙洪伊即起立演说,首表感谢之意。）对于拆除城垣一事,应由省议会议决,省行政官达部,互为商办。地方官吏以本乡人充任,甚为赞同。因纵论袁氏政策之错误,全在以官吏束缚人民,重视官之能力,而激起人民自卫心,迄于覆亡。专制之佳者,仅能保持治安,人民之发展无望也。历史上之吏治,皆以惩恶为办法,而行政事与民有无利害,皆所不计。故谓吏治,实乃欺人之论。又设大官监查小官,此大官即躬为恶事者。官吏以亲民之县知事为最重要。司法独立后,县行政专掌警察、教育、卫生、交通等民政,如以民选熟悉乡情人充之,必较委任为优。余现任内务,如有以千六百县知事均用循吏为请者,此间必不能圆满答之,恐无论何人,亦不能答此问题。无他,乃官吏监督不若人民监督之亲切,官吏选任

---

① 7 月 21 日,孙洪伊由沪启程,取道南京,北上就职。翌日上午 7 时,抵达南京下关车站。随即入城晤江苏督军冯国璋。冯略谓:"公允入内阁,政治上进行将有莫大之希望。"并请询入长内务后之进行方针及新任外交总长唐绍仪动向。孙洪伊以才力棉薄作答,并告唐已允入内阁,日内亦将进京,必可来宁晤教。11 时,又赴省行政公署,与齐燮元晤谈(《孙洪伊过宁纪》,《申报》1916 年 7 月 24 日)。23 日,出席南京各界组织的多场欢迎会。其中上午 11 时举行的地方公会欢迎会,由江宁国会议员发起,南京绅商咸有与会。会议开始,议员陶保晋致欢迎词,继述南京近年之凋败皆由兵祸,希望拆除城垣以利交通,能由军事区域变更为商埠区域。又言地方官制应以乡人任事,可免隔阂。期望孙洪伊于此两项有所协助。

不若人民鉴别之真确也。

我国政府对于官吏向目为万能，人民则无一能。究其实，官所为者，全为夺民之事。例如筹划平民生计，设一委员会，已嫌无味。乃又设一惠通公司，专以民办有望实业归其囊中为宗旨。开矿为善政，而所立条例严苛异常，寻常资本须在五十万以上。而探矿也，开矿注册也，种种手续方行验资，公司未成，而资本已销蚀不少。南洋群岛之矿极为单简，数十元亦能领凭开采，悉听人民之愿，是以矿务发达。

国家银行，所以调剂金融，发展国内商业为目的者。而以前政府视为外府，且力谋统一，摧残民办事业。不知银行愈多，借贷不难，小商工业易于发达。国家增收税金，人民增加富力，皆银行之功效，一经官办，立变毒物。

又教育普及，诚为要事，然决非官能办到。德国教育发达，为世界冠，其学校有三分之二为私立。今吾国欲以国力举之，宁非奇事？私塾无不可也，私立无不可也，只问在程限内力谋改良之道斯可矣。闻有私立学校，经官之视察，责其空气不流通，校舍不合法，教科不中程。所责皆是，而不知私立之校，财力不足，只能奖掖，不能求全也。总之，万事皆人民自己谋画做成，官吏无用也，余辈政客无用也；官吏只为指导监督，而非干涉夺取也。

联邦说起于美、德，皆先有邦而后有国。此联邦为统一国家所经历之一途径，而非已统一国家求长治久安之方法。且邦之性质，在我国不能存在。联邦由于中央集权、地方分权之说，此两语仅学说上用为术语，而不能为行政用语。盖中央与地方各有其天然之权责，当然为中央者地方无从得之，当然为地方者中央亦不得夺之，是中央与地方只有权责之分配，而无分集之说也。如外交、军政、司法,当然为中央之权,民政当然为地方之权,毋庸震于分集权之说而徒起纷议也。

省之研究,为行政方针之最大问题。历史上省之沿革最浅。唐、宋为四百馀州。元以异族入统,乃设行省为驻防之官,即今外国殖民地总督之意,组织之始即不正当。明、清沿而不改,政治腐败。相沿省之用,在今日有以为抵制野心家之大本营者,殊不知省对于中央为附庸,而对于人民俨然一独立国,则省之专制亦为可危。县官民选,省官宜乎任命,便于监督。且省非为区域之单位,同一省内有南北东西之分,如以天然之省见从而分划之,譬江苏有江南、江北,浙江有浙东、浙西,各从习惯而分之,则区域可定,行政系统亦可解决,省县二级制可矣。余意改正省区,县官民选,实为立国之大计,入京后拟详加研究,提出国会,尚希诸贤有以助之。

《补述孙洪伊之政见》,《申报》1916 年 7 月 29 日

答《中华新报》记者

（1916 年 7 月 23 日）

（记者请以将来之政见发表,以便披诸报端,慰国人之望,并询以濡滞沪渎之原因。）余此次对于重造共和,不过尽国民一分之天职,原无加入阁员之意。旋以黎、段之敦劝,国人之督促,只好扶病北上,以表明并非自鸣高尚之意。至将来政见,此时尚未就职,不便发表,有负明问,抱愧良多。

余准明日北上,此次匆促,未得畅谈,殊以为憾,倘有未尽之

言,晚暇仍可再谈①。

《孙总长过宁之闻见》,《中华新报》1916 年 7 月 25 日

关于未能走辞之通告

(1916 年 7 月 23 日刊)

洪伊于二十一日坐晚车由宁入都,行期迫促,在沪同志未能一一走辞,诸希原谅。

《孙洪伊启事》,《申报》1916 年 7 月 23 日

在天津各界欢迎会上的讲话②

(1916 年 7 月 26 日)

鄙人由南北来,蒙各界欢迎,辞不获命,倍增惭愧。现在共和回复,吾人能欢晤一室,重睹民国,几如拨云见日,是极可庆幸事。

惟就吾人感想,总以政治改革之潮流,多发动于南方,西方、北方为特别障碍所阻,表面上不尽一致,因之生出意见。此间多生疑惑,亟应解释。或以南人独立,北方未能独立,以为国民程度高下

---

① 当晚 9 时,记者重行往访,因恰逢其乘车前往督署,无暇接谈,遂由孙之随员彭石根代为接待。

② 7 月 25 日午后 3 时,孙洪伊一行抵达天津。天津绅、商、学各界举行了隆重的欢迎仪式(《孙洪伊抵津纪闻》,《申报》1916 年 7 月 29 日)。26 日上午 10 时,天津各界在安徽会馆集会,欢迎孙洪伊。到会者有天津、绅、商学报各界人员近三百人,并有国会议员张书元、温世霖、马仲文、张文澜、陈笃之等出席。

之标准。此等论断固未可厚非，终不免片面之嫌。岂知独立旗帜
一树，势必秩序难保，损失甚巨，地方精华，势必耗损。是独立之
弊，尤足彰然可滋吾人之危惧者。北方经此次改革，居然平安以
过，较之独立各区，自可少损国家元气，未尝不为吾人贺。况以近
畿压力之下，趋势所在，难以伸张。是北人欲为独立，事实是有所
不能。总之，独立系政治必不得已之结果，革命亦非国家之幸事，
无荣誉存乎其间，南北人何能以此而为程度高下之定论哉！鄙人
甚望南北勿以此种心理，致存成见。

　　至于推想已过之事实，造成革命之远因，实系项城一人欲望过
奢，拟改帝制之故。或有以北方为帝制派之渊薮者，此说殊不尽
然。六君子之中无一北方人，不过前敌将士是北人，以其权力所
及，搜刮我北方之财产，以及赴闽溺海之军士千人皆北方人也。由
此论之，北人不过供帝制派人之奔走，封侯荫子之利益，北人亦有
限耳。所以帝制派未见尽是我北方人。然凡事经一次破坏，方能
有进步。我北方固未见破坏，坐享共和幸福，甚望我同乡诸君，勿
以此而狃于苟安，当群策群力，急起直追，以谋地方之发达。

　　更查地方自治与国会同时解散，甚为民国之缺点。鄙人到部，
必当从速成立，以期发展人民权利。对于南北统一问题，甚勿疑
虑。缘以革命之初，即预谋统一之策，所以根据约法，举黄陂为总
统。南方更未单独成立政府，尤为统一之明证。至军务院，系属临
时军事上会议执行机关，非含有政府性质。现在政府已逐一筹措，
固无虑其纷扰也。

　　鄙人今日尚属议员资格，对于诸君一谈往事。在国会未解散
时，一般人皆谓议员捣乱，报界亦曰议员捣乱，殊不知议员非无故
而捣乱。观项城执政，以金钱多方运动，稍不同意，即送军政执法

处，处以死刑，死无知者，惨酷万分。而议员竟不屈其志，尚能以其言论权行使于此，而谓之捣乱，天下宁有此事哉！至今议员诸人，百折不挠，集会上海，足见议员之价值高尚。诸君可勿疑虑，应以极明眼光，以判断议员之人格。项城此数年所借外债，在九万万元。前清数十年，亦无此多数。由此可知运动力之大，压迫威力之残酷。议员反抗其非不能谓之为捣乱，更可证明议员不屈其志，慷慨为国之雄气。今项城已矣，想无有如其魔力之大，再为政治上之扰乱者。是国会成立后，当不致再有捣乱之事矣。至于政见之争论，监督之提议，为法律上应有之事，固不能以此而加訾议也。

当局固当担任维持国本，培养元气，要在一般国民共相辅助。甚望诸君子，以责任心爱戴国家，庶乎民国可以日臻强盛，请诸君三注意焉。

《天津各界欢迎孙洪伊纪》，《申报》1916 年 7 月 30 日

与某君谈时事问题

（1916 年 7 月 27 日）

此次民国再造，固由云、贵民军首义，及海内外同志鼓吹之力，其实维持大局，段、冯二公之力居多。因二公反对帝制最力，故北方军人，多随之转移。在不知真相者，或于北方军人不免有訾议之处。其实赞助帝制主谋者，并非北洋军人。而北人在南省者，为谋抗帝制，牺牲生命，与奔走国事者，殊不乏其人。又北省于项城逝世后，维持地方秩序，其功尤众，为国人所共见，但改革之潮流，不能不资南方为导河耳。今国是已定，吾辈对南北方

面当不存歧视之见。在黎、段二公，宜互相提携，以图国务之进行。即段、冯二公，亦当互相提携，以收拾大局。斯一切障碍，可以消灭，而嫌疑者之煽谣，阴谋家之离间，皆无所用其伎俩，斯民国可以巩固矣。

《孙伯兰与某君之谈话》，天津《大公报》1916 年 7 月 30 日

与某议员的谈话
（1916 年 7 月 29 日刊）

余此次北上，已决意就内务总长之职，藉此效力国事。

当前次国会开会时，议员往往有紊乱秩序之事。然此次议员诸君已深知此弊，故务期尊重议场秩序，以资议事进行，断无如前次之弊害。

《孙伯兰君之政谈》，《顺天时报》1916 年 7 月 29 日

谒黎元洪时的谈话①
（1916 年 7 月 29 日）

此次民国再造，实大总统及段总理首先反对帝制所致。而南方将士战斗之功，北洋军警维持秩序之力，尤有足多。总之，实中

---

①　报载，是日上午 11 时，孙洪伊偕旅沪议员二十馀人抵达北京。下午 2 时，赴总统府晋谒黎元洪。谈话中，黎赞其"维持共和之功"。原报道日期不明，据东方通信社电，应为 7 月 29 日。《东方通信社电》，《申报》1916 年 7 月 30 日。

国人心不死，故有今日。兰何敢贪天之功，以为己力。

《孙洪伊到京已谒总统》，《申报》1916 年 7 月 31 日

在京师商务总会欢迎会上的演说

（1916 年 7 月底 8 月初）

现在政局支持关系甚大，洪伊自当牺牲一切，勉为其难。洪伊意见，既任内务，即以用人为入手。各省行政长官，关系全省治安，登用应定标准。标准若何，即能称职与否而已。国家设官，非为个人，显然将使之善养吾民而已。能尽心民事之官，安静诚宜，恺悌无华，乃为上选，而才具恢张，尚其次之。国家之存在，赖国民之有自存力，而政府与官吏不过董理之提倡之而已。民强则国强，民弱则国弱，民富则国富，民贫则国贫。故人民之生计，非官吏所能代为谋，惟予以相当之保护，为人人自谋生计，合全国计之，为数即巨。

英、美、日本之所以富强者，人民之自有生殖力，官吏各尽保护之责也。若商业，若工业，若农业，均当听人民自为，官吏不必干涉。项城政策之失败，即一切民事由官干涉，其结果遂至四海困穷。如办理清丈等事，虽系国家要图，然吾国幅员甚广，若必赖官吏办理，恒有骚扰之虞，京兆其前车也。天津前次办理清丈，均乡民自为之，而官吏之开支闻有十二万之多，其累民可知矣。即如教育一事，人民自有子弟，即负有教育之责，政府仅为之立其规程可也。若必以官立、公立者方为学堂，而私塾则绝对干涉，是将胥全国而盲瞽之也。

至于企图商业之发达,必先以发展平民生计为要素。项城在时曾设立平民生计会,会员多洪伊稔识之人。洪伊曾笑谓,此会之设,为委员筹生计,非为平民筹生计也。盖为平民筹生计,应筹画关于生计上种种方法,竭力保护,使人人能自谋生计而已,非官办民业之谓也。吾国矿产虽富,而开采获利者寥寥,但洪伊尝见南洋华侨以矿产致富者比比皆是。盖南洋地方人人可以开矿,鸠集微细资本,即可开采致富。顾同一中国人,在外国则能开矿,在中国则不能者,何哉?单简言之,中国政策以干涉为提倡,枝枝节节为难而已。故政府须采开放主义,听民自谋,决不可权加干涉自诩焉,过虑商民之亏损资本也。

《范、孙两总长之主张》,《申报》1916 年 8 月 4 日

初履内务总长时的讲话[①]

(1916 年 8 月 1 日)

鄙人于内务行政,向少经验。此次奉命长部,本不敢就职,无如大总统及段总理再三敦迫,辞不获已,始勉强就任。且为融洽南北感情起见,亦遂不便再辞。然鄙人到部,于部事尚茫无头绪。诸君供职已久,素著成绩,尚望大家帮忙,益加努力,俾一切更有起色,则不独鄙人之幸,实即内务部之幸。

鄙人于各事,率由旧章,毫无成见。诸君如有陈述之事,尽可

---

① 报载,是日午后 2 时,孙洪伊抵内务部,正式履任。入署后在总长室外长廊间,向内务部及警察厅人员发表演说。

随时接谈,不必拘堂属观念也。至如用人一事,事务官之人物,本无须檠檠大才,只求其条理清楚,勤慎趋公,即为上选。

《孙洪伊与谷钟秀》,《申报》1916 年 8 月 5 日

关于政治之条陈[①]

(1916 年 8 月 3 日)

(详陈关于政治方面一切要件,大略系急图治标者五策,徐图固本者八策,并谓:)关于政治上一切之设施,前此所拟之办法,均无不妥之处。惟用非其人,以致成效未著,转致流弊丛生。请此后对于用人,严行甄别,以免滥竽。

《总长言行录》,《中华新报》1916 年 8 月 8 日

在北京报界欢迎会上的讲话[②]

(1916 年 8 月 4 日)

予此次得与诸同志老友欢晤一堂,可谓天幸,然不禁感慨系之,前日车站承各界远迎,亦同此感触。

曩袁氏叛国之谋,识者早有所觉,惜未能遏于未然,良用深憾。此次推倒袁氏,并非一二人之力所能为,乃多数人之心理,

---

① 报载,是日孙洪伊"呈递政府条陈一封"。此内容系报纸撮要概述。
② 报载,是日午后 4 时,北京报界在中央公园来今雨轩欢迎孙洪伊,"以联政报两方之感情"。首由宋寰公报告四点欢迎理由,孙随即发表长篇讲话。

而袁氏遂成独夫。从人心上察之，痛斥帝制，不独在外者为然，即为袁氏肘腋，亦无不同此心理，但彼时敢怒而不敢言耳。且不独优秀分字〔子〕切齿帝制，即仆隶下流，莫不皆然，可见人心尽去。故南方振臂一呼，四方景从。事之克济，端在人心，因势利导，何劳之有？故与于讨袁之事，原无可矜；未与于讨袁之役，亦无所馁。

以当日推倒袁氏之事实证之，动乱各省，兵力不过两三万人，若论袁氏所拥之众，殆将十倍，然而众不敌寡，强不敌弱者，则人心不待战，胜负自分也。向使南方举义，而北方一致附逆，虽有雄兵，将奈之何？往者群议于南方组织政府，鄙人不表赞同，诚恐南北分立，后此统一之局不易收拾。今则军务院业经取消，国家大势，可望稳固。或虑各省乱事尚未消弭，自后安全，恐属不易。余意袁氏垂死之际，安危之机，间不容发，比视政府力持镇定，未有何等糜烂现象，过此以往，收拾自可着手，不过南北意见渐渐设法疏通，则中国一家，谅非难事。况乎人心所趋，无一不以分裂为大惧者。人心果合侪则懿之，是诚可免杞忧者已。

说到我个人方面，草野生活，素所习惯。此次迫于各方敦促，勉出担任国务，区区所怀，即在疏通意见，共维大局。现在时事将次收束，地方虽尚有未安，殊不足虑，稍加整顿，可作乐观。所难者在疮痍满目，衽席水火，匪朝夕事，后日起色，尚要徐图，忝掌内务，志在切实整顿，奈到部仓促，尚无头绪耳。至若大政方针，国务上宜有具体的筹画。政客习气，多大言少实际，所重者坐言起行，今且卑无高论。具体政策，为之最难，抽象则尚觉稍易。着手施政，必须先定基础。譬诸建造阁楼，重叠高矗，然基础不固，则倾倒堪

□。故根本之图，须自下而上。国家之本在于人，民强则国强，民富则国富。国之盛衰强弱，以视民力以为衡，不务安民言治民，是南其辕而北其辙也。

故政治之良否，其分别在官治与自治。所谓自治，不但地方自治而已，要在因势利导，不加干涉，使人民自由发展，自由竞争，自苏困穷，自谋乐利。《大易》所谓鼓舞，蒙庄所谓在宥，都是此义。即如教育，在督促人民自办，若全恃公立、官立，国家安有如许财力以致普及？人民不自兴学，一味倚赖政府，则非无益而益害之。此则地方自治之所以为急务也。实业官办，毫无成效。民力固难支持，而政府更加以种种抑勒，多致归于失败。南洋侨民，大抵以办矿致富。内地办矿，则处处滞碍。即领照一节，须费许多周折。苛勒之处，不能尽言。所以人民办矿，往往暗依外人为之保护。矿务条例，明为抵防外人，实则引进外人也。由实业界多属权要，平民极少，惟权要则官吏不敢干涉耳。即此一端，专制之弊，已可概见。今人袁氏自毙，民民渐可自由，只须政府提倡而言论界鼓吹之。

今日国家关系，大处则在外交。外交重要主义，只在朴实诚意，不尚手段。袁氏以外交才具自豪，专用谲诈，究则处处失败。故外交胜利，根本所在，固须急求自立，不可依赖外人。而彼此玉帛往来，则第一将以诚意，些小权谋术数，何足以舞弄列强。我国向来对于各邦，平白无甚感情，一遇急难，辄临时利用某国以牵制某国，结果无一可靠。我以诈感，人以诈应，人与人相接，国与国相接，其理与势一而无已。今对待列强，宜取"泛爱亲仁"四字以为准则，无论何国，一致融和；而其与我国有特别关系者，尤加以敦笃，以收互相提携之效。欧西各国，莫不同此主旨。内政、外交，大要如此。

现在共和初复，前途所希望者，则在内阁问题与议会问题。实则内阁之责任难举，而议会之监督亦属难言。盖今日无统一之言论于具体政策，言论上主张，各持一是，未能一致，纵曰一致，不过抽象的已也。如财政、教育关系国家最大之问题，甲也主张如此，乙也主张如彼，众议纷纷，莫衷一是。虽至好朋友，每入议场，意见亦往往冲突。往者政府亦提倡实业矣，农商政务，以张季直之老于经验而一筹莫展，则其他更何论耶？故凡具体政见，常易相左，一人所独注而众不附之，终亦泡影而已矣。况内阁勉强凑合，越有主张，越招反对。即议会所有建议，能邀一二人或三数人之同意，已属大难。又或临时动议，彼此以感情附和，不过盲从，其坚持到底见诸事实者，盖戛戛乎其难之。

夫国务上、议场上现象若此，征之舆论，可以类推。舆论者，政府及议会之先导也。泰西各国，舆论之价值恒足以左右政局，举以有言论力之奉为一国之良师。以人拟我，殆有难以置词者。无论具体的一致，未可期望，即抽象的，亦或言人人殊。政局迁移，而舆论界则下临时之判断，又或于人物之既失败者而辄訾议之。舆论之不统一，此时局之所以万绪千头，而收拾匪易也。故舆论界遇大问题，贵有确实主张，即彼此各有争持而旗鼓相当，公是公非，以互相磋磨而益显。此舆论界所宜注意者。

今政治上有最要之一端，则银行统一是也。此事发挥，亦仗舆论，俾政府有所遵循。予掌由〔内〕务，与舆论最为密切，无论如何，言论自由权，誓当竭诚拥护，决不使摧残之事再见于今后。

《北京报界欢迎孙伯兰纪事》，长沙《大公报》1916 年 8 月 11 日至 13 日

复马景融等电①

（1916 年 8 月 4 日）

马君景融、郭君行健、吴君传绮均鉴：江电悉。省议会案业经提出国务会议，决议恢复。至逮捕各案，如系政治犯，自应遵照大总统命令办理；即非政治犯，亦应依法判决。其因政治嫌疑而惨遭枪毙者，应如何昭雪旌扬之处，将来必有一定办法。又田税一项，当由财政部酌核办理。特复。孙洪伊。支。

《安庆》，《申报》1916 年 8 月 8 日

宴请旧进步党议员时的讲话②

（1916 年 8 月 9 日）

首述与议院同人三年关别之意，并报告此次出任国务员，曾得一部分上海议员之同意。末更畅言，今日尚非组织新党之时，然时势既经变化，党派间当然亦有变化。安知今日之同党，异日不变为敌党；即昔日之敌党，今日何不可引为同党。今日最要，在从旧时同党方面，彼此先谋精神上之结合。

---

① 报载，是月 3 日，皖绅马景融、郭行健、吴传绮致电黎元洪、段祺瑞及北京政府各部，商榷诸项皖事。是为孙洪伊复函。

② 报载，是日午后 6 时，孙洪伊偕众议院议员彭介石、萧晋荣、王乃昌假座长安饭店，宴请旧进步党"纯粹"议员，到者六十馀人（《北京电》，《申报》1916 年 8 月 10 日）。孙洪伊担任主席，先后三次演说。报章所录内容，部分为报纸概述。

（第二次起立演说）惩治附逆议员，若由院中提议，恐激起意外风潮，即谓让诸司法，亦恐成一空话。此事尚望诸君斟酌。

（第三次演说）今欲扫荡一班旧官僚，而又无资望相称之新人物起而代之，青黄不接，实为困难。故为培养新人物资望起见，似不能绝对杜绝议员转入政界。惟出自本人自己意思，实非正当，必须先得议员同人之同意。

《孙洪伊宴会议员》，《申报》1916 年 8 月 12 日

致孙中山、黄兴电

（1916 年 8 月 12 日）

孙中山、黄克强先生鉴：追悼英士先生，请徐少秋君代表致奠。谨此电闻。洪伊。文。

《孙洪伊吊陈先生电》，上海《民国日报》1916 年 8 月 14 日

就未能及时回复信函之启事

（1916 年 8 月 17 日刊）

洪伊由沪入都，人事匆匆，日无暇晷，以致亲友通函叠积盈笥，不能一一检视，稽未裁答，抱歉实深，诸希原谅。

再，为公服役，同人不遗鄙贱，时赐教益，固所企盼。惟因公务忙碌，如有无关紧要之件，恕不奉复。谨此通告。

《孙洪伊启事》，《申报》1916 年 8 月 17 日

致众议院议长函

（1916 年 8 月 18 日）

　　敬启者：洪伊业已就国务院之职，所有众议院议员一席，应行辞职。用特函达，即希查核。此致，众议院议长台鉴。孙洪伊启。

《国会议员辞职书三则》，《时报》1916 年 8 月 25 日

在畿辅先哲祠谈话会上的讲话①

（1916 年 8 月 19 日）

　　现在国会颇受外界攻击，半因误会及疑忌所致。同人尚须持冷静态度，静以待之。

《议员在先哲祠开谈话会》，《申报》1916 年 8 月 23 日

致唐绍仪函②

（1916 年 8 月 29 日刊）

　　少川先生鉴：首席久悬，公北上仍复无期，当局系念甚切。现

---

　　① 报载，是日部分旧进步党议员在畿辅先哲祠召开谈话会，到会者六十馀人。孙洪伊于会上发表讲话。

　　② 外交总长唐绍仪迭次电辞，迄未来京，孙洪伊、谷钟秀、王正廷、刘成禺、吴景濂、彭介石、彭允彝、褚辅成等一百十七人致函唐氏，邀其北上就任。此信由卢信面致。

国事飘摇,外侮日急,内阁基础宜先图稳固,以利进行。且国会即开,欲期步调之整齐,宜多得大力维持之人。先生为国宣劳,众望允孚,倘得来都一行,裨益殊非浅鲜。兹因卢君信公由大总统派往前迸,同人等特将近所主张,诸托卢君面陈。务乞俯从公意,慨念时艰,早日北来,以慰饥渴。领引南天,不尽欲言。专此公达,顺请时安。

《阁员提出声中之唐、张》,《申报》1916 年 8 月 29 日

呈黎元洪恳请辞职文[①]
(1916 年 8 月 30 日)

为任重材轻恳请辞职事。窃洪伊奉任阁员,自顾难胜,屡电恳辞,未蒙允准,兼以各方面之督责,勉强就职。一月以来,事端繁颐,因应为难,若长此素餐,必滋贻误。惟有仰恳大总统另简贤能,使洪伊解去内务总长之职,俾免陨越,不胜感激待命之至。所有恳请辞职缘由,理合呈请大总统批准施行。谨呈。五年八月三十日。

《内务总长孙洪伊呈大总统恳请辞职文》,《政府公报》第 239 号,1916 年 9 月 2 日

---

① 孙洪伊因胡瑞霖案与徐树铮的矛盾愈演愈烈,声言将以徐之去留为进退。又呈黎元洪辞内务总长,函致众议院议长取消前递辞职书,表达决绝之意。

《救危三策》序

（1916 年 8 月）

自民国成立，枭杰秉政，倡为维持现状之说，有以策新改进之论进，与其所守之常例惯态相牾者，辄以理想斥之，空言置之。而一般墟拘无常识之旧官腐儒少见多怪，亦遂从而和之曰，此理想也，此空言也，相与深闭固拒，遂成牢不可破之局。

夫宇宙进化者也，而社会日新者也。人之所以灵于万物者，以其有思想，有计画也。既有心思，耳目即有选择趣舍不安其故之势。一事也，先对之有一种之希望，由希望而生悟解，由悟解而成为议论，由议论而见之实行。所谓理论者，事实之母也。若不问可否，一一惟故状之求，势非尽如山藏之兽，林栖之禽，跂行喙息，仰饮俛啄，一听其自生自灭不止，而乾坤几乎息矣，文化安得进步，国家安有与立哉？试观三四年来日言建设，而政局之泯棼如故；日言整顿，而吏治之窳败如故，驯致支离，溃决不可收拾，以有今日。于是维持现状主义之政治之黑幕，乃大揭穿于天下。重以国家经一次变革，而政治之恶点乃益加暴露，国本飘摇，民生憔悴，有岌岌不可终日之势。于是识时忧国之士，乃有取向为枭杰政府所屏斥排绝之策，新改进之说，再揭举以诏国人者。虽然政治之理趣最隐且赜，其得失利害，因人之所见而各有不同。譬如入五都之市，五光十色，杂然前陈，任人取携，欲确然有所抉择而不炫于去取者，又非有独到之见解，精密之考核不能也。

旧友覃君达方，三楚绩学士也，于近世所称法律、政治、经济之学,号为专家。属当共和再造,国事犹棘,覃君本其忧时爱国之志,发愤而成一书,名曰《救时三策》。盖今国家当危而复存之后,百端待理,而其横梗于前者,即军队问题也。故覃君于此首致意焉。国家之血脉在于交通,交通不发达,则全体麻木不仁,一切事业均无由进行。故继军队而起者,即为交通问题焉。抑有进者,今日之国家生活命脉,殆全操纵于外人。苟今日国民犹不勃起,产业犹不振兴,即有交通机关,亦不过为外力内侵之导火线。故其继交通问题而起者,又必为产业问题焉。

不佞尝谓,吾国民之在今日,须有一大觉悟。当辛亥革命之后,国人炫于宪政之美名,以法律可以解决中国之问题,于是争腐心于立法事业,以为一有完美之宪法及其他之法律,万事俱可迎刃而解。乃卒之有强有力者,悍然出而摧荡破灭之,而所谓法治之力,遂一旦归于无有。至是,吾人乃知今日之救国大计,不专在法律问题,而在政治问题。而所谓政治,又非仅通常习见之因革损益云云之所可为功。盖今日世界趋势,已又由政治竞争,一转而为经济竞争。苟国家及国民之经济不解决,虽有良法美意,讦谟嘉猷,不食之画饼也。

覃君于军队、交通、产业三事,循序剖析,而归于一贯之结果。盖其以经济眼光讨究政治问题,故能切中时病,着着可行,而一无高远广漠之论。然则覃君之三策,乃皆事实也,办法也。虽使向之所谓枭杰暨墟拘无常识之旧官腐儒见之,亦无能目为理想空言而滋为藉口也。然则居今日而言救危者,舍覃君之三策,又安所取正哉?兹当其书之成,特赘数言,于此以识先获我心之感云。

民国五年八月。孙洪伊谨识。

《救危三策》之序文,1916年

致众议院议长取消前辞议员函

（1916 年 9 月 1 日刊）

敬启者：洪伊前就内务总长，以不能兼任议员，声明辞职。现已呈请总统，辞去内务总长，前递辞职书应即取消。特此报到。顺请议长大安。孙洪伊启。

《孙洪伊辞职之底里》，《申报》1916 年 9 月 1 日

复康有为函

（1916 年 9 月 2 日）

康南海先生鉴：来电敬悉。详情由君勉兄函达。洪伊、远涵叩。冬。

《康有为往来书信集》，第 163 页

在北海游园会上的发言①

（1916 年 9 月 10 日）

宪法问题之紧要及集合研究之不可缓，宜集合同志多数议员，

---

① 报载，是日午后，国会中旧国民党系、孙洪伊系及部分新共和党议员举行北海游园会，讨论合组团体事宜。张继任主席，孙洪伊发表演讲。会议决定联合组党，定党名为宪法商榷会。

设一讨论宪法机关。

《游北海组织宪法商榷会》,《申报》1916 年 9 月 12 日

与《京报》记者谈吏治①

(1916 年 9 月 11 日刊)

盖至今如师长等军职,犹时时保荐,知事到部,且不问其人如何,一律照准,将来人民之危险,实不堪言。故目前第一办法,先在停止保荐,以绝来源,然后就原有者加以甄别淘汰。但淘汰之方法如何,今尚未确定也,盖其事有至难者。惟停止保举一事,则已提出于国务会议,不久必可发表。

《北京特别通信(八)》,《申报》1916 年 9 月 11 日

在国务会议上的发言②

(1916 年 9 月 18 日)

君与陈总长一经辞职,此项问题立可解决。

《垫款与谷陈两总长》,《申报》1916 年 9 月 22 日

---

① 报载,袁世凯秉政以来,与人民有密切关系之知事,滥为考试,又大开保荐之门,致使知事之多,令人难知确数。记者因以探访孙洪伊,询问处理情形。

② 报载,因日本借款问题,北京政府再酿风潮。孙洪伊声称,非将经手此事的财政总长陈锦涛、农商总长谷钟秀解职,无以谢国会。是日上午国务会议时,孙洪伊与谷钟秀又起龃龉,谷答谓:"我非不能辞职,但汝来教我辞职,我宁受议院弹劾,决不承教。"

复天津《益世报》函

（1916 年 9 月 22 日）

惠书诵悉，承询聘用青木真相，关切国事，复不轻徇传闻，实深钦佩。此事内容，悉仍聘用坂西前例，大致备总统咨询，兼得委任调查，与普通顾问无甚殊异。当局用意，纯取感情之联络，并无委弃权利之事。外间谣传，实属不确。兹辱明问，谨以奉闻，万乞勿信浮言，无任盼切。此颂总编辑文安。孙洪伊谨启。九月二十二日。

《孙总长复本馆函》，天津《益世报》1916 年 9 月 24 日

与杨友熙的谈话①

（1916 年 9 月 23 日）

前议照清制，先恢复自治机关，再议自治新条例全国统一办法。后因一旦恢复，不及一二月，即须改组，朝令夕更，殊觉非是。现主张由内务部在半月内，将新自治章程草案提出议会通过，一二月即可明令发表。

各省地方自治章程，只浙江、江苏两省有单行法。现浙江各级

---

① 报载，江苏县议员联合会代表杨友熙（字静山），日前来京请愿恢复自治。是日上午前来谒谈，双方畅叙一小时。

自治机关,政府并未过问。

《恢复各级自治之好音》,《申报》1916 年 9 月 28 日

驳平政院咨文①

(1916 年 9 月 26 日)

内务部为咨复事,准贵院咨开案据内务部停职人员祝书元等诉称,总长违反法令擅退部员,请依法裁决以维法治一案,于九月十九日提起行政诉讼前来,本院核与《行政诉讼法》相合,批准受理外,相应将诉讼副本咨请查照,希于五日内提行答辩书以便裁决,并依《行政诉讼法》第十四条之规定,所有该项停职员缺,应由贵部暂缓呈请任免因。

查民国三年五月一日所公布之约法,规定为总统制。国务卿、各部总长为事务官,对于议会不负责任,议会不得质问弹劾。故其第四十三条规定,国务卿、各部有违法行为时,受肃政史之纠弹及平政院之审理。《行政诉讼法》第一条所定,中央最高级行政官署之违法处分,得提起行政诉讼于平政院之规定,即于此第四十三条之规定相关联。而平政院审议国务卿、各部总长之权,亦即由此而生。现该约法业于本年六月廿九经大总统以明令废止,仍适用元

---

① 孙洪伊履任内务总长后,裁撤冗员,厉行改革。内务部被裁人员向平政院陈诉孙洪伊违反法令、擅退部员。平政院集合全体评事讨论,决定受理此案。随即通知孙洪伊,令其五日内提出答辩书,并请其对于调用及停职各员,暂缓呈请任免(《政潮中之唐孙陈谷四总长》,《申报》1916 年 9 月 25 日)。此为孙洪伊答辩书。又上呈黎元洪,陈述裁撤部员之始末。

年公布之《临时约法》。遵此约法改组国务院,国务员只有对于议会负责,受议会监督之规定,而无受平政院审理之规定。即不得再据三年制定之约法,以解释《行政诉讼法》,而谓平政院仍有审理国务员之权也。

且《行政诉讼法》者,为保护人民之权利。查约法所列举之人民权利,皆纯以人民之资格享有。即以人民而为官吏者,其官吏系另一资格,不得与人民混而为一。如约法第十条,人民对于官吏违法处分损害权利之行为,有陈诉于平政院之权。官吏与人民对举,其区别至为明了。今祝书元等以司长、佥事、主事之官吏资格,向平政院起诉,实违反行政诉讼之原则。

至于《文官任免执行令》所列之《文官保障法草案》,令也,非法也。且其公布在民国二年一月九日《临时约法》施行之时。据《临时约法》,大总统无发布此项命令之权,当然因抵触约法不生效力。即事实上,亦未行使。民国四年九月三十日申令,谓《文官任免执行令》,戾于事实,未尽实行,是在发令者自身已不承认为有效。而祝书元等犹贸然援为提起行政诉讼之根据,贵院不依法驳斥,殊不可解。

总之,自官厅职权言之,贵院无受理此项诉讼之权。自诉讼人资格言之,祝书元等不能为诉讼之主体。是其诉讼于根本上已不成立,本部自无答辩之必要。除将诉状副本退还外,相应咨复查照可也。此咨平政院。内务总长孙洪伊。九月二十六日。

《内务部与平政院往来公文》,《时报》1916 年 10 月 1 日

上大总统黎元洪书

（1916 年 9 月 26 日）

敬肃者：窃内务部自经国务会议议决，恢复民国元年官制后，洪伊职权所在，自应遵照该官制改组部员，除将旧有部员之不尽职者暂停职务，馀或留供相当之职，或酌与迁调，不足之缺则另派员试署。盖为澄清吏治，慎重部务，不得不如此办理者。月之二十一日，接准平政院咨行本部：停职人员祝书元等，告诉内务总长违反法令，擅退部员，并附诉状副本一件，限期答辩等因到部。洪伊以该停职部员祝书元等诉讼，既不合法，平政院受理尤为不当，除咨复平政院拒绝答辩外，用将该行政诉讼不能成立之理由，敬为我大总统陈之。

查该职员祝书元等所援为根据者，即民国二年一月九日公布《文官任免执行令》所列之《文官保障法草案》。夫行政诉讼据约法第十条及《行政诉讼法》第一条之规定，限于违法处分，而《文官任免执行令》，命令也，非法律也，于法文已属不合。即就广义言之，所谓法者，系指法规，包括法律及命令在内。然此可为法规之命令，亦系指适法之命令而言。申言之，即不抵触约法及其他之法律者也。就立法常例言之，法律与宪法抵触者，法律无效；命令与法律抵触者，命令无效，而与宪法抵触者，更无论矣。

查该《文官任免执行令》公布之时，正《临时约法》施行之时。据《临时约法》三十一条“大总统为执行法律，或基于法律之委任，得发布命令”，大总统发布可为法规之命令之权仅止于此。此《文官任免执行令》既非执行法律，又非有法律之委任，则当其发布之时，即与约法抵触。抵触约法之命令即为无效，不得因公布令内有"本法未公布以前用之"一语，而谓其能自附以效力也。即据新约法第二十条"大总统有发布与法律有同等效力之命令之权"，然亦必俟次期立法院开会时请求追认。此《文官任免执行令》发布于旧约法时代，当然因抵触旧约法而无效，不能援新约法为解。即以新约法言之，此项命令当彼所谓代行立法院开会以后，亦未尝请求追认，是即以发令者之自身，亦早不认此项命令为有效矣。

至民国五年六月十九日大总统令，所谓其馀法令，除有明令废止外，一切仍旧。其馀云者，乃自上文"民国三年五月一日以后，所有各项条约"云云衔接而来，是专为维持民国三年五月一日新约法施行以后所有条约法令之效力，以免搅乱国际关系，及一切国内既定法律关系而设。若《临时约法》时代所公布之法令，其不与约法及其他之法律抵触者，当然继续有效，何有明令废止与否之可言？若此，显然抵触约法之《文官任免执行令》，其发命时于法律上已无此物，又何待明令废止而始无效乎？

或谓此《文官任免执行令》，于法律上虽不为成立，然其所立之各草案，如《文官惩戒法草案》，实际业已适用，似不得否认为无效，然国家机关之行为，惟不与法律抵触者，经永续惯行之结果，可以视为惯例，然亦无法律效力。若抵触约法之命令，其始即已无效；法律上无效之行为，无论用如何办法，经若干时日，终无由使之有效。彼《文官任免执行令》既为无效之命令，即使或有行使，亦不过视为一种法外之事实，终不能使之生法令效力也。又况该诉状所据之《文官保障法草案》，并未经一度行使，如民国四年九月三十日申令，固明明谓《文官任免执行令》庋于事实，未尽实施也。此其行政诉讼不能成立之理由一也。

《文官保障法草案》既为一无效之命令，不得援为诉讼根据，惟该诉讼之前提既在于此，则不妨让一步，即以该草案假定为一有效之法令，亦与本部之改组渺不相涉。盖此次共和再造，为不可辩之事实，国体既经递嬗，则凡全国文武官吏皆应以帝制时代为一大鸿沟。自法律言之，皆为从新组织，其未经更换者，不过默认其存在，非谓从前之关系当然继续有效也。不然彼参政院、肃政厅等，何以径行用命令撤废，而不须循法律手续也。

此次国务会议议决适用元年官制，自沿革上言之，则为一部旧官制之恢复，而现制上言之，则为一部新官制之发生，绝非变更官制也。盖变更云者，乃循通常法律手续而量为改订也；适用云者，乃直接与所适用之法制为因果，而与其他并无关联也。若混适用为变更，则适用元年约法者，岂亦为新约法之变更乎？由元年约法之适用而召集参众两院，岂亦为参政院法之变更乎？此所谓不攻自破者也。

夫官制组织既变，则一切职员岂从新支配，不特不用者不得援其先有之地位而有所主张，即留用者亦非其先有之地位而蝉联继职，更何有限于缺额有裁废合并，始得令其休职，并有相当缺额，应即叙补之可言？是该《文官保障法草案》，当时即由合法之手续而成立，亦非该停职员等所得援用；况其草案，并不成为一种之法令乎！此其行政诉讼不能成立之理由二也。

又该停职员等称，本部以部令进退部员，为蔑视大总统职权。殊不知本部用部令进退部员，曰停职，曰试署，与《临时约法》第三十四条任免之义正自有别。且此次本部改组，暂适用民国元年官制，事前经国务会议议决，报告大总统；事后并将改组情形呈报大总统在案，初无蔑视之事。况前此内而部员，外而知事，未经大总统命令而停职者，而试署者，数见不鲜。以他部论，近有交通部之先例；以本部论，则有朱前总长之旧案，皆与本部此次进退部员之程序相同。盖停职以待其用，试署以观其才，于郑重权限之中，寓审慎从事之意，于法律精神，实毫无背驰。若果如该诉所云，不几以率行呈请任免为合法乎？此其行政诉讼不能成立之理由三也。

该停职员等又谓，法律上所谓人民，均包括官吏而言。据《临时约法》第十条"人民对于官吏违法损害权利之行为，有陈诉于平政院之权"，是人民与官吏对举，能谓此"人民"二字包括官吏而言乎？又《临时约法》第十一条"人民有应任官考试之权"，此"人民"二字不包括官吏在内尤属显然，宁能一律解释乎？查人民权利载在《临时约法》者，并无永保官吏地位之条。该停职各员提起行政诉讼，得毋谓损害其为官吏之权耶？然本部此次所退各员，概系停职，另候任用，并非褫夺其为官吏之权。就事实言之，地位虽不免变更；就法律言之，资格固依然存在。于所谓人民权利者，诚不知何所损害。且考《行政诉讼法》之制定，原为保护人民权利而设，此次停职部员对于总长，乃僚属对于长官之关系，在行政法上有服从之义务，与人民对于官吏之关系迥不相同，安得援用《行政诉讼法》之规定？让一步言之，准如讼者所根据之《文官任免执行令》，该停职各员并未受人民权利之损害。况其所根据之命〈令〉，在《临时约法》下，又绝对不能认为有效乎。此其行政诉讼不能成立之理由四也。

总之，该员等如以人民名义起诉，则本部实未损害其权利；如以官吏名义起诉，则与《行政诉讼法》不合，平政院既无受理之权限,本部即无答辩之义务。属官如此反抗命令,行政为之破坏,法院任意曲解法律,法治为之沦胥。除咨平政院外,用特据实呈明钧座,幸垂察焉。肃此。敬颂钧祺。内务总长孙洪伊谨启。

《内务总长上大总统书》,《时报》1916 年 10 月 2 日

在内务部参事司长茶话会上的讲话①
(1916 年 9 月 30 日刊)

地方行政区域,拟依山川形势,拆现在之省为两个以上之行政区域,不必名为省,亦不必名为道,可另定名称。已派定参事、司长等五人分头起草。拟俟草案告成,提出国务会议通过后再交国会议决。

《孙洪伊之行政区域意见》,《申报》1916 年 9 月 30 日

关于地方官制之意见②
(1916 年 10 月 6 日刊)

(一)区域。中国省区辖境太广,不适于治,拟以每省天然可分

---

① 此次会议,孙洪伊提议应另行规定及修改之章程有:一、行政区域另行划分;二、地方官制如何修改;三、地方自治重新厘订;四、县知事考核章程妥为厘定;五、地方保卫团规程另行规定。并一一发表意见。

② 该报道指出,孙洪伊在野时代凤抱改良政治意见,此次出山,鉴于袁世凯为政所以失败之故,欲从根本上改革,以刷新全国行政,其中最可注意者为地方官制与省制两方面。此为报章将孙洪伊关于地方官制改革的意见撮要摘录。

之界限,区为两省或三省。他如特别区域亦编为行省,俾便施治。

(一)两级制。省之区域既定,则道尹当然可裁,拟以省长为上级,以县知事为下级。盖行政区域缩狭范围,省县衔接,不虞隔远。

(一)辅佐官厅。省长之下,设置辅佐官厅五,曰民政,曰警务,曰财政,曰教育,曰实业。各设厅长,分掌主管事务。

《孙总长对于地方官制之新政见》,《时报》1916 年 10 月 6 日

代内务部答复众议院书①

(1916 年 10 月 7 日刊)

内务部为咨呈事,承准贵院函开,奉大总统交下众议院咨送议员徐兰墅等,关于内务、交通两部以部令适用元年官制,并擅自进退荐任以上职员质问书一件,相应抄录原咨暨质问书,函送贵部查照,会同交通部迅拟答复送院,以凭议定转咨等因。准此,原质问书谓,径由国务会议议决,适用民国元年官制,为置总统制定官制权于不顾。适用旧官制与制定新官制本为两事。本部准国务院咨问,依国务会议议决,适用元年官制,不过政府内部之一种事务,并非重新制定官制。盖元年官制,既由临时参议院议决,复经临时大总统公布,于法律程序固已完备。就事实上言之,虽因外界障碍而中断;就法律上言之,则其固有之效力依然继续存在也。

原质问书又谓,试问能否以部令取消前总统公布之命令,如曰

---

① 报载,日前众议院议员徐兰墅质问内务、交通两部裁员一案,此为孙洪伊答众议院文。

不能，以部令恢复元年官制，能否适用有效？查立法通例，法律与宪法抵触者，法律无效；命令与法律抵触者，命令无效；其与宪法抵触者，更无论矣。据《临时约法》第五十四条，宪法未施行以前，本约法之效力与宪法等。现在约法既经恢复，则由约法产出之官制，当然适用有效，宁能因前总统违背约法之命令，而限制根据约法之官制耶？盖合法之官制，既已有效，则不合法之官制，在法律上自应消灭，固非因部令而取消也。

　　原质问书又谓，更调人员，为侵越大总统任免官吏之权。查本部此次被裁各员，均系停职，另候任用，无所谓免；新调部员均系试署，无所谓任。停职及试署为呈请任免以前之一种程序，向例如此，即本部亦有旧案。且本部此次改组情形，早经呈报大总统在案，初无侵越之可言。况呈请任命，须经铨叙局审查资历后，始能行之。本部依现行之手续，故部令无另呈字样。

　　总之，本部此次更调部员，由于适用元年官制；适用元年官制，由于约法恢复；约法恢复，由于共和再造。原质问书开宗明义之言，则本部所应拳拳服膺者也。兹准前因，除交通部另行答复外，相应拟复，以凭议定，转咨此咨呈国务总理。

《内务答复众议院》，上海《民国日报》1916 年 10 月 7 日

再复平政院之咨文

（1916 年 10 月 7 日）

　　为咨复事，准贵院本月五日来咨，一则曰毋庸再议，再则曰直截了当，三则曰毋庸由国会解释，似以法律上之商榷为多事者，非

贵院崇重国家法治之本意也。

查本部原咨以谓《平府〔政〕院编制令》成立于已废约法之下，并非谓发生于已废约法之时。本部就法统系立言，来咨以公布时期为解，似不免误会。据现行约法第三十三条，大总统制定官制官规，但须提交参议院议决。《平政院编制令》既未经议会议决，若果如来咨所主张，以该令依附于现行之旧约法，则其成立之根据愈形动摇，应请注意者一。

依现行约法第四十九条第二项，既有关于行政诉诉别以法律定之明文，则《行政诉讼法》自不能与其他普通法令并为一谈。本部原咨对于该法之意见，即根据于此，原文具在，可复按也。来咨目为曲解，殊近臆断，应请注意者二。

来咨以法院适用现行刑律，为法律不经由国会可以有效之证。殊不知现行约法之公布在元年三月十一日，而暂行新刑律之公布在元年三月十日。其发布施行在约法未公布以前，自无抵触约法之可言。盖自统一政府初成立之时，国家不可无法，刑律尤为一日所不可无，故以命令宣布此一种之经□法，并非其自制定之而自公布之者。其在本法未成立以前，当然适用有效。以此拟抵触约法应为无效之法令，诚为不伦，应请注意者三。

至来咨谓，民国成立以来，中更多故，是舍法律而言事实矣。请以事实言之。本部此次改组，系依国务院咨照办理。所有停职各员有久不到部者，有绝不办事者，有把持部务者，且多有营私舞弊款项不清情事。本部方在查办中，不便遽行宣布。以此之故，本总长本监督权内所应行之事，非将该员等停止职务，不能图部务之进行，绝无丝毫私见。况领衔之祝书元、许宝蘅二员，除有特别事由外，且系裁缺停职，更无容喙之地。乃犹率众攻讦，实属不守官箴。至办理手续,亦系循向来之惯例,远如民国二年十月财政部之停职派署以及是年十二月本部之改组,近如交通部之改组,均先以部令分配,再行呈请任免。至于祝书元等引《文官保障法》变更官制休职之例,与本部因共和再造适用元年官制情事绝然不同,业于前咨详细声明,可无赘辩,相应咨请查照。

《内务部答复平政院之咨文》,《时报》1916 年 10 月 13 日

唐继星、阚麟书追悼会启事①

(1916 年 10 月 23 日刊)

敬启者:唐、阚二公,奔走国事,牺牲一己,一则横遭惨死,一则忧劳陨命。且癸丑以来,协同进行之郭文元、柳智远、陈兰波、宋遵义、邵植三、孙驭风、徐仰山、刘子元、邱丕振、秦万峰、毛汉、武黄、崔长荣、刘锦山、朱德盛、王振夏、赵祖泽、张良明诸烈士,先后殉国。凡我同人,罔不悲悼。兹订于十一月二号下午一时至四时止,假沪城九亩地新舞台开会追悼,暂设事务所于嵩山路十六号。如蒙海内同志及各界诸君赐赠挽章、诗歌,以光幽德,请寄事务所唐祁钦君收存。特此通告。发起人孙文、黄兴、唐绍仪、伍廷芳、孙洪伊、谭人凤、温宗尧、胡汉民、张人杰、柏文蔚、钮永建等七十三人公启。

《唐继星、阚麟书二先生追悼会启事》,《申报》1916 年 10 月 23 日

---

① 该启事为联合发起,孙洪伊为联署人之一。

关于辞职之意见

（1916 年 10 月 26 日刊）

国务员对大总统有连带责任,国务总理如至总统之亲任官、总长必须免职之地步,即系总理之责任。故此次问题,以内阁员全体辞职为至当,无余单独辞职之理由。

《北京电》,《申报》1916 年 10 月 26 日

致孙中山等电

（1916 年 11 月 2 日刊）

孙中山、唐少川转黄宅:接电,惊悉克强先生逝世,薄海同悲,属在知交,尤深哀悼。克公首造民国,险阻备尝,伟烈殊勋,震铄中外。万方多难,干济需才,哲人其萎,吾将安仰。既为国痛,更哭其私。孙洪伊、谢远涵、田桐、郭同、汪彭年、王乃昌、萧晋荣、彭介石、李素、李歇青、宋渊源、龚焕辰、赵时钦、王湘、吴宗慈同叩。

《黄克强先生作古续志》,《申报》1916 年 11 月 2 日

致黎元洪函①

（1916 年 11 月 7 日刊）

谨呈者：洪伊自蒙超擢，矢志报忠，无奈谗言不一，以洪伊之不去，为内阁之解体。洪伊何尝恋栈，惟奔走国事以来，负借累累，今如脱离内阁，即难免债台是登。仰恳大总统，允处格外之恩，于洪伊免职之前，先颁出洋费五十万元，俾保全终始，无任悚惶之至。耳目繁多，谨由邮闻。专颂钧安。

《孙洪伊与内阁之前途》，《申报》1916 年 11 月 7 日

致唐继尧电

（1916 年 11 月 9 日）

蓂赓仁兄督军麾下：万里遥睽，神交无斁。迩者中央政象，沉滞阴霾，内阁杌陧，不可终日。总其原因，要为揆席秉政以来，殊少诚意，信任宵小，僭分逾权，贪横暴戾，无所不至。始则蔑视元首，酿府院之争；继则排斥教唆，启平政之讼。

伊忝列阁席，专以国家多难之秋拯济为怀，不敢自陷于意气之私，凡可消弭，尽为退让。无如信以致疑，公而被斥，官僚民党之

---

① 此函或为政敌所炮制。报道亦谓："一方以此函为伪造，一方即以此函为排孙之助力。究竟真伪若何，我人不必加以悬断，明眼人自能辨之。"

争，终为不可避之例。民党愈退，则官僚愈进。长此不图，势益危虞。重以阴谋政客时为煽惑，于斯而不速筹挽救抵抗之策，则凋落不振之征，奚待来日？故欲巩固基础，发展进行，非化散为整，组一大党，决无由济此风雨漂摇之局。日者议会涣漫纠纷，无所统束，渐悟组党之必要。主座近亦鉴此危像，欲萃合各派健全部分，造成大党，共挽狂流。命名虽尚待研究，而宗旨实已确定，不外实行民治，发展民力，拥护宪政，巩固共和。凡斯大端，存亡所系，惟主座地位不便直树党帜。现拟委托各省民党中坚人物发起号召，副座首表赞成。

公以民国元勋，薄海共仰，若急起为之，大宇自必靡然从风，群贤胥附，非独党务之利，抑亦民国前途之福也。引领企望，□敬待命。专陈，恭颂勋绥。弟孙洪伊谨启。十一月九日。

《东大陆主人友声集》，《护国运动文献史料汇编》第 5 卷，第 682 页至 686 页

与《新支那报》记者的谈话

（1916 年 11 月 21 日）

前日下午五时，黎总统招余至公府，且劝辞职。余以无辞职之理由存在，故拒绝之。然昨日奉免职命令，免职则无可如何矣。余信此次免职，为段内阁改组之前提。免职一事，非黎总统之意，乃从徐东海之劝告耳。此后余当在野尽力于改良政治，因政治上种种事情有大须改良者。今后更鼓励勇猛之心，务期达此目的。余今又专备组织政党，孙氏（孙逸仙）、唐氏（唐少川）必赞成之。将来须成立坚固之政党，以全国会之运用。非然者，民国之政治到底不

能改革。余遭此次蹉跌，然不为稍屈，深信能达己之目的也。

《政局纷争之第二段》，《申报》1916 年 11 月 25 日

悼黄兴、蔡锷挽联①
（1916 年 12 月 1 日）

（挽黄兴）再蹶再起，百折不挠，斯人秉衡岳英灵，岂料馀生伤碧血；公是公非，千秋定论，往事话羊城劫火，应推首义在黄花。

（挽蔡锷）公真健者，口不言功，方期大泽潜龙，藏器更为天下雨；世正需才，逝将焉往，蓦听中年赋鹏，忧时岂独楚人哀。

《黄蔡两公之追悼大会》，上海《民国日报》1916 年 12 月 3 日

《省制大纲草案》总义
（1916 年 12 月 6 日刊）

本草案大体仿普鲁士国之州制，以划分官治、自治为精神。草案所称省，即普国之州，省长即普国之州总长，省参事会即普国之州参事院，省议会即普国之州议会，省董事会即普国之州委员会。省以省长及省参事会为纯粹官治机关，省议会及省董事会为纯粹自治机关，使分功治事，各谋发展，而不相轧轹。虽然，同时使省长

---

① 报载，是日北京政、学、商各界于中央公园召开大会，公祭黄兴、蔡锷两位民国元勋。北京政府总统黎元洪、总理段祺瑞分派代表出席，参众两院休会一日，各界致送挽联者不下数千幅。

代表中央政府,而监督地方自治,期无悖于统一;又设参事会,以调和官治、自治万一之纷争。其或争执过剧,参事会不能调和,则又有参议院为最后之裁决。是本草案虽以划分官治、自治为精神,然分崩离析之弊,国权旁落之忧,固已缜密规定,而严为之防也。

《孙洪伊之省制草案大体》,《申报》1916 年 12 月 6 日

关于拒绝参选参议员的启事

（1916 年 12 月 11 日刊）

鄙人甫卸政务,藉资安息。兹届参议员改选之际,正硕彦群进之机,凡我知交,鉴此区区,幸无以菲材相属。特启。

《孙洪伊启事》,天津《益世报》1916 年 12 月 11 日

与报界人士的谈话

（1916 年 12 月 25 日刊）

并未出京,惟日与同志研究地方制度,及自治发达方法,一时不欲直接与政。

《申报》1916 年 12 月 25 日

致国会议员书

（1917 年 1 月 9 日刊）

　　近日诸君在会讨论最勤争持最力者，莫如省制问题。夫省制者，中央与地方之连锁，人民与国家之大维，而中华民国之运命，即在于此寄托者也。此而不慎，则一切危机，皆由此启。而地方行政之能否发达，国家大计之能否实行，更奚论焉。

　　盖自前清季年，各省即已举行自治，侵寻至今，为日匪浅，而根本不立，精神安所附丽？号为扩张民权，仅以涂饰天下之耳目，甚且不惜加以摧残。即此涂饰耳目之举，犹复靳而勿与，岂有几微利国福民之心存焉者？自顷大难既平，共和再奠，欲谋根本上之建设，自宜明定法律。如国民之分量，授以应有之权责，俾得发挥其天然之本能，而后群治乃有进[之]步〈之〉可言。必如一部分人迷信官治万能主义，假墨翟尚贤之名，行嬴秦愚民之实，民终不可愚，而徒屈于地方官长势力之下，欲善自为谋，又苦为法律所限，既无应有之权责，何由发挥其天然之本能？久之，上下相猜，尔诈我虞，流弊所极，将无一事之可举。此洪伊期期以为不可耳。

　　今夫现代各国，因其历史、地理及人民风俗习惯之不同，以故所定地方制度，亦往往不能归于一致。然而立国之道，必使内外相应，枝干相扶。国事至繁极博，势难一切自为宰理，于是画为若干行政区域。每一行政区域，必有其最高级之地方官厅，而其自身又为最高级之地方自治团体。无间〔问〕东西，大体皆然。其在吾国名之曰省，以省为国家最高级之地方官厅也。故国家事务，属于一省范围内者,当然由省长执行,自不待言。顾就他方面言之,省又为最高级之地方自治团体。若关于省内地方事务,悉听命于省长,是集官治、自治之权于一人之身。其人为中央所简任,而地方民情,本非其所夙习,即有一二贤者,稍稍出其馀力,综理自治,然必无望其与官治成绩方轨而行矣。以吾国行政区域之大,所有自治团体执行事务,又皆草创,异时百废其举,如必凭藉官治机关,兼为一省自治团体之代表,虽白〔曰〕提挈,维恐其聪明材智亦有未逮。此事实上问题,势不可以强和。

大抵文化愈进,分功愈多,施于有政,何独不然?从吾分功之语,则吾国省制,莫如效普鲁士州组〔制〕,画分官治、自治为二涂。官治机关以省长及省参事会当之,自治机关以省议会及省董事会当之。省长代表中央政府,执行国家行政,而参事会为之补助。省议会议决地方自治事项,而董事会依法执行。斯二者道并行而不相悖,其利益亦有可得而陈者。

第一,近来省长民选、简任之争,各执一辞,非不言之成理。如使省长专理国家行政,其人由中央简任,自不可不生疑问;反之董事会执掌地方自治,当然出于民选,更无所用其辩论,则众纷悉解,国宪大定,其有利于政治上之进行,何可胜道也。

第二,省议会与董事会处于对立地位,各董事既由省议会选出,同为民意所托,彼此关系素深,一切议决执行事项,自有因应咸宜之便。即或意外发生龃龉,仍可呈由大总统交参议院为之裁决。而省长立于官治机关,仅受中央政府之考成而已足,一般人士所主张议会弹劾省长,与查办省长之规定,虽概从删削可也。

第三,自前清督抚以至今日之省长,皆无补助机关,居间调和官吏权限之冲突,裁决国家[国家]行政与自治行政之纷议。故为之长官者，非一意专断苟且敷衍，仅免破裂，斯已为幸。若省长而外，复有参事会相助为理，不惟消极方面可去无谓之争执，而积极方面得效有力之匡济者亦不少矣。

第四，世人动以吾国人民材识浅短，程度低微，不足与谋自治。斯言谬也。一国之立，惟民是赖，岂有地方切身利害，而不善自为谋者？但非假以事权，则徒托空谈，无由见诸实行，虽有天然之民智、民力，亦惟有听其放废焉耳。有董事会以为人民练习任事之地，例如省教育如何振兴，省实业如何推广，省议会坐而言者，董事会即起而行。斯诚合于自治之原理，而非纳自治于官治范围内者所可同日而语也。

以上所述，自审粗疏已甚，然亦地方制度得失之林矣。诸君自田间来，洞悉民隐，又何疑何虑，而不主张采用普鲁士州制，以为中国自治发达史上辟一新纪元乎？则有持驳论者曰：如吾子所言，则官治、自治，两不相谋，虽有分功之利，而不胜其妨害统一之弊，愚之所以不敢苟同者以此。则将应之曰：吾谓官治、自治分为二途，特就执行事务言之。若国家行政与地方行政，又非无消息相通之处，如自治团体不妨受监督于省长，国家委任事项，可由省董事会掌理皆是也，然则安见有所谓妨害统一之弊云云者。窃念吾人果发大愿，为国家建立完善之省制，俾人民享受真正自治之幸福，则于普鲁士州制或有取焉。求之《诗》曰："永言配命，自求多福。"庄〔老〕子亦云："代此匠斫，鲜不伤手。"善哉善哉，为此言者，其知道乎？诸君诚昧乎此，而欲进而有所商略，则有吾党所拟之《省制大纲草案》在。

《孙洪伊致国会议员书》，上海《民国日报》1917 年 1 月 9 日

就切实更正谣言致某方电

（1917 年 1 月 16 日）

近闻京、沪各报谣传伊亏款潜逃，并组暗杀机关被搜等语，任情诬蔑，殊骇听闻。希即函请各报切实更正，并一面延律师用伊名起诉，究造谣主名。伊。铣。

《孙洪伊查究造谣之来电》，天津《益世报》1917 年 1 月 18 日

致《民国日报》函

（1917 年 1 月 18 日刊）

《民国日报》大主笔执事：阅近日沪上各报，盛传洪伊亏欠部款，潜行出京。又为〔谓〕在京组织暗杀机关，被军警搜查。谰言无稽，不知胡自而来。溯自洪伊入都以后，外间蜚语横加，不一而足。如造假电报，造假合同，怪诞离奇，皆出常理之外。即洪伊此次出京，历汉达宁，亦只以闲散之身，作汗漫之游，初无政治臭味，寓于其间。而京、沪新闻，谣啄蜂起，任情诬蔑，殊骇听闻。除分函京、沪各报切实更正，并在法庭起诉，严究造谣言主名外，用特函请贵报，将此信登报末，以明是非真相。无任祷切。肃颂撰绥。孙洪伊拜状。

《孙伯澜出京之真相》，上海《民国日报》1917 年 1 月 18 日

致《申报》函

（1917 年 1 月 18 日刊）

　　《申报》大主笔执事：阅本月十五日贵报载，洪伊亏欠部款，潜行出京。又谓在京组织暗杀机关，被军警搜查等语，阅之实深骇骇。洪伊卸职之时，所有部中进出款项，悉数交代清楚，绝无丝毫亏欠。成案俱在，事迹昭然。至于组织暗杀机关，被军警搜查，则更毫无影响。此种谰言，胡自而来？溯自洪伊入都以后，蜚语横加，不一而足。如造假电报，造假合同，怪诞离奇，皆出常理之外。即洪伊此次出京，历汉达宁，亦只以闲散之身，作汗漫之游，初无政治臭味，寓于其间。而京、沪新闻，谣诼蜂起，任情诬蔑，殊淆听闻。除分电北京各报，切实更正，并在法庭起诉，严究造谣主名外，合亟函请贵报，即予更正，以明是非真相。无任祷切。肃颂撰绥。孙洪伊奉启。

《孙洪伊来函》，《申报》1917 年 1 月 18 日

致韬园俱乐部函[①]

（1917 年 2 月 17 日刊）

　　自美德国交断绝之说传于吾国，朝野上下皆以为绝大问题，吾

---

　　①　报载，韬园俱乐部前曾开会，主张对中德关系等问题"严重审慎"，不宜轻易加入战团。

辈似应有一种态度之表示。弟于外交向无研究,然可武断而下一判断:中国自有中国之地位,不能随人为转移而已。美德是否开战,今尚为一疑问。以愚度之,外交之虚声,未必即成为交战实事也。观美国本身之利害,亦似无开战之必要,况在我中国,妄言加入战团,究何所为? 欲见好于协约国耶? 只能于外交上表示一种善意足矣。吾即加入战团,彼将何以谢我? 欲见好于美国耶? 吾国外交方针应与日本亲善,而不应过厚于美。欲伸张吾国之权利耶? 吾国今日内政尚不能整理,对外又何所求。欲求得议和时之发言权耶? 既无非常之使才,又无特别之势力,纵能发言,所补几何? 况吾国之所谓发言权,应于调人中争得一席,不可于战争团体中争得一席。盖有权利,即有义务。议和时所谓土地权利,各国所纷争不均者,均将取偿于我也。然则加入战团,究何益耶? 岂独无益,且不胜其害也。中国今日之外交,惟有对于德国为一种文书上相当之劝告,作美德间之调人而已。彼如不听,则亦无可如何耳。是否尚望诸兄决之,馀容再陈。

《中德问题之要人商榷》,《申报》1917 年 2 月 17 日

致各政团书

(1917 年 2 月 19 日刊)

海上远闻加入协约之讯,初未敢信,洎读报载,抗议已发,加入未确。时流持论,复多怀疑,略陈鄙言,幸商榷而主持之。

凡国之外交,以实力为后盾。内力不充,外患易入,事至危也,几至微也。吾国今日弭衅可也,启衅不可也。息事可也,生事不可

也。今也对于德之行动，亦非不可以抗议，但抗议而从焉与否，不从而绝交与否，绝交而宣战与否，此诸问题应先解决，而后可以通牒。若遽驰抗议之空文，即作绝交之硬语，谓之为吾国近世外交史上空前之创举则然，竟谓为世界新舞台上开始之壮剧则殊恐未必然也。或谓抗议而不必绝交，今已表示绝交矣，绝交而不必宣战，或不竟至交战。断绝而后，既多发生战之机会，即易卷入战之潮流，非予美以促进战乱终局运动之要，徒授德以扰乱极东安宁平和藉口之资，无限制潜艇之政策厉行愈演愈迫，又焉能极其所至？我即能以不战自安，而未必能以不加战于我限人。言念前途，至堪危惧。

或谓美共和也，国体同；美中立也，地位同，此次对德方针，宜与美采同一之步调。今也对于美之行动，已有同一之表示矣。美之国势何如，而我何如？美之民意何如，而我何如？美之军实、财力何如，而我何如？美受潜艇不知多少痛苦，对德不知多少交涉，抗议不知多少次数，今乃稍示强硬，始言断绝，而我又何如？其非同一，不待中智辨也。今后或参与战争，或武装中立，美之态度尚在不能明了之数，而所谓随宜随行者，果何谓也？夜半临深，险何似也。欧战终有停止之日，胜负之数纵难预言，掷孤注投入漩涡之中，其胜利也，吾何所得？其损失也，吾安所避？此又应先自审者矣。

今之持加入论者，一曰取得列席和议之发言权，一曰图免协约国之处分。夫发言权之作用，一在主张利益，一在抵抗危害利益，必有目的。试问吾国今日利益之目的安在？若国家要素及世界人道之危害，纵不加入，凡为国际团体，当然可以发言。此种作用不因加入而发生，亦不因不加入而遂消失。欧战以来，美国对于协约、同盟两方面,屡次严重发言,皆为天下所耸听,犹是局外中立资格耳。即令美加入战团,我仍保守中立,有美之先例在,岂可诬也。且发言权之实际,以效力大小为有无,效力又随国力强弱为伸缩。我国之弱,无可讳言,加入而后,果何实力挟以相从也?鹰瞵虎逐之场,我即鼓掌轩眉,论列是非,血肉搏战而得之发言权,与虚声援助而得之发言权,代价既已不同,效力可以预决,名义虽有,亦等于无而已。

夫我之加入,一感情之表示耳,一名义之关连耳。将谓协约胜利,而伸张其势力耶?其失败也,将谓取偿其损失耶?此或人人意中不可免之事。但既至单独行动以谋我,公同处分以轧我,时移世易,境过情迁,岂追随奔走其后,即具有操纵左右之权能?偶或有牵制阻挠,必诸国中利害冲突为其主因,断非一时间感情所能转移,一团体名义所能维系。预计将来议和之际,缪辖极多。土地之互相交换,权利之互相分配,损失之互相抵补,无论孰胜孰负,皆不能免此困难。吾国在战团以外,则其所交换、分配、抵补者,推而极于远东方面,必诸国已取得于中国范围以内现有之土地、权利,尚可互相让渡,其范围以外,则中国固有自主之权,非诸国所能处分也。若加入战团之中,以权利义务公同之故,则举独立自主之土地、权利,托诸公共支配之下,而受强迫约束之制裁。是时论所谓处分者,尚属和议以后未可知之事,而摊配转嫁之实祸已促,其即在和议之中。况将来战后情形,纵散约解,协约国与同盟国间之纵横变化,协约国又与协约国间之离合变化,地位各易,形势顿殊,吾国外交正多活动自由之机会。我而发奋踔厉,外应外交之趋势,内图国力之充实,岂遂无自立自存之道?

更进而问吾国近数十年间,其势力之弥漫,政策之摧残,不平等之条约及待遇制吾死命,使憔悴萎靡,不能发展,几至不能生存者,果将何属? 必明审其方面所在,然后可以定外交上从违取舍之方针。乃贸然不察,于一方面随声附和,于一方面断绝关系。设令切身利害,迫于无可如何之境,万不得已之情形,孤注一掷,尚有可言。潜艇之封锁区域,远在重洋,渺不相涉,何为不稍留外交上变化之馀地哉?

要之,欧战问题与远东问题究为二事。我一加入,则将并此两问题缩而为一,促短处分中国之时期,其危一。处势力均等之下,纵能排除一方面势力,而一方面势力必益巩固膨涨,永远受一绝对强大势力之压迫,其危二。加入之后,国力不能自卫,必招外力之侵入,其危三。抗议本为国际团体应有之权利,但绝交加入,无一利而贻三大害,甚为中国危之。洪伊谨启。

《孙洪伊致各政团书》,《申报》1917 年 2 月 19 日

在上海地方自治研究会的演说[①]
(1917 年 3 月 2 日)

地方自治本早应回复,前在内务部任内未能办成,殊为抱歉。以弟看来,近年国民大凡有一通病,各人一抱办不到宗旨,于是咸有消极思想,凡百政治,徒能维持近状。至于自治回复一层,亦如是也。

---

① 报载,3 月 2 日午后 1 时,上海地方自治研究会在也是园事务所召开会议,邀请孙洪伊及国货维持会会长王文典等与会演讲。《申报》刊载演说词时,特别指出,"系照访员来稿刊录,词意不甚醒豁,只可观其大旨而已。"

自治于前清曾试办过，因结果不良，致被今政府中视为须有大学问、大干才人，方能办到良好结果也。自来谈自治之人，往往议论高远，故一时不能办到。但自治须从实在上研究，万不可专务高远，从学说上着想。国家谋民主之生存，国家本无存亡问题，只有贫富问题。欲求国家存在，必要政府设法经济发达，人民谋自治之完备。经济之发达，亦是人民与人民之竞争也。自治欲保助人民之发达，先欲于谋生上着想，国家在上救护之干涉之。欲求教育发达，须先造就师范。若师范生毕业愈多，则教育愈能发达也。否则欲办学校而无师，亦不能并〔办〕校也。办学校呆依定章而行，日久不能有效。如一地只有一校，亦不能有效，缘无竞争，不易有进步也。欲求实际，不必于设备上求十分完备。教育欲普及，教员俸亦不能〈不〉优。若欲办强迫教育，须筹一学款着手，此亦地方自治之要旨也。或设半日学校、夜学校，均可助教育之发达。

大凡农工商业不发达，国不立也。设如中国现在手工工业时代，非机器工业时代，中国现需提倡家庭工业，不宜集大资本家，设大公司。如予家之高阳县内，十年前办一织布机业，已用及全县，年入一百六十万元，故高阳现无贫民。若能令全国如是，岂不是一富国也。予住之村庄系大庄，旁有一小村庄。有一老农种田渠，惟勤于灌粪，与人不同，年必丰收。旋该村人皆仿行之，日久竟成富村，该小村庄上之田竟无售让者，邻近大村庄之田，亦渐被收买。

由此观之，吾辈办事须从勤实研究，即自治亦须切实，不必以外国之高远学说为之。如上海之租界，现竟发达如是，外人未来经营之前，亦仅一荒地而已。在吾国民，往往反对推广租界，然租界上仍是吾国民开店营业，居住亦皆仍是吾国民。吾辈欲办自治，须要在租界外计划,使商场与租界等,则自治乃不为虚设。

《地方自治研究会开会记》,《申报》1917 年 3 月 3 日

致两院议员书

(1917 年 4 月 13 日刊)

　　此次政府对德问题,内而北京军官,外而各省督军,上自名流宿望,下至妇人孺子,中而各省省议会而商会而学界,以暨海外华侨,莫不一致极端反对,而我庄严神圣之议会,竟予通过,海内外人士,不能无怀疑焉。

　　我为共和幼稚之国家,国会又在第一次出产之时代,中间更经过帝制战争,推翻恢复之痛史。恐以此次怀疑之故,使我最光荣最名誉之机关,稍减社会信仰之程度。则吾侪平日所揭橥议会政治、平民政治、政党政治者,复招国人之怀疑。新共和国家之前途,影响颇不鲜也。吾敬诸公,不能不与诸公一商榷之也。我尊严高尚之议会,而竟有是者,是必有故焉。谓为威迫,我不敢知,曰竟迫于威也;谓为利诱,我不敢知,曰竟诱于利也。吾信诸公,吾爱诸公,尤不能不为诸公一剖白之也。

　　昨有自京师来者,述此次外交,政府布发一种危言悚论,以骇人听闻,闻之者,遂骇而且听也。是说也,殆乎近之。综观内阁之谈话,要人之言论,政府机关报纸之所鼓吹,皆曰协商国迫胁我也,干涉我也,处分我也。我不绝德,则事类于亲德。我守中立,则势陷于孤立。此次外交政策,为被动而非自动,为免祸而非图利。是说也,至足以骇听而耸闻者也。夫自欧战发生以来,我国局外中

立,无论中立国、协商国、同盟国,皆一致亲善。协商诸国,交通至便,商务至繁,经济关系至密切,尤极其亲善者。岂有我守中立,遂被不亲切之嫌疑,我必加入,始足为亲善之保证? 协商国其能乐闻,而肯认之乎? 外论已纷纷辩白,则妄相揣测,已先自失外交上之善意及诚意。况英以善外交著称,法以开发世界文明自任,日以同种同文、大亚洲主义相号召久矣。乃恐其藉端干涉,不以友邦相待,则所谓公法、人道安在?

夫我正以拥护公法,维持人道,为抗德之理由。果其迫胁也,干涉也,处分也,我亦当为公法计、人道计,为国际地位、国家人格计,而反皇皇焉惟加入之是急,更胡为者? 此以情理衡之,而决协商国之必无是也。凡外交以利害为前提,如利害迫于切身,容有出于法律情理以外之行动。我而加入,其实力增加于战局者几何,而必迫吾政府违反全国人民之公意以为之? 即此愤怨不平之气弥漫腾勃,酝酿蒸郁,横决崩溃之祸必在萧墙,亦在旦暮。此吾国历史所历验不爽者。夫自欧战开幕,以迄今日,远东贸易交通不绝,协商诸国政治力、经济力,岁获权利以去者何限? 一旦内乱猝起,全局骚然,百工尽停,诸业皆废,都邑流离,城市残破,兵燹水火盗贼之馀,直接间接损害,以波及外人,巧历当亦不能计算。以协商国之智,宁不及此?

更证以条件附加入之说。政府宣言谓,得诸国答复,交涉已有把握,今皆否认其事。若以吾国加入为大利,而行其强制,又何不可牺牲关税、赔款、驻兵诸条件之小利而致其欢迎? 以协商国之大公使之重,朝画诺而夕食言,隳义弃信,又果若此速耶? 此殆政府子虚无是之谈也。此以利害判之而决协商国必不出此也。

但今之主张加入论者,各有阴谋,咸怀利用。阁员藉此以打消改组，而保地位；政客藉此以促进改组，而竞功名；内阁藉此以对付总统及国会，而肆威权。同床异梦之结果，各逞其谋而神其用。戈矛伏于几席，敌国起于同舟，已足以搅乱政局，败坏国事而有馀。乃明知其无理也，诿之曰有不得已之隐衷；明知其不必要也，诡之曰无可如何之难局；明知其无控制全国之能力也，日以协商国迫胁干涉处分云云者，为脱身卸过之计。而利用外力，以恫吓其人民，而不知适足以鼓荡人民之排外热。狂潮所激，义和团之已事，何难复演，又何堪其复演耶？即不复演，而令协商国惹吾四万万人之恶感，又岂国际和平之道哉！

一、富贵利达权势竞争之作用，而必以国家为孤注焉，人民为牺牲焉，协商诸友邦为傀儡焉。绝交不已，又促宣战。战德不遑，又图战奥，可谓奇妄。政府既不足以语之，而我最明达、最优秀之代议诸公，其一顾国家之隐忧，一念人民之真意，一察世界之大势也耶。

一、腐败政治足以亡国，决非强权军法之施，所能补苴。一代之革故鼎新，其足以开太平而致隆盛者，上下必有奔走疏附之新人物，朝野皆有活泼昭苏之新气象。吾国梦梦泯泯，大乱莫极于五代。虽经梁、唐、晋、汉、周诸朝之递嬗，而处中枢而布治者，类皆冯道辈流。精神不足以焕发群伦，魄力不足以刷新庶政，遂使礼义廉耻之声绝，涵渟恇怯之道长，而成一不黑不白不痛不痒之世界。祸乱相寻于靡已，文物扫地以俱尽。

前清末年，海陆军财政之大权，尽操诸亲贵顽固昏聩诸人之手。粉饰敷衍之伪立宪，卒令二百馀年清室之统治权以移，数千年君主之国体以改。袁氏盗国，窜约法，废国会，防革党，竭狮子搏兔之全力，以收揽威势。左右辅弼，皆其鹰犬。阁员疆吏，皆其腹心。

西南师起，倡议讨逆。身死位除，为天下僇。今大势岌岌，傺焉更不可终日。地方自治不恢复，教育不发达，交通不利便，金融机关不整理，农、工、商业不振作，饥民遍野，群盗满山，吏治黑暗，兵卒骄悍，惰气弥塞，四海困穷，不待欧战告终，全世界之政治、经济势力压迫而来，已无幸存之希望。乃并世岂无周知四国之才，外长何以屡征洪宪宰相？整军岂无超出万人之杰，西南总司令何以欲用帝制元勋？于粤也留龙以掎陆，于蜀也崇戴以抑罗，于湘也用吴以防谭，是非不明，赏罚不当也久矣。国本杌陧，民怒沸腾，犹复侈外交以荒废内政，借军法以摧残民权。远征五代，继述前清，近鉴亡袁，腐败政治制造革命之原料已足，亡国之条件具备，而此直其导火线而已。利用强权五年军政之谬论，竖儒徒败事，而忍容其一误再误，陷国家于万劫不复哉！

一、全国人民心理反对，断非敌国外患之说所能劫持。自来势力伟大，莫过于人心。必全国有敌忾心，然后政府从而主张之，率全国之精神气力而对外，斯为真正一致。乃政府一二人主张之，政客数人附和之，全国四万万人反对之，而欲以举国一致之肤廓常谈，关其口而夺其气。袁氏之自为帝制也，曰假造民意。现内阁之颠预外交也，曰强奸民意而已。昔之日总统专制，今之日总理专制而已。压制力愈强，则反动力愈大。物理有不可逃之原则，众怒有不可犯之信条。昔法人尝于大敌当前之秋，而巴黎起革命。今俄人困于三年之大战，以强德率数百万雄狮劲旅，长驱直进，临其郊城，加之飞船招展于空中，潜艇纵横于海上，寇深矣，事急矣，宜同仇而敌忾矣。而民党与旧官僚之大血战，忽涌现于一国政治之策源地，而震撼其军队之大本营。盖国家之败由官邪也，因循恶浊之腐败政治，常与腐败官僚相终始。其藏之则为连续性，发之则为传染病,连续复连续,传染复传染,而世界无进化之期,人类有终古之叹。敌国外患之来也,尚有燕民悦则取之,不悦则勿取之馀地。专断独裁之治也,只有时日曷丧,及汝偕亡之决心。以前清二百馀年之蒂固根深,洪、杨、捻、回十六省之力不足以亡之,武昌一成〔城〕之旅驱除之矣。袁氏数十年之威名资望,第二次革命四都督之力不足以抗之,云南三千之众推翻之矣。无他,全国人民心理反对之明效大验也。

得人则昌,失人则亡。今政府之所为,内而总统、副总统、参谋总长、外交总次长、北京全体军官,外而各省督军、省长、镇守使,上自名流宿望,下逮贩夫走卒、妇人孺子,中而各省省议会、商会、工人团体以及海外华侨,莫不一致反对。犹悍然不顾,冥然妄行,企苟安于外力敌患保护之下,是必不可得之数矣,不亦慎乎? 诸公受国民委托之重任,居庄严神圣之机关,察民情而维正谊,振内政而重外交,幸甚,幸甚。孙洪伊谨启。

《孙洪伊致两院议员书》,上海《民国日报》1917 年 4 月 13 日

陈其美举殡讣告[①]

(1917 年 5 月 2 日刊)

前沪军都督陈公讳其美,字英士,痛于中华民国五年五月十八日在上海遇害。兹定于中华民国六年五月十八日,归葬湖州碧浪湖茔地。先于五月十二日在上海法租界打铁浜苏州集义公所厝所开

---

① 该讣告为联合发起,孙洪伊为联署人之一。

吊,十三日辰刻举殡,前赴湖州。谨此讣闻。赐唁文件,请交上海法租界白尔部路新民里十一号。送殡诸君,请至新民里索取纪念徽章。孤子祖华、祖稣,兄其业、弟其采。主丧友人孙文、唐绍仪、章炳麟、谭人凤、孙洪伊、李烈钧、胡汉民、朱佩珍、张人杰、王震。

《陈公英士举殡讣告》,《申报》1917 年 5 月 2 日

致民友会、益友社暨旧进步党同人电

(1917 年 5 月 13 日)

民友会、益友社暨旧进步党诸同人公鉴:政府强诬民意,逆行外交,而又贿唆无赖,围议院,殴议员,专横恣肆,至斯而极。民国之根本以摇,宪政之萌芽将摧拆以尽。诸君受国民重托,其忍视此艰难缔造之民国,无端而断送之乎?日以公理人道欺侮外人,今则公理人道何在?外交朝通过,国会夕解散,袁氏之覆车未远,即诸君所亲历者,试一追维往事,平旦梦寝之间,能无馀痛乎?专横武力之下,必无民治可言。汤、梁诸氏利用强权之说,不惜牺牲国家以殉之,国何利焉,身何利焉,徒为天下罪人而已。人心未死,大义犹存,使果以武力争衡,段氏岂遂能横绝一世?京师方面保持,当必大有人。恫吓之虚声,终当屈于正谊。夫以慈祥恺悌高尚纯洁爱国家之精神,厉行吾艰辛卓绝百拆〔折〕不回抵御强暴之气节,诸君此种磊落丈夫之行,举世所共敬信。伊虽不肖,当竭尽力之所能,至从诸君之后而张之。时机危迫,坚卓主持,不胜翘企。孙洪伊。元。

《孙洪伊致北京议员电》,上海《民国日报》1917 年 5 月 14 日

致曹锟等电

（1917 年 5 月 21 日）

　　仲珊姻丈，子春、树村、子志、周人、秀山、宾臣诸兄鉴：迫总统，散国会，破约法，在道德上为恣暴，在法律为叛逆。演此怪剧，中外骇异。段氏蓄谋非一日，乃不行之诸公远在千里之时，自犯天下大不韪，而必纳公等于肘腋之下，箝制于掌握之上。贿喉乞丐围殴议员，既已失败，复欺侮压迫，假公等以为此，而作公民团恫吓之尾声。其相疑也亦太甚，其相逼也亦极非人情。因疑生嫉，因逼见仇，仇嫉所至，轧轹随之，跋扈虿尾，实为可危。诸公以军人领袖，作国家干城，出秉节旄，则九牧禽服，入参帷幄，则天下倾听，今后国事所仗以维持，人望所殷然系属者何限。兹之来也，既乖维持大局之初意，竟蒙出位干宪之恶声，诸公明达，岂愿出此。徒以为所劫持，代人分谤。既已竭忠尽欢，将必凶终隙末，公私两皆无幸，数十年所蓄养之威信，竟断送于一旦。为诸公计，为国事计，应速还镇，以全令命，而安危局。伊幸叨爱末，谨贡忠言，乞垂听之，幸甚，幸甚。洪伊叩。马。

　　《孙洪伊致曹、王、孟、张、赵、李、蒋各督军电》，上海《民国日报》1917 年 5 月 24 日

致民友会、群益学社电

（1917 年 5 月 22 日）

民友会、群益学社同人鉴：吾党之反对段氏，一外交，一内政，无一毫私人感情参杂其间。段氏为巩固一派私人之权利地位，以国家为孤注，假借外力，压服国民，其事极险，其人可诛。夫今之世界，一生存竞争之世界也。民生不裕，国命必危，而民治不张，民生必不能裕。而握此关键，全在新旧思潮最终之胜负。其胜负一日不定，则国家一日不宁，而政治亦一日不能进行。庶政窳败，民生困穷，国家将陷于万劫不复之地。今之用人行政，其守旧之程度，突过于前清季年。不独段氏一人为然，而段氏为特著。综数月所演之怪象，实千古未有之奇痛。循此以往，否塞堙黩，不独国亡，并将种灭。悬崖坠石，何以十稔，生存一线，争此俄顷。今闻中央政团有以调和之说进者，或段仍总理国政，或仍长陆军，为一部分之改组。如此则顽旧之势尚在，而亡国灭种之腐败政治，必进行不已，而莫克铲除。诚民国之罪人，吾民之公敌也。吾党坚持正谊，力挽危局，区区愚诚，愿共励之。洪伊。祃。

《孙洪伊致民友会、群益学社电》，上海《民国日报》1917 年 5 月 24 日

致曹锟等电

（1917 年 6 月 10 日）

　　仲珊姻丈，子植、偶人诸兄，勋臣仁弟鉴：称兵要迫，法纪何存！即此猖披，中央之威信堕尽，国家之形式存在亦无馀地。夫制宪大业，系属诸宏达之士，而又法律所赋予。得处创制地位之人，公民只许建议请愿，此不易之则也。苟无其位，虽有其德，亦不敢作礼乐。宣尼所诏，亦至严明。况诸公武人，只有执干戈以捍社稷之责，乃行使强权，干涉大典，已属不道，更复悍然弄兵畿甸，逼压总统解散国会。无国会是无约法也，无约法是无民国也。当此约法时代，总统既未有解散国会之权，督军岂容有强制总统解散国会之理。诸公驰骛意气，而竟不惜举国家以为之殉，取快一时，得罪万世，甚为诸公痛惜焉。此次逆举，发难于倪、雷，主动于二三热中权位之阴谋家。诸公偶动于客戚，或涉及私交，因牵率而附和，知者或能相谅，而究何解于天下后世之口？自非弃私归义，讨贼赎愆，厥道固无由也。君子之过，如日月食，况此千秋万世事，流芳遗臭，惟公择焉。属在契末，谨布大义。临电不胜怆恨。孙洪伊叩。灰。

　　《孙洪伊致曹锟、张怀芝、赵偶、张敬尧电》，《申报》1917 年 6 月 13 日

致王占元、李纯电

（1917 年 6 月 10 日）

　　子春、秀山督军兄鉴：倪、雷盗兵，叛国蔑法，隳中央之威信，破国家之统一，迫压元首解散国会。总统由国会产出，国会根据约法而成立，散国会是无约法也，无约法是无民国也。宪法未良，改善之可也。元首左右任用非人，罢黜之亦可也。总统既未有解散国会之权，疆吏更无容有迫挟元首散国会之理。乃藉端煽乱，犯法称兵，国纪尚存，罪在不赦。我公领袖军人，屏翰国家，张皇六师，歼兹渠丑，护法讨逆，此其时矣。乃不闻讨伐，而竟尚调停。民贼本不并存，邪正尤无两立。隐忍为国，屈法就逆，所谓斫颅便冠，何止伐趾适履。名不正言不顺，何以令天下？即此收拾，是养痈遗患，将来之崩溃，烈且无穷。爱国仁人，岂忍以此误大局乎？西南义师，云兴霞涌，幸公提挈，以扬戡伐之烈，而收统一之功也。时局艰难，端资硕望，临电钦慕，谨布区区。孙洪伊叩。灰。

《孙洪伊致王、李两督军电》，《申报》1917 年 6 月 13 日

致王士珍电

（1917 年 6 月 12 日）

　　聘卿先生执事：倪、雷叛国，蔑法称兵，包藏祸心，甘为戎首。宪法未良，请愿改善可也。元首左右非人，呈劾罢黜亦可也。乃竟

弄兵潢池，逼压总统，横施暴力，迫散国会。总统由国会而出，国会由约法而成。苟无国会，何有约法。苟无约法，何有民国。总统既未有解散国会之权，疆吏更不许有强制总统解散国会之理。人心未死，国纪尚存，犯法渠魁，罪在不赦。夫国家所恃以维持者，只以法治耳。扫荡以尽，何以为国？我公负天下众望，北洋劲旅又咸集麾下，悉听指挥，正万流镜仰于一人，片言尊重于九鼎。有贼不讨，赵盾竟书为弑，《春秋》责备贤者，大义凛然。倘果屈法就逆，与贼构和，隐忍相成，国命以倾，天下后世，其谓公何也？秉正拨乱，端资老成。谨贡大义，幸崇笃之也。临电愤痛，不尽钦迟。孙洪伊叩。文。

《孙洪伊致王士珍电》，《申报》1917 年 6 月 14 日

致李阶平、李进才、蔡虎臣电

（1917 年 6 月 12 日）

李师长阶平、李师长进才、蔡师长虎臣诸兄鉴：公等手提劲旅，翼卫京畿，荣问休畅，幸甚，幸甚。顷者倪、雷叛国，犯法称兵，实为公敌，人人皆得而诛。元首仁柔，兼受迫挟，隐忍求全，虽未下诛奸之令，公等仗义执言，责任所在，应速兴问罪之师。乃叛军直逼燕京，而公等竟袖手壁上。有贼不讨，《春秋》特书为弑。天下后世，其谓公何？

夫国家所恃以维持者，赖有此法耳。总统由国会而出，民国由约法而成，无国会是无约法也，无约法是无民国也。叛人要挟，总统委靡，屈法就逆，与贼言和，散国会，破约法，是亦叛国同为罪人。

天下之通义也，国为重，约法次之，而总统为轻。以总统为吾民执法者也，非以国家私于一人也。大义凛然，炳若日星。乃竟有以解散国会者，谬托调停，实用背叛。

人心未死，公理尚存，护法卫国，端资豪杰。西南义旅，闻变云兴。公等忧国，天下共仰，幸投袂而起，奉法以周旋也。敬援大义，幸勖令名。千秋万世，流芳遗臭，决在俄顷。临电不胜钦企。孙洪伊。文叩。

《孙伯兰卫国拨乱之呼吁》，上海《民国日报》1917 年 6 月 14 日

致军界各方电

（1917 年 6 月 14 日）

某某督军暨某某师旅团长公鉴：群逆盗兵，矫命祸国，于是有六月十三日非法解散国会之令耗矣。哀哉！发难于倪嗣冲、雷震春，肆毒于张勋、江朝宗，包藏祸心，甘为戎首，国之蠹，民之贼也。

武人称兵，民国大戒，而必欲行使强权，以压倒一切，使全国之民气、民力、民德顿憔悴萎缩，败坏于二三暴夫枪弹刀锯之下，而国之根本漓而纲维绝。国命岌岌，僬焉不可终日。即此猖狓跋扈，而开一建国以来未有之恶例，则奖导政治轨道以外之举动，法兰西大流血之恐怖，墨西哥争乱之覆辙，后患何堪设想耶！此政治上所绝对不容者也。

总统由国会而出，民国由约法而成。宪法未公布以前，约法为民国根本大法，制宪系国会特权，不受外力之干涉。散国会则约法破，破约法则民国亡。夫国家所恃以维持者，只此法耳。而必以暴

力蹂躏,而根本推翻之,陷全国于横决之域,上无道揆,下无法守,则丧无日。此又法律上所绝对不容者也。

今也宵小弄兵,压逼畿甸,亡国之孽,跳踯神京,叛人之党,蔽塞公府。牵羊以迎,元首涕泣而盟城下。瞻乌何止,邦人危难而巢幕中。然而公理尚存,人心不死。以暴秦数百万之大军,终亡于三户。以袁氏数十年之威力,卒败于一朝。无他,邪正殊途,顺逆异势也。况逆等跳梁妄作,既背大义,徒事虚声者乎?

朔方健儿,秣马厉兵以待。西南劲旅,驰风掣电而兴。为护国法而战,为争人格而战,事非获已,师出有名。大势终归于人心,强权必屈服于公理,胜败之数,无待蓍蔡。我公热诚爱国,慷慨誓师,万世千秋,实钦敬之。临电痛迫,赡〔瞻〕企无任,掬血陈词,幸张大业。孙洪伊叩,寒。

《孙伯兰劝军界誓师讨逆电》,上海《民国日报》1917年6月18日

致曹锟等电

(1917年6月26日)

曹仲珊督军、张敬舆总监、陈秀峰督练、李阶平师长、李进才师长、蔡虎臣师长、范国璋师长,又近畿各师、旅、团长公鉴:顷者倪嗣冲藉口维持北洋派之势力,而发破坏法纪之首难。张勋亦伪托北洋系之名义,而肆收揽权势之阴谋。犯法称兵,压逼畿辅。金壬败类,跳踯神京。匪兵悍卒,纵横廛肆。商民危惧,一夕数惊。中外訾啾,万口一声。张等斯时,趾高气扬,自以为执北洋军系之牛耳,睥睨元首,土苴约法,蹂踏国会,而大权在握,大功告成也。呜呼!

天下罪恶,自此假北洋系之名以行矣。

夫北洋军系为吾国中心势力,此世界所公认。当此外患孔亟、内难频仍之日,具有折冲捍卫奠定维持之力者,其责任尤为特重。故谓今日北洋军系,关系于中国前途甚大。当世识者,当亦许为知言。况我北洋军人,秉强毅武勇之精神,抱磊落纯洁之志节,而又皆受有高尚精良之教育,自有其不可侮者在。但能率循法律以内之轨道,无所用其维持,则亦绝无能推倒。乃以五光十色、千奇百怪、儿戏乌合之十九世纪旧式的营伍,竟装缀于庄严灿烂一军系之上而为之代表,并企托庇偷息于其调停支配之下,其盗窃以得志者,又隐然以首领自居也。久假不归,乌知非有不亦轻中国而重北洋系之羞耶?

夫名誉、信用为人类第二生命,而军人尤甚。人心、公论又为世界最大势力,而武力次之。今也倪、张高视阔步,居之不疑,以玩弄一切,而真正之北洋军旅,皆俯首帖耳,默认而听命焉。中外之以无法纪、无教育视张勋兵者,将一例以视北洋军。至是天下之人心,尚能谅公等否? 天下之公论,其又谓公等何也? 则名誉、信用,扫地以尽。失生存之要素,又果何所恃以自立耶? 王聘卿有言,毋使"北洋系"三字,为世界一种厌恶名词。诚哉! 老成之特识也。吾民输膏血,国家发帑藏,岁费万万,以养成此熊罴虓虎之国军,乃为一二奸宄窃用之而败坏之,使陷于自杀之域,岂不惜哉! 岂不悲哉!

狐也恶其假威,马也去其害群,援非种必锄之义,张歼厥渠魁、胁从罔治之师,泯棼之会,元黄戈马之秋,天其佑中国乎! 吾北洋军人中,必有硕德高望卓绝多英之伦,出而领袖之者,是在诸公之爱国自珍也。此次祸国害群,以张、倪为渠魁。救国自救,应速以奸渠魁为职志。幸张大业,以永令名。伊军旅之事,未尝学问,桑梓之念,倍深敬恭,心所谓危,掬血谨告。孙洪伊叩。宥。

《孙洪伊致近畿各军电》,《申报》1917 年 6 月 28 日

致曹锟等电
(1917 年 7 月 1 日)

直隶曹督军,并电转秀峰、敬舆、阶平、虎臣诸兄及近畿京师、旅长均鉴:元恶张勋,敢为背叛,诱挟清室,倾覆民国。公等掌握重兵,坐镇畿辅,举兵讨逆,如反覆手。义不共戴,责无可辞,应速决大计,以拯危乱。孙洪伊。东。

《复辟实现后之上海》,《申报》1917 年 7 月 3 日

致唐继尧、朱庆澜电
(1917 年 7 月 2 日)

云南唐督军、广州朱省长鉴:逆焰大张,共和斩绝。推原祸始,皆由倪嗣冲等首先倡乱所致。是逆张固法所必诛,倪、李等亦罪在不赦。且乱源之起,由于破坏约法,解散国会。靖乱讨逆,必须维持约法,恢复国会,庶将来一切大计,皆有途径可循。执事功高望重,一言九鼎,望即通电全国,声明斯旨。大本一正,全国风从,邪说歧趋,无从煽惑,凡百困难,皆可迎刃。如本源不清,即使诛戮张逆,而首乱之人仍居势要。约法之效力不存,民意之机关消灭,若

辈必且妄逞异说，伪制法典，阳为附义，阴蓄野心，则祸变相寻，未知所届。辛丙往事，可为殷鉴。总之，今兹举事，不在推翻一时之帝制，而在断绝以后革命之根株。故军虽可权宜，而法律不容迁就。安危治乱，端在于斯。除公电外，专此密陈，乞布德音，以清乱源。洪伊。冬。

《孙洪伊致滇、粤军民两长电》，《申报》1917年7月5日

致陆荣廷等电

（1917年7月4日刊）

南宁陆巡阅使、谭督军，广东陈督军、朱省长、李协和先生、张、方两师长，云南唐督军，贵州刘督军，长沙谭督军，四川罗榕轩、戴洵若、刘积之诸先生，并请转各师旅长均鉴：天祸民国，逆徒接踵。倪逆首乱，张勋继叛。破坏约法、迫散国会于前，拥立亡清、危害元首于后。夺四万万人之国家而奉之一夫，逆二十四〔世〕纪之潮流而反归黑暗，非徒叛国，实乃召亡。凡在国民，宁与共戴？公等手造民国，身统雄师，讨逆救亡，责无旁贷。望相联合，同举义师，誓灭叛徒，重光民国。我国民世世子孙，实拜公赐。

抑尤有进者，越自辛亥，屡起义师，皆骛和平虚名，率以调停结局，是非混淆，馀孽飞扬，有类养痈，动生祸乱。今须引为殷鉴，当求根本澄清，图永久之安宁，忍一时之痛苦，勿慕和平之名而贻后患，勿诩优容之度而种祸根。危害民国者必诛，不适共和者必逐，务使邦基之内，无不忠于民国之人。既已举国一心，乃可久安长治。若复稍予迁就，必仍祸乱相寻。纵苟安于一时，必覆亡之不

免。公等明达，当荷同情。元首幽囚，政府中断，师兴之后，亟宜择地，设立政府，恢复国会，以解决一切大计。庶几全国民心，有所系属，叛徒邪说，无可鼓簧。愚虑所及，是否有当，仍希明教。孙洪伊、谢远涵、萧晋荣、王杰、何成濬、秦广礼、叶夏声、彭介石、宋渊源、丁象谦、吴宗慈、周震鳞、刘泽龙、王乃昌、王法勤、张大昕、刘成禺、郭同、万鸿图、陈洪道、郑树槐、彭汉遗等叩。

《孙洪伊等主张讨贼通电》，《申报》1917 年 7 月 4 日

致冯国璋电

（1917 年 7 月 5 日）

　　南京冯副总统鉴：读复浙督等萧电，持义甚正，然窃有未解者。张勋叛逆，罪固不赦，而凡称兵造反，干犯法纪，破坏约法，逼散国会者，罪亦惟均。此次事变，肇自倪嗣冲，而实由段祺瑞从中唆使。我公举兵讨逆，乃与乱首协谋，天下其谓公何！

　　夫祷张为幻，反复无常，方自破坏共和，躬为叛逆，旋又维持共和，自称讨逆。信义廉耻，扫地以尽。纪纲法度，荡然无馀。变乱相寻，祸将靡已。今使张勋见大势已去，苟用自全，倡言讨逆，公其能许之乎？国法其能贷之乎？

　　民国成立，于今六年，徒树共和之帜，而卒不能举共和之实者，无他，皆由改革之际狡猾者视为投机事业，凡守旧专制之徒，昔为帝王忠仆者，一变而为民国元勋，奸谋既遂，国命益危。今又蹈覆辙，民国前途，尚复何望！

　　且段、倪与约法、国会为仇，若欲遵照约法，即开国会，段、倪等

必为之梗；若徇其意，则无论如何巧取名目，皆为违法，政府何由成立？民意机关何由产生？梁、汤邪说，自造法典，使我公贸然采用，既蹈违宪之大戾，而副总统之资格，亦即相随而消灭，其罪与段、张、倪等，更何所凭恃，以号召天下？谨贡忠言，唯希亮察。孙洪伊。歌。

致曹锟电
（1917 年 7 月 5 日）

保定曹督军仲珊姻丈鉴：奉电，知已出师讨逆。逖听下风，距跃三百。义声所播，天地昭苏。再造共和，惟公是赖。希联陈、李、蔡、范，独树一帜，勿附属他人，自贻后悔。叠奉函电，语多唐突。爱公者深，故责公者切，尚希鉴谅。孙洪伊叩。歌。

致陈光远电
（1917 年 7 月 5 日）

保定曹督军转陈秀峰兄鉴：奉电，知已出师讨逆。逖听下风，距跃三百。义声所播，天地昭苏。再造共和，惟公等是赖。曹公忠勇，吾党所钦。并希协同李、蔡、范诸公，互相策应，自树一帜，以张挞伐，勿附属他人，自贻伊戚。叠奉函电，语多唐突。爱公者深，故责公者切,尚希鉴谅。洪伊叩。歌。

《孙洪伊致冯、曹、陈三人电》,上海《民国日报》1917 年 7 月 7 日

欢迎伍廷芳、程璧光演讲词[①]

(1917 年 7 月 9 日)

今日两院议员诸君,欢迎伍、程两先生。所以欢迎之者,以两先生能守法,能保障共和故也。今日之祸,肇祸于督军团之造反。张勋遂迫总统解散国会,是为一种乱。其次为张勋之复辟,又为一种乱。近日舆论对张勋均一致攻击,谓为叛逆,对于倪嗣冲等,几乎忘其有罪,岂非怪事? 伍、程两先生所以为当世重者,非谓其为反对复辟也,谓其为能守法不挠,抵抗造反之督军团也。当两先生出京时,复辟问题均未发生。伍先生以解散国会,抵死不肯副署,迫而出京。程先生自公民团事后,知督军团将造反,即南来与海军将士商量拥护国家。正气不没,大义犹存。故今人尚有知张勋为叛国,倪嗣冲等亦为叛国者。循兹径途,民国将来必大有可为。是皆伍、程两先生今日之所赐,其功不为小也。

民国之纲维在约法,约法可破,则一切法律均可任意处之。此时人人皆可自称总统,自称总理,则张勋之复辟,亦何不可之有。国会为约法上重要机关,不可任意去取,亦犹总统、总理之不可任意去取也。国会经法定手续而来,亦必经法定手续而去。自倪嗣

---

① 报载,是日下午 3 时,旅沪国会议员在上海公共租界康脑脱路徐园集会,欢迎外交总长伍廷芳及海军总长程璧光来沪。与会者众。孙洪伊、吴景濂等并有演说(《国会议员欢迎两总长纪事》,上海《民国日报》1917 年 7 月 10 日)。

冲等造反，伍先生代理总理，被非法而去，国会亦被非法而去，至张勋复辟，黎总统亦被非法而去，此数日以前之怪现状也。黎总统既出居日本使馆，其总统印信被夏寿康、饶汉祥诸奸携至六国饭店，遂发出冯副总统代行职权，段祺瑞任国务总理各电。冯遂于近日就职南京，段亦于天津组织内阁，又居然有总统有总理矣。

夫冯之代理可也，代理而由黎之委任，已不可也。黎之委任犹可也，总统就职而必与逆党合谋，则断断乎不可也。是冯华甫之总统因非法而来，段祺瑞之总理亦非法而来，吾料此后必尚有非法之国务员与非法之国会，怪怪奇奇皆将继续出现。是今日之中华民国，在张勋复辟以前，经倪嗣冲等之叛，已不成为共和立宪的国家。在张勋既平之后，又有如此代理总统，如此总理，此后又安能成为共和立宪的国家？瞻念前途，吾人所以不能不抱悲观者也。

国会本为国民代表机关，国民即应为国会之后援。如此国会乃能行使其职权，以与行政机关立于对待地位。中华民国自有国会以来，向被官僚政府之专制所压迫，国民又辄为官僚政府所蛊惑，不与国会以同情。故国会既失后援，辄为横暴之官僚所解散。平心而论，数年以来，吾国会之监督官僚政府及尽心于制宪事业，不可不谓难能而可贵。假使国会行使职权，事事均能贯彻其主张，吾信六年来之共和，已有优等成绩可睹，何至如今日之现报，又何至有一而再再而三四之革命？是故谓此种革命之因，皆为国民不能援助国会所酿出，亦未始不可也。往者不可谏，来者犹可追。尚望今后之国民，人人知援助国会，勿附和官僚，以为自己谋真正之幸福为是。

但欲卜国民今后是否有觉悟心，即以对目前时局之辨别心决之。假如今日仅认张勋之复辟为叛国，而倪嗣冲等之称兵迫散国会可置之不理，其他甘心附和倪嗣冲等之谋叛，投身天津伪参谋总处，段派之交通派、研究派等，或且以此次之起兵讨张勋，自居为再造共和之元勋，国民于此毫无辨别心，则国事真不可为矣。段祺瑞做总理以来，与阴谋政客结合运动，开徐州会议、南京会议、蚌埠会议、北京军事会议，果何所为，路人皆知。其目的在争得总统一席而已。干法乱纪之渐，实段氏等启之。继而有公民团之发生，又有各督军之呈请解散国会，天津中州会馆之伪机关成立。彼辈尚称倪嗣冲等为义师，谓总统之目的指日可达。其时固不知有黎在，亦何尝知有冯在。螳螂捕蝉，不知黄雀在后，此段祺瑞与张勋之谓也。

　　段祺瑞造成解散国会之事实，借张勋之手而成之，是为破坏约法之戎首者，实段非张。张勋入京，段等立于无可发言之地位，此时段、梁等已阴谋攻张勋、李经羲矣。复辟问题无端发生，遂假段以好名义出师讨张，实则张勋之复辟不过儿戏而已。即无段氏之出，直系军士亦必起而讨之，其平定亦指顾间事耳。观于近日战报，前敌军队如张绍曾、冯玉祥、曹锟、李长泰以及陈光远等，何尝系受段之指挥而出力者？即退一步言之，段之讨张为有功，梁启超之参赞亦有功，然合而论之，已不敌其造乱之罪大也。

　　今者段、梁等勾结夏寿康、饶汉祥，又利用汤济武兄弟窃得总统印信，又居然称总理矣。试问段氏此后尚能维护黄陂为总统乎？尚能恢复旧国会乎？尚能遵守《临时约法》乎？吾料汤、梁派平日之主张，至此必谋贯彻，即段氏平日之大目的，至此亦必谋达到。此后无法无天之自由行动，尚不知有几何笑话。吾人虽欲不认为叛乱行为，又可得乎？自此言之，张勋之乱小而易平，段、梁之乱大而难定，此则吾敢断言之者也。吾人今日既以保障法治之共和国为责任,则当认共和政治一日未入法治之域,即一日认为乱事未定,以生命为奋斗,至死方休。庶几不负伍、程今日之苦心,与夫维持共和之真精神。则中国前途,庶有望乎。(下略)[1]

《孙洪伊欢迎伍、程两总长之演说词》,《申报》1917 年 7 月 11 日

致冯玉祥等电[2]

(1917 年 7 月 11 日)

丰台讨逆军冯司令、王司令,并请转各省、各团体、各报馆均鉴:读冯、王两司令庚电,义正词严,无任拜仰。此次首义,实唯两公。虽有神奸,讵容贪冒。乃闻张勋欲宣布隐幕,有力者畏其发泄,遂主调停,曷胜痛愤。窃维六年以来,相忍为国,号称宽大,实奖奸回。叛国者不诛,乱纪者无罪,遂使叛夫满国,冯道盈廷。若辈本无是非,唯知利禄。帝制兴则称臣仆,共和复则附义师。首鼠为其特长,作官是其专业。共和六稔,帝制两兴。深维变乱相寻,皆由廉耻道丧。今若复蒙宽典,他日再逢事变,必又首先反颜。因果循环,国将不国。欲绝将来之乱种,必求根本之廓清。故不独复辟之张、康,首逆之督军团,以及主谋肇乱之徒,罪均不赦,即凡身受伪职之人,皆有背叛共和之罪,应并拿交法院,处以严刑,庶几纲纪修明,后来知儆。图安国本,舍此末由。务乞坚持,勿稍迁就。继等无状,必当尽力所至,以扶正义,锄奸护法,罔恤其他。张继、

孙洪伊、曹亚伯、萧晋荣、彭介石、黄大伟、王乃昌等叩。真。

答《大陆报》记者①

(1917 年 7 月 12 日刊)

段祺瑞不要国会,仅要一民国招牌,俾彼得据高位,逞其野心。段在北洋系中最为顽固,除增进国民利益外,无所不为。彼在总理任时,企图破坏约法,解散国会,实为罪魁祸首。须知张勋实行复辟,其他武人破坏约法,同一背叛民国。倪嗣冲之首先称兵发难,及段系参加天津叛党总参谋处,皆为吾人所不能忘而放过者。自段祺瑞为国务总理后,党同伐异,专用小人,此人所共知。徐州会议、南京会议、蚌埠会议,最后北京军事会议,皆为段所指使,其目的则欲攫得总统一席也。段借张勋之力解散国会,破坏约法之罪魁,段也,非张也。自张入京,段与梁启超即乘机攻击张勋及李经羲。迨复辟实行,段不知所为,旋见直隶军队反对复辟,始乘机崛起,然彼不过拍发几个梁启超代撰之通电,何尝参与战事?彼因在社会上有小小虚名,今日遂俨然以平乱之英雄自居,其实彼不讨贼,张勋亦终必败耳。

(民国恢复后,如段继续为总理,南方各省将奈何?)南方不能承认之,将在南方组织一临时政府。

---

① 该文《大陆报》刊载于 7 月 11 日。除孙洪伊外,《大陆报》记者并访问了前参议院议长张继。括号内为记者提问。

（在外国眼中,北京政府为承认之政府,则奈何?）是或然,但吾人不能因列强不承认,吾人即舍弃一真正之民国也。

孙君料旅沪国会议员倘决定在一特定地点集会,现在天津之议员二百人亦必加入[1]。

《西报记张继孙洪伊两君谈话》,上海《民国日报》1917年7月12日

与某君论时事书

（1917年7月13日刊）

某君足下:奉书,以段氏起兵讨逆,局面已变,应暂静观。彼苟能遵宪轨道,扶植共和,吾辈亦又何恨? 举英相爱士葵氏逸事以相劝勉,厚意甚盛。又谓政治家应以四围情势、群众心理之趋向为衡,或猛进以图功,或恬退而反得突进,无取目前之小利,役感情而忘大体云云。呜呼! 习非成是,岂贤者亦不免耶。

夫此次叛逆之罪,以胁迫解散国会、破坏约法为之魁。自去岁段祺瑞密令徐树铮等创开徐州会议、南京会议,阴谋逆计,未偿其愿,外交问题发生,遂召集北京军事会议。前后事实,昭昭在人耳目。段氏身为总理,不能解散,不过溺职而已;始终并未解散,事出主谋,虽苏、张之口,难为解释。

迄段免职事起,督军团集议徐州,遂决称兵犯京。迫胁总统之条件,各逆督调出一致。考其内容,皆段氏年来暗经密营,千辛万苦所欲得之者,此尤不可泯之事实也。天津伪参谋总处成立,开会

---

[1]　此句系记者对孙洪伊意见的概括。

河北中州会馆,段系重要分子列席者有段芝贵、徐树铮、傅良佐、靳云鹏等,研究系重要分子列席者有陈国祥、蓝公武、黄群、林长民等。彼辈一时意得,倡言不讳,在津同人均多亲见而亲闻之。当时所主张者,本有两派。一为倒黎并冯,以徐世昌为大元帅,开各省代表会,再议复辟,段派人多主此。一即立时宣布复辟,伪参谋长雷震春等及交通系多主此,并闻蓝公武亦主此最力者。中州会馆之议,两派争持,段芝贵出而排解,谓此事关系重大,俟倒黎后再议。及张勋到津,段派主张亦变首倡复辟,而徐世昌又以为时机未熟,应先使曹汝霖、陆宗舆等运动外交。张勋乃不得已宣言维持黄陂,解散国会。即此以观,自去年以来,各种之不法会议与天津之伪参谋总处,其实际则一而已。张勋与段祺瑞及研究系等,其宗旨亦一而已。平情论律,张勋罪固不赦,段等又岂能赦乎哉!

去岁曾闻交通派阴谋牺牲张、康,诱令复辟,以造成攘夺政权之机。初以为谰言,近于滑稽,未之敢信。昨张溥泉君来,亦云刘揆一在京津车上谈,梁任公因张勋不即复辟,忧闷异常。今张勋通电,多所攀引,并云将刊布各赞成函件,尤为明证。段氏始则耸逆,继乃卖张,论国法则段、张同科,论道德则段尤险诈。且来书所言,首义兴师,实为张君敬舆,曹、冯、陈、李附之,蓝秀豪以小站一旅继树义旗。是数人者,皆非段氏所能左右,其认段为总司令者,但以昔日陆长资格,不得不暂为敷衍耳。廊坊之役,张敬舆督战,卢沟桥之役为曹仲珊之前军,段与汤、梁等安坐天津马厂,日造军报以欺我国人,攘人之功以为己有。其乘机之巧,设计之工,实令人齿冷。

夫破坏共和,怂恿复辟,假名讨逆,盗窃政权,在彼实一贯之作用耳。所谓局面已变者何在? 今犹以宪政轨道,扶植共和,希望背叛共和、破坏约法之首魁,是何异与盗贼而谋金钱之寄托耶?窃谓立国要素有三,曰道德,曰政治,曰法律。覆雨翻云,机械变诈,廉耻道丧,是非混淆,则道德亡矣。宵小充斥,赏罚错乱,把持魁柄,压抑民权,则政治亡矣。法度荡然,纪纲扫地,摧残宪兵,破抉国维,则法律亡矣。有一于此,国家犹能幸存者,窃未之前闻。吾人之所以爱护共和者,将以求共和之实也,岂徒空悬一政治上优美之名,以自豪于世界哉!

共和真理,未易详言,姑以浅近譬之。由君主进为共和,盖以一姓一家之私产,转而为一国人民之公产也。君主国家,政治自上而下,一人之名分定,国势亦可苟安。共和国家,政治自下而上,必国民之实力充,而国基乃以永固。曰宪法,曰国会,犹为形式上率循必要之途径。今段氏窃柄,武人弄权,以全国人民之公产,攘而为一人一派之私产,其视专制君主之私一国为己有者,抑又何异?吾国自辛亥而后,号称共和,而究则共和其名,专制其实。今乃并一空悬之约法,而亦弁髦弃之,共和前途,更复何望!汤、梁诸氏,迷于君主国家之制度,于共和政治根本怀疑,求其故而不得,乃欲利用一种特殊势力,支配国民。其主张适与专横武人、腐败官僚相吸合,张其势而助其焰,变乱乃无已时。

观历来宪法之争,不外政府与国会权限、地方制度两事,一则巩固官权,一则崇奖民治。故今日之事,为国体存亡根本之争,为吾民族盛衰荣悴之争,既非党见,安有感情?至所谓大体者,尤不知何指。夫破坏约法,威迫元首,解散国会,其得谓之知大体乎?唆使督军,称兵构乱,其得谓之知大体乎?不惟叛国者是责,而于讨伐叛乱保障共和者,乃谓之忘大体,言之无择,尤不能不为贤者惜也。吾国舆论之向背,恒随势力之强弱为转移。真理为强权所蔽,此亡国之孽根,思之至堪心痛。然即以势力言,满清之金瓯无缺,袁氏之强横无两,犹为公理所仆,况段氏乎?除吴光新等少数军队外,馀皆不肯作段氏死党,我北方人士当能窥其真相,不得以"北洋系"三字概之,以污蔑我北方将士也。

夫时势为人所造,正义终在必伸。国无论君主、民主,叛国乱纪,法所必诛。即彼等有魔天之力,亦必尽吾力所能尽者,以廓清之。纵彼等具混世之术,亦必言吾心所不得不言者,以诛伐之。义之所在,不让当仁。区区愚诚,可昭天日。愿与邦人君子相砥砺之,吾弟幸笃崇斯旨也。孙洪伊谨启。

《孙洪伊与某君论时事书》,上海《民国日报》1917年7月13日

复李纯电[①]

(1917年7月13日刊)

南昌李督军鉴:蒸电奉悉。今兹事变,发端于上年之徐州会议,促成于军团造反,此中何人主使,何人赞同,当所深悉。乃闻张勋欲将隐情宣布,段、梁大惧,乃主调停。夫叛徒覆国,犹可调停,则孰不可忍。以三数人之权利竞争,不恤破坏国家以殉之,而皆假北洋系之名辞以相号召;以多数军人之名誉,供三数人之牺牲,爱国英雄,宁能忍此?

一年以来,徐、段、冯、王,后先自杀,执事独持正义,天下想望丰采,将来军界泰斗,全国中心,舍公谁属?窃维六年以来,相忍为

① 此为联名电,孙洪伊为联名人之一。

国,号称宽大,实奖奸回。往往朝赞共和,夕崇帝制,甫递谢恩之奏,俄陈讨逆之词,首鼠两端,廉耻道丧。今若复蒙宽典,异日再逢事变,必又首先反颜。因果循环,祸乱必无底止。故不独复辟之张勋,叛国之倪、李,及主谋肇乱之徒,罪均不赦,举凡身受伪职,皆属背叛共和,应并执交法庭,置之重典,不独为国家伸法纪,亦以为国民存人格。亡清既叛,则优待条件当然取消,庶几根本澄清,后祸不作。尚望推勘事理,根本法律,坚决主张,盾以实力,挽军人之令誉,绝祸乱之根株。砥柱中流,唯公是赖。继等虽不敏,必当尽力所至,远佐殊勋,共扶正义。张继、吴景濂、褚辅成、林森、刘成禺、宋渊源、彭介石、王杰、吕复、萧晋荣、郭同、孙洪伊同叩。

《张继等复李秀山电》,《时报》1917 年 7 月 13 日

致李烈钧电[①]

(1917 年 7 月 13 日)

广州李协和军长请转各省督军、省长、省议会、商学会鉴:顷据某君由京至,报告此次讨逆计划:某两君于七月一日陈准黎总统,特任冯国璋为匡复军总司令,丁槐为副司令,张绍曾为总参谋长。令下丁、张即驰商第十六旅冯玉祥,准备作战。适段祺瑞于初三晚至马厂,自称讨逆军总司令。冯玉祥为顾全面子计,承认段为总,而以绍曹〔曾〕为副。段反对张,而以段芝贵为东路司令,分冯与第八师为两纵队,沿铁路进攻,实则近日战败逆军皆冯力也。黎总统

---

① 此为联名电,孙洪伊为联名人之一。

讨逆命令,在津为段所扣,不准发表,持赴宁交冯,又不持来。京中
辫军实不过四千人,冯军果入,即日大定。段勒兵不追,倡议调停,
其意何居等语。

　　查黎总统一号任冯等讨逆,三号即迁居日使署,外间所传,黎
命冯代理及复段职各电,均出伪造,至谬倡调停,尤为叵测。张勋
复辟,段本赞成。嗣实行后,张自领议政大臣,段不蒙录用,乃起反
对。欲保共和,两者均不能容。务望公等识破奸回,主持正义,勿
使漏网吞舟,遗留祸种,国家幸甚。吴景濂、江〔汪〕兆铭、张继、林
森、宋渊源、廖仲恺、褚辅成、卢信、易次乾、刘成禺、郭同、王杰、刘
泽龙、郭泰祺、孙洪伊、彭介石、萧晋荣等叩。元。

《吴景濂等致李协和军长电》,《时报》1917 年 7 月 15 日

致唐继尧电

（1917 年 7 月 14 日）

　　云南唐督军鉴:张勋叛国,不日就歼。惟后兹来者,逞威蔑
法,实可寒心。段氏擅称总理,竟拟召集临时参议院,以代国会,
非特触犯《临时约法》第二十八条之规定,直将根本大法完全推
翻。国家托命,专在纲纪,若任一二豪强割裂国法,择其便于己
者而假藉之,不便者自由废弃之,玩法逞私,成何国家? 此次张
逆颠覆国本,肇于倪嗣冲等之倡乱。复辟、倡乱,同为叛逆,既言
讨逆,万不能置倡乱之人于不问。乃段氏竟以倪逆督皖,崇奖奸
宄,国纪何存! 我公中兴民国,丁兹大变,谅难坐视。望即会合
两粤、黔、湘,克日出师,靖难护法,举国瞻仰。临电无任恺切之

至。孙洪伊、吴景濂、张继、王正廷、赵世钰、马君武、褚辅成、田桐、萧晋荣、宋渊源、彭介石、张我华、李有忱、贺赞元、吕复、林森、张大义等叩。寒。

致唐继尧等电

（1917 年 7 月 15 日）

云南唐督军，南宁陆巡阅使、谭督军，广东陈督军、朱省长、李协和先生，长沙谭督军，贵阳刘督军，各省议会均鉴：月初外间所传黎大总统特任段祺瑞为国务总理命令一道，查是时黎大总统已被逆军监视，失其自由，何能发布命令？况证以丁槐君之报告，则事实全非。按之约法之条文，则根据尽失。我国民若承认此非法伪造之总理，是不啻将中华民国完全推翻。况复辟逆谋，发始于徐州会议，而段实为主动，派徐树铮为代表，通国皆知。厥后唆使叛军团围攻议会，入寇京师，乃成复辟。是乱法叛国，均以段为首犯。加以伪造命令，自称总理，断不能因张勋既败，遽漏吞舟贻国大害。公等既决定护法讨逆，望即日出师，檄布叛徒隐幕。并通电内外，所有非法伪内阁之行动，无论对内对外，均不承认，使全国晓然于叛徒之罪状。则倒行逆施之毒焰，或可稍减，补救亦较易为功。若再迁延，国将无幸。临电发指，鹄候义声。孙洪伊、萧晋荣、彭介石、刘成禹、田桐、王杰、周珏同叩。删。

致广西省议会电

（1917 年 7 月 18 日）

　　南宁省议会鉴：奉电极佩。欲图善后，先清乱源。张勋之祸，发动于徐州会议，促成于伪公民围攻议员，督军团入寇京师，国会中夭，乃成复辟。推原祸始，段实主谋。不自引咎，方且伪传命令，自称总理，盘据都邑，图弑黄陂，罪状累累，较张尤甚。我国民若承认此非法伪造之内阁，不啻将共和民国根本推翻。今张虽被逐，而群逆滔天，任听把持，何以为国！为善后计，亟应否认伪内阁，兴师致讨，驱除首逆，庶冀澄清。若迁就调停，则祸乱将无底止。丙辛往事，殷鉴非遥。陆使迟回，颇失时望。现在滇、贵已兴，粤、湘待发，望即催促陆使，速赴事机。首逆不除，法律无效，国其焉立！孙洪伊叩。巧。

《孙洪伊复广西省议会电》，上海《民国日报》1917 年 7 月 20 日

致国会非常会议电

（1917 年 9 月 21 日）

　　广州国会非常会议诸公鉴：国家不幸，屡遭巨变，神奸窃柄，国宪沦亡，共和命脉，斩焉中绝。诸公热诚救国，集议南疆，护法苦心，薄海钦仰。乃者军府成立，俊乂旁求，策及下驷，伊之不才，奚足当此。第念大法陵夷，纪纲扫地，天下兴亡，匹夫有责，

艰难险阻,夫何敢辞。毁誉利害,亦岂足较。敢矜退让之高,以贻规避之耻,惟有勉竭驽骀,力效驱策。云天南望,不尽依依。伊。马。

《孙洪伊复国会非常会议电》,上海《民国日报》1917 年 9 月 23 日

民治主义之由来①

(1917 年 9 月 21 日刊)

不佞向居京师,尝与二三同志关于政党之组织有所拟议,以为凡一政党之成立,必有绝明之政纲,与齐驱并立之他党显异其趣。本此义以求于吾国党派之林,仅就其所标之纲领而论,几尽为千篇一律之官样文章,殊难寻其绝异时殊之所在。而究其根本之精神,吾人又确见有二派焉,主张迥相违异,即一则主张民治,一则主张官治是也。吾人固主张民治者,故常大声疾呼,揭橥民治主义于国民之前,以相号召。彼时且议被吾党以民治之名,俾国人得以顾名思义,一见而知吾党精神之所在,以与官治派相屹峙,而谋袚除官僚政治之根株。厥后民治党之组织,虽未能成为事实,而民治主义之语,今则遍传于全国。更进而本此主义努力,以依理想而造成事实,则国民今后对于政治唯一之责任也。

民治主义一语译自西语"德谟括拉寺"Democracy。"德谟"Demo 言民,"括拉寺"Cracy 言治。侯官严氏译为民主,世多习用

---

① 此为孙洪伊之政谈,由和庵记录。

之。但欧美今日通用此语，则不限于政治，凡于产业、社会乃至教堂、学校等，皆得称德谟括拉寺。盖晚近以来，欧美凡百社会之组织，莫不神化于民治之精神。精确论之德谟括拉寺者，实指社会平权之状态，而于政制则以民治诸语译之，差足表其意义。日本初亦译为民主主义，其学士大夫近亦标榜是义，以为反抗其军阀政治之徽帜。惟以民主字样，与其君主国体稍嫌未安，虑资反对者以口实，故有译为民本主义以代之者。吾人之所以揭橥民治主义，乃以示吾民决不以仅得形式上之共和而遂足，必有现代民治主义之精神以贯注之，吾民理想之共和政治始能圆满实现。

盖共和一语，西文为"理迫不理克"Republic，义与民治主义不同。共和云者，仅谓主权在国民之特一部分，其为少数，抑为多数，则非所问。民治主义则谓，主权在国民之总体。现代国民之所奋进以争者，不仅在共和之形式，而在民治主义之精神。故其已获共和形式者，决不以是自足；获存君主体制者，亦不以是自沮，而惟猛进以求民治主义之实现与发展不稍懈也。

共和之语，在吾国既已歧解误解十而八九，而一般人之习用民主，又往往与共和相混，仿佛仅具共和之形式，遂足尽民主政治之精神也者。强暴之官僚，狡险之政客，遂欲蒙马虎皮，貌托共和之名，阴行专制之实，以为今日伪共和之现象，良可慨也。不佞以为辨伪，莫先于正名。与其泛云共和民主，毋宁揭橥民治主义，于旗帜较为鲜明，于主义较为核实也。

《揭橥民治主义之由来（孙洪伊最近政谈之一）》，《顺天时报》1917 年 9 月 21 日

民治与官治之优劣①

（1917 年 9 月 21 日刊）

　　不佞以为国人政治上之主张，可大别为民治与官治二派，前已谈其概要。二派之根本精神既不相同，则其发为政制上支节之主张，遂无在而不呈枘凿之势、冰炭之局。前者重自治；后者重他治。前者重法治；后者重人治。前者之理想，在使国民中之各个分子，皆能自觉其于政治总体之生活占一部位。无智愚贤不肖，皆立于立宪国民之水平线上，以同区而并育，因无治人者与治于人者阶级之分。其或受公体之委任而服职务者，乃纯为公仆之职分，同时而仍为公民之一员，与他公民无稍区异。后者之理想，在于国民全体划一鸿沟，为贤愚之界，使贤者治人，发号施令，愚者治于人，受命惟谨，造一绝严之阶级，不容或逾。前者所需，在多数自觉之公民；后者所需，在一二雄强之伟人。前者基于自动之公约；后者基于他动之强力。此即立宪与专制之辨，民治主义与武力主义之争。吾国政局纷扰之真因，亦即原于此矣。

　　居今日而欲逆民治主义之潮流，而施行武力主义（即专制主义），不惟理所不容，抑且势有未可。盖国家之生存，亦同于个人之生理。国民之于一国，正犹细胞之于一身。欲求一身之健康，必使其全身之各个细胞，均得自用其殊能之机会，其各个细胞乃能同臻于活泼调和之域。惟国亦然。欲求一国之富强，必使其全国之各

---

　　① 此为孙洪伊之政谈，由和庵记录。

个人民,均得自用其特操之机会,其各个人民乃能并进于优美健全之域。未有发达其一部,荒废其一部,而能畅育其全体者。生理与治道一也。于一国人民之中,横分治人者与治于人者之阶级,必致大部分之治于人者,日荒其本能而屈于力。民力屈于何度,即国力弱于何度。其事与使一身之一部为特别之发达,逾者禁之,其结果终至麻木不仁者,殆无异也。

阶级之治,源于邃古。古代之奴隶制度,为治人者与治于人者。阶级之起原,盖其于社会有主人与奴隶之关系,于国家即有治人者与治于人者之关系。逮乎近世,人民之自由思想日渐发达,奴隶制度久已绝迹于当世,现代国家之新组织中,断不容杂有治人者与治于人者之阶级。不谓吾以新造之共和国,谈政之士乃为开明专制、贤人政治之思想所中,此实逆乎政治之潮流,致政治泯棼之道也。

夫开明专制,按之论理,本属不词,征之事实,绝无是物。盖开明之政,必非专制,专制之政,必不开明。大权集于一身,庶政决于一意,是已自处于暗蔽之域,颂言开明,宁非欺人?

至于贤人政治一语,尤觉暧昧泛漠,不知作何解释。夫人必至若何程度,肇锡嘉名,始得谓贤,否者则愚不肖。此等标准,既难划定,而此判之之权,又当操于何人,亦一疑问。以不佞所见,立宪国民,苟得确立一政制,足与人民以参政之机会,必能觅自用之途,投其材智聪明于政治总体之中,而共趋于同一之水平线上。此即立宪国民之常识与责任,无所谓贤愚不肖之分也。若夫设官职政,选贤与能,在专制国则以其权专于一人之意思,在立宪国则以其权公诸庶众之选举。以庶众之鉴别,与一人之拔擢相较,则庶众之鉴别为易得贤材。

由是以诠贤人政治,自亘古以迄今,兹足称与贤人政治之理想相近者,莫今日之代议政治若也。顾今之论贤人政治者,其意乃与此相反,其说殆全承柏拉图《理想国》哲人政治之馀绪。抑知亚理士多德、柏拉图诸哲学家,远在当世,牖于一时之政象,发为理想,多与后世之事实全不相符。证以历史上之迹象,与现代政治之倾向,亚、柏诸家所梦想之良制,如专制政治、贤人政治之类,一经施行,或流于独裁而虐民,或变为寡头而擅政,纷纷失败,无复当时理想中之价值。其流行广被于后世,无丝毫当时诸家顾虑之危险,而尤能实现其完美国家之理想者,转在希腊诸哲所鳃鳃过虑之民主政治。此则今日谈政之士,所当深长思之者也。

《民治与官治之优劣(孙洪伊最近政谈之二)》,《顺天时报》1917 年 9 月 21 日

关于国会的谈话[①]

(1917 年 9 月 29 日刊)

旧国会实与约法共生死者,约法实与民国共生死者。苟民国尚存,约法当然有效;苟约法有效,旧国会当然未亡。旧国会既未尝亡,则迄于依法改选之日,其间有谋召集新国会者,其违法与非法解散国会相等。

盖旧国会之存亡,所关不仅在其自身之运命,而约法之效力,民国之精神,皆于是乎卜之。约法存则民国存,约法亡则民国亡。

---

① 报载,近来召集新国会之说颇盛,因关系甚巨,记者特造访孙洪伊,叩其意见。

吾民苟承认于旧国会未满法定期间之中,可以召集新国会,乃无异于承认约法可以强力肆行破坏,国家尊严,复何由保乎?

不佞以为,召集新国会之说,固属荒唐,即恢复旧国会之语,亦嫌误解。旧国会俨然尚存,今已择地自行集会,则恢复云者,从何说起? 前之解散,不过为暴力所阻,一时不能行其职权耳。暴力之所不存,职权仍得行使,良以约法既未与何人以解散国会之权力,何人能解散之? 解散既所不能,安有恢复之力?

国会为国家主权之所托,其权力实为至高无上。除其自身有权以自择抗拒暴力,维护尊严,捍卫国家,行使职权之道,此外何人,均不能以解散或恢复之力相加。由斯以谈,不惟由非法政府召集新国会,为吾人所不承,即由非法政府恢复旧国会,亦非吾人所乐受。此实国家之名分所关,政治之信条所寄,不可滥为毁弃也。

《孙洪伊关于国会之谈话》,上海《民国日报》1917 年 9 月 29 日

致广东军政府电

(1917 年 9 月 30 日刊)

国家不幸,迭遭巨变,奸人盗柄,共和沦亡。诸公热诚救国,严守大法,自行集会、组织政府之苦心,众所共钦。际兹军政府成立之初,猥蒙不弃,询及刍荛,鄙人奚似,曷克当此。惟念国家兴亡,匹夫有责,拥护约法,维持纲纪,即有艰难险阻,何敢固辞。

《孙洪伊表示态度》,《顺天时报》1917 年 9 月 30 日

关于冒名乞饷之启事

（1917 年 10 月 17 日刊）

　　径启者：近阅报载，江都富户朱木斋接有洪伊与萧士钰署名函件，向其乞助军饷等事，闻之殊深骇异。此类举动，尤堪痛恶。至所谓萧某，更不知为何许人，确系无赖假冒，希图敲诈。顷已函请地方长官，查明究办。嗣后各处，如接有同样函件，务请严究，勿为所欺，不胜厚幸。

《孙洪伊启事》，上海《民国日报》1917 年 10 月 17 日

致孙中山等电

（1917 年 11 月 14 日）

　　广州军政府孙大元帅暨各部部长、非常国会、海军程总长钧鉴：段祺瑞窃据政柄，专横肆暴，复不惜丧辱国体，与外人订军械同盟，藉资欺压。应请迅集义师，声罪致讨，以除祸害，而奠国基。临电神驰，不胜切盼之致〔至〕。孙洪伊叩。寒。印。

《孙内政总长洪伊致大元帅电》，《军政府公报》第 24 号，1917 年 11 月 17 日

致孙中山等电

（1917 年 11 月 20 日）

广州孙大元帅、国会非常会议、程总长、林总司令、陈督军、莫镇守使、李协和先生、张、方两师长，梧州陆巡阅使、谭总司令，云南联军唐总司令、刘代督军、黄、顾、庚、赵、叶各军长、章太炎先生，衡州刘、程总司令、赵师长、林旅长，贵州刘督军、王师长均鉴：接直、鄂、赣、苏巧电，协商调停大局之法，顷复一电。文曰："巧电敬悉。公等以利国福民之心，肩排难解纷之任，热诚毅力，钦仰莫名。自段氏当权，摧灭国会，蹂躏约法，张皇武力，威压国民，变乱相寻，国本岌岌。欲安大局，必绝乱源。窃查海军独立，以三事自矢，宣言拥护约法、恢复国会、惩办祸首。滇、桂、粤湘出师通电，其主张亦大略从同。盖共和国家，以法律为根据，舍弃法律，别无调停之可言。谨举概略如下：一、罢免段职；二、恢复非法解散之国会，以维约法；三、惩办倡乱之倪、张。以上各大端如能解决，则川、湘诸省内部各问题，凡关于一隅者，亦自不难就绪也。愚昧之见，伏候卓裁"云云。以上所拟各条，均本诸公屡次宣言之主旨。鄙见亦以为，解决时局，大端当不外此。如有未尽，敬候明教。孙洪伊叩。哿。

《孙洪伊君解决时局之主张》，上海《民国日报》1917 年 11 月 22 日

复曹锟等电

（1917 年 11 月 20 日）

天津曹督军、武昌王督军、南昌陈督军、南京李督军钧鉴：巧电敬悉。公等以利国福民之心，肩排难解纷之任，热诚毅力，钦仰莫名。自段氏当权，摧灭国会，蹂躏约法，张皇武力，威压国民，变乱相寻，国本岌岌。欲安大局，必绝乱源。窃查海军独立，以三事自矢，宣言拥护约法、恢复国会、惩办祸首。滇、桂、粤湘出师通电，其主张亦大略从同。盖共和国家全以法律为根据，舍弃法律，别无调停之可言。谨举概略如下：一、罢免段职；二、恢复非法解散之国会，以维持约法；三、惩办倡乱之倪、张。以上各大端如能解决，则川、湘诸省内部各问题，凡关于一隅者，亦自不难就绪也。愚昧之见，伏候卓裁。孙洪伊叩。哿。

《孙洪伊复四督军电》，《申报》1917 年 11 月 22 日

致孙中山暨非常国会电

（1917 年 11 月 24 日）

广东大元帅、国会非常会议吴莲伯暨议员诸先生鉴：此间与各督协商，苏督李纯有依法解决意，适用旧约法、恢复旧国会两项大可做到。鄙意以祸首倪、张等似亦难宽，但已由西南提出，望诸公

坚持,稍勿迁就。孙洪伊。敬。印。

《孙洪伊致电孙中山和非常国会电》,《北京日报》1917 年 12 月 6 日

致冯国璋电①

（1917 年 11 月 27 日刊）

（甲）冯代总统应请黎大总统复职,以解南北时局之纷纠;（乙）应将非法参议院积极取消,恢复旧日国会,以符民国之定制;（丙）黎大总统不欲复职,应向国会正式辞职,冯代总统再就正式大总统职任,以期与约法不相违背;（丁）现下段氏已实行去职,应乘此良好机会,南北速谋和议,以挽救岌危之时局。

《政潮中之时局谈》,天津《益世报》1917 年 11 月 27 日

关于时局之通电②

（1917 年 12 月 2 日刊）

我党原即主张反对段内阁。段内阁推倒后,政权已移归河间掌握。此际河间一派,若不声明恢复旧国会及旧约法,则我党为贯彻当初之目的,对于政府仍将反抗。

《孙洪伊声明主张之通电》,天津《益世报》1917 年 12 月 2 日

---

①　报纸刊载时,仅摘列该电所述四要点。
②　报纸刊载时,仅录载该电基本主张。

致孙中山电[①]

（1917 年 12 月 2 日）

孙大元帅钧鉴：惊闻段氏近以俄、德兵入境之说，恫吓西南，并闻有人以外患紧迫，急谋调和，且似有牺牲旧国会之意。夫外患之来，实恶劣政府所招，此而不革，不亡何待。故外患愈迫，而根本改革愈不容缓。现在北方前敌诸将，确已有继冯旅而起之势，即主战之曹、张，亦已倾向和议。果南方坚持旧国会之主张，不难使之承认，大局速定，已不在远，此后必无极大战争，南中复何所畏，国会亡则中国亡矣。望诸公努力主张，尤望滇、湘坚持，恐数日内或有向南方提出议和条件之事，祈勿为所摇惑。孙洪伊。冬。

《内政总长孙洪伊由沪致大元帅电》，《军政府公报》第 53 号，1918 年 3 月 9 日

关于冯国璋态度之谈话

（1917 年 12 月 14 日刊）

现在所最忧虑者，恐失其现在地位而已，此事冯氏曾再三语予。故余日前致电冯氏，力保证其不失现地位，并言民党亦当无异议，宜速颁回复旧国会之命令，唱大义于天下。

《孙洪伊最近之谈话》，《顺天时报》1917 年 12 月 14 日

---

① 此电嘱孙中山转致南方各要人。12 月 5 日，孙中山转发该电。

致冯国璋电

（1917 年 12 月 14 日）

北京冯代总统钩鉴：民国六年，战争迭起。总括言之，辛亥之役，推翻异族也；洪宪之役，巩固国体也；今岁之战，拥护约法也。段芝泉谬用独裁政治，摧残国会，破坏国家根本大法。海陆各军，兴师讨逆，回复非法解散之国会，以完成约法，迭有宣言，中外共见。则欲息战构和，定国安民，使旧国会得以正式开议，是为正当不易之轨。

公得为继任总统，本依法取得，国会议员、军政府及西南诸将帅初无异言。今段倒弥月，群情喁喁，以为公必能恪遵约法，一反段氏之所为。乃迟之既久，停战之明令未颁，国会之恢复无日。近闻公府大计，复袭用段氏失败之遗策。海内失望，识者寒心。我国数年变乱，皆起于中央当局怀有君主专制时代之幻想，思以武力独裁政治统一全国，以奉一人。袁氏既覆，段氏又从而效之，举国愤怒，众叛亲离，卒之大愿未偿，身名俱败。今公复为之继，国民不宽假于段氏者，宁独宽假于公乎？段氏不能与此正谊相抵抗，公独能抵抗之乎？为国家痛，亦窃为公危也。

段之罪恶，在破坏约法。西南之举义，在拥护约法。国会不复，则约法无灵。约法无灵，则义军必不能罢。为和为战，端在我公。咎有攸归，责无旁贷。谨援爱人以德之义，为收功桑榆之谋。敢布区区，伏希亮察。孙洪伊叩。寒。

《孙洪伊致冯总统电》，《申报》1917 年 12 月 15 日

致曹锟等电

（1917 年 12 月 19 日）

天津曹仲珊督军，吉林孟树村督军，南京李秀山督军，武昌王子春督军，南昌陈秀峰督军，岳州王少甫总司令、范子瑜副司令，北京李阶平步军统领、张敬舆总监公鉴：民国六年，战争迭起。总括言之，辛亥之役，推翻异族也；洪宪之役，巩固国体也；今岁之战，拥护约法也。盖国会散则约法毁，约法毁则国体摇。其与改号称帝者相去，不能以寸，不过彼则并共和立宪之名而去之，此则袭用其名，而径行专制君主之实而已。

段芝泉跋扈恣睢，摧残国宪。幸西南诸将帅，兴师讨逆，我诸公竭诚相助，义声一振，举国翕然。而段氏以去，使乱法者有所膺惩，黩武者无能纵恣。南倡其始，北促其成，伟烈丰功，殊途同轨。今冯公躬膺大任，自掌政权，其得依法继任总统，凡诸国会议员、广州军政府及西南诸将帅并皆承认，初无异词。国民喁喁望治，方谓中央将恪遵约法，一反段氏之所为。使冯公果有与民更始之诚，必能收海内归心之效。乃若所闻，则竟有大谬不然者。停战之明令未颁，国会之恢复无日，益以使电纷驰，咨询诸省，明为征集意见，暗则讽以意旨。在己则肆言和平，在人则奖使主战。此段氏所不屑为，而冯公行之，谓为得计。北方诸将，亦遂不计利害，奉命惟谨。以冯公之明达，诸将之忠诚，倒行逆施，何至此极！其为敌党反间之计所欺，抑为权位利害之私所扰？洪伊不肖，初不敢以流俗浅薄之心理，妄测贤者。窃尝思之，吾国数年以来，变乱之端，皆起于帝政、共和两大思潮之激战。

　　盖议院政治者，共和立宪政治也。一人政治者，君主专制政治也。一则为民党魁杰，及议院中所谓激烈派所主张；一则为清末官僚，及政党中所谓稳健派所标榜。自清室既覆，官僚失所凭依，不能不假一威权并重之人，以为社鼠城狐之计。而所谓稳健者，则昧于远识，欲以他国君主立宪之大权政治移植于民国。适有袁氏、段氏，并驰骛于君主专制时代之迷梦，其思想乃与若辈相吻合。于是若辈得直接以傀儡中央，即间接以傀儡我北方诸将。天下之罪恶，皆假北洋派之名义以行。而简单朴质之军人，日在人发踪指示之中，而不自省悟。抑知民主国家之总统、总理，妄欲效皇帝之所为，此实断断不可能之事。昧于此义，未有不害于尔家，凶于尔国者也。

　　项城横绝一世之雄，合肥悍厉无前之气，欲以武力统一全国，奉诸一人，与此大势相抗争，犹不旋踵而失败。冯公之才力德望，视袁、段何如？乃又弄其小智小术，以欺我将吏与国民，何其不自量度若此！我北方诸将，洞观时局，亦岂忍以国军之名誉，公家之职权，复徇彼当局者一人之野心，一误再误，负一代之恶名，失千秋之令望。伏望诸公，本爱人以德之大义，进法治民治之谠言，俾冯公幡然悔悟，尊崇国法，勿为袁、段之续。则大局幸甚，人民幸甚。孙洪伊叩。皓。

　　　　　　《孙洪伊致曹李各督军电》，《申报》1917 年 12 月 20 日

致唐继尧等电

（1917 年 12 月 20 日）

　　云南督军唐萍〔蓂〕赓兄、唐联军总司令鉴：西南出兵，以护法
为帜志，此次调和条件，自以恢复国会为一定不易之图。现南京李
督军力主恢复国会，如不得请，虽以兵戎相见，亦所不辞。惟首义
诸公，对于中央从未明白表示，冯华甫以此诘难，李颇左右为难。
请公明电主张，一以表示护法之诚，一以增壮秀山之气。如能联合
各省，一致声明，尤为盼祷。季文、宇镜、芷塘、霭霖、静安，并望转
达。孙洪伊。哿。印。

《孙洪伊请对议和明电主张与唐继尧往来电》，《护法运动》，第 1084 页

致孙中山函

（1917 年 12 月 23 日刊）

　　中山先生钧鉴：段氏叛国，李秀山、陈秀峰两督军对于义军极
表同意。段氏迭下命令，催陈督由萍乡援湘、赣，南窥粤，往返数十
电，陈督皆不为动。援助义军，厥功甚伟。而其中赞襄帷幄，李君
式丞之力为多，白君醒亚在李督幕中，亦多所赞助。现二君代表
宁、赣赴粤，商榷大局，望先生推诚接洽，加以优礼。李、陈两督，主

张调和之法,与西南一致。(下略)①孙洪伊上。

《附孙洪伊先生致孙大元帅书》,上海《民国日报》1917 年 12 月 23 日

致孙中山等电

(1917 年 12 月 23 日)

广州孙大元帅、国会非常会议、伍秩庸先生、唐少川先生、莫代督军、程海军总长、林海军总司令、李协和总司令、陈竞存总司令、方、张两师长,南宁陆巡阅使,长沙谭联军总司令、程总司令、赵师长、刘镇守使、林旅长,云南唐联军总司令、章太炎先生、刘代督军,贵阳刘督军,重庆顾军长、王军长、熊镇守使,荆州石师长、朱旅长、胡团长,襄阳黎师长,并转各军长、各司令均鉴:段氏坏法罔民,阻兵构乱。民国既覆,共和以亡。幸海军首义兴师,滇、湘、黔、桂、粤、鄂诸军大张挞伐,维约法,复国会,迭有宣言。大义炳若日星,信誓坚于金石,四海遄听,上天鉴临。

今段氏退职,冯代总统自操政柄,凡我国民,同声颂戴。方谓蠹法之奸既去,则护法之责稍轻,戢武消兵,共观新政。不意翘首以待,倏逾三旬,冯氏乃一方主战,一方言和,冀以恫喝虚声,使诸公俯首就范。且既拒绝主要之国会,而又日为磋商条件之调停,是明明欲以各省或各人私利为饵,易诸公护法之初心。狡猾小术,妄测贤豪。彼其心目中,视我义军诸将为何如人也。

窃维吾国自共和建设以来,一时强固政府、中央集权诸说纷起

---

① 原文如此。

于国中。梦想英雄政治,而蔑视国民政治;崇信一人政治,而毁弃议院政治。权奸因而利用,盗国者乃接踵以起。袁氏然,段氏亦然,今冯氏又然。夫不有国会,焉有约法?不有约法,焉有民国?某为总统,一专制皇帝也。某为总理,又一专制皇帝也。假共和之名,行武断之实。我国民所公有之国家,为权奸私有也久矣。岂必待改号称尊,而后谓之倾覆民国也哉!然使吾国之当权者,果有不世出之英雄,则虽挟有一人专政之野心,而有宏图远识,足以发扬国光,增长国力,吾民亦复何求。今袁氏、段氏何如,冯氏何如,继冯、段而起者又何如?环顾当代,求一威略武力足以统一全国者,渺不可得。任人而不任法,我国民之为此说者,当亦知其术之穷矣。

共和政治者,国民政治也。共和立宪政治者,议院政治也。使不承认议院政治,是即根本不承认共和,而彼所谓英雄,所谓一人,实无不与议院政治为敌,而为共和之障碍。故人或以我国无中心人物,为国家忧,而伊窃以我国无中心人物,为国家幸。使我国民晓然于人治之不可恃,而法治之不容已,则民国基础于以大定,真正共和乃有实现之一日也。

夫不复国会,即破坏约法;蔑弃约法,即破坏民国。段氏、冯氏,亦复何择?尚望诸公坚定护法,拒绝和议,贾我馀勇,竟一篑未竟之功;忍痛须臾,为一劳永逸之计。抑伊更有进者,国本未固,叛党犹在,罢兵言和,漫言服从,以彼段孽复仇之心,冯代总统猜忌之隐,凡属异己,必渐剪除。中央之命令朝颁,诸将之兵柄夕解,共和保障,毁灭以尽。诸公纵不自为谋,宁不为国家计乎?民国存亡,争此一发。临电不胜惶悚。孙洪伊叩。漾。

《孙洪伊君主张护法反对议和电》,上海《民国日报》1917 年 12 月 24 日

致孙中山电

（1917 年 12 月 30 日）

　　大元帅钧鉴：此次义师勠力护法，热忱伟绩，天下同钦，天辅共和，所向有功。吾民方庆，以为可以复法治、底和平，乃昨日停战之令含混敷衍，毫无诚意，仍是冯氏青电所云，利用停战之名腾出时间，以筹军备之故智。夫以理言之，义师之起在于护法，护法之效在于恢复旧国会，不以此为停战条件，无异取消义师之目的。以势言之，北京伪言停战，而主战计画着着进行。现曹、张等仍陆续运兵南下，沪、皖、杭各军亦密计攻宁，军械借款又复成立，今李、陈各督方期与西南协力护法，万折不挠，若以一纸停战空文而吾辈遽行罢兵，适中敌谋。今所亟者，应速提出条件：（一）恢复旧国会；（二）北京当局宣言守法。此两项办到，始实行停战，再协议其它条件。否则，姑息言和，失千载一时之机，贻再次战乱之祸。且冯、段挟中央以临，诸将罢兵而后渐次剪除，良可寒心。临电迫切，伏祈垂察。孙洪伊、徐谦、汪兆铭、温世霖、张书元、何畏、王法勤、彭介石、季素、李永声、张继、谢远涵、牟琳、李宗黄、陈嘉会、丁仁杰、戴传贤、刘成禺、居正。卅。

　　《孙总长、徐代理秘书长等由沪致大元帅电》，《军政府公报》第 38 号，1918 年 1 月 4 日

吾人对于民国七年之希望

（1918 年 1 月 1 日刊）

（一）

民国建设满六年于兹矣，吾国民所经验者惟何？曰恐怖，曰悲哀，曰不安，曰愤激。而春风和霭、欢喜安乐之心理状态，不能求之于过去六年间也。

此种心理状态，不特不能求诸中国而已。过去三年有半之世界现状惟何？自色来弗悲剧出现于世界之舞台，世界各国家、各民族，无论其皮肤为白为黄为紫为黑，无不受此绝大悲剧之刺激，情调激越，理性减少，于是一切行动，无不带悲剧色采。而五洲众国之人民间，春风和霭、欢喜安乐之状态，皆绝不可求也。

（二）

以过去六年之世界历史征之，实为有人类以来之绝大变局。在欧洲东、西两方战线，执干戈以相杀伐者，约四千五百万人。因炮火之炸力震动，经纬度为之动摇，此非世界人类之绝大不幸乎？当战争之初开始也，英国首相宣言谓，英国将准备满五年之战争。其时各国之评论战事者，以为德国战斗之力虽强，而物产之供给被协商国所杜绝，欲为持久战争甚难。然而开战以来，至于今日，以时间论，满三年半矣。和议之说，传之经年，而双方争战，仍愈加激烈。东部之和局将成，而西部之冲突益甚。严冬以降，双方战士起伏于冰天雪窖之中，来往于弹雨枪林之下，于敌人压迫之外，复非与自然之境遇战不可。古所谓积雪没胫，坚冰在须者，不足以形容今日欧洲战士之境遇也。而在各本国之市乡，壮丁绝迹，饰以丧服之妇，若此悲惨景象之新闻记事，有令吾人不忍卒读者矣。

（三）

俄国为吾之近邻，自今兹大战以来，外则受强敌之压迫，失地千里，其国民感受内外之忧患，乃奋起为大破坏、大创造之事业。三百年君临俄国之罗马诺夫皇家，一朝为人民所颠覆。吾人对于此近邻之大改革，不胜其希望也。

爱自由爱平和之俄国国民，其对于罗马诺夫皇家之革命，与吾国辛亥义师同一意义也。然新政府之组织甫成，而外患内忧益加强度。里昂失陷，彼得城之危险更急，新政府颠覆，全国重陷于无政府之状态，其乱今未艾也。是吾国民自辛亥以来所经验之恐怖、悲哀、不安、愤激诸苦，俄国国民亦又经验之，乃尤较吾国为甚矣。

（四）

欧洲之大战，其原因为何，曰民族的冲突。各民族之目的为何，曰生活扩张。然而因图其民族之生活扩张，遂至各以其强壮之人民为牺牲，可悯孰甚耶。

欧洲之大战争，将如何而始可告终耶？各国有其国家之利害，各民族有其民族之利害，苟举此极端之利害，以与各国家各民族之精神、物质、能力相除，所得之数，即平和之福音也。

此得数为何，厥为国家及民族之平等自由。然则平等自由之真精神，即平和之至善境。不得自由，不得平等，则平和之幸福，终不可得。可知各交战国、各交战民族之目的，皆在平和，而战争特其手段而已。

（五）

俄国革命之要求惟何，曰人权，曰民权。惟争人权也，故非达农民、工民生活之改善不可；惟争民权也，故非革除专横之王家及贵族，而建设民主政治不可。吾国之革命要求亦然也。夫吾国之革命，在未成以前，既成以后，其牺牲为不少矣。此牺牲之目的为何，曰建设以三民主义为基础之民主国家，使国内之各民族，各阶级举为平等，而个人之法律上人格皆为尊重。换言之，求人权及民权之伸张也，求平等自由精神之实现也，求吾国之永久平和也。

（六）

吾中华民族，至好平和之民族也。是以自有文献以来，吾国古圣先贤之教训，无不为平和之福音；是以吾国自古以来之世界主义，非如德国之征服主义也，亦非如英国之功利主义也，平和的同化，为有史以来吾中华民族对世界之大方针。

日本政治学者稻田周之助氏评吾国之民性曰："支那历史，记战斗之事虽多，然而不如其他好战民族之深刻峻烈，即使出于战，而争斗亦非其志。"此数语也，其评吾之国民性格，精而且确。盖爱平和之善性，为吾国民受之于祖宗遗传者也。

虽然姑息之和平，亦吾祖宗之所排斥，故以乱求治，以战争求平和，为吾祖宗不得已时所用之手段。吾国民于祖宗所赋与之平和善性，不可一刻忘，而吾祖宗其和平之方法，亦不可一刻忘也。

（七）

民国成立七年于兹矣，世界之大战争自开始以来，三年有半矣，而自由平等之幸福未能获得。于是平和亦不能望，恐怖、悲哀、不安、愤激诸种悲剧的情调，尚缠绕于吾世界人类之身心而不能去，以爱平和之吾"民族的国民"，对于平和之大光明，其努力应如何耶？

为主义而斗，勿为利欲而争；为平等自由而牺牲，勿为征服压迫而战。此吾人所以希望之于世界各国民，而尤希望于吾民族的国民者也。

一日之计在于寅，一年之计在于春，一生之计在于少壮之时。青年乎，中华民国之青年乎，曷励尔志，曷健尔精神，化尔之悲剧的情调，而为求平等求自由之勇气，则永久之平和幸福，自降临于吾人及吾人子孙之上矣。

《吾人对于民国七年之希望》，上海《民国日报》1918 年 1 月 1 日

致军政府电[①]
（1918 年 1 月 1 日）

广东军政府廖仲恺兄转胡、方、儒堂、褚、慧生诸兄鉴：冯、段暗斗甚烈，而表面犹相利用，冯任段参战督办，任小段长陆军，而彼此猜忌更甚。段则图冯甚急，冯今又思去段，终必两败。现冯既不遵守约法，段又出掌大权，北军又陆续南下，使苟且言和，后患将不忍言。赣、宁与段决不两立，其实际已与南方一致；北方战斗力益加薄弱，应由各方速将去段、复国会等项再四申明，以杜国人口实。一面迅速进兵，再能相持数月，南方必占完全胜利。请向各方鼓吹进行，电文祈秘密泄彭介石、牟琳。冯遣王芝祥来，欲诱陆以制西南，展宜设法使莫觉悟，预为之备。衢转慧僧、达夫、竺峰、逊断，通缉戴亦将动，有外援可举，闽、浙唇齿，援浙即以攻闽。否则温厅一

---

① 　该电未署名，但据《中华民国国父实录》（第 3123 页），由孙洪伊发出。文中胡、方、儒堂、褚、慧生，即胡汉民、方声涛、王正廷、褚辅成、谢持。冯、段，即冯国璋、段祺瑞，小段即段芝贵，莫即莫荣新。

去,攻闽有后顾忧。祈速覆由。元月一日到。

《中华民国国父实录》,第 3123 页至 3124 页

致孙中山等电

(1918 年 1 月 3 日 ①)

　　广州孙大元帅、国会非常会议诸公,云南行营唐元帅,南宁陆元帅,长沙谭联军总司令,贵州刘督军,广州程总长、伍总长、莫督军,暨前敌海军将士均鉴:公等为国勤劳,民国新运,系于公等,敬祝公等健康。当兹履端之始,窃愿公等作新民国,一切更始,勿求目前之暂安,而贻将来之后患。北京停战非诚,况段援助毒龙侵粤,实属民国大慹〔憝〕。苏、赣、鄂三督表同情于护法,幸速联络一致进行,克竟全功。孙洪伊、徐谦、居正。

《军政府接上海孙洪伊等来电请联络长江三督电》,《革命文献》第 50 辑,第 248 页至 249 页

致唐尧钦、彭程万电

(1918 年 1 月 10 日)

　　转唐尧钦,即归勿迟。洪伊又北派沈鲁青赴粤探海军事,乞查转彭程万先生鉴:闻义军获龙船九艘,其中如有千吨以外者,锡拟

---

　　①　此为广州方面收电时间。

向粤承买。恳速查船名及大小尺、装货吨位,并确询能否出售。电复再商办法。盼速复。夭锡远涵。

台北中国国民党党史馆,档案号:一般 404/64.6

胪举国会议员真相敬告国民书

(1918 年 1 月 18 日至 20 日刊)

中国以官僚政治之毒害,国病民贫,行将不国。国人迫于救亡,始起而为辛亥之革命。乃国体虽易为共和,实仅去一君主,而此蹂躏国法,妨害民生之官僚政治,依然弥漫全国。牺牲流血之目的,百仅达一,而猛烈之革命方法,已不堪再用。所恃为官僚政治之平和驱除者,厥惟此第一届国会。庶几以其主权作用,扫荡廓清,以竟革命未尽之任务。

顾官僚实权在握,而此数百议员,则毫无凭借,果何所恃而敢与官僚角?然议员卒不顾自身之利害,而毅然决然与官僚为政治之奋斗者,盖恃有我全体国民之后援耳。是则挽救国家在驱除官僚政治,而官僚政治之驱除,在以国会为中枢,国会之能力如何,则视国民之能否协力为断。国会之关系于国家,与国民之关系于国会,密切重大,宜国人已深明其故矣。乃国会开会未几,竟任官僚两次解散,而议员无状,且流为举国之谬论。夫议员忠诚爱国,无丝毫负我国民之委托,昭然可以共见。只以官僚仇视民意机关,设词诋毁,肆其摧残,而我国民亦竟以误信官僚之头脑,忽焉不察,应声诟病。长此茫昧,后此将永无有力之国会,官僚政治永难驱除,国家亦永无振兴之望。国民不能援助国会,而反随官僚以掊击议员,非逼至代表国民之议员附和官僚以毒害国民不止。数年来议员不屑自白,国人亦竟无觉悟之机,此不能不为我全体国民明辨之也。

窃维第一届国会,自被袁氏解散以来,所以为议员罪者,不外三端。一曰成绩鲜少,一曰争权利,一曰捣乱。夫欲课议员之成绩,当问议员之职权何如,然后于其职权以内,即其事实为之综核,乃可为明允之论断。如以空泛无当之词,而但言成绩鲜少,究竟所指为成绩者何物,吾恐国人自问,亦莫能言。国家组织,千端万绪,非曰一国政务,皆惟议员是责;国会朝开,国家夕应即富强,一或不然,即为成绩之不良,世界议员,固无此万能也。我国议员职权,一制定宪法,二普通立法,三监督行政。今以次论之。

夫宪法为一国之根本大法,其中如政府与议员之关系,政府与人民之关系,中央与地方之关系,一章一节,一句一字,稍有不慎,即贻误无穷。国家之安危强弱,民生之荣瘁休戚,举视宪法之规定如何,而又非可轻议修改。所谓百年大计,未容率尔操觚者也。其重其难,非尽制宪者之心思才力,而又费极长时间之探讨斟酌,不敢轻易为一条一句之成立。是故美利坚宪法,凡阅八年,始克告成立。其他各国之宪法,亦无不费多年之研究。我国之制宪也,民国二年,开会不过数月,草案已告成立,而国会即以非法解散。去岁国会恢复,又只数月,二读会已将告竣,倘非官僚谋叛,逼散国会,宪法早已公布矣。两次宪法会议,合计不过年馀。设无变故,即可将各国须费多年始成之宪法,竟告成于年馀时期之中。此制宪之成绩,优耶抑鲜少耶? 实则自有识者观之,犹以为历时太短,求成太骤,或虑有不周之处。国人反谓成绩鲜少,毋乃谓此区区百数十条文,可一挥而就,是岂慎重制宪之道,而议员可如是草草以塞责耶？

至普通立法，如民、刑法典，以及其他种种法规，固鲜有成者，抑知各法之未经着手，自有其故欤。一国法律，分之各为一部，合之则互相关联，非可枝枝节节为之也。宪法为一切法律之根本。宪法未成，即根本未立，各法因之不能不有所待，此为最大之原因。次则时间问题。两院精神，悉注于宪法，每星期宪法会议已占三日。然开大会尚为形式，而议员个人私室之研究，各团体公同之讨论，各方面意见之交换疏通，各地方之利害参考，凡所以为宪法谋者，已无馀力再顾他事。况宪法有宪法之重要，他法亦各有其重要。无论何法，均非可以仓卒为之。德国民法，至费二十年而始成。以吾国会两次开会，为时不过年馀，官僚且时与议会为难，风波汹涌。议员之席未获稍安，精神未获稍定，而又以最终最大之宪法会议，殚精竭智以从事，能有能力几何，而谓可为普通法律之制定耶。尤有一原因，即政府罕提出法律案是也。两次国会开会期间，凡法律案不待宪法成后始能着手者，议员一再催促政府提出，而政府始终搁置。此又普通法律不能制定之一原因。然则普通法律之不能制定，一原于根本法未成立，他法无从发生；一原于开会时间为制宪所占；一原于政府不肯提案。种种原因，国民亦曾详察之否耶？

夫监督行政，本为国会之重大职权。而监督方法，一在议决预算决算，一在提出质问、弹劾及查办。国会之催促政府提出预算案，不知若干次，政府每置之不理。凡预算案之提出，本应在会计年度之开始。二年，袁政府始终未提出。前年预算案至去岁四月始提出，一年度几告终矣，将预算何事耶？况提出未几，国会又即解散，监督财政之方法无从设施。其馀若质问、弹劾、查办，两院无时不有此等之提案。然质问自质问，弹劾自弹劾，查办自查办，而官僚横行，一概不理。夫亡清以一御史之纠弹，而疆吏之镌职者，比比皆是。而今则以全院议员议决之质问、弹劾或查办，曾无丝毫之效力，国中宁有清议耶？政府谓国会之持清议为捣乱，悍然不顾，监督行政之成绩，又乌从而优美耶？然使议员滥用职权，犹可以捣乱责之，今试一检查两院记事录，有一不当质问，不当弹劾，不当查办者耶？官僚几无一日无一事不违法，不失职。贪赃徇私，病国害民，不胜诘责。国会议员若熟识无睹，是失职也，是负国民也。乃遇事不肯放弃职权，是以质问、弹劾〔劾〕、查办之案，层见迭出。如汤芗铭之查办，龙济光之查办，张勋、张作霖、田文烈、倪嗣冲等等之查办。此数人者，不必问其内容如何，但就人所共见共闻者，无一不知其罪恶之昭著。国会查办，只以后援无力，不能实行查办到底，是诚遗憾。然国民既责议员无成绩，又目之为捣乱，将使之何所适从？愿我国民思之。

若夫议员争权利之说，尤不能不详晰剖辩。夫世界人类，无一不在权利义务关系之中。而国家之有国会，实为国民保障权利之机关。权利之争，本为议员天职，无可讳言。然须国人注意者，议员所争为国民多数之权利乎，抑为议员个人之权利乎？吾国议员冒万难以与官僚争者，一为监督官吏之违法失职，此为国民权利之保障也。一为宪法扩张民权问题，地方制度一章，即其最著者，此为国民争自治权利也。一为内阁问题。国家败坏，原于官吏假公权以自营其私，非得良好内阁，无以行福国利民之政策。国会注重组织内阁，正为国民权利重大之关键。彼官僚谓议员争权利，此为藉口之最力者。然历年内阁，有一非官僚所盘踞者耶？国家之现象，国民之痛苦，今果何如耶？内阁始终未能脱官僚之范围，故我国民权利日为官僚所侵削，则议员之争内阁，为国民非为个人可以了然矣。反之，议员如为个人权利计，袁世凯时代欲以权利收买议员无所不至，官职、金钱予取予求，惟议员之所欲，段氏当权，亦不恤以权利为网罗。为议员者，果受袁、段之贿买，钳口结舌，则袁氏不必另设参政院，段氏亦不必另设临时参议院，而参政院、临时参议院之权利，将为国会议员所取得矣。然议员因受国民委托之重，抵死抗争。袁、段两氏，乃不得不冒叛逆之大恶，解散国会。此时国会议员之所得者，为奔走南北，为亡命异地，为辛苦艰险、生死存亡之不可测。议员而不争也，尚不失固有权利，且有非分权利之希图。议员而不忍不争也，不惟无权利可言，并失已有之地位，而得意外之危险。是则议员个人权利，争之利乎，不争之利乎？议员之争，为国民公共之权利乎？抑为个人私有之权利乎？以我国会议员，不惜牺牲己身之权利，以争公共之权利，我国民应□何等之同情，而顾随官僚以詈之，国人自问，当亦有悔失言者矣。

至若捣乱之说，当视其行为是否依据法律，是否合乎道理，为益于国家欤，抑为害于国家欤？明乎此，孰捣乱孰非捣乱，可一言判之矣。议员只能依法律为口舌之争辨，初不能直接对于政治有何等之行为，即云捣乱，乌从而乱之耶？实则官僚无事不捣乱，议员监督其捣乱，官僚反以捣乱毁之耳。今试即官僚之行为，以证论之。

夫范围国家，只此法律。法律一破，则国家大乱。数来年官僚之毁弃法律，致令一国上下，不知法律为何物，其为捣乱否乎？袁氏时代，以路矿、监税等项，滥行抵借外债。当国四年，其借外债九万万，陷国家财政于绝境，其为捣乱否乎？解散国会，妄改约法，其为捣乱否乎？以帝制用款，使中、交两行滥发纸币，金融恐慌，卒至停止兑现，断绝人民生机，社会困苦达于极点，至今尚无补救之策，其为捣乱否乎？妄称皇帝，致有讨逆之战，一国之生命财产损失无算，其捣乱否乎？至段氏时代，凶悍尤甚于袁氏。彼其任意横暴，凌蔑总统，弁髦法律，其捣乱何如？激动川滇战争，至今流血未已，其捣乱何如？嗾使浙江军队内讧，以遂杨善德督浙之诡谋，其捣乱何如？发起扰乱国家之徐州会议、蚌埠会议，以至令乞丐团围逼议院，嗾使督军团造反，引起复辟，全国骚然，于今犹烈，其捣乱何如？解散国会，破坏约法，另组参议院，擅自造法，其捣乱何如？借参战之名，借款练兵，以压制国民，虽卖国丧权，亦所不顾，其捣乱何如？更论冯氏，坐视督军团叛乱，暗怂张勋复辟，以图取得黎总统之地位，而京师之祸，大局之危，均所不计，是否为捣乱？任命傅良佐为湘督，任命吴光新为查办使，统兵入川，激成西南战争，是否为捣乱？前犹藉口段氏之所为，今段氏去职已久，而阳示和平，阴以重兵南下；明令龙济光举兵以祸两粤，隐许刘存厚督川以抗滇、黔；以帝孽段芝贵长陆军，以全国反对之段祺瑞为参战督办，军械借款、币制借款，不恤举国家之军权、财权，一齐断送。此皆冯氏举办之事，是否为捣乱？且以北洋有名之国军，冯、段等既忝为领袖，应如何保护而爱惜之，用以发扬国威，而乃以个人权利之故，逼其残杀同胞，破坏大局，使北军名誉完全堕落，兵士性命无故牺牲。涂三军之肝脑，以争一二人总统或总理，北洋子弟，何负若辈，而必尽陷之于水火？其捣乱更为稍有心肝者，所不忍为。以上所述，袁、段、冯三氏捣乱之事，不过举其荦荦大者，其他种种，尚不堪枚举。而官僚犹以议员为捣乱，国民亦从而以捣乱罪议员，何其惧也！

或曰：官僚捣乱是诚然矣，若议员议场争辩，声势汹涌，非捣乱欤？曰：议员在议场，以法律为范围，凡在法律以内，无论争辩至何程度，不得以捣乱名词加之也。专制政体之国民，其脑筋因压制而沉静。立宪政体之国民，其性质以进取而发扬。且议案非有反对之争辩，真理不出，一味随声附和，偏倚锢弊之患，必不能免。以吾国专制数千年，甫经改革，即能有此发皇活泼之议员，诚为吾国民族之特色。所惜者，不能人人尽有此发扬之精神，国民不能遽脱专制沉靖之锢习耳。不然者，各国议员辩论之猛烈，比之吾国议员尤甚数倍，亦谓其为捣乱耶？高丽、印度，其国民沉寂，奄奄无生气。我国会议员应学高丽、印度之态度，以代表我国民耶？否则，应如袁氏之参政院，听一人指挥，馀皆毫无生息，令之起立则起立，政府欲如何便如何耶？总之，官僚扰乱，议员则反对其捣乱，国人不能于"捣乱"两字为实际之分辨，直不啻赞成官僚捣乱，此国家所以有无穷之乱也。

夫我中国官僚之万恶，国人所公认也。革命几次，未能扫除，亦国人所深知也。而以国会独当其冲，前有劲敌，后无声援，此时所可虑者，议员为官僚软化，竟与官僚同恶相济耳。乃除少数趋附官僚，其馀大多数议员，艰苦卓绝，始终与官僚相抗。则议员之不容于万恶官僚，即议员之无所愧对于我民。然犹于无可责备之中，强为苛责之词，曰未厌人意，曰亦不能辞责云云。今且不必深论，姑为极浑括之解释为问，两次开会，每次不过数月，即一区区工商事业之组织，于此极短时间，处此极难境遇，尚不能有所成功，而谓国事之重大，能如是之易易耶？即谓国政阻碍，咎在议员，试计民国六年以往，国会开会两次，共仅年馀，其未有国会之数年，其政象究果何如耶？是则责议员之功，而功不能如是之速成；责议员之罪，而国会解散现象亦复如故，且尤加甚焉。官僚以诬毁议员，为破坏民意机关之狡计,我国民其可以恍然大悟,不再堕官僚欺诈之彀中矣。

今请以极简明之词,敬告国人:如以官僚万恶,议员反对之为罪耶,则国会自今不必赘设,且辛亥革命为多事,更不必虑及国家危亡与民生痛苦之若何。如以官僚万恶,议员反对之为是,而以未能破除官僚为咎耶,则国民应竭力援助国会,不宜妄附官僚,以减弱国会之实力。盖官僚病国殃民,为国民之蟊贼,国会代表国民,以反抗官僚,为国民之武器。官僚欲战胜国民,不得不先毁灭国民之武器。不谓国民竟受官僚之愚,亦从而毁灭之。此官僚势力所以日见膨涨,国政所以弥形败坏,国内变乱所以环起无已也。厌乱者我国民,酿乱者亦我国民也,岂不痛哉!果我国民秉正确之舆论,援助国会,以驱除官僚乱国之源,不独国会议员之幸,国家生存发达,实利赖焉。谨以一切真相,敬为国人告。

《孙洪伊胪举国会议员真相敬告国民书》,上海《民国日报》1918年1月18日至20日

致唐继尧等电

(1918年1月19日)

滇督军署参谋处唐萍〔冀〕赓转唐联军总司令,贵阳刘督军,重庆王电轮军长、顾小斋军长,并转各军长及师、旅、团长鉴:义军讨逆,所向有功,既克长沙,复下重庆。北军屡败之后,人无斗志。前以各督皆图自保,决无敌力。天津会议,不过虚张声势,兵力饷项,

空不足言。洪伊武人，与各军疏通，知之最稔，幸勿为其所动。并望将川事解决，出兵宜昌，与荆、襄联络，进规武汉，远震汴、洛，庶有根本解决之望。季文、宇镜、芷塘、霭霖、静安，并望转达。孙洪伊。皓。印。

《孙洪伊催唐继尧等出兵宜昌电》，《护法运动》，第982页

答《顺天时报》特派记者问①

（1918年2月20日刊）

现在方针依然，非褫夺两段及龙济光之职决不罢兵。且拟进而排斥王士珍、冯总统。即与西南各省共行动之官僚系人物，至最后亦当设法使之全灭。此际断不言和，非令北方乞降，则不罢休。

《孙洪伊之气焰》，《顺天时报》1918年2月20日

致孙中山等电

（1918年2月20日②）

广州军政府仲恺、展堂、精卫、季陶，并转光〔先〕生鉴：报传粤中又发生督军问题，远隔莫名真相。惟观推举之电，仍出自李，于龙祸颇同臭味。莫为桂军之较良者，苟能敛其骄气，尚宜示以诚

---

① 此为记者对孙洪伊意见的概述。

② 此为收电时间。

心,使之公□□护法,就我范围。军府蒸蒸日上,此时对莫宜予维持,以收桂人之心,而弭孽龙之□□□可取傍观态度,或致桂军心灰,向北求和,转害大局。尚祈先生察纳,力为消弭,盼示复。洪伊、介石、人杰、震麟、谦同印。

《孙洪伊等陈述军政府对桂军应取之态度致国父电》,《革命文献》第49辑,第136页至137页

申明护法之通电

(1918年2月25日)

各省议会、教育会、学会、商会暨各团体、各报馆公鉴:夫共和政治者,民众政治也。共和立宪政治者,议院政治也。自奸人肇乱,破坏约法,毁灭国会,西南护法而兴师,北军反戈以响应,兵连祸结,数月于兹,调和之声,停战之议,应时而起。洪伊无似,亦尝私心窃祷,冀复和平。顾欲求和平,自宜为百年之大计,建不拔之国基,岂可图旦夕之苟安,养无穷之巨患?

欲筹消兵之策,须知启衅之由。夫民国成立,于今七年,而共和国体,迄未确定。质言之,盖犹在共和与非共和战争之间也。何则? 君主国家,主权在于皇帝。民主国家,主权在于全体国民。而全体国民不能尽人直接参议政事也,所以表现人民之总意者,厥惟国会。国会能为一国政治之中枢,则民国在;国会不能为一国政治之中枢,则民国亡。吾国数年以来,乱法之武人,附势之官僚,及主张开明专制、贤人政治之政论家,跋扈恣睢,摧抑国会。在国会开议之日,已不能行使其职权。今更悍然

解散，并形式而亦去之。我人民所公有之国家，攘窃之以为彼辈所私有。一国重心，寄之一二武人，其与专制君主夫复何异？岂必待袁氏称帝、张勋复辟，而后谓之民国既亡也哉？此为还我共和，不得已而战者一也。

国人迷于人治，略于法治，致彼握有重兵之袁世凯，得因缘时会，窃掌政权。段氏、冯氏继之，席彼淫威，袭彼故智，弁髦法律，刍狗人民，其凶悍更过于袁氏。纲维溃决，洪水其来。循此以往，将见总统之选举，不问议院之得票多寡，一以军人之拥戴为衡；总理之进退，不论议院之信任如何，一以军人之向背为断，此攘彼夺，甲起乙仆。我国民昔尝以墨西哥之变乱引为殷鉴，而岂知五将军兵争总统之惨剧，行将复演于吾国也！或且争之不胜，引用外力压制政敌，国之存亡，一无顾恤。今之军械借款、币制借款，其见端耳。此为安我国家，不得已而战者又一也。

民族竞争，于今为烈，胜则繁昌，败必衰落，此无可逃之公例也。吾国历代民贼，以民为奴隶，国为私产，怀柔政策、愚民政策、压制政策，相济为用。而民政废弛不修，民权削夺以尽，黄炎华胄已渐入于劣败淘汰之中。今幸革命告成，有代表民意之国会制定宪法，力张民权，改组政府，革新庶政，挽将绝之国命，延一线之生机。乃冯、段诸氏，复肆彼专制之焰，夺我参政之权。哀我国人，竟常此憔悴忧伤于彼虐政之下。民德偷薄，民智窳劣，民生困穷，无术以救济之。欧战罢兵而后，列强民族，其势力之澎〔膨〕涨，必更过于今日，其压迫我也将益甚。而此奄奄就毙之人民，岂足与于生存竞争之列，亦长沦于万劫不复已耳。此为卫我民族，不得已而战者又一也。

中外人士，多囿于固陋之见，妄相推论，或目为南北之战，或疑为党派之争,岂特昧于共和之原理,亦皆盲于吾国之政象者也。夫国会不复,则政本不立;政蠹不去,则国难未已。不一劳者不久佚,不暂费者不永宁,战争之痛苦在一时,隐忍则祸患无穷极。所冀爱国士庶、先觉名贤,主张正义,勿惑群言,念共和缔造之艰,懔匹夫有责之义,务使民众政治固其始基,议院政治征其实效,克竟护法之全功,永获和平之幸福,则子孙万世,实利赖之。临电不胜惶悚之至。孙洪伊叩。有。

《孙洪伊申明护法之通电》,《申报》1918 年 2 月 26 日

致孙中山等电

(1918 年 2 月 27 日刊)

广州孙大元帅、国会非常会议、伍秩庸先生、唐少川先生、莫代督军、程海军总长、林海军总司令、李协和总司令、陈竞存总司令、张、方两师长,南宁陆巡阅使,长沙谭联军总司令、程总司令、赵师长、刘镇守使、林旅长,云南唐联军总司令、刘代督军、章太炎先生,贵阳刘督军,重庆顾军长、王军长、熊镇守使均鉴:义军飙举,南北景从。鄂皖誓师,崤函嗣响。山倾钟应,士气激昂。陕西靖国军司令曹世英、胡景翼等义旗高揭,远播声威,现已收复长安,旌旗东指。惟陕省僻在西北,声援较远。辛亥之役,亦以地势所限,未能与东南各省联络进行。此次护法,精神本属一致,尚希诸公互为提携,指臂相依,共襄大举。形势虽殊,存亡所共,无衣可诵,披发有邻。临电殷殷,诸维鉴察。孙洪伊叩。

《孙洪伊为陕西军事致西南电》,上海《民国日报》1918 年 2 月 27 日

致林葆怿等电[①]

（1918 年 3 月 1 日）

广州军政府林悦卿司令暨海军全体将士鉴：勘电惊悉程公遇害，昊天不吊，丧我元勋，属在同人，曷胜痛悼。所冀罪人早获，以慰英灵，将士一心，完成大业。临电悲愤，不尽欲言。孙洪伊、居正、丁仁杰同叩。东。

《孙洪伊与广东来往电稿》，《申报》1918 年 3 月 2 日

致孙中山等电

（1918 年 3 月 5 日）

广州国会非常会议、孙大元帅、伍秩庸、唐少川先生、莫代督、林海军总司令、李协和总司令、陈竞存总司令、方、张两师长，南宁陆巡阅使、长沙谭联军总司令、程总司令、赵师长、刘镇守使、林旅长，云南唐联军总司令、刘代督军、章太炎先生，贵阳刘督军，重庆熊镇守使、王总司令，成都石、吕两司令，襄阳黎师长，南军〔京〕李督军，南昌陈督军，武昌王、范总司令，武穴冯旅长均鉴：自权奸当道，荡灭纪纲，国本贴危，时艰孔亟。我诸公护法兴师，用张挞伐，

---

① 2 月 26 日，广州军政府海军总长程璧光遇刺殉难。28 日，军政府致电孙洪伊通报情况，并告海军事务由林葆怿主持。

303

奸除政慝,保障民权,大义昭彰,神人共鉴。近传有德兵入境之说,言者或谓外患急迫,宜息内争,而北京政府遂借资恫吓,欲使我轻弃护法主的,就彼范围。夫外患既已急迫,何不速复民意机关,与国民共此艰难。盖国家遇有非常事变,必先召集国会,共决大计,同负责任,此世界立宪国之通例也。今乃藉口外患,捐弃国会,任彼独夫政府,冀图有功。是外患未消,国本先拔,洪伊愚昧,窃所未喻。

夫君主国家所以维系之者,在乎名分。民主国家所以维系之者,在乎法律。法一倾则国无与立矣。我国自辛亥以后,跋扈军人,几半全国,使法一破而不复,更何术以持其后?民国二年,袁氏以雷霆万钧之力,逼散国会,事历三四年之久。然丙辰一役,不旬月间,卒使约法、国会恢复旧观,天下乃晓然于法律之尊,立法机关之重。今以黄陂被胁,步军统领副署之一滑稽乱命,而强天下承认为有效,是直欺侮我国民,使数年拥护法律之功,隳于一旦。纲维溃决,内乱安有已时?墨西哥僻处美洲,分崩离析,国祚犹能仅存。而吾国在列强环伺之中,不幸蹈彼故辙,恐欲求如墨西哥,亦不可得矣。此以法律言之,不能不恢复国会者一也。

制定宪法,选举总统,承认内阁,三者皆国会之特权。国会不复,宪法制定无期,国本永难大定,正式内阁莫由成立,总统任满无术选举,对内对外,国家必陷于无政府之危境。且北京当局,无非强盗诈骗一流,争权攘利,作奸犯科,诈财害民,卖国媚外,苟有以餍其个人一时之欲壑,无所不忍,亦无所不敢。数月以来种种,罪恶昭彰,已为从古所未有,非速有立法机关为之补救,国之沦亡,尚待外人之坚甲利兵哉?此以政治言之,不能不恢复国会者一也。

我军倡义之信条，厥惟护法。息壤在彼，必无食言。使仅以军权、政权之分配，遽尔罢兵，则以义始，而以利终，何以自解于天下后世？况国会改选，段党挟其金钱、武力以争议员，必能于议席占有多数。彼专很险毒之段氏，得所凭借，复掌大权，而立法机关与行政机关同恶相济，挟中央以临诸将，肆行报复，必无一人可以幸免。或以调京，或以褫职，甚且受囹圄之辱，膺斧钺之诛。袁氏已事，可为殷鉴。拒之则势逆而名不正，顺之则身亡而国亦危。血战经年，所赢得者，只一人为刀俎，我为鱼肉之结果，此岂诸公之始志哉！此以我义军之名誉、利害言之，不能不恢复国会者又一也。

夫用兵之难，远征为甚。彼得格勒与海参崴等相距万里，仅恃一线铁路为运输。亲德敌德，俄人既未尽降服，雄视东亚，日本又必与争衡。前有劲敌，后有隐患，长驱深入，危险何如？拿破仑之覆辙，德人宁不虑此？德、俄果真一致，边陲纷扰，诚所不免。若谓战场即移至吾国，岂短期三数月间之事？且吾国民亦思此外交局面何由造成。宣战之声，去今未远，吾民虽善妄想，亦尚能记忆彼恶劣政府，方日求卖国自肥之不暇，载鬼一车，长夜冥行，尚望其折冲御侮乎？

夫一致对外之说，袁世凯时代久矣耳熟能详，卒亦何有丝毫效果，徒为奸人窃柄之资耳！要之，内政不理，外患必无抵御之策，且因外患愈急，内政之改革，更不容稍缓须臾。使误听危言，率为让步，则倒持干戈，授人以柄，吾恐义师投戈之日，即民国属纩之时矣！临电迫切，不知所云，伏希鉴察。孙洪伊叩。歌。

《孙洪伊为国会问题之通电》，《申报》1918 年 3 月 6 日

为国会问题之通电

（1918 年 3 月 10 日）

各省议会、商会、农会、教育会及各团体、各报馆均鉴：此次战祸之启，肇自段党非法破毁国会。护法军之兴，实为国会而战。今欲求战事之解决，自以能否恢复国会为断。海陆各军之宣言具在，此我中外人士所共闻共见者也。

乃今北京当局，袭袁世凯故智，借口外患急迫，一致对外之说，诱我义军。而一般忧时之士，亦有欲弃置护法主的之国会，以苟求讫事者。无论外患是否迫急，今尚未能断定，即使所传不谬，则立宪国通例，国家当有非常事变，必先召集国会，与国民共商大计，同负责任。盖所谓政府者，非仅一行政机关足以当之，必合立法机关，乃能完其效用。去其一而存其一，在平时且不能，况外患凭陵而欲折冲御侮乎？

且夫今日之争，匪第国会之存废，实关法律之存亡；匪第目前战事之胜负，实关今后国家之治乱安危。国于天地，必有与立，所谓国本是也。君主国家，以君主为国本，一切制度学说，必惟尊君。故虽至于植遗腹，朝委裘，而天下不乱。民主国家，以人民为主体，民之代表机关，即惟国会。吾国人承袭君制馀想，或误认总统在国会之上，不知总统乃国会所产出，国本实为国会而非总统。必使国会于法律上有所保障，不可动摇，而国家乃有所托命，不至于乱。

今言恢复国会，犹是从俗之词。民国根本大法，厥惟约法。

约法无解散国会之规定,政府即不能有解散之行为。是国会于法律上固依然存在,特为暴力所阻,不能开会耳。吾国旧说以纲常名教为一国之大防,专制时代所以维系者,胥赖于此。今既无有人焉能具此绝大势力,使引而反之一人专制,则此神圣尊严之国法,即今日之纲常名教,安得妄行毁弃?以三数跋扈武人,称兵迫胁,遂能推倒国家之最高机关,则国本必陷于颠覆破毁而不可救,而国家更何恃以图存乎?远蹈唐季藩镇之辙,近成墨葡争扰之局,外患乘之,国亡无日,虽有盖世英豪,恐亦无术以善其后矣。

夫袁氏欲谋帝制,必先迫散国会。段氏欲专政权,亦必毁灭国会。彼奸人所视为寇仇,即吾民所倚为保障。自国会破散以来,北京当局盗卖国权,朋分财贿,颠倒法纪,秽乱名器。种种行径,直等于盗劫,而岂复一国政府之所为?使国会而在,何至漫无顾忌,倒行逆施,至于此极。且言论、出版、集会、结社等等自由权利,凡吾民所应享者,无不被剥夺以尽。而税法烦苛,金融紊乱,商业凋敝,民生困穷。行政长官惟知罔利,地方自治靳而不予,举凡一切民政,不独不能实行,且已不复议及。此种惨毒之现相,以国会解散后为尤甚。其接于吾民之耳目者,惟有恶劣政府据于上,骄兵悍将横于下,三数叛督操弄政局,湘、鄂、川、滇构兵未已,而奉军又以截械逼京见告矣。苟挟有一师一旅之众,皆可横行无忌,莫敢谁何。是前屈服于一人专制者,今且将屈服于无数专制魔王之下,吾民其尚有噍类乎?

盖法律失效,武力横行,其祸必至于此。而迁流所及,且有千百倍于今日者,兹特其见端耳。法律与武力不能并立,国会复则法律胜,不复则武力胜。法律胜则国本有托,武力胜则大乱靡已。千里毫厘,争此瞬息。迩来关于国会问题,意见纷歧,莫衷一是。有主以旧法召集新会者,有主改选众院存留参院者,有主借地方势力之分配以为交换者,更有主开联邦会议以期消灭此争执于无形者。在言者或亦有委曲求全之苦心,而每一议出,士论哗然,终不足以餍国人之望。

盖政治为相对的,或可通融;法律为绝对的,必难假借。且民主国之主权在民,欲求民主政治之实现,则必尊重代表民意之国会。今之为调和说者,大抵皆误认特殊势力,而以武力为支配民国之中心,民主国家一变为军主国家。而附会迁就,怪诞离奇,非欲稍变形式以破坏约法,即欲助长武力以分割民国。如熊氏联邦之说,则实惧据有中央之一二人不能尽吞民国,而欲分之各省,使各尝一脔也。君制既亡,举国皇皇无所归,适袁氏、冯氏为总统,则以为主权在于总统,段氏为总理,则又以为主权在于总理,卒则均归败裂,而国亦并受其害,今又骎骎乎移而寄于督军矣。民主之大义不明,其为祸岂有极哉!

今俄国之内乱未已,其党人之势力岂足以扰我边疆?德俘虽夥,而充实军备亦岂易集?况欧洲大战方急,德人亦安有馀力,遽能大举东来?是外患之究竟,尚在不可知之数。使吾民先自张皇失措,捐弃国会,颠覆国本,陷国家于永远危乱之中,岂爱国者所应出此!诸公法律名家,政治泰斗,与国家有休戚之关,于社会负指导之责,尚望惩前毖后,深维始终,立议院政治之始基,奠民主国家之大本。共和命脉,争此一发。敢布腹心,伫候明教。孙洪伊叩。灰。

《孙洪伊为国会问题之通电》,《申报》1918 年 3 月 11 日

致《亚洲日报》函

（1918 年 3 月 10 日）

　　径启者：顷读三月七日、九日贵报所载广州通信《程璧光被刺之面面观》，于程氏被刺后之情形，颇称详尽。惟通信中所载被刺之原因，尚有不甚翔确者。鄙人虽旅居沪上，未尝赴粤，然于粤中半年来之真相，尚能明了。贵报所载，既于事实未能吻合，故敢函告，并希速为更正，以增贵报翔实之价值。

　　查程氏自南下后，即率海军第一军舰赴粤，与孙中山在粤召集国会议员开会。并由非常国会组织军政府，举中山为大元帅，程氏即连任为海军总长，万众一心，共举护法之师，力靖国难。程氏于海军任务克勤厥职，劳怨不懈，与军政府如指臂之相依。此次猝遭惨祸，军政府如失手足。即在国人，孰不同声痛悼，思早日捕获正凶，以慰忠魂。而中山先生素于程氏尤为长城之倚，此次被刺后，即悬赏缉凶，隆以国葬；一面将所捕嫌疑人，交由广州法庭从严侦查，冀得正犯。是中山之于程氏，方哀悼之不遑，何至转涉嫌疑，致遭诽谤。而据贵报广州通信，似程氏之被刺，纯由中山指使，且罗织种种无聊之琐事，以为证明。一则曰记者从过去事实观之，不能不疑及所谓大元帅之孙文；二则曰传单所载诋程各语，是故为不满意之词，代孙卸责，明眼人当能辨之等语。夫程氏被刺后，虽正犯尚未就获，但既由法庭侦缉，究系何人指使，不日当可破案。何以贵报竟确指，为孙氏所指使？鄙人非欲预为中山辩护，第以报纸为舆论之代表，凡属真相未明之事，只能就已发生之事实登载，不容加以臆度，任意诬指。

若以程为总长，不尽力于军政府，中山因以含恨，则总长岂仅程氏一人？即鄙人亦由军政府任为内务总长，未曾赴粤就职，中山亦将致怨于鄙人耶？且所登中山与程氏不睦原因数端，其中情形尤多误会。道路传闻，颇有谓自军政府成立后，孙、程感情不甚融洽者。粤中情形复杂，此种流言，往往而是，亦不仅孙、程二人为然。纵使孙、程即有不睦，以中山为人光明磊落，无论如何，万不致出此卑劣手段，竟于军政府之阁员，而有买凶行刺之事。至谓程氏死后，于衣袋中发见信函，及诋程氏之匿名传单，皆足为证。不知此种匿名函单，无论何人均可造作，更不足为铁证。且本案已在广州法庭侦缉之中，自当待法庭正式之裁判。报纸有扶导社会之天职，何能于法庭未判决以前，预为罗织，有意栽诬。如贵报所载，何以异是。故入人罪与毁人名誉，法律俱有专条。贵报既据广州通信登载，是贵报与该通信员应负同等之责任。

素仰贵报主持公论，故敢函告。请迅为改正，取消七日、九日所载通信，静候粤省法庭依法缉办，勿为流言所感，致淆观听，不胜企荷。专此，顺颂著安。

《孙洪伊致〈亚洲日报〉函》，上海《民国日报》1918 年 3 月 11 日

致上海《民国日报》函

（1918 年 3 月 10 日）

主笔先生执事：径启者，顷阅《亚洲日报》，三月七日、九日广州通信载有《程璧光被刺之面面观》一节，所载事实，多有未合。颇虑

不仅真相不明，且转滋多数人之误会，兹已函请更正。事关公谊，并非为个人辩护。谨将敝函抄送台端，如蒙采登贵报，尤为纫荷。顺颂著祺。孙洪伊启。三月十日。

《孙洪伊致〈亚洲日报〉函》，上海《民国日报》1918 年 3 月 11 日

致孙中山等电

（1918 年 3 月 25 日刊）

广州国会非常会议、孙大元帅、伍秩庸总长、张藻林总长、胡展堂总长、莫代督军、林海军总司令、李协和总指挥、陈竞存总司令、方韵松总司令，南宁陆巡阅使，长沙谭联军总司令、程总司令、赵师长、刘镇守使、林旅长，四川行营唐元帅并各军长，云南刘代督军，重庆章太炎先生，贵阳刘督军、王电轮军长，成都熊督军、黄代省长并转川军各司令，陕西靖国军胡、曹、郭各司令，宜昌靖国军黎总司令，南京李督军，南昌陈督军，武穴冯旅长均鉴：岳州蹉跌，敌势益张。推原其故，由于彼方决心在毁弃约法，剿灭西南。迹其诪张为幻，节节言和，节节备战。当长沙克复之后，则托言调和，以阻我攻岳，而剪我荆襄，逼我高雷，则着着进行。当岳州克复之后，又托言调和，以阻我攻鄂，而曹、张之师，络绎南下，厚集兵力，以求一逞。岳州未陷，则云非得岳州，不得言和。岳州既陷，又云非得长沙，不得言和。由此以推，势非两粤、云、贵全入彼手，终无已时。

要之，叛国之徒，其视约法有如废纸，其视西南有如异类，其计至毒，其意至显。窃念义师建斾以来，分道出兵，所向无前，今虽偶挫，决不足以沮三军之气。且经此一挫，益使天下晓然于彼方之无

诚意,而调和之无望。众志既一,用力更专。尤望固结团体,速谋统一。内力既充,外侮自戢,则最后之胜利,终当归于义师。谨布区区,尚希亮察。孙洪伊、汪兆铭、王正廷、谢远涵、周震鳞、李素、田桐、吕复、汪彭年、易次乾、刘成禺、陈九韶、彭介石、赵世钰、万鸿图、丁仁杰同叩。

《孙洪伊汪兆铭等致护法军之通电》,《申报》1918 年 3 月 25 日

致徐谦、廖仲恺电

(1918 年 3 月 25 日)

季龙、仲恺两兄鉴:曹、段相约,李、陈、冯、王、范[①]皆软化,段氏复出,所图无不失败。然事机将来,莫能预定,力所能至,仍策进行。此间极困,几不能维持现状,望即商请先生速为接济,不胜盼企。洪伊。有。

《孙洪伊为运动北军失败致徐谦、廖仲恺电》,《革命文献》第 50 辑,第 251 页

致护法诸军电

(1918 年 3 月 30 日)

广州国会非常会议、孙大元帅、伍秩庸总长、张藻林总长、胡展堂总长、莫代督军、林海军总司令、李协和总指挥、陈竞存总司令、

---

① 李、陈、冯、王、范五人分别指李纯、陈光远、冯玉祥、王汝贤、范国璋。

方韵松总司令，南宁陆巡阅使，衡州谭联军总司令、程总司令、赵师长、刘镇守使、林旅长，四川行营唐元帅并各军长，云南刘代督军，重庆章太炎先生，贵阳刘督军、王电轮军长，成都熊督军、黄代省长并转川军各司令，陕西靖国军胡、曹、郭各司令，宜昌靖国军黎总司令，南京李督军，南昌陈督军，武穴冯旅长均鉴：岳、长失陷，段氏再窃政权，以三数武人督军公推内阁，实为古今中外所创闻。袁世凯由劝进而为皇帝，今段祺瑞乃由劝进而为总理，可谓愈出愈奇。且颇闻此次段氏之出，实借外力。或谓冯氏受某使劝告，或谓某国以某项交涉要挟冯氏。彼处心积虑以谋我国者，夫复何责。而段氏丧心病狂，为虎作伥，我国民其安能忍与终古也。

夫吾国自古立国信条有曰：生民有欲，无主乃乱。主者自单狭义言为君主，自普遍义言，则发动主权者而已。君主时代，主权发动于君主，而以纲常名教为范围人心之大防。历代贤哲，成仁取义，至不惜以身命徇〔殉〕之者，胥是物也。自国体变为民主，代表人民以执行主权者厥惟国会。而一国根本大法，即等昔日之纲常名教，凛然而不可犯。段氏以武力倒国会，毁约法，比于旧时权奸篡弑，事虽稍异，而厥罪维均。且吾国年来国是之不定，皆由腐败官僚与跋扈武人蟠结把持，以为之梗。此辈本专制遗物，其思想知识与今日世界进步思潮，根本上绝不相容，故一切新式政治，必摧残斩灭以尽。已往事迹，历历可证。

近世文明各国，新势力战胜旧势力已成公例。今不能使此不正当势力降服于国法之下，而不复为恶，则不独国家无由发展，灭亡且可翘足而待。故今日之事，在法律上为讨逆诛叛之战争，在政治上为进兵〔步〕主义与顽旧派之战争。战而捷则国命有托；苟其不捷，则吾国民宁殉国家而死。正义不亡，犹必有复伸之一日。昔千六百四十二年英国之革命,国会军迭为王党所挫,卒以克林威尔一军转败为胜,而查理一世乃宣告死刑。美利坚之独立,血战八年,英兵屡战屡捷,独立军之不覆灭者仅矣,乃以约克一战而合众国遂用成立。可知国民战争,武力必终诎于公理。盖顺逆曲直,即胜负所由判,最后之胜利,固当属之义军。

段氏以国法不赦之身,日暮途远,倒行逆施,挟叛军为爪牙,拥强藩以自固。何进之召董卓,大乱方始。崔胤之托朱温,行将自及。又复假助外力,以快己私,甘夷国家于印度、朝鲜之续而不少顾恤。吾人试一思,今后之国家当复成何景象?愚衷耿耿,誓不与逆党共戴天。一息尚存,义无反顾。诸公护法卫国,百倍洪伊,必能贾厥馀勇,锄兹强梗,再接再厉,不屈不挠,以大憝驱除之日,为义师囊甲之期,则国家幸甚,吾民幸甚。孙洪伊叩。陷。

《孙洪伊致护法诸军电》,上海《民国日报》1918 年 4 月 1 日

致吴景濂函

(1918 年 5 月 8 日)

莲伯先生大鉴:啸云兄来,并奉惠书,敬悉一切。改组问题,既经孙、唐、陆诸公询谋佥同,行见西南各省,将有名实相副之统一机关,为进行之枢轴,弟等自当尽力赞助。先此奉复,并容代达同志诸君,各抒所见,以收集思广益之效。馀事续陈,敬候荩安。孙洪伊、王正廷、汪兆铭。

《王正廷、孙洪伊、汪兆铭就军政府改组事致吴景濂函》,《北洋军阀史料 吴景濂卷三》,第 149 页至 150 页

致国会非常会议电

（1918 年 5 月 11 日）

　　广州国会非常会议议长吴莲伯先生暨议员诸先生均鉴：改组军府，以谋统一，苦心经营，极为深谅。惟有一最要问题，即孙、陆、唐诸公经此更张之后，能否水乳交融，协力一致是也。今既未尽得各方同意，陆、唐来否，尚不可知。孙大元帅今已求去，护法根本动摇，国人之疑团斯起。

　　至谓公等被人利用，为德不终。其指摘之点，大致有二。一谓自护法军兴，其精神真至生死以之者，以中山为最。而军政府由国会非常会议产出，实即义军之中心。今之主张调停一派，每谓法律可以让步，国会可以牺牲。识者方群讶之为不祥，拒之惟恐后，而乃自坏长城，先摇大本。试问此后护法目的，将凭何保障贯彻始终？此就政治言，在国会实为自杀之举也。一谓当逆党解散国会，举国噤声，自中山首挈海军，倡义粤疆，而护法大义，始昭然于天壤。数月来艰难缔造，成绩彰彰，如收回盐款，为正式国会筹措经费等，中山之所以为国会者，不可不谓不至。乃喘息未定，排挤随之，若不甘容与有一朝立足之地者。此就议员言，当亦有自维心疚者也。以上所论，于公等用心，自不无误会之处。惟区区之意，则有不得不敬陈于左右者。

　　夫军人所恃以为生命者在枪炮，而吾辈所恃以为生命者在正谊。西南诸将士血战经年，劳苦功高，为国人所同仰。然苟惟各省权利之争，而无护法以为之帜，则段氏挟五倍之众，十倍之械，以临西南，安能与之抗衡而不败？惟举国人心舆论之所归向，而北方将士甘心牺牲其生命地位以谋策应者，且所在皆是，此岂徒战胜攻取之所能为功？我西南诸公盖一细察其故，即觉此中有不可磨灭之正谊在也。今天下事尚不可知，而先将诚挚纯洁艰苦卓绝之中山排除以去，是使天下义士闻之寒心，而护法前途益增危惧。谚云："种瓜得瓜，种豆得豆。"此时种此恶因，异日西南诸公，恐亦将遗噬脐之悔矣。

先正有言：敌国盗贼不足患，独是非不明，足以亡国而有馀。国会为国家最高机关，人民表率，若不能扶植正谊，而复趋附强权，岂独为志士之羞，抑且贻国家之害。洪伊护法如命，此心无他，心所谓危，不敢不告。惟望公等熟审是非，权衡利害，及时挽救，永绝祸源，则民国幸甚，国会幸甚。孙洪伊叩。真。

《孙洪伊君为改组军政府致国会电》，上海《民国日报》1918 年 5 月 17 日

为中日新约致全国通电

（1918 年 5 月 24 日）

各省省议会、商会、农会、教育会，各团体，各报馆暨南北各将士均鉴：自亡国秘约发现，我海内外绅商政学团体奔走呼号，力竭声嘶，乃段氏充耳不闻，悍然签字，是直以四万万人公有之国家视为私产，而自由鬻卖也。

夫缔结条约，以两方国家之利益为基础，而以经过合法之机关为要件。此稍明国际事例者，皆能言之。彼以公同防敌为标榜，出兵既不成问题，则其前提已失。所谓条约，特非法政府一金钱、军

械之交换条件耳。段氏借此以博外援,日本政府借此以与段氏为市,目的专在个人利益,与国家何与?是结约之基础,根本上已绝不存在。昔普法战役,巴黎既已降服,普相俾斯麦声明必法国召集国会,然后缔结和约。其理由谓民主国家,政府当局可以随时更迭,惟经过民意机构,乃能持续其效力。吾国约法明明规定,条约须国会同意,政府无单独结约之权。况北京并非合法政府,段祺瑞蹂躏约法、国会,国民方群起讨之,名为总理,实一纯粹私人,且为国法上犯罪之私人。所谓内阁,亦只视为私人结合之团体,安能代表国家,而为国际上之法律行为?

今日进步之外交,以国民意志为中心,谓之国家的外交,毋宁谓之国民的外交,安能以一二官僚武人之结纳,置大多数意志于不顾。在日本政府,以为昔之施于朝鲜者,不妨施之于我。抑知中国之国家及国民,决非朝鲜可比。行险而侥幸,无故自扰,引起相互间之国民敌视,以种将来不可解之恶因。我国不幸,即谋我者庸能独利?而以列强利害关系之故,且将蹈巴尔干已往覆辙,相胥投入于国际漩涡之中,而无能自拔。破坏两国根本之亲善,扰乱东亚永远之和平,皆由此一举以为导火线矣。故彼中有远识之人士,亦引为大惧。其言论见于报章者,往往斥其政府为无谋。而段氏蔽于私利,听人穿鼻,方且自欺欺人,借口军事秘密设辞作伪,以期涂饰一时,岂以国民无耳目知觉,而可任其蒙蔽者。

要之,此等秘约,无论于国法上抑国际法上,仅为一种私人行为,吾民不能认为有效。惟我忧国仁人,救时豪俊,急起声讨,歼此国贼,然后组织合法民意政府,荡瑕涤秽,一新亲仁善邻之局,则国家幸甚,东亚幸甚。孙洪伊叩。敬。

《孙洪伊为中日新约之通电》,上海《民国日报》1918年5月25日

致吴景濂函

（1918 年 6 月 28 日）

　　莲伯仁兄左右：馨吾、啸云、越钟三君返沪，奉读大札，敬悉种切。我兄艰苦卓绝，卒使国会能达正式集会之目的，仰见热诚毅力，无任感钦。吾辈同人居今日而言救国，舍速集国会外，实无第二方法。敦劝议员南下，为吾人应尽之责。近接北京来信谓，研究系议员亦多数将南来与会，是人数问题似不足虑。弟所虑者，惟护法诸公之精神是否整齐坚定，实为生死之关键也。

　　前以退兵及不反对恢复国会两事，商之曹督，已经定约，近忽变计，又复助段为虐。据在津友人函述，曹氏变计之原因，固由于权利之私，为段氏所诱，而尤以粤中内部纷扰，断定必败，为受段氏运动之主因。曹氏之反复，虽不能逃责，然西南内部自相歧异倾压〔轧〕，致启敌人窥伺之野心，前路艰难，此我护法诸公所宜猛省者也。

　　北方将士，大半与我暗表同情。前次长、岳、衡山之失败，皆南军无故自退，非敌军之难抵御。迩来北军将士，厌战已极，段氏卖国，同深切齿。果使南方将领稍能振作，不难恢复前功，进逼武汉。将来胜负之分，不在敌军，而在护法诸公之自为何如耳。倘仍彼此猜忌，互相倾轧，则大局败坏何堪设想，个人权位更无可言。

　　故鄙意甚望护法诸公，捐除意见，一致团结，勿再梦想和平，误蹈敌人陷阱。且勿以目前小利，自启争扰，同心努力，杀此国贼。倘邀天幸，克奏肤功，国家固受其赐，即诸公个人权位，国人亦自有相当之酬报也。弟力所能至者，自当竭尽棉薄，以为诸公之助。

此次护法之成败，关系国家之存亡，非仅关系于国会而已。务望我兄于经营国会之馀，以愚虑所及者，为护法诸公苦口陈之，不胜感盼。专此布复，敬颂议祺。弟孙洪伊拜启。六月廿八日。

《吴景濂函电存稿》，《近代史资料》总第 42 号，第 11 页至 12 页

答戊午编译社记者①

（1918 年 7 月 13 日刊）

（先生从前尽力赞助西南，愿闻此后之意见如何?）余以护法主义赞助西南，始终只认定护法两字为标准。西南不变更护法之主张，我辈赞助之责任，当然不能卸去。盖以吾辈国民托命于国家，国家之生命又系于法律，法律不存，则国家乱，而国民之生命，举无所托。此义言之屡矣，兹请与君申言之。

从前君主专制时代，虽无所谓法治，然所恃以立国者，有纲常名教之大义。领袖一国之君主，即根据此大义，而为神圣不可侵犯。有侵犯之者，即为干犯纲常名教，国家乃以大乱。一时国人非大申讨伐，以复君主与大义之神圣，国家决无底定之望。此吾国人所夙知也。今易为民国，国体虽不同，然必有所恃以立国之具则一也。今所恃以立国者，何物乎? 约法是也。根据约法，以为一国主

---

① 戊午编译社刊发谈话时指出，去岁孙中山率海军赴粤，首倡护法，在此间竭力运动进行，与中山护法之声相呼应者，孙洪伊最为坚决。近来军政府改组，中山解职来沪，孙洪伊态度颇为外界关注。本社记者是以特别走访，探询意见。括号内文字系记者提问。

权之发动机者,昔为君主一人,今为国民代表多数集合成立之国会。是则今之法律,即前之纲常名教;今之国会,即前之君主之地位,均为神圣不可侵犯者。乃武人官僚大胆横行,破坏约法而逐走国会,其叛逆直与君主时代之乱臣贼子、犯上作乱者,毫无区别。其摇动国民,致一国于大乱,亦与君主时代之大逆不道相等。我国民舍大申讨伐,以复法律与国法〔会〕之尊严,又将何道以致民国之底定也?国人不知民国之大义,然以较之君主时代,当能知国乱之原,护法之义,不让于维持纲常名教也。

再譬之一人,固合五官百骸为一身,然为一身之维系者,经络也。统摄此经络,而司一身之命脉,则脑筋也。如去经络,毁其脑筋,人尚能生存否乎?今之法律即人身之经络,国会即一身之脑筋也。破一人之经络、脑筋,人不能生存;破一国之经络、脑筋,国之生命可知矣。国会破则法律破,法律破即民国破,民国破而国家失其生存之望。我辈国民,庸有生存之馀地乎?现时国民,言个人则不知国家,言国家而又不知法律,以为彼此均无何等关系。以为国会破坏,与法律无干;法律破坏,与民国无干;民国破坏,与国家无干;国家如何,又与个人无干,所以个人以外,均视为无关休戚之事。要知我辈所以殚精竭力,于护法者为国会,为法律,为国家,实则为国民个人生存之利害。既为个人利害之切身,护法之目的,不达不止。即赞助西南之意志,当更为坚猛,讵能丝毫游移耶?

(先生护法之旨,已承示明晰矣。然法律恢复,国会恢复,国家即可立见治安乎?)法律问题外,尚有政治问题。不过法律问题未解决以前,政治问题无从说起。既承询问,请略言之。

民国成立七年,屡次战争。谓为政见之争,实则皆为国体之争,尚未能到政见竞争地步。一国建设之道,千端万绪,非一言能罄。然就愚见所及，可于今日概言者，则此后政治当以发展民治与进步主义为绝对应取之政策。旧时政治学说，执单纯枯燥之国家主义，离国家与人民为二，甚且有愚民弱民，以保固国家者。袁世凯以来之中央集权政策，即脱胎于此，与近世立国主义大悖。盖国家本为人民生活之需要，始有此构造。既为人民而有国家，当然以国民发达为前提。而发达国民之方法，第一必予以充分之自治权能，即所谓民治是也。此以国家本义言之，应取发展民治主义者一也。且民主国既以人民为主权者，民权当然增大。不似君主政体，犹有君权，与贵族势力为之对待。袁、段与人民争权，犹是君主国家之思想，而洪宪帝制及督军团之祸所由起也。今非民治发展，决无可以巩固民国之基础者。此以国体言之，应取发展民治主义者二也。现世民族主义发达以来，世界各国无不促进国民之发达，合全体之国民以争生存，非以一政府之力，能与各国周旋也。设我不发达，国民之能力，无论不能产生良政府，即云政府良好，而以政府少数人，与世界国民之多数竞争，胜负之数，盖可知矣。此以外竞言之，应取发展民治主义者三也。

　　所谓应取进步主义者，世界日进者，国家亦日进者也。我国共和以来，纷乱自扰，绝无一步之进行，而反日形退步，此与生存竞争之公例适相反也。顾各国之发达，概在数百年数十年之前，今尚日进不已，我国即起而追之，终不免有前后悬远之势，是非人日百里，我日千里，不能有齐等之一日。我国腐败官僚，侈口即曰维持现状。凡国家财政、军政、民政，及所有教育、实业、交通诸大端，应整顿者不整顿，应进行者不进行，驯至百业荒颓，民生凋敝。司法不肯改善，而以官吏之鞭笞屠戮为当然；自治遏绝不行，而以人民与生番黑蛮相等视。凡所以发展促进民治、民德、民力者，斩绝净尽，是直守此朽废荒残之状态，委心任运，坐待他人之宰割而已。

今日去死图生之道，舍取进步政治，别无第二方法。然法律之尊严不定，民国国体不固，一切政治恶从着手。譬之一人，非发达其智识能力，不能遂其长养。然必先安其脑筋，固其经络，以定其身命，然后方能再谋发达。今法律摇动，国本倾危，直如树本之根，尚未能栽稳，发荣滋长之术，又何所施。是以今之护法为根本稳固也，以后之政治为发荣滋长之方也；非护法无以植其本，非政治无以为发达之具，二者只有先后之序。而今之护法实为最要之关键，如护法不能达到完满之目的，以后政治问题永无可望矣。

（时下主张调停之说者，谓国家为重，不妨牺牲法律，迁就以息国乱。先生以为何如？）息乱救国可也。牺牲法律，纵容叛逆，以为息乱之计，此长乱误国也。国乱将永无止息，国家从此断送，余绝对反对之事也。人有疾病，去病以谋平复，为当然之事。设以疗治为苦，一听疾病之伏留脏腑，潜害其血脉，曰此平复以救身命也。将来内亏已甚，外感纷乘，其人能生存否耶？乱固足以亡国，而牺牲法律，以任叛逆者之所为，在表面曰和平也，内容之乱，可胜言哉。此尤足以制国之死命，不过一为有形之乱，一为无形之乱耳。有形之乱，尚可死里求生。无形之乱，如人身之隐病在中，听其消耗破损，国家未有不绝对无望者。况牺牲法律，以言平和，是束缚国民之手足，一听叛逆者之支配。试问叛逆者之破国会以坏法律何为耶？非欲制国人之命，遂其横噬耶？强盗入室，主人与之格斗，而令束手听盗之所为，谓为一室之平和，格斗诚止矣，一家庸有幸乎？

且法律原为止乱之具，今牺牲法律，服从于武人专横之下，国民不与武人争，而能免武人与武人争耶？舍公守之法律，尽以武力为从违，所谓息乱者，非大长其乱耶？所谓救国者，非自杀其国耶？

所谓平和者,非使一国陷于不可生存之境耶?今试证之事实。七年以来,无一日不为牺牲法律之时,亦即无一日不在大乱之境。有形之乱既如此,彼无形之乱究到何程度耶?且有形之乱,非牺牲法律之结果耶?果始终遵守法律,安有数次之战争?不追大乱之原,反欲以致乱者,为息乱之良法,非慎之至耶?至于无形之乱,国政败坏,何如也?国民生计、社会道德之堕落,何如也?争权攘利、卖国丧权之风,奚若也?即无战乱,国家能否整理,国民能否生活,危亡能否挽救,此国人尽知其故者。再不死里求生,为永久和平之计,乃为此养痈贻患,令国家生命绝于冥冥腐坏之中,口称爱国之美谈,实酿害国之隐患。以叛国者害国,人尚知其害之所至,害犹可救。以救国者害国,人不知其害之将来,害至难免。余所以不惮烦言者,望国人深明其害为幸矣。

(牺牲法律,为调停者之手段,其爱国之心,固不可没,将于平和之后,必有补救之计。先生何恶之深也?)今人好用手段,国家之乱,即由于此。举国人无是非,无道理,均此手段二字误之也。实则手段,本为达目的之方法。如舍目的而言手段,此乃因利乘便之变名词而已。余生平恶言手段,以为政治家之态度,须以光明磊落出之,不能以权谋术数为用。即使以手段为言,则亦古人之所谓权耳。权者为曲折,以达其经之谓。反经合权,昔贤深辟其说,谓为小人无忌惮之尤者,意即在此。今之护法义军之目的也,果能以手段达目的,如于战争外别有方法,以恢复国会与约法之尊严则权也,而能不悖乎经,此乃可谓手段。今牺牲法律,以为手段,余不知为救国为害国,为袒护叛逆,为束缚国民手足,请明眼人断之。手段二字之真谛,亦应与国人辨之。以命脉所系之法律问题,我辈国民生存之问题,而乃以手段二字了之,余不敢苟同其说。

总之,国会不复,即法律亡。法律亡,则国家无可为矣。无论谁何,但能护法,余必表同情,以为赞助。否则无论谁何,余必反对。即对于西南,亦以此意定之。

《孙洪伊君之谈话》,上海《民国日报》1918 年 7 月 13 日

答《民国日报》记者[①]

(1918 年 7 月 16 日)

胡君展堂尚在日本未归。中山先生既就总裁职,当然派一代表,或请胡君一行,亦未可知,惟余尚无所闻。余则绝对不能离沪,实不能为广东之行也。

(记者因询以广东近状。)广东对于护法主张,当不至取消。惟近以推举主席总裁,又生问题。闻议员方面,多属望于伍秩庸。而其他方面,又有挟武人之力,以与争衡者。此事余固未敢轻信,果有此者,则护法精神不几扫地无馀乎? 故余亦深幸当局之无此事也。

《孙洪伊君之谈话》,上海《民国日报》1918 年 7 月 17 日

致各团体之通电

(1918 年 7 月 30 日)

省议会、商会、学会、教育会、农会暨各团体、各报馆公鉴:溯自

---

① 上海《民国日报》刊载消息,谓孙中山派胡汉民、孙洪伊赴粤。本日,记者因事往访孙洪伊,孙询以该则新闻何来,并就此谈话更正。

大法陵夷，义师崛起，非法政府自知不为国民所容，乃倒行逆施，引盗入室，债脉不畏，为虎作伥。在彼窃政之武人，以为苟可压制人民，固无施而不可。抑知国家之设，本同一历史、语言、文字、思想夙习之民族，自为团结，以谋共同生存者。其一切设施，当然由一民族自为之主。以对外言，国家乃吾国民私有者，应由吾国民自治之，不容他国之侵略。以对内言，国家乃吾国民公有者，亦应由吾国民自治之，不容有特殊阶级之垄断把持。俄罗斯何以革命，美利坚何以加入战团，凡所以揭橥人道自由，而不惜费时耗财流血以争之者，无非使世界各民族恢复其完全自治之权而已。

吾国自辛亥举义，民国成立，政权由一人之手，移转于国民全体。乃不幸专制之馀孽，人类之公敌，重见叠出，翻云覆雨。哀我人斯遂蜷伏蠖屈于淫威毒焰，而莫敢喘息。县以下之自治，既铲削净尽矣。省议会虽一息苟延，然钳辖于武力之下，若有若无，一省之自治权亦摧灭无馀矣。而自去夏国会横被解散，国民对于国家之自治权，又被掠夺以去。呜呼！彼波兰、芬兰之亡国遗黎，现皆奋起，以图自立。而我国之残民以逞、思以暴力压服全国者，直藩属土人之不若，彼心目中岂尚以吾民为人类乎？而吾民且低首下心，趋附权势，又岂世界高等人类之所应有乎？

况非法政府，滥借外债，残杀同族，以一国之军权、财权及一切矿山、森林、铁路等拱手而奉之外人。是今日受治于三数武夫官僚者，将不旋踵，即转而受治于他族矣。国亡种奴，殷鉴俱在，苟稍有良知、有血气，其何能忍此须臾也。以切身之灾而立于旁观之地，是不得不谓吾国民之弱点。或诿之曰，无实力，无办法。然人心舆论，即吾民之实力，奔走呼吁，即吾民之办法。曷丧嗟而夏桀放，道路目而周厉流。满清席累世帝王之业，以此而倾覆；袁氏具绝代奸雄之资,以此而倒毙。彼下于是者,更何足算!

今民族自治主义之奋兴,已如风发泉涌,不可遏抑,将支配今后之人类社会,如天经地义之不可动摇。窃料欧战告终之日,即此主义大行之日,虽以气吞一世之德国,亦必屈服于此主义之下,而不能独异。吾又何畏乎强暴之当道,何畏乎无道之强邻?且吾国所谓武人,既非特殊之种族,又非封建之诸侯,自督军、师长以下,孰非国民?其利害既与吾同,其好恶亦岂能独与吾异?苟大多数人豁然醒觉,知自治之不容已,则武力乱政之祸,必不戢而自消。我国民其速兴,我国民其毋馁,褫彼奸人之魄,还我神圣之权,此其时也。人心不死,事必可为。失今不图,悔将无及。临电心摧,言不暇择,诸希鉴原。孙洪伊叩。陷。

《孙洪伊致各团体之通电》,《申报》1918 年 8 月 6 日

主张民族自治再致各团体电

(1918 年 8 月 19 日)

各省省议会、商会、教育会、农会暨各团体、各报馆钧鉴:自最近民族自治之义大启,而国家主义一新。原自治一语,肇于英国函义,视欧陆诸国所用为广,如以议员立法国会,以陪审员出席法庭,凡不假官吏之力,直接以人民参与国事者,皆为自治。其作用直亘于立法、司法及行政全部,不仅地方自治已也。

盖既以同一历史、语言、文字、思想、风习之民族而为国家,即一民族所以自谋共同生存者,外不受治于他国,内不受治于一人或特殊阶级之手。欧洲中世,民族国家代罗马之世界国家而兴。及

至十九世纪，所谓国民主义，已若火然泉达，不可遏止。如比利时、希腊及诸巴尔干小邦之自立，德意志、意大利之统一，与夫各文明先进国排除抑制其君主贵族，建设民意政府，虽所演进之程序，固有不同，而其求人民自治之权，则无二致。

盖天赋自由，人类平等，自谋为善。代谋者非俯首帖耳，受钳辖于强权者之下，独立人格之谓何？以亿万人生死荣悴所系，寄于一二人功名权位之私，彼利害既不与吾同，设施岂能尽为吾适？虽有功业之盛，炳于黄唐，圣明之颂，载于遐迩，无非利用人民不能自靖，涂耳目以耀观听，而等于侯门仁义之存。故自来史家所矜为谊辟贤相，太平之世，其政治内情之黑暗，人民水深火热，憔悴忧伤，颠连无告，为载籍所不能谈者何限。盛者如彼，衰者可知，仁暴一辙，古今同慨。谁为吾民一申其冤抑者？

今幸自治之义，浸淫酝酿，益以光大。德意志逞其凶德，肆行武装侵略，协约诸国不惜赌国命以抗争之。同时俄国则巨变猝发，以最新民主主义建立国家，而数百年专制独裁之该撒政府以覆。即不事外竞之自由极乐国，如美利坚者，亦毅然崛起，加入战团，作人道屏藩、世界救主，而此义乃愈确立而不可动摇。将来世界和平之日，即各民族恢复自由之日，此可断言矣。

乃吾国虽号称民国，而武人专横恣睢，迫散国会，破坏约法，至使宪法上地方制度一章，亦悬阁而不能举。凡吾人民对于国家之一切自治权，竟被斩削以尽，而彼民贼者公然宣言，以武力统治全国。变乱国典，私制议员，以四万万人公有之国家，攘为一人一派之私产，犹以为未足也。更复滥借外债，擅结密约，举一国托命之军权、财权及一切主权，悉输作媚外贿赠之品。是以一身残贼吾民之不足，而假手于外人；又以外人谋亡我之不足，而为虎作伥，引盗入室。凡石敬〔瑭〕、张邦昌、刘豫之所未尝为,亡清、逆袁之犹有忌惮而未敢为者,今皆悍然处置,而无所顾虑矣。昔宋高宗议称臣于金,廷臣争之,犹谓天下者祖宗之天下,陛下无权以献之丑虏。今为民主国家,坐视一二民贼高〔宰〕割鬻贩,等于无主之物,宁非我神明华胄之奇耻大辱!

呜呼!现世民治潮流既弥漫于大地,独我中、日两国以三数武人、官僚之私相结纳,演成此支离溃决之局。一则卖祖国以残同种,一则借侵吞人国以垄断政权,虽其所为,犹有程度之不同,而为进步自由之梗则一。为今之计,惟有以我国民之自决心,扫去专制馀孽、人类蟊贼之武人政治,荡涤瑕秽,以回复此神圣之自治权。并望我最亲爱之邻邦,速脱除军阀范围,实行国民政治。然后以两国人民真实之利益,进而谋两国永久之亲交。是岂独吾国之幸,抑亦东亚和平之福也。临电不胜翘企。孙洪伊叩。效。

《孙洪伊主张民族自治再致各团体电》,《时报》1918 年 8 月 21 日

致伍廷芳等电[①]

(1918 年 9 月 4 日刊)

自时局变化,敌势穷蹙,主战派乃令伪国会急选总统,希图抵制,以为困兽犹斗之计。近则旧法召集新会之说复活,闻有以此奔走运动,调和南北,意在总统选出后,新旧国会同时牺牲。并闻南

---

① 此电致送对象包括伍廷芳、唐绍仪、岑春煊、林葆怿等广东军政府诸总裁。

方要人亦有表同意者。此外又有种种怪诞离奇之法律折中说，或谓旧会承认新会之选举法，或谓新会举总统、旧会制宪法，又或谓另设制宪机关，但以旧议员为限。此等谣传虽不足信，而风声所播，殊足淆惑听闻。

窃惟南方既以护法宗旨倡义讨逆，中外共闻。若遂自变方针，抛弃法律，一年之战争果何为者？其不可者一。此种调和之说如果得售，则伪国会所举之总统，势不能不予以承认。是即承认伪国会为合法之机关，并承认伪临时参议院有改造国法之权，法律根本一齐破毁。护法者承认毁法，则始之毁法者不过少数武人，今之毁法者，乃并在主持法律之人矣。出尔反尔，何以自解！其不可者二。战事发生以来，略琼、雷，取潮、汕，进窥福建，奄有四川，转战陕、鄂，湖南地域大半尚在义军之手，南方并未居于失败之地，乃俯首降心，屈伏于暴力之下，虎头蛇尾，贻笑中外。其不可者三。且南方义军苦战经年，北方军人表同情于义军，亦往往暗中退让，因此以褫职捐躯者，后先相望。又自开战以来，人民颠沛流离，死亡载道，丧家失业者更不知几千万人。若遽变易初衷，弃法言和，图个人目前之利益，忘国家久永之治安，则何以对北方赞助之军人，何以对奋斗死事之烈士，更何以对为战事牺牲之人民？其不可者四。

以洪伊所闻，北京政费每月须二千五百万，来源既绝，借债亦穷。且奸人纵恣，祸机潜伏，蕴毒既久，终难消灭，亦断非徐氏所能镇定。相持三数月，必可得正当解决。静观变化以待事机，斯为上策。以护法始者，应以护法终。使或狐埋狐搰，甘冒不韪，国家受祸，西南亦何幸焉。谨布区区，伏惟鉴察。并望先事预防，勿使此等坏法祸国之说流传衍宕，惑乱军心。成败之机，间不容发，长、岳前车，可为殷鉴，惟诸公裁之。

《孙洪伊之不主调和电》，《申报》1918 年 9 月 4 日

关于救贫之通告[①]

（1918 年 9 月 6 日刊）

天未悔祸，民生多艰。吾国近年干戈不息，少壮裹尸于疆场；水旱相寻，老弱辗转乎沟壑，以致戾气腾沸，疾病流行。富者或能延医，贫者惟有坐以待毙。吁嗟！吾同胞果何辜而罹此惨劫乎？张子云："凡天下之疲癃残疾，皆吾兄弟之颠连而无告者也。"仆等虽愚，又乌能已，故特商请海宁医院院长陈谟先生，劝其划些时间，以救贫人，幸蒙慨然允诺，先生可谓当仁不让者矣。恐未周知，特此通告。岑春煊、胡耀廷、王拔如、陈澧明、王宠惠、吴勉伯、郭端臣、郑壁轩、唐绍仪、孙洪伊、邓瑞人、郭介夫、卢燕林、梁定庵、石伯原、郑敬儒、汪兆铭、彭程万、陈清泉、曾毓荣、张少庭、谭人凤、何君干、高剑父、温宗尧、陈可良、黄少岩、郭守华、蔡铭三、黄宇平、吴应佳、李毓华、李煜堂、黄焕南、郑星洲、潘葆初、湛镜之、徐少峰、蔡世荼、秦少周、谭海秋、刘锡基、欧阳振声、张阁初、郑定滋、陈腾芳、金凡斋、郭少南、潘澄波、汪彭年、夏之时、郑少南、黄伯平、徐景明、陈炯明、谢福叶、王文典、郭纯甫、冯少山、郭子明、李缙云、郭八铭、马耀光、潘皆平同启。

上海《民国日报》1918 年 9 月 6 日

---

① 通告为联合发起，孙洪伊为联署人之一。

与某君论时事函

（1918 年 9 月 6 日至 7 日刊）

　　某某仁兄大鉴：顷者时局变化，段氏穷蹙，吴子钰〔玉〕主停战，李星阁、杨宜斋及吴鸿昌诸君，并起援应，长江皆同意，而曹公亦同默认。诸将师爱国热诚，实堪钦服，而我诸兄赞襄斡旋之力，尤令人铭感不忘，引领下风，倾倒何已。

　　但弟仍有不能已于言者，则以国家之基础尚未确定，吾辈之责任尚难少宽。日本学者德富苏峰，前赠弟以《中华游记》一册，内言中国者，妥协之国民也。不论是非，不论曲直，但以妥协苟安为事。易言之，即具有事大性质之国民也。故以强力施于中国，无不可能者，中国必当退让，以求妥协。并推论及于孔子，以为即妥协开山之祖。其言可谓谵，而亦轻我甚矣。

　　今自护法战争以来，其周旋于南北两方之间者，几无非妥协之论。自梁士诒北旋，而妥协之声又大起。或谓由旧会承认新会之选举法；或谓新会举总统，旧会制宪文；或谓另设制宪机关，但以旧议员为限；又或袭章行严辈旧说，以旧法重组新会。异论纷纭，莫衷一是，要无一而非妥协论也。

　　抑知以政治言，为相对的，原可与变通；以法律言，为绝对的，则断断不可假借。以一国之根本大法，而可随强有力者之意旨为变迁，国家尚有宁日乎？盖一国之存在，必有一国之中心。君主国家，其中心在君主，故一人之名分定，而国亦可少安。民主国家，其中心必在宪法与国会。宪法与国会如可任意动摇，则虽有善者，亦将无以善其后。故弟之意，以为他事皆可调和，独约法与国会，则必无术以为调和者也。

况今国会任期，仅馀一年，其开会期不过数月，即使之移京开会，亦不过数月之延耳。我北派诸公，何恶于此短期之国会，而必不使其复活，其为谋亦太拙矣。且西南内幕，虽不免有权利〔力〕、地位之私，而既高标护法之帜，乃令其所主张者完全失败，夫亦岂肯服从？勿谓岑、陆诸公本无护法决心，不难以他种权利交易。夫岑公前虽主持和议，今已为军政府总裁；陆则久为湘桂联军事实上之元帅，并曾宣言护法，息壤在彼，安能食言？至唐蓂赓坚执护法之帜，固不避艰险终始不渝者也。且各方牵掣者众，岑、陆诸公虽欲牺牲约法，迁就和议，势亦有所不能也。

或疑徐东海当为新会所选出，如恢复旧会，则无术以处此新总统。夫使东海果有爱国家之心，则不应承认此非法之选举。即不得已而暂摄，亦应宣言暂维京外秩序，招集旧会移京开会，依法选举总统。如此则功在一时，名在万世，国人亦必有以酬之。否则因利乘便，得窃政权，惟知有己，不知有国，是东海亦一坏法乱纪之尤耳。岂在段氏则不许其坏法，而在东海则可任其坏法乎？且亦岂能强我国人，承认此不法之总统乎？

总之，今日之争，实欲确定立宪之政体也，国家百年之计也，非苟安旦夕事也。欲以权利之交配交换，以为求达和平之术，则相去远矣。我兄才略冠乎侪辈，信望孚于遐迩，季布一诺，重等千金，尚望切实图之。国家安危，系此一发。临书不胜翘企之至。专此，并颂台绥。弟孙洪伊拜启。

《孙洪伊君痛论时事函》，上海《民国日报》1918年9月6日至7日

中国近代人物文集丛书

孙 洪 伊 集

（下）

谷小水　张建宇 编

中 华 书 局

反对徐世昌当选总统电

（1918 年 9 月 7 日）

广州参众两院、军政府总裁，各省护法军将帅，各省督军、省长，各团体，各报馆公鉴：自国会破散，约法毁裂，凡北京一切非法机关根本上绝不存立，此护法军所由兴也。

顷者报载，北京有称为新选出之大总统者。夫国无论君主、民主，元首继承皆必有一定程序，不可移动，而国乃可安。吾国旧为君主政体，孔必正名，《春秋》大居正，故凡帝王嬗统之际，有不如法者，史家胥以僭伪屏之。甚至如唐玄幸蜀，肃宗以太子即位灵武，犹为议者所不予，以其受授之际不明也。民国总统有正当之选出机关，载在约法。武力派以己意窜改法典，私制议员，此只可视为私人机关。以如此机关执行选举，而可谓之总统，比之君主时代，是莽卓丕裕不为篡窃，燕棣萧鸾可称继体。民法不由合法婚姻产出者为私生子，私人如此，岂国家而可有私生总统耶！

且徐世昌为著名宗社首领，民国以来依违偃仰于袁、清之间，持禄保位，欺世盗名至今，犹给事清室，尸职太保。昔冯道历官五代，周世宗薄其为人，屏使致仕，不加倚任。是专制之世，犹不忘扬清激浊，以为厉世摩钝之资。今以堂堂民国，而令长乐老为大总统，岂不侮辱国民，腾笑中外！法兰西第三次共和成立，君主党麦马韩为总统，国会迫使辞职，而法之民主国体始固。防微杜渐，计之不可不预也。

呜呼！武汉失图，本初之前车可鉴；海西犹在，许龙之妖计频闻。今苟奉此人为总统，法律上不膺承认非法之机关，政治上且将为复辟之张本。现正式国会已依法集会广州，国家正统有托，此等紫色蛙声，当然在屏斥之列。惟望我南北官民，一致主张，上维国宪尊严，下保国民人格，则天下幸甚，国体幸甚。孙洪伊叩。虞。

《孙洪伊通电》，《申报》1918 年 9 月 8 日

复徐世昌电

（1918 年 9 月 9 日）

北京徐菊人先生鉴：奉读歌电，悲悯之怀，溢于楮墨，仁言利溥，感佩实深。今兹非法选举，乱国者思以公为尝试，尽人皆知。却而不受，足征老成深识，自处之审，高出寻常万万者，甚盛甚盛。窃惟孔子言政，正名为先。《春秋》昭公不得正其终，定公不得正其始，则变文以示讥。何者？以其授受之际，不如法也。今吾国人不承认中华民国则已矣，如承认中华民国，则约法固□之金科玉律，不可移动。假如君主之世，有以武力变更成宪，私立徒党，别行拥戴，天下其谓之何？此公子光弑王僚，以国让季子，季子所以拒而不受也。

夫国于天地，必有与立。所与立者何，法纪是矣。法纪一破，则必陷于大乱而不可止，无专制与共和一也。尊电反复忍悼于国势之阽危，民生之疾苦，令人不忍卒读，诚有慨乎其言之。然推原祸始，谁致之者，谁为之者？言至此，不能不叹惜痛恨于项城之作始不善也。项城开其端，芝泉蹈其辙，遂有去夏督军团之变。逐元首，散国会，此与唐季藩镇朱泚、王武俊、李希烈等之称兵犯阙何

异。而当局利其排斥异己,倚作强援,孟子所谓"上无道揆,下无法守",未有甚于此时者!道德何由克立,威信何由克行,纪纲何由克肃,人心何由克定,人民之流离困苦更何由而拯之?是公所揭橥以号天下者,终不免托于空言而无由实践。昔曹孟德假窃名义,凭恃诈力,以移汉祚,由是司马氏父子以降,袭其故智,更相效尤,以舜禹之名,行羿浞之事,辗转争乱者三百馀年。项城伪造民意,取快一时,卒乃身死名裂,而国家被其祸。今之新国会,视项城之约法会议、参政院、国民代表何如?自欺欺人,天下事宁堪再坏。以若所为,求若所欲,虽无西南护法之师,又能一日安耶?

且民国历年之纷扰,原因虽多,而其根本,则当局诸公皆系旧君主时代人物,以专制脑筋行民主政治,以至南辕北辙耳。尊电一则曰国之本在民,再则曰忝居民上,以及抚字来苏、保民爱民等语。此虽古先政治常□,然反之今日,立国真义殊相背驰。吾国自来言治道者,法家曰弱民,儒家曰爱民,虽有仁暴宽狭之不同,然不认人民有自由人格则一。今国家以民为主体,执政者自大总统以下,则其使用之机关耳。德国弗勒得力大王,自谓为人民之公仆,况在民主国乎?乃吾之为总统者,皆以汉高、唐太自居立于人民之上,而不欲立于人民之下,故视民权为大逆不道,以政府为私有财产,而天下从此多故矣。

目前政局为前古所未曾有,老辈风流,涵濡于儒先学术思想者深,岂能强合?此固不足为公累,然闻之日本立宪之初,太政官三条实美世臣也,自请退职,有世运日新,某之学识实不相应,请避贤路之语,至今传为美谈,为其谋国忠而自知明也。士君子立身自有本末,公为前清顾命大臣,眷怀故主,心念旧恩,无可为讳。项城时代,屈公为卿,虽迫嘤鸣,故谊究违。叩马初心,夫尧舜在上而有巢许,汤武顺天不贬随夷。当代如康南海、张绍轩,其行事为时势所不许,国法所不容,然论个人行谊,君子犹有取焉。公苟识时知命,自不为彼所为,而隐跃含贞,犹可独行其是。道路流言,或谓公姑取大位,沉机观变,犹将为所欲为,则何解于豫让二心之谈,牢之三反之诮? 明达如公,必不出此。出处大节也,进退大义也,惟愿公坚执冲退,勿为浮议所动,珍重晚节,保惜令名。

伊生同里闬,夙托爱庇,桑梓之敬,岂忘于怀? 然语有之"君子爱人以德",又曰"惟善人能受尽言"。挽近士大夫好言结纳,往往先私交而后公义,卒之公私俱敝,而国受其祸。伊爱国爱公,故不敢以流俗人之见浼公也。士各有志,义难强同。如公必执伍员用吴之谋,则伊亦誓守包胥复楚之节。何去何从,惟公自择。谨此奉复,不尽区区。孙洪伊叩。佳。

《孙洪伊复徐东海电》,《申报》1918 年 9 月 12 日

关于时局之通电

(1918 年 9 月 21 日)

广州参众两院、军政府总裁,各省护法军将帅,各省督军、省长,各省议会、农、商、教育会,各团体,各报馆公鉴:自段氏武力主义失败,乃嗾令其私造之机关僭举总统,谬为和平统一之说,横肆簧鼓,荧惑天下耳目,是直以吾民无彻底觉悟,而敢为朝三暮四以愚弄之也。

夫国家统一,以国民统一为本,吾华立国,数千年于兹矣。中经夷狄、盗贼及野心枭杰之纷争,判为十二,离为六七,溃裂氾滥于

三国、五胡、南北朝、五代十国、辽金、蒙古之乱，然卒皆辗转而归于混一者，良以吾炎黄以来，一系相承之民族，国民性纯一坚固，固无有人焉，可以使之一分而不可复合。况今民主时代，更无争王争帝称雄割据之可言耶。

自袁世凯欲以兵力威服全国，乃仿效异族入主，如胡元之设中书行省，满清之以八旗驻防，视各省为被征服之属地，削夺其民权，而镇慑以军力。武人凭权跋扈，养成藩镇之势。段氏循其故辙，而益张之，乃愈不可收拾。试思去岁督军团之称兵犯阙，今年奉军之截械逼京，其现象岂复似有国家有政府者？是吾国之不统一，其原因即肇于今日号召统一之人。君主国家，首在纪纲。民主国家，首在法律。受治于同一大法之下，虽以美洲之联邦，英国之殖民地自治，不害其为统一国家。今之护法讨乱，正所以求国家永久之统一，岂得以此战争期间双方对峙之一时现象，而与分崩离析并为一谈，且必悉天下而束缚驰骤于乱国者之下，然后谓之统一乎？

更就政治言之，欲求一国之统一，必先确定一国之根本组织。以吾国土地之大，人民之众，国家与地方之政权、财权分配得宜，而后一省一县一乡一邑得分途以谋发展。今仅恃一中央政府，以威力临御其上，民生凋敝，政务废弛，抑压既久，其郁勃不平之气蓄而必发，国家将永陷于纷争扰攘之中，而不可救矣。盖必确定分治之制，乃能举统一之实。我国民不知务此，惟欲依托于一大力者以为安。武昌革命以后，则曰非袁不可，袁死则曰非段不可，今又转而集中徐氏。夫徐氏者，固助成袁、段武人政治，破坏统一之首要人物也。民主国家之谓何，而终不脱君主时代以天下奉一人之人治梦想，此所以大乱循环，而未有已也。方今国势阽危，民生涂炭，我国人孰不企望和平，但吾民所谓和平者，将欲拔本塞源，以求久安长治乎？抑将敷衍目前，而不顾其后乎？夫苟不求其端，不讯其末，而惟以苟且息事为期，则辛亥之役固尝和平矣，其结果如何？丙辰之役，亦尝和平矣，其结果又如何？变乱迭起，瞬已七年，果谁致之，而谁为之？养痈贻患，厝火积薪，溃败冲决，终无幸免。吾国民奈何不深长思耶！

自古开国之初，必有振兴之气，虽在专制时代亦然。《易》曰"革故鼎新"，《诗》曰"周虽旧邦，其命维新"，胥是义也。三代而下，惟汉、唐、宋、明之初叶，号称小康。其时龙虎风云，皆草茅崛起之彦，故能争相淬厉，举前朝之诬风败俗一切而更新之。至六朝五季之世则不然，姓号虽易，曹部不惊，袭秽承瑕，末由荡涤。是以国政不修，风俗窳敝，乱亡相继，运祚不长。今天下为公，非更姓改物之比。其有效忠民主赞襄新治者，固不以曾仕胜代为嫌，然必奉一满清亡国元老，与进步政治绝对不能相容之徐氏以为中枢，留此革新之障碍物，永为腐旧官僚之保护者，政治尚有清明之一日耶！

抑伊尤有不能已于言者。近有持调和之说，欲使国会开正式选举会，追认徐氏为总统。是恐私生之子不能承家，伪令正室举之，而冒为嫡子也。且果如此，是作伪也。天下岂有以伪而可以为国者？昔在汉、明末造，可谓剧乱之世矣。然朝政乱于上，士论清于下，气节之士以身殉道，至于戮辱困厄而不悔者，犹项背相望。何者？其社会上之是非，未尽泯也。民国承清之敝，袁氏智取术驭以奔走天下，于是居官者以运动为当然，谈政者以手段为能事。气节消亡，廉耻道丧，已如沧海横流，罔知所届。今之非法国会，又效法袁氏之约法会议、参政院国民代表，而更加甚焉。吾国民不急起矫正，反委曲牵就，以成其伪，而且助长之。颠倒法律，矫诬民意，其遗害于宪政前途者患固大，而流毒于人心风俗者祸尤深也。欲国之无亡,岂可得哉!国家正气,数十年培养之而不足,一旦败坏之而有馀。徐世昌已正式承受伪国会之选举证书,犹曰反对非法,而不反对个人,则譬之君主时代污贼伪命者,其人复可登用耶? 一命之官,出处犹不可不正,况在一国之行政首长? 是率天下之人,而入于僭伪也。

诸公共和柱石,大义干城,枉尺断难直寻,夺朱所以恶紫。即至事无可为,惟有玉碎而无瓦全,必不以苟且一时之为,遗国家百年之祸。护法救亡,争此几希。敢布腹心,伫闻明教。孙洪伊叩。马。

《孙洪伊关于时局之通电》,《申报》1918 年 9 月 23 日

七年来扰乱之真因

(1918 年 10 月 10 日刊)

今当举国称祝之日,宜为怵悦颂祷之辞。然举瞩宇内,纪纲隳夷,人禽交迹。是非之不明,何论顺逆;法律之不复,遑言治术。武力可以炙手,孰为持正拨乱之人;私禄足以移心,别开争利于朝之局。大本既踣,枝叶曷茂,现势如斯,来日可知。是正有心人雪涕泣血之时,而非强颜为欢之日也。然人各有希望,往者已矣,来者可追。既悟今日之祸,悔前兹之不臧,则欲求他年乐利,宜始于今日之忏悔可知矣。虽然今日之中国,群魔奋首,众志异途,言战言和,皆无主的,不中之论,嚣然国中,众庶承之,更附和依比,以为模糊影响之谈,虽有至辩,犹将敛舌,而又何以树一义以为全国奔赴之的耶? 噫,予固言之矣。中国者,人民之中国也。民主国家之政

治者,进步革新之政治也。是故欲中国之太平,必先公国家于人民,欲求中国之进步与革新,必先去守旧之蟊贼。本此主义,吾乃知所以言矣。

(一)辨真伪

前清以伪立宪亡其宗社。宣统之初,固已下预备立宪之命于国中矣,然国民曾不因是而赦其亲贵垄断之罪,奋臂大呼,卒屋其社,是不容不赞叹国民眼光之远到,能破清室虚伪之微也。然自民国成立以来,北廷诸酋,又何一而非以伪乱真者耶? 且其虚伪之发见焉亦屡矣。袁世凯先以伪共和篡取总统,继以伪统一窃据帝位,及袁死而国民始恍然曰,袁氏之欺吾也。段祺瑞以反帝制而得总理,既得总理即蔑弃约法,解散国会,是其反对帝制者伪也。因失位而与张勋共谋复辟,见张势之孤,背盟进兵,以复原职,是其反对复辟亦伪也。七年之中,前有袁世凯,后有段祺瑞,箕裘绍续,以伪乱政,而中国遂无一日之安,此国民所知也。今徐又执伪调和、伪统一之说以起矣,置而弗治,不知又将乱国几年,思之不禁惕然。然作伪者之技,亦止于未辨治理之国民耳。袁世凯已盖棺论定矣,段祺瑞在今日以卖国借款、收土杀人等恶迹,于违法而后逐渐败露,国民乃稍稍恶之。然至今始恶之,而国权之为彼断送,国民之为彼屠戮,道德纲常之为彼破毁,立国元气之为彼斫丧,已不知其几许矣。若复益以徐氏,是将举中国之残烬而熄之也。而徐氏方以为袁世凯行之而有效,段祺瑞行之而又有效,蚩蚩者氓,不以伪弄诸股掌,又将谁弄? 故不待就职而已恣行无忌,就职而后焉,有不益狂益肆者耶? 吾以为天下之乱,不乱于权奸之作伪,而乱于国民真伪之不辨。国民苟能辨真伪,则必能于其未发焉严厉监督之,于其已发焉明白讨伐之。袁、段之志得意满,亦由于最初尝试之时,国民昧然相许,而彼乃日已滋甚耳。今当徐氏就非法总统之日,以伪尝试国民之时,国民如惩昔日之伪而知痛于心也,则第一当自辨真伪始。

(二)斥官僚

官治与民治,绝对不相容者也。袁世凯知之,且知主张民治者之亦必知之,故于结合官僚垄断政权之时,先嗾令其喉舌,倡暴民政治之危论于国中,冀淆惑一般无充分知识者,使仇视民党,已乃得徐徐去之。袁固国贼,而于此等处不能不称其辨别甚明。民国前途,受此魔一大打击,实已奄殢不治。人有以袁氏称帝为共和夭死者,其实共和早已夭死于元二年间,何待乎洪宪!人又有谓四年之役,袁氏之死,为共和复活者,其实共和又何尝活哉!是不过躯壳未腐,苟有良医,下大排泄之剂而后,或可呻吟徐起耳。今试观民国之所谓执政者,有一非前清之遗孽耶?其有年事略少,口舌稍新者,习于为恶,则恶且尤甚。旧官僚未死,新官僚已接武而起,其蔑视民意相同也,其娴于卖国相同也,其以法律为不便而存心破坏亦同也。呜呼!以彼之心术行为,犹且不容于专制国之人民,而可许其厕足民国耶?而人民乃曰,国体犹是也,总统犹是也,国会犹是也,是亦不失其为民国焉矣。然则敢问约法所许与君等之自由,今犹是耶?对外独立之主权,今犹是耶?外债之负担,今犹是耶?违法军所至区域之室家陇亩,今犹是耶?是谁之贻,而令中国至于此者,武人与官僚耳。国民今日对于中国之前途,无论智愚贤不肖,莫不有两大希望。其第一步希望中国安易无事,第二步于安易无事而后,希望国家之发展进步。而此两希望者,事实上绝对不能期诸武人与官僚。何则?国中无事,则徐世昌何能窃据总统,陆宗舆、曹汝霖等何能私借外债,以国之主权,换己之回扣,下而至于非法议员(此为官僚之寄生虫),何能接近权贵,亲承色笑,此官僚之以多事为生活也。国中无事,则段祺瑞何能垄断政权,张作霖何能得巡阅使,其下如倪、张、杨、李之流,何能大索军饷,割据一方,此武人之以多事为生活者也。夫无事者,国民第一步之希望耳,而已如缘木求鱼,决不可得,况进步发展耶?然而二十世纪之国家,固非力求进步发展断不能保存者,则此阻害进步之官僚武人,尚可许其一日存乎?若是建设进步的国家,舍民治而外,更无他义矣。此又余欲乘今日良好之机,而忠告于国民者也。

(三)释和议

顾吾尚有一事,愿陈诸国民者。和平乃人类之公性也,凡国家、社会以及于室家,无不被和平之雨露而萌苗滋长。中国自改革以来,于今七年矣。国家事业、社会事业,所以无一进步者,惟一之恶因为国内不和耳。故凡爱中国者,希望和平之诚,当无不相同。但和平亦有道也,譬如兄弟之争,则息争之道,无过于让步。称戈阋墙,对簿公庭,皆乖谬伦常之暴举,背弃祖父之逆子。各惩其忿,以全至性,乃天经地义,不可得而渝者也。若盗贼与主人之争,则主人决无让步之可言。今使有盗据主人之室家,妻其妻、子其子者,而调和者曰:"妻子赠诸盗,财产归其主人,各让一步,是亦可以和矣。"试问为主人者能从之否乎?主人即不好事,何至与盗均分妻子、财产。如曰逐盗出门,许其不复追究,则亦和平之至矣。今试问违法者、卖国者、屠戮主人资格之国民者,肯掉首离政局否耶?如其能焉,则和平之局,何至至今日而未成?或曰:"同为中国人,兄弟也,而子以盗贼拟之,得无不伦乎?"曰:"吾固亦曰兄弟也,然兄弟而至于卖国违法,则周公东征,实讨管蔡,成王年幼,何异此七岁共和之孤。"殷顽犹存,能无免我徂东山之感。先圣其已诏吾矣,庶几无戾也。

《七年来扰乱之真因》，上海《民国日报》1918 年 10 月 10 日

讨伐徐世昌之通电

（1918 年 10 月 19 日）

　　广州参众两院、军政府总裁，各省护法军将帅，各省督军、省长，各省省议会、农会、商会、教育会，各团体，各报馆公鉴：自徐世昌当选伪总统，忧国之士诧为不祥，干城之将迭相警告，公理所在，人心攸同。果使徐氏稍有爱国之心，无助乱之意，顾畏名义，引身退避，未始不可告无罪于国民。顾乃贪利时会，必欲窃大号以自娱，悍然就职，遂以不合法之地位，为无责任之宣言。其所谓国计、民生、法律、道德等辞，亦犹莽、丕篡窃，摩拟成周《大诰》之文，附托虞廷执中之语。此乃奸宄欺人之惯技，大本已亏，巧饰何益！国人不尽瞆盲，宁甘受其荧惑。

　　夫辛亥之役，虽曰种族革命，亦以当时文恬武嬉，官邪日炽，政事窳败，积重难返，不为拔本塞源之谋，必无革新图治之望耳。不幸逆袁得政，佐以富于顽旧脑筋之徐氏，官僚政治复张。段氏继之，卵育长养，藏污纳垢，一遵亡清之旧而益加甚焉。徐氏又实阴为左右其间，根株盘互之日深，羽翼附丽之日众，坐使革命大业，堕于半途。荏苒七年，变乱迭起，而民主政治，讫不能实施，岂有他哉！袁世凯备官僚、武人于一身；世凯既死，则拥段为武人之魁，徐为官僚之首。枝附叶连，载鬼一车。此辈果能兴国，则清何以覆，袁何以败？亡国大夫不可与图存，虽不能足尽概天下士，然汉、唐

开国，斯、高、裴矩辈若在，岂足复与萧、曹、房、魏共赞升平？今世法兰西，及最近俄国之大革命，王党官僚骈戮，几无孑遗。使如徐世昌者生于其间，其国民不知何以待之。我国政崇宽大，此辈苟韬声匿迹，无污清时，则亦已耳。乃复乘机窃位，僭为一国之行政元首，转使吾民同切除恶未尽之憾，而不胜养贼遗祸之忧。

方今欧战将终，和议结果，自以美总统之宣言为基础。所谓民治主义，人道主义，即将来国际之永久信条。盖为德国蹂躏人类公有之大法而战，与我国民为权奸破坏国法而战，其用兵之缘起与目的皆同。天下惟正义可以征服暴力，欲求世界之和平，不能不为巨大之牺牲；欲求一国之和平，亦不能不忍一时之苦痛。德、奥穷蹙求和，协约诸国犹复坚持审慎，不遽允诺。盖不竟摧陷廓清之功，难保无死灰复燃之惧。伐柯不远，此我国民所当取则者也。

徐氏或狃于日本助段前辙，欲凭借外力，以临制国内。夫日本军阀、官僚，妄肆其侵略野心，助长吾国内乱，扰乱东亚和平，诚为遗憾。然外交形势日新，日本岂无警觉？当此民族自治主义浸明浸昌之际，抹煞一切正义人道，一意孤行，必为世界万国所不许。其新内阁既以政党内阁自名，亦何至昧昧若此。且民主政治，实今日世界大势所趋，断无一种强力可以阻。十八九世纪之际，欧洲各君主国叠结大同盟，压迫法之民党，而终不足胜之。可知一国政治之改革，全恃一国民之决心毅力如何，彼外人岂足抑制我者。

徐氏又以北洋老辈自诩，以为军队可以供其指挥。抑知北洋系名词，早为北军后起英贤所不公认。观于吴佩孚等前敌诸将迭次通电，其不肯徇私交以害公谊，昭然若揭。盖北方将士同为国民一分子，食国家之禄者，事国家之事。始受欺于袁，战而死者几何人？再受欺于段，战而死者又几何人？今是非既已大明，人心浸归一致，回首往事，当亦有馀痛焉。

谁无父母，谁无兄弟，以至宝贵之名誉、生命，为一二野心家竞争权位之牺牲，委身霜露，暴骨原野，一朝失足，生死皆讥。苟稍有心知血气者，安忍复供其愚弄也！伏望我国民，懔滋蔓难图之患，奋鹰鹯必逐之心。徐氏叛国罪已成立，正伪不可并存，名器不容相假，此而不讨，安用吾民。剑及屦及，义无反顾，则国法幸甚，共和幸甚。孙洪伊叩。效。

《孙洪伊请讨伐徐世昌之要电》，上海《民国日报》1918 年 10 月 22 日

黄兴逝世两周年祭典启事①

（1918 年 10 月 24 日）

本年阳历十月三十一日为黄克强先生下世忌辰，同人等谨择于福开森路三百九十三号举行二周纪念祭典。宿草而念故人，板荡而思先烈。丹荔黄蕉，极序物怆怀之会；素车白马，伫大荒披发之灵。伏请在沪各界人士，凡与先生有公私故谊，暨崇仰先生者，届时翩临，共申盥荐。谨此奉达，恕报不周。孙文、章炳麟、张继、曾继梧、戴传贤、李锜、孙洪伊、谭人凤、蒋作宾、陈炳焕、徐少秋、何成濬。

《黄克强先生二周纪念祭启事》，上海《民国日报》1918 年 10 月 24 日

---

① 该启事由多人联合发起，孙洪伊为联名人之一。

代告陈家鼎之母讣闻[①]

（1918 年 10 月 24 日）

众议院议员陈家鼎兄弟等之太夫人邓太夫人,痛于十月二十三日午前一时寿终沪寓内寝。择于今日（廿四日）午后四时大殓,谨此通告。孙文、章炳麟、刘人熙、谭人凤、张继、孙洪伊、戴传贤等代告。治丧事务所:法界宝康里三十四号。

《湖南陈母邓太夫人讣告》,上海《民国日报》1918 年 10 月 24 日,第 1 版

致西南电

（1918 年 10 月 26 日）

广州参众两院、军政府各总裁、各军事代表,护法军各路将帅,各省督军、省长,各省议会,各商学会,各报馆公鉴:顷者,调和之说复起。夫今日之事,乃法与非法之争,即共和与非共和之争。争而胜,则国法回复原状,既无依违让步之可言;争而不胜,则正义屈于暴力,亦无牵就降伏之馀地。即欲不以兵戎而以其他方法解此纷难,亦必以横梗于目前之伪总统、伪国会能否取消为前提。此前提既决,然后认为有和平机会。

乃近报载,北京伪国务院钱能训等致西南言和之电,借国危民

---

① 该讣闻由多人联合通告,孙洪伊为联名人之一。

困为题，巧辞诱胁，而归结于弃法律言事实，以范彼驰驱。彼既知法律问题，为当日争端所系，乃又曰是丹非素，剖决綮难。夫有非法解散国会，乃有伪参议院改窜之伪组织法、选举法。有伪组织法、选举法，乃有伪国会。有伪国会，乃有伪总统。其是法非法，如黑白之不相混淆，何不可剖决之？有诉讼者，必就其所争之目的物，以为判决。今之目的物，即非法之总统与国会。乃曰就事实设法解纷，是直被告者要求原告自撤消其主张，而使之屈伏也。

事实必根于法律，乃能成立民法。事实上占有之物，必具有法律上之原因，乃能发生效力。彼徐世昌，岂视国家机关为所有物，挟持其不法占有之事实，而要天下以承认耶？昔辛亥和议，宣统之退位先决。丙辰和议，洪宪之目标已去。徐氏苟阻兵，安忍贯彻其僭逆之行为，吾民抑又何说？乃既倡言和平，应先知今日为和平之障碍者何物。延陵、子臧之逸轨，固不可以责诸徐氏。然以一人之权位，酿天下之骚乱而不惜，此专制皇帝则然，岂复容于天下为公之日！满清世有之皇位可以抛弃，袁氏手创之帝制可以取消，独一非法产出之总统，金钱贿造之国会，乃宝若燕璞，不忍释手，犹曰吾爱和平，也将谁欺！即至于旷日持久，治丝而棼，必有任其责者矣。且该电有曰"用兵之始，各有不得已之苦衷"，又曰"东海膺选"云云。西南护法讨乱，诚非得已。若彼北庭偕外力以戕同类，竭中原而买斗心，其不得已者何在？而又一笔抹煞之曰"是非意气之争"。吾义军争是非则有之矣，谓之意气，是必坐视奸人乱国，不一救正而后可。盗憎主人，其言固无足辩。

徐氏窃位，明为国法所不容，军府叠经声明否认，中外周知。乃犹自命膺选，不知其所膺者，为谁何之选！是与逆袁称帝，假民选以号令天下何异，犹谓其犹〔有〕调和诚意哉？至于以军事、财政、用人诸端,尝试西南。盖持借金钱、权位之私,售币重言甘之计,所谓以小人之心度君子之腹,此不足赚三尺童子者。即曰此等问题必须解决,亦惟大局收束后,听从正式政府之处置,岂彼非法之伪总统,所能参预操制者?宋张邦昌为金人所立,衮冕临朝。吕好问谓之曰,相公真欲为此耶?邦昌大惭沮,卒自去帝号,奉迎高宗。今徐氏冒大不韪,居之不疑,犹欲藉此以颠倒天下豪杰,是其智且出邦昌下也。

鲁纳郜鼎会诸侯,以成宋乱,《春秋》讥之。徐氏身陷大逆,要吾西南护法诸公成之,虽曲尽新莽欺人之语、讙兜滔天之词,亦徒见其心劳日拙而已矣。伏惟诸公烛奸计于幾先,张义声于后劲,不为威屈,不为利诱,以真正和平为鹄,以正当解决为归,共宏长顾却虑之谟,勿贻失足噬脐之悔,则民国实利赖焉。孙洪伊叩。寝。

《孙洪伊致西南电》,《申报》1918 年 10 月 27 日

复岑春煊等函

(1918 年 11 月 2 日刊)

(衔略)郭君宇镜来,辱蒙惠书,希望洪伊之殷,盛意拳拳,至深感纫。并闻诸公对于国事,坚持以护法始,必以护法终,此尤爱国者所当感激无既者也。至以赴粤相召一层,洪伊本早有此意,惟自战事发生以来,接洽方面甚多,一时颇难脱卸。且上海为南北交通枢纽,各方面有关系者往来多集中于此,与之周旋,亦非无益于大局。一俟可以脱手,即当蹑被首途,以副雅意。仅先就目下解决时局之策,洪伊管见所及者,略为执事陈之。

此次战事,非南北之争,乃守法者与乱法者之争,亦即共和者与非共和者之争。他事可以调停让步,而法律则不容丝毫假借。至于如何而后可达护法目的,则应乎时势之需要。以战争而护法可,以和平而护法亦可,此仅手段上之不同。当局者既洞悉彼我虚实,当能自由判断之,洪伊无成见也。就今日情形论,果使北庭悔祸,屈意求和,所应先决问题:一、徐世昌须取消总统名号;二、解散非法国会;三、取消段祺瑞参战督办;四、以军法处置祸首倪嗣冲、徐树铮。前二者为消灭非法机关,后二者为排除和平障碍。辛亥之和议,满清退位之问题先决;丙辰之和议,袁氏叛国之目标先去。今日之事,义在护法,讨乱必以上四事皆能办到,始可认为有议和机会,开始正式谈判。否则,彼挟其非法机关之名义,以与护法团体议和,一与开始交涉,是已承认其非法机关,而自行放弃法律上、政治上之地位也。且徐世昌不能处分段、倪、徐,是彼已无支配北方之实力,更何能有代表北方资格? 宣统帝王世有之位,不难抛弃,洪宪取消帝制,人民之忿犹未能释,况一非法选举之总统,金钱贿买之非法议会,去之乃如孤雏腐鼠,更何顾恋之有! 徐世昌而不肯为此,是证明其无和平诚意,今后战事之责任,固在彼而不在此也。

近日和平之声浪顿高,闻京、津间已有人发起和平会,并有外交团劝告之风说。夫和平固吾人所愿,然和平非□安之谓也。闻发起和平会者,半皆胜朝故吏、洪宪要人,若执法以绳此辈,多已失其参与民国政治之资格,而况其于近代政治懵然无所知,安能与之谋民国长治久安之事耶? 夫和平会之作用,将欲托名民意,以临迫西南,使就范围。抑知军事时期,非沉静之民意所得自由发舒之时,故当国事不能以寻常手段处置,而至诉诸武力,则其结果,惟依既表现之对抗力之所至，以为解决，断无其他空漠之第三者势力所可间阻。如各国革命战争及吾国辛亥、丙辰之事，皆其例证。今八表同昏之日，自正义言之，所能代表真正民意者，独吾义军耳。彼于非法政府势力之下，以非法定之组织，造为无责任之言论，是不过乱国者之一种机械而已。表〔袁〕之国民代〈表〉，段之非法选举，何尝不假民意行之，吾义军又安有承认之义务哉？

又闻黄陂、河间亦拟加入此种运动。两公在职之日，皆不能举其职，年来祸乱，不无应负之责任。然果能以在野自由之身，主张正义，亦吾人所宜顶礼欢迎者。倘以不负责任之人，犹漫然为模型之论调，以戕贼人心，摇乱国是，更安能强我义军以必从也。

至若外交团之劝告，固以善意为多，然自爱其国者，必能推其爱国之心以爱人之国。吾国武人官僚之乱国，与德皇之强暴，夫复何异？一则破坏世界之和平，一则蹂躏一国之法纪，范围虽有虞〔广〕狭之差，而凭恃暴力以摧灭正义则一。观美总统之宣言，非欲令德、奥之暴力完全降伏于协约国正义之下乎？若然，则对于中国，必不至反其道而行之，而使中国之正义被屈服于暴力下也。故外交团之劝告，苟能扶助中国之正义，使吾国得永久之和平，我义军自当乐受之，不必以外人之干涉内政为嫌。苟不能者，则应拒却之，不必以逆我友邦之欢为虑。盖我国内之事，惟我国民乃能审之真而处之当也。且以乙国人谋甲国事，仍视其国民自决力以为转移。苟我国民，有不屈不挠之精神，则外人亦自回易视听以待我，而可得正当之援助矣。

至徐世昌悍然就非法总统，闻诸公经已决议，明令申讨，以正义树之风声，使国民端其趋向。此犹极正当办法，军政府可毅然行之而无疑者也。

谨贡区区,伏惟酌裁。其处详情,已托彭巨川、牟贡三两兄面达,统希谅察。顺颂道安。孙洪伊启。

致粤中同仁论时局书

(1918 年 11 月 15 日)

粤中同仁公鉴:前复巨川诸君书,历陈北方兵疲财尽,外援断绝,徐氏乃乞怜求和,冀保群凶未尽之命,阻义师垂成之功,吾护法诸公,万不可轻为所惑,当已荷蒙察及。

近两日来所得消息,更有急转直下之势。徐氏初不承认南北对等议和,今已不敢坚执。其初欲就事实解决时局,今已有人倡议事实、法律同时解决矣。初欲利用督军会议以张威势,今则倪嗣冲、张作霖、吴光新等,亦觑作和平之言论矣。夫徐氏及其党徒岂有爱于西南,苟其犹可一战,且将灭此朝食,得吾护法诸公而甘心也。彼能战则行其一举而歼之图,彼不能战则谬言和,以为卷土重来之地。辛亥、丙辰之已事,昭昭可鉴。若辈自为计则得矣,吾西南诸公即不为自身计,独不为国家永久前途计乎?

窃谓当此之时,义军苟贾其馀勇,正摧枯拉朽之时,即或不然,则坚守阵地以待时机,不出两月,北庭之残局亦将不战而自溃。乃近日言和平者,争以外交为题来相迫促。夫外人干涉之说,自袁世凯以来即借此以钳制国民,把持政柄,皆已图穷匕见,不足荧惑天下。当此世界大通之日,任何一国未有不受丝毫外界之牵掣或协助,而可以独立进行者。昔法、美及各国之革命,无不赖有友邦之援助，乃克有成。即吾国辛亥、丙辰之役，亦曾得外人之同情，此事实之不可掩者。而此次护法之战，借款购械，日本前内阁直以实力援助段祺瑞。血战经年，而未得完满之结果者，以此民治不张，官僚窃柄，国力内削，主权外丧，国家生命固早已在外人之掌握，更何干涉之足云。

人类社会之进化，皆由互助之结果而成，国际亦何独不然。使外人为侵略之干涉，国民固不应任受，若以友谊之善意而扶助我者，此又何所畏忌？方今欧战告终，所谓正义人道，渐成为国际共守之信条，即对于我国，亦岂能背道而驰？默察近今外交之情势，干涉各国之内政，尚非最近期间之事，吾民尽有自由处分之馀裕也。

或谓吾国不急谋统一，则欧战议和，不能派员列席。此又不然。协约诸国公使驻在北京，与北庭办理一切交涉，与平时无异。在各国未经承认南方军府为交战团体或中国正式政府以前，北京政府派遣特使参预和会，事实上列国固不否认。此乃国际关系，与吾国内政解决问题，绝不相关。且如美国南北战争，相持五年之久，各国已承认南方，一时以双方政府对外者，岂遂不足为国耶？

所可痛者，吾国之所谓特使，断无有贡献世界、造福中国之伟见，与我亲爱之友邦商榷于论坛之上。协约诸国以公理抑共同利害而协助我也，则或可以少所损失。各国虽欲相助，而彼挟有强权者所攫得之权利，不肯放弃，爱我者或以特种关系不能力争，我亦惟有忍以听命而已。历次海牙保和会，吾国何尝不皆有人参预其间，即国内亦无时不有交涉，几见有能仗义执言、折冲樽俎者？雍容进退，与各文明国民相见于平等之舞台，惟有俟之吾国民身自当局之日，必不可望诸彼武断顽昧之官僚政府。此实目前最痛心之事,然亦无可如何耳。

报载熊秉三氏致西南电,有曰外患紧迫云云,其持论尤可骇怪。当段氏滥借外款,私结秘约,国家之主权、利权断送殆尽,以云外患之紧迫未有甚于此时者,吾海内名流岂一无见知,何不闻出一言以持其后?今当公理人道战胜之期,美总统所主张之民族自由主义,行将实现于今后之世界。彼凭陵武力妄肆侵略之德皇,既为德民所驱逐,而以德意志第二自命之日本,亦渐苏醒其称霸东亚之迷梦。吾人方为世界大多数人类庆,可得更生之乐;更为我中国爱和平之民族庆,可得自由发达以企多数幸福之机会。然则熊氏之所谓外患者,特官僚、武人之外患,非我国民之外患。我国民但求今后官僚、武人,勿再为我内患足矣,更何外患之足虑哉!且今日民力疲竭,军事败散,强敌压迫,国命艰危,孰有过于德意志者?其人民乃不肯协力御外,而倒戈相向,倾覆皇室,以改建共和政府。而如俄、如奥等国,亦莫不厉行改革于存亡危急之秋。岂俄、德、奥诸国民不知有外患哉?盖外患不足亡国,而外患实由内患之所招。试一披览古今东西亡国之历史,有一非肇于内政之溃败者乎?强梗者之在国内,其根株盘互者深,平时束缚驰骤,惟所欲为,人民之忍痛也久矣。一旦非常变起,内外交迫,此即专制政府恶点暴露之时,亦正人民急起直追摧陷廓清之日。

盖惟外患愈急迫,国民愈不能不自起而当此难局。彼俄、德、奥诸国民,奋然崛起于国势岌岌之际,排斥其武断政府而去之者,夫亦有所不得已也。我国官僚、武人之毒国残民,视俄、德、奥之政府何如?其才智不逮万一,而罪恶犹将百倍。彼有自觉心之国民,振臂一呼,去大憝魔王有如脱屣。吾民内顾将来,外瞻大势,亦何惮而长与终古耶?今段氏犹高踞参战处,集械练兵,且将蜕化为国防督办，倪、张诸叛督，各拥强兵羽翼之，根蒂盘固，枝叶扶疏。如以收束涤荡望之徐氏，则徐氏本身固由武力产出，目前和战问题，尚须求决于督军会议，一旦大局平定，谓其有杯酒释兵之能力，其谁信之！

国人苟谓际此世界政潮澎湃之秋，吾国强权暴力犹可存在，甘留此乱国之祸根，以酝酿将来五次、六次之革命者，抑又何说。若欲一劳永逸为国家万年有道之长，固必应有法以处此。前书所陈三事：一、祸首段祺瑞、倪嗣冲、张作霖、徐树铮等解除政柄，以待国法惩办；二、取消伪国会；三、取消伪总统。前者为铲除和平障碍，后二者为消灭非法机关。必以上三事办到，方可开始谈判。此实由吾人酷爱和平而为此最低度之让步，使并此而不能者，更安有和议之可言也。

总之，此次之战，原为求中国久远之和平，造斯民无疆之幸福。万一彼昏不悟，偾豚愈张，再有忍泪挥戈之事，此责亦非异人任也。惟诸公速起图之。孙洪伊谨启。十一月十五日。

《孙洪伊致粤中同人论时局书》，上海《民国日报》1918 年 11 月 17 日

致西南电

（1918 年 11 月 30 日）

广州参众两院、军政府总裁，各省护法军将帅，各省督军、省长，各省议会、农商学会暨各团体、各报馆公鉴：吾民苦暴力久矣。际创巨痛深之馀，求弭兵息争之道，此亦含生负气者应有之要求。夫此次护法之战，原为剪除强梗，奠国家于磐石之安。一日之忧，

与百年之患，孰重孰轻，必有能辨之者。譬诸欧战，当德、奥暴力未全屈服之时，协约国遽与言和，岂能立永久和平之基础？

乃今之言议和者，各持一薄弱之心理，以为旧国会与督军团不相容，不可不弃置护法之主张，而又文饰其词曰，议员与约法，亦实有缺点也。抑知议员不良，至任满可以改选；约法不良，由法定手续可以修正，岂得因其受暴力之摧残，反从而承认之，以为毁法者扬其波而助之焰也。且督军团解散国会，岂真为宪法之争哉？三数武夫，本不知法律为何物，国会为何事，特借此以推翻民主政治耳。

美国千七百八十七年费拉特尔费亚会议之改造宪法，由社会公众意志促成，非以暴力为原动。今三数武夫，果代表社会何种意志，而可奉为创制改物之根据？至徐世昌者，产出于武力造成之非法国会，又明明为叛贼之首。遍览数千年史册，叛贼取正统者而代之，则有之矣。未有正统者与叛贼调和，且承认叛贼之行为，而改弃一国之大经大法以从之者。有之则如唐季藩镇杀节度者，因授以节钺，称兵犯阙者，因使掌朝权。苟若此者，纪纲尚有可言，国家尚有宁日哉！

或者谓旧势力未可铲除，不妨交让焉，以渐蕲蜕化。夫交让乃国家政策运用上之问题，未闻于既定之国体，已成之国法，而有所谓交让者也。吾国督军，与德意志之诸侯及各君主国之贵族不同。彼乃封建时代遗留之特殊阶级，而此则中央政府之官吏。其地位完全发生于偶然之一命令，岂得以各省径为武人之封土，而承认特殊势力！

迩者俄、德、奥诸国，数百年历史上之皇帝、王侯，去之已如摧枯拉朽，乃以七年历史之北洋系，犹足统治压服吾国民耶？况北洋军人明晓世界大势者，亦不乏人。所为民主政治之梗者，二三乱国渠魁而已。但使中央得一民意政府，不有挟武人以自重，如袁世凯、段祺瑞、徐世昌者，颠倒操纵于上，则全国纠纷迎刃而解。吾国人无彻底觉悟，每值国家事变，不求其端，不讯其末，惟汲汲焉求收束，以偷一夕之安。至于收束后国家及国民，如何乃能安定，如何乃能发达，则不一计及。凡所为弥缝调停之策，无一非稔孽养乱之源，故不旋踵而又勃发，辛亥、丙辰之覆辙，可为寒心。

政治者，时代思想之产物。自清季以还，政号维新，人惟求旧。武人、官僚，论其思想程度，犹是欧洲三百年前之人物，而尤恐有不逮，近世文明进步政治，岂其所尝梦见。以此等人而使之当国，是问朝菌以晦朔，叩蟪蛄以春秋。盲人瞎马，而国事遂堕坏于冥冥之中。最近社会革命之动机，发于俄国，中欧诸国继之。大战告终，虽协约国最后决胜之结果，亦德意志军国主义屈伏于其国民之一。德国之失败，乃其武力之失败，皇家军阀之失败，并非其国民之失败。

吾国目前所谓法律之争、政治之争，皆欧美七八十年前早经解决之问题。世界思潮，日异月新，而岁不同。各国政府，皆兢兢有所警惕。而我一般顽昧无耻之武人、官僚，且妄信为武力制胜，贪天之功以为己功，而不思此正强权政治命尽之日，而为吾人民主张胜利之时。以各国革命近例言之，彼等均在诛斥淘汰之列。今仅要求国法恢复原状，此岂即达吾人最后之期望哉！然且相率惊为河汉，急急焉欲自废于半途，何国民之无自觉心一至于此。

时流或以外交界干涉为虑。抑思外人以友邦之谊，希望中国和平或有之，若援助强权而肆越俎，则决无是理。美总统迭次之宣言具在，方将为世界之救主，人权之干城，何至对于中国遽反其道，以所号召于世界之人道主义而自破坏之？独不虑天下之议其后耶？且即不幸而有此，亦非我国民所惧。袁世凯得英之援，而无救于亡；段祺瑞得日之助，而不免于败。国民自身之势力，实至伟大，断非一切强力所能压服，是在吾人之自为之耳。

外交之向背，每随一国国民自觉之趋势为转移。侵略主义已为今后之人类所不许。彼波兰等亡国遗□，犹且有复兴之望，岂有能自奋斗以求自由之国民，犹不能独立生存于二十世纪之世界者？所望我国人勿为威屈，勿为利诱，勿以小得捐大谋，勿以近忧遗远虑，排群俗苟简之目论，建根本解决之肤功，则民国前途，实利赖之。临电无任主臣。孙洪伊叩。陷。

《孙洪伊先生致西南电》，上海《民国日报》1918 年 12 月 2 日

致林森等函

（1918 年 12 月 2 日）

子超、莲伯、慧僧诸兄台鉴：顷闻广州美领事奉美使训令，提出劝告，军政府因此下令停战，实深骇异。查美总统扶助公理，抑制强权，迭有宣言。美使反其道以待遇吾国，即应毅然拒绝，借以申明我辈之主张，并以保我独立之人格。要必不能得世界舆论之同情，何至遂为所屈也。

近接华盛顿电，中国南方广州政府代表，今日上一说帖于美国上院外交委员会长黑溪谷克氏，请认广州政府为一交战团体。盖谓："广州民政府现节制中国海军，拥兵二十万人。"又谓："广州所以不能封锁北京政府之海口者，因各海口均为列强所管"云。末

谓："广州政府代表中国人民五分之二,而北京之现存官府皆侵权者"云云。儒堂赴美已数月,今既提此种意见,必有可乘之机。其上议院既经收受,是亦将成一问题。美国上院中政府党占少数,对于其公使之举动,或可有以纠正之。即不幸美国援助北方,亦不过如日本借款。日本借款几四万万,其战事尚无胜利。盖北方军队,皆不欲再战,已昭昭可见。有款亦奚为者,吾更何所畏忌也。

今在战争期间,外有西南之压迫,内有长江及北方前敌吴佩孚等之援助,而徐氏尚俯首于段氏,不能决然去之,异日罢兵而后,一切托命于徐氏,即无异一切托命于段氏。国家从此破坏无馀,而人为刀俎,我为鱼肉,护法诸公亦岂能幸免。即令美人助北,战而失败,其结果亦不过此,况必不至于失败也。愿诸公坚持正义,勿屈于强权。连日与中山先生筹商应付之策,虽尚未能详尽,亦可略备参考。谨列举其大要于后:

一、由国会提出抗议,致电美议院,声明美公使之劝告,实为袒庇暴力,殊与美总统抑制强权、扶助公理之宣言相背,望为纠正。其公使劝告原文,可并录入。

二、由国会及军政府径电美总统,陈说吾国暴力专横、内乱迭起之由,请其表同意于吾国之国会。其措词可仿照中山先生致美总统电(此电已见各报),而加详之。

三、应由同人将国内近情,随时电知王儒堂,俾得有所依据,并嘱令泄之美国报馆。其最要者二事:一、民国以来之变乱,皆起于北方武人及官僚,而武人及官僚之扰乱中国,皆因得有外交之援助。英国助袁世凯,而帝制发生,中国大乱;日本助段祺瑞,酿成复辟,中国又大乱。美国如再助徐世昌,乱将无已。二、与国中,不愿中国国会恢复者,莫如日本。前时国会曾累次否决与日本缔结秘密条约。今日本已与段氏所结之各种密约，国会复开后必不追认。故日本决意利用北方，破坏中国之国会。美国似不应与日本同一步调。

四、凡在中国之美人，多希望中国统一后加入欧洲平和会议，实是一种善意。然以不悉吾国内情，遂致为无理之干涉。顷者，美总统非正式代表柯兰君来此晤谈，极不满于陆氏[①]，并微露拒绝陆氏之意。吾人于此，可仿照各国委任他国人作代表之先例，由国会代表国民，致电美总统，请其为中国之和平会代表。一切关于中国交涉，由其代为主持。以美总统主张公理，为吾国人所信任也。一面不认陆氏，如此虽不能完全达我目的，而破坏北方之代表，则实有馀。要之，当此世界盛倡人道公理之日，断无有一国焉可以兵力加诸中国。我国民尽有改革之馀地也，何所疑畏焉。惟诸公图之为幸。此上，并颂议祺。弟孙洪伊谨启。十二月二日。

《吴景濂函电存稿》，《近代史资料》总42号，第22页至24页

致吴景濂等函

（1918年12月2日）

莲伯、子超、慧僧诸兄鉴：前书谅达。顷又得有确息，美总统对于中山先生前电，已有容纳之意（此事宜秘，勿泄于外）。先生以为如此，则抗议似可暂置。其应付之方策：一、如海军将士肯为国尽力，则宜贯彻儒堂在美所主张，要求美国承认战斗团体。用海军封

---

① 指陆徵祥。

锁北洋及长江口岸,以逼北方降伏;二、审量外交情势,以国会自由行使职权之唯一条件,信托美总统请其为仲裁人,以解南北之纷争。以上两事,似皆可行。惟时间之先后,进行之手续,略宜详慎。此上,即颂议祺。弟洪伊谨启。12月2号晚。

顷据松井言,日本政府于日内亦当约集英、美各国提出劝告。美主专一劝告北方,日政府并主劝告西南。其意盖欲借此,表示承认西南为战斗团体也。如有此,应据理以复之,幸勿临时失措,致蹈前失。亟望诸兄审慎之。洪伊再启。

《吴景濂函电存稿》,《近代史资料》总 42 号,第 24 页至 25 页

致吴景濂等函

(1918 年 12 月 5 日)

莲伯、子超、慧僧诸兄鉴:前各函谅均到。外交团劝告虽未即正式承认护法政府为交战团体,而于国际上已获有发言之资格。为今之计,应将国家之乱源及西南之主张,明白宣言与中外人以共见。外交之趋向,亦必因而转移。

乃阅报载,军府答复之词,只云即开和平会议云云,未免自失机会。弟与同人再四筹商,金以为未开和平会议以前,必应有先决之条件。其最要则为惩办祸首,如段祺瑞、倪嗣冲、张作霖、徐树铮、曹汝霖、陆宗舆数人,既为造乱之渠〈魁〉,又为卖国之奸人,是为和平之障碍。障碍不去,安可言和。且所谓北方团体者,既有此种人在内,此种人安有与我议和之资格? 护法军又安能与彼议和?

　　且徐世昌既号为代表北方,其力既不能处置此种人,又安能认之有代表北方能力? 故先决问题,应以此为第一条件。盖此事如能作到,再商恢复国会,自迎刃而解。使或不能,则今日与徐氏迁就言和,即能恢复国会,国家之祸正未有已也。况有此种人横梗其间,国会亦断难恢复。此种办法,弟迭次函电曾言之数四,昭日为我疏通。美公使之美国某君来谈,其主张亦复如此。其意盖谓,单纯之法律于协商诸国利害不相属,不易得其积极之帮助。若先提出祸首,一则外人痛恶中国之督军,二则外人深感彼辈之亲日,先决此种问题,必博外交之赞助,则西南必占胜利。国会问题,俟开和平会后再言,亦未为晚。设或因此决裂,则徐世昌于外交上已失信用,外交界必当同情于南也。其言亦可备参考,故并录之。

　　我国之人心舆论,痛恶此种人亦几全体一致,必能得中外之同情,可如操券而得。此问题不解决,不能开始和平会议,实为正当之要求,望诸公速图之为要。匆此,即颂议祺。弟洪伊谨启。十二月五日。

　　宁督对此亦同意,彼拟自行发表其意见,惟未知其能否实行耳。洪伊附启。

　　《吴景濂函电存稿》,《近代史资料》总42号,第29页至30页

致国会暨军政府电

(1918年12月9日)

　　广州参众两院、军政府公鉴:自南北议和之说起,军政府宣言以合法永久之和平为鹄,国人莫不共闻。果尔,则应知今日为和平

之障碍者何物。去此障碍物，和平乃有保证。如治病然，必知其症结所在，处方下药，然后可以起沉疴而保健康。

共和以来，七年四乱，其唯一无二之祸源，即此万恶不法之武力。袁世凯既用之，以颠覆民国，造成帝制。段祺瑞袭之，有督军团之啸聚，逐元首，散国会，遂复残民以逞，卖国自肥。凡国家之主权、利权，几尽举以易戕杀同胞之资。为时甫及一年，外债已达二万万，而国内搜刮者，犹不与焉；皆以饱虎狼之溪壑，供鹰犬之朋分，率兽食人，何以为国？徐世昌以段家之孤注，傀儡登场。其非法总统，直接授自伪国会，实间接授自三数乱国武人。即曰逆取可以顺守，则徐氏僭位已两月矣，除发布无责任之欺人文诰外，日依违转侧于此乱国武人之下，而惟其马首是瞻。段氏由参战处一转为国防督办，欧战早已罢兵，而所谓参战教导团者，犹日集械练兵，意欲何为？今参战第二军，又告设立矣。自奉军劫械逼京以来，蛮兵布满畿甸，正国人呼吁息兵之会，而督军团公然大会于京师。所谓戊午同袍社、参战同志社，呼朋引类，要约宣言。徐氏则回旋曲徇，惟恐不及，尚何统一北派之有？在此战争期间，外有西南之抗力，内有长江及北军前敌吴佩孚等之持正，徐氏尚俯首帖耳于若辈，一旦兵戈罢息，人心涣散，又能如彼何哉！

今日北方犹完全为三数乱国武人之天下，而徐氏特其守府。认徐氏为北方首领而与之议和，即不啻与段祺瑞、张作霖、倪嗣冲等议和也。议和而后，一切托命于徐氏，即不啻仍托命于段祺瑞、张作霖、倪嗣冲等也。苟若此者，国家永无宁日，而西南护法诸君子，亦岂能幸免？如以五国劝告之后，若辈已不积极反对和平，表示服从徐氏，似不妨待大局解决后，徐图收束。曾不思此枭獍性成之武人，武昌革命，尝赞成民国矣，其后果何如者？洪宪失败，又复归共和矣,其后果何如者?今苟敷衍讫事,是即督军团造反成功,此后恃援立之功,挟带砺之盟,而脂韦怯懦如徐氏者,尚望其能为晋悼公之放逐□荀,宋文帝之追讨徐傅耶?

吾人夙所主张,和议先决之条件有三,即取消伪总统及伪国会,与祸首段祺瑞、倪嗣冲、张作霖、徐树铮等脱离政界,听候国法惩办也。近报载,前二者国会已议决,咨军政府,作为谈判之前提。惟后者关系百年大计,必能办到,乃足表示徐氏有保证和平之决心,代表北方之能力,是尤为前提之前提。此前提不决,必无开始谈判之馀地。

或谓目前统一为急,若过予争持,不特有反一般厌乱之人心,且恐有负外人希望之盛意。夫外人之劝告,本出于一种善意。吾国今后非裁兵、变革督军制,不能立国,中外舆论已不啻异口同声。仅三数乱国者犹不能去,乃侈言根本变革,岂非掩耳盗铃?惩治祸首,本欧战议和之唯一条件,向使德国革命不起,维廉在位,协约国岂肯苟与妥协?督军团之十数万土匪兵,比之德国若何?段氏及其党徒之深根固蒂,比之德皇又若何?使并此不能除去者,尚有和平之可言!美总统之迭次誓言具在,岂世界之强权暴力可去,而吾国之强权暴力独不可去?世界之和议必期诸久远,而吾国内之和议,独不能塞源拔本,为一劳永逸之图?洪伊以为不欲中国真正和平则已,如欲中国真正和平,吾人坚持此点,必能得世界之同情,餍国人之心理。盖此万恶不法之大障碍不去,虽约法、国会恢复,犹之石田;况有大憝横梗其间,国会必无完全行使职权之日,约法必无实行有效之时,而目前之所谓和平,亦徒为助恶养乱之资而已矣。

抑洪伊犹有言者。对等议和为今日双方争点,以讨贼者承认贼人人格而敌吾一体，在我已为让步。乃今阅钱能训致军府电，犹言称元首，自居唯一政府，是直玩孺子于股掌之上，侪义军于盗匪之列。暮四朝三，诚意何在？惟望我国会暨军府诸公，本弭乱之初旨，顺潮流之趋势，以不屈不挠之志，建可大可久之功，则民国幸甚，和平幸甚。孙洪伊叩。佳。

《孙洪伊致参众两院、军政府电》，上海《民国日报》1918 年 12 月 10 日

致吴景濂等函

（1918 年 12 月 14 日）

莲伯、子超、慧〈僧〉诸兄台鉴：此次陆徵祥使欧，关系外交，至为切要。陆氏曾充袁氏之国务卿，民国五年由段氏提出为外交总长，曾遭国会否认，其个人资格已不足当外交重任。今在护法战争期间，我国民未承认徐氏为总统，未承认北京非法团体为政府，彼讵能代表吾国国民派人加入和平会议？且民国以还，凡袁、段两氏与日人缔结之密约，泰半由陆氏签字。此次欧洲和会关于东方问题，安能以原签出卖字之人与闻此议？且陆氏先赴日本接洽，无异请命于日人。我军府及国会于此等事咸缄默不言，殊难索解。

前书所陈，由军府或国会径电美总统及和平会议，声明陆氏之非法使命不能承认，同时由国会代表全国国民，电请威氏为欧洲和议之中国代表。如威氏承认，则我目的已达；即或不然，则乘势要求西南派人参与和会。此举不惟增中美两国之感情，且可反促外交之进步，而陆氏之非法使命，必可根本推翻。南方乘机派遣代表，或可达到目的。尚望兄等支持之。

又报载，伍君梯云允随赴欧。梯云身任军府总务厅长，实为军府重要职员。陆氏此行自知不能代表全国，必遭外人诽议，故出此钓饵之具，使梯云得以同行，俾对外有所借口，于外交上表示南方之服从北京政府。梯云热心护法，始终一贯，此等谣言或出于北庭之播弄，惟报纸屡次登载，或非无因。今南北尚取对抗形势，北庭使者决无擅调军府人员之权，即使以私人名义随行，亦复堕其诡计。吾辈方反对其非法，而反甘受其饵，与之偕行，不惟于外交上无以自解，即于护法之初衷，是亦不无矛盾。此意望于秩庸总裁前痛陈之。

再，南北议和，南方若承认北方为一团体，开对等和议，无异讨贼者认贼为敌体，已属让步之至。乃对等形式至今尚未确定，不过护法诸要人自欺欺人，动辄自□北方避去命令形式，似对等目的已完全达到。而徐氏方面，则于对等形式始终无一字之承认；即始〔使〕北方所派代表十人，皆由伪内阁加以委任，且大半皆帝制遗孽、洪宪罪人，而徐氏则仍以总统御临于上，其置西南于何等，已可想见。西南乃置此不争，日惟争地点、争会议名称，是我已落第二乘矣。即使争而能得，其不对等犹是也。

弟意最好办法，徐氏应先取消总统名义。今此着已失败，则最要前提，徐氏应声明为北军领袖，所有代表即由北军领袖加以遣派，伪内阁所派代表等应由南方拒绝不认。弟敢为诸兄进一言，此次和议不力争真正对等和议先决条件，不敢言惩办祸首，则西南一败涂地矣。望诸兄详审之。专此，并颂议祺。弟洪伊谨启。十二月十四日。

《吴景濂函电存稿》，《近代史资料》总42号，第33页至35页

主张惩治祸首电

（1918 年 12 月 18 日）

广州参众两院、军政府各总裁暨各代表、护法军将领诸公，各省督军、省长、省议会、教育会、农商学会，各团体，各报馆公鉴：盖闻鉴往所以知来，惩恶所以弥乱。今言和者汲汲于现伏〔状〕之解纷，而于既往之惩罚，将来之乱萌，一若未遑计及。即云往者不咎，来者又将若何？

夫段祺瑞之穷兵卖国，今之童贯、秦桧也。徐树铮之称乱作威，今之宰嚭、江充也。倪嗣冲、张作霖等之称兵犯顺，干法乱纪，今之李怀光、朱泚、李茂贞也。此在专制之世，稍有刑赏者，未有不杀无赦者也。即今叩之国人，亦未有不以为杀无赦者也。然而相率逡巡，不敢决然主张者，以为如此则和议不可成也。

吾不知今之言和者，将以敷衍一时乎？其必为国家长治久安计也。以国法不赦之人，犹欲姑容之，以养奸而贻祸，又安用此和议为？则有为之解者曰，此不妨待徐世昌自为处置焉。夫徐氏身为乱国者之傀儡，与群盗拥立之刘盆子、更始、韩林儿何异。欲其自剪羽翼，不特情所不欲，抑亦势所不能。且其自身来历已不正，又安能以其不正者，正人之不正耶？

裁兵废督军，在今日已成国论。然大梗不去，暴力依然，与虎谋皮，岂非梦呓！即使姑言之而姑听之，而废者名去实存，裁者此减彼增，太阿在手，高下在心，又谁与保证而监察之者，其结果徒授彼以削除异己之柄而已。袁世凯元、二年之已事，可鉴也。段氏内拥参战处、国防筹备处以厚集兵力，外倚倪、张等连横大局，东极辽沈以至京畿，南控淮徐以达江海，将来挟三分有二之资，据居高临下之势，一举手一摇足，而去夏督军团之变，应声而起矣。此岂诸公希望和平之本愿哉！

往者辛亥之役，国人明知袁氏必不能始终共和也，而姑奉之，卒成帝制之祸。明知清帝不去，民国必不能巩固也，而姑存之，卒酿复辟之乱。某西人有言：革命本惨剧，独在中国则为滑稽剧。盖谓不能为彻底之改革也。即如此次欧战，德皇失位，越在异国，已无尺土一民，然协约国犹要求引渡以致其罚。此在吾国人视之，或且惊为已甚，不知除恶务尽，固不得不如此耳。反观吾国，大憝渠魁犹隐操国命，包藏祸心，待隙而发。而衮衮诸公醉心宁息之美名，熟视无睹，结舌不言，而日惟委蛇于虚伪不贯彻之磋商第一二步以后之争点，此所谓不能三年之丧，而细小功之察者也。

昔者召陵之战，桓公舍楚僭王、猾夏之大罪不问，而断断于包茅小节，君子是以知其无远略也。张柬之等五王建匡复之业，而不能去武三思；元祐诸君子误调停之说，而容纳熙丰奸党，卒皆身罹戮辱，国事亦败坏而不可救，载在史册，炯鉴昭然。故吾谓今日惩治祸首问题不先决，必无和平之可言。苟勉强迁就成议，任何条件皆成画饼，而庆父不去，鲁难未已。人以为天下之乱从此终，伊以为天下之乱从此始，毋待异日始思吾言也。惟谋国者实图利之。孙洪伊叩。巧。

《孙洪伊主张惩治祸首》，上海《民国日报》1918 年 12 月 19 日

对时局之意见

（1918 年 12 月 29 日刊）

闽、陕两省问题，及会议地点问题，均为议和之先决问题，此乃西南多数人之意见也。惟予之意见，殆以是等问题毫无价值之可争。南方既以护法而发难，则当然不可不以法为生命，而与之相终始。即解散新国会，处罚扰乱时局之段祺瑞、倪嗣冲、曹汝霖、张作霖、徐树铮等，取消徐东海之大总统是也。此三项真为议和之先决问题者也。徐东海如为北方之代表人物，非处决前记三项，绝不得云谋和。盖是等之处置，如未办到，则段氏一派今尚可在暗中操纵一切。唐绍仪之态度，近来亦极为软弱，结局将陷南方于不利。南方此际宜一面继续战争，一面可言和而已。

《孙洪伊之时局意见》，《顺天时报》1918 年 12 月 29 日

挽汤化龙联[①]

（1918 年下半年）

共国事十年，攻错若石，同心若金，窃比范仲淹、韩琦勉为诤友；去乡关万里，泰山其颓，梁木其坏，竟继麦坚尼、林肯歼我良人。

《中国风俗对联辞典》，第 459 页

---

① 1918 年 8 月下旬，汤化龙在加拿大为华侨国民党党员枪击殒命。此联当撰于是年下半年。

致廖仲恺、戴季陶电

（1918 年）

　　仲恺、季陶两兄：鲁、邱部要求太巨，故令其派人请示先生。邱与邓天乙诸君势力相等，处置务乞持平，勿以弟言而过厚也。洪伊，皓。

台北国民党党史馆，档案号：一般 404/64.19

致杨庶堪电

（1919 年 1 月 1 日）

　　成都杨省长鉴：接川中转来电耗，惊悉尊公仙游，罔任悼泫。守礼者苦次乞休，情岂可夺。惟念孝子之心无尽，而国家之难方殷。巴蜀当西南要冲，执事又义军柱石，进退系天下安危。谨远援古者金革毋避之文，近遵民国给假治丧之例，恳请勉徇舆情，暂稽退志。家恤国忧，未可兼顾，顺变节哀，以弘达孝。闵子要经〔绖〕服事，权可通经。晋侯墨缞从戎，义惟捍患。即上体尊公平昔义方之教，当亦在天之灵所默许也。谨喑申意，伏希纳鉴。孙洪伊叩。东。

《孙洪伊喑杨省长请抑哀任职电》，上海《民国日报》1919 年 1 月 14 日

为吴宗慈母寿诞征文之启事[①]

（1919 年 1 月 1 日）

　　吴母刘太夫人，系出名门，家承诗礼，为清大理寺卿刘公叔伦之第三女，清兵部郎中吴公子重之德配。中年守节，矢志柏舟，事姑以礼，侍夫以顺，教子以方，其于国家强弱盛衰之理，尤能洞见一垣，信为今日女界之明星，复哉弗可及已。其哲嗣吴君宗慈为国会众议院议员，曾长川政，于法律、政治均卓然有所建立。钧等或共交游，或同议席，尝闻其自述立身行己幸无玷者，均得力于母教也。民国六年，西南数省兴护法之师，钧等与吴君相同于患难，乐数晨夕，于太夫人之懿行嫟德，尤多有所服膺。今年夏历仲冬，为太夫人七十诞辰，吴君不克归里称觥，太夫人亦函谕国事为重，不必效时俗所为。钧等以太夫人懿行嫟德，不可不有所表扬也，嘱叙太夫人行事节略，征诸当世贤达，赐之文章。《诗》曰："孝子不匮，永锡尔类。"度亦当世贤达之所许乎。太夫人于经学，习《春秋》《诗》《礼》，喜读少陵诗，能弈，为乃父叔伦公所亲授。叔伦公为清道咸间国弈云。李烈钧、岑春煊、孙洪伊、林森、吴景濂、褚辅成、徐谦、温世霖、廖仲恺、汪兆铭、胡汉民、李茂之、汤漪、居正、彭介石、周震鳞、王乃昌、王试功、王法勤、汪哕鸾、陈垫、欧阳荣之、赵时钦、贺赞元、王湘、刘释龙、龚焕辰、汪彭年等同启。

　　《护法计程》，《北京大学图书馆馆藏稿本丛书》第 18 册，第 146 页至 148 页

　　[①]　启事由多人联合发起，孙洪伊为联名人之一。

关于南北和议条件的宣言

（1919 年 1 月 3 日至 4 日刊）

慨自武人乱政，国会播迁，总统放逐，约法毁裂，则我中华民国国命陨越于下。重赖西南护法军兴，海内仁人义士之力，辗转揢拄，一载有馀，使国本颠而未坠，大义遏而复伸。近以中外大势之所趋，北方武断派知强权之不可复恃，乃有南北和议之举。

夫我中国，以最爱和平之国民，闻于天下。今次国变，事出非常，不能以法律解决，而至诉之武力，其目的亦惟在求合法永久之和平而已。此我护法政府及国会所迭经宣言，中外咸知者也。盖此最简约之目的，以战争得之不加多，即以其他方法得之，亦不因之减少。共和以来，七年四乱。有辛亥之和，乃有癸丑、丙辰之争；有丙辰之和，乃有丁巳之争。事变循环，势所必至。

兹幸值民治胜利，强权萎缩之时，我国民思协约国为人道正谊而战，则知人类自觉心之不容已；思欧洲和议之周详慎重，则知国内保证和平之方。洪伊忧患馀生，回顾既往之覆辙，进察将来之事机，外鉴世界之潮流，内审国家及国民之需要，谨就愚虑所及，于其必要限度内，拟举和议条件数事。窃以为吾国民不欲立国于今后之世界，以求长治久安则已，如欲立国于今后之世界，以求长治久安者，当不能视为河汉也。

一、和议先决问题。

（甲）国会完全自由行使职权。

（说明）此为护法军唯一之动因，而国家法治存亡之一大关键也。此而不得完满解决,不特此一年馀之战争等于无意义,民国议会政治亦永无确定之期。是则北京之非法国会,及总统必先自行取消,而国会重行集会北京,自由选举总统,组织正式政府,方为合法。凡所谓以非法国会为交换同时牺牲,与夫令国会追认非法总统以弥缝讫事者,直接破坏国会,实间接破坏约法。盖同一国法之下,法统一乱,不可复正,此后任何组织皆属僭伪。而宪法上之恶例一开,法律之争无已时,即国家之乱,亦无终极矣。

(乙)祸首段祺瑞、倪嗣冲、张作霖、徐树铮等解除兵柄,依国法惩办。

(说明)此在法律上为罚罪,而在政治上为弭乱。德皇失位远窜,而协约国犹要求引渡,以致其诛者,此物此志也。国人咸谓段氏业已下野,抑思舍一伪总理,而参战处,而国防督办,实力之增减若何?今举国方以兵为患,而所谓参战教导团者,犹成立四师,厚集枪械,密布爪牙;又有倪、张等野蛮武人,连横合从于外,徐树铮、曹汝霖、陆宗舆等卖国奸人,交互盘结于内,载鬼一车,祸机四伏,此而不去,乱且未已也。

二、善后问题。

(甲)裁兵,其办法如左。

(子)全国暂留国军二十师,以两师拱卫京师,边省不得过一师一旅,腹地大省不得过一师,小省不得过一旅。

(说明)中国今日,非裁兵废督军不能立国。中外舆论,已归一致。历年祸乱,如袁世凯、段祺瑞之敢于窃国残民者,皆此半兵半匪之军队阶之厉也。全国各色目之兵,合计不下百万。岁入百分之八十,皆耗于兵,此实五洲万国所无。昔美国建国之初,限制陆军不过十万。最近军阀主义打破,固无多养兵之必要。即曰兵不可尽去，而腐者不去，新者不生，亦非改弦而更张之不可。盖裁汰冗兵为一事，确定军事计画又为一事。而目前第一步则应从裁兵入手，以为治标之计，而以减至极少限度为准。其应留兵额，查前清末年，预定三十六镇，而实际只成立二十镇，故今暂定二十师。所有分省驻扎之数目，亦略以清季为例。至将来军事计画，应体察世界大势，以定国内之需要。其兵费则以一国之岁入为比例，而分配驻扎之法，亦照国军办理，此则俟之异日也。

（丑）拱卫京师之兵，南北各出一师。

（说明）年来少数拥兵之武人，挟中央以为乱。帝制复辟，以及历次解散国会、破坏约法之变，胥由于此。京师者，天下之根本，置于一人一系兵力之下，危险孰甚。故此后拱卫之兵，须南北参用，俾相维制。所谓北兵，以现隶于北京政府者为限；南兵，以现隶于护法军者为限。一俟全国军事计画实行，军人统系打破，此等限制即可解除矣。

（寅）各省所留之兵，以募自各该本省者为限。中下级军官，亦如之。

（说明）清末军制，虽多缺点，然其额兵尚系就地招募。自袁世凯欲以一人一系之兵，统制全国，其制等于八旗驻防，而历年国家大乱之源，实在于此。故今裁撤所留之兵及中下级军官，以各该本省人为限，以杜私人把持兵柄之弊，而树兵役义务普及全国之基。

（卯）设裁兵委员会，以南北各派出同等人数组织之。

（辰）前项委员会以全国冗兵裁完时解散。

（巳）全国兵工厂于冗兵未裁完时，均交裁兵委员会管理。裁去之兵所有枪炮子弹，均归裁兵委员会保管。

（说明）以上三项，为关于裁兵委员会之规定。自民国元年二年,袁氏尝以裁兵号召天下,而对内部则此裁彼招,对外部则南减北增,卒之有名无实,反为削除异己之资。且此非常之举,使政府官吏为之瞻徇敷衍,在所不免,故非特设机关,由南北共同派员而赋以重大之特权,不足以昭郑重而收全效。而裁兵必须借款,将来即以外国之债权者为见证人,亦策进实行之一法也。

(午)限一年内将全国冗兵裁完。

(未)所留国军服役三年,期满后依将来新定军制办理。

(说明)以上两项,为办理裁兵军务之期间,及军事计画之接替更始办法。如此则一年之后,全国无多兵之患;三年之后,全国兵制皆焕然一新矣。

(申)所有被裁之军官,仍以原职由国家给以相当之薪俸。设立高等军官学校,或资送东西各国,俾受完全军事教育。

(说明)此为安置被裁军官之办法,使不至有失职之怨望,而国家亦可得储材备用之途。

(酉)各省解散之兵丁,应由国家资送边陲开垦荒地,而为修筑铁路及其他交通事业之用。

(说明)此为安置被裁兵丁之办法。中国之兵,大半皆无业游民,一旦裁去,必复流为盗匪,扰害地方。今一面将其枪械,尽数收回,不复假以利器;一面妥筹谋生之路,则国家财政上可立节巨大之糜费,而化无用为有用。一转瞬间,数十万不生产之人,尽为生产之人,所谓一举而数善具者。况欧战后所需华工必多,如能组织良好之移民公司,设法移殖海外,于国内经济、民生,裨益匪浅鲜也。

(乙)废督军。

(子)各省督军,即时一律裁撤。但在冗兵未经裁完以前,暂用其他相当名义统理之。

（说明）废督与裁兵相需为用。今之督军，为古今万国所无。历年祸乱，皆督军为之，督军团其著者也。自人事言之，固有特殊之原因，而自根本言之，亦实作法之不良。由今之道，无变今之制，不特地方无发展之望，即国家亦永无统一之期。今除三数乱国者外，稍有政治常识之督军，皆自知此制之不可复存。而中外舆论，尤莫不视此为政治之巨梗。物极则反，此其时矣。近有倡议设立军区者，但军事只有征兵区，而不宜有管辖区。国军以一军或一师为一军位，直隶中央，固无管辖区域之必要；若以二三省以上为一军区，而置之长，则与今之督军何异，而且加甚焉，故惟有断然废去之一道也。

（丑）北京之国防处、将军府，及各省之巡阅使、护军使、镇守使，即时裁撤。

（说明）自袁氏欲以武力统治全国，遂不惜多设军事骈枝机关。有为特别笼络位置人员而设者，将军府、巡阅使是也；有密布各地如满洲驻防之用者，护军使、镇守使是也。至国防处，为参战处之化身，则段氏借以练兵自固者，与陆军、参谋两部，尤绝不相容。今军事既图收束，此等不衷之制，皆无存在之馀地。而国防处新增之四师，应即时解散，尤不能列入前项裁兵范围，以酌量裁减为例也。

（丙）试行地方分权制度（即省制）。其办法由和平会议决定暂行省制大纲，由南北政府同时分别宣布试行。其大纲之重要规定如左：

（子）各省省长，同时由各省省长选举会选出三人，分别由南北政府择一任之。

（丑）各省省长选举会，暂以各该省省议会议员及各县县议会，各选出一名之选举人组织之;但省议会员及各县选出之选举人,有过半数到会时,即得开会选举。

(寅)各省现任督军,及最近一年内曾为督军者,不得当选为第一次省长。

(卯)省公署设财政、教育、实业、内务四司,以政府形式组织之。

(辰)划分中央行政与地方行政之权限。

(巳)划分中央与地方之收入。

(午)省有之警备队警察,归省长统率。其费用由省有财政支出之,省长编定预算交省议会通过施行。

(未)省制于宪法上之正式制度成立时,依法改组,其暂行省制大纲即时废止。

(说明)中央集权之迷梦,证以年来事实,既已暴露无馀,则急急确定地方分权制度,实今后弭乱致治之惟一方法,此乃近时全国人士所公认。顾有谓地方分权善矣,但民选省长与约法第三十四条大总统任免文武职员之规定抵触奈何? 夫约法第三十四条与第三十三条为连带。第三十三条规定:"大总统制定官制、官规,须交参议院议决"。无合于第三十三规定之官制,不能行使第三十四条之任免权。

民国成立以来,除中央一部分官制,由国会议决制定外,地方官制自省制以下,皆袁世凯所手订。则年来地方官吏之任命,积极言之,则为违背约法;消极言之,亦仅可视为一种事实,非行使约法上之任命权。而现在各地方官吏,亦不得认为约法上之官吏。今以和平会议决定暂行省制大纲,乃以改造袁氏之省制耳,于约法无关也。各国宪法,类多先有事实而后成为法文,乃能信行而无阻。

今地方分权既为一般心理所向，而省长民选之条文，又已提出于宪法审议会，则以国人公认必期实行之事实，代袁氏一人所造业已破绽毕现之事实，有何不可？自国会解散以来，合法政府不存，已无行使约法第三十四条职权之人，则事实上固为约法停止效力之期间。在此期间，立一过渡办法，有开必先，庶一新天下耳目，而与新制无大出入，即将来改组，亦不至有何等纷更也。

又有谓南北既经统一，省制应俟由中央宣布施行，何必仍分寄于南北政府？不知和议成立后，尚须国会移京，自行选举总统，组织正式政府，此至速必须四五阅月以后。而广州护法政府，必俟正式政府成立，方能取消。则在合法统一政府未成立以前，由南北分别实行省制，树一先例，足为将来保证。夫事事信赖中央政府，此乃最幼稚之政治思想。观于美国建国制度，类多先由人民自决成为信条，且无不含有防制中央之意味。况吾国历来丧失信用之中央，犹必将一切立国大计，束手以俟之乎？

至于对外问题，南北和议解决以后，自可筹一统一办法，不可与内政并为一谈也。吾国总统选举会，采用法国制，仅以参众两院议员组织之。其流弊有二：一则轻率将事，不足特别表现全国人民意思；一则组织简单，易受野心家之压服或操纵。此种制度，将来亦应改定，或另组总统选举会，或加以各省省议会议员。然此关于宪法问题，非本论范围所及。省长选举，时人多主以省议会为选举机关，如此则中央选举之弊，又将见于地方。野心家把持其间，将复演成地方之革命。欲弭其弊，自以另组选举会为上。但选举太烦，或非吾民所习，故暂采折衷办法，加入各县议会选出之选举人，其选举权比较上尚能遍及于一省之人民也。县自治机关恢复，此事即可实行，手续亦非繁难。虽曰试办，亦以开一先例也。

吾国变乱经年,其大原因则在武人以兵力竞争总统,故法律迭经破坏,而民治迄难实施。今省长初行选举,人民之智力脆弱已甚,使挟有兵力者,得以竞争其间,则干涉凌压之祸,又将见于各省。而所谓省长民选者,必至有名无实,且为将来开一恶例。故略采各项选举限制军人之意,以保选举之自由。而仅限以第一次者,亦为救济现状而设。此后宪法既已颁布,自愿按照法定程序办理,非今日所能预定也。

附条:除省制试行外,县及县以下原有之自治机关,同时一律回复。

(说明)县及县以下之自治机关,元年全国皆已成立,大都沿袭前清制度。组织虽多缺点,实为民国中下级自治之基础。中遭袁氏之非法解散,五年国会重开,迭议恢复,格于段氏不行。今不可不一律使之复活,使国内各级自治统系完全,俟国会正式制定自治条例公布后再行改组。

(丁)财政。

(子)设财政监理委员会,由南北各派委员五人,国会选出五人组织之。

(丑)前项委员会之权限,专司清理从前政府之出入,监督此后之用途。

(寅)前项委员会,至宪法上之审计院成立时解散之。

(说明)自袁世凯以来,滥借外债,竭泽而渔,朋分为市,每国家变乱一次,甚于劫掠一次,卒至今日财政之基础全覆,破产之宣告不远。近各国有提议监督中国财政之说,我不自谋,人将起而代之矣。此如委诸政府官吏为之,仍属有名无实,证以北京审计院之成绩可知。故目前不可不有特别监理机关之设置,以待合法审计机关成立，国会监督财政权实行之日也。

三、处置清室问题。

（甲）清帝帝号取消。

（乙）清帝迁出京外，安置于适当地方。

（丙）从前优待清室条件作废，清帝另由民国酌给相当廪禄。

（说明）优崇清帝，本一时权宜苟且之制。自经复辟之乱，所有原订优待清室条件，当然消灭。此后若仍听其帝号自娱，宫廷高踞，俨然以小朝廷自待，则长奸人觊觎之心，贻国家百年之患。且五族共和，四民平等，清帝亦一人民也。位号独尊，竭国家岁入百分之一以奉之，翘然为特殊阶级，尤与共和约法不相容。

北京为清朝巢窟，故臣旧宗，所在罗布，观听不改。宜于南省择一适当地方安置，给以廪禄，由政府派兵保护。吾国旧史，凡更代之际，旧皇室保全者无几。即唐之酅公，宋之郑王，削号归藩，已为仁厚。况共和时代，犹可有所谓皇帝者存耶！英国之查理士，法国之路易，彼何人斯，独非失国之帝王乎？最近俄皇一家惨戮，德、奥废皇亦远窜异国，琐尾流离，殷鉴不远。是即为清室计，亦当不愿拥无当之虚号，居可疑之地位，以自贻伊戚也。

上陈数义，皆所以刷新政制，杜绝乱萌，为长治久安之基，谋正本清源之始，举与社会之趋势，世界之潮流，适相契合，固非囿于现状，恣其私言，而容与粉饰，或取快旦夕者。顾事关大计，凡护法贤豪，海内明哲，愿共喻此意，策其进行，则众志既一，国是以定。吾党虽无似，请从诸公之后，明辨而深思，共求此问题之解决，或亦谋国者所乐闻欤。我亲爱之友邦，诚本其扶持民治，遏抑强权之主旨，予以赞助，则尤吾党所深望者矣。

《孙洪伊对于南北和议条件之宣言》，上海《民国日报》1919 年 1 月 3 日至 4 日

致军政府各总裁等电

（1919 年 1 月 19 日）

广州参众两院、护法政府各总裁、政务会议各代表、海军暨各省护法军将帅诸公均鉴：自西南及海军誓师之始，即以拥护约法、恢复国会、惩办祸首三事相要，布告中外，皇天后土，实闻此言。乃口血未干，而和会将开，对于祸首问题，一若未遑措意，此诚大惑不解者。

夫要约之事有三，而解决之途则一。乱贼若去，法律迎刃而解；大梗尚在，其他更复何言？辛亥之役，覆满也；丙辰之役，倒袁也；今兹之役，讨段也。覆满而宣统退位，倒袁而洪宪颠踣。以段祺瑞之地位及根据，与彼二百馀年之清帝、八十三日之僭主比絜，权势相去，岂可以道里计。顾乃伈伈俔俔，狐埋狐揾，抛置向日之主张，贻留将来之巨祸，事之失计，宁有过于此者！血战两年，糜烂数省，仅一二造乱之人犹不能去，试问西南出此重大牺牲，人民受此重大痛苦，所得者安在？且恐令清、袁笑人也。

近段氏藉国防筹备为名，已招集三师二混成旅，计三月内即可成军。加以奉军四混成旅，则属段直辖者，足有七八万之众。徐树铮且有添练二十混成旅之计画，而倪嗣冲、张作霖及其他心腹之把持兵柄者，尚不在内。以段党跋扈之资，据此雄飞之势，徐世昌且在其掌握，现北京伪内阁成立，兵、财、交通三部，皆其死党，复有一般帝制馀孽、媚外党徒，为之牙爪，隐患潜伏，宁待蓍龟。值此和议开始，西南有绝对之发言权，不及此时锄而去之，生狃生罢，势力目

〔曰〕厚，不特共和法治，更无存立之地，即诸公欲为河西之窦融，浙东之钱俶，纳土归藩，仅求自保，其可得乎？

建国以来，纪纲坠地。抗义者无显戮，乱国者受上勋，朝为民国罪人，夕为共和柱石，牛骥一皁，枭凤同巢。国家既无赏罚，社会遂无是非，破法乱纪不为逆，杀人放火不为暴，婪赃百万不为贪，卖国丧权不为耻，驯致今日据列要津之辈，什五皆国法不赦之人。长此终古，何以为国！

今段党与国家、与西南皆成不两立之势。段党去则国法稍伸，犹可自存；段党不去，任何条件都成虚语。有谓段氏实力布满京畿，惩办问题岂樽俎之间所能办到。不知段不能去，祸本犹存，已无和平之馀地。武力主义，早为世界所厌忌，段以黩武造乱，友邦啧有烦言。最近其党企图拥段复起，五国出有劝告，始寝密谋。重以北系军人反对段之武断政策者，人人自危，日忧反噬。我若为严正主张，必能得外人积极之赞助，北方将帅之同情，顺内外之趋势，图远久之治安。讨贼弭祸，义无中止，息壤在彼，宁肯食言。谨电申意，伏希采纳。孙洪伊叩。皓。

《孙洪伊重申惩治祸首电》，上海《民国日报》1919 年 1 月 20 日

致吴景濂、褚辅成函

（1919 年 2 月 9 日）

莲伯、慧僧仁兄台鉴：易、罗诸君来，奉到手书，读悉种切，并稔动定，纳祜为颂。此次对内对外，和平会议关系重大，赖有健全之舆论与固结之人心，以为后盾，诚如尊论。弟遁迹沪滨，两易寒暑，

虽于政局间有论列,而心馀力绌,无补时艰。兹承过奖,尤增颜汗,惟力所能及者,自当竭尽驽骀,追随当局诸公之后,以副期望耳。鱼鸿有便,尚望时锡珍言,以匡不逮为盼。此复,即颂议祺。弟孙洪伊拜启。二月九日。

《孙洪伊致吴景濂、褚辅成函》,《北洋军阀史料 吴景濂卷五》,第128页至129页

主张废除不正当条约通电

(1919年2月10日)

广州参众两院、军政府总裁,各省督军、省长,护法军暨北军诸将帅,各省省议会、教育会、农商学会,各团体,各报馆均鉴:顷日本小幡公使威迫北廷,限制我欧洲和会发言权;其参谋部复训令其驻沪武官,警告西南不许于南北和议时,提议裁撤段氏之国防军。吾以独立国列于参战团体,在国际会议固为权利主体之一,乃谓不得日本同意宣布密约,为违反外交惯例,夫密约苟无瑕疵,有何不可宣布? 以国家而主张权利之自由,此例实未前闻。

且日本于欧战期间与吾国交涉,无一不出于外交常轨之外。如民国四年所结之二十一款,实由日军阀以强力迫我承认,复强我严守秘密,及英人闻而质问,则又隐匿重要条件以欺之,试问国际上有此惯例否? 民国七年,与段祺瑞缔结之军事协定及一切借款,并与曹汝霖缔结之山东铁路条约,皆利用吾国政争,扶植奸人,助长内乱,因而攫取权利,此行径直与乘火打劫等。求之外交史中,

更有此惯例否？在世界多事、列强不暇东顾之际，彼利诱威胁，以苛虐严酷之条件，肆行其并吞大陆之野心，我国民含辱饮痛久矣。

今幸大和会开始，强权屈服，公道昌明，举凡各国悬而不决之问题，皆将于是焉质正。昔加富尔声诉奥人罪恶于巴黎会议，曾为各国所公认。千八百七十七年，俄国胁土耳其结《圣斯德发诺条约》[①]，及甲午之役《马关条约》，日本胁中国割让辽东半岛，皆以违反公理，列国迫令解除。况今日我国并非战败国，军阀乘危劫取之种种条约，将当援例提出和会，以待列国公判。顾乃横肆干涉，冀保持继续其不正当利益，甚至进而欲拥护其助段私立之国防军。言参战则欧洲之大战已停，言国防则我国内政，他国岂容置喙？乃强谓国防军即参战军，以永居为奇货。

欧美各方惕于军国主义之不当，倡议缩减军备。中国年来扰乱，苦兵尤深。彼段祺瑞之所谓国防军者，实乱国之媒，我国民急欲锄而去之，凡酷爱和平之与国，自应与以同情。而日军阀乃甘为人道正谊之敌，不惮越俎而卵翼之，是犹欲贯彻其大亚细亚主义，以段氏为其外臣，以国防军为之内应，置中国于指挥之下，而挟以俱走耶。日军阀既欲凭恃条约，实行其侵略主义，段祺瑞等亦藉日本奥援，为个人权利之护符。两国武人互相结托，固不独危及中日自身，其害且将及于列国。

吾国民苟不忍国家之沦胥，战祸之无已，尚其策我群力，急起奋斗，向欧洲和会请求，将欧战期间中日一切不正当条约决议取消，杜绝东亚之乱源。一面自行裁撤所谓国防军，惩治段祺瑞等，剪除亡国之导线，谋中日真正亲善之实，去世界和平之梗。呼吸存

---

① 该条约于1878年3月3日签定，一般译作《圣斯特凡诺条约》。

亡,争此一发,惟谋国者速起图之。孙洪伊叩。蒸。

《孙洪伊主张废除不正当条约通电》,天津《益世报》1919 年 2 月 18 日

有关陕西问题的谈话

(1919 年 2 月 25 日刊)

陕西问题所争者在责任问题,非划界问题。许兰洲、张锡元皆徐世昌氏之腹心,停战令发布后,依然为陕西之攻击,于此可见徐氏无讲和之诚意。据外间所传,徐氏命令尚不能行于陕督之陈树藩,是徐氏自身已失统一北洋派之能力,而何能有与西南议和之资格?故目下之救济方法,惟有徐氏责令北军一律退出陕西,而后有和议之可言。今责任不明,徒派一张瑞玑,此等姑息敷衍策,予甚不以为然。

《孙洪伊之观察》,北京《晨报》1919 年 2 月 25 日

反对西南独行自治的谈话

(1919 年 3 月 17 日刊)

自治之说为北方某代表之意见,而南方代表从而附和者也。然此说非始于今日,其所由来者,远第三革命之际,梁启超、汤化龙等即倡是说,当时予极力反对,因之未成事实。予与汤、梁诸君分离,此为其第一因。时至今日,此说复现,徒慕自治之美名,而不知不适合于中国今日之真情,书生空论,予实不敢赞同。盖今日中

国，全土主张自治则可，只西南一隅即欲实行自治，其势亦有所不能也。夫中国之可忧者，惟在少数军人之跋扈，此弊一除，则天下即无事矣。而南方过信军人之势力深厚一时，难以铲除，自治说因以发现。果此说得行，是不啻南北军人共同分配国民之财产，而吾民依然陷于困苦者也。此中利害，惟南北军人及政客知之，而一般国民尚懵然也。

《孙洪伊反对自治论》，天津《益世报》1919 年 3 月 17 日

致西南当局书

（1919 年 3 月 23 日刊）

（衔略）自徐世昌僭号总统，假文治之说以炫国人，弟于时即将北方之隐幕，徐世昌之不可昵就，疾呼以告国人。国人或且疑为过激，斥为妄言。今和会开议，情见势绌，相持而不下者，已一月有馀矣。徐、段暗密连结，辟阖一致之行动，尽行暴露于中外人士之前。若非及今改弦易辙，噬脐之悔，即在目前。此不待智者而知之也。

吾国数年来之乱，皆苟安之一念误之。辛亥之役，南方席十馀省之优势，为速求统一计，举政权而奉之袁世凯，于是有癸丑之战争，有丙辰之帝制。逮滇、黔起义，袁伏天诛，南北意欲和平，又举政权而奉之段祺瑞。彼衣钵相承，逮有以北洋派统一全国之宣言，逐总统，散国会，勾结日本军阀，以遂逆谋，致有此次护法之战。一年以来，耗费三万万之金钱，四千万之军械，举军事、警察、银行、铁路、矿山、森林之一切权利，拱手而奉之异族。卒以人心不附，师出无名，北方军人之大部，晓然于西南护法大义，不肯用命。适会欧

战结局，列强纾东顾之暇，卖国政策不能畅所欲为，智穷力尽，乃又奉徐世昌为孤注，变计言和。西南道里辽远，情格势禁，未悉个中诡计，坦怀相就。其一二策士，或竟欲承戴徐氏，偷安目前，而不悟徐与段固一而二二而一者也。

徐世昌就职后，卖国计画未尝停止。济顺、高徐等五大铁路草约，早经满期，犹复秘密进行。参战借款，继续提用。国防军之设，徐、段实有一种约束，为扑灭南方之准备。故下令停战后，更抽调各路师旅，进攻陕西，彼其目的，岂仅在陕西一省哉！盖其每饭不忘巨鹿之宿心，认陕为入川要道。陕既得手，则藉刘、钟为虎伥，以进窥西南，务使滇、黔束手，桂、粤势孤，而徐、段以北洋派统治全国之计画成矣。

夫和与战不并立，焉有一面讲和一面进攻之理？而南方当局，不闻厉兵秣马，大伸讨伐，而惟掩旗息鼓，坐待和议之成。不知陕西为护法团体之一，北庭攻陕，即攻击西南。剑及屦及，被发缨冠而往救之，此西南之大义也。徐、段合谋卖国，国民不共戴天，枕戈泣血，以与之奋斗者，又吾护法军之天职也。

迩来中外舆论，对于北庭之信用，扫地以尽。英、美为东亚外交关系，向之误信徐氏者，已一转而表同情于南方。北方将领之持正，为段派所欲甘心者，亦与南方有利害共同之关系。徐、段既失外交之援助，又致内部之分崩，财政绝遏来源，外债横生阻力，涸泽之鲋，必难幸存。稍事坚持，彼将自溃。继续决战，势难中辍。应即速定大计，共策进行。弟虽不敏，亦当勉竭棉力，以从诸公之后也。忍一时之苦痛，谋永久之和平，是在当局之毅力何如耳。否则隐忍迁就，祸水不除，辛亥前车，又蹈覆辙。不惟护法之目的不可卒达，恐西南亦不得高枕而卧也。肃此。即颂台祺。弟孙洪伊谨启。

《孙洪伊致西南当局书》，上海《民国日报》1919 年 3 月 23 日

刘公治丧事务所通电[①]

（1919 年 3 月 23 日）

天津黎宋卿先生，北京冯华甫先生，各省督军、省长、省议会、教育会、商会、各机关，各团体，各报馆公鉴：前湖南督军兼省长刘浏阳先生，讳人熙，字艮生，痛于三月六号（即夏正二月初五日酉刻）寿终沪上法界贝勒路义和里十四号寓馆，享寿七十有六岁。老成凋谢，举国震感。

先生幼而孤苦，笃学砥行，长掇科名，文实并楙。历官京外，风节卓著，上下爱重，讴思在民。官中州数十年，琴鹤萧然，载道口碑，久而弥笃。其精勤吏治，体察舆情，抑暴禁奸，务民之义，所谓性之者也。学本紫阳，一以躬行为主，中更世变，深撢国故，默契天心，豁然于民物之责，非从事于根本改革不可，乃专治衡阳、船山、王子之学。本以造士教泽所被，自湖湘子弟外，江右、粤西蔚然成风，乃至齐年僚友，执贽问经，豫章千寻之材，桂林一枝之秀，春风桃李，有过于澧兰沅芷者。戊戌清廷政变，先生弟子谭嗣同实主其事。庚子之唐才常，辛亥之焦达峰、陈作新，皆浏人也，而先生实为之先河。

国之人曰，衡阳之学，实在浏阳，有自来已。当辛亥鼎革之交，

---

①　通电系联名发出，孙洪伊为联名人之一。

武汉建义，湘省应之，不旬日而焦、陈两督同日被狙。方是时清廷有诏，割湘南六府，隶桂抚节制，武汉危甚。盖是时无桂则无湘，无湘是无鄂也。先生起手电桂抚以下，谕同友正王芝祥实篆桂藩，兼统新旧水陆各军防营。芝祥者，先生弟子也。陆武鸣时在南宁，凤敬先生，得电亦欣然起应，而民国之基以定。湘人士推先生长民政，未几辞去。勋在国家，功成身退，有足矜式者。洪宪帝制之机动，全国风靡。先生于甲寅之春，创设船山学社，躬主讲席，恳恳于民主共和之义，而归本于六经。丙辰军兴，先生讽湘督起应滇、桂，而手书叠布，密约湘桂联军合力北伐。项城旋殂，湘督汤未久去职，先生遂为湘人士所推戴，中央有令权湖南督军兼省长。大兵之后，经营百度，民怀吏畏，湖湘晏然。自以年高，志在教化，辞职书十上而后得请。乃超然旋涡之外，观政燕都，著《民国五六之交两大妖言之不祥》一书。

南旋不数月，督军团起，国会解散，竟有复辟之师。展转回旋，国局如棋，战争起伏，濒今三年，锋镝疮痏，未知所届，而先生亦以乡关燹毁，避地侨申。和议开幕，殷殷以策进永久平和为薪望，属以陕局纠纷，和议停顿，悲愤异常。易箦之际，语不及私，国是茫茫，而先生遽以此永归道山。

呜呼！哀已平生，清风亮节，家无馀财，不矜功，不近名，不慕权势，不立崖岸，不树朋党，不轻然诺，不苟取与，是又足以靖近习之浮氛，而师表人伦者也。旅沪湘人全体公设刘公治丧事务所，择期追悼，以崇贤哲。当代大君子表扬耆献，谅有同情。绍仪等值国步之艰难，悼耆硕之凋落，感伤逝者，用惕来兹，全国人士有同感焉。谨挥泪合辞以告。唐绍仪、徐绍桢、朱启钤、褚辅成、张绍曾、孙洪伊、张继、庄蕴宽、胡汉民、冯自由、王芝祥、凌钺、焦易堂、杨铭源、丁象谦、张秋白、熊希龄、谭人凤、周震鳞、郭人漳、陈炳焕、刘永滇、曾继吾〔梧〕、马邻冀、彭兆璜、胡元倓、石广权、萧度、陈家鼎、雷铸寰、陈九韶、袁家普、陈家鼐、罗上霓、张声焕、罗良幹、吴灿煌、萧骧等叩。漾。

《刘公治丧事务所通电》，《申报》1919 年 3 月 25 日

致军政府总裁等电

（1919 年 3 月 24 日）

广州参众两院、军政府总裁，各省督军、省长，护法军及北军诸将帅，各省省议会、教育会、农商学会，各团体，各报馆均鉴：自北庭怙乱，和议顿挫，国人奔走骇汗，群以继续开会为请。夫会议易事耳，即其条件关系国本者，亦只落落数大端，并力为之，一日可以毕事。然试问议决后，谁为实行者，不此之图，吾民又何需此和议耶？若曰一切皆可不问，而苟求讫事，则西南护法诸公面缚舆榇，自投于三数乱国者之前，听其宰割足矣，又何用开议为耶？当和会之未开始也，吾人即谓徐、段连同乱国，祸首不惩，卖国党人不去，必无和平之可言，闻者或疑为过当，今不幸而言中矣。

今日之事，非南北争持问题，乃国家存亡问题。开战以来，段党勾结外援，举全国之主权、军事权及银行、邮电、森林、路矿等一切之利权，尽以金钱易军械。为时不及两年，借额已达三万万。徐世昌者，段之化身也。参战既已告终，徐犹允段加练参战军，提用参战借款。济顺、高徐五大铁路草约，早经过期，徐犹密许订立正约。军事协定已在欧会宣布，请求公判废除，徐犹于最近三月一日

与日本订立附件，必使之变为永久性质，如日韩同盟而后已。

盖徐、段之历史性格，及其附丽之党徒，皆如駆蚤、狼狈之不可分离。如曹汝霖、陆宗舆，今之张元、吴昊也。为段之心腹者，亦为徐之股肱。武人如倪嗣冲，在袁世凯时与段本不相能，而深托徐之卵翼。张作霖则徐督东省时之旧部，且以复辟关系，与徐臭味相投，谓为段派，毋宁谓为徐派。所为段之死党者，独靳云鹏、徐树铮耳，然亦能效忠徐氏。或以今日之徐，与辛亥之袁为比。袁氏率北方劲旅，赞成共和，吾国民当其罪恶未著之时，乐进之可也。今徐氏明明与卖国黩武之段党沆瀣一气，此而可托以天下之重，国家宁有幸理！

外国人谓中国人正义心薄弱，但随事势以为从违。数千年来，强盗、乱贼、夷狄，不问何人，但窃得神器，遂能臣妾亿兆而有馀。即如满清入关，其初非不抗拒，卒乃胥天下薙发胡服以从之。此吾国民性之最大弱点。今见徐氏据有北京，遂欲因而奉之，犹是数千年投诚归服之劣根性也。

且今之迷性〔信〕徐氏者，有一极浅薄之论据，曰总统非北洋派不可，北洋派非徐世昌不可。夫天下公器，四海之大，岂皆无可为总统者，而必求之北洋派？北洋派亦岂无人，而必属诸顽败腐朽之徐世昌？世非君主，并无族系名分之拘束，不特徐世昌不足为共和总统，亦断无总统非某一人不可之理。彼一人者血肉之躯，设不幸三日不汗而死，吾民将抱弓攀髯以随之耶？尝谓政府之组织，有单独、合议两体。民主国家，本无必奉一人为首长之理由。今后之民国，即远取瑞士成规，近仿军政府先例，组织委员政府，将国内各派人物融于一炉，弭竞争总统之衅端，破一人政治之锢想，计无有善于此者。故吾民今日，第一须去依赖徐世昌之成见，第二须有排除卖国贼之决心。

主屈法求和者曰：国之不存，法于何有？请为进一解曰：国之不存，和于何有？语有之：能战而后能和。战争本以求和平，至和平不可得，计惟有再诉诸战争以求之，此理势之无可逃避者。协约国以排除德国之侵略主义而战，向使德、奥不屈服，欧战虽至今继续可也。今以护法之争，作救亡之战，段党一日不去，卖国根株一日不能斩断。徐氏一日在位，段党亡国政策一日进行靡已，吾国民竟忍与终古哉？幸急起图之。孙洪伊叩。敬。

《孙洪伊对和局之痛论》，上海《民国日报》1919 年 3 月 27 日

致军政府总裁等电①

（1919 年 3 月 26 日刊）

广州军政府各总裁、各部长，云南唐联军总司令，贵阳刘联军副司令、黔军王总司令，成都熊督军、杨省长、省议会，重庆黄总司令、卢副司令，夔州黎总司令、柏总指挥均鉴：前闻利川蔡总司令被害，蔡部苏成章、方部吴清熙来电，各执一词。嗣得黎总司令天才通电，鄂西靖国军总司令蔡济民被滇川黔靖国联军援鄂第一路第一纵队围攻遇害，衅自彼开，情形确凿。蔡君倡义元勋，非今时要利者可比。当该队攻击蔡部之时，既不听黎总司令，冯、叶二代表劝解，继蔡被执，复不允二代表救护，竟夺去枪决。似此戕害元勋，行同盗匪，此端一开，流毒何极。应请诸公就近秉公惩办，以伸军

---

① 此电系联名发出，孙洪伊为联名之一。

纪,而雪公愤。临电恳切,顺颂公祺。章炳麟、孙洪伊、胡汉民、汪精卫、张继、徐绍桢、蒋作宾、居正、金永炎叩。

《军政府公报》修字第58号,1919年3月26日

挽刘人熙联

(1919年3月)

与王而农、朱元晦今古争辉,千载一堂论学术;值陶斯泰、克鲁巴后先殂谢,两年三度吊耆英。

《中国风俗对联辞典》,第459页

告全国商民书

(1919年4月9日刊)

吾国商民对于政治向不注意,近忽有停税罢市促进和平之主张,不能不谓为国民智识之进步。夫吾人对于和会应否续开,本无绝对成见。所讨论者,为开议后之办法,即如何而后能置国家于真正和平之域也。

自袁世凯创北洋派统一中国之政策,段祺瑞袭之,自知实力之有不逮也,乃勾结日本军阀,以为后援。一年以来,牺牲三万万金钱,购入四千万军械,举军事、财政、邮电、森林、路矿等之一切利权,赠诸异族。徐世昌与之狼狈为奸,于国人高呼和平之时,大练

参战军。一切饷械及教练官，皆取自日本。而军事协定之续定附件，济顺、高徐五路之合同已满，又提用一千七百万垫款，允订正约以及水口山、凤凰山、城门山矿，并币制借款之种种亡国政策，犹复进行不已。无论和会之不能成也，即使姑息迁就，强饰目前，厝火积薪，终须暴发。而两国军阀联结之线索不断，卖国条约已订者，既须一一履行，未订者犹当源源不绝，欲不为朝鲜之续得乎？

为今之计，惟有声讨段祺瑞、徐树铮、曹汝霖、陆宗舆、靳云鹏等之卖国罪恶，要求北庭即时惩斥，以谢天下。徐世昌而能照办也，犹可末减其党恶之罪；徐世昌而不肯照办也，是甘心助乱，吾民即应以讨段者讨之。息兵救亡，两言而决。乃今主和者，不敢直斥段党，而欲巧借他途，以为涂饰。此正如齐桓伐楚，并不正其僭王猾夏之罪，而仅诘责包茅不入也。即如参战军固当裁撤，然家贼在堂，毁室鬻子，今日裁撤者，明日犹可复立，况仅要求收束耶？然彼有诿卸之词曰办不到。天下事有审量可以办到而办之者，亦有必须办到而不办不止者。所谓弑父与君，亦不从也。国家犹父母也，岂有见人之杀其父母，而因恐办不到而遂缩手不救者乎？日本人之诮中国曰"支那人正义心薄弱"；又曰"支那国民，妥协之国民也"；谓"凡事不问道理之是非，但求敷衍妥协以自了。"此固近于虐谑，然实切中吾国人之病矣。盖吾国人所以有此弱点者，实源于左之四种心理，请剖析而陈之。

崇拜势力心。吾国自古有一相传之宝训曰：不侮鳏寡，不畏强御。数十年来，志士仁人，杀身徇道。吾民族赖以不亡，以维持一线者，胥在于此。惟经历代民贼摧残之结果，无论强盗、乱贼、夷狄，但据有大位，皆必崩角稽首以从之。于是脂韦淟涊，偷薄诡随，遂成第二天性。前清时之排满，本吾民族之大义也。国人因驯服于异族者久，莫不惊为河汉，而笑革命党之愚。及武昌功成，民气为之稍振，乃二次革命后，又相胥折入于袁氏。前之赞助共和者，至亦随袁氏呼斥乱党。袁氏死矣，则以天下之势在段而归之，乃成徐、段共有之天下。今政体共和也，并无帝王统系之相传。彼徐世昌何所根据，而可为总统？北京何所根据，而可为政府？然国民则曰，彼势力所在，不能不因而奉之也。果尔，则海内岂无健者，但有彼之势力，或更优胜于彼者，谁不可以称政府称总统。且东西强国，势力十百倍于徐、段者，不知凡几，又谁不可为中国主者。今日为国民自主自立时代，彼欧战中，如比利时、黑山诸小国，壤地略比吾一大县，乃能抗拒强数十百万大军而不挠。又俄、德、奥诸国民，排弃数百年之皇帝王侯，有如孤雏腐鼠。天下本无所谓势力，皆由一般人畏葸趋附而成。而最大最强者，实惟人心。人心所至，则众怒遂厉，一呼亡秦，反手间事耳。蒙古曼珠之入中国，文天祥、张世杰、陆秀夫、史可法、瞿式耜、张煌言诸君子，崎岖江海，九死不渝，当时中土岂曰无人？独以大多数人民屈于强暴，不能为之后继，遂令神明贵胄，沦于戎狄者数百年。今徐、段合谋卖国，以视张弘范、洪承畴何如？吾民犹仳仳倪倪，甘以屈服于一二民贼者，转而臣属于他族耶！

模棱心。孟子曰："无是非之心，非人也。"人之所以异于禽兽，及人类社会所以维系于不敝者，惟此是非心耳。昔汉、明末造，朝政浊于上，士论清于下，故其亡也，仗节死义之士，相望史册。盖天下是非，犹未亡也。民国承清之敝，重以袁氏之颠倒败坏，时而共和，则书民国纪元；时而帝制，则奉洪宪伪号；时而复辟，则称宣统废朔。朝秦暮楚，国民一无判断。苏味道称模棱宰相，今几群天下人皆味道矣。北京为卖国者盘踞，国家岌岌不保，此人所共见共知也。然且曰不可迫之已甚，应为稍留馀地。夫人而至于卖国，如古所谓乱臣贼子，人人得而诛之者，犹有馀地之可留耶？督军团称兵，解散国会，亦全国人所认为不道者也。然且曰乱法者固非，而法律亦实未尽善，议员亦实多不良。夫美恶有何标准，即使议员、法律实有不良，岂彼乱法者之所能毁灭？如杀人然，岂能因所杀者非贤人君子，而末减其罪耶？且国人因有模棱之心理，更有模棱之办法，所谓新旧国会，同时牺牲，由旧国会承认徐世昌之说是也。夫是非不并立，两言而决耳。如乱法者为是，则新国会应存在，徐世昌应即为正式总统；如乱法者为非，则旧国会当然恢复自由职权。徐世昌既被伪命，何以必须承认？譬如强盗占夺家产，不为治罪追赃，乃令占夺者与原主平均分配，或尽举以充公，天下宁有是理耶！古之执法者曰：南山可移，此字不可改。张释之之对汉文帝曰："法者，陛下所与天下共之也。法倾，则民无所措手足矣。"专制之世，守法之严如此。今之论法者则曰，将以求调和也。政策及党略之调和则有之，未有举国家之大经大法是非之公而为调和者。元祐诸君子，误信调停之说，邪正汇进，国是淆乱，遂陷宋室于不救。今自命为稳健为温和者，有争持是非，则斥为激烈为扰乱，是必率天下而为胡广之中庸而后可也。

　　旁观心。今国家以民为主体，一切责任，皆人民自起而负之，共和之本义在此。乃吾民囿于君主时代之锢想，始终立于旁观地位，故辛亥建置民国，以为此革命党与满清之争而已，无与焉；丙辰颠覆帝制，以为此民党与袁氏之争而已，无与焉。今兹之役，吾民崛起而求和平，宜如何运以最大之决心，最严正之判断，始能达其目的。乃和平团体蜂起，皆揭橥国民名义，叩之则曰："吾第三者也。"是直以为西南与北洋派之争，而自作壁上观，且进而为调人，为仲裁者。夫护法之战，乃由坏法而起，法律岂西南之法律耶？且徐、段一日不去，卖国政策一日不息，中华民国，又岂独西南之国家耶？然吾民则又曰："国事非吾所能及知，吾但求息争以保性命、财产耳。"国家犹舟也，人民犹乘客也。舟将及溺，但虑一身及行李之无可藏匿，而不以舟覆为忧，甚且恶操理桨柁、排除风浪者之多事，吾国民之智，何遽漆室处女之不若耶？宜乎徐、段视中国为北洋派私物，不惜脔割以赠送人也。

苟安心。建国八年，革命四次。每次战争未半，国人即危词呼号，不曰民生疾苦，则曰外患急迫，以求息兵。及息兵矣，而民生之疾苦如故也，且益加甚焉。外患之急迫如故也，且益溃决焉。今则卖国党人，虎踞于内，跋扈武夫，鸱张于外。即使勉强和平，能保证其三年以内不再破裂否？至其破裂，受害者必仍为吾民。且即暂不破裂，吾国命、民命断送堕坏于冥冥之中者，又当何若？是吾国民希望和平，其究直与不和平等，而祸且愈积而愈大。然而国人则曰："卑之无甚高论，吾惟求苟安而已。"且今果得一神灵首出之人，囊括四海，能保数十年百年之无事，吾民姑依托之以为安犹可也。然世界潮流既趋于民治，汉祖唐宗，又必不可得，袁世凯所不能控驭者，又能望之于徐世昌耶？且今时尤有一极大之危险，为吾民所亟应警觉者。俄国过激派主义蔓延大地，中欧诸国，已如火燎原，不可扑灭。政治上有一不易之原则，曰社会上新发生之势力，惟社会上势力可以消弭之。过激主义，本由大多数人民之不平而起，惟有改良政治，使社会制度、经济制度渐蕲合于多数利益以和剂之，否则必至支离溃裂而不可止。彼欧洲诸国政象，高于吾国者若何，犹尚如此，吾国若再因循敷衍，坐听三数武人官僚把持盘踞，使民穷财尽，腐败黑暗，外潮之激荡愈甚，内部之不平愈多，郁塞愈久者,爆发亦愈烈,将酿成社会上一大惨劫,视今之革命,不知加甚几倍。此在今日言之,国人或有神经过敏之疑,然至国人信为必有之时,又已无及矣。

以上所陈,并非不佞故为危词耸听,而实目前呼吸安危之一大关键。吾商民日夕呼吁和平,敦促开会,一若和议一成,即可措国家于磐石之安者。抑知今日之事,非仅护法问题,乃国家存亡问题;非仅息争问题,实人民生死问题。大祸已迫门庭,及今图之,已有补牢不及之惧。乃者朝鲜独立,断脰绝胫,前仆后继,然使韩人当日本之侵略朝鲜,以今日号呼独立百折不挠之精神,取其卖国者李完用等而排屏之,朝鲜虽至今存可也。韩人不能早图,致有今日。然以吾民泄泄沓沓之气象观之,恐至亡国之后,求有如今日韩人之百折不挠者而亦不可得也。悲夫!

《孙洪伊告全国商民书》,上海《民国日报》1919 年 4 月 9 日

反对大借款电

(1919 年 5 月 4 日)

广州参众两院、军政府总裁,各省督军、省长,护法军及北军诸将帅,各省省议会、教育会、农商学会,各团体,各报馆均鉴:自南北和会议决善后大借款四万万,以一万万为裁兵费,二千七百万为西南收束费,遂有周自齐、徐世章等来沪,要求代表将议定借款一项先行签字,拟以田赋作抵,急图成立,为解决时局之手段。事之诡奇,未有过于此者。

我国自前清迄袁,国债已二十馀万万。此次卖国党又增三万

万有奇，合之殆有三十万万之多。当权者无一日不言借债，无一次借债不归滥用，无一次滥用之后不图再借，借款无止期，滥用亦无止期。兹后不思立国则已，如仍思立国，亟应痛自刻苦，图生产，杜浮冒，为救死之不二法门。今官僚有一奇癖，以为随举一事，皆非外债不办。即以裁兵一事言之，闻和会据北庭报告，全国兵数一百三十师，拟留五十师，裁兵费定为一万七千万。现有兵之实额，全国至多不逾八十师，留五十师，则裁者只三十师。南北兵饷，平均每师一月十二万元，依裁兵向例，给饷三个月，每师需三十六万元，三十师亦只一千八十万元。即照北庭浮报数目，应裁八十师，亦只需二千八百八十万元，安用一万七千万之巨也。全国预算总额，现为四万万馀，除备外债本息几占半数外，兵费略当一万六七千万。是平时养兵，固有一定额支，所裁之兵，其现发之三个月饷，实在定额以内，并非额外开支，犹可腾出九个月饷款。裁兵既在半数以上，即可省去一万万以上。是不特不必因裁兵而特别借款，并可因裁兵而获财政上之充裕。且所裁之兵，固不须尽行遣散，或使筑路开矿，则可为路矿借款以消纳之；或使殖边，则可为农林等借款以消纳之。乃言裁兵必连及于借款，真大惑不解者也。

　　和会为解决国事纠纷而设，代表最大之权责，一在除去卖国党，一在使国会得自由行使职权。国本既定，法律有效，自有合法之政府，有监督政府之国会。按照约法，增加国民负担之契约，须经国会同意。以和议暂时机关，乃侵越将来政府与国会之权，如为福国利民之事，犹可言也。借款为官僚之惯行，卖国党所优为，何待更有人焉与之相助为理？北代表吾无问矣，我护法代表所直接受于军政府，间接受于国会之付畀者，何事不务于护法救亡之大义，有所尽力，乃节外生枝，学步卖国党之所为，以益时局之纠纷，而增重国民之负累，岂国人所望于和会之意耶？袁得大借款，而癸丑之战祸兴；段得日本接济，而西南之兵端启。今乱国者于穷蹙无聊之馀，得此大宗款项，正如枯鱼得水，立可增修战备，为所欲为。是和会承认借款，直不啻怙恶武人增加武器，又何有和平之可言！

前清末叶，我国民以一路一矿之利权，奔走呼号，抵死抗争，独至民国，反视借款为天经地义，卖国者罪恶千百倍于曩时，国民无有过而问者。今国权、国产抵卖殆尽，所馀只此民命所托之田赋。以此为四万万借款抵品，置之外人管理之下，即不啻以四万万人生命作抵，而置之死地也。

总之，中国今后万不可轻言借款，和会无议定借款之权，南北统一以前，更不得妄图借款，以助长国内之祸乱。我邦人父老兄弟，应从根本反对此举，责和会代表取消大借款之决议，严斥北方之要求。时机迫切，稍纵即逝，勿视借款卖国为司空见惯之事也。惟爱国者速起图之。孙洪伊叩。支。

《孙洪伊反对大借款电》，上海《民国日报》1919 年 5 月 7 日

请定救亡大计电

（1919 年 5 月 10 日）

广州参众两院、军政府总裁，各省护法诸将帅均鉴：昨日路透消息：欧会和议草约，关于山东问题，悉如日本主张，只少我专使之一签字耳。夫我国此次容纳五国劝告，开始南北和议，原冀欧战期内，日本威胁表〔北〕政府及与段、徐勾结订立之种种不正条约，可得欧会助力，公判取消，今已完全失望矣。阅今日报载巴黎中国使

馆致各报冬电，谓"胶事失败，以去年自愿断送胶济、济顺、高徐等七路为要因"云云。观此，则交涉之失败，不在巴黎而在北京；非各友邦不肯相助，实由北政府之甘心断送。

自两年以来，所有兵权、财权及森林、路矿一切利权，捧赠于日本者，已不可枚举。即以铁路一项言之，除胶济由北庭与日本换文承认外，第一为济顺、高徐二路：一自济南西至顺德，与京汉接轨，斜断山东、直隶间，冀达山西；一以高密为起点，南至徐州，与津浦接轨，压迫南京，横控陇海，西通伊黎〔犁〕、新疆。第二为满蒙西路：一热洮线，自热河北至洮南；一长洮线，自洮南西至长春；一吉开线，以奉天开原为起点，直抵吉林省城；更一线名某某路线者，谓自热洮铁路之一地点，达某海港云云，将来我国沿海港湾，皆可随意指定。以上乃就北庭已发表者而言。此外尚有南浔线之延长：以福州为起点，横亘福建、江西两省，至南浔本线，进于长江上游。

综观各线，其规模之宏大，直将南北两京，并中部及东南沿海十数省、西北各省、满蒙全部，皆囊括席卷以尽。盖日本经营中国之根据地，预定为三：一满洲，一山东，一福建。今皆次第入其掌握。是中国三分有二以上之领土，已作强邻外府，所馀者，独有西南五省耳。

昔永嘉之乱，中原沦于戎羯。西凉张氏，保有河湟，为中国守者，七十馀年。而河东薛氏，结族自保，不仕秦赵，亦三十馀年之久。彼区区者，尚能收拾馀烬，力自图存，不肯同归于尽。今西南坐拥重兵，地大于西凉，力加于薛氏者，不啻倍蓰，乃不能急国家之难，而甘与偕亡耶？应请我国会及军府速决大计，将沪上南北和议停止，保存西南一片干净土，为讨贼救亡之本，据竟收拾全局之弘功。大好神州，陆沉非远，相胥及溺，智者不为。迫切陈词，伏维鉴察。孙洪伊叩。蒸。

《孙洪伊请定救亡大计》，上海《民国日报》1919 年 5 月 11 日

请北洋将帅讨贼救亡电

（1919 年 5 月 18 日）

　　天津曹督军，南京李督军、王长江巡阅使、副使齐师长，上海卢护军使，杭州杨督军，武昌王督军，汉口范师长、杜镇守使，沙市王师长，宜昌吴总司长〔令〕、李旅长、刘旅长，襄阳张镇守使、赵旅长，南昌陈督军，九江吴镇守使，赣州陈旅长，长沙张督军、李师长，衡州吴师长，常德冯镇守使，济南张督军，开封赵督军，山西阎省长，吉林孟督军，黑龙江鲍督军，北京李步军统领、刘润田师长、蔡虎臣师长暨北军各师旅团长官均鉴：

　　自东事失败，北京学界崛起，以焚曹击章，各地国民大会继之，一致声讨国贼。凡有血气之伦，莫不感奋。巴黎使馆致上海各报冬电，谓胶事失败，以去年自愿断送胶济、济顺、高徐等七路为要因。又巴黎通信社来电，谓胶州判归日本，系由段、徐辈与日本订立密条所致。又美总统慰问吾国专使，谓美国曾竭力援助中国，无如中国为新条约所束缚，遂无能为力云云。是知外交之得此恶果，固不在巴黎而在北京。

　　两年以来，北京政府以军事、财政、经济、实业等一切主权利权，馈赠于日本者，不可胜数。而其最大规模之拍卖，允在七路条约。除胶济与日人换文承认外，一为济顺、高徐，二路亘山东、直隶、河南、安徽、江苏五省，横控京汉、津浦、陇海三线；南迫南京，西

通陕西，以讫甘肃，又西可达山西。一为满蒙四路，分为热洮线、吉开线，及由热洮路一地点达某海港之线。以洮南为中心，南达直隶之热河，以控到北京；东至长春，接吉长、吉会两线，包举奉、黑、吉三省；而其达某海港之一线，更不知所底止。此乃北廷所已公布，国人所共闻共见者。外此尚有南浔线之延长，以福州为起点，横亘闽、赣二省，至南浔本线达于上江上游。综观以上各线，自全国言之，南北两京及中部与东南沿海十数省，满蒙与西北各省，中国三分有二以上之领土，尽入日本范围。自局部言之，大河南北、关内外数百万方里之土地，二万万以上之人民，已先受他人宰割。昔石数〔敬〕塘〔瑭〕以燕云十六州赠契丹，使我幽冀健儿，沉沦于异族者四百年。敬塘〔瑭〕本胡也，非我族类，夫何足责？今徐、段同秉炎黄血胤，乃甘为枭獍虎伥而不辞，叔宝之无心肝，一至于此。人谓卖国者为曹汝霖、章宗祥，欲得而甘心。抑知谁秉国成，谁为政府，曹、章特司马昭之成济耳。

或又专以卖国为段派罪，而于徐世昌多恕词。然徐号总统，曹、章实其所命，卖国条约又多成于徐氏窃位之后。如军事协定，欧战既已，应即解除，乃徐于今年三月一日又与日本另订附件，使变为永久性质。即以此次失败关键之七路合同论，段党于去年九月与日本订立草约，限期四月，至今年一月应即作废，乃徐复提用一千七百万垫款，作成正约。然则徐世昌之罪，岂在段祺瑞下耶！我北方将士与徐、段有袍泽之谊，佩黻之亲，故彼虽负有滔天之罪恶，而不忍与绝。此正我北方人士，谨愿太过，脑识愚朴之处。数千年来强盗、乱贼、狄夷据有中国，北方必先受其羁轭，辗转于淫威操纵之中，至今而犹未能解脱者，职此之故。

夫大义可以灭亲，岂私交即可废公？专制时代，犹有所谓"社稷为重,君为轻"义。徐、段并非中国皇帝,公等并非徐、段臣子,乃甘举公众托命之国家,徇彼一二人之私图而不悔。今人群以讨贼责望西南,然中国者,吾四万万人之中国也。公等据胜兵之地,拥方州之重,种族之争,帝制之争,法律之争,犹可曰政见之有殊异,地位之有不同;至于此人人得而诛之之卖国贼,苟为中国人者,皆不与共戴一天。况此次亡国条约,首先沦陷者,为我祖宗坟墓之地,子孙田庐之乡。被发缨冠,于义岂容独后?洪伊北人也,公等亦北人也,因睹召公遗封,将为虎狼窟穴,宣圣神灵之地,将为他人牧马之场,谁非皇汉民族之苗裔,谁无枌榆松柏之慕恋,北望田单之城,吊望诸君之墓,遂无昔时遗烈乎?

嗟乎!徐、段为日本军阀保护之政府,公等同污伪命,名为民国封圻之大吏,实则日本藩属之陪臣。朝鲜之亡也,日本将其全国陆军,尽行遣散,而代以日军。吾愿公等军队为纾国难而增荣,不愿公等军队随国家以俱尽也。请速脱离卖国党羁绊,宣布徐世昌、段祺瑞及其党徒徐树铮、靳云鹏、曹汝霖、章宗祥、陆宗舆诸贼人之罪状,兴师致讨,先除内奸,然后合力对外,起已死之人心,挽将绝之国命。存亡呼吸,争此斯须,惟公等实图利之。孙洪伊。巧。

《孙洪伊请北洋诸将讨贼救亡电》,上海《民国日报》1919 年 5 月 19 日

与戊午编译社记者的谈话

(1919 年 5 月 26 日刊)

青岛问题,欧洲和会允由日本间接交还,我国之万难承认,

人所共知。然国人徒呼号奔走于国中，无正当之表示，于事何济？为今之计，一面宜由国民令我国代表不允签字，一面宜剪清内奸，为根本之补救。何则？日本之强权侵轶我也久矣。欧战既起，图谋尤亟，如"二十一条"之要求，如军事协约，如济顺、高徐、胶济诸路之密约。其目的不过假山东为发端，置我国于其统治之下；一方又假诸秘约，保证其山东之权利，坚其吞并侵略之野心。青岛失败，端在于此。然以上诸约，非出日本之迫胁，即一二卖国私人所密订，未经正当之手续，违反我国约法之精神，何能认为有效？

今我国仍未有正式政府也，代表之在欧会者，仍指挥于卖国私人之下。各国代表误认卖国私人为我国正式政府，误认私人所结之卖国契约，为我国自甘断送，以致爱莫能助，公理不伸，使日本之强暴政策，既危害于我国者，复以点污人道正谊之和会。今我国民既自觉悟，则电告和会，令代表不加签字，使各国悦然于日本之强暴与卖国私人之契约不能生效，实为正当。况列国会议各国自有主权，其主权互为平等，非他国所得限制。遇有危害自国之事件，不与签字，求之历史不乏先例。一千八百五十六年之巴黎会议，关于海上美法不予同意签字，其约章对于美国，亦不生效力。今我国以生死存亡关系而不签字，又何害不可得各国之谅解？各国亦何必扶助日本，致我国于危亡，留扰乱世界和平之导线。

如谓此项草约已成铁案，我国签字与否，无关轻重，此尤大谬不然。夫国际交涉，总以文书表示。文书以签字为证据，我不签字，而他国强制执行，虽处分战败国，且有所不可，施之共同作战之友邦，宁有是理！纵其有之，在日本为强夺，在我国为悬案，尚可待国际同盟之裁判，留樽俎折冲之馀地。若隐忍签字，听人处置，则既认日本之强夺为正当，复认私人卖国之契约为有效。将来各种秘约实行，青岛失矣，山东亡矣，大河南北数省与蒙古诸地，拱手让之日人，将何辞以间执其口！他国虽欲助我，又何能置我国自行签字之条约于不顾？则虽不为朝鲜之续，其可得哉！所谓我国亟应退出和会者此也。

至于此次失败之原，半由日本之强暴，半由徐、段、章、靳、陆诸人之拍卖。事迹昭昭，无待辞说。今卖国奸人盘踞北方，正思利用欧洲和会，为彼个人地位加之保证，作成其统一政府之名，国之存亡，曾非所计，纵令国人竭力争回山东，能保几时不复遭断送？彼各种铁路秘约之制我死命者，又待何时再为补救？故须知卖国党之在北京，无异日本在朝鲜所设之统监，不以最大之决心扫除之，千回百折，终必使我国变为日本领土而后已。而且将来施行卖国之举，其为国人所不能忍受者，势必蜓〔铤〕而走险，祸乱且未知所终极。故驱除卖国奸人，即为争回山东问题之根本办法，即为不承认多种秘约之正当表示。舍此不图，而惟望卖国党之设法挽救，是直接为卖国党之顺民，即间接隶属日本之国籍，而我国乃真亡矣。所谓宜剪清内奸者也，事急矣。没虞渊而取坠日，凭赤手而搏龙蛇，皆在国人之自为，无旁贷也。若畏难苟安，只以一时感情所激，为一种表示，则民气不振，已足亡国而有馀，尚何能禁人之日事侵略狡焉思启耶？邦人君子，迅速图之。

《孙洪伊君之谈话》，上海《民国日报》1919 年 5 月 26 日

与某君的谈话^①

（1919 年 6 月 1 日刊）

予与徐、段初无恩怨，所以不得已而反对之者，实确信此两人不去，中国决无可救。其内政之措施，专与共和国体违反，与近世政治潮流复显相背驰，实无可希望。此姑不具论，即以外交一事言之。自两人执政，媚日卖国，结种种不利益之条约，既已作茧自缚，政权若仍在彼辈手中，欲脱去此种束缚，势亦有所不能。况彼辈更丧心病狂，甘心怙恶，倒行逆施，国之不亡，更何可待。设政权在徐、段之下，尚有几许之希望，可以挽救时局，予亦何尝固执？惟再四考虑，已为不可能之事，执事试再详思今日中国之政局，除推倒徐、段外，尚有何办法？执事若以余言为然，徐、段之于鄙人，更何有疏通之可言？

（某君复询孙君曰："据足下所谈，徐、段固非推翻不可，然则足下心目中今日之所谓西南者，究仍可恃否耶？"）余亦何尝以西南为可恃？余心目中所知者，惟有国家有国民，此外概非所知。与余主张同者，予即赞助之，否则，反对之已耳。余何尝有丝毫成见存乎其间。

（某君又谓："足下所言诚是，但事实上阻碍甚多，甚难做到，奈

---

① 据戊午编译社消息，日前某君自北京往谒孙洪伊，谈及近日北京闻有张、黄等人在徐世昌处自告奋勇，称可向孙疏通；又闻徐世昌曾托某军人赴沪疏通，该军人以孙非金钱利禄所能动，故踌躇不肯即来。某君就此事探问孙氏意见，二人谈话即围绕此展开。

何?")余惟竭吾力以为之而已。执事同属国民,当此国家危亡,共和已在风雨飘摇之中,亦应尽执事力之所能至。苟人人各尽其力之所能,虽使中国猛进于世界上极文明之域,而使大多数国民共享真正共和之幸福,亦非难事,况去此一二国家蟊贼之小事,又安见其为不可能者!

《孙伯兰与某君之谈片》,上海《民国日报》1919 年 6 月 1 日

致上海各报函

(1919 年 6 月 1 日)

启者:顷阅本埠各报,载有和平通信社报告,云昨日得北京快信,云安福系之光云锦、王印川等在沪,日与中山派人秘密聚议。闻现有一种计画,即段派完全承认恢复旧国会于北京,行使自由职权,而以旧国会选举段祺瑞为大总统、孙中山为副总统为交换条件。密计许久,渐次成熟,不日将在天津集合孙、段两派人物会议进行等语。记者得此信后,随往各处多方刺探,始悉光云锦、王印川两君已于昨日晚车赴津,中山方面亦派四人前往。并调查得一消息,中山昨日特嘱某君往访孙君伯兰,运动赞助此项计画。孙君对于此举,颇有异议,恐一时尚不易疏通撮合云云。

按段氏与民国不能并存,即吾人与段氏不能并存,中山先生安有与段氏携手之馀地?洪伊与中山先生凡事皆直接协商,向未闻及此事,亦从未有人来洪伊处言及于此。至段为大总统、孙为副总统之说,尤极离奇。此种记载,既足以毁伤中山,又以离间伊与中

山之交谊。该通社所报告，实属传闻失实，特此声明。伏乞登入贵报来函栏内，俾各报知此中真相，或不致再有此种谣言，致滋歧误也。专此，并候撰安。孙洪伊谨启。六月一日。

《孙洪伊来函》，《申报》1919 年 6 月 2 日

致《日日新闻》函

（1919 年 6 月 19 日）

大主笔先生足下，敬启者：顷检得贵报六月十一日新闻栏内，有露支密使交换一则，内载列宁政府派遣密使一人，与孙洪伊会见，孙洪伊亦有派遣密使于列宁政府之形迹等语，阅之不胜骇异。鄙人平日之主张行动，极为明了，一以护法救亡改良政府为职志，与列宁派所持之无政府主义岂有丝毫相近？鄙人尝私痛欧洲过激主义之弥漫，斤斤欲从改善政治入手，以遏此恶潮之东渐，所发表于文电谈论者，亦已共见共闻。今兹列宁派有无宣传主义之密使东来，非鄙人所知，但何至突然与素持纯粹国家主义者有所接洽，即鄙人亦何至贸然与极端反对之无政府者交通？此项记载，未知贵报从何处得来。

近日北京政府痛恨于学生之救国运动，欲利用各友邦防闲过激派之机，硬诬学生除〔为〕过激主义煽惑，并捏造怪诞传单，以图陷害等情，早见中外各报。北政府与鄙人向处于不两立之地位，利诱之不得，暗杀之不能，不得已而出此蜚语中伤之下策，亦在意料之中。贵报偶有不检，因采以入载耶。局外推测，或谓贵国军阀误持侵略政策，援助北政府，致激起敝国人民之反抗。鄙人亦系素不

赞成此等政策之一人，因是贵国人士疑此次风潮，鄙人实为主动，遂至有此诬陷。然敝国此次之事，纯为对内问题，激于一般人民之救亡公愤，何有主动被动之可言？即对外亦惟求促贵国政府之反省，并非有所仇视于贵国，但使彼此军阀秘密结合之线索斩断，双方国民之真正亲善立时实现。鄙人个人亦夙笃信此义，常持此与贵国贤达往还商榷，早蒙谅解，何至一旦起此误会？故以上局外推测之论，鄙人深信其不然也。

因敢援照新闻常例据实缕陈，务请载入报端，以昭公论。无任盼祷。肃此，敬颂著祉不宣。孙洪伊谨启。六月十九日。

《孙伯兰致〈日日新闻〉函》，上海《民国日报》1919 年 6 月 22 日

答《民国日报》记者①

（1919 年 7 月 5 日刊）

（我国民既拒绝签字，此后仍须别图补救之法否？）国际会议，每国各一主张权，签字不签字乃各自主权发动之自由，并无连带牵掣之关系。自来国际条约，各国因见解不同，或自身利害关系之故，拒绝签字者先例不一而足。如千八百五十六年巴黎会议议决之海上条例，美国不予签字，其最著者也。此次我国既以国命所关而不签字，提之公理公法，实为正当。列国固无强迫中国服从之理由，即中国亦无自甘牺牲，迁就他人之必要。

---

① 中国代表拒绝在巴黎和约上签字，消息传至国内，国人对事态的后续发展颇有疑问。上海《民国日报》记者就此事专访孙洪伊，探询意见。括号内系记者提问。

孙洪伊集

（然则对德国之战争状态将奈何？）中国本未与德国直接战争，此在事实本不成问题。若以法律论，中国自由对德宣战，亦可自由解除。此次欧洲停战，我已与参战各国表示一致。国际例有休战十数年，而后订立和约者，如十六世纪末对西班牙之独立战争是也。现有主张不签字，后另行对于德国宣告取消战争状态者，此举固属可行。盖吾国对于欧约，砥〔只〕否认关于山东事件者三条，此外关于对德媾和之大部分约款，并非有异议也。

（或谓我不签字，虑失欧美各国同情，其说信否？）我国之不签字，所关系者日本一国而已，与欧美各国并无甚关系。日本报载巴黎专使来电，有"征诸外人论调，亦群谓中国决无可以轻于签字之理"等语。列国对我之态度可见一班〔斑〕。又本日《大陆报》"中国代表对于奥国和约当可签字，此约重要条款与前所议定者同，惟无中国让地他国之规定耳。中国既在奥约签字之后，对于日本以外之各协约国，自可居于亲善地位"云云。可见中国之不签德约字，只对于日本关系为一部之保留，于欧约全部并无何等影响，别国又何至发生误解乎？

（前有主张以日本归还青岛为条件而签字者，然则今使日本提出归还确证，而补行签字何如？）吾国此次所争，非青岛问题，乃由青岛关系发生之各种亡国条约。亡国条约之大者，即四年之"二十一条"，七年之胶济换文，及济顺、高徐路约是也。日本所以必要我签字者，即欲将此等条约加以保障。我一签字，亦即承认此等条约为有效，而万劫不复矣。虽将青岛交还，亦不耕之石田而已。故不签字，由中国直接收回，与签字后由日本交还，所谓毫厘之差，千里之谬也。

（关于不签字问题既得解决矣，然则我国民以后之进行方法则何如?)拒绝签字,是为吾民救亡之第一步,此后应有第二步办法。其办法应分二种:一、争持废约。吾人所争既在废约,此次虽不签字而亡国条约固在,日本犹可执以肆行侵略,是仍不足以救亡也。日本继承权利之口实,在欧约中此固我否认而打消。质言之,即彼以前谋我之各约,已根本动摇,应即一致贾我馀勇,期达完全目的,毋使功败垂成。一、改造政府。此次外交败坏至此,纯系北京卖国政府之自作自受,此为中外人士所共认。为根本救亡计,自非从不认北京政府入手不可。其理由有二:(一)必如此乃可达废约目的。寻常外交失败,当局者犹应引咎去位,以图转圜。况两年以来,北京亲日派与日本结此不解之缘,实无异作茧自缚。若犹令君辈言废约,不特其甘心卖国至死不悔,抑或狐埋之而狐撅之,事实上亦有覆水难收之苦。观此次国民一致呼号至此,而北庭犹坚持训令专使签字,可知今惟有由吾民宣布北京政府为少数武人官僚之机关,不足代表国民,其所结条约不能有效,然后外交局面事有转旋之馀地。(二)必如此乃能杜以后之卖国行为。吾民须知此次之不签字,全由我内地人民及海外侨民一致拒绝之结果。我专使怵于舆论,不肯服从卖国政府之乱命,并非彼卖国政府最后之觉悟。此征之中外报告,可知其底蕴。今若有不加改造,则亡国条约之已订者既须一一履行;即未订者犹当源源不绝,吾民救亡之运动,亦徒付之流水而已矣。

《孙洪伊君论不签字后国民应采之态度》,上海《民国日报》1919年7月5日

致北洋将帅函

（1919 年 7 月 30 日刊）

（衔略）此次巴黎会议，我国专使主张收回山东，主张废除密约，大得欧美各国之同情。乃终于失败至此者，实因受北京政府种种条约之拘束。故断送山东之条约，以四年之"二十一条"为起点，则徐世昌为国务卿时之所订也。次则七年九月之胶济换文，为"二十一条"之直接注脚。又膝以济顺、高徐二路，此二路即从前德国所计定之正德（由德至正定）①、高韩（由高密至韩庄）等路，与我政府交涉而未就者。东海以登台需款之故，于去年九月二十八日由曹汝霖易二千万元于日本，同时并附以满蒙四路（有曹辞呈及梁卓如、张君劢自巴黎寄回之文可证）。是不特承认日本继承青岛，且予彼以山东为根据，经略吾北部、中部之保障矣。外此则军事协定，即"二十一条"之第五项，既曰参战条约，欧战终止，当然取消。乃今春徐复命徐树铮赴日，与日本另订新解释，延长时效，最近则与日本正式订约，以俄乱消灭时为止，是直以我军事权永远托于日本。环顾全球，未有以军权授人，而犹保存其国家资格者。

综计各种条约，如连锁之不可开，皆东海当国所订。徐、段卖国，厥罪惟均，而卖国程度，东海更深于芝泉。事实具在，非弟故为苛论也。徐树铮之筹边使，举军政、民政、交通、垦务、路矿、实业各种特权，一切攘为己有，经管之款皆由日本供给。此即实行"二十

---

① 原文如此。

一条"之第六条（承认内蒙古为日本势力范围），而以徐树铮为日本之西北总监也。徐为徐、段所卵翼包庇，又彰彰明矣。

欧约拒绝签字，全国呼号哀吁，北庭置若罔闻。及专使受民意监制而不签，实出北庭意计之外。乃又听从日本指挥，拟由中日自由解决，以归还青岛之政治权，骗我国民，仍主补行签字。夫山东之路权、矿权、警察权，既完全在日人之手，而青岛之动产、不动产及德人所设之海底电线等等，通由日本继承（见欧约一百五十六条、五十七条、五十八条），则所谓归还政治权者，不过易领土为租界耳，于我岂有丝毫之利益哉？不签字所以为废约之地，签字则废约乃成绝望。此毫厘千里之差，存亡之分界，即在于此。盖一补签，则"二十一条"，胶济、济顺、高徐等路约及军事协定皆须履行，吾国真万劫不复矣。

现在之北京政府，完全为代表日本之政府。徐、段皆订结卖国条约之人，而徐尤为无不与者。以订约者欲其废约，是请石敬瑭回复燕云，季〔李〕完用回复高丽也。不特情所不欲，抑亦势所不能。全国人士皆知非废约，不足以图存，而对于订约卖国之徐、段，尚有维持希望之意，是真亡国之心理也。欲救中国之亡，必废止亡国之约；欲达废约之目的，非推翻徐、段不为功，此理至明。诸公苟凭良心审查，当知鄙人所言，并非过激之论役〔矣〕。

国家养兵，原以卫国。徐、段卖国，即假藉北洋军队之势力也。所卖之土地，即北洋将士祖宗庐墓之乡也。拥护徐、段，即系拥护日本，即系间接卖国。高丽之亡也，固有之陆军无一遗留者。今军事协定，明定中国军队归日人指挥教练，此其嚆矢。公等虽欲保持其现有之地位，恐亦〈不〉可得也。高丽徒手革命，全国一心，死亡数万，终于不复。公等此时犹有军队在手，不及时崛起救国，迨至家亡国破,则公等亦一匹夫耳。虽掷大牺牲,亦何及矣!

北京政府现与日本密商,行将补行签约,时危势迫。而国际同盟开会,即在瞬间。废约救亡,机不可失。内奸不□,外交决无办法。我公明达爱国,务望当机立断,义旗一举,谅能各地风从。弟虽不武,亦当执鞭弭以从也。若复眷恋私恩,徘徊歧路,则亡国之罪,不独徐段、负之,公等亦与有责焉。迫切陈词,伏维鉴纳。孙洪伊谨启。七月某日。

《孙洪伊致北洋将帅函》,上海《民国日报》1919 年 7 月 30 日

有关南北时局的谈话

(1919 年 8 月 14 日刊)

前有胡汉民之代表辞职,今又有孙中山之总裁辞职。民党与政学会原来不和,政学会当初原未参预护法问题,至中途始行加入。然除通款北方政府,破坏南方统一,驯至和议停顿以外,固未曾得其何等尽力。故今日之急务,在除去岑春煊一派及其隶军政府者。至关于胡、孙两氏之辞职,虽非予之所欲言,然处和议不成,军政府亦通北方之今日,孙、胡固俱不愿进而任其职,而列名于牺牲护法、投降北方之军政府,尤为孙氏之所不喜也。民党今后之态度,仍当保持从来之方针,以推倒北京政府之徐、段为归宿。

《孙洪伊氏之南北谈》,天津《益世报》1919 年 8 月 14 日

再告北洋将帅函

（1919 年 8 月 15 日刊）

（衔略）前上一函，谅蒙鉴察。仓促属书，辞多有未尽之意。请再更端一陈之，以罄所蓄。

夫今日之事，不在外患而在内奸。欧洲和会失败，以种种密约拘束，故尤以济顺、高徐等约，为钳制我专使及友邦援助之口。而所以出卖此诸路者，则为强就非法总统者之出台费也。和会失败以后，全国奋争，涕泣环请，始终不能回徐、段之意向。及至专使顾畏民意，拒绝签字，国人闻之举喜形于色，独徐、段别有肺肠，仍主补签。近更与日人密商，将有单独解决之势。北京方面传出美国外部调停东事之说，谓以青岛交还中国，铁路仍归日本承办。日人亡我者，铁路政策也。买椟还珠，于我有何加损？此朝三暮四之计，岂果出自素持公道之美人之口，必仍是卖国者造为此说，以欺骗吾民，求达到日人目的而后快耳。

且近者京汉路又以二千万押于日本，而洛潼借款又告成立矣。闻日人将先筑徐路，并许与以徐海路，使进行海州渔业矣。已卖者方争之未已，未卖者更大卖特卖，犹日持其秘密敷衍之手段，应付国民。段氏利用东海，以笼罩军界。而北洋军人亦多迷信尊崇东海，以为宗主。实则东海之精神与事实，有一不与段一致者乎？而各种卖国事业，有一不成于东海之手乎？日本利用政府，以压制全国。彼政府之所为所谋，有一不惟日本之命是听乎？有一不忠顺日本以欺弄吾国民乎？是故国人日求争废各约，求保未尽国权，实无异向日本政府求与日本折冲，哀日本政府以保我中国也。

中国至今日非废约不能救亡，而北京卖国政府必无主张废约之资格。英首相、美总统告我专使之言，可取证也。国际同盟会开会，即在九十月间，去此不逾二月。若二三月后北京政府尚存在，而中华民国即真亡矣。吾国人须知废约，与拒绝签字不同。拒签仅为消极之抵制，而废约必求积极之取消。更须知此次废约，非寻常樽俎折冲，孤持一二国际成法所能为功，必政治上、事实上得各国完满之援助，促日本政策之变更。然非我国国民有非常之举，国内有极大之变动，则亦不能得此。所谓国民非常之举，国内极大之变动，即推倒卖国政府是也。盖卖国政府既倒，亲日主义打消，列强见我国民有此决心与新趋向，自不能不回易视听以助我。内外大势既变，然后日本亦知难而退，虽欲不放弃其侵略政策而不能。否则泄泄沓沓，日戴卖国政府以空言御侮，吾恐巴黎会议之前车将又复续矣。

顷从外人方面传出消息，日人已确定亡我计画。盖彼推测最近期间，意、法两国将有内乱，意、法乱则英国自顾不暇，不能注及远东。时与周旋者只一美国，有鞭长莫及之势。至时彼乃以兵力随条约之后，占领中国北方，即以徐树铮为前驱，而徐、段实已阴许之。徐树铮之西北王，即当日吴三桂之平西王。为虺不摧，为蛇奈何？及今不图，将有噬脐之悔矣。今使徐、段果有偾豚之馀力，能为困兽之犹斗，公等姑隐忍以待时尚可言也。乃天怒人怨，众叛亲离，财政无隔宿之粮，前敌尽思归之士，守正者皆引满而待发，附丽者亦观望而周章，今日能为徐、段效死者有几人哉？中国之命，悬于徐、段之手，而徐、段之命又悬于公等之手。公等一摇足，则徐、段如枯朽之拉，而中国得磐石之安。明达爱国者亦何所惮，而不为耶？

呜呼！徐、段卖国，凭藉北洋军队之势力也。天下皆知亡中国者，北洋系耳。公等既受卖国之痛害，又蒙卖国之罪名，将来仁人义士愤激之馀，必有崛起而作非常之举者，孰能为公等一一明辨之也。我公贤者，讵待伊之絮聒？只以多数国民欲陈之言，代为函达尊听。风雨同舟，急不择词，烦渎之罪，伏惟谅察不宣。孙洪伊谨启。八月某日。

《孙洪伊再告北洋将帅》，上海《民国日报》1919 年 8 月 15 日

致《民国日报》主笔函

（1919 年 8 月 24 日）

《民国日报》大主笔先生台鉴：敬启者，本日《新闻报》北京特约通信纪王揖唐之言论，其后加以诠释，略谓二孙派今亦与北京有所往来；又谓二孙派之议员，因时势变迁而行动〈与〉王氏接近之说，又似机会上有所根据等语。此原该通信员揣测之词，然按之事实上全悖真相。

鄙人根本反对和议，曾经屡度声明，为国人所共见。盖鄙人之意，确认徐、段为卖国首领，并深信北京政府不倒，中国万无挽救之机。彼假和议以苟且目前者，必至如当日高丽之倡言独立，而卒陷国家于灭亡之惨劫。年来鄙人赞助西南，以西南初持之主义确关于国利民福，与鄙见有相同之点。果西南主义变更，为善不卒，则鄙人对于西南原为赞助其主义，并非私人结合，当即与之断绝关系，独行己志，绝不能有所迁就。故私衷自矢，纵西南当局皆愿与

徐、段言和，鄙人亦决不与之言和。徐、段纵能假和议之名统一中国，而人心未死，正义犹存，鄙人自信亦终能推翻卖国政府，以力拯我国家于危亡之中。此与今之所谓和议，盖如水火之不相容，安有与某某接近之馀地？

该通信员据王揖唐之言臆为推断，置鄙人夙昔主张于不问，殊属昧于事情。至于国会议员与鄙人有相知之雅者，亦确信其同此主张，并无他志。该通信员加以因时势变迁而行动一语，亦属厚诬。除专函《新闻报》声明外，谨将鄙人主张函呈贵报，乞登入报末以明真相，至为感荷。专此，敬颂撰安。孙洪伊谨启。八月二十四日。

《孙洪伊君之声明》，上海《民国日报》1919 年 8 月 25 日

致西南停止和议速起讨贼书

（1919 年 9 月 7 日刊）

自西南罢战，与北京卖国政府言和，忧国者早已痛心疾首，以为此非为国内求和平，乃为日本谋统一。盖北庭已完全代日本为中国统监，小合于北庭，即大合于日本也。此次和议复活，起于日本武官芳泽氏来华与北庭秘密接洽之结果。

先是日本寺内内阁时代，本欲利用段祺瑞，以北洋武力统一中国，故力助以饷械，使屠戮西南。不料北洋诸将不尽为段用，其有爱国思想者，反至倒戈以助西南。转战年来，不特不能奏功，而北方局势且日濒于溃裂。于是日人知段氏无平定中国之实力，一变其方略，群起而攻击寺内对华外交失败，而代以原敬。失败者，即

利用武力以统一中国之政策失败也。原内阁成立,首宣布以南北调和为大政方针,未几遂有五国之和平劝告,而发动者实为日本。和平劝告,即日本由利用武力统一中国,转变于利用和平统一中国之表示也。乃和议开幕,迭经停顿,辗转无成,于是日人又责难原内阁对华外交失败。

夫和平统一乃吾国内事,而彼以为大政方针,且以此为成功与失败,此其故可深长思矣。日本始终欲维持此卖国政府为其交易之对手,前之劝告和平也,则因北方军事失败以阻西南之前进;今之督促和平也,则因北方卖国罪状败露,以遏人民之崛起反抗。盖自德约拒绝签字,国内民气一日千里,日本益形恐慌,以为长此迁延,徐、段政府必倒,日本在中国将失其根据,其由种种条约取得之权利动摇,而年来一切大计画皆付之流水。故亟亟派员鞭策徐、段,一面令其镇压国内救国运动(山东戒严,用马良杀人,解散集会,及此次北京大捕代表,皆奉芳泽氏命令办理),一面令其派出总代表以图和议速结,遂有急转直下之势。

盖只须有统一名义之政府,以实施亡国各约而已,其他皆可让步,此日本之志也。惟其所计定之让步,亦有一定之限度。即事实问题,只让至承认西南诸公巡阅使、督军、省长等及分配借款而止。若徐世昌之非法总统,则决不放弃。此不特徐世昌个人地位关系,日本亦必不欲失此最良之傀儡,而付之将来不可知之人也。法律问题,只让至牺牲非法国会而止。若合法国会,则决不允其自由行使职权。因合法国会可以否认一切卖国条约,改造卖国政府,固日本所不许也。

然则此等和议,于国家宁有丝毫利益,适以助成日本之成功而已。中国至今日非废约不能救亡,欲废卖国条约,必自推倒卖国政府始，乃反因和议以巩固卖国政府，何耶？夫手自订约之人，必无主张废约之资格，英首相佐治氏告我专使之言可证也。国际联盟开会，即在此两三月间，此机万不可失。若再待两三月，北京政府尚存，而中华民国即真亡矣。且废约与拒绝签字不同，拒绝仅为消极之抵制，而废约必求积极之取消。而此次废约，又非仅寻常折冲坛坫之力所能为功，必政治上、事实上得各国完满之援助，促日本政策之变更。然非我国民有非常之举，国内有极大之变动，则亦不能得此。所谓国民非常之举，国内非常之变动，即推倒卖国政府是也。盖卖国政府既倒，亲日主义打消，列强见我有此决心与新趋势，自皆回易视听以助我，然后日本亦知难而退，虽欲不放弃其侵略政策而不能。否则泄泄沓沓，日戴卖国政府以空言御侮，我不自振，人固无如我何。

迩者，美国上院否认欧约之山东条件，此于东亚局势有极大关系。远识者咸认为日、美战争之动机。日、美果至开战，英、法以远东各自利害，必与美一致行动，而中国遂成巴尔干。届时我以亲日政府，被日本挟之而走，日败则为土耳其，日胜则且为高丽之续。是今之言和[或]平者，即将来大不和平之种子，而更得亡国之结果，此真不堪设想者也。总之，北京政府不倒，中国必不可救。以徐、段之罪大恶极，即在正式政府，人民亦应起而革命。矧其为非法窃据者，乃犹举二万里土地、四百兆人民以奉之，令其捆载俘献于耶马台之廷，真令人大惑不解。

今使徐、段果有偾豚之馀力，能为困兽之犹斗，公等姑隐忍以待时，尚可言也。乃天怒人怨，众叛亲离，财政无隔宿之粮，前敌尽思归之士，守正者皆引满而后发，附丽者亦观望而周章，今日能为徐、段效死者有几人哉？中国之命悬于徐、段之手，而徐、段之命又悬于公等之手。公等一举手一顿足,则徐、段如枯朽之拉,而中国得磐石之安,明达爱国者亦何所惮而不为耶?

今人动曰国民想望和平,和平固国民所想望也。若奉大权于卖国党魁,使日本并吞中国之计画缘和议以实行,自陷于子孙牛马万劫不复之地,是岂国民所愿者。观前时北方各省之要求废约,极至罢学、罢市、罢工遍于国内,今直、鲁代表请愿备极艰苦,殴打捕拿,冤哭无路,未有不欲得徐、段而甘心者,不过赤手空拳莫可如何耳。同为国人,一则焦头烂额于刀枪图圄之下,一则从容揖让于文雷〔电〕樽俎之间,有护法救亡之责任者,何以处此? 即请我公否认亡国之和议,重张讨贼之义声,振旃一呼,北方将士必有闻而兴起者。合师进讨,问罪幽燕,□□桧于藁街,放邦昌于楚郡,然后会合全国民意,组织新式国民政府,以确立真和平、真统一之基,此不世之弘烈也。若犹瞻顾浮议,徘徊歧路,有贼不讨,《春秋》所讥,则亡国之罪,不独徐、段负之,公等亦与有责焉。迫切陈词,伏维鉴纳。孙洪伊叩。九月某日。

《孙洪伊致西南停止和议速起讨贼书》,上海《民国日报》1919 年 9 月 7 日

与某君关于南北和议的谈话①

(1919 年 9 月 19 日)

(此次和议复活,北总代表王揖唐已南下,各方面反对蜂起,先生对此意见何如?)依予之所见,此事应分作两层。王揖唐为总代

---

① 括号内为某君提问。

表为一问题，和议应否复开为一问题。此次北庭不道，竟派安福首魁为总代表。各方一致反对，固国民一种正谊心之表示，然须知此和议乃亡国之和议也。王揖唐固不能与之议和，即曾参、闵损之贤来充亡国和议代表，国民亦不能承认。此特充类至义尽之辞。曾参、闵损必不为北庭代表，为代表者必仍为王揖唐类似之人物。假使王揖唐拒回北庭，另派钱能训、龚心湛、周树模一流人，国人或坠于朝四暮三之术，转怒为喜，而亡国和议反因以告成。故今之反对王揖唐者，余固极表同情，尤愿国人有进一步之主张，将亡国和议根本打消，则救亡之本计也。

（先生对于王揖唐之意见既已了然矣，但谓此和议为亡国和议，仍请明以见示。）君知此次和议复活之由来乎？先是日本寺内内阁时代，欲利用段派武力，收服中国，故力助以饷械，使征伐西南。乃转战年馀，不特不能奏功，而北方局势且日濒于溃裂。于是一变而用和平政策，易寺内而代以原敬。原敬内阁成立，首宣布以调和中国南北为大政方针，同时发起五国和平劝告，而我沪上和议遂开始矣。不料荏苒数月，辗转无成。卒以德约拒绝签字，国内反抗北京政府之声日高，于是日本益形恐惶，深虑其所卵翼之卖次〔国〕派，且暮为国民所倒，彼在中国失其对手，一切所取得之条约将根本动摇。故急派芳泽来华，鞭策徐、段，一面令其镇压国民救国运动（此国山东戒严，马良杀人，京、津大捕请愿代表，设卫戍司令，皆奉芳泽命令办理），一面令其速即派出总代表，而和议遂有急转直下之势。此今日和议之真相也。吾国人不可认北京政府仍为中国政府，实日本代治中国之统监；不可认徐、段仍为中国人，实承奉日本使命之走卒。北庭与日本所计定之和议，只须旧国会不恢复自由职权，卖国条约不被否认，徐世昌非法总统不动，卖国条件有人执行，其馀皆非所争也。盖其所求者，只一统一名义之政府。统一于北京，无异于统一于日本也。谓非亡国和议而何？

（先生所论亡国和议，诚然诚然。但今若注重和议条件，如南代表前所提出八条之前三条，一一办到，将卖国条约及卖国之媒介尽行除去，和议可以复开否？）国内和议与国际和议不同。国际和议，因有两方主体之实力永远存在，可以保证实现，故只须条件确定，而不患有一方之不履行。国内和议则不然，其结果必消灭一方。而今之和议告成，西南对抗力即行消灭，尽奉大权于北京政府，又谁为之保证履行者？故南代表所提八条之前三条，言和者或矜为重要，自予观之，北廷皆可予以承认。盖所谓废除卖国条约，非中国一方可以宣告无效者，犹必得日本之同意，其结果，恐非待至国际联盟不能解决，岂能执今日国内和议中之一言，以为符券？至惩办订约之关系人，及撤销参战军、国防军、边防军云云。徐世昌即订约关系人之一，且为其首魁。今乃与之议和，并承认其为总统，卖国根株存在，即削一二枝叶如曹、陆之类，今日惩斥者，明日犹可登用。卖国军队今日撤销者，明日亦可复立，又何条件之足云哉！

（国人皆知段派卖国，于徐世昌颇多原谅，且徐为总统，本可不负责任。若和议成立，将段派势力廓清，另行组织良好内阁何如？）此乃国人一种最薄弱、不彻底之心理。总统不负责任，乃寻常政治上之事。徐世昌本系非法窃据，岂能受此法律之适用？吾人讨卖国政府应有决心，岂能复问其谁为总统，谁为内阁？且即假定徐世昌为正式总统，约法总统有谋叛行为，亦应受法律制裁。谋叛罪之解释，对内莫大于颠覆国体，对外即莫大于卖国，又何不负责可以原谅之有？此犹是理论上如此也。若自事实言之，徐世昌实卖国首要之一人。"廿一条",则徐为国务卿之所订也。济顺、高徐及满蒙四路约,则徐为筹伪总统出台费之所订也。军事协定段为之,而其延期附件则成于徐差,今且与日本商订替代此协定之密约矣。此外签德约字,徐则通电以去就力争,今尚与日本密商直接交涉。是徐、段卖国,厥罪惟均,而卖国之资格,徐实更深于段。日本之谋朝鲜也,必曰保全韩国皇室尊严,以为之傀儡,所有保护合并条约,皆由韩皇室签字。今叛国无耻之徐世昌,实为日本最良之傀儡,吾国民犹欲随此长乐老以俱烬耶!

(亡国和议之不可复开,则既得闻命矣。但一般人不明此中真相,尚想望和平,外人亦或因此提出再度之劝告,将奈何?)北京政府之绝望,并此次南北和议之为分配权利及共同卖国,舆论之深恶痛绝,殆已一致。此读近日中、西报纸者,类能言之。国内前曾有所谓某某和平团体者,出而鼓吹和议,不知者遂以为国民想望和平。其实此等团体本承北庭之命,携北庭之款而立者,何足代表民意?若真正民意之表示,自北京学生"五四"运动以来,罢学、罢市、罢工,以至最近京、津代表请愿,焦头烂额,前仆后继,未有不欲得卖国党而甘心者。和平固国民所愿,若假和平之名,使直接归服于卖国政府者,即间接归服于日本人,虽至愚谁甘任受,何得道重诬吾民耶!

至外人再提劝告一层,以目前外交趋势观之,未必有此事实,所从中作弄者仍为日本。欧美各邦牵于国际形式,随同作此表面文章,亦未可知。然和议为吾国内政,友邦劝告,本无强我必从之性质,而采择与否,仍在国民。前次五国劝告,本出自日本圈套,军政府不知拒绝,已为失策。国民自决之谓何,犹可一误再误乎?

《孙洪伊君之亡国和议谈》,上海《民国日报》1919 年 9 月 20 日

策厉救国通电

（1919 年 10 月 17 日）

广州参众两院,全国学生联合会,北京、天津及各省各埠学生联合会,全国各界联合会筹备会,北京、天津及各省各埠各界联合会,各省省议会、商工学会,各团体,各报馆,广州军政府,南北各省督军、省长及师旅团长均鉴:

自日本以条约谋亡我国,北京卖国政府从而导之,始于"二十一条",成于各种路约,横决泛滥于军事协定及军械借款等等,就中尤以路约为最要关键。盖日本图我之策源地,北则三韩,南则台湾,又以旅顺、胶济两大军港为之根据。故满洲、山东、福建为其预定进略之三路,而满蒙四路、胶济、济顺、高徐及南浔延长线,则其政略上之所必得也。此等诸路一旦告成之日,则日兵渡鸭绿江驰骋满蒙之野,直达北京;日兵出山东横断津浦、京汉、陇海三线,西通陕甘,南达江淮;各省日兵越台湾海峡,由福州、海口直抵长江。而前第五项所要求未遂之南潮、南杭两线,又其将来之所必争,而东南江海之滨,皆其马蹄所到矣。故铁路借款他国得之,或仅属商业上之投资,而日本得之,则全为军事上之侵略。

此中消息,目前欧美人士或犹知之未悉。然日本思打破均势,收中国为其禁脔,已为不可掩之事实。各国以利害关系,必起而防制之。最近美国参院之争山东案,即其动机也。防制之不已,必进而争之,其结果将出于干戈相见之一途。果尔,则东亚作战场,成巴尔干第二。而我以亲日派政府被日本挟之而走,日本为德意志,我且为土耳其矣。此种现象,在今日固已兆端,如路债统一及新银团两案,英、美主之,实为遏制日本野心而起。我为两害取轻计,本无反对之理由,乃北京政府受日本之束缚驰骤而不敢承认,足见徐、段之在今日,已如鸟在樊,如鱼在网,欲其自行解脱,不特情所不欲,抑且势所不能。而此时逡巡偃仰,为日本一国之虎伥者,即他日世界战争之导火线也。是故徐、段果有觉悟,为国家留线生机,惟有负罪引退,以收拾残局责任属之来者。国民果有觉悟,欲与徐、段争一夕残命,亦惟有另行建政府,以当大难之冲,舍此必无善策。

"五四"运动以来,北方人民感毁室取子之痛,请愿运动,前仆后继,以无拳无勇之身,与卖国政府肉薄相见者已数月矣。乃起视国中三数有力者,犹日沉迷于不可思议之和议。王揖唐南来,军府拒与开议,民气为之稍振,然按其内容,亦仅以对人问题而止。但使代表非王揖唐,人物非安福部,犹将希旨投诚而不顾。而其巧者则又舍对人问题而矜言条物,举其大者,曰宣告卖国条约无效,徐、段则条约效力之保证品也;曰惩办订约之关系人,徐、段则订约关系之首魁也;曰裁撤卖国军队,徐、段则卖国军队之制造人也。故不言条件则已,苟言条件,惟有以屏斥徐、段为惟一先决问题,此问题不决,任何条件皆自欺欺人之语也。国人富于崇拜势力之薄弱心理,认武人官僚窃权为天经地义不可推翻之事实。故与之空言御侮,则攘臂争先而义形于色;与之议及徐、段,则瞠目咋舌而不置辞,至其归结,惟执"无办法"三字以自解。

夫天下本无所谓势力,自物质上言之,势力实由于一种凭藉,失其凭藉,彼等亦一匹夫。而自精神上言之,彼等所以得此凭藉而有势力者,皆一般人心理承认之使然。众怒逐厉,一呼亡秦,吾人之办法,即在心理上一转移间耳。且即果无办法,则蝮蛇蛰手,壮士断指,其与伈伈俔俔,坐视亡国灭种而不救者犹当有间。昔南宋以和议而亡,今兹和议实由日本主动,中外咸知,直接降附于北廷者,即间接归属于日本。苟有胡忠简其人者,宁甘载胥及溺于此小朝廷以求活哉!愿我全国国民剑及屦及,再接再厉,共策西南护法不终之惰气,以为北方救国义士之后援。毋自馁!孙洪伊叩。霰。

《孙洪伊策厉救国通电》,上海《民国日报》1919 年 10 月 18 日

黄兴逝世三周年公奠启事①

(1919 年 10 月 26 日)

谨启者:本月三十一日,为黄公克强三周年讳辰。同人等悯国难之纷纭,痛英姿之长谢,缅怀遗烈,弥用怆心。兹定于是日上午九时至下午四时,会集福开森路三百九十三号黄宅,设奠公祭,以资纪念,并写哀忱。届时尚希贲然戾止,无任翘企。孙文、孙洪伊、唐绍仪、胡汉民、章炳麟、谭人凤、张继等公启。

《黄公克强三周年忌日公奠启事》,上海《民国日报》1919 年 10 月 26 日

致魏邦平电

(1919 年 11 月 23 日)

广州警察厅魏厅长鉴:顷接阅广东报界公电暨各报载,称广州

---

① 启事系联名发出,孙洪伊为联名人之一。

有殴击学生、逮捕记者之事。此次救国运动,学界倡之,舆论一致赞助。薄海风动,中外同钦。中国一线之生机,端赖于此。虽以北方非法区域,北京兵警密布之地,犹不敢公然大昌不韪,以撄众怒。西南以讨贼救国号召天下,尤应扶掖正谊,以为倡导。洪宪之役,执事提挈义军,勋在盟府。今兹镇抚羊城,得战守之力尤多。以宣劳民国之杰,蒙摧折民气之名,甚可惜也。而以护法区域,发生此意外之不幸,使彼毁法乱国者匿笑于侧,滋为口实,尤可痛也。弟爱国家,爱爱国之学生、记者并爱执事,请即从速挽救,力图回复原状,以平公愤,而保令名,则国家幸甚,法律幸甚。孙洪伊叩。漾。

《孙洪伊致魏邦平电》,上海《民国日报》1919 年 11 月 25 日

复非常国会参众两院电

(1919 年 12 月 29 日)

广州参众两院吴、林、褚三议长暨两院同人鉴:奉读养电,危言笃论,凛如清夜霜钟。西南政局之败坏,全由于一派人罔知大义,勾结南北,苟且言和,日为间谍,但求个人之地位,一党之权利,虽卖西南,卖国会,结果并卖国家而不顾。北庭完全为日本外府,国民不与共戴一天,犹以统一之名归之,此何异举全国土地、人民,悉数以奉之日本!

今彼方已不堪一战,兵疲财匮,众叛亲离。此正摧陷廓清之良会,宜为革新再造之远图。乃敌我者山穷水尽,惟有乞灵和议,以苟延残命,而号称护法诸公,不惜倒行逆施,因利乘便,以作权位交换之品。苟稍有人心者,何忍出此!"五四"以来,国人激于救亡大义,

方痛心于贼势之披猖,莫可如何。西南坐拥重兵,不闻加遗一矢,以为国民后援,犹复相率投诚纳款,为恶势力张其毒焰,使得有馀暇以残贼人民,斫丧国脉。《春秋》诛同恶,当同为天下所共弃矣。

国会为全国最高机关,居护法中枢地位。亟望弘我正谊,折彼奸谋,重张讨贼义师,进求根本解决,则伊虽不勇,亦当执鞭以从公等后也。事机危迫,稍纵即逝,谨以奉复,不尽欲言。孙洪伊叩。艳。

《孙洪伊复参众两院电》,上海《民国日报》1920 年 1 月 3 日

与某君关于对日意见的谈话①

（1919 年）

此次外交之失败,举国愤昂,群曰争还青岛。争还青岛似矣,而实有未尽也。夫日本对我之侵略政策,范围广漠,原不止青岛。若"二十一条"之要求,若军事协定,若七铁路条约,若各种借款,其蚀我国权国土,较之青岛一隅,宁止千万倍。吾国只争青岛,不问其他,假使各种路约实行,则中国内地尽入日本包围,纵得青岛,又何能为？吾国仅竭力争此一地,岂非正堕北庭与日本之术中。

为今之计,应将具体的对日事件,完全确定办法,举国人民竭力进行,不达目的不止。就予所见及者,约有六项:(一)取消袁世

---

①　天津《益世报》据外报将此文刊发于 1919 年 5 月 28 日。见《孙洪伊之对日谈》,天津《益世报》1919 年 5 月 28 日。

凯时代所迫许之"二十一条";(二)取消段祺瑞所私缔之军事协定正附各约;(三)取消徐世昌、段祺瑞所私订之七路条约;(四)自行收回青岛,不承认日本继承德国在胶州方面路矿种种利权;(五)取消段祺瑞二年来与日本擅定之森林、电信、电话、矿山各种卖国借约;(六)排斥日本之军国主义及大陆侵略主义。

夫侵略政策,只少数官僚武人一时之私利,而大多数人民终必实受其祸。故对日之反抗,不独援救中国,亦以援助日本人民,铲除东亚乱源,免去将来战祸,日人之有识者亦当了解此意。惟我国民应永久坚持,勿有始无终,为善不卒,则不独中国之幸,直接以保护东亚和平,亦间接以保护世界和平,此实我国民之天职。

《孙洪伊君对日之意见》,《金刚卖国记》,第 29 页至 30 页

《实业旬报》创刊祝词

(1919 年)

群生相资,万化相角。綮我华夏。地大物博。计然术穷,智能皆索。振聩发聋,徇兹木铎。

《祝词三》,《实业旬报》1919 年第 1 卷第 1 号

民国九年的一宗大事

(1920 年 1 月 1 日刊)

现在算是民国九年了。这已过的八年所受的痛苦,真是不可

计算,但是我们所希望的幸福,前途仍然是黑漆漆的。以国民这样的牺牲,不能换一星儿好处,并且连希望都没有,未免太不值得。我们于今要求点好处,应当从哪里下手呢? 不消说,须得要审明受痛苦的由来,把这制造痛苦的根源绝了,才得寻出一条向好处的路来。制造痛苦的根源又是什么呢? 这个东西固然有多种,最大的就是督军制与多兵制。可以说国民所受的种种痛苦,社会上发生的种种罪恶,十之八九是这个东西制造出来的。所以废督裁兵,是中华民国第一要紧的事,是国民不可一刻忘记的,是必须在短期内做到的。于今我先说不能不废督裁兵的最大理由,再说废督裁兵的先决条件。

第一,就国民自决说。国民自决这句话,本是很笼统的。要想国民自决四字实现,大家都主张从小组织下手,这话我也极端赞成。但是督军、多兵制下面是容不得这个主张的,因为督军制是要造成自己的地盘,就是土地、人民一切都为督军所有,决不容有民意机关发生;多兵制是以人民、土地供兵牺牲,国民就是他们的客体,那里讲得到自决,那里有小组织发生呢? 你看张敬尧、王占元、张树元这一班人的对待学生运动,就可明白了。

第二,就他们的统一说。现在大家都说督军、多兵制是藩镇的变相,这话是不错的。可是他们一面说要统一,一面丢开变相藩镇不管,这不是自相矛盾吗? 须知北庭的敢于叛国,正是督军制作成的。北庭就是督军的首领,因为他们有督军作势,督军又有兵有势,才敢揭开政府的假面具,造成叛国卖国的团体。他们于今说统一,你想想在变相藩镇制上能够说统一吗? 就算他们能说统一,国民希望的统一,是这样一个东西吗? 你看现在的督军和兵,有什么皖派直派啊,段派徐派啊,就算统一能成,仍然是分裂的,而且是专制式的分裂的。人民仍然冤沉海底，永无见天日的希望。中华民国四字，不是毫无踪影么？

第三，就财政上说。我国的财政的收入，固然是很少，但比起前清光绪年间九千多万的收入，不已加了三四倍么？这些收入，四分之三是养兵用的了。归结兵饷是仍然不敷，政费是毫无着落，因此北庭是每天卖国借债，西南是设法筹饷，弄到民穷财尽、国权尽丧，还是造乱不已。试想这种不生利的借债，就算不卖国，不到数年，也是自取灭亡。何况北庭借的是侵略国的钱，督军是倚仗外力，练的兵也是打算帮侵略国作用的呢！你看从前马良在山东的演说，明说军械是某国买的，军饷是某国借的，同某国合并都是无妨的事，这就是因财政牵到卖国的实在证据哪！至于因督军制、多兵制，使各种政务都归摧残，那更不用说了。

第四，就世界大势说。现在的世界，公理正义虽未大伸，却无一国不反对武人政治，无一国不主张减兵（日本是例外）。我国的督军，只能说武人乱国，不能说武人政治。兵是不配同外国打仗，只能专门的殃民，这个不废去还有什么用处？况且一天不废督裁兵，督军也只有加多的（变形的都统、巡阅使、筹边使都是这一类），兵也只有加多的，恰好与世界的大势相反。我们国民很想学人家的好法子，却容留督军多兵制，就再有好法子，也是行不通的。那里说能顺应潮流呢？

以上是说不能不废督裁兵的简单理由。其馀的不必详说了。以下再说废督裁兵的先决条件，国人果真希望废督裁兵实现：

第一，须监督借款。现在靳云鹏也说裁兵，其实他是拿裁兵两个字借钱。前度和会上也说要裁兵，也是拿起做善后大借款的幌子，废督两个字并没有人说起。要晓得中国的兵，越有钱越不能裁,真要裁兵,用不着借款。从前曹锟曾解散两个补充旅,就是因北庭不拿钱给他,他自己的钱不肯拿出,没奈何只有解散一法。这就是无钱裁兵的实在证据。假使真借了钱,他们不仅要保全原有的军队,并且要拉足虚额,那里会裁呢? 督军有钱弄,谁也想终身做到老,那里肯给人废掉呢? 所以说监督借款,是废督裁兵消极方面第一个法子。至于监督借款的法子,其实不难。各国从前不说是中国未统一以前,不借款给中国吗? 假使我们国民能举其职,以废督裁兵的理由,要求各国不再借钱,这是做得到的事。

第二,须建设正式政府。废督裁兵是国民公共的主张,却是要正式政府才能实行。现在中国并没有政府,军政府是一个非常的机关,又没有统驭各省的能力,做不了这宗事。北庭是叛国卖国的结合体,他们正要拿督军多兵作声势,那里肯废督裁兵呢? 如果说正式政府难于组织,不能不敷衍一方,那废督裁兵四个字,就永远不会实现,中国的祸乱就永远不会止息。至于说正式政府无法组织,试想国民既无组织政府的能力,国家那里有存在的馀地? 现在中国有合法的国会,国会就是组织政府的机关,国会不肯组织,我们应当监督国会做;国会的能力不足,我们应当帮他的忙。国民果真有这种觉悟,那里会做不到? 如果只图目前,戴叛国团体做政府,这个问题就真绝望了。

第三,要有不承认督军制的决心。督军制本是无根据的东西,照约法说没有承认督军制的一条,照政治说他原是统兵的官长。于今的督军,不仅变成了一省行政长官,并且是一个小小国王,真正的行政长官,却成督军的附属品,尚复成何现象! 现在一般人,一方希望废督,一方希望督军左右国家,这就是事实上巩固督军制的办法,那里再能废除呢? 要知道既然认定人民是主体,对于现下的一切障碍,对于一种特殊势力,便当努力驱除,认定他是个敌国,才能收得实效。莫说人民不承认督军制是毫无实力,要知凡百恶势力,都是人民承认来的,如果人民决不承认,他的恶势力就十去八九了。譬如袁世凯要做皇帝,他的实力不算不充,但是国民都不承认有皇帝制,他就无法做成。这就可证明人民不承认是要紧的条件。

以上是说废督裁兵的先决条件。只要先决条件做得到,那手续上方法正是狠〔很〕容易的事。因得督军是纸老虎,并不是与督军一气,兵是一小半有职业有家可归的人,并不是一裁就要变土匪的。裁兵的钱,只当在养兵的钱上转移,不是定要大借款的。他们把几宗事,说得难的了不得,就是不肯废督裁兵。我们真要废督裁兵,不要随着他们的话来打算。

以外还有一句要申明的话,和会是不能废督裁兵的,决不必存一种希望心。因为和会的代表,表面说是南北代表,实在是督军的代表。代表的本身,正是借着督军谋自己的权利。这种性质,与废督裁兵截然相反,那里敢说这句话?我是根本反对和议的人,这也是我反对中间的一个重大理由。我们国民还是做自己的事要紧,希望别人做是不到的。

《民国九年的一宗大事》,上海《民国日报》1920 年 1 月 1 日

复李烈钧电

(1920 年 1 月 7 日)

广州李参谋总长鉴:顷奉勘电,远识宏谋,足发聋瞶。自护法

军兴,伪庭乱法卖国,数罪俱发。中经"五四"运动,国民振臂奋呼,人思赤手□贼,以靖国难,誓不与伪庭同戴日月。人心愤激,可见一斑。近接各方函电,蕲赣总裁主持正义,坚定不挠。贵州王电轮军长、袁鼎钦师长,及川军各师旅长,亦皆发愤而思一战。湘南、湘西及鄂西各军以实逼处此,军心犹为激昂。是西南诸将帅,亦非无救国热诚。

乃南北和议之声,犹复甚嚣尘上。此固由军政当局之咎,亦衮衮群公虚与委蛇,瞻徇顾忌,不肯明斥其非有以酿成之也。慨自袁氏执政,以诈伪相尚,从不以真面目示人。西南两次举义,又多袭用其策,借为军士〔事〕上权宜之计。浸淫既久,遂成风气,南北几同一辙。虽忠义豪杰之士,亦囿厥薄篱,莫能自拔。因之举国无真是非,国民之趋向,亦遂淆乱纷歧,莫衷一是。彼奸人者乘机抵隙,为所欲为,跋扈飞扬,不可制止。国事乃至于破败,而不可收拾。尝谓纷乱不足以亡国,惟是虚伪相竞,是非消亡,乃真足以亡国。盖窃窃然私忧之,而引为无涯之戚也。

今幸我公主张正义,为天下倡,彰我直道,折彼奸谋,国家否极泰来之机,其在于此乎?尤望坚持定力,贯彻初衷,屏绝卖国和议,重张讨贼义声,则国家之幸,亦西南群帅之幸。闻北京十五六两师谋变未成,已没收军械。吴光新驻宜军队,数月无饷,军心怨愤溃散,伪庭实不堪一战。谨此附闻。洪伊叩。虞。

《孙洪伊复李烈钧电》,上海《民国日报》1920年1月11日

致军政府总裁等斥南北和议电

（1920 年 1 月 10 日）

广州参众两院、军政府总裁,各省护法军将帅,各省议会、教育会、农商学会,全国各界联合会、全国学生联合会,各省各界联合会、学生联合会,各团体,各报馆均鉴:近日所传南北和议复活,完全动于少数人权利地位之私,置全国民意于不顾。此次内争,虽发端于毁法,然就大量观察,实人民与恶旧势力之一大激战。西南护法军,盖隐受人民之使命,作人民之驱,非自为战争主体,可狐埋之而狐撸之也。

北洋军阀,自近者言之,则胡清迤袁之委蜕。自远者言之,则数千年专制政体之沉淀物,成此结晶。辛亥去之不尽,丙辰去之又不尽,驯至今日,外侮欺陵,内治腐窳,财政紊滥,军队横溢,岌岌不可终日。此正恶旧势力总崩坏之时,而中国政治上、社会上革故鼎新之一大转纽,非同一枝一节之政治问题,可以补苴迁就,苟图讫事者。譬之治痈,不务排脓伐毒,而汲汲收口之是求,蕴蓄既深,祸迟而大。即以外交一端而论,北庭亲日卖国,深入樊笼,不能自脱,岂一与言和,遂能悔祸?且因言和,而彼假统一之名,更可为所欲为,而莫予毒矣。是亡国条约永无废弃之望,国家生命永无复活之期,其险象不特不能减少,且益加甚焉。推之一切政治,罔不如是。

夫言和于一年以前,犹可曰恢复约法、国会,惩办一二祸魁而止耳。今则国内革新运动,一日千里,证以世界最近趋势,此恶旧势力必无复存之理。亦正惟南北俶扰之际，国人感受四围激刺者多，乃得奋发蹈厉，以迈征于自求多福之一途，我凋敝瘦弱之民族，乃有与先进国民争生存于今后世界之希望。伪庭兵疲财竭，众叛亲离，方谋自保之不暇，不得已乞灵于和议。我若堕其奸计，遂予以收拾溃局之机，则一旦兵气聚而复散，人心动而复静，彼乃得从容大借外债，多树党援，藉以延长生命，势必更竭其瘠牛偾豚之馀力，以摧折新机，斫丧国脉。极其结果，将酿成社会之大破裂，而最后胜利必仍在人民。至时国人惩前毖后，诛□党恶，南北军人既成一丘之貉，今日号称护法诸公行且与之同烬，而举国人民之生命财产糜烂荼毒之惨，必有数十百倍于今日者。

惟愿西南毋忘辛亥、丙辰，全国人民毋忘"五四"、"六三"，疾起直追，斥罢误国劳私之和议，群怀塞源拔本之决心，勿为威怵，勿为利诱。须知改革必无近功，纵敌乃贻后患，群策群力，再接再厉，必至恶旧势力铲除净尽乃止。奠我永世民治之初基，完成数年革命之大业，国家之幸，亦人类之福也。临电不胜惶悚。孙洪伊叩。蒸。

《孙洪伊斥南北和议电》，上海《民国日报》1920 年 1 月 12 日

答《民国日报》记者①

（1920 年 2 月 11 日、13 日刊）

（日本何以必欲诱及中国直接交涉乎？其意乃多在强占一胶

_____

① 中国拒签对德和约后，国人颇有将山东问题提交国际联盟之议。而北京当局违背公意，图谋与日本直接交涉解决。是以上海《民国日报》记者走访孙洪伊，探询其中利弊缘由。括号内系记者提问。

州湾乎?)吾人所以积极反对此直接交涉者,其第一义乃在提高中日外交问题,打破两国间秘密之私,关系在世界问题中,求一公断的机会而已。青岛一块土,果为何物?细看日本数次要挟之文书,则知青岛者,实为中日密约"二十一条"不平事件中最先生效之一成绩。日本所以必欲直接交涉之故,其惟一阴谋,实欲保障昔日以暴力换得"二十一条"之效力。吾人如误认前提,允诺此种直接交涉,则其所失不在青岛一地之收回与否,实不啻切实声明"二十一条"之犹能继续有效,实不啻正式承认"二十一条"之未尝不合理。继此以往,欧美列国之同情完全丧失,中日间一切不平继长增高,日本在远东之地位,将实现其梦想的东亚孟罗①及大亚细亚诸主义。而中国之损害,必倍蓰于青岛一问题,或有第二、第三之青岛,陆续披露于吾人之面前,中国永处于日本暴力之下。中日军阀之势力,益为强固。中国政治之前途,至此尚有改良之机会耶?故主张直接交涉,最大之错误,即在未尝看清此问题之因果,误以青岛之收回,即为交涉之成效。而吾人所最须声明者,此次反对直接交涉之真义,实将一扫历来中日间一切不平势力之大根据,而不专在青岛一地之收回。

(山东问题在欧洲和会将得几许赞助者,只有美国。故研究山东问题提交国际联盟之形势,不可不先问美国今后与国际联盟之关系,尤不可不先知英、法与美与日,及日与美之间关系如何。先生亦有具体之观察乎?)美国议院通过保留案,纯为对于和约全部一种不满之表示,欲藉此促英、法之觉悟。其关于山东问题之保留部分,尤为对日本独霸东方主义之一种示威,并非消极的放弃国际

---

① 通常译作门罗。

联盟也。美国今后尚有若干主张与欲望,有加入此国际联盟之必要。在英、法一方,虽在大战正酣之中,因事实的困难,曾以东方事务无形委托与日本。然战事终了,和会结束,此种一时的不成文之契约,当然丧失继续之拘束力。则英、法今后欲恢复其东方固有之局面,及其若干年经营之经济的势力范围,必与日本自然处于无形抵拒之中。且就西欧之战后形势言之,彼号称失败之德国,其国境以内各部经济之组织,犹依然完备,实非一蹶不振之战败国也。英、法今后既有防止德国复仇之忧虑,即绝对有联合美国之必要。英、法、美又皆欲防日,当然立于利害共同关系,美国之保留案最后之必得英、法之容纳。将来国际联盟席上,美国仍然处于发言有力之地位也。

（然则提交山东问题于国际联盟之时,将另提一废除中日密约之条文乎?）此为吾人必要之主张。须知所谓“二十一条”者,实无一条不与国际联盟之性质与原则相违反也。美国议院对于非同盟国之中国一问题加以保留,此为国际史上非常之事。即此可以窥见美、日之未来。吾人尤须注意者,美国于和约签字以后,曾一度致通牒与日本。其通牒重要之点,谓美国承认对德和约,并非承认日本与中国之密约“二十一条”及军事协定。吾人对于美国此种通牒,不得认为一段偶然之声明。盖山东问题之祸因,种于日本胁迫袁氏所许与之“二十一条”。否认日本继承山东权利,必自否认“二十一条”始。我既拒签德约,则所谓德约一百五十六、七、八三条之规定,当然与我无关。国际联盟开会,即将此被迫成立之“二十一条”提出,要求公判,实为正当扼要之手续。美国即声明不承认于先,英、法在欧战危急中,所与日本订立承认山东权利之密约,业已失效,届时必不难一致之赞助也。

（先生可更进而告吾人以此问题提出时之方法与形式乎?）外交惯技,凡提出一问题,必先提与此问题性质有可比例之条件,以为迎拒对待之地。如日本此次在巴黎提出之人种差别撤废案,其真意殊不在此。案之果否成立,不过借此关英、美之口,而其他之要素,乃可顺利进行。关于此点,中山先生曾言,中国如欲求诉于国际联盟之时,不妨公然提出一朝鲜独立之议题。盖《马关条约》,我以战败国对于战胜国所缔结,得列国承认,犹非"二十一条"纯系乘火打劫,不为国际的成立者之比。而朝鲜独立,实为此条约中明订之重要条文。日本政府如必谓"二十一条"不能废除,则《马关条约》所规定之朝鲜独立,亦当然有效。日、韩合并之旧案,如能推翻,则吾人尽可牺牲一青岛,使韩国重兴,而获得多大之义声。日本如以朝鲜独立,妨害其大陆政策之推行,而有所不许,则青岛之强占,及青岛强占之保障,如"二十一条"者,将何所根据,犹谓其有继续之效力?

（英、法、美之关系,及英、法、美与日本之形势,诚如先生所言,然此皆中日交涉周围之现象也。于此问题之正面,如目下实行拒回日本今次之牒文,日本对于之设施,将何如乎?）吾人既能看清欧美列强间相互之关系,则可确知战后之日本,乃完全立于孤立之地位,不能得欧美多少之援助也。盖欧战后之局面,非复大战中之局面可比。欧美对于日本,既无用瞻顾,当亦无所曲容。况今之所谓正义人道说,虽不能为满量之发挥,然欲全然不顾,如侵略的暴行,纯立于正义人道的反面者,其势亦不可能。更观日本政府与国民,自欧战停后,多呈忧危顾虑之态,非复欧战期中睥睨一世之概。则今后对华政策,又安敢横恣无忌而为所欲为耶?然则吾人若径行驳回直接交涉之牒文,断然提出于国际联盟，日本实无如我何。如"二十一条"交涉，大隈之最后通牒，日本断不敢再试。即日政府不自量度，其在国际间更将无立足之地，我何所畏惧哉？

《孙伯兰反对直接交涉之谈话》，上海《民国日报》1920 年 2 月 11 日、13 日

促西南救国通电

（1920 年 2 月 13 日）

广州军政府岑、伍、林诸总裁、李参谋总长、莫督军，武鸣陆总裁，云南唐总裁，贵州刘督军、王总司令，湘南谭督军、赵总司令，漳州陈总司令暨各省护法各军司令均鉴：日牒东来，溥天同愤。京、津学生处直接暴力之下，首当其冲。逆庭思贯彻其卖国主张，嗾纵军警拘捕数十百人，鞭笞戮辱，五毒备至，其馀数千百青年亦均陷于修罗恶道之中，遂复发皇庆气，以伪令指授各省禁压人民运动。阴风惨惨，天日为昏，环顾我赤县神州犹不为逆庭势力所及者，独有西南数省之地耳。

自"五四"以来，我爱国学生与逆廷肉薄相持而不下者，已八月矣。殊邦异族之人激于生人之理性，莫不一致赞美，代鸣不平。所见于中外报章者，读之令人感奋不已。独我护法靖国诸公，犹日沉迷于一缕不绝之和议，充耳不闻，未予一言之赞助。海内志士遂疑南北军人一丘之貉，而不认诸公为人民之友。吴君佩孚顿师湘南，名义上固属北军，然对于全国学生及各界人士之义举，犹时发惊人之函电，作清议之点缀。诸公此时义旗犹未摘下，名义上则与逆庭立于对抗地位，乃并此戈戈者而亦无之，

能无齿冷乎？

夫学生以最新之思潮作改革之奋斗，所争持外交者，特其治标之初步，根本主义犹在铲除北方之传统的武断主义，为中国开一新纪元。西南护法靖国，国民亦认为改革奋斗之一，伐木嘤鸣，当有声应气求之雅。至以目下交涉而论，日本顷年以来横逞野心，在国际间早陷于孤立地位，证以最近美国之山东保留案及英、法舆论，可见一斑。乃此次无端以不得志于巴黎和会者，欲取偿于直接交涉，其穷蹙情形已可概见。我若乘此据理驳回，彼必无最后办法。吾人须如〔知〕强硬不足亡国，惟全国人泄泄沓沓，坐视一二人欺骗拍卖与过问者，乃真足亡国；单纯外患不足亡国，惟正谊沦没，使国中优秀革新分子摧残殄灭净尽者，乃真足亡国。朝鲜之未亡也，全国陆军尚有数万。辅韩民群起救亡，政府承日本之命，以维持秩序为名极端镇压，而韩之军人未有起而援应者。及日韩合并之后，韩兵队无孑遗焉。此正坐拥重兵而不肯救国者之极好殷鉴。

近阅报载军府致北方电，亦反对直接交涉者也。今被拘囚禁压者，即反对直接交涉之人。兔死狐悲，物伤其类，人之情也，诸公独无情哉？请即罢绝和议，重整义师，深念国家存亡所关，用弘兄弟急难之义。今京、津学生及各地救国义士被暴力包围，困在垓心，水泄不通，诸公龙骧虎步，高下在心，愿勿效贺兰进明之逗留，而为南人男儿所窃笑。孙洪伊叩。元。

《孙洪伊促西南救国电》，上海《民国日报》1920 年 2 月 14 日

忠告北方军人电

（1920年3月1日）

天津曹督军，南京李督军、齐师长，〈杭〉州卢督军，武昌王督军，岳州范师长，汉口杜镇守使，沙市王师长，宜昌吴总司令、李旅长、刘旅长，襄阳张镇守使、赵旅长，南昌陈督军，九江吴镇守使，赣州陈旅长，长沙张督军、李师长，衡州吴师长，常德冯镇守使，济南田督军，开封赵督军，山西阎督军，吉林鲍督军，北京刘润田师长暨北军各师旅团长均鉴：日本提出山东通牒，迫我承受，我既拒签德约于先，决无自行反汗之理。今日之祸，实肇于国民四年日本以哀的美敦迫胁成立之"二十一条"。承受直接交涉，即明认"二十一条"有效。此中国存亡一大关键，非独一青岛之得失已也。

乃逆庭借口考虑，始终欲完成其卖国主义。京、津学生崛起反对，首撄其锋，幽囚戮辱，惨毒备至。更以伪令指授各省，大施高压手段。徐、段曰学生当办，各省亦曰当办；徐、段曰救国运动当禁，各省亦曰当禁。衮衮诸公自谓当官尽职矣，其如国家何？如清议何？日、韩始结保护条约，韩民起而救亡，政府承日本之命，尽力压抑，亦尝以维持秩序为词，以彼况此，何其酷似耶？

夫徐、段及其党徒，自命中央政府，既盗我政权，又攫我国帑民财，以自丰殖。犹不厌足，复悍然贩卖我土地人民。方今人类平等之义大明，铲除阶级，均衡贫富，各国皆嚣然而不靖。我中国受外潮冲动，亦渐有蔓延横决之势。为俄国乱源者，则大地主。为其他诸国乱源者,则大工商资本家。吾国之武人官僚,乃兼此二者而有之。彼大地主、大工商资本家积日累月,惨淡经营而得之者,此则乘权藉势,日暮之间巧取豪夺,行同盗窃劫掠,其罪恶又有甚焉。举国皆困穷,而彼辈独益富厚。各国以社会之不平,牵动政治问题。中国将以政治之不平,牵动社会问题。怨毒恚愤之气,蓄久必发,而举国失望之后,益足以坚其改革之决心。非常事变之来,特迟早间耳。今所恃以威压人民之军队,即异日倒戈之人。今所用以惨戮人民之弹丸,即异日自杀之具。俄国革命之初起,贵族官吏数千人,不数日骈戮以尽。火炎昆冈,玉石俱焚。诸公纵自谓有愈于彼,至时亦何以自明?厝火积薪,而寝其上,自以为安,岂不大可痛哉!

逆庭者,中国腐败政治之制造所也。而学生者,国内革新之优秀分子也。目前争持外交特急,则治标之计,其主旨犹在祓除传统的武断主义,为中国开一新纪元。诸公试放眼一披世界历史,欧洲宗教革命反抗者几何人,政治革命反抗者几何人,即吾国种族革命,最初排觚禁拒者又几何人,然其结果皆不足胜之。今世界潮流如彼,吾国败象如此。以各国帝王、贵族、僧侣、枭杰、大专制家所不能抗者,乃望之于视阴惕日之徐、段,虽三尺童子,亦知其徒劳而无济矣。赵左师触龙曰:"长安君不及今令有功于国,一旦山陵崩,长安君何以自托于赵?"今亦欲为诸公进一言曰:"诸公不及今求有功于国,勉为国民之良友,一旦事变猝发,诸公亦何以自存于中国?"昔法国之米拉巴拉华叶阿尔良公等,以贵戚之卿,与人民协力反对正统主义。最近俄罗斯革命,牺牲世袭之爵禄,以参加国民运动者,且有皇族中人。诸公与徐、段并非有特别族属阶级关系,徒羁縻于北洋派鸡肋名词之下，甘与之同烬，智者不为也。

伊与诸公，或为葭莩之亲，或有友生乡里之谊，故敢代表我四万万民众，最后忠告。冀诸公翻然悔悟，崛然兴起，以兵力为学生、国民之应援，举讨职之师，责卖国之罪，建设民意政府，实施革新政治，消弭乱机，导迎善气。国民与诸公必能除蠲既往，共图将来。国家之幸，亦诸公之福也。不远而复，先典攸高，伐罪吊民，仁立以竣。孙洪伊叩。东。

致全国各界通电

（1920年3月10日）

广州参众两院，各省省议会、教育会、工商农学会，全国及各省各界联合会、学生联合会，各团体，各报馆暨全体国民公鉴：自对日直接交涉问题起，国人一致反对。徐、段辈性与人殊，拘戮京、津学生，禁压各地救国运动，势非贯彻其卖国计画不止。

吾国官僚武人，以作官为本业，不生利而专分利，已为社会之大蠹。犹不知止，复举我祖宗所缔造、子孙所托命之土地，公然拍卖，以饱私囊。试屈指一数，今之统兵大员、当权显宦，有一人不拥有数百万资产者否？多者且在数千万以上，下逮奔走附丽之寄生虫，亦各十数百万不等。从前君主时代，竭天下以奉一人一家，更变本加厉，以卖国金钱供养此十百虎狼。前清督抚，家资达百万，即为贪赃。今彼辈皆三数年前之窭人子，一跃而富等邓通，豪比石崇。人无司徒铜臭之羞，家存犹太富人之想。此等国家，此等社会,而可以不至破裂,古今宁复有治道公理之可言!

语曰:物极则反。压力愈重者,反动力必愈大。俄国革命之初起,世人视同洪水猛兽,一时有破坏世界现状之虞。亦以专制不平之已极,遂愤然一逞,以至于此。夫改革所以求人民之幸福也,以改革之故,而使糜烂遍于全国,亦岂志士仁人之所忍言。是故过度之危险,上者避免之,次亦求所以减少之。世变所趋,顺以应之,则其行安;逆而拒之,则其祸烈。方今社会革命之声,喧传宇内,其势必蔓延于中国。中国井田旧制,以八家各耕百亩,后虽得自由占田,大率皆小农,无最大之地主。去封建时代已远,更无所谓贵族。一切产业方始萌芽,机器之用未广,亦无所谓大资本主。人民间不平不均之弊,实较他国为少。果得民意的良好政府,以民主精神运用社会主义,于发展之中,寓平衡之意,即可消大乱于无形,求至治之渐及,此固吾民所日夕以求者。

为各国革命之目标者,大资本家也。吾国之大资本家,即官僚武人,以彼威福,自己贪纵无艺,举国皆穷困,而彼辈独享富厚。则愤恨不平之既久,不免驱役于感情,而饥寒困陋之切肤,将不复权衡其利害。吾国旧史例,凡历朝末造,政治败坏至极,必酿成激烈革命。一次大乱十数年,人民死亡过半。今铲除阶级,均衡贫富之说,适中于一般人心。吾国社会组织本不牢固,无业游手之人特多,一旦挺而走险,祸更烈于俄国。盗贼流氓,劫掠无禁,寻仇报怨,杀戮横行,天下几多之罪恶,皆假社会主义以行。堤防废弛,横流旁溢,人性失常,彼官僚武人固皆相恒以俱烬,而我无辜人民为改革之牺牲者,更不知至于何等。言念前途,真有不寒而栗者。

一国政治之现相,皆一时人民心理造成。吾民日颠倒于恶旧势力之下,而不知大祸之将至。段祺瑞尸坏法乱国之罪,反许为能负责任；徐世昌为险诈无耻之尤，而冀其收拾时局。彼辈所以能跋扈恣睢，而不即颠覆者，即此种薄弱心理使然。吾国儒者论治，必归本于人心。现今如报纸之言论，个人之演讲，一切浚发民智之宣传书册，以至公众集会，游行示威，无一非人民必要武器，亦各国改革时必由之路，特患无彻底之觉悟，一致之主张耳。果真一个人尽其个人能力所至，一团体尽其团体能力所至，必使国民运动普遍于一县一城一镇一乡而止，人人皆晓然于改革之不容已，殊途同归，万目一的。官僚武人所恃为卫队者，即此武装之军警。军警亦一人民，被少数人挟之而走，秦之暴力，至亡不衰。最近俄、德、奥诸国数百万之海陆军，一旦投戈解甲，参加人民革命，人同此心，心同此理，官僚武人之军警，皆将一变而为吾民之军警。彼更何所恃，以与吾民抵抗者。

夫颠覆卖国政府，以救目前之危亡；建设民意政府，以消未来之祸乱。此当今之急务，只在吾民心理一转移间耳。古人云：祸福无不自己求之者。愿国人三复斯言。孙洪伊叩。蒸。

《孙洪伊致全国各界电》，上海《民国日报》1920 年 3 月 13 日

与戊午编译社记者的谈话①

（1920 年 3 月 27 日）

新银团取各国共同投资主义，以遏止某一国之单独垄断借款，

---

① 近日美国银行团代表拉门德（Thomas W. Lamont）即将来华，中途拟取道日本，与日方交换意见。外界认为，新银团极有可能就此组成，贷款给北京政府，"此事于中国目前政局及将来民治消长前途有极大关系"。戊午编译社记者是以往叩孙洪伊意见。

横肆侵略野心。此举吾人本不反对,且表相当之好意的赞成。盖中国果至真正的民意政府成立,图一切事业之发展,所待于友邦经济之赞助者多。仰给于一国之单独投资,自不如公之于各国共同投资,其危险程度可以减少,且可不至有危险之发生。此新银团所以比较的为吾人所欢迎也。

惟在中国真正民意政府未成立以前,各国贸然以借款扶助北京之武人官僚政府,则无论为旧银团为新银团,皆为吾人所反对。昔旧银团贷款于袁世凯,中国大乱者数年。及旧银团解散,日本单独贷款于段祺瑞,中国大乱者又数年。盖官僚武人即中国之强盗,资助官僚武人以金钱,即是假强盗以武器,使之劫掠良民。今欲以所谓新银团贷款于北京政府,犹是资助中国强盗也。美国素讲正谊人道,何独对于中国不讲正谊人道一至于此?

欧美人之观察中国,有极大之误点二:一炫于政局之现势,一欲以借款与日本竞争。由前之误点,则迷信中国官僚武力之势力,漠视中国人民,以为官僚武人可以永远支配人民,赞助人民,不如赞助官僚武人之可以维持现状。不知中国官僚武人一日不倒,政权不握于人民之手,则中国之乱无已时,各友邦在华之商务,所受有形无形之损害者实大。此义在华各西报记者,近已有极精审之观察。观于《字林》《大陆》各报最近之论记,可谓明若观火。惟各国之政府中人犹若罔闻知,不可不为一大遗憾也。由后之误点,则以为日本在华之获得优越地位全由于借款,故亦极欲扑仿,以争得在中国之发言权。不知中日两国之现在关系,全由两国均为军阀政府气类相同之故,借款特其结果,非其原因。若专以借款争发言权,则旧银团之善后大借款何尝非各国之所共用,何以款既用尽,优越权仍为日本所独占? 为欧美计,惟有扶助中国人民俾成立真正的民意政府,则与欧美之民治国家不期接近而自然接近,其与日本军阀政府之关系亦自然断绝矣。

要知吾人之反对日本,非仅反对日本借款,实反对日本借款以资助中国强盗。即无论何国借款资助中国强盗,中国人皆须反对。今拉门德氏来华,深望其翻然觉悟,抛弃其胸中携带之主张,中止此投资北京政府之计画。我全国人民亦应表示严重正大之公意,以促拉氏之反省,勿使美国以较善之新银团主义而得资助中国强盗之结果以终也。

《孙洪伊君之拉门德来华观》,上海《民国日报》1920 年 3 月 27 日

致黎天才电①

（1920 年 3 月 27 日刊）

夔州黎总司令鉴:高固群兄弟,在君防地被杀,既明知有便服数人,任其脱逃,谁为之而谁纵之? 回念蔡案正凶,唐克明被君包庇,任其漏网。今于高君一事,又临时故纵,事后始虚悬赏格。举动如是,殊欠光明。望速将高案正凶根底,查究示复。

《高尚志被暗杀要电》,《申报》1920 年 3 月 27 日

---

①　此电署名者还有谭人凤、曹亚伯。

致唐继尧、熊克武电[①]

（1920 年 3 月 27 日刊）

云南唐总裁、成都熊督军鉴：高中将尚志，乃武昌起义功人，于十六日在夔州永寿桥黎天才防地被杀。据黎电称，便服持手枪者数人，何以略不救护，且任凶手脱逃，则为防军眼见可知。其中情弊，不难悬揣。回念蔡案正凶，唐克明被黎包庇，任其漏网。今于高案，又有嫌疑。似此假借义师，以作逋逃渊薮，恐未便任其恣睢。望诸公严电诘责，勒令缉凶为祷。

《高尚志被暗杀要电》，《申报》1920 年 3 月 27 日

致《申报》函

（1920 年 4 月 7 日刊）

新银团之组织，本半为阻止某国垄断对华借款，以遂其侵略中国之野心。故就性质而论，吾人不应反对，而应表示相当善意。惟因欲设一代表人民真意之良善政府，其间必有种种发展，须得友邦之根本赞助。而此种赞助，得诸各国者，必远胜于得诸一国者。换言之，此于中国危险较少，或且并无危险焉。惟此种代表民意之良善政府，未经设立以前，则任何借款之赞助北京军阀与官僚者，则

---

① 此电署名者还有章太炎、谭人凤、曹亚伯。

无论为新银团或旧银团，必为我国人民所反对。昔旧银团贷款于袁世凯，中国遂大乱。后日本单独借款于段祺瑞，又得同一结果。吾人之所以反对此种借款者，无非因中国之军阀官僚，无异盗贼，若授以金钱，无异假以行劫之利器耳。

美国素以正义人道自任，今若于此事，不以同一精神施诸中国，实为可异。欧美人士之观察中国，惟以两误点为根据，一为中国现存之政治现象，一为与日本竞争。彼等太注重军阀官僚之势力，而漠视人民。揣彼等之意，一若军阀官僚将永远控制人民，故宜援助军阀官僚，以保存其现状。不知军阀官僚一日窃据权位，则中国将一日不宁，外国之商务，即一日大受损失。近来在华之外报记者，评论此事，至为透切。如《字林报》《大陆报》均有论文，其言洞若观火，而各国当局乃犹昧不加察，殊憾事也。

欧美人又若以为日本在中国之优势，全因其供给借款与北京政府之故，故欧美亦应学步。不知中日目下之关系，乃因两国之政府皆军阀组成使然。若仅恃借款为利器，以取得在中国之优势，则何以旧银团所借之款一经用罄，而日本遽得垄断此种优势乎？从可知为欧美计，最良之策，莫如赞助中国人民，组织一代表民意之政府。然后中国人民自能与欧美接近，日本军阀与中国之关系亦从此终止。须知吾人之反对日本，不仅为其借款，乃因其借款系借与吾之军阀故也。

《关于新银团之美报论调》，《申报》1920 年 4 月 7 日

致广州参众两院议员电

（1920 年 4 月 10 日）

　　广州参众两院议员诸公鉴：迩来国会移沪之说，日盛一日，并闻莲伯议长业已到沪。或谓主斯议者，为南总代表唐少川君。唐君老成特达，其处此或别有深谋远略，固非鄙陋所能测度。然自表面观之，似使国会无形消灭之一种手段也。

　　和议将及二年，最使主和诸君苦心焦思而不得其解决者，徒以国会为梗耳。约法所赋予国会之职权，广泛及于各项立法行政，岂仅制宪一端？沪上纵能开宪法会议，其他各项职权，将尽行放弃乎？即使宪法能如愿告成，亦不过于和议中增一种装饰品，而国会则必随此消灭矣。尝闻诸公言，岑、陆两公苟且求和，将以议员为商卖品，非议员所甘忍受。岑、陆两公不忠于护法，亟思牺牲大法，以易各人之权位，其事诚彰彰无可为讳。然诸公既不甘受岑、陆两公之卖，今独可受唐公之卖乎？予非谓唐公有意于卖诸公，然既同归消灭，则与出卖何异焉。

　　夫为中国之乱源者，为官僚武人。为南北和议之大障碍者，实为徐世昌之称总统。今之以和平相号召者，不于此中求解决时局之方，而惟汲汲以处分此一线仅存之国会，谓非别有肺腑，其谁信之！而诸公身为国会议员，纵不为国家计，独不为自身人格计，而任人播弄操纵，甘心引刃以自戕乎？广州滇、桂两军，虽小有战争，而国会、军府则仍在也。即使岑、陆、莫等纳降北庭，亦静待其驱散可也。必不得已时，或移滇移漳开会，亦可也。否则暂行停会，亦可也。世有仗义执言者，尚可有所凭藉，为天下倡，奈之何自断送其生命耶？

　　以大义言之，西南为正统所在。以兵力言之，亦较优于北方。徒为和议所误，委靡不振，驯至自生内乱。苟当局立悔前非，或诸公能镇定以处，徐图补救，则天下事尚有可为也。尚希诸公远烛机先，勿为庞言所淆惑，仍速就广州开会，努力进行，以竟大业。国家之幸，亦诸公之福也。急切陈词，言不暇择，幸乞垂鉴。孙洪伊。蒸。

　　　　　《孙洪伊反对国会移沪电》，《申报》1920 年 4 月 12 日

关于吴景濂在沪召集非常国会的谈话

（1920 年 4 月 13 日刊）

　　国会议员惧广西派之压迫，舍国会而去广东，是不啻自身破坏国会。予于广东国会动摇之际，即曾劝告吴等始终不要离开广东，惜当时已在吴等往香港后，未得达其目的。至今思之，犹为遗憾。如与吴氏等相会见，则仍拟劝其折还广东。

　　　　　《孙洪伊非常国会谈》，《顺天时报》1920 年 4 月 13 日

答《正报》记者①

（1920 年 4 月 23 日刊）

　　（先生主张国会回粤，其理由若何？）予之主张，前致议员诸君

---

　　①　报载，孙洪伊关于国会回粤的主张提出后，外界颇多注意，是以《正报》记者往谒，询其究竟。括号内系记者提问。

之电,已大概言之。其根本理由,即广州为护法本据,法律上已成中华民国之首都,国会则护法基础所托,必无轻易弃其本据之理。现在粤中虽不幸发生内乱,然在岑、陆未以暴力驱逐国会以前,国会必不能先自拆散,非法解散命令未下,议员仍应照常开会也。

(闻先生极主张对粤用兵,又主国会回粤,两种办法有似自行冲突,且国会不去,军府名义犹在,又将何以用兵?)予以为国会自国会,用兵自用兵。岑、陆卖法卖友,罪状昭著,国人皆得而讨之。亦犹之乎督军团之乱,张勋拥兵虎踞京师,当时海内苟有仗义者,即可北向而兴问罪之师,岂曰国会所在地,遂投鼠忌器,而不能用兵乎?对岑、陆用兵为予之主张,予亦不讳,然事实究竟如何,尚难测定。以现状言之,岑、陆对唐似尚有所顾忌,未敢悍然决裂。万一岑、陆、唐调和,或仍成一牵掣之局,亦未可知。此固非吾人所愿,然岑、陆单独媾和之运动,亦可因此防止其进行,而一切回复原状,以待时机之转变,此亦国会不妨回粤之现实情形也。

(如事实上国会不能回粤,则又当如何?)不能回粤,则有移滇之一法,此予前电亦已言之。但移滇须有一先决问题,即唐蓂赓须有对粤用兵之决心也。予昨已电询唐之意见,尚未得复。盖唐如决计用兵,则岑、陆亦必非吾敌。各方军事情形,予知之较悉,此可不必详言。可为君告者,予知其必能战胜而已。国会移滇,是完全为一种军事计划,亦必不得已时之一种办法。与从前国会不容于北京,乃移至广州开会以兴师护法者,同一旨趣,并非弃粤而仅偷安于一隅。如既不能回粤,又不决计移滇,徒延留沪上,借和会之牺牲,是则予所极反对者也。

(先生主国会回粤,将与政学会联合,有是事否?)此外间推测之词,予主回粤,仅在保持国会之本据而已。予之主义,与政学会如冰炭之不同炉,安有调和之馀地?目下政学会因国会去粤,失其依据,希图招揽议员,以支撑台面,事诚有之。然予有予之根本目的,不能因彼之手段、形式偶与予之主张类似,遂避嫌而故示异同;且予主国会回粤之真意,乃在与岑、陆奋斗,安有与彼接近之机会耶?

(国会回粤或移滇,既承解析明了,又近日所传北方八省同盟,与先生关系如何?)八省同盟中多予之亲友,私人一方面不能谓无关系,但其所主张者亦与予不同。予主并倒徐、段,而彼仅拥徐倒段;予主国会完全行使职权,彼乃主新旧两消,且同一造成官僚武人政治,尤非予之所乐闻也。今之政治家日以依附联络为事,殊可太息。予不能禁人之不为,予自行吾素志,人亦不能强我耳!

总之,予认定今之时局,尚大可为。予惟贯彻予护法救国之初衷,苟有能重张旗鼓,努力进行者,任何办法,皆可赞成。若借以为求和之一种手段,则亦任何办法,皆予所极端反对者也。

《孙伯兰答〈正报〉记者》,《革命文献》第 51 辑,第 268 页至 270 页

致川中各军电
(1920 年 5 月 15 日)

川军总司令第五师吕汉群师长,川军副司令第二师刘辅成师长、第三师向师长、第四师刘禹九师长、第六师石师长、第七师颜师长、第八师陈福五师长、援鄂军黄复生总司令、卢锡清〔卿〕副司令均鉴:前电计达。三省同盟告成,熊君辞职,国人方幸知其克知进退,川事不日解决,大局可有发展。乃近得重庆电,颇又有散布地

域之说,荧惑观听,此等阴谋诡计,固不足以欺诸君。

方今山东问题正急,军事协定不废,日本与俄构兵,意在吞并满蒙,包围中国。北方已陷绝地,非推倒北政府,种种亡国条约,既无术解脱,其他内治,更无可言。为今之计,惟有合西南各省,以创造新国家之精神,另建政府,兵事民政,同时并举。根本既固,进而北定中原,收拾全局,中国庶有挽救之望。

巴蜀扼南北要冲,汉、晋尝用之以平一海宇,果能固结滇、黔,廓清两粤,天下事固大可为。夫同盟契约,本为出兵计耳。总司令之职,乃为共同作战、居中调度而设。至地方各政,则川人治川,自无疑议。界划本极分明,并泯内嫌,共图外竞,其与聚主客十万大军坐食一地者,利害尤有能辨之。且今之倡言地域主义者,固日交通北敌,为虎作伥,此岂真能爱川者!

总之,非团结西南,不能救国,非振理川局,不能提挈西南。故愿熊君毋忘袁世凯,诸君毋忘陈宧〔宦〕、吴光新。需者,事之贼也。本原定之计画,斥畛域之谬论,锦帆一人去职,于全川何与? 而以一人之故,阻挠大计,坐令国家危亡,川人实同蒙其祸。时机迫切,稍纵即逝,最后努力,责在贤者。孙洪伊叩。咸。

《孙洪伊再致川中各军电》,上海《民国日报》1920 年 5 月 16 日

复川军总、副司令电

(1920 年 5 月 25 日)

遂宁吕总司令、刘副司令鉴:篠电诵悉。尊从众望,出任巨艰,洁志毅行,曷胜钦慰。慨自西南为和局所误,纵敌失机,坐令六军

不发,徒苦吾民,不独国危无能挽救,各省亦同蒙其害。蜀本天府之国,年来十数万大军,坐食一省,画地分守,兵民两困,隐伏危机。今幸天心悔祸,得诸君主持至计,振刷一新,救国救川,此为嚆矢。将来分道出征之日,各军驻区藉可消融,兵事向外发展,地方亦减轻担负,所谓一举而数善具者也。方今北敌内讧,粤中多故,讨乱救亡,争此瞬息。尚望发皇朝气,弘厥远谋,揽辔澄清,伫立以待。谨复。孙洪伊。有。

《孙洪伊复川军总、副司令电》,上海《民国日报》1920 年 5 月 27 日,"公电"

致谭延闿、赵恒惕等电

(1920 年 6 月 5 日)

谭督军,赵总司令,前敌湘、滇各军、旅、团长暨全体军士公鉴:得湘电,连日击走北兵,收复衡、宝各地。湖南为此次义师发难之区,岳州之役,乘胜直取武汉,得据全国中枢,大局应早解决;不幸为主和派所误,弃险失机,坐令长、岳再陷,蹙地千里,我首义元勋刘公殉焉。遂乃一蹶不振,顿师于郴、永之间,兵民交困,郁抑不伸者,已两载于兹矣。今能发奋为雄,转败为功,岂独湘省之幸。乃北庭伪造舆论,谓我军破坏和平,试问中国现陷于何等地步? 和议何为而设? 为人民疾苦乎,则官僚武人之吮民膏血者,因此而地位加固,益热益深,更无昭苏之一日。为谋国家统一乎,则北庭久成日本外府,直接归属于北庭,间接归属于日本。贩国者举天下奉之邻敌,而无或非之;救国者夺回尺土,民而即以为罪。国可亡,民可死,独如公认分肥之和议必不可弃,苟犹有公理人心者,此而宁能成立！

年来西南最大之误点，即在昧于改革大义，专为一人一派之利益计，不为国家之存亡厉害计；战士方肝脑涂地于疆场之上，而侥幸者犹思从容高议于坛坫之间，以别求作用。今全国森林、路矿拍卖已尽，军事协定废止无期，谋我者借口进兵，北方已陷绝地，行见满蒙接踵三韩，山东夷于九县，非屏除尽绝卖国之徐、段，另建政府，则种种条约拘挛无由解脱，沦胥可翘足而待。当此之时，若有仗义枕戈救我国家者，皆国民之良友。欲求免于乱亡，必不再为虚伪之和平所惑，斥绝浮言，激厉士气，则国事庶尚可为也。最近川中同盟出师，约曰："有争私利者同击之。"斯举斯志，大可风世。惟望当仁不让，一德一心，感召忠义，则海内豪杰必有起而响应者。揽辔澄清，拭目以俟。孙洪伊。歌。

《孙洪伊对于湘事之意见》，长沙《大公报》1920 年 6 月 28 日

反对和议之通电[①]

（1920 年 6 月 9 日）

（上略）迩者，湘中军事发展，长沙收复有期；川、滇、黔三省同盟出师，亦正剑及屦及；孙、伍、唐李诸公则积极准备，以通款降北讨岑、陆。国人方幸大义可伸，国危可救，乃唐少川氏忽传与西南迭经正式拒绝之北代表王揖唐开始和议。（中略）[②]方今广州军府

---

① 此电或为伪造。

② 原文如此。

瓦解，孙、伍、唐三公以个人署名发表宣言，或应时势之必要，别有作用，不得而知。惟该宣言有军府移设未完备以前，一切事宜委托和议总代表等语，是唐氏一人之身为议和代表，又为军政府各项问题自议之而自取决之。唐本徐之腹心，其忠于北庭，较忠于为国为西南。寄大权于右祖者之手，而以护法救国大业及各省各军供其宰割，待苟和之局已成，盲从不可再战，不能进退，两俱失据。与其追悔于事后，何如防杜于幾先。务请我军从速宣布，国会移滇，未经改设，军府成立以前，不得有所谓总裁会议，只可认为唐少川以私人资格与北言和，护法各军无服从之义务。庶我忠勇将士数岁流血所得，中华民国百年托命之基，不至供一人之牺牲。临电不胜翘切之至。孙洪伊。佳。

《政学会破裂和议之罪恶史》，天津《大公报》1920 年 6 月 15 日

良心为标准

（1920 年 6 月 23 日刊）

近来有主和的，有主战的；有自己主和，偏反对他人主和的；有自己积极备战，偏反对他人作战的；有忽而主和，忽又主战的；有本来主战，忽又主和的。此就南北军阀官僚政客言，已闹得一榻〔塌〕糊涂，莫名其妙。至社会上讲学的，奔走的，鼓吹的，以及各界的各种行为，与此相类的，又不胜枚举。

各人所作的事，所讲的话，大概在一个期间内，或都能自圆其说。就是赞成何派，反对何人，也都能寻出一个可以作护符的大题目来。如所谓和平，所谓统一，所谓正义公理，未尝不持有故，言之

成理。然而口如此说,身是否照此做,心是否与口相应,便是绝大的一个疑问。可是外面虽大吹大擂,想欺饰他人的耳目,实际上总是瞒不过自己的良心。所以我希望凡在政治上、社会上作事的人(连我自己也在内),都问问自己的良心,究竟所作的,是否为良心所允许、所承认。倘有违反良心的,便应向自己良心起诉,这就是"自讼",这就是"毋自欺",这就是"慎独",这就是"不愧于屋漏"的功夫。

《良心为标准》,《兴华》1920 年 6 月 23 日第 17 卷第 24 期

促国民讨贼自决通电

(1920 年 7 月 21 日)

国会议员,各省省议会、工商学会、教育会,京、沪及各省学生联合会,各界联合会,全体国民及南北军人,各团体,各报馆公鉴:自北方大破裂发现,国内改造之机运益迫。洪伊文日通电,主张断弃一切倚赖,进谋国民自决。夫自决亦多途,而最要关键,则在全国舆论有彻底之觉悟,而能为独立之主张也。

盖在武力组织未废灭以前,理想之徒手革命,必难实现,仍不能不以军队为先驱。然能为善者军队,能为恶者亦军队,只视指挥此军队者为仅一二私人,抑为大多数国民耳。国民之指挥军队,非谓国民自进而为司令或指挥官,特在社会上一种之共同唱导力。盖兵士亦一人民,其视听感觉,皆与一般人息息相通,而为数又不及全国民千百分之一,一切取舍向背,自随大多数心理以为转移。

吾国建设之始,国人昧于民主真义,一时中央集权、强有力政

府诸说，嚣然于国中，日崇拜大力者以为中心。一大力者去，犹必更求一大力者以奉之。于是军队遂亦效忠于一人一家，以助纣为虐。人皆知军队之不良，而不知实国民大多数心理使然。自去年"五四"以后，国民运动，弥漫全国。排弃军阀，反抗卖国党之声，影响渐及军队。酝酿复酝酿，乃见今日之暴变。素讲服从之北洋军队，而有讨卖国贼之举。彼段家军亦复不愿助逆，前徒倒戈以北，以今日之北军与两年前之北军相比较，其进步不可谓不速。此岂军人之能自觉悟，实出于国民一年以来之共同唱导力，亦即一年以来国民心理之缩影也。

徐、段同为卖国，而直军讨段不讨徐。其传檄中，且假君主时代勤王清君侧等之不褒名词，以资号召。此亦国人有此不彻底之舆论，乃有此不彻底之事实，犹是国民心理造成之也。年来舆论，或迫胁于淫威之下，而不能尽其辞；或颠倒于金钱魔力之中，而曲为之说。既严于段氏而宽于徐氏，甚或只罪于段氏之党徒，并对段不敢明言，对徐更视为尊严，而不敢侵犯矣。

曩者民心向袁，中国大乱者数年。及民心去而袁散，民心向段，中国大乱者亦数年。及民心去而段败，今徐世昌罪状业已昭著无遗，我国民犹复姑息养奸，必待其再乱我中国若干年，然后焦头烂额以去之耶？国人日叹息痛恨于武人政治，而汲汲裁兵。夫兵多固非国家之利，然所谓武人政治者，实成于一二大首领。由大首领统合分首领成一连锁，而其患固不尽在于兵。民国成立，使不有袁世凯、冯国璋、段祺瑞、徐世昌诸人，必无所谓武人政治。故大首领在，兵必不能裁；即今日裁之，明日犹可复募。大首领去，则军队皆一变而为国民之军队，而军阀之局破矣。最近俄国波尔色维克政府十百万大军，东征西讨，受驱策于同一主义之下，其所用者，亦以旧时将士为多。德意志革命,反戈以驱逐其军阀政府者,固犹是威廉第二所豢养之军队也。此皆国民能指挥军队之极好例证。

惟望我全国国民,从此大彻大悟,认定徐世昌、段祺瑞同为卖国贼首,同为武人政治之源泉,民主政治之障害,一致声讨,不为畸轻畸重于其间。更认定吾民势力伟大,实有指挥军队之全能。凡各团体及新闻记者,务为独立之主张,以求根本之解决,乃可以免除武力迭嬗之局。而国民自决之空言,亦得见诸实际矣。孙洪伊。马。

《孙洪伊对于时局之主张》,《时事新报》1920 年 7 月 23 日

复谭延闿实行民治电

(1920 年 8 月 12 日)

长沙谭总司令鉴:读祃电,痛论吾国祸乱根源及民治真谛,批却导窍,发国人所未发。并决定实建民选地方政府,为天下倡。吾人历年理想之分权制,至是乃见施行,不禁为民国前途距跃三百。

夫各国宪制,类多先有事实,而后成为法条,乃能信行无阻。美十三州之自治,行之一二百年,然后合众国宪法乃立。吾国辛亥改造,分权之论,同时发生。只以地方根基未植,主唱者欲以空文之法律,造成新事实。反对者则以现有之旧事实,抵抗法律。辗转相持,驯至国会迭遭解散,国中屡启兵端。质言之,即一地方分权之争而已。今由我公倡始,以宪法会议讨论之地方制度,参合试行,深合各国先例。虽立制如何尽善,犹为将来讨议之问题,然民主国家,国本在民,必由人民组织地方政府,施行地方政治,此实颠

扑不破之至论,弭乱致治之嘉谟。

吾国向溺于一人,定国之□说。举广土众民,全托命于虚悬无薄之中央。不特地方不能自由发展,即国家亦日陷于漂摇不定。年来吾人所以反抗袁世凯者在此,所以反抗段祺瑞、徐世昌者亦在此。今徐世昌犹窃据政府,假议和统一为名,冀续袁氏囊括四海之残梦。全国土地人民,犹日在官僚武人宰割分配之中。彼方挟建瓴之势,以操制海内。根本不能廓清,枝叶无由滋长。抱民治主义者,惟有发皇我正义的武力,作推行主义之先导。铲彼莠苗,布兹嘉种,此责固非异人任也。

抑洪伊犹有进者。省自治固为当务之急,然省为地方最高区域,去人民犹远。真正所谓地方,则在县与乡村。而乡村之上,比较与人民接近者,厥惟县。美国地方发达,全由州及各县政府,均以民选组织,而一切民政之实施,犹在县以下焉。我公既抱彻底改革之决心,并望速废去县知事任命之弊利,使各县人民自行组织县政府,与省政府同树全国楷模。庶吾国地方自治主义,乃可一以贯之,而不馀缺憾耳。一得之愚,并希采择。孙洪伊。文。

《孙洪伊复谭延闿实行民治电》,《申报》1920 年 8 月 13 日

复陈炯明电

(1920 年 9 月 6 日)

汕头陈总司令鉴:捷电诵悉。我公率百战之士,为粤人争自由与生存,以顺讨逆,彼曲我直,胜负之数,宁待著龟。夫共和国家基础,在于地方自治。地方者,人民生活之本据,必由各地方人民,自

组织政府，自施行政治。除国防军外，并各编练民兵自卫，乃合于自治之真义。自袁世凯欲以一人统治全国，袭满清驻防政策，以家兵家将分布海内，八年以来，不见有各省，不见有人民，惟见有北洋军队。同处尧封禹甸之中，如入印度、高丽之境。吾民未至亡国，而先已亡省。

今桂系之于粤，则又北洋大驻防政策中之小驻防政策也。湘人既合力驱走张敬尧，而公亦以粤人自救之义，举兵以逐此公敌，此实地方自治之动机，亦即驻防政策之末运。苟为粤人，必当助公以成此大功。苟为中国人，亦必冀公之战胜，使此粤人治粤之大义，得以风动于各省。语曰："多助之至，天下顺之。"洪伊观听下风，罔知大计，惟祝我公驱除此袭用小驻防政策之陆荣廷，以争回粤人之自治权。并祝我全国人，进而驱除袭用大驻防政策之徐世昌，以争回各省及各县之自治权。然后彼日以瓜分地盘，宰割人民为事之武人官僚，无所肆其爪牙。而我护法救国之大目的，乃能真正贯彻而无遗憾，中国庶其有豸。孙洪伊。麻。

《孙洪伊复陈炯明电》，《申报》1920 年 9 月 7 日

致刘显世电

（1920 年 9 月 7 日）

贵阳刘联军副司令鉴：得滇讯，国会开总裁选举会，公依法当选总裁，不禁距跃三百，为军府得人庆。自广州事变发生，军府中断者已数月矣。幸川局底平，改建重庆之议遂定。迩者北方政局，依然为徐、靳诸卖国贼所盘踞，救国出师，刻不容缓。若非中枢早

日成立,何以维系人心,号召忠义？此正拯溺救焚之日,非守珍怀宝之时。执事西南柱石,护法干城,举动系天下安危。尚望黜子臧之小节,弘伊尹之大任,勉抑高情,共肩艰巨。前者我公严拒粤中伪选,具征见义之审。今此毅然就职,益足以明正伪之辨,得去就之正。从此群贤荟萃,弘济艰难,竟护法讨贼大业,与天下更始,我国家实利赖之。孙洪伊。阳。

《孙伯兰致刘副司令电》,上海《民国日报》1920 年 9 月 8 日

致曹锟、张作霖、李纯电
（1920 年 9 月 22 日刊）

徐助袁缔结"二十一条",及高徐、顺济、满蒙五铁道之契约,又常隐在里面,障碍和议,故徐实民国之贼,和议之障碍物。前下段派罪魁之通缉令,又难保何日不及于公等之身。公等其早自觉悟,不事私争,以努力于国家之统一为要。

《孙伯兰痛骂徐总统》,《顺天时报》1920 年 9 月 22 日

关于时局的谈话
（1920 年 10 月 7 日刊）

华北饥馑,为近来稀有之奇灾。地域广阔,灾民众多,其数达数千万人。元来此次饥馑,自去年八月秋作后,其兆候即已历然可见。如当局果有爱护人民之诚意,则于三四月间即已着手救济。

时至今日,始言修筑道路,移民他省,以讲灾民救济等方法,其时期已嫌太晚。又救济金纵能集得数千万元,然分配于灾民,一名不过能得一元,此不可以谓能举救济之实效。要之,当局宜排去姑息之手段,诚心诚意,彻底的讲求救济之方法,而从实际的着手救助。面包问题为国民精神所由歧,此问题不能解决,则国家之不安,终恐不能离去。

广东局面仍然混沌,果如何以告解决,尚难预言。魏邦平、李福林等起事之初,不乘人心动摇之机,直击广东政府,斯为一大失策。今莫荣新渐次由战线召回其军队,广东派欲即倒莫,恐非容易。

又,俄国公使、领事资格之取消,乃为当然之处置,但公使、领事等因此陷于困难之地位,实堪同情。

《孙洪伊氏时局谈》,《顺天时报》1920 年 10 月 7 日

为陈谟等介绍医术^①

(1920 年 10 月 10 日刊)

上海海宁医院陈谟君,及其令弟虞光君,前留学东京医科大学,卒业后再事研究有年。六年前返国,设海宁医院,现增设分院两所。所有求治,立奏奇功。仆等家人就诊,均获安痊。感激之馀,用为介绍。介绍人伍廷芳、陈炯明、郑星洲、李缉云、周锡三、翟汪、黄宇平、陈澧明、郭渔舟、谭海秋、岑春暄〔煊〕、林森、陈公哲、严

---

① 此通告为多人联合发起。孙洪伊为联名人之一。

春生、邓雨农、罗泮辉、胡敦复、张书元、徐景明、郭若雨、唐绍仪、王
揖唐、郑定滋、王宠惠、邓瑞人、徐峙崧、程祖彝、张润之、夏之时、黄
焕南、温宗尧、吴景濂、张少庭、汤节之、王拔如、石伯元、潘澄波、冯
少山、欧阳振声、刘锡基、孙洪伊、郑陶斋、郭端臣、吴冕伯、李述鹰
〔膺〕、霍守华、彭程万、陆孟飞、胡耀庭、黄少岩、汪精卫、张继、何君
幹、卢炜昌、谢昭、梁定庵、温世霖、吴尚鹰、黄伯平、张少棠。

《上海海宁医院》,《申报》1920 年 10 月 10 日,第 10 版

关于李纯死后政局的谈话①

（1920 年 10 月 14 日刊）

　　李纯虽知其病,然不料其如此速死。彼与予固属旧交,曾屡次
共其政治之行动。如彼者自今当盛行活动,一旦云亡,殊为国家之
不幸。彼之死,于大局当有极大影响。昨今彼之政治的势力,虽不
如昔,然为北京和议代表,世间或以彼之死谓有影响和议。究之和
议,停顿已久,即无彼亦无多少差异。只关于今后江苏督军问题,
或至惹起野心家之竞争,而发生意外之波澜。

　　（记者乃问以吴佩孚如何?）吴氏固无论可算候补之一人,但吴
氏为徐总统所遮蔽,恐无成功之希望。

《孙洪伊论李纯死后之政局》,《顺天时报》1920 年 10 月 14 日

---

　　①　报载,记者持登载李纯逝世的报纸往访孙洪伊,探询意见。括号内系记者提
问。

致陈炯明电

（1920 年 11 月 1 日）

　　广州陈总司令鉴：公自漳州扶义而西，转战潮、汕，进克广、惠，不百日而使岭云海水重复清明，顺逆存亡之理，益信而有征矣。中国历年之乱，全由于满洲遗传之驻防政策。使人民憔悴呻吟于强暴武力之下者，不必皆异省人也。即如今之广西，乃陆荣廷之广西，非广西人之广西。广西人之痛苦陆荣廷而欲去之以为快者，亦犹之乎广东也。迩者废督自治运动弥漫全国，日与官僚武人争持不下而不能遽达目的者，只以国内尚鲜正谊有勇之军队为之先驱耳。我公夙抱饥溺弘愿，必不忍坐视邻省同胞，陷于水深火热而不一援手。尚请推粤人治粤之义，急起以为天下倡，即以百战粤军为扶携民治之十字军，乘胜移师西讨，肃清遗孽，将广西全省由山贼绿林之手，挈而还之广西人。则风声所树，云霓响应，各省之人将必有刑秦长吏以争迎我义师者，此国家无疆之福也。请馨香顶礼以俟之。孙洪伊。东。

《孙伯兰请粤军援桂电》，上海《民国日报》1920 年 11 月 16 日

关于时局的谈话

（1920 年 11 月 2 日刊）

　　广东军之占领广东，洵为一大成功，南方形势因此当更加开

展,西南护法派当更加有利。当此之际,北京政府竟公布南北统一,召集新国会之命令,乃一种老狯手段,欲藉此以欺外人之耳目而已。故今后我国之形势将益趋混沌,愈将多事耳。

广东局面究应如何收拾乎?现在广西派虽已失败,然将来或出如何之态度,固亦不可不预为逆料。但据余所信,当可顺适进行收拾,而孙逸仙、唐绍仪氏等再移军政府于广东之主张,虽尚未具体的决定,然似有准备。至国会之重还粤垣,亦可想像。据余观察,现在当有何协议焉。

北京政府所谓召集新国会,不过假召集之名义而已,至召集之时,又须一年,而他种事变又当出现,其不为一纸空文则幸耳。要之,南北统一,非云、贵、广东派与北方真正疏通意思,则终属难能。然据余所见,二年以内,我国之革新与统一当可得端绪。试征诸事实,则当知余言之非谬也。

《孙洪伊氏时局谈》,《顺天时报》1920 年 11 月 2 日

辟徐、靳伪统一通电

(1920 年 11 月 4 日)

国会议员,云南唐总裁,贵阳刘总裁、王电轮总司令并转李协和部长,长沙谭总司令、赵总指挥、章太炎先生、张溥泉先生,广州陈总司令、汤海军总长暨西南各省各军司令及各师旅团长,北方各省当局,各省省议会,农工商学会、教育会,京、沪及各省学生联合会,各界联合会暨各团体,各报馆转全体国民公鉴:

乃者北方发布伪统一令,根据岑、陆等一投降空电。夫岑春煊

败逃之馀,陆荣廷破溃之馀,(中略)[①]军府久经瓦解,更有何资格代表西南? 自存且无馀地,更有何势力取消自主? 至徐世昌、靳云鹏以非法之身,袭尸居之气,一斗大之北京城,犹听人穿鼻而不能统,而曰统一全国,此比之孙皓之青盖入洛,金亮之立马吴山,诞妄犹有过之。欺罔国民,腾笑友邦,其举动岂复似一政府之所为?

顾徐、靳所以贸然出此下策者,其目的亦自有在。盖北庭以卖国度日,自各国宣言中国不统一决不投资,遂成枯井之鱼,岌岌不可终日。故南北和议,早以三万万地丁作抵之善后大借款为要约,欲图此悬案复活,不得不有所假藉以为名。谓统一对外,实则促大破产以速亡。谓统一息民,实则民何能息,反更加重负担,万劫不复矣。且夫统一美名也,顾有国民的统一,有个人的统一,个人的统一源于过去之正统思想。一部《廿四史》,无论权奸、盗贼、夷狄,但力能削平海内,即以正统归之。袁世凯、段祺瑞、徐世昌即承袭此思想,欲以一人一派囊括四海以自误者。似此统一,即果实现,于国家、国民何与,况其为虚伪诈骗者耶?

国民的统一者,则同一种族、历史、语言、文字、风俗、习惯之国民,自能由感情利害之结合而成一国家。如十九世纪上半期之自由统一运动,及最近之民族自决主义,无非是物。我为数千年统一之国民,战国、楚、汉、三国、南北朝五季所不能分,五胡、辽、金、蒙古曼珠所不能破,今国为民主,既非争帝争王之局,更无分崩离析可言。暂时形式上不统一不足虑,惟有暂时之不统一,乃能成将来之大统一。美国离英独立后,各州分治十三年,而合众国宪法乃定,真正合众国政府乃立。此吾国极好之先例也。

---

① 原文如此。

维望我全国国民,一致否认徐世昌、靳云鹏之伪统一,宣告中外,杜绝其托名善后之亡国大借款,并晓然徐、靳汲汲造成伪统一,欲借分配地盘,延长武人政治生命,实真正统一之大障碍,群起驱逐北京伪政府并驻防制之各省督军及兵队,收回各地方之自治权,然后再由小组织合成大组织,以成我中华民国万世不拔之基。西南诸公,自知对于国家及国民所负之责任至重,坚持讨□救国初旨,重整义旅,本目前各省人民废督自治之心理,以兵力推行主义,为天下倡,不使数年血战所得之一片干净土,被徐、靳一纸伪令席卷以去。大局前途,实利赖之。孙洪伊。支。

《孙洪伊辟徐、靳伪统一》,上海《民国日报》1920 年 11 月 7 日

复孙中山、唐绍仪函[①]

(1920 年 11 月 26 日刊)

诸君始终护法,无任钦佩。组阁一节,若将王揖唐、徐树铮加入总裁,则予不愿与之为伍。如留王、徐,则请拒余;余若加入,请黜王、徐。

《孙、唐邀孙洪伊入阁》,长沙《大公报》1920 年 11 月 26 日

---

①　报道称,北京政府接沪探第六次报告,云孙中山、唐绍仪等决定组织政府,欲邀孙洪伊入阁。此为孙氏复函。报道并谓:孙中山等接函后,于是月 19 日午后开会讨论,以唐绍仪"与王揖唐关系太深,无法分离,惟有将孙洪伊勾去"。此函真假难辨,录之聊备一格。

关于总统制度之主张

（1920 年 12 月 5 日刊）

予与孙文提携说，诚为事实，予日内当赴广东视察。外间传有推段祺瑞为政务总裁之说，此绝非事实。据予之观测，军政府采用总统制度，似较总裁制度尤为适切。予大体主张总统制，至总统候补者，当为孙文。又外间有余在军政府得一地位之说，据［据］现在，殊为不然。要之，非俟行抵广东后颇难决定。

至关于广西问题，不可不极力推倒陆荣廷。盖陆某如果任其放弃，则伊将利用北方以作广东之障碍。现军政府亦正准备于此。

《孙洪伊总统制度之主张》，《顺天时报》1920 年 12 月 5 日

附：同题异文之一

予与孙文提携说，诚为事实。予日内当赴广东视察。据予观测，军政府采用总统制，似较总裁制，大为适切。予大体主张总统制，至总统候补者为孙文。又外间有余在军政得一地位之说，据现在殊为不然。要之，非俟行抵广东后，颇难决定。

《孙洪伊忽倡总统制》，《晨报》1920 年 12 月 5 日

同题异文之二

余与孙文互相提携之说,固属事实,现为调查实情,须赴广东。外间传说,推举段祺瑞为政务总裁,全无根据。余个人观察,军政府与其用总裁制度,不如采总统制度,而总统候补者则当属孙文。又余位置于军府之说,现在亦无其事,非俟抵粤之后,断难决定。关于广西方面,归根彻底,非推倒陆荣廷不可;如仍置陆氏于此,北方将利用之,而为广东之障碍。现军府正在预备计画。

《广东军府之各面观》,长沙《大公报》1920 年 12 月 8 日

致各友邦书①

(1920 年 12 月 10 日刊)

各友邦对于中国饥馑,不分畛域,热诚救助,实深感谢。盖中华民国九年以来,名为民国,而官僚武人在政府内部垄断跋扈,苟且偷安,毫不顾念同胞之生命财产,此次之饥馑为最显著之证迹。徐世昌藉口救济,欲起借外债,此等借款终恐饱官僚武人之私囊。要之,为解决饥馑问题,固无借款之必要,尤无依赖之必要,而救济饥馑惟一之途,为推倒官僚武人之政府,将彼等

① 此函初刊于日人所办报纸。

积蓄之私财还诸国民。关此,望我国民奋起努力,我亲善之友邦,鉴及徐世昌及其政府无代表国民之资格,速与北京政府断绝借款关系,宜直接捐助,依我国民及树立之革命民意政府,救我濒死之同胞。

《孙洪伊反对振济借款》,天津《益世报》1920 年 12 月 10 日

主张攻鄂的谈话

(1920 年 12 月 23 日刊)

民党此次既得广东之确固地盘,此际宜出以积极的态度,不仅讨伐广西,且进而讨湖北,以恢复长江一带。予此次来粤,盖即为此目的。

《孙洪伊主张攻鄂》,《顺天时报》1920 年 12 月 23 日

附:同题异文

民党既得粤为根据,宜取积极的行动,不仅出征桂、赣,并宜进兵湖北,征服长江一带。且北方军界表同情于西南者不少。故军政府进湖北,不必废许大力量,亦可成功。

《孙洪伊主张进兵湖北》,《民意日报》1920 年 12 月 27 日

主张改设委员政府之通电

（1920 年①）

国会议员，各省省议会、工商学会、教育会，京、沪及各省学生联合会，全体国民及南北军人，各团体，各报馆公鉴：国民自决之大梗，既在于总统一问题，洪伊两年以前即谓，中国非至任何人皆可为总统，国家必不能安定，否则惟有将现制打破，改设合议委员政府。

盖民主国政府之组织，本有两种：一为单独制，如法、美诸国之行政首长政府是也；一为合议制，如瑞士之七委员政府是也。总统之设，肇于美国，自历史上言之，本系模效英国之王制而来。惟瑞士之制，则合于共和本义。吾国总统之祸，蔓延九年，已穷而无所复，入〔如〕改为和议委员制，约有数利存焉：

一、可破一人政治之迷信。中国本君制古国，国人仍视总统为皇帝，受之者俨以汉高、唐太自居，奉之者视如受箓膺图之重。所谓总统非某某不可者，完全一皇帝思想。一旦变为复数，则定于一尊之局破，而帝制复辟之顽梦，亦可连带打消。此其利一。

一、可弭争夺总统之祸。年来袁世凯之乱，徐世昌之乱，冯国璋之乱，段祺瑞之乱，质言之，皆一争总统而已。此后海内岂无健者，断而去之，使之权分而位不贵，庶不至见可欲必争。此其利二。

---

① 本通电时间为 14 日，具体月份不详。

一、可求国内各派之调和。党派争取政权，此为现行政制所必不可避。美国总统之选举，幸有两大政党交递之习惯耳。而墨西哥行之，即大乱不止。吾国将来必难发生大党，政权偏于狭小以一方，其他各方利害之冲突必多。惟改成合议政府，实质上等于法之联立内阁，惟省去赘旒之总统，而一党专制之弊，亦可以少减。此其利三。

一、可救内阁制之弊。行政首长之下，设内阁代负责任，此本英国国王无责任之不得已办法。共和国总统既由民选，又无所谓不可犯之尊严，乃必另设一内阁，为之负责，名实不副，理论上殊不可通。如法之木偶总统，立制既嫌无谓；如美之独裁总统，他国又难效行。惟设委员政府，委员长行总理职权，有内阁制之实，而无头上安头之弊。即年来经验之府院之争，亦可因以涤除。此其利四。

一、可收处事审密之效。怀疑于委员制者，或以处事不统一不敏捷为言，此犹完全为专制观念。各国凡有大政策大兴革，类多集思广益，穷年累月，而后见之实行。即普通政务，除军事赴机外，亦未有必须一决断者。今日进步政治，即在不务快刀斩麻之苟效，而深以武断苟简为大忌。即设总统而行内阁制，处事仍系合议，亦非总统一人所能独断。委员制亦合议也，合议之结果意思，仍是一个，并无妨于统一，而鲁莽灭裂之弊，可以灭除。此其利五。

虽然，今犹有发生疑问，即谓委员制只可行于蕞尔小国，如瑞士者，而大国似不易可行。吾谓此言，适得其反。盖今世之共和国，其幅员小者，或行中央集权，如法国是；幅员大者，必行地方分权，如美国是。吾为大国，则必采美制，而不能采法制也无疑。夫权分矣，则所谓政府者，固不因国大国小而殊异。瑞士之行委员制，亦偶然之事实耳。非因其国小，而始为此歧形也。吾国如采委员制，固非仅限于中央，将亦效瑞士合地方各级而为一贯之组织。省有省委员政府，县有县委员政府，以次及于乡村，而皆以民选建置。其政务之分配，则最大者归于中央，次者归于省，次者归于县，又次者归于乡村，而皆以合议施行，如登塔然，高益尖焉。事以分而易举，由县村拾级而上，则所谓中央之政务，不过外交、军事，荦荦数大端，安见一委员政府，不能处理者。

总之，国人喜拘于现状，不肯破弃，至情见势绌，则又委之无可如何。夫任何法制，皆足以为治，惟以一时事实上之需要为准。今单独之总统制度既穷，即无他国先例，亦不妨自我作古。况明明有瑞士之合议政府，可以仿行。语曰："琴瑟不调，必改弦而更张之。"此不特救一时之弊，抑亦万世之利也。惟我自决之国民，审度而施行之。孙洪伊。寒。

《孙洪伊主张改设委员政府电》，《湖南自治运动史》上编，第 107 页至 109 页

震坛报社祝词

（1920 年）

檀箕神明，粤建朝鲜。裔胄廿兆，绵历四千。胡今不振，亡也忽然。伤哉伤哉，念念心酸。论我种族，如英与美。论我政治，如鲁与卫。英美何强，鲁卫何惫？金曰自决，民族乃伟。波兰已起，塞比复兴。其则不远，其效可征。壤地相接，唇齿焉依。兴灭继绝，责任在兹。惟韩有人，独立搴旗。血肉相搏，肝脑涂

之。孰主张是，孰主张是。楚虽三户，亡秦必矣。壮哉贵报，涣汗大号。还我河山，率我英豪。汉水泱泱，南山巍巍。国魂在是，其兴也哉！

《震坛报社祝词》,《震坛周报》1920 年第 1 期

致吴佩孚电

（1921 年 8 月 27 日刊）

子玉仁兄将军左右：邦家多难，尽瘁驰驱，西望汉江，曷胜恻恻。曩者衡、岳旋师，涿〔逐〕鹿奏凯，仆固尝从当世贤豪之后，为执事之助。今兹之役，何为而战，仆实有大惑不解数端，揆诸公私之义，未能默尔而息，用敢直率陈词，愿执事有以祛其惑焉。

徐世昌者，亡清之罪臣，民国之祸首。执事标和帜于衡南之际，侃侃有所论列，中外望之如神者，期有以副其实也。中道乖违，议者纷纷，顾犹对于执事原心而略迹也。鄂事既作，执事之夙衷宜可以大白矣，而乃为徐氏残民以逞。执事熟读《春秋》者，《春秋》严正名定分之义，执事乃附于助奸长凶之列，将何以自释于天下后世？此仆之所不解者一也。

执事不尝主张国民大会乎？国民大会者，本民治之精神，而自治又民治之基础也。湘军援鄂，以翼护自治为名，彼其实之是否能副，须证诸将来，非今日反对之一方所可武断。而执事乃以与自治名义根本冲突之北庭督军、巡阅，敌湘、鄂之自治军，国民大会之谓何，岂不自相矛盾耶？是非真伪，难逃国民之耳目。有志无时，世固无责，时至自背初志，国人之同情亡矣。同情亡，虽拔山盖世之

雄,倒行逆施,何以自立? 于今追昔,胡帝胡天,此仆之所不解者二也。

执事征车伊始,有言将步袁氏辛亥故辙者。袁氏本属奸雄,执事岂肯尤而效之? 藉曰乱世,不得已而用权,然亦须具悬崖勒马之势,勿贻胶柱鼓瑟之讥。顾以执事所行观之,有愈趋愈远者。决堤灌敌,民怨沸腾,数年来养之不足之令名,一旦随横流泛滥以俱尽,肆意而行,止境安在? 此仆之所不解者三也。

斯三者而有以解之,今已不免有即逝之叹;斯三者而终无以解之,则是为王占元留去后之思,段祺瑞雪枋头之耻,张作霖擅田父之功而已。纵令挥兵长岳,所向无前,然预计将来,不知执事何以善其后也。语云:良药苦口,忠言逆耳。区区之愚,愿执事三思,无贻后悔,致为厚者所痛而为仇者所快也。专此,并颂戎祺,伏悉亮鉴。弟孙洪伊谨启。

致赵恒惕等电

(1921 年 8 月 27 日刊)

此次兴师讨贼,旬日之间,连克名城,驱除罪魁,义声所播,遐迩欢腾。湘军标功民国,当以斯役为最。诸将士溽暑鏖兵,勇敢辛劳,尤堪钦佩。惟念数载祸变,毒遍海内,祸首一日不去,则民国一日不安,所望以正名定罪之师,为拨本塞源之举,勿以局部而安,勿以小挫而阻,庶报国大业垂之不朽。诸公匡济艰难,具存宏愿,必能廓清沉晦,奠定国家。特电奉贺,无任神驰。孙洪伊叩。印。

《孙洪伊颂扬湘军》，天津《益世报》1921 年 8 月 27 日

《四民报》祝词

（1921 年 10 月 1 日刊）

民情如水，百姓为天。遏襄挈敛，乱是用燀。乃有桀者，曰唯汝听。採及歌谣，无使径庭。抑此虚文，蚩蚩何有。变本加厉，防民之口。物极则返，民气日昌。发皇鼓舞，蹈乎大方。宣泄之机，时为报纸。合我四民，以定国是。孙洪伊谨祝。

《祝词》，《四民报》1921 年 10 月 1 日

关于时局的谈话

（1921 年 10 月 6 日刊）

中国时局，其形势仍然混沌。殊湖北方面，吴佩孚战争虽胜，而名誉已扫地，反对者颇不鲜。既有暗中飞跃者，则于二三月后又生混乱状态，亦可未知。吴佩孚结局归于失败，时局决不能照现状以解决之。无论公民大会纵行召集，亦属难于成功。予固以由彻底的战争，以谋解决者为第一，但亦难以断言。孙文等亦以决行北伐为适应机宜之策。如南方实行北伐，可出十五万兵，即军费亦非甚属困难。予因现下之实状观之，固信孙氏必出于此举。

又关于太平洋会议,南方对于北方当代表中国之任,坚决反对。无论如何,决议如为北方代表所为者,决不与以承认。日本对华政策,希望于今稍虑及实际的利害,彻底的以求改正实行。如不与以实行,则"二十一条"等于废弃,并无何等功能。

《孙洪伊之时局谈》,《京报》1921 年 10 月 6 日

为中国存亡大问题警告国人书

（1921 年 12 月 26 日）

吾国因有北京卖国政府,乃有"二十一条"及一切关于山东问题之卖国条约。当欧战终结,巴黎和会开始之初,不佞即叮咛反复,强聒于国人之前,谓卖国政府不去,外交决无挽救。维时国内息争,对外之论正盛,或以余言为过甚而忽之。卒也,巴黎外交果遂失败,以国内外人民抵死力争,仅得不签字之结果。而卖国政府之盘据,日复一日,外祸亦日深一日。迟之又久,而太平洋会议开于美京华盛顿府,国人又以前所冀望于巴黎和会者,冀望于华府会议。

华府会议者,由美国唱始。其动机则为避弭日美两国冲突,以求免将来战争而起。日美冲突之根株,大部分在于中国。故此会议之背景,质言之,则一解决中国问题之会议而已。故其结果,日美同盟解散,代之以四国协定。原来日英同盟条约之内容,系分两部。一为维持两国在华之地位,一为确保两国在东方殖民之地位。今以四国协定规定后者,而以前者让于根据罗特四原则所订之中国保全协定。此两协定合之,完全为日英同盟

之继承者。从前日本对于中国之种种掠夺,犹有美国从旁仗义执言,今则美国已加入此掠夺团体,而中国实际上已为四国协定下之共同保护国矣。

观于所谓中国保全协定,开宗明义,即曰承认中国之主权独立,与领土及行政权之完全云云。此等措词,皆从来列强所施于其保护国者。独立国家之主权、领土等,岂容发生问题,使以此移而加于英、美、日本等任何一国,岂有不哗然以为大侮辱而骇愤失措者?自美国有中国门户开放,领土保全之唱导,国人一闻保全中国之议,若有不胜欢迎感谢者,而不知即为保护国之待遇。现近该协定又追加一第五项,明定中国将来不得与本缔约国中之一国或数国或第三国,缔结有违本协定之条约,是并中国之外交自主权亦剥夺净尽,而完全夷为保护国矣。故中国而有正式贤明政府,对于此种会议被邀请而加入,惟有据理力争,争之不得,亦惟有退出会议而已。

国人未深考华府会议之性质,而骎骎焉误认为一最高法庭,以为能加入,则可得最后之平反;不加入,则将受缺席之判决。故明知北京政府不能代表国民折冲樽俎,而犹妄欲藉其伪窃之名义,派遣代表出席,以慰无聊之极思。有难之者则曰,彼犹为列国所承认之政府,国际体面所关,不得不因而认之耳。中国人犹因袭古代虚荣外交之观念,前清之外交家与外国结约,但见约文有"大清大皇帝陛下"字样,即以为国体不失。今借北京卖国政府名义,出席华府会议,以为光荣,而毫不问其利害,岂有异于彼所云耶?

吾人相信在军国主义未经铲除以前,凡所有国际会议,皆为强者处分弱者之会议,必无公理正谊之可以主张。然吾人又相信,无论如何强者处分弱者之会议,若不经被处分者之自承,必无从强之有效。即如俄国,各国欲联合而处分之久矣,然俄人独立不惧,卒使列强不敢正视。此次华府会议,俄亦太平洋关系之一国,然并未加入会议,俄人亦不以为可羞,各国亦无如之何。然则我国亦何必定有卖国政府代表,出席此被处分之会议,以代我国民自承耶?

吾人深思熟虑,以为我国民于此,应有两大抗议:一、抗议北京卖国政府,法律上、事实上皆不能代表中国;一、抗议四国协定及中国保全协定,国民绝对否认,北政府代表签字无效。至"二十一条"及一切山东问题,则惟有声明此为日本与北政府缔结之私约。我国民否认北政府,其缔结之私约,当然失效。至近日国人咸注意此等条约之提出,要知华府会议之本质既如彼,各国孰肯代我主张?即有主张,日本又岂易听许?推测其结果,幸而成为悬案,如巴黎和约之不签字;不幸则更为此等亡国条件,增加一重保障而已矣。

近世之国家,外交与内政,只为一物之两面。易词言之,则内政其形,外交其影;内政其骨干,外交其皮毛。未有形不正而影能端,骨干不立而皮毛能丰者。以顽败腐朽、甘心卖国之徐世昌政府,虽尽妙选现今东西各国之著名外交家,以为之外交官,其不能折冲御侮,犹如故也。弱国无外交,此语似是而实非。国何以弱,无良好之民意政府则弱,非尽兵不强马不大之谓。以顽败腐朽、甘心卖国之徐世昌政府,虽得拥有东西强国任何一国之海陆军,又安能折冲御侮邪?

凡国家之亡,皆系自亡,未有人亡之者。即近代强国,亦未有能横逞武力,一战以亡人国者,而惟必用条约以亡之。条约亡国之新法,即不问其国之民意如何,仅树置维护一不生不死之政府,使之结约签字,日割月削以自亡。朝鲜之已,事可睹已。向使当日本谋朝鲜之初,其国人自起,推倒其卖国政府以图强,朝鲜虽至今存可也。即使日本当时强以兵力,略而取之,亦只能为事实占领,而不能为条约取得,况国际上日本亦必不能冒此不韪邪。乃韩人当日知有外交,而不注意内政,日戴卖国政府以救亡,至今日已悔之无及。此为不能清内奸,整内政,而空言爱国,空言御外之大好前鉴。

我国既有"二十一条"等卖国条约为亡国根蒂,今又扩充为各国共同保护条约,由共同保护而共同管理,再进而共同处分,吾恐不出十年,即将索我于枯鱼之肆矣。然则吾国民之在今日,应急打断希望华府会议之迷梦,不怨英、美,亦并不怨日本,惟有求其在我而已。外人之亡我也以条约,我之病根,即在顽败腐朽、不能革新、专善签约卖国之徐世昌政府。我能将此亡国病根拔去,则一切卖国条约,胥失其据依,不废而自废。而民意政府成立,庶政蒸蒸日上,国内气象一变,世界各国皆当回易视听以待我,外交形势亦自随之一新。中国本负有可以自立自强之资格之国,苟有向上改进之国民,自不患无与列邦奉以周旋之日。不然,我不自强,而但日望他人之我助,岂可得哉,岂可得哉!

且吾人试瞑目一思,彼北政府徐世昌者,日卵翼于曹、张两大武人之下,以讨生活,此与唐季朱全忠、李茂贞等互相抢夺,以为奇货之门生天子何异。而最近洪宪遗孽,全国唾弃之梁士诒,且将挟张作霖暴力以窃秉国钧,则今之崔昌遐也。此等政府,即在古昔专制时代,犹不可一朝居,而况国称民主,四万万灵秀民族尚低首蹙额,阘然受其统治,并举存亡生死之国命以付托之,岂不轻中国而羞当世之士邪！

本月十八日报载，路透十六日华盛顿电云，美国参议院抨击四国协定，称为中国死刑谳书。二十日报载，国民外交代表余、蒋两君电，谓美及其他各国屡谓我国即除去各种势力范围，收回各种权利，亦复能有何为力，促我等刻期推倒腐败之官僚督军，而集全力于良政府之建设，以施行革新计划。合此两电观之，一可知依赖华府会议之错误，一可知依赖北京政府之错误，而皆可以证吾人外交、内政不能分离之主张，原非过甚之词。亡羊补牢，今已嫌晚，愿国人勿更一误再误，使不佞多获知言之名，而遂陷我光华灿烂之祖国于万劫不复也。中国庶几有豸。民国十年十二月二十六日。

《孙洪伊为中国存亡大问题警告国人书》，《申报》1921 年 12 月 29 日

为中国存亡大问题再告国人书

（1922 年 1 月 5 日）

自北京政府代表在华府会议承认四国协定，及根据罗特四原则而订立之中国保全协定，实承认中国为共同保护国。不佞曾揭陈其利害，以告国人。乃国人之浅识者，或方幸日英同盟之解散，谓为美国外交之成功。并谓前述两协定，皆所以牵制日本，而大有造于中国。此在美国，固不可谓其非。如此观察，而一部分之中国人，亦或有一种谬误心理，例如倡议以中国为永久局外中立国者，亦变相之共同保全中国说。以为中国积弱已甚，必难自强，终将为逼处滋大之日本所吞噬，不如完全开放为世界

各国之公同拍卖场,置之列国共同保全之下,犹可幸存,而缩减军备,使安然立于国际竞争之外。抑知永久局外中立,惟小国寡民如比利时、瑞士、卢森堡等,因国际上之特别原因,姑认之为缓冲国可耳。当此国家主义未铲除,且方炽盛之时,岂有偌大民族,偌大国家,一无独立自主之权能,可以生存于今之世者?且永久中立,亦非条约所能担保,共同担保中立之各国,或因战争而有破裂,则吾之中立亦随之破坏。比利时即其明鉴。向使德国战胜,则比利时国之名词,恐早不见于地图矣。况中国之可欲必争,百倍于比利时,又安所得此庄严世界,以容吾建设此极乐国哉?要知中国者,中国人之中国,国民不自亡,未有人能亡之者;国民苟自亡,亦未有能保全之者。犹忆曩年日英、日俄、日法等协约成立,声明保全中国领土主权,清外务部尚书那桐向各国致谢,当时传为笑谈。今北政府已画诺承认于此共同保护条约,与向之各国自行约定者又不同。亡国之势已成,犹曰可以乐观,是必吾全国人皆那桐可也。

夫日英同盟条约之内容,原包括中国及在东方中国以外之若干部分而成。今以四国协定,规定太平洋各岛,虽若与中国无直接关系,而实即美、法加入日、英团体,以成大结合之连锁。而又申之以中国保全协定,是完全为日英同盟之继承者,直可谓之扩大的变相日英同盟。先是日本鉴于日英同盟不能存续,思得一替代同盟者,成立日英美三国协议,对于美国提出之减缩海军案,故持异议,借以要挟交换。美国初不赞成,继由加藤氏与英国白尔福氏秘密协商,作成草案,要同许斯氏开三人会议,乃得美国之允诺。又因许斯氏谓三国协定,恐引起人疑忌,乃加入法国,而成四国协定。查此等条约经过之事实,美国为日本所屈服,日本于外交上实已大告成功。盖在日本欲进行其大亚洲主义,利害上与欧美列强有莫大之冲突。从前搂英国以临我,美国突起争衡时,作不平之鸣,大足为日本政策之障碍,其既得之权利,且时时为之动摇。故日美之不调和,日本日在恐慌之中,彼知亚洲独占主义,未可一蹴几,美国夙所提倡之门户开放,机会均等,于事实上、名义上,皆难显拒,惟有姑与委蛇,使美国自入其彀中,乃可为所欲为,而莫予毒。日本与中国密迩,发生关系较易。其已攫得之权利,亦较美为多,如满、蒙、山东,皆已成之事实。而美国所冀望之经济发展,则在将来。以地理上及既得地位上之关系,加以稔熟中国内情,巧于运用,无论如何协定,如何要约,外交坛上仍惟日本执其牛耳,美国必不能与竞争。结果则减少一反对者,增多一赞成者,日本固有利而无害,而在美国,则徒自取消其在远东发言之自由权而已。

中国人对于美国,无丝毫猜恶防闲之意。与中国为经济的交通,将来实无限量,可以超英、日而上之。乃与日本共同行动,既丧失中国人之好感,中美间显然画一鸿沟。其自身又受条约拘束,不啻自封其步,美国实有害而无利。美国人无侵略中国野心,并遇事能相当的主持正道,此亦吾人所信任,但其外交上不善运用,往往与其目的相反。已往蓝辛石井条约,及此次之事,皆其明证。对于自身,为作茧自缚。对于中国,为欲德反仇。乃犹曰日本失败,美国成功,美人谨愿,或将借以解嘲,而狡狯之日本,恐已匿笑其旁矣。

华府会议之动机,乃由美国恐布〔怖〕未来之日美战争而起,此则美国人之神经过敏。日本无论军事上、经济上,必不敢与美国开战。即其最近国内反对军阀之声气甚盛,而社会之变动,及外来之感化、民间之不平分子，日继长增高，已浸淫及于军队，一旦与他国开衅，不但向来所谓借御外以安内之策略不能再用，反恐授国内不平派以爆发之机，而为前俄、德两国之续。此则日本军阀所日夜疚心，而不能孤注一掷者也。至外交上同盟之英国，及有北京亲日政府之中国，是否被日本挟之而走，此亦美人之隐忧，为促成其理想的牵制日本政策之一大原因。然英国以人种关系及殖民地关系，势不能援日仇美。英、日之利害，亦非完全相同。使日本一战而胜美，将实行其亚洲封锁主义，英亦无能立足。故日美果真开战，至时英国或如欧战中之意大利，反背弃同盟而加于美国，且为意中之事。至中国之亲日，只一北京卖国政府耳。人民则皆与立于相反地位，而寄同情于美国。即全国所深恶痛绝之北洋派，其兵士及下级官长，则亦无不对日一致敌忾。北京政府平时既无指挥运用军民之信用及能力，一旦欲驱之，以助其所绝不愿意之仇国，则有立见土崩瓦解而已矣。况此尸居馀气之卖国政府，国民大多数已皆厌弃，又同时对峙有进步向上之广州政府，默计于最近时期，必能将此北京政府解决，以一新外交局面，又何足多虑乎？

自来外国人之于中国，有一最大之误点，即只知中国有政府，而于人民则熟视无睹。以为中国之大，仅一政府可以支配而有馀。谋我者则利用特殊阶级，以肆其侵略。爱我者亦蔽于一时现象，而不知变计。年来因列强援助恶政府，使中国纷扰至今，皆由此。盖各国对我之政策，专欲扶助一种传统的恶旧势力，压服人民，使无反抗，以生变乱。苟且保持现有之秩序，得以和平通商，而于中国国家及国民之利害，皆非所计。殊不知中国传统之恶势力不去，人民之新势力不伸，不特中国不能和平进步，即各国亦隐受其害而不自觉。中国人民自有史以来，实具深远弘毅之政治能力，已往任何专制暴虐之朝庭，殆无不为人民摧倒。即如五胡、辽、金、胡元等之外族侵入，皆不旋踵而恢复。满清宰制中国二百馀年，可谓根深蒂固，然终覆之，以建立中华民国。故欲以中国与非洲、澳洲等无人之地及弱小民族，如越南、缅甸、朝鲜者等视，但威吓利诱其酋长或政府，使之结约割赠，即可收服我四万万灵秀民族，结果徒招致无益之纷扰而已。

夫吾人以祖先传来之信念，必能发挥伸张吾人民之本能。徒以列强扶助恶旧势力，使我不能有充舒之进步，而武人官僚所结合之亲日政府，得以苟延存在。为美国者，遂亦张皇失措，与日本结此抱薪救火之协定。美国诚了然于中国人民有推倒亲日政府、自建设政府之可能，则以消极的抑制旧势力，以积极的赞助新势力，一转移间，日本在中国即失所凭挟，而美之目的立可充分达到，安用此舍正路而不由，迂回曲折，以自陷于歧途焉？且日本之侵略政策，近亦有难以维持之势。诚以中国果能内政修明，产业发达，得与各国为平和互利之交通，中、日两民族以历史上、地理上之关系，必更易于接近。例如日本制造品，因民俗好尚相近，可以畅销中国；中国原料品，因运输便利，可以多供给日本。中国地大，旷土犹多，日本移民，既无侵略色彩，亦不至如澳洲、美洲等处之严厉拒斥。凡有利于日本者，未始有极。乃彼军阀毗于短见，强取豪夺，与中国国民结累世莫解之深仇，将为两国无穷之祸。而欧洲列强，并已属目而疾视之。美国则又主张正义，时与相持，外交上时虑发生危险，皆足以警惕日本，而促其醒觉。日人实在忧危惶恐之中。其国之有识者，亦多责望其军阀之失策。乃不谓我亲爱之美国，反为郑伯之效尤，加入此抢夺团体，转为日本将失败之政策，加一层保障,延长其生命,以种将来之大恶因。不知美之外交家,何南辕而北辙,一至此极耶?

国际共管之说,皮相者尚以为不至见诸事实。抑知亡国之祸,皆由自招。履霜坚冰,其来积渐。北京政府,财政破产,债务不能履行,华府会议而后,各国欲维持中国现局,又将以一大宗借款供其挥霍,借款愈多,偿还愈难,而驻扎各都会、商埠之北洋军队,哗变时闻,外人生命、财产,日濒于危险,以及一切内政不理,在在足以贻人口实,恐不出数年,即将根据协定,提议共管。而倡始者,必即日本。何则?各国既无利害之冲突,即不难为一致之行动,日人执外交牛耳,可以操制自如。英国为自身利益计,首当赞同。以一部分利益,或以其他何种危词,饵骗美国,美国亦必不能拒绝。而中国运命,即从此告终。此四国协定及中国保全协定成立后,必至之结果也。

呜呼!各国现所踌躇辗转不得解决者,非一俄国问题乎?俄国之有今日,亦其政治现状迫之使然耳。各国强置我于共同保护之下,而仍只拥一不生不死之政府,使之日割月削,以遏绝我人民。则我人民内扼于卖国之政府,外激于列强之凭陵,救亡不得,改革不能。目下国内已有中国将来非与俄携手不可之议论,此虽或有激而然,然至计无复之之时,挺而走险,折而入于所谓过激主义之俄国,亦未可知。以我全世界四分得一之人类,而尽复为过激化者,此固未必为吾国之福,然亦岂列国之幸哉!瞻念前途,真令人不寒而栗矣。然则我国民之在今日,惟有一面抗议四国协定及中国保完〔全〕协定,为危害侮辱我中华民国之共同保护条约,国民绝对否认,北政府画诺无效,以促友邦之觉悟;一面急起推倒北京政府,建设民意政府,以截断祸根。世有亡国政府,无亡国人民。人民有颠覆亡国政府之能力,则国不亡;否则一听亡国政府之亡我,则亡国之罪,实人民尸之矣。惟我国民剑及屦及,急起而图之。民国十一年一月五日。

《孙洪伊为中国存亡大问题再警告国人书》,《申报》1922 年 1 月 8 日至 11 日

关于解决时局问题的谈话[①]

(1922 年 5 月 29 日刊)

旧国会之恢复,各方面意见殆已一致,如孙逸仙氏亦绝对主张恢复旧国会,因组织南方政府,特召集现在广东之国会。惟此际宜注意者,究恢复民国六年之旧国会,抑恢复八年之旧国会。十九日,曹锟、吴佩孚统率直派重要人物所发之通电,关于兹事之解决,亦只述服从民意。倘民意在恢复八年之旧国会,则当无异议。

惟进一步而观,至解决之时,尚须经过许多曲折。如关于大总统问题,现在虽有黎元洪、孙逸仙之说,然国民对于黎氏是否赞成,尚属疑问。质直而言,数年来争乱之源,皆由于黎氏无坚决之决心。若黎氏至粤,与南方护法派协力奋斗,则今日之复职,当无异论,法律上当不遭逢种种困难,不能以孙逸仙氏为正当也。故此际吴佩孚等如能恢复旧国会,更进一步而承认孙氏,则时局解决自属易易。惟吴佩孚尚未想到此处,殊属遗憾也。

---

① 此为孙洪伊谈话的概要。

目下之状态,西南全体决行北伐,固属困难,但两广为决计实行北伐。所可惜者,陈炯明氏不能早日出兵,致贻误容易夺取湖北之机权耳。要之,今后问题在改造中央政府,确定地方制度(予对于联省自治尚有难以猝然赞成之处,其理由容详述)。直隶派能体谅此旨而行,则此次之战胜,始可谓为有意义也。

《孙洪伊之时局谈》,长沙《大公报》1922 年 5 月 29 日

与吕复、李文熙的谈话[①]

(1922 年 6 月 8 日刊)

此国会自身之事,当由诸君自决,兹且不必深论。谨就事实言之,今北方军人,能顺从民意,断然驱逐徐氏,不可谓非一大觉悟。予固极表赞同,但此事只可认为北方内部之解决,不能并西南联带而解决之。

西南护法之役,现广州大总统孙中山氏实创其始,而艰难困苦奋斗七年之久,今始得各方同情,赞成国会自由行使职权。而在北诸君,乃悍然谓护法之组织与事实,从此收束,广州政府应即听命于北京,揆之情理,宁得谓平? 在南议员诸君,辛苦七年,亦复置之不顾,以为挥之则去,招之则来,此种办法,西南岂能承认,恐终不免于战争。与诸君所谓免除战争,共谋统一之主旨,

---

① 报载,是年 6 月,徐世昌被迫下野。"法统重光",黎元洪重任总统,国会复开亦在筹议中。驻留天津的国会议员派遣吕复、李文熙为代表,赴沪联络留沪国会议员,"希望合力赞助,使南北得早归统一"。在与孙洪伊谈话中,论及"法律上种种难点",两方各有所持。

岂不大相违反？且推原此次之变乱，予与黄陂，均与有责。此稍悉近年历史者所共知，无容赘述。经此七年战乱，国家与人民之损失何限？只以当时处事不慎，遂酿成此惨劫，余每清夜扪心，汗下如注。亦极思得一相当解决，俾较前略有进步，庶可少补予过，想黄陂亦当与有同一之感想。今实黄陂一绝好补过之机会，自应求一公平之办法，岂可以解释未确定法律上总统一语为凭借，再演一次战争云。

有自保定来者云，保定当局亦知此法不甚妥善，但舍此更无逐徐之良策。然今则徐已去矣，果有公平之办法，亦不难从容商决也。闻北方人士，颇有谓广州政府如不承认，当可战而胜之。自西南护法以来，何尝不有此议论，况今既承认其主张，而必欲摧折其人，此种心理，亦将何以自解。天下事不平则鸣，种此不平之祸根，亦岂国家之福！

（李文熙因谓："果有统一之方法，吾辈在北京议员，当自愿牺牲。"）君勿误会予于个人有所左袒，实欲为国家留几分公道也。予亦甚望北方诸君详加考虑。如能有公平办法，予必为尽力，否则不敢闻命。

《吕、李两议员与孙洪伊之谈话》，《申报》1922 年 6 月 8 日

致《申报》函

（1922 年 6 月 13 日）

径启者：贵报今日所登北京通信内，有国会赴沪代表李文熙氏谒见黄陂报告云云，殊非当日情实。兹致李君一函，仍请照登，以

昭真相。孙洪伊谨启。六月十三日。

《孙洪伊来函》,《申报》1922 年 6 月 14 日

致李文熙函

(1922 年 6 月 13 日)

　　寂庵仁兄执事:顷阅报载北京通信,有国会议员赴沪代表李文熙氏于昨晚八时回津,今日下午二时谒见黄陂,报告沪、粤议员除孙文一派外,均可北上,共一百馀人,足凑成法定人数。又孙洪伊、褚辅成、岑春煊、谭延闿等均赞成恢复法统,且对黎感情颇佳,复位以后,必能援助统一云云,不胜骇异。

　　当时与兄所言,要点有二,为时未久,想兄尚能记忆。一、倒徐为伊历年所主张,至黄陂法律上资格尚多争议,黄陂于此应审以自处,不应为国家开此恶例。况当护法之始,南中当局诸公渴望黄陂南来,伊亦曾派人敦劝,而黄陂不敢开罪北方诸将,只以静待时机等语复之。患难之际,不肯冒险负责,时局稍定,又复安享其成,宁得谓之公允? 为黄陂计,应决然不出;即不得已,亦须组一临时机关,与广州政府开始协商,以让贤哲,藉补前过,国人亦或可为曲谅。今观其各电所表示,似纯为自身总统计,而法律上资格如何,及南北究应如何统一,从未一语道及,不能不为黄陂惜也。一、国会自由行使职权,乃此次战争唯一之目的,伊自当赞同。惟在北诸君之意,以为应继续六年,伊则以为应继续八年,当时与兄相持未决。盖区区之意,以为黄陂不应复位,国会不应继续六年,皎然明白。今兄反谓伊必能援助黄陂统一,与西林视同一例,何以与当日

所谈事实大相悬殊，望为明示。

又报载吴、王、边①、张与保定曹、吴各电内，有幼山推伊组阁云云，尤可怪异。伊与幼山以政见不同，南北背驰，数年于兹，何忽齿及鄙人，且似有与张敬舆竞争之意？前有自津保来者，询伊以此种意见，皆断然拒绝。盖伊认此次政变为北方内部解决之事，不独不能相助，且非所应与闻，况黄陂总统资格尚未确定，安可以议及组阁？兄来沪时，亦曾以此相询。兄应忆伊有最后之一语，谓伊宁愿长此在野，绝不愿苟且上台。伊之为人，小德或有出入，大节必不肯亏，望在北诸君，勿以爱我者误我。当时兄亦首肯者再。至吴、张、边电所述组阁一节，并祈探询幼山详细真象，一并示复。专此，即问台绥。弟孙洪伊启。六月十三日。

《孙洪伊来函》，《申报》1922 年 6 月 14 日

致孙中山等电

（1922 年 6 月 13 日）

广州非常国会、孙大总统，旅京国会议员，保定曹、吴两巡阅使，各省总司令、督军、省长、省议会、农工商会，各团体，各报馆公鉴：国家不幸，战乱频年。追溯祸源，实始于六年黎黄陂非法解散国会，而徐世昌乘时窃位，凭借非法总统，长奸助乱，有以致之。兹幸北方诸将帅，翻然觉悟，断然驱走军阀官僚首领、全国公敌之徐世昌。而广州政府孙大总统亦复宣言，承认其深有合于广州政府

---

① 即边守靖。

护法戡乱主旨。数年榛晦正义，始获稍伸，不可谓非吾国拨乱反正之新机也。

惟是是非不容假借，公理何可尽诬。今北方诸将，既憬然于往日之非尊重法统，合谋统一，即应承认护法政府。即或势有难能，亦应暂组一临时机关，以维持现状。国家当改革之际，短时间之无政府，对内对外，皆不生何种影响。今乃误于君主时代传说思想，谓大位不可久虚，遽认黄陂为法律上总统，挽之以出。无论黄陂总统之资格，应已消失。即自护法军兴，全国鼎沸，赖广州政府艰险撑持，以至于今。使当时黄陂果以国事为心，护法南来，何至战祸延长，竟阅六年之久。国命颠危，生民涂炭，黄陂实负其责。今乃坦然复位，其何以服天下之心？此不能无疑者一。

护法国会议员，崎岖岭表，今已六年。当民国八年时，在广州曾开临时会及宪法会议，皆正式会，非非常会。今乃曰恢复六年国会，是使备历艰难驰驱岭表者，反以护法成功而屏之会外。观望者安享其成，奋斗者归于失败，岂得谓事理之平？此不能无疑者二。

民国成立十一年，国会两遭解散，皆由于宪法之争。而尤要者，则在地方制度。此实为民国立国之根基。吾国国势，应取地方分权，而迷旧者必曰中央集权，历年战争，殆由于此。迩者自治潮流，弥漫全国。制宪固为国会之职权，而立法应循国民之公意。国民不先求一确当之表示，而率然委之国会，宁不虑再起纷争，终致国基不立？此不能无疑者三。

吾国民之希望统一久矣，伊亦何尝不具此同情，惟苟且弥缝于一时，将不旋踵而溃裂。窃见海内人士，似谬于丙辰往事，以为帝制既倾，国体已定，国人应不复持异议。不知今日之事，纷纠复杂，不似帝制之单纯。今欲使宪政入于常轨,南北合为一家,释国内不平之气,立百年长治之基,铲除已往之乱源,共谋将来之幸福,应使黄陂善于自处,国会继续八年,方足以昭公允而示后来。区区愚虑,窃愿与邦人君子一商榷之。孙洪伊叩。元。

《孙洪伊之时局通电》,《申报》1922 年 6 月 15 日

致李烈钧、许崇智等电

(1922 年 6 月 18 日)

南雄、赣州探送李部长、许军长、各师旅长、各司令均鉴:得港电,陈叛。铣日丑刻,杨坤如始乱,围公府,逐议员,总统暂避海军舰中等语。竞存此举,颠覆国家立国之纲维,破坏人类相与之信义,衡之公谊私情,均在不宥。望速旋师讨逆,以申大义,而定粤局。洪伊叩。啸。

《孙洪伊主讨陈炯明电》,《申报》1922 年 6 月 18 日

致伍朝枢电

(1922 年 6 月 26 日刊)

广州探送伍梯云先生鉴:顷得港电,惊悉秩老仙逝。粤乱横生,丧我耆宿。人类之灵光顿殒,国家之元气凋残。匪特西南之不幸,亦国家之不幸也。谨此吊唁,藉致哀忱。洪伊叩。

《慰唁伍梯云之两电》,《申报》1922 年 6 月 26 日

《最新道路建筑法》序[①]

（1922 年 7 月 15 日刊）

四明陈子露芗，以其所著书，曰《最新道路建筑法》者来请序。恳恳然言曰：某病吾国路政之不修久矣。崎岖陋隘之患，虽城市犹不免，乡邑僻地无论矣。步者苦足，骑者苦畜，推挽者苦轮毂。于是交通阻，转输艰，商业无振兴之望，而文化之感注，尤受其蔽。夫筚路蓝缕，以著述为鼓吹，此学者之职分也。某之从事于工师之学既有年，常撷东西诸籍之论列路政者，罗其精英，捐其糟粕，成书凡十万言，子目三百而强，为编三，为图百九，为表四十四，于治路之道，言之綦备。将刊以行世，幸得一言以弁之。

洪伊曰：有心哉。子之业也，虽然仆不敏，奔走国事，于子之书，未克旦夕卒读，愿闻其大略可乎？曰：治路之道，先审形势。广隘迂直，各有其宜。规画既定，乃建基础。凿之欲其深，填之欲其密，碾而筑之欲其固，夫然后辨路材之宜。若者利徒行，若者便轮蹄，弃某木，取某石，测负荷之重，防冰霜之害，筹淫潦之宣泄，期补修之轻易，谋精虑熟而后兴筑。如是者，治路之恒规也。若涂饰外观，罔计长久，苟安草率，不知改作，以言路政，渺然远矣。

洪伊蹙然改容曰：嗟乎！如子所云，岂徒治路而已哉，即治

---

① 《最新道路建筑法》一书系浙皖路线工程师陈树棠所撰。

国亦何独不然？国之大基，民与财是矣。愚者督之学，竭者辟其源，教育兴而经济裕，斯足以立国于世界而无可动摇。根本既固，乃策发展，或以商业竞，或以制造雄，因民之所长而提撕之，犹路材之必术其宜也。今也国号共和，而政令之敝，无殊往昔，是何异子之所谓外涂饰而实苟简者乎？洪伊曩在政府，常有意于经国之道矣。德不足以化众，术不足以行志，局促掣肘，率避贤路，虽虽然在野，而此心固未泯也。顾今之当局，方呕呕焉惟势位是怙，悍然日趋于灭亡之途而不之惧，其于治国且然，孰复以治路为念者？子之书虽详且切，吾恐夸而逐权之国人，孰视之若无睹也。虽然立言之旨，期其有裨于世而已，若人之用不用，固非君子之所及计也。子往矣，姑悬吾说以为准。彼读子之书者，视之如指南之车乎？用之为酱瓿之覆乎？抑屏弃于今兹，而风行于异日乎？吾将用是以瞻路政之兴衰，且以瞻国政之隆替焉。

《工程·〈最新道路建筑法〉序》，《道路月刊》1922年第2卷第2期

声明与孙中山一致谢绝北上电[①]

（1922年8月7日刊）

迭承函电相邀，并有力促就道北上者。查洪伊与中山，始终一

---

① 报载，因孙洪伊与西南"最为接近"，北京政府颇希望其早日北上，以速谋统一，国会方面亦盼之极殷。日前孙氏知交多来电劝驾，请其克日北上，以定国是。其中有云"此时正贤者悲天悯人之时，请以国家为念，不可固执己见，故为高蹈"。此为孙洪伊接得该电后的复电。（《国内专电》，《申报》1922年8月1日）。

致护法。此次中山在粤,尚未得国人待遇,则洪伊未便单独行动;若冒然北来,于团体为不忠,于个人为不义。谨与诸君相约,于中山地位未确定以前,本人未便北来,以维人格,而答知遇。伏维亮察。

《孙洪伊辞谢北上》,长沙《大公报》1922 年 8 月 7 日

与湘省代表的谈话①

(1922 年 8 月 14 日刊)

余此时明确之表示,只认定"地方分权"主张。至规定地方事权,要不要省宪,或即由国宪内列省宪大纲一章,或将国的事权采列举的规定于国宪内,看将来的形势再说。

《旅沪要人一致赞成联省自治》,北京《晨报》1922 年 8 月 14 日

关于时局的谈话②

(1922 年 8 月 19 日刊)

先是吴佩孚欲余代田文烈为内务总长兼代国务总理之电报,

---

① 报载,湖南省议会为宣传联省自治,派代表分赴各省。派往苏、浙、皖、赣、鄂五省的宣传代表李况松、陈国钧日前赴沪,与孙洪伊、谭延闿、褚辅成等旅沪西南要人沟通意见。据二氏报告,谈话间孙洪伊"初谈极佩湘人之很负责任,次论国宪与省宪问题"。

② 报载,孙中山抵沪后,上海国民党支部顿现活跃,欲拥孙再起,其中最为各方注意者即孙洪伊。括号内系访者提问。

盖系新内阁成立之前所误传之事，然当时余已拒绝入阁。而余与吴佩孚政见略相同，即吴氏主张地方分权主义，反对联省自治，此政见亦孙氏所赞成者也。

（阁下与孙文、吴佩孚三氏，关于组织国家三大问题意见既能一致，何妨三人提携，着手举办统一中国大事业乎？）孙文、吴佩孚与余三人提携，着手举办统一国家事业，非不可能。但目下情事言之，吴佩孚与余意见之间，尚不免稍有隔阂。即吴氏现对于北京国会，先求制定宪法，而诸般政治问题须待全国统一后再审议。然以余所见，不但政治问题如斯，即宪法制定事件亦须如斯。换言之，即待全国统一后，征得各方面意见一致，然后恢复国会，制定宪法。而欲统一全国之条件：（一）须承认地方分权主义；（二）中央之政治组织采用执行委员制度，否则亦须维持现任总统，废止从来中央集权主义；（三）中央政府以拥护共和为最大宗旨，再参酌社会民主主义。以上三条必须具备，而后始可言统一。

（阁下是否有意与民党联合组织一大政党，大事活动？）时机尚早。孙文之去广东，实意料之事，因广东内孙派人非常之少。但广东目下虽在陈氏势力范围以内，而陈氏决不能为省内人民所能容，得以永久安定。

《孙洪伊最近之时局谈》，《顺天时报》1922 年 8 月 19 日

在沪关于南北关系的谈话

（1922 年 9 月 2 日）

外闻盛传予组织内阁之说，此系北京故意鼓吹，含有别项作

用,但纵有其事,亦远在将来。章炳麟攻击民党,尤攻击孙氏,此因章氏同情于黎元洪氏之故。至民党分裂为软、硬两派之说,殊非事实。又孙文氏虽可云已与直隶派接近,然连络上认为已具体化,尚恐未必。盖孙氏与段、张(奉)之关系,深有考虑之必要。

《孙洪伊在沪谈话》,《顺天时报》1922 年 9 月 2 日

介绍天台山人书法
(1922 年 10 月 10 日刊)

　　山人书法,行草隶篆,都入化境。早已有名,不待赘。今为广种墨因起见,凡托书对联者不纳润金,惟磨墨小费,照例他件,另有详格。件交英租界东棋盘街湘益公为妥。孙洪伊启。

《孙洪伊介绍天台山人书法》,《申报》1922 年 10 月 10 日

在伍廷芳追悼大会上的发言[①]
(1922 年 12 月 17 日)

　　其最足使吾人崇仰者,为能以出世之精神,作入世之事业。

《伍廷芳追悼大会纪》,《申报》1922 年 12 月 18 日

---

　　① 报载,是日正午 12 时,上海各团体假九亩地新舞台举行伍廷芳追悼大会,到会者八千馀人。孙洪伊报告其生前事略。

挽伍廷芳联

（1922 年 12 月 17 日）

大千世界，桑田幻化，无非瞬息光阴，上寿百龄，竟成弹指；数十年间，宦海浮沉，皆是人间游戏，轮回万劫，长作天仙。

《伍廷芳追悼大会纪》，《申报》1922 年 12 月 18 日

追悼陈树藩先生公启①

（1922 年 12 月 22 日刊）

湘阴陈树藩先生，以太邱之令名，躬顾厨之环行，服忠民党，尽瘁梓桑，望重耆贤，功在乡国。天不慭遗，积劳致疾，以庚申冬卒于湖南财政厅长官所。冢嗣护黄司令，墨经治军，崎岖衔恤，以继志之事不遑，而饰终之礼有待。顷者暂来沪滨，追念悲怆，哀感行路，闿等或共艰难之役，或忝群纪之交，既敬孝思之不忘，弥感老成之凋谢。爰择十二月念七日（即阴历十一月初十日）午后二时，于公共租界广西路北报本堂，商集同人，为树藩先生开会追悼，谨援为位而哭之礼，用彰以死勤事之贤。云旗风簪，精灵无隔于江湘。白马素车，高谊永渐于存没。谭延闿、孙洪伊、胡汉民、汪兆铭、杨庶堪、张继、聂其杰、居正公启。

《追悼湘阴陈树藩先生》，《申报》1922 年 12 月 22 日

---

① 此公启为众人联合发起，孙洪伊为联名人之一。陈树藩系陈嘉祐之父。

卷　五

致张绍曾电

（1923 年 1 月 6 日）

北京国务院张总理鉴：歌电奉悉。约法中断，于兹六年。我公依法出任总揆，各方共庆，谨为国家与人民贺。孙洪伊叩。鱼。

《上海孙伯兰先生贺电》，《政府公报》1923 年第 2464 号

发起宫崎寅藏追悼大会启事①

（1923 年 1 月）

宫崎寅藏先生，日本之大改革家也，对于吾国革命历史上，尤著有极伟大之功绩，此为从事于中华民国缔造之诸同志所谂知者也。不幸先生于去冬病殁。噩耗传来，痛恸曷似，追念往烈，倍增凄恻。盖以先生之死，不惟于邻邦为损失一改革运动之领袖，而于吾国前途上亦失去一良友，不有追悼，何伸哀忱。同人等兹拟就沪上为先生发起追悼大会，以志不忘，而慰幽魂。如荷赞同，即希赐署台衔，列名发起，实深感幸。孙文、杨庶堪、覃振、廖仲恺、田桐、居正、戴传贤、张继、刘积学、王用宾、孙洪伊、詹大悲、叶楚伧、邵力子、黄复生、柏文蔚、朱之洪、田桓、林祖涵、陈中孚、吕超、朱霁青、蒋中正、吴苍、顾忠琛、茅祖权、路孝忱、周震鳞、叶荃、吴介璋、吕志

---

① 此公启为联合发起，孙洪伊为联名人之一。

孙洪伊集

伊、朱一鸣、杨赓笙、吴忠信、熊秉坤、于右任、章炳麟、蒋作宾、陈少白、周佩箴、周颂西、张静江、蒋尊簋、吴公干、杭辛斋、赵铁桥、黄大伟、汪兆铭、胡汉民、帅功、谢持、彭素民、何犹兴、钟孟雄、陈树人、刘伯英、曾省三、季宾、管鹏、凌昭、冯子恭、徐承爌、费公侠、周仁卿、张拱辰、朱克刚、张春木、叶纫芳、朱蔚、徐苏中、周雍能、杨述凝、施成、李凤梧、蒋宗汉、孙镜、郭培富、郑观、向昆、刘其渊、曾繁庶、陈树枬、刘彦、林业明、周景溪、丁惟汾、李儒修、张秋白（以签名先后为序）。

《发起宫崎寅藏追悼大会启》，《孙中山全集》第 7 卷，第 76 页至 77 页

宫崎寅藏先生追悼大会
筹备处通告第一号[①]

（1923 年 1 月）

敬启者：宫崎寅藏先生，日本之大改革家也，对于吾国革命历史上，尤著有极伟大之功绩，此为从事于中华民国缔造之诸同志所谂知者也。不幸先生于去冬病殁。噩耗传来，痛惋曷似，追念往烈，倍增凄恻。盖以先生之死，不惟于邻邦为损失一改革运动之领袖，而于吾国前途上亦失去一良友，不有追悼，何伸哀忱。同人等兹就沪上发起宫崎先生追悼大会，以表哀思。如中外人士与宫崎先生有旧或素钦其为人，拟赠以谏词、挽联及花〈圈〉等事者，请送至法界环龙路四十四号收转为荷。至于公祭地点及日期时间等，一俟筹备完竣后，再行布告。先此奉闻，统希鉴察。发起人：孙文、覃振、孙洪伊、杨庶堪、田桐、柏文蔚、廖仲恺、戴传贤、邵力子、居正、刘积学、田桓、张继、王用宾、陈中孚、叶楚伧、詹大悲、黄复生、朱之洪、蒋中正、陈少白、林祖涵、顾忠琛、周佩箴、吕超、路孝忱、周颂西、朱霁青、叶荃、张静江、吴苍、吴介璋、蒋尊簋、茅祖权、朱一鸣、吴公干、周震鳞、吴忠信、杭辛斋、吕志伊、熊秉坤、赵铁桥、杨赓笙、章炳麟、黄大伟、于右任、蒋作宾、汪兆铭、胡汉民、管鹏、张春木、帅功、凌昭、朱蔚、谢持、冯子恭、周雍能、彭素民、费公侠、杨述凝、何犹兴、张拱辰、施成、钟孟雄、朱克刚、李凤梧、陈树人、叶纫

芳、蒋宗汉、刘伯英、徐承爌、孙镜、曾省三、周仁卿、郭培富、季宾、徐苏中、郑观、向昆、刘其渊、曾繁庶、林业明、陈树枬、刘彦、周景溪、丁惟汾、李儒修、张秋白。

《宫崎寅藏先生追悼大会筹备处通告第一号》,《孙中山全集》第 7 卷,第 77 页至 78 页

与张绍曾代表蔡达生的谈话[①]

(1923 年 2 月 4 日刊)

统一先决问题,首在北方政府抛弃历来对民党两种之误解,即第一扑灭民党政策,第二招降民党政策。否则无论如何,南北绝无接近之机会。

《南方各要人对于统一之主张》,《京报》1923 年 2 月 4 日

康母刘太夫人墓志铭

(1923 年 2 月 5 日刊)

太夫人姓刘氏,临潼人,乡饮大宾子振先生季女也。年十八,适同邑康处士万迁,性至孝,善事舅姑,相夫教子女有法。早寡,子女尚幼。太夫人能理农田,出针黹,支持门户。又习知小儿医,有请者虽昏夜风雨不辞,乡党称贤母焉。素信佛,好布施,贫乏寺院

---

① 张绍曾为促成统一起见,特派蔡达生前往沪、浙,与孙中山、孙洪伊、岑春煊、谭延闿、卢永祥等东南要人协商办法。此为记者对孙洪伊与蔡达生谈话内容的概述。

多蒙其惠。后从行者桥女居士，闻法要，信心益坚，持斋修净业，并为人解说各种经偈不倦。尝入定二次，每静坐十日，粒米不入口，仅饮糖茶少许而已。

辛亥鼎革，乡里警扰，乃彻夜悄坐舍外，家人心以宁。癸丑，白匪窜陕，仅迁子女辈城中，己仍危坐斗室，一若弗知弗闻也者。其镇静类若此。晚岁南游，遍礼常州、普陀、西湖诸名刹，听冶开、印光、太虚诸法师说法，修持益精进。以辛酉二月初一日，向家人一笑，闭目不动，正坐而逝。殓时面如生，周身柔软清洁。僧家言，此乃生西瑞应云。临终之前，尝示其子寄遥曰："四大虽不调，自性原无病。真如在心头，豪不感苦痛。"又曰："念佛数十年，决非枉用功，带业往生，善恶自判，善哉善哉。"

综太夫人一生，蚕岁苦行，继行布施，晚则参究妙法，彻悟死生。故能正念分明，舍报安详，无有罣碍恐怖，世之发愿起信者可以证矣。太夫人在世，六十有六年。子一，即寄遥，前清拔贡生，北京大学高材生，曾署陕西财政厅长，笃信佛法。女二，长适乔，已先逝；次适张。孙男四女一，均幼读示寂之。

明年春，其子寄遥，由沪寓扶柩归葬临潼东乡之祖茔，来督铭。铭曰：不生亦不灭，无梦亦无觉。离娑婆苦往极乐，留兹片石志功德。

《康母刘太夫人墓志铭》，《海潮音》1923年第3卷第11期至12期合刊

答公平通信社记者①

（1923 年 2 月 7 日）

彭允彝不学无术，以之身长教育，国会竟然通过，真是令人不解。查彭氏本为湖南省宪选举委员监督，中华民国为统一国家，其主张联省及主张省宪者，非破坏国家统一，即违反独一宪法。彭氏在湘，素仰赵恒惕鼻息，主张联省自治，及身为省宪选举委员监督，对于北京政府不啻立于反对地位，今日何能再就北京官吏？是其人素无主张，专事投机，以达升官发财目的，已可概见。既长教育，又恐国会通不过，乃以罗案讨好国会，致引起此次之大学潮。彭氏稍有天良，应当引咎辞职，国人或可相谅。乃彼怙恶不悛，近日一面假意辞职，一面整顿学风，不知将来风潮扩大，至于若何限度。

予平心而论，如果彼对于教育，有若何改善计画，且得多数学子信仰，如有人从事攻击，而彼能忍辱负重，如此坚持，吾人实可钦佩。但彼现已失学子信仰，命令不出都门，虽欲整顿学风，有何效力？然彼因有某党为之后盾，今且明目张胆，有意于学界为难，实属无耻。昨北京国会同人来沪者，予即劝其速提弹劾案，勿使彭长此作恶，以破坏国家教育。据来沪同志称，弹劾彭氏案，伊来沪时北京同人已经起草，将来国会休会期满，众院开会时，首先将此案提出。

---

① 北京学潮日渐扩大，公平通信社记者就此探访孙洪伊，叩以对此次学潮之意见。括号内文字系记者提问。

（彭允彝与某党关系极深，而某党在黎元洪方面又极得力，先生有此主张，毕竟有无顾忌？）我们本为在野党，自问事情应干不应干，不能说顾忌不顾忌。如果张内阁始终迷梦武力统一，破坏和平，我们同志未尝不可鼓起精神，与政府宣战。

《孙伯兰对学潮之谈话》，上海《民国日报》1923 年 2 月 8 日

新文化社题词

（1923 年 2 月 8 日）

苍苍大连，气象虋千。聿倡文化，执着祖鞭。懿欤新社，崛起卓然。北方论界，未之或先。耶情孔思，亚絮欧铅。新军特起，赤帜明鲜。苦心改造，大力传宣。闻风窃慕，愿役马前。孙洪伊。

《祝词·新文化社题词》，大连《新文化》1923 年创刊号

关于时局之态度①

（1923 年 2 月 20 日）

自此次北京政变以后，国会恢复，感于时事之艰难，和平之必要，原欲使时局告一结束，俾人民稍得休息，故数月以来，曾极致力于和平之运动。今统一既难告成，政治益趋黑暗，和平殆已无望，因决定其对于时局之方针：凡是一本自己之主张，不瞻徇依赖于任

---

① 北京学潮发生后，寓沪之孙洪伊，除致函国会同人在北京两院提出弹劾彭允彝案外，并约友人商决关于时局之态度。报章所记，为记者所概括。

何方面,只问道理上之是非,求国家与人民之福利,不计较本团体及个人之成败利害。宁长此为在野之活动,不苟且以取得政权。决以革命精神,打破不良现状,以求根本之改造。

《孙洪伊氏最近之态度》,上海《民国日报》1923 年 2 月 21 日

附:同题异文之一

　　余曩以为国会恢复后,益觉和平之必要,故竭力使之完全。岂图目下情况,不但和平二字谈不到,即统一亦殆绝望。故将所信言之,此后非从根本,以革命的精神打破现状,为国家人民之福利计,以大事改造不为功。

《孙洪伊之时局谈》,天津《大公报》1923 年 2 月 22 日

同题异文之二

　　予自恢复国会后,深感和平之必要,故极力图谋。然就目下状态而观,和平因属绝望,统一殆亦绝望。故今后惟有本予所信,以革命的精神打破现状,为国家人民之福利而力谋根本改造。

《南方政讯》,《京报》1923 年 2 月 22 日

反对黎元洪假借约法之宣言

（1923 年 2 月 25 日）

　　本月二十二日，黎元洪发布命令，谓约法为立国根本，今国会已复，政府依法成立，在宪法未公布以前，凡属国民，均应共遵约法，以维法治云云。洪伊固极望和平统一之成立者，故数月以来，对于时局不愿多所主张，以启纠纷。今和平统一，既已绝望，而黎氏反假借约法，欺我国民，不得不缕述所见，敬为我国民陈之。

　　自彭允彝出长教育，北京大学校长蔡元培君，慨政治清明之无望，决然去职。北京学生起而向议会为反对彭氏之请愿，又横遭军警之凶殴。而彭氏反以多数通过于两院，以致人心愤激，举国皇皇，咸集矢于国会。夫今日之国会，以少数不良分子，混于其间，致于政治上根本之大计，未能有所建树，斯诚重有负于国民。然国会为立法机关，终无执行之能力，倘非行政首长，举措乖方，有以自乱政治之纪纲，则国会虽腐败无良，究不能自立于行政之地位，以躬行违法乱政之事者。盖吾国历史上积久之习惯，政治之中心势力，恒集中于行政首长。行政首长得人，则挈领提纲，一时政风，为之丕肃；否则政失其枢，纪纲扫地矣。

　　去年北京政变之时，北方将领拥戴黎氏，当时洪伊即以为黎氏之为人，只知利己，向不忠于国家，必不能负收拾时局之责任。而其总统任期已满，更不应曲解法律，以徇事实。曾于六月发表元电以反对之，乃不蒙国人谅察，而黎氏卒以权宜就任，铸成大错。黎氏自辛亥以还，每当大难之顷，举足重轻，关系国家之安危，辄苟且以固其私位，致危于民国。辛亥之后，南北统一虽勉告成功，而起义各省与袁氏实隐成两大势力，以相对峙。黎氏介乎其间，而又坐镇形势中心之武汉，其势力及地位，实足以左右大局。苟能协力同心，撑持危局，以监视袁氏，则洪宪之祸，可以潜消。乃黎氏竟背起义各省，而输诚于袁氏，以启奸雄攘窃之心，致斯民重遭涂炭之祸，于是而有洪宪之变。迨夫护国军兴，袁氏自陨，黎氏以副座继任总统，苟能痛定思痛，措置得宜，国事亦未始不可徐图挽救。而黎氏于此，既以酿成督军团毁法之乱，又复召张勋入京，而又无忠贞之气节，以临大难。三不之约，信誓旦旦，言犹在耳，而解散国会之命令，早已悬之国门，于是而有复辟之变。自是以后，国会南迁，南中豪俊，誓师岭表，以护法大义，号召于国人。黎氏苟于此时趋赴南疆，共拯国难，则护法之后，未始不可早告成功。而乃避匿津沽，优游观望，于是而国乱益炽，纷纭扰攘者数年，迄于今而未息。由是观之，民国十馀年来之变乱，黎氏均有重大之责任。是国民无负于黎氏，而黎氏实有负于国民也。

直奉战后，国会恢复，徐氏被逐。当是时黎氏法定之任期早已届满，其总统之资格早已消灭，按之法理，实无复任之理由。只以徐世昌去后，一时当国无人，黎氏权宜摄行，已为国家开一事实总统之恶例。然苟能开诚心，布公道，提携国中各派不同之分子，化除畛域，共上轨道，群赴于建设之一途，则厝国家统一之基于各派大同团结之上，亦可以告无罪于国人。乃以一念固位之私，以揮阖之术，操纵南北各派，以矫饰虚伪之文电，欺我国民，以钓虚誉。其对于西南及党人也，始谋铲除之，既而铲除之不能，则又欲招降之，全无诚意以相与，遂致大局崩离，不可收拾。其现行政治，则军人跋扈而不能制，政客朋比而与为奸，破坏司法，摧残教育，惨杀无辜，政象愈趋于黑暗。

夫讨袁之役，黎氏无与焉；复辟之役，黎氏无与焉；护法之役，黎氏亦无与焉。黎氏酿乱，而国人为之戡定；及时局稍定，黎氏又出而酿乱焉。国人以崇信黄老之过，每喜阴柔取巧之人。黎氏乃乘此国民心理之弱点，而进退于其间，国事遂堕坏于冥冥之中，而乱将靡已。今所谓和平统一者，换言之，则使西南独立之各省当局及所有党人，服从中央之命令已耳。黎氏以政治上历有罪恶，法律上已无地位之人，窃居枢要之位，而日以酿乱为事。既以种种祸国殃民之举，致人心愤激，举国汹汹，其何能使人服从？或谓黎氏恐统一后易置其地位，故不愿统一告成，惟欲效徐世昌苟安旦夕，以图私利耳。证以其复任之言，殆亦以此来言行可信。国人所殷殷切望者，曰统一，曰裁兵，而今皆已无望于黎氏。且黎以一平民，而冒窃总统，根本破坏约法，揆之国人护法之精神之希望，实已大相刺谬。今反强词谬谓政府依法成立，而以均应遵守约法责我国民，国民岂可坐视无睹，而不早为之所，一听其长奸养乱，以误我国家也哉？

要之，欲求今后时局之进展，必当努力以求改造。与其因循时日，使国家人民隐蒙其害，何如促进程期，或可减少痛苦。一国革新之大业，虽非一蹴所能跻，果能不误于苟安之心理，一洗因循之故习，则清明之期，必不在远。惟我国民，幸利图之。民国十二年二月二十五日。孙洪伊。

《孙洪伊之宣言》，《申报》1923年2月27日至28日

与曹锟代表的谈话①

（1923 年 3 月初）

余于大局未统一以前，不便在北方担任何等事务。且北方欲
蔑视中山地位，发表命令，以为统一，乃时局混沌之原因也。张绍
曾辞职通电中，所谓孙文之僭窃云云，大足以表示北方人一般之心
理。倘北方人此种心理一日不改变，则统一必一日无望也。

《孙洪伊之统一观》，天津《大公报》1923 年 3 月 14 日

与项致中的谈话②

（1923 年 3 月 11 日）

民国十馀年，变乱数起，迄无宁岁，曰护国，曰护法，曰民国二
年第二次革命。为双方战争之主体者，一则北洋派，一则民党。即
如民国元、二年之国会，民国六年之国会，亦无一时非两派之竞争。
中华民国之安危，实系此两派之手。

---

① 报道称，3 月 7 日该代表返保定向曹复命。

② 报载，日前曹锟特派项致中等二人为代表，来沪会晤孙洪伊。是日，项氏来访，
转达曹锟意旨，邀孙北行（《保曹代表项致中昨日北上》，《申报》1923 年 3 月 13 日）。另
据报道，谈话中项请孙北行，孙答："在大局未统一以前，未便在北方担任何种事务。"并
谓："北方蔑视中山地位，欲以命令式造成统一，实为数月来时局混沌之总因。张敬舆
辞职通电所谓僭窃，实系代表北方一般人之心理。不变此种心理，统一必属无望。"
（《保曹代表项致中昨日北上》，《申报》1923 年 3 月 13 日）。该谈话为节录。

　　北洋不免有君主时代传统之旧思想,民党则较富于民主思想,故往往不能相容。北洋派手握重兵,袁项城死,段合肥败,徐东海逃,竟不免为民党所持之主义所战败。今之北洋领袖,所存者为曹仲珊一人。民党之于孙中山,虽亦有合有离,而其代表民党之资格,屹然不可动摇者,亦惟孙中山一人。乃北方对于中山与西南各省,不独不承认其护法之政府,而并不承认其有护法领袖之资格;不独不与为对等之协商,且欲用兵以征服之。今日双方之情形,仍未改数年前两相对峙之状态。其为国家之福,抑为国家之祸,不待智者亦有知其究竟矣。

　　闻曹颇复为选举之竞争。对于国家果有抱负,政治家必争政权,此亦各国之常例。予不能人云亦云,谓黎之窃位者必是,曹之争选举必非。但孙中山既已宣言不争总统,但愿实行其政策,是本可为政友,而偏视之如寇仇。黎黄陂自知其僭窃之不久,日谋即真,是本为政敌,而偏戴之为傀儡,诚有非局外人所能索解者。吾国人之办事,每不能脱除历史上之观念。若奉一庸弱之君主,徐以自为,实非我民国所应有也。

　　国家变乱已十馀〈年〉矣。其责任昔为袁、段、冯、徐,今则在曹。袁、段、冯、徐皆已失败而去。前事不忘,后事之师,前车之覆,后车之鉴。更患既深,应已少有觉悟。自今以后,北洋派与民党互相仇视,则祸患将无已时;北洋派与民党能互相谅解,则国家举手可定。双方携手,以解决时局,以改造政府,以行施一切建设大政,提携国内各派不同分子,为大同之团结,并纳入轨道,群策群力,以便共趋于建设之一途,诚中国之福,亦北洋派之幸。在今日而为此言,亦明知无甚希望,亦所谓尽心焉而已。

《张阁仍无转圜气象》,《申报》1923 年 3 月 19 日

《道路月刊》祝词

（1923 年 3 月 15 日）

世界治化，极则大同。易克臻此，厥始交通。物质文明，欧风渐东。扬轮驰轨，掣电追风。横则缩地，竖则航空。宣传改善，惟报之功。著录新颖，选材富丰。利赖万世，垂之无穷。出世一周，闻誉日隆。前途努力，勃勃蓬蓬。

《祝词八》，《道路月刊》1923 年第 5 卷第 1 期

致王湘、王乃昌电①

（1923 年 3 月 18 日刊）

现在北方政府在法律上尚无真正之解释，断不能牺牲旧日之主张。将来设或纯因友朋之关系，襄赞国是，期双方谅解，共谋和平，绝非组织内阁，图揽政权。

《孙伯兰之来电》，《顺天时报》1923 年 3 月 18 日

---

① 报载，孙洪伊经项致中欢迎，应允北上。项氏返津以后，孙即电致民治社议员王湘、王乃昌，嘱就近与各党派接洽，声明真正态度。二王接电后，将此意向各政党转达。此电文，为报章概述。

与章太炎等致北京政府电①

（1923 年 3 月 27 日刊）

　　南北大局又极混沌，中山在粤，虽有元帅府之组织，然两广军权现仍画分。俟善后宗旨确定，当有相当和解方法。在此南北俶扰之际，中央应注意三大要点：（一）停止押借内外债；（二）打破各军阀武力观念；（三）停止任命西南各疆吏。管见所及，是否有当，请速电复。

《章孙等急电中央之内容》，天津《益世报》1923 年 3 月 27 日

为《三五》期刊之题词

（1923 年 4 月 1 日）

　　先觉之任。孙洪伊题。

《先觉之任》，《三五》1923 年第 1 期

---

① 此电文，为报章概述。

与丁槐的谈话①

（1923 年 4 月 1 日）

　　（丁首申述奉黄陂及张阁之使命，约孙中山先生赴京，拟授以全国铁路督办或兵工督办。）予等亦代表中山，请黄陂赴粤，授以全国铁路督办或兵工督办，黄陂能否受命？而北京此种意见，殊无和平之诚意。

　　（丁又言及开和平会议。）此事亦有两种前提，应先解决。（一）黄陂究以何种资格，与中山议和。中山为应付非常事变，为一时护法戡乱之大总统。黄陂在北方亦为权摄总统，其就职时通电并声明，以此两事总统开对等和议，固所赞同。若黄陂自号为法律上总统，以民国政府资格议和，则难予以承认。（二）北方实权握于军人之手，黄陂俯仰随人，亦难承认有代表北方资格。其议和而不能负责实行，与不议等。黄陂能否代表北方，亦应先有一确实之明证。必先解决此两点后，方可谈判。

　　《丁槐来沪与民党要人之谈话》，《申报》1923 年 4 月 2 日，"本埠新闻"

---

　　①　为联络南方要人，沟通意见，黎元洪特遣丁槐以慰问使名义赴沪（《北京特约通信》，《申报》1923 年 3 月 30 日）。3 月 31 日，丁槐抵沪。因系旧交，先访孙洪伊。翌日，孙约汪兆铭、徐谦、张继等与丁接谈。

主张孙、曹携手的谈话

（1923 年 4 月 6 日刊）

　　广东内部，因沈鸿英为各方牵制之故，已无可虑。此后南北问题急待解决，武力既不为国民所喜，惟有想出和平办法。现在国中大势力，为民党与直系两大派别，民党领袖为中山，直系为曹锟。欲求和平，舍彼二人携手外无他法。彼二人直接如得了解，则两方内部均由自己接洽。现在此事尚在萌始，各方虽已开始函电磋商，惟因所商者尚无头绪，未至发表的机。

　　惟民国成立已十馀载，实际上共和民国并未成立。用兵可以除障碍，然不能以事建设。国家根本之点，一为地方与中央权限之分配，二为军队之收束，三为地方制度，四为宪法，五为财政整理。此五者不能妥协解决，则国家祸乱则未有已，将来讨论自当着重此数点。

　　余最近致齐抚万一电，对此颇多论列。将来磋商如有头绪，当先开一和平统一预备会，再开和平统一会。惟无论如何，北京政府恶贯满盈，已不成为政府；黄陂尤为万恶之源，尤不应承认其有代表何方资格。至最高问题，听候将来国会产生可也。此项运动，目前虽无眉目，然前途颇有希望也。

《孙洪伊谈孙、曹携手》，《京报》1923 年 4 月 6 日

关于南北和议之谈话[①]

（1923 年 4 月 18 日）

护法运动本含两种意义，一为法统之恢复，一为政治之改良。故欲护法事业得一结束，当于恢复形式上之法律以外，于国家根本大政，皆为适当之解决，而后法统得以维持，国家与人民仍有安宁进步之希望。今北方于恢复形式上之法律问题，虽勉云做到，而于建国之根本大政，从未有共同商榷之诚意，徒假片面之法统恢复为护符，以降服西南，是西南护法事业，在充分之意义上并未完全达到目的。

予于法律、政治各问题，数年来曾迭有宣言，为国内外人所共见，非至今日始为此言。予所主张之会议，非仅取南北两政府对等议和形式，乃欲集合全国各省各派，开一平等会议，以解决种种建国大政之根本问题。盖以民国十馀年之乱源，皆在于不能融洽各方意见，而一切惟北方专断行之。

辛亥之役，清室既覆，起义各省，即俯首听命于袁世凯之北京政府，乃不旋踵而有帝制之变。丙辰之役，袁氏既倾，起义各省，亦俯首听命于黄陂、合肥共组之北京政府，乃不旋踵而有复辟、毁法之变。是皆不能虑远，以致贻祸无穷。今护法战争，延历七载，政治问题较前益为复杂。如裁兵问题、联省自治问题以及政治上各

---

① 报载，是日下午丁槐造访孙洪伊，告以张绍曾复电，谓法统既复，有何和议可言。南方主张对等和议，殊难揣测。针对此种论调，孙洪伊发表长篇讲话，以为答复。

大问题,尤非融洽各方意见,求一适当之解决,为国家立长治久安之基础,不足以慰国民及友邦之渴望。故必须有解决时局之一种会议。

护法事业,西南创其始,北方将领收其成,于政治上实有同等之关系。中山为应付非常事变,为护法戡乱之大总统;黄陂亦应非常事变,权宜摄行总统职权,故当然为平等之会议。且予之此种主张,并非不承认统一。予之希望统一,实不逊于北方,特予所希望者,为实际之统一,北方所主张之统一,乃为形式之统一耳。

夫乾纲独断,举全国而定于一尊之下,此君主国之所谓统一也。修明政事,调剂各方,使得其平,此民主国之所谓统一也。今不求合于民主国之真义,而猥欲以君主时代乾纲独断定于一尊之思想,压服全国,是仅欲得形式之统一,而与实际之统一则相去甚远。此种办法,即令各省勉强迁就,终为蓄乱之媒,而贻未来之祸。

窃予尤不能无责于黄陂者。黄陂自解散国会后,避居天津者数年。今侥幸复出,以摄行职权之非法地位,争欲使中山与西南各省服从其一人之命令。而彼尽瘁国事,辛苦经营者,乃于今后之收拾时局,奠定国家,不许其有发言之馀地。揆之情理,宁得谓平?夫同一谋统一也,何以不能协商而必欲用武力?同一会议也,何以不能平等而必由北方召集?同一恢复法统之主张也,何以不互相尊重而必为敌视之行为?恐北京当局亦无以自解。至于前年予与敬舆谈话,今已不能详记。纵如来电所云,非法政府驱逐后,亦应组织合法政府,断无以一法律上毫无根据之人暂摄职权,即强国人以服从之理。

中山此次回粤,仅以元帅府为统摄军事机关,而不设政府。其希望和平统一,已与各方以共见。但战争七年,国家与人民损失无量,今既幸可收束,宁忍不正本清源,为一劳永逸之计,而复苟且迁就,以种异日之乱?故开平等会议,以融洽各方意见,使法律与政治并得一适当之解决,实为收拾时局所必经之途径。北方当局果以天下为公,实心为国,更望其虚心平气,慎加考虑也。

《孙洪伊君关于和议之谈话》,上海《民国日报》1923 年 4 月 21 日

致牟琳、王湘等电[①]

(1923 年 6 月 30 日)

民治社牟贡三、王芷塘先生,并转诸同仁鉴:国内七年战争,护法、讨段两事,已有结束。今此间所为,其目的在拆散国会,分祖黎助段两派,祖黎者助段者,乃大飞跃。闻招待议员费,即曾云霈所出。人多怪弟不赞成,太炎且骂为曹党。吾辈七年自造之历史,乃欲我自推翻之,社会之无常识无信义,至斯而极。吾常责北方破坏人之道德廉耻,其反对者之破坏道德廉耻,亦何异于北方!议员自有天职,保持已死初生之国会,完成将成未成之宪法,为国家立远大基础,勿因一时谣诼,遽尔气馁。洪伊。陷。

《孙洪伊反对议员南行》,《申报》1923 年 7 月 9 日

---

① 报载,曹锟逼迫黎元洪下野后,小孙派中坚牟琳、王湘等往来北京、保定等地。时在上海的孙洪伊,亦屡与保定、洛阳方面信使往还。外界盛传,曹锟若能当选总统,则孙洪伊有组阁之望。

为《求是新报》馆题词

（1923 年夏）

理求其真。求是新报馆属。孙洪伊。

《内务总长孙伯兰先生题》,《求是新报》1923 年夏政治号

关于北京政变的谈话

（1923 年 7 月 4 日刊）

　　黎为七年来酿乱之主要人物,且其总统任期久已满结。观其就职电文,自谓权摄职权,即可了解。予固不承认其为总统,且反对之者,具有去年六月元电及今春间宣言可查。彼受直系之拥戴而来,复受直系之斥逐而去,此为政治上自然因果。予既不承认其为总统,则对于黎氏自不能与以同情。

　　直系之根本谬误在挟持武力统一,使时局不得收拾,人民不能安枕。予前者曾受中山先生委任,与直系商办和平统一,往返数月,迄无结果,粤战既起,遂以停搁。但予终希望直系能觉悟,与中山携手,共谋和平,使国民早得休息。如直系终不觉悟,则今日局面实为继承护法而来,无护法则无所谓恢复法统。今护法之政府原尚存在,护法之非常国会亦未取消,应即恢复原状,继续护法国会,公同承认中山之护法政府,实为正当办法。至于时人所主张之联省政府及委员政府等种种名称,实即民国十年第三政府之变相,无形中取

消广州政府,此则非予所敢赞同者。其详细理由,异日再当详述。

《孙洪伊对时局之意见》,上海《民国日报》1923 年 7 月 4 日

附:同题异文

黎元洪为七年以来酿乱之主要人物,总统任期届满,观其就职电报及其他自明。黎为直隶派所废,自属当然之结果,不值与以同情。又直隶派之错误,在过恃武力统一,反令时局混乱,人民不安。予受孙中山之委任,数月以来与直隶派谋和平统一,然卒未有结果。现今广东战事停顿,予深望直隶派,此而能自觉醒,与孙氏提携,以图和平。如直隶派仍不觉醒,则今日之局势,只有继续护法。至护法政府与护法之非常国会,依然存在,仅恢复原状,承认孙氏政府而已足。目下一部人士或称联合政府,或称委员制政府,同为民国十年第三政府之变相,无形中取消广东政府,为予所难赞同者。又上海国会开会虽为不得已之举,然欲得达法定数之议员,极属困难。

《孙洪伊鼓吹孙、曹携手》,长沙《大公报》1923 年 7 月 9 日

致孙中山电

(1923 年 7 月 10 日)

广州孙大元帅钧鉴:本日午后接保定曹仲珊齐电,文云:"民国

缔造,备历艰难,溯其变端,皆由国会解散所致。执事维持国本,毅然以护法为己任,艰贞矢志,终始不渝。属在下风,无任钦佩。中山先生为吾国先觉,风声所播,举国景从。与执事私人之交,尤为锟所夙仰。去岁因顺国民心理,得从执事与中山先生之后,得见法统重光之盛,乃政治之澄清,国民之痛苦,和平统一之希望。若视前无以远过,岂人谋之未臧欤,或求之不得其道也。盱衡时局,心窃忧之。中山先生与国家同其休戚,幸与所以为吾国为吾民为促进和平统一者不吝见教。锟虽不敏,窃愿闻之。当本中山先生之意,为国人进一解也。乞将鄙意转达中山先生为祷。翘企德音,不胜悬念。曹锟。齐"等语。特为转呈大元帅鉴察,如何答复之处,并乞电示。孙洪伊叩。蒸。

《孙中山答复曹锟齐电》,《申报》1923 年 7 月 20 日

与某君谈孙、曹携手①

(1923 年 8 月 2 日刊)

　　(孙、曹携手之说,究竟如何?)予所谓和平统一者,实欲使国内各派,群服于一种主义之下,公同谋时局之收束,并以图将来之建设,非孙、曹携手之谓也。调解孙、曹,不过和平统一之初步。若谓孙、曹携手,即是和平统一,其他皆可不问,则和平且不可能,遑云统一。盖现在时局,非常复杂,决非一党一派所能专断,集合各派以为之,犹或虞其不足。必谓某派可与和平,某派则屏除和平以

---

①　报载,某君日前访问孙洪伊,叩以孙、曹携手内情。括号内文字系某君提问。

外，岂非与和平统一之主旨相违反耶？

（君何以必主张和平统一？）此为予对于国家之一种主张，非对于某人某派而云然也。既言国事，则必国家一时之需要如何，社会公同之要求如何。曰革命，曰护法，莫非因应国家之需要，不得已而为之耳。今护法之事，已七年矣。此七年中，国家所受损失何限，人民所受苦痛何限，乃至外侨之生命财产，亦间有不得安宁之虞。若再继续用兵，不过国家损失、人民痛苦日益加甚已耳。而结果如何，当不难预测。盖以武力与武力相对，实际以暴易暴，故经一度战争，反更产生多数强有力之军阀，武力并不见减少。此仆彼起，角立分离，徒苦吾民，祸乱将何所底止乎。故予谓和平统一，实为现时国家与人民所必需要者。予自信如是，不能因人言淆杂，遂变易初衷也。

（如各方有力者不能觉悟，则如之何？）天下事无无因之果，其权仍在国民。使国民欲和平统一，安见各方决不能觉悟者？一年以来，中山主张和平，鄙人主张和平，此外则未闻有道及者。若人心尚未厌乱，则其事诚不可知矣。

（和平统一进行之方法如何？）凡各派之赞成和平统一者，可公同发起一和平统一会议。所有以前纠纷，及后来建设，皆由此会解决，则时局自当易于收束。盖国家既有统一之必要，既不应再用武力，即应共同和平，此固收拾时局必然之途径也。

《孙洪伊之和平统一谈》，长沙《大公报》1923 年 8 月 2 日

关于赈济日本震灾之通电①
（1923 年 9 月 7 日刊）

　　此次震灾，不仅为日本之不幸，实为东亚之大不幸，此际宜一扫从来之恶感，从事救助邻邦。

《孙洪伊通电恤邻》，《顺天时报》1923 年 9 月 7 日

共恤日灾通电
（1923 年 9 月 8 日）

　　窃以国籍虽殊，人类则一；地域虽隔，生命皆同。此次日本惨遭地震风火之灾，东京、横滨间人民之死伤者达数十万，既已令人不忍闻睹。而此两地者，又适为日本文化之中心。物质与精神之文明，同时遭无量之损失，此岂独日本之不幸哉，实吾东亚之大不幸，亦即人类之大不幸也。苟有人心，能无痛乎？

　　曩者因中日国交时有冲突，国人于日本不无怨愤。然此皆其政府之咎，于其人民何尤？屈服于强权之下，而不能自由发抒意志，两国人民，殆有同感，我国人其试思之。窃愿我国人体地无私之量，宏生人恻隐之仁，视东邻如我国，视灾民如我民，并起以图拯救。春秋伐国，敌有大丧则退。师济人之心，而不乘人于危，此人

---

　　①　报载，孙洪伊并通知日本方面寄赠多额义捐金。此为孙氏通电内容之概述。

道也。我国民其共图之。孙洪伊叩。庚。

《救济日灾之争先恐后》,《京报》1923 年 9 月 11 日

答国闻通信社记者①

(1923 年 10 月 15 日刊)

(闻曹锟登台后,君即有北上之说,有诸?)彼等确有电来邀余北上,但余未加承认。故现在殊无北上之事。

(如北方必欲君去,君将应招乎?)此事目下尚谈不到。

(北京内阁之继任者,以君观察,行将谁属?)不出高凌霨、颜惠庆二人。

(大局将有剧烈变化否?)无。因直派既不能扑灭反直派,而反直派似亦无与直派决战之意。倘能一打,亦好。

(中山讨曹令,君意如何?)外间谓其滑稽,实亦无所谓滑稽。在中山地位,应当如此说。

(国会问题,将来如何解决?)余对于国会延期,实表赞同。迩来解决国是,无正当机关。国民大会及商学界之联合团体,既已屡试不验,则国会一物,似尚不可毁弃。国会虽坏,议员虽卖票,但要做总统者,尚须花钱来买,费如许力;倘并国会而无之,则其情形将复何如? 至国会正期,当以新选举办成为止。

(副总统选举尚须办否?)议员似不欲有再办之意,因目下尚无

---

① 北京大选结束后,外界传闻孙洪伊系内阁总理候选人之一,并有谓其即将北上者。国闻通信社记者因以探访真相。括号内文字系记者提问。

肯花一笔大钱来做副总统之人。且这种选举，不仅花钱，尚须有势力。议员在北京选举总统，不选曹锟没有办法。要是没有这个势，专门花钱亦是不成。

《孙洪伊时局谈》，《京报》1923 年 10 月 15 日

否认从曹组阁的谈话
（1923 年 10 月 25 日刊）

友人曾有来邀北上，此不过私人周旋，外传组阁之说，实属无稽。至于派遣代表入京，或为时相过从者之北归，而为相识之误认亦未可知。

《孙洪伊否认从曹组阁》，上海《民国日报》1923 年 10 月 25 日

关于调查吴伯林的谈话
（1923 年 11 月 8 日刊）

前报屡载有吴伯林代表余谒曹接洽时局各节，实则余并未知吴伯林其人，已函北京调查。

《孙洪伊调查吴伯林》，上海《民国日报》1923 年 11 月 8 日

为《实际应用新闻学》题字

（1923 年）

语云：言论者，实事之母。而此又实为言论之母。国家真正言论与有责，则是编所系，岂浅鲜哉。孙洪伊题。

《实际应用新闻学》之"写真题字"

关于北行原因的谈话[①]

（1924 年 1 月底）

久居沪上，空气不宜，常苦多病。现拟稍事游历，即回天津，略资休养。此行并无何种政治意味。

宪法既已公布，其中虽不无缺憾，而护法事业要不得不自兹结束，余于此事责任已告终了。

《孙洪伊北上》，《申报》1924 年 2 月 8 日

---

① 1924 年 31 日，久居沪滨的孙洪伊乘车前往南京，转道北上。临行前就北行原因，对外发表谈话。

答驻皖各沪报记者[①]

（1924 年 2 月 18 日）

（先生此行由何来，将何往？）予系由上海直至南京，现由南京来皖。勾留两日，将赴江西，再由江西赴湖北。然后再由湖北至洛阳，由洛阳乘陇海车至徐州。

（先生此来，当有利益于吾皖？）予此行完全个人游历，毫无政治臭味。

（江浙和平，以先生之眼光，能否保持？）看各省军政长官之□□如何。

（副座问题，闻有选举段、卢之说，能成事实否？）现在政局，数月一变。以予观之，尚非其时也。贵省马督理，人甚长厚，尚有可为[②]。

《皖马欢迎孙洪伊》，《申报》1924 年 2 月 21 日

附：同题异文

（先生离沪后，报载赴天津养疴，确否？）离沪赴宁，并未北上。

---

① 报载，1924 年 17 日孙洪伊偕随员五人抵达安庆，被安徽省署安置于新国会议员何毓麒宅。下午 4 时，安徽军务督理兼省长马联甲来访，晤谈约一小时。外间纷传，"孙洪伊此次来皖，于长江大局有关。并为选举副座问题，与各省军民当局有所商榷。"是日上午，驻皖各沪报记者与《新皖铎报》编辑等数人前来何宅，孙洪伊予以接谈。括号内系记者提问。

② 报载至此谓：孙氏"嗣又纵谈教育应如何振兴，实业应如何发展。"

（此次仆仆风尘，奔走国事，必怀有福国利民之政策，能举以见告否？）此次实为游历而来，不含有政治作用。己身为在野之人，理想亦难现诸事实。

（先生已与马督理晤而否？）见过两次，并未多谈。

（马氏之为人如何？）马督理人颇诚实，诸事要好。

（先生由沪而宁，当然灼知江、浙两省之实况，能否保持和平乎？）不敢决定。若果有大力者斡旋其间，亦可不致决裂。但今日之事，千变万化，不能预料耳。

（苏省当局之主张如何？）齐氏本人毫无成见。

（江、浙人渴望和平，先生为健全政党之首领，一言九鼎，何妨出当斡旋之任乎？）人微言轻，难生效力。

（报载洛阳请以副座让段合肥或卢子嘉，先生高见，以为何如？）亦说不定，或者能成事实，亦未可知。

（若果正式提出，直系内部有人反对否？）更说不定。

（先生何时离皖？）两三日后溯江而上，至南昌、武昌。

（到湖南、四川否？）不去。由汉口到洛阳，再由洛阳往徐州。

（将来是否须赴京、津一行？）必须前往。

（先生为国勤劳，周游七八省，必有重大怀抱，以求一展，能举以示国人乎？）纯粹游历性质，不含政治意味。

（对于皖省当局，有所指示乎？）本省人民如有所希冀，余定婉言转达。马氏人颇和气，或者能做到亦未可知。

（先生视吾皖现在所急须提倡者何事乎？）可饬地方多办小学，先求其多，次求其好，就地筹款，以免困难。小学发达，教育普及，无论何事，均可进步。其次则贵省荒山颇多，宜提倡造林，私山而无林，若干年后则充公。实业发达，人民安堵矣。

《孙洪伊莅皖自言不含政治作用》，天津《益世报》1924 年 2 月 24 日

答济南报界①

（1924 年 5 月 17 日）

（伯兰先生久居上海，对于各省情形及政治经验极为熟习，敝同人甚愿闻之。）政治问题，非片言所能言尽者。如鄙人前在徐州，见该处人民极为简陋，遇有婚事，始赁铺盖数件，素常无铺盖也。前鄙人以目疾往九江就医，见该处商业颇为发达，而人民之生活亦颇困难，可见中国之政治不良。但欲改革，必从根本上解决不可。根本如何，即教育、农林、交通等是也。故不必谈南北统一也。南北统一，不过南几省官吏受北方之任免而已，于人民之利益无与焉。即如鄙人前时反对慈善家，以慈善家救人太少。今见政治家连少数人也不能救，仅有利于几个官吏，故反觉不如慈善家。是以现在作事，无论作一国事，一省事，一县事，一家事，只要有利益于人民便可，不必以作大事为可喜，小事则可愧。

（宪法颁布，民十国会是否有效？）民十选举，恐难有效。因宪法成立，非突然成立也。数年来护法护国，引起战争，至今旧国会始将宪法制成。换言之，护法护国，均护宪也。若然，则此宪法即数年来战争之代价。况现在又无他法可以替代，及某团体可以制

---

① 报载，孙洪伊久居上海，此次北上，颇为各方注意。5 月 15 日晚间抵达济南后，郑士琦、熊炳琦特以铁路宾馆为招待处，孙洪伊除日与军政要人酬酢外，尚有各报记者络绎来访，询其对于时局之观察。是以，17 日午后 3 时，在铁路宾馆与各新闻记者举行茶话会，集中回应济南报界的提问。括号内文字系记者提问。

较此良善之法。且宪法之良否,必俟实行后,经若干时日之经验,方能证其优劣。如宪法为可以实行,则民十选举当然为无效,因其与宪法抵触也。

《济南报界与孙洪伊谈话》,《申报》1924 年 5 月 19 日

在津浦铁路宾馆宴会上的讲话[①]
(1924 年 5 月 18 日)

鄙人奔走南北,已逾十年,回溯既往,于利国福民之举略无增进,内疚神明,徒增愧怍。承诸君宠召,已觉荣幸,重辱问教,所弗敢承。此次鄙人离沪,经历数省,大率沉闷,少有生气,即有聚会,亦各为故旧同人。不图极有生气,而兼有历史遗留根据努力奋斗的精神之政团,有如山东者,幸得于今日见之。鄙人在开封,获观新郑出土古物,陆离斑驳,别有精彩。取以喻今日山东之政团,正复相同。

山东地方情形,虽亦鄙人所深知,但意料所及,政团之继续存在,得以永久不坠,则此十年来必具有一种生死患难之经营,奋斗至于今,所可断言。吾人活动政治之目的何在? 在于谋大多数人民之生存娱乐,而不在于升官发财。民国官吏,无可尊贵,发财须营实业,固非所论于政治家也。近今政治之破坏,久已显著,将来必有改善之道,以资救济。吾国古代文化,具有一种特长,为有欧

[①] 1924 年 5 月 8 日午后 6 时,山东省议会副议长陈韵轩及议员二十馀人在津浦铁路宾馆宴请孙洪伊及随员,孙丹林及新闻界数人应邀在座。宴会开始,陈韵轩起立致辞,此为孙洪伊答辞。

美所不及者；而近代之新文化，又为世界潮流之所趋，将来融会贯通，能造成一种最新的文化，进一步为最新的国家之建设。以愚见所及，吾国实具有此种地位、此种资格、此种魄力，且可能之事也。

诸君具有奋斗之精神，永久之历史，从事于一省之建设，即在于谋大多数人民之生存娱乐，是即为诸君今日责任，将来更进而谋全国大多数人民之生存娱乐。鄙人不敏，愿执鞭以随诸君之后。今承盛会，极为欣幸，此后鄙人北上，形踪虽有隔阂，而精神互通，必将契合。谨举杯酒，为诸君祝。

《孙洪伊以新郑古物喻鲁省政团》，天津《益世报》1924 年 5 月 21 日

在济南与某君的谈话

（1924 年 5 月 20 日）

（来济任务？）此次纯为游览名胜而来，既无所活动，自无何种任务之可言。

（对于北京政府，究竟作何种感想？）余与曹仲珊原属同乡，且有姻娅之好，甚望其能向好处做去。倘纷扰之时局，经假仲珊之手，而入于宁静之境，此不独为仲珊前途之福，抑亦余所深为企望者也。

（孙中山逝世之谣传遍全国，究竟存没，我公曾得较确之消息否？）中山死耗，余曾闻之省署方面，但尚未接正式电报，故无从测其真假。

（中山果死，于大局有何影响？）中山果不幸，则广州之局面必立见纷扰，大非南方之幸。若以北方论，则洛吴武力统一之计划，

或即藉此时机以告成功。所虑者，洛吴对南计划未见实行，而广东各首领因宗旨不同，已呈分裂之状态，为可忧耳①。

（我公此行是否赴京？）一时尚难预定，盖余来鲁，纯为游观性质，无定须到京之必要。倘兴之所至，或即顺道赴京一行，亦未可知耳。

《孙洪伊对中央之观察》，《顺天时报》1924 年 5 月 21 日

答天津《大公报》记者②

（1924 年 5 月 31 日）

南北两方将来得失之结果，颇难预料。以形势论，则一言以蔽之，均可持久也。宪法为一国大纲，今以十二年艰难缔造而成之宪法，欲一旦而推翻之，窃期期以为不可。至宪法之良否，乃又一问题矣。省宪、省制，未尝无一部分之理由，惟余以为应由国会制定之。且省制无益，徒重纠纷。盖凡事之涉于本身问题者，恒多所偏袒也。各省之情形，关于政治者，余雅不欲作无味之谈话。若教育、实业，则余意莫江苏善。诚以民国迄今，各省多频罹兵燹，苏省天赋之区，元气独厚，且人材俊迈，咸荟萃于东南故耳。至于余之对于社会主义者之意见，颇信其一时无实现之可能；即或能之，要非数十年不为功。缘中国无极大之资本家也。矧统观国内情形，

---

②　报载，孙洪伊抵津后，下榻日租界德义饭店。《大公报》记者来访，话题涉及南北政府将来之趋势、宪法、省宪、各省政治、教育、实业、人材及对于社会主义之意见等。孙洪伊一一答复，所言至简，然"提携纲领，不落泛常"。

亦与俄不同远甚。政府之防遏，人民之疑惧，皆时机尚早，结果不过庸人自扰耳。

《孙伯兰与本报记者之谈话》，天津《大公报》1924 年 6 月 1 日

与《益世报》记者谈省宪意见
（1924 年 6 月 2 日刊）

余主张省宪由国会制定。宪法明文虽定为省自制，然查中国二十二行省情形，有不可能。盖各省情形，大底略同，非他省不能通用。如必以各省自制，明令省自制宪法，定期为三年，各省议会果能遵于二年实现，则其中意见纷歧，各执己意，恐十年亦不能产生。即使果能自制，亦是辗转抄袭，如浙江之省宪，全系仿照湖南。诚如各省自制，不过徒增议员延长期限，省议员自然乐为，然其延误省宪不堪言喻。是此省宪何不任诸国会为便当也。

《孙伯兰之制省宪意见》，天津《益世报》1924 年 6 月 2 日

在天津县教育会欢迎宴会上的演说
（1924 年 6 月 3 日）

兄弟承诸君厚意，非常感谢。兄弟十五年前，在家本作教育事业，与诸君皆系同志，故不客气。兄弟在外十几年之奔走，对国对民毫无益处，不如诸君在家办学，实在惭愧。

兄弟此次回津，大家有所主张，凡力所能支的，必要尽力。兄

弟对教育主张，因到各处，参观的学校不少，精神上总感有不足的地方，然亦见不知不足地方之所在。后由洛阳至开封，发生很痛苦的感想。因吴巡阅使居然能造出一般人才，学堂反不能造人才，因教育以德育、智育、体育三项为最要。观洛吴召集中学学生及小学生，有三千多人，每天训练，对体育如武术、兵操非常注意。吴又约参观内堂及学生成绩，如兵书、战法外，采取最高学理，变浅近的文意，并择先辈精粹格言，令学生注意，三日一换，对体育、德育两点极优。反观学校，只注意智识。吴使兵学，得体、德两点，学校仅得一点。如兄弟在开封参观河南大学，问以何作主旨，答将来造公民的。吾想小学造公民，大学目的才造公民，是已自堕落。大概留学回来的，亦仅将所学的讲义，输入学生，并无特殊精神。又体察凡二十馀岁学生，尚可说几句话，作一点事。至三十馀岁作事，反多堕落，是根本上立不住，因无一种信仰的原故。

兄弟从前办学，破除迷信，毁庙颇多。在外涉历十馀年，始知破除迷信一语，误尽苍生。政治、法律，实不能范围人心，必人人有一宗信仰，始有基础。人无信仰，即无所托，定力不足，容易堕落。教育家往往主张新者是，旧者皆非。试问科学家，宇宙之源从何来，恐不能答。不能答宇宙颠末之源，即不能说崇拜宗教之不对。法律不能万能，如选举即是法律造成恶因。人为有形界鬼神，鬼神即是无形界的人，人神无分。至信仰上，对多神一神，不应分晰。人有信仰，即有定力，不受外诱，自不堕落。中国多年破除迷信，结果并无若何进益。望诸君唤起社会一般信仰，若仍破除迷信，专为教育，恐不能挽回颓风。

《三处宴请孙伯兰》，天津《大公报》1924 年 6 月 5 日

答中华通讯社记者①

（1924 年 6 月 28 日刊）

（日前曾在直隶全省自治筹备处得畅聆先生言论，异常佩仰。现在国事蜩螗，政局不靖，先生对于救国方策，有何切要之方？）问题太大，谈何容易！

（先生此次北来，遍游各省，有何用意？）调查各地情形，与各方作友谊之联络，并无其他政见。

（先生既周游各省，诸大巡阅若洛、若苏、若鄂，对于解决时局，有何方法？其趋向是否相同？）各人有各人意见，绝不相同。

（南北统一问题，显有先生从中提倡，能否做到？）南北双方势如水火，统一问题一时恐难实现。

（直奉和议，现在报纸宣传非常接近。但双方是否诚意谋和，抑系另有作用？）直奉和谈，予对之向不注意，故知之不详。

（先生为南北双方中枢人物，北方政局正在混沌，广东政局亦未尝不混沌。北方政局，各报揭载，各界人士多已知之。广东政局消息如何，先生必得其详。）广东方面消息虽多，但政局变化万千，今日之情形与从前未必相同，况予北游各省已历数月，所得消息已不如沪上之详，刻下有何变换，并不得知。

（外间报纸揭载私人谈话，均谓先生有组阁消息，确否？）予无

---

① 该报道称，孙此次环游各省，北来津门，"一般人对之咸谓含有政治臭味，将再度出山组阁"，故新闻记者多往叩其意。括号内文字系记者提问。

此意。

（日前先生参观津埠教育，较之前数年有无进步，有无缺漏？）已较前数年大有进步。而缺漏之处，亦所难免，要在办教育者随时改良耳。

《孙伯兰最近之谈话》，天津《益世报》1924 年 6 月 28 日

与某人有关政局的谈话[①]

（1924 年 7 月 1 日）

年来无政治观察力，完全注重在社会方面。对于目下政象，尚无批评之脑筋。

《孙洪伊到京后之言动》，天津《益世报》1924 年 7 月 2 日

与国闻社记者的谈话

（1924 年 7 月 1 日）

余自奔走南北，故乡云树，一别十年。今春俗务稍闲，亟欲归宁乡邑，漫游北上，既抵津门，则京华为旧游之地，且又相距咫尺，既承故旧相知迭次招邀，虽无必须来之事由，然亦何须落必不来之痕迹。此行拟小住十日，即返津门，纯系访旧性质，绝无政治意义。

---

① 报载，孙洪伊抵京后寓达智桥松筠庵，往来酬酢，连日劳顿。是日在庵休息，国会议员及故交来访者仍络绎不绝，有叩以政局意见者，此为孙之答辞。

（孙氏对于政治现象，不愿具体评论，惟云：）现在一般政象，主要病根在于政风太坏，无论何人，莫不先私后公。举世之良法善政，一入中国即行变坏，一种计画未经着手，而各种罪恶已缘之而行。故人谓正心诚意修身治国，此言决不可视为迂阔，确系今日之对症良药也。

（关于外传组阁之说，答谓：）现在组阁，同入于地狱。佛说我不入地狱，谁入地狱，惟余对于组阁则决无此勇气。

《孙洪伊到京后之言动》，天津《益世报》1924 年 7 月 2 日

对某社记者之谈话

（1924 年 7 月 6 日）

对于现局无政治之可谭，且够不上为政治之批评之价值，故于政治实不愿有所谈论。惟希望今后之政治，尚予根本之改造。对于政治活动之方法，当本其良心之主张，无如今之执政者，什居八九均背其良心良知，而权利是图，所以国家糟到如此境地，此余所痛心也。故欲求国家政治趋于轨道，当先求正人心，政治始有光明之希望。又不特此也，凡百事业之成功与失败，故以人心为向背。直皖、直奉两役，吴孚威所以成功者，非段、张势力薄弱，不足以敌吴，实段、张失却人心，此理极为浅现。是以执政者，岂可不收拾人心欤？又凡百事业均当求己，而从己身做起。即议员当明了议员之职责，新闻记者当明了舆论之责任。能知职责与责任之所在，益

以研究之功夫，即无所愧于社会①。

《孙伯兰又一表示》，《京报》1924 年 7 月 7 日

在顺直同乡欢迎会上的演说

（1924 年 7 月 7 日）

　　兄弟在外八年，没有想到今天可以出入国门，与同乡父老欢聚一堂，实属非常荣幸。诸同乡在报纸登载之启事，有"名震寰宇，功在民国"等语，未免恭维太过。兄弟近年浪得虚名，实属名不副实。自问于民国实属有罪而无功，大负诸父老之期望，言之不禁汗流浃背。欢迎二字，更所愧不敢当。不过与诸同乡父老一别八年，不能不说几句话，就同乡关系说明个人之一种感想。

　　兄弟此次游历沿江各省及京汉路一带，深惊骇顺直人势力之盛。举凡军事、政治之重要机关，上自封疆大吏，下至舆隶走卒，几无往而非顺直同乡；几若顺直人才，可以统一全国，似应非常乐观。殊不知此种现象，完全是表面上的煊赫，实际上毫无根据，而且非常危险。盖因此种势力的发展，不是由各人能力各个的发展出去，完全是靠着有势力者发展出去，而且完全是靠着非正当的势力发展出去，一遇此有势力者之地位变迁，就树倒猢狲散，有何根据之可言？兄弟此次沿途，晤见顺直同乡之作军民长官者，辄劝以早从根本上为同乡谋安全办法，不要使其他日流落在外。兄弟在上海寄居时，看见上海地方的广东、宁波两处人的势力，比较本地人的

势力还要强固，无论如何铲除不了，就是能从根本上着想。我顺直人在各省的势力，犹如浮萍一般，遇大风就完全吹散，讵可乐观？又兄弟乘船过九江时，见九江之娼妓，多半是前清湘军、淮军的后裔，流落而作此下贱生涯。湘军、淮军盛时，势力几遍各省，与今日直军势力比较，有过之而无不及，而其结果竟至如此，能不为之痛心？

外省人士，因各省当兵者均是顺直人而非本省人，莫不惊疑危惧，目为"亡省"。其实此乃大错。兵士每月所得军饷，不过六元，是消费的而非生利的。顺直共有五十万壮丁在外当兵，就每人生利十元计算，本省已减少五百万的进益，金钱上的损失已属可观。况且当兵之后，不能谋生，为农为工，都作不惯；顶好的青年，从军几年，就变成流氓，一旦解伍回家，有什么归根办法？并且壮丁在外当兵，不能娶妻生子，于人口增进亦有直接影响，其损失讵可胜言！

至于根本救济办法如何，惟有振兴实业与教育。此种责任，不能专诿之于政府，即个人亦可随时随地尽其责任。如办一小学，或集股开一公司，均是于地方有利，即是尽振兴教育、实业的责任。此种根本问题若不解决，就是天天谈军事，谈政治，究竟越说越远，于人民，于地方，有什么好处？即如办理地方自治，本是应该提倡，若是没有方针，没有办法，也不过多设一种机关，与地方官捣乱，包揽词讼而已，有何利益之可言？地方自治之方针与办法如何，概括言之，就是教育、实业两事。如调查户口就是为办小学，便利交通就是谋实业发达。既然诸父老热心办理自治，希望认定方针，以振兴教育、实业为前提，做一点是一点，办一件是一件，将来发展，未可限量。兄弟之个人感想如此，请诸父老多多指教。

《顺直人在各省势力之危机》，《顺天时报》1924年7月8日

关于"五卅"惨案的宣言[①]

（1925 年 7 月刊）

自上海英、日两国残杀我国工商学子之惨案发生后，全国激愤不可遏抑。曾不能得外人之反省，且调舰集军以示威，有强权无公理之外交，为现世所仅见。

夫工人要求良好待遇，事之至寻常者也。乃青岛日人调动海军，枪杀六七人，上海日人亦调动海军枪杀一人。青年学子，赤手空拳，讲演于街市，求世界人类之同情，又事之寻常者也。乃英国工捕局指挥巡捕开枪，轰击至再至三，工商学子死者数十人，伤者百馀辈。外人在我国内之暴行，未有过于此者。彼外人之所藉口者，不过谓事之由来，有共产党之参预其间。不知我国固未尝有共产党，强加此名以便压抑，已为不可。纵令有之，学生讲演，数巡捕制止之而有馀，任意开枪，与无抵抗之全市民为仇，此何为者？世界各国，罢工讲演之事，日有所闻。英之前内阁麦克唐奈尔，工党首领也，且进而秉国执钧。宁有一闻罢工之名，即可加以格杀勿论之条例耶？

往时外人之传教于我国内地者，乡愚无知，或加戕害。我国所受之惩罚，赔偿惩凶，开辟租界，甚且于我国国权，加以种种之制限，此我国人所能记忆，外人当亦能记忆也。学生讲演，与传教士传教，其事约略相等。今租界非内地之比，巡捕为奉法服务之人，

---

① 该文可见《孙洪伊对沪案宣言》，上海《民国日报》1925 年 6 月 16 日。

草菅人命，至于如此。吾人为我国人民痛，亦为世界人类痛矣。

我国现时尸外交之责者，仰外人之鼻息，以为自己延长政治生命之地，望其御侮折衝〔冲〕，宁可幸冀？然吾民族非可侮之民族，尽力所至，以与英、日两国相周旋。公理不伸，奋斗不止，是在我国民自为之。孙洪伊。

《孙洪伊宣言》，《孟晋》1925 年第 2 卷第 7 期

关于离京之启事
（1924 年 8 月 22 日刊）

洪伊此次来京，辱承诸故旧厚款，高情隆谊，无任感激。今因事回津，匆匆启程，不克遍辞，特此致谢，并申谢悃。

《孙洪伊启事》，《顺天时报》1924 年 8 月 22 日

关于孙中山逝世之谈话①
（1925 年 3 月 21 日）

此非独吾民党之痛，全国人士皆应痛哭者也。先生奋斗数十年，皆为国为民，其为吾国政治界先觉，固尽人能知。若其持身待人，至诚无私，反对党固不知之，即民党中亦有不能尽知者，实为国民及政党之好模范，吾人一刻不能忘者也。

---

① 此为孙洪伊在天津对醒民通信社记者的谈话。

年来道德堕落，国人皆以权诈相矜，营私罔利，毒国殃民，对于异党及同党，均无能推诚相与者，而先生皆异乎是。大哉先生之言曰："凡赞成吾救国救民主义者，皆为吾友。"此是何等气象，何等规模。朱子论三国人物，谓诸葛亮是公正无私，千古圣贤豪杰，终不出者这四个字。而先生有言："吾辈救国，终赖群策群力，非有全国人民之团结，不为功。"凡维持同党，感化异党，均非至诚无私不能作到。故吾人与其颂扬先生之掀天揭地之事，毋宁崇拜先生大公至正之精神，以挽救每况愈下之人心，续成先生未竟之志愿，则先生虽死犹不死也。

先生持身待人既如此，而所以示范于吾民者，曰法而已矣。手创共和之精神，已全寄于民，民之保障则在法。此次入北京，抱始终一贯之志愿，而事与愿违，忧煎日甚，肝病日剧，遂不得不死，而竟以身殉法与民矣。先生身分如此纯洁，国人崇德报功，宜以最纯洁而高尚者报之，方不负先生之心。

今国会不能行使职权，而北京执政府又属临时性质，国葬典礼，无合法机关为之举行，只好暂行民葬，留待将来追加国葬，方合先生之身分。饰终事大，决不可苟且牵就，诬及先生一生也。余已函托京中友人，转达孙公治丧事务所矣。

《小孙口中之大孙谈》，《盛京时报》1925 年 3 月 21 日

为金佛郎案通告全国电

（1925 年 4 月 29 日）

各省军民长官、各法团、各报馆均鉴：两年以来，国人誓死力争

之金佛郎案,段政府已签字解决矣。所谓金佛郎案者,即法国以退还庚子赔款为恢复中法实业银行之用,我国提供此款用纸佛郎之问题也。

夫退还庚子赔款一事也,恢复中法实业银行又一事也。法国允否退还赔款,我国固无强制之权,法国果善意退还赔款,则此款即为我国收回之款。虽其用途应由两国会商,然中法银行为两国间私人之银行,复业与否,别为一问题,断无强制我国以此款恢复中法银行之理。况提供此退还之款,不以法国通行国币之纸佛郎计算,而必以特定之金佛郎计算,尤为理之所绝无。

从前我国当局与法国订结中法协定草约,竟承认以退还赔款为恢复中法银行之用,且承认提供此款用金佛郎计算,卖国丧权,贻害无底。两年来,全国反对者在此。国会议决须照一九〇五年中法换文之电汇方法办理者在此;即段祺瑞去年在津,以曹政府拟办此案,即通电认为卖国者亦在此。盖非根本取消中法协定,则不能办理此案,全国人之心理罔不如是。乃曾几何时,昔之通电指为卖国者,今则躬蹈之,且复通电号于众曰,毁于曹而成于我,以为莫大之功。此真洪伊大惑不解者也。

彼段政府之自炫于众者,岂不以今次中法新协定系照一九〇五年换文之电汇方法办理,非用金佛郎耶!夫换文中之所谓电汇方法办理者,汇兑之手续也。今新协定第二条,明云照一九〇五年之电汇方法计算。所谓计算者,即照金佛郎价格计算也。故其下文又云,并加以汇兑或有之盈馀一并折合美金。试思电汇方法,待临时市价为标准,应付若干,即汇若干,何从得有盈馀?今不特有盈馀,且附列一表,自一九二五年起至一九四七年止,每年盈馀几何,皆已确定,是明明以金佛郎为标准,丝毫无游移。且自今后二十三年间，金价纵有跌落，而我国提供之款，则已一成不变。特新协定条文，以汇兑手续与价格标准包混于一句之中，又以折合美金巧为遮掩，藉以眩乱国人之耳目，使无从寻其端倪。

查我国今后二十五年间，应付法国赔款，用现付之纸佛郎计算，约合国币四千余万，若用金佛郎计算，则合国币一万万四千馀万。今新协定中月则之表，我国应付之数为美金七千五百馀万，以一美金约折合两国币，恰为一万万四千馀万，其为用金毫无疑义。而此一万万以上之差数，即为我国所负担之损失。夫使国家受万万以上之损失，以供中法两国私人银行复业之用，而此银行者，对于我国明则为借款，实则无抵押、无利息、无还期，以国库供其支取，而私人得饱欲壑，自非甘心卖国，安能丧心病狂一至如此。且庚子赔款关系列强，对法国既承认用金，则他国则继续而起者，亦将振振有词。今意、比、西班牙诸国要求用金之说又见告矣，不知段执政将何以善其后？我国之损失至若何而始有底止也？

段政府所以自掩其卖国之迹者，谓解决金佛郎案，藉以速开关税会议。夫金佛郎案与关税会议判然两事，且关税与东西各国均有关连，各国果赞成速开会议，法国未必即能抗阻；法国纵承认速开会议，亦何能使各国悉听其指挥。今法国既以关税会议为取得金佛郎案之条件，各国亦岂能别无要求？往者段祺瑞当政，卖国借债，其数约七八万万，担保不实，或竟无担保，外人方以借债权未能巩固，群注视于关税增加之途。今中法新协定签字之墨沈未干，而日本欲以将来增加关税为西原借款担保之说，已喧腾于报章，段祺瑞以关税抵借新债之拟议，亦复时有所闻。是无论关税会议尚遥遥无期，即令速开，亦不过一面结束段氏从前卖国之责，一面新辟一卖国途径，而我国家将沦于何等地位耶！言念及此，不寒而慄。

　　且洪伊尤有为国人告者。经济亡国之祸，国人知之久矣，而经济亡国者，即外人掌财权为其扼要之关键。自各国遍设银行于我国各地以来，我国财政已受莫大之压迫。今以一万万四五千万之巨款，组成少数私人一绝大之银行，自后我国财政一举一动，将无不受其束缚，后来痛苦，实未可言。即中法两国国交，亦恐生出无究〔穷〕之纷扰。在法国本以退还赔款为美意，何乐而贾我全国之怨讟。在我国偿还赔款原为无可奈何之事，今以受一退还之虚名，及额外增加一万万以上之负担，自造此络头穿鼻之机械。印度沦亡于三十六公司之覆辙，宁不可为殷鉴耶！昔段祺瑞以济顺、高徐两路卖与日本，几乎举山东、直隶、江苏数省土地拱手而听日人之钳制，幸华府会议得外人之援助，我国尚有收回之望。今又以修改中法协定之名，种此莫大之危机，宁再有华府会议可以侥幸于万一者！邦人君子，其利图之。孙洪伊叩。艳。

《北洋军阀（1912—1928）》第 5 卷，第 163 页至 165 页

答每日通信社记者[①]

（1925 年 10 月 29 日刊）

　　（各方盛传先生与此次变局有特殊关系，故都为〔谓〕先生已经

---

　　①　报告称，江浙风潮酝酿时，各方皆认孙传芳之言动，大多出自孙洪伊之主张，驻津记者因以探访意见。括号内文字系记者提问。

南下。先生究有意南下否?)此次主持军事者①之表示,并未彻底,并被应付者之奉张,不过一从犯性质,与余之意见尚未尽同,故余于此时尚未南下之必要。但预料主持军力者方面,结果或即与余之意见相同。总之,国人之谋国者,往往重视私人关系上之牵丝,而不能分明政治与私人关系上之界限。至改造政治之上进不易,余尝忆孙中山先生之言论,曾注意及斯。

(先生对关税会议前途之见解如何?)关税会议此时无开会之必要,且此次开会,并非各国与中华民国□□政府接洽成立。

(按吴佩孚之通电中,尚列有参众两院名义,将来是否恢复两院? 若须恢复两院,与贿选问题如何?)参众两院系中华民国之机关,议员之有不良,其机关实并未犯罪,当然仍在。对不良之议员,自有国家正当解决之办法。

(关于曹锟问题,若两院恢复,将来究应如何处置?)由曹自行辞职。

(迭次政变之结果,终以军人把持政柄,而益陷纷扰。此次军事动作之结果,究有何法以使真能有利于时局?)关于此层,实系新闻界之责任问题,新闻界宜以全力注意及此。若经久时间之宣传,自可到军人不揽政之目的。且我国数千年来,向由文人设施国家一切政治,而武人终在文人之下。今一反其历史上习惯,以冀图治,理想上万无此理。况考察各国之历史,亦所未有。但预料此次政潮之结果,当可比较的改善政治状况。

《孙洪伊对记者之谈话》,天津《大公报》1925 年 10 月 29 日

---

① 指浙江孙传芳等人。

答日本新闻记者^①

（1925 年 10 月 29 日刊）

（此次大局变化，传闻阁下与吴景濂、唐绍仪二氏为主谋者，有无其事？）此说系出误会。孙传芳、萧耀南、吴佩孚之行动，与鄙人之意见根本相违。

（相违之点在何？）彼等举兵第一目标为反对张作霖，第二目的为反对现政府。余等之主张以反对段政府为目的，张作霖为第二第三问题。

（反对段政府据何理由？）段祺瑞旧恶复萌，执政府成立一年之久，一切措施无一事于国家无害，如签定金佛郎案、召集关税会议，置民意于不顾，惟知个人之私利私欲，此外则非所问。且中国元首为大总统，彼之地位并不合法，自当反对。

（阁下与孙传芳、吴佩孚、萧耀南、周荫人一派军人，意见是否一致？）彼等兴师第一目的为对奉，近来亦反对金佛郎案，反对关税会议，宗旨渐明，与余等意见趋于一致。

（阁下对此次战争作何等视察？）余非军人，军事绝非所知。

（如依阁下之意见，段政府倒后应如何组织合法政府？）无论召集何届国会，必须依约法组织正当政府，并选举大总统。

（合法政府成立后，大总统依阁下推戴何人？）有德望者始得全

---

① 报载，日本某新闻记者前往天津意大利租界访问孙洪伊，叩以时局意见，语多"唐突"。括号内文字系记者提问。

国人民之推戴。

《孙洪伊对于时局之谈话》，天津《益世报》1925 年 10 月 29 日

与日本记者的谈话

（1925 年 11 月 25 日刊）

　　予对于段政府之行为，既认为奉派之行动，则联军现已揭明目标，予故无何等感想。至于我之意见，段氏个人操行尚好，其左右实不敢恭维，而段信之弥坚。若不改弦易辙，将来必成全国人民之怨府。关税会议纵能成功，吾人亦难承认。俟吾党执政之日，不难宣告取销。

《旧议员又酝酿以黎为傀儡》，《申报》1925 年 11 月 25 日

卷　六

痛诋段祺瑞电

（1926 年 3 月 22 日）

各省区军民长官,各总司令、师旅长,各法团,各报馆均鉴:段祺瑞叛国窃政,一年有半矣。卖国殉私,挑拨战乱,海内共知,不庸多渎,兹不幸而又有三月十八日之惨祸。此案之起,据报章所载及京中市民所目睹,不过多数学生鉴于国内战事引起外交,以其私人所见,游行请愿,为段祺瑞一种警告。其所举条件,未必当于事体,要非罪大恶极,可以不教而诛。乃段祺瑞命令卫队开枪轰击,死者数十人,伤者百馀辈,幼弱并命妇女捐躯战场之上,无此惨酷焚坑之祸,方之有加,此历史所未闻,屠伯所不忍出者也。

段祺瑞所发伪令,以暴徒加诸学生之身,藉掩其杀人之罪。夫所谓暴徒,必有暴行。学生列队游行,市民不惊,军警不问,未扰治安,可以想见。宁能捏造恶名,厚诬死者？又谓学生挟持炸弹、手枪、煤油、木棍,果其如此,是首都之地,已成战场。何以段祺瑞匕鬯不惊,晏然无事？段之卫队,何以金刚不坏,略无死伤？群众、学生何以骈立就死,绝无反抗？此种虚构之词,岂足以塞天下之口。又谓共产党发布传单,昌言不讳云云。此不必论共产党之有无,纵其有之,亦岂有屠戮无辜,以为防制共产党之理？舍曰杀之,又从而为之辞,此其残暴,真人道所不忍言矣。

夫段祺瑞,叛国之□也。自擅称执政以来,卖国毁法之事,日有所闻。国人隐忍姑息,不加声讨。莘莘学子,时多出位之思,请愿于当道之豺虎。群众游行,已非一次,其行虽未合于正轨,其情固在可哀矜。段祺瑞自身不正，久假不归，始则纵容利用，终则残杀相加，逞一己之私图，而贼夫人之子弟。海内贤达，犹复雍容讽谕，冀其自觉。甚者日戴此卖国牙郎以号令国中，而不知戾气凝结，终酿惨祸。

今而后惟当取彼凶残，鞠于司败〔政〕，以平群众之冤气；恢复宪章，驱除狐鼠，以定全国之是非，国家前途，或犹有收拾之望。否则，鱼烂土崩，激成铤走。民既敝矣，国何以堪？此邦人君子所宜奋力以图者矣。孙洪伊。养。

《京内外各界对惨案之愤慨》，《京报》1926 年 3 月 24 日

痛论护宪护法利弊之通电

（1926 年 5 月 9 日）

（衔略）段祺瑞毁法窃政，一年有馀，各省合力驱而去之。大憨既除，国本宜定，顾宪法约法之争，又相因而起。夫所谓法者，为国家计久远，非以一人定去留。中华民国之组织，固根据约法而来。国会制宪之权，亦为约法所赋予。宪法未成，约法有效，为约法所规定，则宪法既成，约法废止，自为当然之解释。是则所谓法统者，固明明约法为推轮，而宪法为大辂；必欲舍后取前，则约法所规定者，先已不能有效，其本身亦将等于土苴。断断之争，庸非多事？况宪法大总统一章，实为民国二年十月四日所宣布，自来选举总统，皆奉此为圭臬。与宪法不宜有效，则自袁世凯以来如黎、如冯、如曹，皆应根本推翻，回复民国二年之状态，始可谓之单纯约法，而此十三年来之事实，皆为无意识之举动。此主张约法者所不能自

圆其说也。

国会制宪，始于民国二年。至六年五月，地方制度一章，将通过二读会议，遂来暴力之干涉。护法之师，亦即因之而起。是护法者，实求宪法之速于告成，并非望约法之永久有效。故国会南迁，而宪法会议仍复继续开会，即其明征。当其未成之际，一时舆论，莫不以宪法久未终篇，訾国会为坐糜廪食。今宪法成矣，又欲拉杂摧残，指制宪者为一重罪案，是不惟不能贯澈自己之主张，究不知国家至何时而始有根本之法典。祸乱相寻，宁知所届。且恢复法统，不应涉及对人问题，乃能引起国人守法之观念。今之言法统者，大率先定一人以为中心，而后计及法律上之途径。其人而便于约法也，则以约法为不废之江河；其人而便于宪法也，则藉宪法以点缀门面；其人而两无所据也，则依违其间，视宪与约皆为无足轻重。假使有野心家如袁世凯其人者，则且变更国体，实行帝制，亦将自成一说。竭全国之心思才力，讨叛乱则有馀，调众口乃不足，议论未定，虏已渡河，有宋之事，可为寒心。是何如撇开对人成见，公同拥护宪法，为国家辟一荡平之路，使政治得有轨道可寻，其所得者，不已多乎？

论者每谓宪法内容不能尽善推行，或多困难。夫宪法之善不善，本无确定之标准。果其不善，经过正当之手续，即不难为尽量之修改。今日世界各国，何尝有略无遗恨之宪法。其推行□活，皆有待于修改补充，固未闻有创制方成，先判定其良否而径行废弃者也。又有谓国家主权在民，政治应取公开，宜召集国民会议，以解当前之纠纷。此其为说，固有相当之理由，特国民会议，将何自而来？会议之权能，将至于何等？不能凭空而产生，亦不能以一人而造法。必待国会开会之后，由国会制定国民会议组织法，乃于宪法有互相维系之用，于国会无骈拇枝指之嫌。若谓已成之宪，不能遵从，假突如其来之国民会议以替代国会，则人人造法，会议机关可以至于无量，只益纷乱，何补时艰？

民国六年护法之举，洪伊首发其端。当时求为国家立本根，不惜犯群众之大难，因缘递演，战争十年。今幸国人有悔祸之心，各方惟弭乱是图，若舍成宪而不守，又为后来种一乱源，不惟洪伊所不愿闻，抑亦谋国之士所不忍出者也。邦人君子，其共鉴之。孙洪伊。佳。

《孙洪伊痛论护宪护法之利弊》，北京《益世报》1926 年 5 月 14 日

关于关税会议的谈话

（1926 年 10 月 10 日前后刊[①]）

段政府此次召集关税会议，名为增加关税，实则举我国关税之权，丧失净尽。换言之，无异杜威斯制度实施于我国之第一步。全国反对，实为正当。

按我国关税不能完全自主之起原，由于战败之结果。其后各国订立通商条约，皆援最惠国条例以为要求，关税之权，因之遂受限制。其实我国货物运入他国，仍守他国之税章，我国绝未过问，此种片面之最惠国条例，在世界实为仅见。然此种条约，仍为我国单独对任何一国之事。所谓协定，乃我国对其他一国商定税率之

---

① 　该刊残破，时间不明。因《民视日报》创刊于 1921 年 10 月 10 日，其《五周年纪念会刊》出版时间应在 1926 年 10 月 10 日前后。

谓,并非合世界各国共定我国之税章。设我国对其他一国条约,取消此协定之限制,则对于其他各国,亦可为同一之要求。

自欧战以后,我国对俄、奥等,均不能谓无此机会,政府不能乘时利用,已属可惜。从前《马凯条约》,载明我国关税可以逐渐增加,至一二五为止[①]。自后我国人,只知关税应设法增加,而不知关税自主,乃为切要之图。一九二一年,华府会议承认我国增加关税,原不过顺世界税则自然之趋势,非于我国有特殊之惠。其实我国关税,安能在华府会议决定,成此世界共定之局?不幸我国代表,狃于增加之美名,对于九国议决者,贸然签字,而自己所提出之关税自主,反归入保留。从此以后,我国关税向之单独对任何一国协定者,今则为九国公同协定;向之关税协定,我国尚有一半自主之权,今则全入于九国操纵之手,此实外交上之大失败。

当时鄙人曾有反对言论,国人亦未加察。今之主持国政者,苟稍为关税主权设想,当力图挽救,亡羊补牢,尚未为晚。乃号称执政之段政府,竟悍然召集关税会议,不以关税自主为主张,而必以华府会议为根据。曾不思华府会议实暗夺我国关税之权,今根据此会议以召集开会,是即承认九国有协定我国关税之权,而履行此一种手续,作茧自缚,莫此为甚。且即以华府会议言关税自主,尚为一种保留案件,遇有机会,我国尚可抗争;若经此次会议,则并此保留之案,不啻自行取消,关税自主,不知何时方有希望。国权之损失如何,工商业之摧残压迫,将至于何等耶?段政府前次办理法国金佛郎案时,即以关税会议为交换条件,其意似恐华府会议之九国协定未能巩固,再加一层保障,且使其他各国皆有所挟而来。又

---

①　按当时通行说法,税率"一二五"当为 12.5％ 的关税税率。

闻此次会议请柬所邀，兼及丹麦、巴西诸国，一若世界各国皆有协定我国税率之权，非丧心病狂，何至如此！

今全国方主张修改不平等法〔条〕约，段政府亦曾以此虚与各国委蛇。所谓不平等条约，关税限制，即为其中最大之端。今一面谓修改不平等条约，一面召集关会，自相矛盾，不已太甚。外人对于我国，辄主张实行杜威斯制度。所谓杜威斯制度，实而即财政共管。而财政共管，又以关税银行，为其显著之条件。外人在我国遍设银行，已握金融之枢机，而关税又复如此，去杜威斯制度尚复几何？我国工商业之前途，宁再有发展之馀地？于是有为段政府辩解者，谓关税增加，舍此实无他途径。抑知通商条约，原与别种条约不同，我国以能得需要而利，外国能得销场而亦利，惟其两利而俱存，故其事常相倚伏。关税自主，于我国固利，于外国亦何尝有害？果能毅然提出，决非绝对不可商量。在我国亦非无相当抵制之法，原不虑外人不就我范围。此次俄国声言，不愿参预此限制我国关税之会议，即其明征。否则关税自主之案，在华府亦已不能保留矣。

且关税增加，实为一种课税转嫁。所谓关税转嫁者，即关税既增，则货物之销售于我国者，价值亦随之而抬涨。是负担关税者，仍为我国之国民，非取于外人之手。我国民以汗血金钱输纳关税，乃由九国外人为我议定，而犹自号于人谓为有利，亦强颜耳。段政府思以增加馀额，别觅外债之途，以供其无聊之挥霍，乃不惜失此国家主权，而我国人乃熟视无睹，且有为之辩护者，此真鄙人所大惑不解者也。

《讲演·谈关税会议》，《民视日报五周纪念汇刊》1926 年 10 月 10 日

在欢迎日本前首相清浦奎
吾宴席上的讲话

（1926 年 10 月 14 日）

　　明治维新后之日本，与革命后之中国国情相似。不久中日通商条约即行修改，是时甚盼日本遵〔尊〕重正义，将该约中之不平等条项撤除，以缔结友谊的对等条约。盖时至今日，中日亲善之口头禅时代，业已过去。故两国不仅在国际上，即在中日文化上，亦实有互相提携之必要也。

《清浦子爵今日下午抵京》，《顺天时报》1926 年 10 月 16 日

致孙传芳书

（1926 年 11 月）

　　馨远仁兄总司令勋鉴：阅报知我公建牙祸羡，将移节江西，有事湘、鄂，甚盛举也。然弟窃以为战争非弭乱之方，和平为救国之策，决胜疆原，不如相见玉帛，专执一是，不如容纳各方。敢略布其愚，幸裁择之。

　　夫我国战争之祸，亘十年矣。其始之用兵，诚有不得已。我主战者并不能自信其主张，甚且诪张为幻，玄黄易位，始则共同对敌，继乃互相为战，九域骚然，而国是终于不定。即如今次之事，各方均以"讨赤"为名，然所谓"赤化"者其实际何如，则亦游移而不能确

指。公产公妻之说，人人能举以加诸一方，究无从得其实证。盖全国在战争状态之下，各自为政，取便一时，既无法律以相绳，复无中央之制驭，人民之愁苦呻吟，莫可起愬，比比皆然。此勿论被以何种恶名，亦不无几分类似，以此制敌，敌有辞矣。

前者孚威①在鄂，弟曾致书劝之，谓湘、鄂之事，求其各不相犯而止；必欲借以兴兵，徒滋一层纷扰。及西北军退出北京，弟又致书孚威，谓西北军既穷蹙而愿和，则无取抗兵以相加，然孚威均不能听也。今孚威偶尔蹉跌，究无损其爱国英名。其立身行事，亦为世人所共见。我公投袂而起，仗义执言，例以同胞之谊，诚为薄海所钦。然以时局之复杂，主张之多歧，徒然诉之于武力，则战局将相引而弥长。一时得失，败者何辱，胜亦何荣。当粤军出动之初，声言不侵赣境，至今湘、粤部队，似犹未越雷池一步，往还信使，尚在行人之馆。苏军之出发于赣省，亦只自保于边陲，是和平之道尚未至于决绝。况苏、浙等省之人民，奔走呼号于我公之前，小之求五省之治安，大之冀出全国于水火。民瘼可念，天高听卑，此就今日情势言，固不以一战为得策也。

夫以今日四分五裂之局面，树敌相疑，祸机潜伏。非攻寝战，不过一时之安，保持现状，亦非长久之计。弟之所望，固有进于此者。盖谋国之道，必先定大法以立纪纲，而后全国有共由之路；必开诚布公以采集众意，而后各方无偏枯之嫌。惟其兼容并包，乃可纳之轨物，否则地丑德齐，谁能相下？泯梦莫定，国何以堪？我公居高明之地位，系万众之观瞻，一摇手举足，影响皆及于国家。果其振导祥和，为天下先，实可以提撕各方，同归觉悟。此如顺风而

---

① 指吴佩孚。

呼,声非加急,其势疾也。

当民六首先发大难之际,举国之所求者法耳。而北方当局,视法如仇,往复百变,宪法始定。而西南各省,又以对人之故,不惟集矢于人,转而迁怒于法。究之法何负于国家,国家亦安能舍法以为治?法不定而徒言政治公开,非遗筑室道谋之讥,则开专断独裁之渐。征之往事,莫不如此。为国家计久远,固不能不先立纪纲。至于西南主张,大体本于中山先生三民、五权之说。三民主义,宏阔溥遍,所含实多。五权中之弹劾、考试,既为历史之精华,亦切中今日之时弊。即国民会议,亦非不可行之制度。虽宪典已定,依合法手续修改参加,并非綦难。夫西南固以主义相维系,果能容纳其主义,非图适当之建设,尚复何求?

国家本为公器,爱国亦人心所同,既无感情爱憎之私,亦匪个人利害之见,何者为洪水猛兽?何者为玉律金科?在昔帝王创业,尚复豁达大度,并育并行。曾谓中华民国,而必孤行己见,强人从我,十年变乱,此其主因。若既已容纳其主张,以之实施于政治,其人则同在一堂,其事则按流顺进,犹复兵连祸结,则曲在于彼。不得已而以武力周旋,亦可告无罪于天下。若谓以一战之威,即能扫纷乱之局,窃恐战争愈多,分裂益甚。纵令胜算独操,未见其能澄清底定也。

今日时局,正当过渡期间。各方当局,皆立于平等地位。主张者无号令国中之嫌,赞成者无承风希旨之虑,共泯阋墙之竞争,同为国家之勋旧,一转移间,国与民并受其福,而我公之丰功伟烈,较之战胜克敌,尤无量也。时机难得,稍纵即逝,惟我公裁之。孙洪伊谨启。九月十六日。

《杂俎·孙洪伊致孙传芳书》,《五九月刊》1926年第13期

致张学良电

（1930 年 9 月 24 日）

洪伊于九月十九脱险回寓，请释廑念，并谢关存，孙洪伊叩。敬。

《孙洪伊来电》，《张学良进关密录》，第 167 页

关于脱险返寓之启事

（1930 年 10 月 3 日刊）

洪伊以爱国爱乡，希望缩短战祸，促进和平，被晋方见忌，诱留四月。辱承国内外同志函电慰问，无任心铭。今于九月十九夜回归津寓，未及一一函候，特此登报，请释廑念，并谢关存。孙洪伊谨启。

《孙洪伊启事》，《申报》1930 年 10 月 3 日

答《申报》记者①

（1930 年 10 月 28 日）

（闻先生在津曾被晋方拘禁，其经过若何？）当中央讨伐军事吃紧

---

① 报载，孙洪伊脱险后由津来沪，记者叩其内情。此为谈话摘要。括号内文字系记者提问。

之时,阎氏深恐余妨碍其后方,因密令天津市长崔廷献诱禁四阅月。迄东北军出动,时局告一段落,余始脱险南下。

(先生南下目的何在?)余因久居北方,一般旧友函电相约南来一游。此次拟乘便往南中各地观览新兴事业,并访候各方旧好,别无所谓目的。

非和平统一不足以救中国,蒋主席最近发表江、蒸各电,最为得体。倘能妥筹办法,次第展布,则和平统一之功不难观成,但为政不在多言,要看力行何如耳。

《孙洪伊谈脱险经过》,《申报》1930 年 10 月 29 日

警告日本国民书

(1931 年 10 月 9 日刊)

自暴戾恣睢的济案发生以来,我国土地人民性命财产,被蹂躏残破于暴力淫威之下。不遑以兵戎相见,而忍辱负重,以经济绝交,与贵国作殊死战。此种悲愤的印象,深刻脑际。而贵邦铁蹄驰驱纵横之所得,究有若何名誉与利益?闻出口贸易,顿时为之减缩,其影响于贵国全部经济者,不可谓非重大。贵国多远谋深识之士,宁无感觉者乎?不料最近竟又演加兵我辽、吉之怪剧,其暴行尤百倍于济案。

夫贵国立足世界国际之林,向以法治文明相标榜。纵我政府或以洪流泛滥,赤祸猖披,一时未遑努力东陲,清厘外务,悬案未结,重烦督促。然外交正轨,讵无可循,乃必举国际公法、国际通例、国际条约等等,一手而粉碎之,不抗议,不通牒,而竟突如其来,

狡焉以逞者何也？辽、吉距离千有馀里，而进兵期间，仅二小时的差异，其为有预备有组织之动作，三尺之童，无不知之。

初经我地方当局质问素当交涉全权之领事，彼则全不负责，诿为非其权限。继经我中央政府质问于全权公使及贵国政府，则谓为军人之行动。此中真相，岂能以一手掩尽天下目。即使果为事实，军阀横行，割据地盘，草菅人命，已成我国共和以来之痛史，我国人憔悴呻吟久矣。民治尚未发皇，统一犹待完立，皆此残留的特殊势力，实为厉阶。此风今幸少衰，而贵国军人竟蹈覆辙。

夫贵国倒幕之伟绩，维新诸烈，掷头颅粉身骨以换得之者，何其壮也。今者贵国政府不能裁制军人之弱点，暴露无遗。现犹气焰初张，浸且变本加厉，对外肆威之后，转而对内争政。贵国无枪阶级的优秀分子，何以御之？计惟结舌椎胸，扰攘不知经若干岁月而后已。狮象蹴踏，非驴所堪。贵国兵力比我为强，将来所受跋扈摧残的毒害，亦必比我为尤酷。同文同种，唇齿苦痛，窃为危之。

复次，佳兵不祥，世界通例。贵国海陆空军之精强，孰与德之维廉第二？拓疆之广，树威之远，孰与法之拿破仑？彼一世之雄，今皆安在？现世界势均力敌之局，非贵国国力所能打破。即令国际团体之督责，友邦政府之执言，对于贵国军人行为，卒莫发生效力。然联俄为我政府以前一页颇长的史实，虽经国人反对，已告取消，果犹予我难堪，迫之太甚，则感情冲动，安知所极？并世列强，利害攸系，又宁能袖手作壁上观乎？国际间之敌意，将见日加浓厚，剑及屦及，战云弥漫远东。所谓世界第二次大战争，于焉开幕。推原祸首，责任所在，实为贵国尸之。况经济退落，失业日多，已成世界共同之趋势，贵国亦已有见端。倘一旦祸结兵连，生计益蹙，事变纷乘，恐胜负未决于疆场，祸患已起于萧墙。昔借外战弭内争，今难保不因外争召内乱。德、俄政变，可为殷鉴。

大抵国际间之利益，建筑于和平感情的基础之上，方能缔结巩固，而维系久远。若必凭藉武力，强劫豪夺，则循环报复，终无已时，徒为两国民间种互相屠戮的恶因，造未来极大恐怖的环境。盖吾国本图对世界开放全国，以吸收外资，借材异地，增筑铁路，发展实业，为预定政策。但希望友邦撤销领判权与驻军权等，使主权统一，免生枝节，为先决问题。我国内乱未平，外忧方急，建设事业，尚犹有待。设备友邦早以平等独立遇我，内外宁谧，朝野从容，咸信任政府之强有力，俾一心毕力于新兴之工作，政治清明，百废具兴，兴筑业多，则吸收实巨；购买力强，则贸易额增；建设事繁，则聘用材众。凡所为金钱、器械、物质、人才种种，胥呼各友邦起而肩将伯之任。吾与贵国壤地相接，以言物品，运输近利，制造轻便，而成本较低；以言人才，往来频繁，情势习熟，生活简洁，而薪俸尤廉；以言杂居，气候齐同，比邻密迩；以言投资，调查迅速，消息灵通。凡此天然与人为的地位，皆占优势。贵国尽量以资力、器用、人才，供给我新国家的要需，犹虞不足。凡兹理论，不佞持之有年，曾与贵国士大夫言之，亦非一次。贵国政坛诸公，当犹能记忆及之。

近顷贵国宣言撤兵，实际尚无撤退。即盼督促政府，收敛野心，立即退兵，速循正轨，共谋解决。宜务其大者远者，定百年大计；勿斤斤于急功近利，而贻后患于无穷。此固我国之幸，抑亦贵国之幸也。

《孙洪伊警告日本国民》，《申报》1931 年 10 月 9 日

对于党政之商榷书

（1931 年 12 月 28 日至 29 日刊）

　　窃谓今日中国之危机，不在外侮之日剧，而在内忧之日深；而内忧之症结，不在反动之煽惑，而在党治之无功。孙中山先生谓："政是众人之事，治是管理众人之事。"夫事既为众人之事，而政府为之管理，则国家主体固为人民，决非一党一人所得而私也明甚。中山《革命方略》《建国大纲》，原定有军政、训政、宪政三时期，然亦自有其限度。以言军政，国民革命原以北洋军阀为对象，自十六年国民政府移都金陵而后，所谓革命对象之军阀，皆已次第崩溃。绳以中山一地肃清、军政终止之旨，军政时期早成过去。则今日之所谓反动，非复当年革命之对象矣。以言训政，训政之作用，在训练人民行使政权。训政纲领，党之中枢，亦既颁布有年矣。绳以中山地方自治、县为单位之旨，迄于今日，岁历五稔，顾何无一县以完成训政闻？此其责度不在人民，盖人民固俯首受训不为不久，其效率之不见，适见党治之缺陷；坐是党信失坠，反动纷乘，上下交哄，表里若墟，国难民困，有由然也。

　　说者以俄、意相比附，不知苏俄波尔失维克之党治，建筑在铁的纪律之上，而其对象则为资产阶级；意大利法西斯蒂之党治，建筑在行为能力之上，而其对象则为共产党。顾今日中国之党治为何如耶？况苏俄国体固为联邦，政体则为共和，以视中国之党权高于一切，政则极端中央集权，则优劣判然。意大利蕞尔小邦，尚有虚君在，故墨索里尼以当世怪杰，力足宰制。以视中国之地大人庶,则难易自见。然则今日中国党治之党,拟之波尔失维克、法西斯蒂既不伦,而其本体又无铁与力之素养。党治云者,徒见以人民为对象而尸之祝,乌足以言治哉?

由前之说,训政既无效率,自不得以任何藉口而无限延期,举四万万方里之国命民命,与四万万人民之政权、人权,供一党之牺牲而不少惜。由后之说,中国固非俄、意之比,一党专政,匪惟势阻,抑且理乖,勉强效颦,终致长乱,事理昭然,岂能深讳。观夫今日内哄日烈,外侮交迫,演成古今中外未见未闻之痛史,使国人而稍加反省,亦宜有以翻然易辙者也。

侧闻今日有以反对独裁创设民主制度,筹备宪政相号召者,自不能不谓为觉悟之表示,亦拨乱致治之转机。但不知所谓民主云者,究以党为立场,抑以人民为立场?使为前者,则党治还是党治,人民还是人民,初何补于缺陷,要亦五十步百步耳。使为后者,则国家政权之发动,宜一本乎人民之公意,而勿徒待决于党,始副民主之实。且在民主制度之下,一人独裁,固所不许,而一党专政又岂容并存耶?若夫宪政实施,在实际上、时间上宜有与人民共信共守之制限,殊未可筹备其名,训政其实。凡此皆今日国家新生命之所系,必须有以慰真切之民望者,使徒取快口舌,资为捷径,则劫后孑遗,耳熟能详,奚所取择焉?

总之,中国立国,自有数千年固有之历史文化与民族习性。中山主义,党国贤达曾亦视为继承尧、舜、禹、汤、文、武、周公、孔子之道统而集其大成,故一则曰"天下为公",再则曰"世界大同"。而吾民族之政治信条,亦缘于"抚我则后"、"虐我则仇"之遗训,而成传统之意识,此则今日谈党治者,所当深切体认者也。不佞鉴国难方殷,懔祸机四伏,黄台之瓜,不堪再摘,覆巢之下,讵有完卵,心所谓危,罔避忌讳,故敷陈管见,冀与当世贤达一商榷焉。倘有同情者乎,曷亟起而有以促成之,则国家幸甚,人民幸甚。

《孙洪伊对于党政商榷书》,天津《益世报》1931 年 12 月 28 日至 29 日

为《国民先导月报》题词
(1931 年)

俾民不迷。孙洪伊。

《俾民不迷》,《国民先导月报》1931 年第 1 卷第 4 期

在宪政促进会第一次谈话会上的讲话[①]
(1932 年 1 月 10 日)

在促进宪政,俾全国国民有共赴国难之轨道。外交失败,在于内政不良。内政所以不良,在本年来国民党一党专政,只知有党,不知有国;只知有党员,不知有国民之故。所以救国必先从打倒一党专政始。

《孙洪伊等发起宪政促进会》,《申报》1932 年 1 月 11 日

---

① 报载,是日下午 2 时,孙洪伊等假威海卫路中社召集宪政促进会第一次谈话会,到会者百馀人。与会者公推孙洪伊为主席。首由孙报告该会发起宗旨。吴山、林素园等亦相继发言。会议决定该会定名宪政促进会,推举孙洪伊、罗家衡、胡祖舜、江天铎、林素园、赵尊岳、王造时、陈伯简、诸青来、范鸿钧、陈定远等十一人为临时筹备员。并通过宣言及简章草案,定于 1 月 17 日召开成立大会。

有关国难会议的谈话

（1932 年 1 月 26 日刊）

外患之来，由于内政不良，国家、人民两无组织，故本人认为促进宪政为安内攘外之急务。主旨（一）既已确定中华民国为民主立宪国家，则一切设施当以民权高于一切为原则；（二）组全民代表会议；（三）由全国代表会议制定宪法，依宪法组织民意政府。至促进程序，第一步应唤起民众，促国民党放弃一党专政。至国难会议用意何在，尚不明了。如确有谋救国大计之诚意，自先宜放弃专政。若欲藉此以钳人民之口，或令大家分谤，则此百数十会员，为政府所聘，非人民所选出，岂足以代表全民，又安能为政府分谤？故本人何时入京出席国难会尚未定。

《孙洪伊谈国难会议》，天津《大公报》1932 年 1 月 26 日

致国难会议会员函[①]

（1932 年 2 月 3 日刊）

国难会议会员诸君公鉴：敬启者，报载台端及同人等，被聘为国难会议会员。同人等认为国难危急至此，国难会议能否开成，虽未可知，但吾人对于上海事变所引起之险恶局面，不能不设法共同

---

① 　此函为联合发起，孙洪伊为联名人之一。

努力救济。爰是定于今日中午十二时,在威海卫路中社便饭,共筹国是,敬希驾临。赵正平、张耀曾、王造时、温宗尧、彭允彝、褚辅成、陈锦涛、陈启天、刘天予、左舜生、章炳麟、冯少山、胡庶华、黄炎培、赵叔雍、孙洪伊、李璜、余家菊同启。

《申报》1932 年 2 月 3 日

反对对日让步电[①]

(1932 年 4 月 4 日刊)

各报馆转全国国民公鉴:上海停战会议,日本除要求驻兵于吴淞、引〔南〕翔、江湾、闸北四重要区域外,并不允规定撤退时期。近闻吾国政府,对驻兵地点完全让步;对撤兵时期,亦有交圆桌会议讨论,仅由日方单独声明了事之意。如此果确,则显系违反国际联盟决议,并政治问题与军事问题为一谈,陷上列四重要区域于长期被占领之绝地。在敌兵压境之下,举行会议,去城下之盟有幾。凡我国民,宜急起反对,监督政府,非使恢复一月二十八日以前之状态,不开圆桌会议。临电不胜迫切之至。温宗尧、孙洪伊、张耀曾、陶家瑶、王晓籁、徐元诰、穆湘玥、彭允彝、钱永铭、许克诚、顾馨一、黄炎培、张纲伯、潘序伦、王造时、李祖夔、张子桂、钱志翔、李璜、褚辅成、查良钊、狄葆贤、赵叔雍、聂潞生、胡筠籁、冯少山、杨习贤、胡筠庵、黄延芳、朱吟江、杨志雄、胡筠庄、左舜生、陈启天、尤菊荪、陶乐勤、胡筠秋。

《温宗尧等昨发通电》,《申报》1932 年 4 月 4 日

---

① 该通电为联名发出,孙洪伊为联名人之一。

致国民政府电^①

（1932 年 4 月 5 日）

　　国民政府公鉴：国难会议，辱承敦聘。读组织大纲，集中全国意志，共定救国大计等语，念匹夫之有责，虽汤火其敢辞。顾同人深信，凡民族争存于世界，以合作为最要条件，盛衰存亡，胥系于此。我中华民族所以积弱至今，濒于危亡者，唯一症结，确在不能合作。民国二十馀年，内讧之频繁激烈，人所共见。近数年来，更立一党专政之制，杜绝多数民众政治上合作之途，以致党员斗争于内，民众睽离于外，全国嚣然，戾气充溢。日人乘之，乃有“九一八”以来之奇辱。此而不变，沦亡可待，遑论御侮！

　　同人参与国难会议，方拟开陈所信，化除杜绝合作之党治，实现全民协力之宪政，对此救亡大计，努力解决，以答政府相邀之雅，而副人民望治之殷，乃政府忽有限制会议议事之规条。经推代表赴京晋谒，奉询真意，复承汪院长函复，会议讨论以御侮、救灾、绥靖为范围等语，诵悉之下，不胜惶惑。以为遵召赴会，如严守制限，置救亡大计不提，则对国家为不忠，对政府为不诚；而政府既已严定制限，则此实施宪政之案，又无提出会议馀地。思维再四，与其徒劳往返，无补艰危，不如谢绝征车，稍明素志。用特电陈不能赴会理由，幸乞谅察。

　　至于救济国难，重在实际工作，不以赴会与否而有异同。宪政

---

　　①　该电为联名发出，孙洪伊为联名人之一。

为救亡大计,同人天职所在,既有确见,仍当次第开陈。所愿党政诸公,念国命之垂危,察症结之有在,破除成见,与民合作,中国幸甚。临电无任悚惶迫切之至。张耀曾、黄炎培、史量才、张嘉璈、穆湘玥、孙洪伊、温宗尧、狄葆贤、虞和德、李煜堂、刘天予、朱吟江、左舜生、陈启天、张一廎、陈辉德、李璜、许克诚、赵恒惕、沈钧儒、黄金荣、徐新六、张寅、彭允彝、王造时、胡筠、钱永铭、谷钟秀、张子柱、陈锦涛、胡孟嘉、颜福庆、冯少山、刘崇杰、刘鸿生、赵凤昌、卢学溥、程子楷、汪伯奇、陶家瑶、杜镛、吴经熊、李铭、陈彬和、蒋群、陆伯鸿、徐元诰、荣宗敬、赵叔雍、尤列、张元济、胡敦复、欧元怀、金井羊、王云五、章士钊、张九维、董康、夏鹏、黄一欧、曹惠群、俞庆棠、李时蕊、唐文治、冯自由。歌。

《国难会议沪会员不赴洛》,《申报》1932 年 4 月 6 日

致全国各界通电[①]

(1932 年 4 月 6 日)

各省市政府、各公团、各报馆及全国国民公鉴:昨电国民政府,文曰:"国难会议,辱承敦聘。读组织大纲,集中全国意志,共定救国大计等语,念匹夫之有责,虽汤火其敢辞。顾同人深信,凡民族争存于世界,以合作为最要条件。盛衰存亡,胥系于此。我中华民族所以积弱至今,濒于危亡者,唯一症结,确在不能合作。民国二十馀年,内讧之频繁激烈,人所共见。近数年来,更立一党专政之

---

① 该电为联名发出,孙洪伊为联名人之一。

制,杜绝多数民众政治上合作之途,以致党员斗争于内,民众暌离于外,全国嚣然,戾气充溢。日人乘之,乃有"九一八"以来之奇辱。此而不变,沦亡可待,遑论御侮? 同人参与国难会议,方拟开陈所信,化除杜绝合作之党治,实现全民协力之宪政,对此救亡大计,努力解决,以答政府相邀之雅,而副人民望治之殷,乃政府忽有限制会议议事之规条。经推代表赴京晋谒,奉询真意,复承汪院长函复,会议讨论以御侮、救灾、绥靖为范围等语,诵悉之下,不胜惶惑。以为遵召赴会,如严守制限,置救亡大计不提,则对国家为不忠,对政府为不诚;而政府既已严定制限,则此实施宪政之案,又无提出会议馀地。思维再四,与其徒劳往返,无补艰危,不如谢绝征车,稍明素志。用特电陈不能赴会理由,幸乞谅察。至于救济国难,重在实际工作,不以赴会与否而有异同。宪政为救亡大计,同人天职所在,既有确见,仍当次第开陈。所愿党政诸公,念国命之垂危,察症结之有在,破除成见,与民合作,中国幸甚。临电无任悚惶迫切之至"等语。同人深信,救亡大计,惟在全民合作。合作之基,惟在施行民主主义之宪政。非此不足以解除纷扰,挽救危亡。因并于即日发起民宪协进会筹备会,一切进行办法,容待续布,愿我全国父老兄弟姊妹有以教之。(列名以姓氏笔画多少为次)王造时、王云五、尤列、史量才、左舜生、朱吟江、李时蕊、李煜堂、李铭、李璜、汪伯奇、杜镛、谷钟秀、狄葆贤、沈钧儒、吴经熊、金井羊、胡孟嘉、胡筠、胡敦复、马良、俞庆棠、唐文治、徐元浩、徐新六、孙洪伊、夏鹏、陈启天、陈彬龢、陈辉德、陈锦涛、张一麐、张九维、张子柱、张寅、张嘉璈、张耀曾、许克诚、章士钊、陶家瑶、陆伯鸿、黄一欧、黄炎培、黄金荣、曹惠群、冯少山、冯自由、温宗尧、程子楷、彭允彝、虞和德、赵叔雍、赵恒惕、赵凤昌、荣宗敬、刘天予、刘鸿生、欧元怀、蒋群、钱永铭、卢学溥、穆湘玥、颜福庆同启。

《申报》1932 年 4 月 7 日

致国民政府国难会议电①

（1932 年 4 月 10 日）

　　洛阳分送国民政府国难会议公鉴：惠电敬悉。同人不赴会议之理由，已于歌电陈明，谅蒙察及。顷复仰荷电促赴会，同人自承敦聘，拟贡愚忱。对于国难根本救济主张，对内对外，曾草有两项提案，其概略如下。

　　其一，同人痛愤日本非法无道之暴力侵略，彻悟拥护民族生存、国家独立之严重责任，同时并顾念世界维护和平之信约及努力，主张以左列大方针，对付外患：一、中华民国领土及主权之完全无缺，为全国人民神圣不可侵犯之主张，不辞任何牺牲，必拥护到底；二、为贯彻前项主张，应以武力自卫为主，以国际折冲为辅；三、对外任何条约及协定，非经临时民选参政机关或宪法上之有权机关同意，不生效力。

　　其二，同人深感挽救国难，非举国一致不为功。又切念应付国难，非政府健全有力不可。更确信永久防止国难，非实行民主政治不能彻底奏效。主张在宪政未实施以前，由国民政府立即实行左列各项：一、确保人民之言论、出版、集会、结社各自由。凡制限上

　　───────────

　　① 报载，国难会议于洛阳开会，旅沪会员多数拒绝出席。汪兆铭及国难会议会员一百四十余人，先后来电催促。旅沪会员集议讨论，于本日联名电复，申述主张。孙洪伊为联名人之一。

述各自由之党部决议及一切法令,除普通刑事及警察法规外,均废止之。二、承认各政党得并立自由活动,不得再用公款支给任何一党党费。三、实行地方自治,予人民以自由参与地方政治之机会。四、集中全国人才,组织有力政府。五、设立民选国民参政会,监督政府,限二个月内成立。六、筹备宪政,限八个月内制定民主主义之宪法宣布之等语。

　　强寇在门,国命如线,倘荷大会赞同,政府采纳施行,一新全国视听,藉以固结人心,消弭大难,则同人虽不及赴会,其效与赴会无殊。道远时迫,尚希鉴谅。附件另达。张耀曾、黄炎培、史量才、张嘉璈、穆湘玥、孙洪伊、温宗尧、狄葆贤、虞和德、李煜堂、张一麐、陶家瑶、左舜生、陈启天、刘天予、陈辉德、李璜、许克诚、赵恒惕、沈钧儒、黄金荣、徐新六、张寅、彭允彝、王造时、胡筠、钱永铭、谷钟秀、张子柱、陈锦涛、胡孟嘉、颜福庆、马少山、刘鸿生、赵凤昌、卢学溥、程子楷、汪伯奇、朱吟江、杜镛、吴经熊、蒋群、陆伯鸿、徐元诰、荣宗敬、赵叔雍、尤列、胡敦复、欧元怀、金井羊、王云五、章士钊、张九维、董康、夏鹏、黄一欧、曹惠群、俞庆棠、李时蕊、杨赓笙、冯自由。蒸。

《国难会议留沪会员蒸电》,《申报》1932 年 4 月 11 日

致蒋介石电

(1932 年 11 月 24 日)

　　汉口蒋总司令钧鉴:上海《新大陆报》王鳌溪被逮引渡,风传将交军事审判。查王为本党一狂燥书生,少年气盛,妄发过当言论则

有之,但尚无反动事实。最近牛、陈两案,尚蒙矜恤,主交法办,对王想必定承宽宥,予以保全,使其感化。凤稔钧座度量宽宏,用敢再为一言。如何之处,仍候钧裁。示复上海蒲石路储康里十五号。孙洪伊叩。敬。

台北"国史馆"蒋中正总统文物·特交档案·一般资料,典藏号:002—080200—00063—103

宪政与民治

(1932 年)

今海内人士,咸以取消党治、实行民治为救国要策。宪政促进会同人,亦本此义,以督促政府,唤醒人民,冀有补于万一。盖不取消党治,决不能实现民治,不施行宪政,更无以树立民治。故取消党治,为施行宪政之先决问题;施行宪政,为树立民治之先决问题。今之言党治者,其意在取法俄、意。然苏俄波尔失维克之党治,以资本阶级为对象;意大利法西斯蒂之党治,以共产党为对象;吾国一党专政,既非以资本阶级为对象,又非以共产党为对象,质言之,是直以人民为对象而已!

号称民国,民权本高于一切,而当政者,反专事剥夺民权,宁非奇事? 数年以来,以药不对症之故,国计民生,交受其病。今则内忧日亟,外患日深,将召亡国之惨痛。若不亟图更张,势如沧海横流,不知所届。况立国之道,首重纲纪。是非明,赏罚当,则纲纪立。纲纪立,则国乃长治而久安。虽曰老生常谈,实为立国要素,吾国五千年文明古国,相维相系于不敝者以此。犹记满清季年,从吾师蒋兰畲先生游。蒋公以北方名宿,洞明古今治乱兴亡,尝语余曰:"清廷无是非已三十年,凡无是非之国,国必亡。"又曰:"国无赏罚,吏治不修,民无托命,而人心风[无]俗,道德廉耻,亦因之而大坏。清实蹈之,其将覆乎?"今党治之下,无公是公非,一以党之个人之是非为是非;信赏必罚,一以党之个人之赏罚为赏罚,纲纪扫地,举国骚然,其紊乱且甚于满清末造。清之亡止于一姓,今不将祸及全国乎?夫病已中于膏肓,即令亟以宪政作药石,岂能收效于崇朝?然不行宪政,又将何道之从?

宪政者,组织国家之图案,实行民治之轨道。人民应有之各种权,皆依据于兹。世界立宪先进国,如英,如美,如法,各早有成效可睹;即如土耳其、德意志等国,其革命之成功,皆后于我国,而宪政则皆已先我而行之,从可知立国有共由之正轨矣。尝谓民国当如累塔式之政治,植基础于人民,层累而上,形成下大而上小,国基乃固。今之党治,等于倒置之塔,塔巅反在下,形成下小而上大,其危险何待外患来临邪?夫建屋必基于平地,建国必基于人民,此不易之定理;反是,未有不颠覆者。今者,国无宪政,政失常轨,人民疾苦,无可告诉,生命财产,无可保障。其始为压抑民权,终乃戕贼民生,以与变乱相循,岌岌不可终日。日人诋我为无组织之国家,其敢于悍然夺我东北,扰我东南者,未始不由于此。国人方痛心切齿于东省之亡,而上海复签订辱国丧权之协定。人言中国亡国条件,无一不备,而兴国则一无所长,其言至为沉痛。国难至此,当局犹不痛改党治之非,反归咎民元以还,试行宪政成绩之不良,以图延长训政。不知宪政为立国之常经,实行民治之正轨,其要义在完成国家之组织,与表现民权之作用二事而已。君主国家,尚不能不施行党政,况民主国家邪?岂能因一时一事之挫败,或当局个人主观之判断,遽作此因噎废食之论。如谓以前试行宪政之成绩不良,便不谈宪政,则以前之政府成绩不良,亦当不谈组织政府邪?国人每因一时一事之成绩,而笼统推翻其整个制度。如以前因感于少数议员份子之不良,便并代议制度而推翻之。此种盲从心理,已为识者所讥,不料此种武断盲从之论列,又出于政治当局之口。况往者之得失功罪,在政潮起伏之中,内情至为复杂,实难遽下定评。而今日党治无功,训政成绩安在,又岂能一手掩尽天下耳目?近欧洲各国,非议宪政者,固不乏人,然终未有优于宪政之制度,为之替代。鄙人数十年来一贯之主张,即在实行宪政,从未少有变更。民国成立,历时二十一稔,宪政早应观成,不图迁延至今,犹复作此促进宪政之运动,曷深浩叹!

更有不能已于言者,国人须知宪政者,系为全民求保障,求出路,为全国各种阶级、各种人才求保障,求出路者也。惟遵循宪政之轨道,始能完成共赴国难之使命;惟遵循宪政之轨道,始能达到建设新国家之目的;惟遵循宪政之轨道,始终〔能〕树立全民政治之精神;亦惟遵循宪政之轨道,始能打破目下一切之难关与痛苦。故宪政者,非少数官僚政客攫取政权之工具,一党一派所可包办,更非一党一派之责任,必全国国民〔民〕视为切身之利害,群起共赴,誓不达到目的不止,则终有成功之日。迩者李协和、孙哲生诸先生,皆党中魁杰,亦皆有彻底之觉悟,亦作促进宪政,实行民治之主张。国事前途,尚可为乎?亦在舆论之提倡,与国人之共同努力而已。

《宪政与民治》,《民治评论》1932 年创刊号

致蒋介石电

（1933 年 9 月 2 日）

牯岭蒋委员长钧鉴：顷奉吴市长转到惠款，感荷注存，特电鸣谢。孙洪伊叩。冬。

台北"国史馆"蒋中正总统文物·特交档案·一般资料，典藏号：002—080200—00118—078

在文艺座谈社的讲话

（1933 年 10 月 28 日）

我今天来参加"文艺座谈"，一方面觉得荣幸，另一方面又觉得很抱歉。所谓抱歉，说句笑话，就是像我这样年老的人，似乎应该为青年们所唾弃，不配来参加。

关于文化运动，范围非常广漠，觉得无从说起。我以为以后的世界文化的进步，尚有赖于中国现在的复兴与文化运动。中国五千多年的文化，与西洋文化接触之后，当然会有一种新的文化从这里胚胎出来，这种文化才是一种合乎新时代的要求的。

中国文化与西洋文化的不同之点，即一是注重精神方面，一是注重物质方面。但精神与物质应该是一致的，所以我们从事复兴中国文化，一方面应该保存旧有文化中之优点，另一方再吸收西洋文化的优点。

说到发展新的文化,一方面固然要从精神方面着手,但也同样得注意于物质方面。近来常听见说,西洋的物质文明已经走到末路,这大概就是因为太注意平等方面之故。世界上是不能有绝对的平等的,有些人就只好"削足适履"地硬干。譬如他们提倡个人主义,后来因为太甚了,以致老年人沦于没有人照顾的境地。但"个人主义"的本意并不是这样。

"文明"是"野蛮"的反映。在欧洲各国有幼稚园、养老院之设立,也是因为个人主义太甚,以谋补救。自然,一个社会有幼稚园、养老院……等之设立,是因为那个社会有着缺憾。

中国的文化以儒家的精神为基础,所谓"精神文明"也就是"儒道"的表现。儒家的学说是要于平等之中有等差的,譬如"仁爱",所施的方法就各有不同;父母对于子女的"仁"是"慈",子女对于父母的"爱"是"孝"(馀可类推)。在政治、哲学……等方面,儒家是主张"万物各得其所"的。"共产主义"的学说,在西洋文化中是没有再好的了,我们也很赞成。不过它——"共产主义"——有着最大的缺点,就是不齐的强之使齐。这也是一种"削足适履"式的"硬干"。这样看起来,中国儒家的"万物各得其所"的学说,实在较"共产主义"和一切学说为高明。

老年人所能见及的不过如此。复兴中国文化,创造新时代的中国文化,这些全靠青年们去努力。

《中西文化之比较》,《新时代》1933 年第 5 卷第 6 期

复许世英函①

（1934 年 1 月 22 日刊）

俊人仁兄道鉴:拜诵瑶札。于无方法中,犹能向个人方面力为设法劝捐,仰见慈悲热肠,慨助穷苦同胞,曷胜至感。值此歉岁,一元救一命,不论多少,请即努力向前,随缘办理,并随时由张墨池君接洽可也。

《孙洪伊复函许世英致谢劝捐赈鲁灾》,《申报》1934 年 1 月 22 日

河北旅沪同乡会鸣谢并换会证通告②

（1934 年 3 月 6 日刊）

本届大会参加者近万人,足证乡人团结心之热烈。如飞车团、武术团、菊友社、雅韵社、天蟾书场全体同人,及杨莲琴、曹保义、谷月山等,均以会员资格纯尽义务,献技助兴,尤所感谢。招待容有未周,好在会即是家,会员均是主人,家庭之间不讲应酬。惟以会场太狭,不及参加,掉换会证,诸多向隅,实深抱歉。以后请随时惠

---

①　报载,孙洪伊热心赈务,任职山东贫民救济会救济黄河水灾灾民募捐驻沪办事处。近以鲁省黄灾,馀水未退,时届冬令,灾民饥寒交迫,嗷嗷待哺,前承赈务委员会主席许世英竭力设法劝捐汇鲁赈济,特复函致谢,并请续为努力。

②　日前,河北旅沪同乡会召开会员大会,到会者五千馀人。主席孙洪伊致开幕词,并请来宾潘公展演说（《河北同乡召开大会》,《申报》1934 年 3 月 8 日）。

临本会，换取本年新会证可也。主席孙洪伊、赵南公暨全体职员敬启。

《河北旅沪同乡会鸣谢并换会证通告》，《申报》1934 年 3 月 6 日

上行政院呈①

（1935 年 6 月 23 日刊）

救济灾民，尚未竟目的，请准将奖券再续办一年。

《黄灾奖券再行续办》，《申报》1935 年 6 月 23 日

致《申报》函②

（1936 年 1 月 3 日）

径启者：阅上月三十日贵报载津市公民协会成立一则，列入洪伊之名并推为理事等称，不胜骇异。洪伊养疴沪滨，蛰伏蜗庐，足未出户庭者几及两载，不预外事。对于所谓津公民协会组织，从无与闻。报传云云，殊失事实。特专函布达，即烦更正为荷。孙洪伊敬启。一月三日。

《孙洪伊来函》，《申报》1936 年 1 月 5 日

---

① 黄灾奖券十二期发行满期，河北省府黄灾救济会呈请续办。孙洪伊等河北旅沪同乡亦上呈国民政府行政院，促成此事。

② 1935 年 12 月 30 日，《申报》刊载消息，谓孙洪伊与陆宗舆、高凌霨、劳之常等组织市民协会。29 日在河北律师公会召开成立会，推孙洪伊等 15 人为理事。该会宗旨为"发扬民意，敦睦邦交"（《津市公民协会成立》，《申报》1935 年 12 月 30 日）。

致丁景良函

　　□樵君为护军署之副官印,冯子骧君之友,于陈君事极为尽力者。元、冯两君素极崇仰先生,浼为转乞墨迹,以为光宠。兄去〈赴〉沪汉,务请先生再指定一人时来鄙寓,以便琐细事件有所遵承景良兄。弟伊启。

《孙伯兰致景良函》,环龙路档案,第 01228 号

致张秋白函①

　　秋白仁兄惠鉴:径启者,兹有党人成钧前曾尽力于鄂西战役,年来株守宁垣,被侦探诬陷,入狱日久,困苦备尝。近虽已得省释,而讼费所需,尚非有六七十洋不能了结。顷来弟处,请为设法。弟以其因公受累,伏望兄于党中设法筹给,俾得释累。如何之处,切盼赐复,无任感祷。专此,即颂台绥。弟洪伊敬启。四月廿四日。

《孙洪伊致张秋白函》,环龙路档案,第 11615 号

---

　　① 本函时间为 4 月 24 日,年份不详。

致军政府财务部函

敬启者:兹收到贵部发来陆千壹百零壹号至七千壹百号公债券壹百万元,除与前所发出公债收条业经报部存案,合行换给公债者叁拾伍万壹千元外,又发出伍拾万元,共发捌拾伍万壹千元,现尚存拾肆万玖千元,今将各项另开清单,以备存案。此上财政部公鉴。军政府驻沪代表孙洪伊。

附清单一件。

《孙洪伊致财政部》,环龙路档案,第 12450 号

附　录

孙洪伊述被扣趣闻[①]

晋军将发动之际，曾邀集各元老名流，会商一切。席间，老阎历指中央政府之失，以谓非进兵讨蒋不行。众皆唯唯不敢置辨。孙氏独愤然起曰："民力竭矣！国势危矣！岂可再起战事？"阎氏大怒，然因其为民国元老，虽本人无缚鸡之力，而因有其可卖了老面子在，只好含怒而罢。

孙氏如津，老阎遂授意天津特别市市长崔廷献，指孙为联蒋，令设法捕之，务以不惊动他人，不为新闻家所知为度。崔乃设筵偏〔遍〕请名流，孙氏与焉。席终，崔独勤殷留孙，谓有所商。孙固不虑其他，欣然稍坐。迨众宾皆散，时亦晏矣，而崔初未谈所商者为何事。孙不能忍，因诘之。崔笑曰："无他，欲请君在此少住，俟南京下后，再送君归耳。"孙氏愤然，即大卖其老，举杖直叩崔氏之胫，橐然如响木鱼，且作色曰："我一老头儿，手无一兵一卒，况我又不预政治，缚我何为？"崔亦怒，曰："既不欲在此住，我亦不敢待慢，此事原属军务，请送君军警联合办事处作寓公可乎？"是日，遂送诸该办事处。

孙氏虽忿甚，顾无如之何。在办事处住稍久，颇苦其烦，告该处主任曰："我老矣，久处此，实不胜烦！况办事处须时常开会，固

---

① 该刊登载时谓：孙洪伊在北京政府时代有"民国元老"之称，与阎锡山等俱属多年老友。阎举兵反抗南京政府时，将孙洪伊扣押。其中情由，外界虽有报道，但不得其详。某君因伴孙洪伊脱险后南下，自孙口中得之甚详，因记以飨读者。

机密地,我处此于君等亦至不便也。"办事处纳其言,乃又改送他处安置。其地为一空洋房,而敝旧矣! 以楼上处孙氏,而陈兵楼下以守。时苦热,孙居未两月,以热致疾,颇骂。守者以告办事处,乃改使住楼下,以楼下较阴凉也。孙氏自度不得脱,且念在家亦枯坐读者耳,何邑邑为? 遂泰然处之。

及张学良入关,始得释。其南下也,实以何成濬之电召。何为孙旧部,各报电谓受某公之召,某公即指何也。孙在京亦不久,即须赴港口晤何。

《孙洪伊自谈被扣趣闻》,《血汤》1930 年底第 1 卷第 3 期

孙公洪伊行状

公讳洪伊,字伯兰,河北天津之北仓村人。清康熙间,有实授京畿南路厅讳隽亭者,生讳潮,自浙绍兴山阴之陡门来居,于公为始迁祖。世有潜德。第四世讳辅臣,以商业起家,产业饶裕,第宅甲一方,救灾振贫,精国术,乡里称武善人,即公之曾大父也。大父讳景前,诰授中议大夫,能继承父志。父讳孝曾,附贡生,忠厚仁慈,有孝行,娶武清王庆坨邨刘氏女,生三子,公其长也。

公生而资禀颇钝,幼从同邑孝廉刘瀛士先生学,读书不易上口,然学愈苦,每倦极时,引水洒面,用作兴奋,手不释卷,恒至夜分。久之豁然开朗,能为文章,气象弘强沉毅,见者咸以大器目之。年二十一,入学后,延蒋香农先生馆其家。蒋先生故滦州硕儒,为学宗旨在朱、陆之间,不立门户,而一归于孔、孟。于孟子知言养气之功,尤娓娓乐道不倦。论道之馀,又辄讲说国政民生之利弊,阐

发经世有用之学,而章句训诂之学不屑屑也。公日相亲炙,学问益精进,一生之气节事业基础皆植于此。时值乡试,遇病不能赴,旋亦弃去,一意究心于经世有用之学。庚子夏,拳匪肇事,八国联军进攻天津。清直隶提督马玉昆御之,败退北仓,驻屯公家以为抵抗,俄又败退。外兵入踞,纵火焚烧,公家先世所遗动产不动产,被其毁灭者十之八九;其残留者,坏瓦颓砖而外,破屋十馀间而已。公于此时,奉太夫人避难,弟仲华与法军忤被创,以忧愤殁。寇至而流离转徙,寇退而补苴收拾,既痛陟岵,又伤毁室,复悲折翼,苍凉凄苦,备历艰辛。当因外族蹂躏,身受所感,盖至是具有民族思想、国家观念,而入服务国家及社会时代矣。

公谓改革国家,必自培植人才始,培植人才,尤必自振兴教育始。遂于光绪二十八年,自动捐资于北仓,创设蒙养小学。又捐资创兴北仓集市,意期贸易集中,厘定斗称牙用,为常年经费。又创立北仓民立第十高级小学校,成绩卓著,为全县冠。又于三十年,联合其戚罗东朝者,各捐资一万五千元,在天津城内户部街,创设电报学堂。又于三十二年,鬻祖遗田产四千亩,得价四万二千元,全数充作创立明新中学堂之需。津邑教育之振起,公实为之先导。其年又联络地方绅耆,创立自治研究所,提倡宪政,上书清廷。时清廷试行地方自治,采纳颇多。当清廷创筑津浦铁路时,总裁吕海寰,总办李德顺,购置路基地亩,浮开冒报,弊端百出,舆情愤然。公为民意之驱使,起而联络王法勤、谷钟秀、温世霖、刘孟扬四公,号称五代表,上书邮传部,烛发其奸。嗣宪政编查馆准状,派员彻查属实,李德顺旋被革职,吕海寰亦交部处议,政途犁植,称快一时。自后路政蒸蒸日有起色,公与有力焉。

三十三年,被选为天津试办县议会议员,继选为直隶省谘议局议员。公揽辔就途,慨然有澄清天下之志,至是遂专为政治生活矣。曾条列省之宜兴革命者数十事,发抒伟论,直督袁世凯闻而韪之。当是时,清廷颁九年立宪诏,舆论哗然,谓为稽延縻众。各省谘议局,乃开联合会于上海,公与张謇、雷奋、高登鲤、刘崇佑、林长民、陈炯明、莫伯洐、吴赐龄诸公咸集,发起请愿速开国会,推公领衔。公奋不顾身,独当其冲,觚触公卿,评量执政,以与专制政治作殊死战。海外华侨,亦举代表响应。世界列国立宪之成,无不一铁血而争得者,至为壮烈光荣之伟迹,吾国宪政史上,当以公此次之力争为第一页。公痛哭流涕,再接再厉,书五六上,卒不生效。乃协各省谘议局,再于故京开联合会,与汤化龙、蒲殿俊、谭延闿、梁善济、高登鲤、刘崇佑、王法勤诸公等组代表团,遂成宪友会,是中国有正式政党之始。至知清廷之不可有为,乃与诸同志计划改造,各相默契,分手而别,时辛亥五月也。代表团与宪友会并而为一所,公驻京总任其劳,为南北联合宣传枢纽,日与清廷相抗争。又创立《国民公报》,鼓吹宪政,发表宣言,领导舆论,清廷侧目,国人赖为耳目喉舌。甫阅三月,而鄂议长汤公化龙协黄陂黎公武汉首义,谘议局为对方目标,尤注重公,公处境至危。日以秘密电函与各省通声气,约托同志,四出运动,并为吴公禄贞密谋光复。迨吴公石家庄被戕,知不可居,乃微服而行,孑然至沪。川议长蒲公殿俊,湘议长谭公延闿,已先后独立。晋、粤谘议局梁善济、陈炯明两公,亦同举义旗。百日用兵,清社遂屋。

肇建共和,谘议局诸公号招〔召〕联络之功甚伟,而公尤劳苦,乃与汤化龙、胡瑞霖、刘崇佑、林长民、梁善济、谢远涵、陈介石、萧湘诸公等,组共和建设讨论会,后移京,改为民主党,复改为进步党。方公之南下也,不及与家人话别,太夫人忧甚,虽得公倚虹园家书，仍不信公之犹在也，积忧成疾而卒。时清室尚未解决，不克奔丧，南北和议告成，始归营葬。公为国事而不得事母，所引为终身之痛者以此。既归，当选为众议院议员，其所提议案，如关于宪法、教育、征兵制度、地方自治，财政者种种，汤公化龙见之，曰："伯兰足迹未出国门，而所持理论，比之游学海外者，尤博大而精切，洵奇杰也。"其钦佩若此。次又曰："集各方青年志士，讲学论政，每研究一问题，必作成具体方案，以备实施。时或发布谠论警袁，如《对肃政史条陈之意见》等政论，一时推杰作焉。"

洪宪萌芽，筹安会出，劝进之盛，同夫操、莽。袁氏故与公有旧，谋使附己，不为动，慑之以威，亦不屈。鹰犬爪牙，道路相望，公乃微服而行，孑然至沪如昔。无何，萧晋荣、彭介石、牟琳、王乃昌、李素诸公亦来会。因彭公介石与何公成濬深相结纳，相与策划，奔走联络以倒袁，各方忠义之流，以及民党英隽，咸来计议，遂以公寓邸为东南讨逆总机关。袁拥北洋数十万雄师，举国人士，劫于淫威之下，虽心怀痛愤，犹蜷伏待时，莫敢为剧烈之反对。逮公通告北方诸将帅书一布，声其罪而致讨，晴天霹雳，海内外咸晓然于正义之所在，而知伪造民意者之不可苟延。当袁系势力弥漫南北之时，民党于湖北一役新挫后，实力损失殆尽，唯滇纯粹国军，公乃就商康南海先生，联电催蔡公锷发难，以蔡公与康先生交谊素笃，必应。即以电稿付彭公介石携宁，交冯督用印拍发，以示北洋军界，亦具同情。蔡公锷起义云南，护国军兴，与公呼应，以成犄角。公遣萧公晋荣、王公乃昌回桂，运动牟公琳回黔，协戴公戡、王公文华出师。义军与袁师遇，方撑柱于蜀、滇，势甚危。公亟与谢公远涵如宁，说冯公国璋以成败利害。冯公心感动，召集南京会议，以贰于袁，各省翕然应之。袁氏众叛亲离，忧患以毙。公复发表宣言，复约法，开国会，以定国是。

方公之讨袁也，克强黄公远游美洲，贻公两书。一曰："远在海外，读屡次宣言，披沥血诚，忠义奋发，廉顽立懦，可风当世，为之起敬。"一曰："袁逆自毙，乱机稍遏，然欲趋于法治正轨，不知在于何日。足下主张，公明正大，极为钦佩。"其推重若此。中山孙公，亦在海外，民党巨子，均随出亡，在沪主持者仅陈公英士、何公成濬两人。公因何公成濬，见陈公英士，密商大计，电促孙、黄两公及诸要人归国。杨公虎肇和举义，又为之策动浦东陆军。比黄公归，相见恨晚，时相过从，上下议论，抵掌轩眉，交至欢也。故于公北行之日，黄公亲至北站相送，握手致拳拳之意而别。

帝制迹熄，黄陂继统，段公总揆，公被任为内务部总长。公在南既与民党分子多接近，民党中一部分子，亦钦仰公之德望器识，而亲之者众，遂成南北新旧过程中之唯一政治活跃中心人物。公以此时正式加入国民党，亦即以调合国民党、北洋派，共负建国责任自任。就职之日，清厘积弊，综核名实，各省奉约束惟谨，而废省存道之论，持之尤坚。乃未及施行，总揆引附责任以自居，挟督军团以自重，府院之争，龃龉不已。而藩阀私人，窃弄阁权，乃集矢于公，尽力挤之，逼黄陂免公职。公乃微服而行，孑然至沪又如昔。未几，黄陂亦免段职，而督军团之祸遂作，府院皆空，复辟复随之而起。

复辟既平，而国宪变更。公首主兴护法之师，各省响应，撑柱二年，无日不与军阀抗。北方之赞护法者，亦日众。北洋团体，遂见崩裂之痕。未几，和议起，公发表南北和议条件宣言，且谋于总理曰："法之不存，乱且无已。南与北峙，南未开府，非立对等地位，中外观瞻不系，无以定内乱，而利外交。欲统一国家，宜组织政府，欲组织政府,宜召集国会。"孙公大悦,约之俱南,世称两孙携手者也。九年冬,公随总理如粤,初拟命公长交通,公辞。护法政府成立于广州,命公长内政,复辞不就。是时北政府以军法为根据,戴一魁以自意;南政府以护法为标帜,存纪纲于一线;而亦有军阀虱于其间,依违假托,裂地以自雄。中山孙公开府南方,尚感掣肘,公益无事,流连山水,揽白云、瘦狗、珠江、花埭之胜,盘桓数月。总理任公宣抚长江,谋南北妥协,而定统一之计。公曰:"负责则可,就职请待也。"遂委公为驻沪全权代表。

还沪,日与北方诸将讯使往来,络绎不绝。诸将皆甚倾倒,亟欲一亲颜色,计议妥协,亟以车迓公。公于是乎首途赴金陵,渡江,过蚌,绕徐,趋开封,历郑,达洛阳,返徐。游微山湖,遇大风,篙师穷半日之力不能至彼岸,颠簸中流,舟中人相顾失色,公屹然不动,谈笑自若,其坚定若此。然后知公之于津、沪也,刺客狙击于门,奸徒呼噪于室,独能无惧,镇定处之,其所修养得力于幼学时者深矣。及泰安,陟泰山,诣斗姥宫,抚摩大夫松,登十八盘,上日观峰,宿山上观日出,下山之曲阜,谒孔林,适邹,入孟庙,至济南,酌趵突泉,还津。公阔别北方久,下车之日,不期而来欢迎者万人,居民空巷,学校辍课,知与不知,皆争得一识而为幸。公与父老亲旧握手,问桑梓疾苦,亟诣蒋先生家。皤然一老,与白头弟子相对问安,执礼如童子时,又恂恂然儒者气象,而人几不知为在军旅风尘中来也者,一时传为佳话。抵故京,居松筠庵,车水马龙,冠盖盈望,酒食酬酢,昕夕频繁,虚与委蛇,公颇苦之。乃适定州,游龙藏寺,瞻古佛之容,剔藓披苔,寻碑读记,与老僧谈玄观化。公[公]此行也,虽予游览寄其感慨,而军界后起之秀,既日相演谈,将所负使命与中心思想,及实际政治活动者,一一灌输于其脑中,使有深切认识。

厥后南北新旧势力之分合消长，中国之政治演变，其消息倚伏，实种因于此。归而息影津门，间言国事。

十三年中山孙公莅津，谓公曰："吾欲求友北方久矣。先生北方之强，其介绍焉。"昔谭公延闿之见孙公，盖公之介也。会北伐告成，公谓："十年前举义护法，固以求统一也。统一成而割据灭，兵以渐灭，国用稍舒，由之军权缩而政权张，庶政或可渐施。今之统一，其始基也，吾何怼焉。"庚午夏，蒋总司令任公为河北宣慰使，津市长崔廷献以宴会相邀。酒半，起而留公，闭居于热河兴业银行楼上最高处。时值天暑，炎气薰蒸，人事隔绝，崔犹假保护之言来相慰藉，公怒斥之，声色俱厉，以杖击其首，血海被面。崔虽恨之，以公负一国重望，亦不敢加害。蒙难六阅月，始得脱险。

未一旬而至沪，无何咯血疾作，病莫能兴，其友陆乃翔、唐尧钦为之治疗而愈，自是体格稍不及昔。犹复与江天铎、罗家衡、李烈钧、谢远涵、王有兰、汤猗〔漪〕、诸翔、王造时、陈塑、胡祖舜、范鸿均〔钧〕、陈定远诸公等商讨国是，求内乱之速平，宪政之实施。"九一八"国难，四省沦亡，公致书蒋公，反对依赖国联，主张直接交涉。"一二八"国难，沪北尽成焦土，公发表《忠告日本全国国民书》，旋被任为国难会议议员。华北形势新发展，又告揭幕，公先人邱墓蟹稻之乡，竟沦于混乱，其感痛何如。公晚耽禅悦，功课特勤，供佛楼中，撒米散花，满地狼藉。每当疾苦，起坐卧榻，习静观心，神游诸天，与维摩相会，证先生之乐，洒然忘其病之在体也，其能摆脱一切也又如此。以民国二十五年三月二十六日亥时卒，春秋六十有五。

初娶夫人，同邑清甘肃提督曹茇臣之子绍文女，续娶夫人曹氏，皆前卒。后娶夫人李氏。又夫人李氏子二，长抱存，南开大学商学士，曾任招商局秘书，现服务银行；次玉枢。女二，玉瑞、玉椿皆幼。孙女二,梅生、萸生。

公所为文,如反对叛国、毁法、卖国、"二十一条"条件、不平等条约、金佛郎案、对德宣战者甚夥,不可更仆数。大抵国有问题,公必有所发表,无不切中时弊,规画久远。每一文出,天下争读之,倚为导师。变故频更,薆佚泰斗,方事网罗,勒为文集行世。公持论严正,立志坚决,遇事刚勇,不识者以峻嶒兀突不可近。一与接纳,温温恳恳,其臭如兰,磊落光明,出肺腑相示。故人乐与之交,客坐恒满,而同志遍天下。

余归国,与公促开国会,组宪友会。后公于沪凡四至,释舟下车,皆先见余,又皆余为东道主。初至,主〔住〕余家三德里,于是相与于革命,组会改党之役。再至,主〔住〕余同仁里两间一厢旧屋,于是相与倒袁之役。三至,主〔住〕余武昌路小楼上,于是相与于历游南北诸省之役。四至,主〔住〕余园竹篱茆舍中。三年,余如燕京,则主〔住〕公油坊胡同邸宅。余与公相交最夙,故于其行事知之尤详。卒之日往哭,公子抱存、玉枢跪请撰述,因就其家得所遗文字,参以所见闻,稍加论次如右,谨状。

《孙公洪伊行状》,《河北月刊》1936年第4卷第10期

孙洪伊年谱简编

1872年　1岁

农历10月17日出生于天津城北北仓村,祖籍浙江绍兴。

先祖于康熙年间移居天津,以教授武艺为生。曾祖辅臣改业,在北仓开设辅成号油房,自此家道日渐充裕。父孝曾,母王氏,生

三男二女。洪伊居长,原名洪仪,1908 年溥仪继位,因避讳改名洪伊。(《孙洪伊生平事迹》,《天津文史资料选辑》第 37 辑,第 41 页;《孙公洪伊行状》,《河北月刊》1936 年第 4 卷第 10 期。)

1881 年　10 岁

入乡塾,从同邑孝廉刘士瀛先生学。

"生而资禀颇钝",读书不易上口,然为学勤勉,用功倍于他人,"每极倦时,引水洒面,用作兴奋,手不释卷,恒至夜分。久之豁然开朗,能为文章,气象弘强沉毅,见者咸以大器目之。"(《孙公洪伊行状》,《河北月刊》1936 年第 4 卷第 10 期。)

1891 年　20 岁

娶天津北门里曹克钟之孙女为妻。

曹克钟,字芰臣,曾任甘肃提督。直系军阀曹锟发迹前,与曹克钟攀论同族叔侄关系,是故孙洪伊称曹锟为老姻丈。曹氏早卒,后续娶李氏。(《孙洪伊生平事迹》,《天津文史资料选辑》第 37 辑,第 41 页;《孙洪伊年谱》,《北郊文史资料》第 1 辑,第 56 页至 57 页。)

1893 年　22 岁

受业蒋冶亭,智识大开。

蒋冶亭,字香农,为学在朱、陆之间,不立门户。授学之馀,辄讲谈国政民生之学。日相亲炙,学问益进,"一生之气节事业基础皆植于此"。(《孙公洪伊行状》,《河北月刊》1936 年第 4 卷第 10 期。)

1900 年　29 岁

八国联军焚掠,孙家遭遇重创。

是年夏,八国联军入侵天津,北仓一带惨遭洗劫,孙家十之七八被毁,洪伊之弟仲华为法国侵略军击伤不治而死。奉母避难归家,见满目疮痍,痛感清廷腐败已达极点,遂生民族思想、国家观念。(《孙洪伊生平事迹》,《天津文史资料选辑》第 37 辑,第 41 页;《孙公洪伊行状》,《河北月刊》1936 年第 4 卷第 10 期。)

1902 年　31 岁

捐资兴学,造就改革人才。

庚子事变后,锐意革新,与严修(字范孙)、林兆翰(字墨青)等社会名流交往,成为地方改革的中坚。因虑及启迪民智、培养人才为政治改革之初步,说服父亲变卖田产,并请亲友资助,创办北仓蒙养小学。(《孙洪伊年谱》,《北郊文史资料》第 1 辑,第 58 页;《孙公洪伊行状》,《河北月刊》1936 年第 4 卷第 10 期。)

1903 年　32 岁

在北仓创办天津民立第十小学堂。

1904 年　33 岁

与温世霖(字支英)在天津西板桥胡同合办普育女子中学堂。与妹夫罗云章各出资一万五千元,在天津户部街关帝庙创设私立电报学堂。

1906 年　35 岁

捐资创办明新中学堂。

为筹集办学资金,鬻卖祖遗田产四千亩,得款四万二千元,全数充当创办明新中学堂之用。私立明新中学堂教员 4 人,全为中国人,学生 30 人。对于孙洪伊早年的办学功绩,陆乃翔指出:"津邑教育之振起,公实为之先导。"(《孙公洪伊行状》,《河北月刊》第 4 卷第 10 期;《近代城市发展与天津新式教育》,《城市史研究》第 2 辑,第 117 页。)

参与天津自治研究会,提倡宪政和地方自治。

直隶总督袁世凯仿照日本,在天津设自治局,筹办地方自治。另设立自治研究会,挑选天津各属"士绅之富于经验而孚于乡评者",入会听讲,培育地方自治人才。(《变革中的危机—袁世凯集团与清末新政》,第 151 页至 152 页。)推选参与自治研究会,积极宣传宪政,提倡地方自治。

受聘北洋法政学堂校董。

上年底,北洋法政学堂正式成立,本年 6 月面向社会招生。被聘为该校校董,结识在该校担任史地教员的中国同盟会会员白毓昆。不久又与青年学生李大钊相识。(《孙洪伊年谱》,《北郊文史资料》第 1 辑,第 60 页。)

1907 年　36 岁

7 月至 8 月间　当选天津县议事会议员。

天津县议事会经由投票选举产生,经过初选和复选,共选举三十名议事会议员。随后议员复公推李士铭为议长、王劭廉为副议长。(《近代中国的民族国家建设》,第 343 页。)

1908 年　37 岁

8 月　代表直隶绅民,赴京递交请愿书,请求速开国会。

各省国会请愿运动开展得有声有色。5 月,杨度赴天津演讲,鼓吹召开国会的必要性。直隶士民闻风而动,开会集议,决定推选代表晋京请愿。7 月通过了请愿书,签名者逾千人。与温世霖、乌泽声、康士铎当选为代表,随后赴京,于 8 月 2 日递交请愿书。(《20 世纪初中国政治改革风潮》,第 195 页至 196 页。)

1909 年　38 岁

10 月 14 日　顺直谘议局成立,当选议员,积极参与活动。

上年 7 月 22 日,清政府颁布由宪政编查馆、资政院合拟的《各省谘议局章程》和《谘议局议员选举章程》,限各省一年内办齐。是日,顺直谘议局正式成立,当选为议员。谘议局成立后积极建言建策,先后提出《请以公款成立直隶教育总会案》《补助禁烟案》等多项议案。(《条陈十则》,天津《大公报》1909 年 11 月 6 日。)

10 月中旬　与温世霖、王法勤、张铭勋、高俊涉①等发起成立直隶实业研究会,青年学生李大钊任书记员。(《一篇解读李大钊与直隶地方政治的新文献》,《纪念李大钊诞辰 120 周年学术论文选集》,第 522 页。)

10 月 24 日　负责组织宪政研究会,向清廷力争对日交涉。

上月 4 日,清政府与日本签订丧权辱国的《图们江中韩界务条款》和《东三省交涉五案条款》,引发全国反对浪潮。本月 24 日,顺直谘议局邀集自治局、议事会、董事会、商会等团体代表百馀人集议,推定孙洪伊、温世霖、王劭廉、谷芝瑞等二十四人负责组织宪政研究会,一面传播宪政知识,一面向政府抗议对日交涉。27 日,直隶宪政研究会致电全国各团体,痛陈中日新约之危害,呼吁一致向政府力争。30 日,复推孙洪伊、谷芝瑞、温世霖等为代表致电军机处,速图挽救,并治外务部侍郎梁敦彦卖国之罪。其后又两次上书清政府,指出新约实为"亡国之导火线","瓜分之祸即在目前",必须"力废此约"。(《20 世纪初中国政治改革风潮》,第 265 页至 266 页。)

12 月　赴沪参加各省谘议局代表会议,决定组织请愿团,发动国会请愿运动。

---

①　即高俊彤

是月,应江苏谘议局议长张謇所邀,各省代表齐集上海,商讨促请政府速开国会之途。自18日起,各省代表持续集议,就有关问题进行商讨。27日,各省代表召开正式会议,公决请愿代表团组成、行事规则及呈稿等。因各省次序以直隶为首及直隶代表公推,被推举为领衔代表。28日,浙江旅沪学会、江苏教育总会联合开会,招待十六省请愿国会代表。应邀赴会,并发表演说。(《中国国会之发轫机》,《申报》1909年12月29日。)30日,代表团召开最后一次会议,随即乘轮溯江西上,由汉口换乘火车晋京请愿。

积极活动,促清政府查处津浦路弊案。

上年1月,清政府谕令改津镇铁路为津浦铁路,与英、德两国订立借款合同自行修建。该路修筑期间,北段总办李德顺等乘便营私,败坏路政,舆情愤然。与谷芝瑞、李长生、刘孟扬、温世霖等代表直隶绅民屡次上书清廷,促请查处弊案,澄清路政。上谕那桐查复。最终,督办吕海寰、总办李德顺被革职,路员被处理者众。(《孙公洪伊行状》,《河北月刊》1936年第4卷第10期;《吕海寰的一生》,《天津文史资料选辑》第35辑,第124页至125页。)

1910年　39岁

1月　向都察院呈送请愿书,遍谒权臣,为清廷所拒。第一次国会请愿运动失败。

请愿代表抵京后,设事务所于琉璃厂附近的昆新会馆。14日,代表团召开谈话会,决定进行次序。16日,各代表齐赴都察院呈递请愿书。请愿书由福建代表林长民主稿,经张謇改定,从内政、外交等方面阐述了国会速开的必要性。18日,代表团商讨今后进行办法,决定利用都察院代奏间隙,由孙洪伊、谷芝瑞、刘崇佑等为代表,遍谒重臣,分送请愿书副本,说服支持速开国会。19

日,北京绅、商、学界在湖广会馆召开大会欢迎请愿代表,应邀赴会陈述请愿宗旨,其他代表续有演说,"闻者痛哭流涕"。21日,与谷芝瑞、刘崇佑等五人晋谒鹿传霖、戴鸿慈、那桐、奕劻等军机大臣。鹿"未得要领",戴以法律未备反对速开,那桐、奕劻则表示"定当竭力赞成"。22日,代表团决定组织请愿速开国会同志会,并拟定规约。23日,谒见军机大臣世续。24日,向代表团通报晋谒各军机大臣的情况,决定续晋谒满族亲贵寻求支持。27日,进谒载涛和毓朗,二人均表示相助之意。28日,都察院在敷衍延宕后将请愿书上奏。30日,清廷颁发上谕,以"我国幅员辽阔,筹备既未完全,国民智识程度又未画一,如一时遽开议院,恐反致纷扰不安"为由,拒绝提前召开国会。国会请愿运动遭遇顿挫。(《国会团呈递请愿书纪详》,《申报》1910年1月26日;《国会请愿问题》,《申报》1910年1月27日;《上谕》,《申报》1910年2月1日;《20世纪初中国政治改革风潮》,第274页至278页。)

2月至5月　筹备发动第二次国会请愿。

速开国会为清廷所拒后,请愿运动继续进行。2月1日,北京各界召开大会,与代表共商进行办法。孙洪伊提议各省国债会停开,以向政府施压。6日,代表团就代表去留、再次上书、组织团体及报馆诸问题进行商讨,决定将请愿速开国会同志会改为请愿即开国会同志会,并创办《国民公报》,从事舆论鼓吹。即开国会同志会成立后,请愿代表兵分两路,部分回省组织分会,孙洪伊、王法勤、陈登山等则驻京联络,继续活动。4月4日,孙洪伊等在昆新会馆邀集同志会会员,讨论同志会章程和宣言书。公议决定将请愿即开国会同志会改名为国会请愿同志会,宣言书改称意见书,立即刊布。《国会请愿同志会意见书》洋洋万言,阐明了国会速开"可革一切贫弱之根源",并对清廷拒绝速开的种种说辞进行了批驳。同月,在经过广泛发动后国会请愿代表团组成,孙洪伊等被推选为干事。随后又与徐佛苏、孟昭常、雷奋等被举专任修改请愿书之责。(《20世纪初中国政治改革风潮》,第278页至288页;《立宪派与辛亥革命》,第55页;《国会请愿之复活》,《申报》1910年4月10日;《国会请愿同志会意见书》,《国风报》1910年第9号。)

6月　上书都察院,清廷严词拒绝,第二次国会请愿以失败告终。

是月16日上午,国会请愿同志会代表及各省各团体代表、海外侨商代表八十馀人齐集都察院,由孙洪伊、沈懋昭、杭祖良等领衔代表呈递十份请愿书,均要求一年内召开国会。下午三时,各代表同至湖广会馆集议,决定再向各军机大臣请愿。19日,国会请愿同志会分遣代表趋谒各军机,与刘克刚谒见吴郁生,面呈国会万不可缓之说贴。21日,都察院将请愿书上奏。22日,与众代表赴摄政王府请谒,载沣拒而未见。26日,会议政务处大臣阅看请愿书各件。同日,与众代表致函政务处大臣,请"力持速开国会之议"。27日,载沣召集会议政务处会议,随即颁下谕旨,坚持"仍俟九年筹备完全,再行降旨定期召集议院",并严词申明"毋得再行渎请"。国会请愿运动再以失败告终。(《20世纪初中国政治改革风潮》,第289页至291页;《国会请愿代表上书纪详》,《申报》1910年6月24日;《枢府与代表递呈后之近状》,《申报》1910年6月26日;《请愿书呈递后之状况》,《申报》1910年6月28日,"紧要新闻一";《上谕》,《申报》1910年6月29日。)

上半年　与梁启超建立联系。

是年1月,原政闻社成员徐佛苏为梁启超所遣赴北京参加国会请愿运动。借助徐的关系，与梁启超建立了联系。据徐佛苏忆述，请愿运动颇见声色，梁启超"精神大振，深信今后大可接洽全国议士及优秀人士，灌注其政见学说。而常由余向各议员汤化龙、林长民、孙洪伊、黄远生诸先生通简论政，联络公义私交。"（《梁启超年谱长编》，第 512 页。）

7 月　坚留北京，筹备第三次请愿。

速开国会为清廷再拒后，国会请愿代表于 6 月 29 日、30 日连开会议，商讨应对办法。会上孙洪伊表示，国会请愿，"有进无退，无庸讨论"。会议决定变更扩大代表团组织，凡在京各界代表一律加入，并厘定第三次请愿的筹备方案及时间表。7 月，迭与各省同志筹商第三次请愿办法，有以谕旨中"勿得再行渎请"字样劝其稍缓者，慨然答曰："我等受父老之重托，为天下所仰望，苟不达到速开国会之目的，虽诸君尽归，我孙某抵死不出京师一步也。"（《20 世纪初中国政治改革风潮》，第 299 页至 300 页；《申报》1910 年 6 月 30 日；《国会请愿不死》，《申报》1910 年 7 月 17 日。）

8 月　各省谘议局联合会召开，当选审查员。

各省谘议局成立未久，因部分问题非一省所能为力，是以即有联合之议。本年 2 月，在京请愿代表决定组织各省谘议局联合会，推刘崇佑起草章程。8 月 12 日，谘议局联合会在北京召开会议，通过联合会章程、议事细则和临时办事处办事细则。经由投票产生了正副主席和审查员，以二十五票高票当选审查员。（《20 世纪初中国政治改革风潮》，第 292 页至 293 页；《谘议局联合会二次开会详纪》，《申报》1910 年 8 月 20 日。）

10 月　发动第三次请愿活动，呈递请愿书。

是月 3 日，国会请愿代表团通告全国，因"风云日恶，时势逼人",决定进行第三次请愿。7日,与众代表齐赴摄政王府,未遇载沣。商量后决定部分代表留守,其馀返回。9日午后,与众代表赴资政院呈递了有一百八十七人署名的请愿书。各省谘议局联合会亦将速开国会陈请书呈上。代表团请愿书痛陈"国家危急存亡,实迫眉睫","非实施宪政,决不足以拯危亡",而"责任内阁者,宪政之本也;国会者,又其本之本也"。恳请资政院尽快提议"于宣统三年内召集国会,并请提前议决代奏"。11日,与各代表同谒庆邸,未遇。14日,《国民公报》发表社论,诘问奕劻无意国会,对请愿代表竟避而不见。16日,与代表共九人谒军机大臣贝勒毓朗,请其"极力主持,以救国亡而慰民望"。毓朗"允极力主持"。17日,借助于舆论的压力与陈登山、李芳得谒奕劻。言谈间陈时势危迫,请早定大计,又"力诋宪政馆所编筹备清单,先后缓急,大失其宜"。奕劻答称"决不忍心反对,尽吾力以为之",并允在载沣前"竭力赞成"。22日,资政院议决并通过速开国会议案,随即具折上奏。因外界有载泽反对国会之说,25日与代表共二十五人前往质问,要求其"对监国面述,并专折奏请国会必宜速开情形"。载泽允准,然"欲俟资政院具奏无效后再行上折,以为转圜之地"。28日,载沣命将资政院具奏及各省督抚第一批电奏的奏折发交会议政务处王大臣阅看,预备召见。当日,因道路传闻国会召开有缩短三年之说,请愿代表上书政务处王大臣,申论"于期年以内召集国会,决无迫促之虑、障碍之端"。(《20世纪初中国政治改革风潮》,第304页至307页;《第三次国会请愿纪》,《申报》1910年10月16日;《第三次国会请愿记》,《申报》1910年10月18日;《代表谒见朗贝勒庆邸详闻》,《申报》1910年10月26日;《各省官民之国会热》,《申报》1910年10月31日。)

11月4日　清廷颁发上谕,将预备立宪计划缩短三年。

第三次会议请愿,除请愿代表不断活动持续施压外,全国各地也举行了声势浩大的请愿签名、请愿游行等活动。多地督抚亦联名致电军机处,响应速开国会。在全国上下的强大压力下,清廷不能不有所表示。3日,载沣亲自主持会议政务处会议,各大臣就缩短年限达成共识。4日,清廷颁发上谕,宣称俯顺臣民所请,惟各项筹备头绪纷繁,“计非一二年所能蒇事,著缩改于宣统五年实行开设议院”。即预备立宪计划较原计划缩短三年,提前到1913年完成。同日,又谕令民政部和各省督抚晓谕请愿代表即日散归,静候朝廷次第施行。(《20世纪初中国政治改革风潮》,第317页至318页。)

11月5日　国会请愿代表团遵谕解散,并研商后续进行办法。

是日上午,请愿代表开会集议此后办法。讨论许久,决定代表团即行解散,惟须通告各省方为正当。代表团随即发布《通问各省同志书》,对三次请愿仅获国会期限缩短三年的结果甚为“痛心”,对国会召开尚有“遥遥三年”忧心忡忡。同时代表团又议决今后进行办法,包括暂时解散请愿代表团,保留请愿同志会,争取于1912年召集国会,设法参预宪法、议院法、选举法及官制、内阁组织法的编定,着手筹组政党,望各省继续维持国会请愿运动等。请愿代表团解散后,仍留北京继续活动。(《国会代表团决议解散矣》,《申报》1910年11月14日;《同志会通告变更组织》,《申报》1910年11月25日。)

12月11日　参加八旗宪政会大会,发表演说。

是日午后1时,八旗宪政会在朝阳门内方家园振华学堂召开大会,到者二千馀人。与陈登山等请愿代表应邀赴会,并发表演说,略谓"国家至于今日,不宜再分满汉",并力陈筹划八旗生计之策,"甚为周到剀切"。(《八旗子弟力争生计之集会》,《申报》1910年12月25日。)

1911年　40岁

1月7日　温世霖被捕,旋即发配新疆。

第三次国会请愿运动结束后,直隶、奉天等省又发起第四次请愿运动。当晚,直隶总督陈夔龙根据清廷指示将学界领袖、普育女学堂校长温世霖秘密逮捕。1月9日,与温世霖晤谈。温随即被解往新疆。(《昆仑旅行日记》,第11页。)

6月4日　宪友会成立,当选常务干事。

上年11月5日,国会请愿代表团遵旨解散,同时决定重行组织政团,与徐公勉、王敬芳、方还被众推为起草员,草拟政纲。12月上旬致电梁启超,"促动党名"。顷得梁启超复函,拟名"帝国统一党"。当月底帝国统一党党规三十条、党纲十三条拟出。本年1月1日,帝国统一党发起人在全蜀会馆召开谈话会,被推定为临时主席,向会议报告"从前经过之历史及本党组织之必要",宣读党纲、党规。会上与十六人被推举为假定干事,"担任本党一切责任"。经过认真筹备,将党纲、党规草案向外城巡警总厅转呈民政部申请立案。3月上旬,民政部批准。

5月,十馀省谘议局正、副议长齐集北京,各省谘议局联合会召开会议。与会者咸以"非从速组织政党,决难收宪政之效果",故于是月下旬连开会议,决定将帝国统一党改组为宪友会。《宪友会章程》规定,该会以"发展民权,完成宪政"为目的;以尊重君主立宪政体、督促联责内阁、整厘行省政务、开发社会经济、讲求国民外交、提倡尚武教育为政纲;总部设于京师,各省分设支部。

6月4日,宪友会假湖广会馆召开成立大会,到者百馀人。会上以三十二票与雷奋、徐佛苏当选为常务干事。总部各科职员及各省支部发起人亦被举出。随后数月间,各省支部相继成立。对于宪友会在未来政治中的作用,立宪派寄予厚望。6月9日,徐佛苏致函梁启超报告宪友会成立经过,略谓:"现在此会已成立矣(名为宪友会)。其总揽者,系三头政治,弟与雷继兴、孙伯兰当选。此会声势极隆,三数月之内,各省必皆有分会成立,且必有七八省占全盛之势,在宣统五年之国会,必占大多数议席。若中央总部能主持得法,各省又不分裂,则真泱泱大党之风也。"(《20世纪初中国政治改革风潮》,第436页至446页;《国会代表团决议解散矣》,《申报》1910年11月14日;《梁启超年谱长编》,第529页、549页;《都中同志会议组织政党》,《申报》1911年1月10日;《京师近事》,《申报》1911年3月17日;《宪友会章程》《申报》1911年6月9日《宪友会开大会纪事》,《申报》1911年6月10日。)

10月　武昌起义爆发,参与发动滦州起义。

是月10日,武昌起义爆发,各省纷起响应。"日以秘密电函与各省通声气,约托同志,四出运动,并为吴公禄贞密谋光复。迨吴公石家庄被戕,知不可居,乃微服而行,孑然至沪。"参与滦州起义事,据革命党人王葆真忆述:为策动驻滦州新军二十镇统制张绍曾起义,王于10月26日抵天津与顺直谘议局正、副议长阎凤阁、王振尧及议员孙洪伊等会谈,各议员多表支持。众推孙洪伊、王法勤为代表赴滦州向张绍曾表示,如二十镇宣布起义,顺直谘议局愿担任军饷筹措。11月张绍曾被免、吴禄贞被刺后,孙洪伊通过王约集到津的滦州军官宴谈,期望"滦军能有新的办法"。(《孙公洪伊行状》，《河北月刊》1936年第4卷第10期；《滦州起义及北方革命运动简述》，《王葆真文集》，第24页至27页。）

1912 年　41 岁

1月　发起共和建设讨论会，介绍梁启超入会。

是月1日，中华民国成立，孙中山在南京就任临时大总统。当月初，为集合同志，讨论民国建设问题，以为政党组织之预备，与汤化龙、林长民等在上海发起共和建设讨论会，并介绍梁启超入会。（《梁启超年谱长编》，第613页。）

4月13日　共和建设讨论会正式成立，当选交际干事。

是日，共和建设讨论会在上海老靶子路宸虹园召开成立大会，到者三百馀人。该会脱胎于各省谘议局联合会和宪友会，政纲以梁启超所拟《中国立国大方针商榷书》为蓝本。当日，自"在沪本部会员，能常川驻会或到会者"中选出各科干事五十八名，当选交际科干事。（《汤化龙与清末民初的政局》，第75页至77页。）

4月　代表共和建设讨论会，与各政团商讨合并。

是月15日，共和建设讨论会召开职员会，与汤化龙、林长民被推为代表，与各政团谈判合并问题。当日，第一次合并协商会议在上海商学公会举行，莅会者有共和建设讨论会、统一党、国民公会、国民协进会等七政团。自是日起连开会议，讨论党名、党义、政纲、组织诸问题。最终因理事问题"稍有异议"，与国民协进会代表退出会议。24日，剩馀政团通过合并决议书，并于5月6日召开大会，成立共和党。（《共和建设讨论会纪事》，《申报》1912年4月18日；《共和党合并概略》，《北洋军阀（1912－1928）》第1卷，第407页至409页。）

5月29日　接家信母病，随即北返。母亲去世后，按制守孝。

（《梁启超年谱长编》，第 689 页）

10 月 梁启超归国，出席欢迎活动。

9 月底，梁启超自日本乘大信丸归国，10 月 5 日，抵大沽，8 日，抵天津。欢迎者户限为穿。当晚，代表民主党假利顺德饭店开欢迎会，并致欢迎词。梁启超答词述归国感想及对民主党之希望。30 日，北京国民党要人吴景濂、孙毓筠、胡瑛等假六国饭店欢宴梁启超，与徐佛苏、张嘉森等作陪。席间，国民党对梁推崇备至，孙谓梁为"全国最崇拜之人"，胡称梁系"当代第一人物"（《申报》1912 年 10 月 12 日；《申报》1912 年 11 月 1 日；《民国初年的政党》，第 63 页。）

10 月 27 日 民主党召开成立大会，当选常务员。

8 月下旬，共和建设讨论会和国民协会正式决定在国民党、共和党之外成立第三党，定名为民主党。是日，民主党成立大会在上海静安寺路张园安垲第举行，近四百人出席。与马良、陈昭常、谢远涵等三十人当选为常务员。民主党党纲共有五条，分别是普及政治教育、拥护法律自由、建设强固政府、综核行政改革、调和社会利益。12 月 15 日，其本部由上海迁至北京。（《汤化龙与清末民初的政局》，第 81 页至 83 页；《民主党选举常务员》，《申报》1912 年 10 月 30 日。）

12 月 5 日 在寰球中国学生会演说爱国爱群之旨。

是日晚 8 时，应寰球中国学生会邀请发表演说，从自身阅历出发指出："如国民能实行其利国利群之宗旨，必可造成极文明极雄武之强国。始以各国之文明促中国之进步，继以中国之进步助全世界之进化，则中国必有一日为全地球之模范。"演讲历两小时始散。（《孙洪伊之谈论》，《申报》1912 年 12 月 7 日。）

12月8日　参加民主党上海分部成立会,发表演说。

是日下午2时,民主党上海分部假小南门内也是园召开成立选举大会,应邀出席,并演说民主党成立之意义及上海分部组织之必要。(《民主党分部成立》,《申报》1912年12月9日。)

1913年　42岁

1月　当选国会众议院议员。

上年12月10日,国会众议员举行初选,本年1月10日举行复选。在直隶众议院第三区顺利获选。(《直隶》,《申报》1913年1月28日。)

2月22日　参加国会维持会商榷会,质疑该会宗旨。

是月17日,国会维持会在北京成立。该会由王芝祥、孙毓筠、于右任等二十馀人发起组织,以"维持立法部与行政部之冲突"、"维持中央与地方之冲突"、"维持政党与政府之冲突"为宗旨。22日晚,该会发起人设宴德昌饭店,邀集党、政、军界要人共同商榷,听取意见。席间,对该会宗旨"颇致疑问",认为与中国政坛"从来敷衍调停之习惯无甚差别","诸君子之志则善",然方法并无讨论之馀地。(《国事维持会之商榷》,《申报》1913年2月24日。)

3月17日　参加四党宪法讨论会。

正式国会召开前,国民党、民主党、统一党、共和党合组四党宪法讨论会,就宪法等重大议题进行协商。是日,出席在湖南会馆举行的第五次讨论会,议题为"国务员组织法及宪法以外之国家机关",对国务员组织法主张取合议制。(《四党宪法讨论会开会纪事》,《申报》1913年3月24日。)

3月20日　宋教仁被刺,全国震动。

4月8日　国会开幕,积极参与活动。

是日上午 9 时半,正式国会在众议院举行开幕典礼。据记者观察,随后进行的参、众两院正、副议长选举,国民党固实力强大,然共和、统一、民主三党若能联合,则众议院正、副议长均将为民主党所占,正议长汤化龙,副议长孙洪伊。4 月底 5 月初,参、众两院相继选举议长,国民党籍的张继、王正廷获选参议院正、副议长,民主党籍的汤化龙、共和党籍的陈国祥当选众议院正、副议长。国会正式运作后,积极参与活动,关注善后大借款、裁减行政费各省遵从预算等议题。(《国会开幕纪盛》,《申报》1913 年 4 月 12 日;《六月二十日之众议院会》,《申报》1913 年 6 月 25 日;《六月二十五日之众议院会》,《申报》1913 年 6 月 30 日。)

5 月 29 日　进步党成立,当选党务部副部长。

自上年底,民主党即开始与共和党等商讨合并事宜。对于与共和党、统一党合并,民主党内部意见分歧。有研究者指出,"合并之议倡自汤化龙,孙洪伊则反对甚力。"经过多轮沟通与协商,4 月 16 日,三党议员在外交部迎宾馆开恳亲会,决议合并,定名进步党。5 月 29 日,进步党成立大会在共和党俱乐部召开。大会通过进步党宣言书及党章,当选党务部副部长。(《民国初年的政党》,第 111 页至 115 页;《汤化龙与清末民初的政局》,第 87 页至 89 页。)

7 月　代表进步党与国民党协商改组内阁。

因宋案及善后大借款案,改组内阁之议提出。国民党发起协商会,约请进步党讨论此问题。是月初众议院开第一次协商会,进步党、国民党各推十名委员。与谷芝瑞、丁世峄等被推为进步党代表,与国民党委员展开协商。(《两党协商改组内阁》,《申报》1913 年 7 月 4 日。)

10月10日　袁世凯就任中华民国正式大总统。

11月4日　袁世凯下令解散国民党,取消国民党籍国会议员资格。

是日,袁世凯借口国民党倡乱下令解散国民党,追缴国民党籍议员的证书、徽章,以致两院均不满法定人数,陷于停摆。此事发生后,进步党筹谋补救,但无济于事。在12月27日召开的进步党议员会议上,痛揭"政府之得有今日专横如意者,则实我党之力为多"。同时仍对宪政前途充满信心,在进步党议员恳亲会上指出,"若人心不死,窃以为天下决无不变之局"。期望同人"各负责任,以发挥我进步党立宪之精神,则国家前途实尚有无穷之希望"。(《民国初年国会斗争的回忆》,《文史资料选辑》第82辑,第147页至148页;《国会议员之临歧态度》,《申报》1913年12月30日。)

1914年　43岁

1月10日　袁世凯下令解散国会。

9月　发起维持和平会,调停欧战。

欧战发生后,各国人民水深火热。与田和瑞、雷思德等中、美两国人士发起组织维持和平会,以北京东城万国改良会为通信处,期望通过祷告上帝,上书各国君主、总统,联合各国人民等方式,停止战争,达成和平。(《中美主持人道之一斑》,《申报》1914年9月25日。)

1915年　44岁

10月29日　致电袁世凯,劝止帝制实行。

是年8月筹安会成立后,帝制运动如火如荼。10月,帝制运动由"学理讨论"转入实施。与此同时,日本虎视眈眈,狡欲思逞。内忧外患,迫在眉睫。是日致电袁世凯指出,日本增兵派舰,伺隙待时,设帝制揭幕,国家将亡,"公亦无幸"。(《孙洪伊再致总统电》,《中华新报》1915 年 11 月 12 日。)

11 月　频发电文,反对帝制。

是月初通电各省将军、巡按使,贵阳、福州护军使,痛斥"引刀自戗,盲目劝进",呼吁"合力电阻,以安危局"。7 日再电袁世凯,告"与其受辱于事后,不如消患于未形"。并致电进步党各省支分部,望"奋起抗争,联合各界,速电阻止"。12 日复致电进步党某支分部,请"及时奋起,共谋补救"。因孙洪伊及进步党反对态度彰明较著,是月北京政府"密电饬捕孙洪伊,并电命各省将军查拿激烈反对帝制之人"。(《进步党反对帝制之通电》《进步党孙洪伊等反对帝制致各省支分部电》《孙洪伊致总统电》《进步党反对帝制之通电》,《中华新报》1915 年 11 月 7 日、8 日、12 日;《东方通信社电》,《申报》1915 年 11 月 17 日。)

12 月初　发表《泣告北方同乡父老兄弟书》,申明大义,表示愿粉身碎骨,"誓将侄皇帝孙皇帝驱除于域外,而为四万万同胞还自由之神,二万万里中国成不朽之业。"(《进步党领袖孙洪伊泣告北方同乡父老兄弟书》,《中华新报》1915 年 12 月 10 日。)

12 月 25 日　护国战争爆发。

是月 12 日,袁世凯宣布接受帝位,复辟帝制。25 日,唐继尧、蔡锷、李烈钧等在云南发动讨袁起义,护国战争爆发。对于孙洪伊在运动护国战争中的功绩,《顺天时报》于 1916 年刊文指出:"此次革命之运动起于国民、进步两党之联合,而皆以孙洪伊为中坚。当去年孙氏到沪之始,进步党固甚沉寂,国民党亦毫无行动。经孙与国民党要人谷钟秀等协议,乃集合两党各省首领开秘密会于上海,始决议分途行动。李烈钧、林虎、方声涛等担任云南,戴戡、牟琳等担任贵州,熊克武等担任四川,萧晋荣、王乃昌、曾彦等担任广西,陈炯明、徐勤、朱执信等担任广东,柏文蔚、钮永建、冷遹、耿毅、徐阆西等担任长江下游宁、沪等处,蔡济民、何邱〔成〕潘、彭介石、白逾桓、徐元诰、李兰生等担任长江上游湖北、江西一带,龙璋、欧阳振声、彭允彝、谭延闿、程潜、陈强等担任湖南,其他北方各省亦各有人担任。李烈钧首入云南,得唐蓂赓承认,乃作种种准备。适蔡锷到云南,忽得一大将,军队欢悦非常,遂即宣布独立。"(《调停殆非其时矣》,《申报》1916 年 4 月 10 日。)

1916 年　45 岁

1 月 5 日　致书袁政府外交总长陆徵祥、陆军总长王士珍,晓以利害,促与袁世凯分道扬镳。(《共和军纪事》,第 31 页至34 页。)

1 月中旬　与谷钟秀等致函驻华各国公使,请筹计久远,勿承认袁世凯政府。(《滇事问题之军事与外交》,《申报》1916 年 1 月24 日。)

4 月初　致电南方督军,促速行讨袁。

上月 23 日,袁世凯宣布废止洪宪年号后,致电南军首领倡行调停之说,企图兵不血刃,继续窃占大位。为破其诡谋,与柏文蔚、钮永建致电唐继尧、蔡锷、陆荣廷等,告"袁氏不退位,不受国民裁判,无调停之馀地",促即行讨袁。(《时局趋势与都门近状》,《申报》1916 年 4 月 9 日。)

4 月 12 日　致函冯国璋,劝其举兵反袁。

是日,致函冯国璋,分析形势,劝其"有正当之表示"。冯坐拥重兵,雄踞江南,为进步党人运动之重要对象。1915 年底 1916 年初,梁启超驻沪七十馀日间,"运动南京冯华甫赞助起义之举为最重要"。经过进步党人的运动,冯国璋反袁态度逐渐明朗。(《大树堂来鸿集》,《近代史资料》总 50 号,第 196 页至 198 页;《梁启超年谱长编》,第 727 页。)

4 月 30 日　与汤化龙、白坚武谈政局,"伤心语甚多"。(《白坚武日记》,第 22 页。)

5 月 3 日　白坚武来访,"谈政治前途"。白在日记中称孙洪伊"思想甚高,钦佩!"(《白坚武日记》,第 22 页。)

5 月 6 日　宴请张继、徐傅霖、吕复、崔叔和、张书元、张泽民。(《白坚武日记》,第 23 页。)

5 月中旬　复函曲同丰,奉劝段祺瑞倡行约法。

前保定陆军军官学校校长、段祺瑞亲信曲同丰来函,纵论天下人物,认为袁世凯倒台后"继承大政"者非段莫属。复函告国会议员已在沪集结,期望段祺瑞"从速揭橥当世,以恢复约法为第一事"。(《曲同丰与孙洪伊书函》,《申报》1916 年 5 月 15 日。)

5 月 20 日　约立宪法研究会。翌日,宪法研究会第一次集会,到会者有李大钊、王法勤、彭介石、易白沙、张润之、李培藩、李步青、谢寅、梁家义等。24 日,研究会开第二次会,陈光焘、刘相无列席。会上发言,讲谈政治,认为"民国建设根本在国民,舍此他求,俱背政治本原"。(《白坚武日记》,第 24 页至 25 页)

6 月 1 日　致函冯国璋,敦促起兵讨袁。

上月底,张绍先、崔可亭自宁来沪,谈冯国璋"近有不豫"。是日作长函,详细分析用兵、财政诸问题,以解冯氏疑虑。2 日,崔可亭携函回宁。(《大树堂来鸿集》,《近代史资料》总 50 号,第 205 页至 206 页;《白坚武日记》,第 26 页。)

6 月 9 日,致电黎元洪,促请遵行《临时约法》。

是月 6 日,袁世凯在北京病逝。7 日,黎元洪就任大总统。即与汪彭年、孙发绪等联名电请黎氏"力避覆辙,确遵法律",明令宣布嗣后政令均以《临时约法》为根据。又致电段祺瑞,同申此意。(《上海孙洪伊等来电》,《天津市历史博物馆馆藏北洋军阀史料黎元洪卷一》,第 708 页至 709 页;《又电》,《申报》1916 年 6 月 9 日。)

6 月中旬　发表宣言,拒绝与闻政党团体。

因鉴"党纷先起",实袁氏窃国之由,为避免重蹈覆辙,特发表宣言,明确宣告:"一切关于国事之主张,苟利于国者,吾尊之从之,否者,吾斥之拒之。""在国基未固以前,凡有已往之党帜,暨类似政党之团体名义见召者,概不敢与闻。"(《孙洪伊之宣言》,《申报》1916 年 6 月 13 日。)

6 月 25 日　复电段祺瑞,指出《临时约法》系"真正国法"。

23 日,段祺瑞致电驻沪国会议员,谓"约法问题,议论纷纭,政府未便擅断。诸君爱国俊彦,法理精邃,必能折衷一是。敢希详加讨论,示以周行。"25 日与在沪国会议员联名复电,告《临时约法》,"其效力至尊无上"。请坚持正义,"此后凡百庶政,应与国人竭诚遵守真正国法"。(《公电》,《申报》1916 年 6 月 24 日;《驻沪国会议员复段芝泉漾电》,《申报》1916 年 6 月 27 日。)

6 月下旬　发表谈话,主张对帝制派不必"断断于去恶务尽"。

洪宪帝制覆灭后,如何处置帝制派,甚为各方所关注。6 月下旬应访客所请,就此发表意见,认为其为世所指之元凶巨憝、"逆贼外府"及"犹复为鬼为蜮"者自应按律惩办外,其馀"嫌疑附和之徒,似皆无足深究"。主张"今后政治应一以正大宽平为准的"。(《孙洪伊关于处置帝制派人之谈话》,《申报》1916 年 6 月 28 日。)

6 月 30 日　段祺瑞新内阁组成,被任命为教育总长,旋改任内务总长。

　　是日,黎元洪、段祺瑞令准部分旧内阁阁员辞职,同时发布新内阁成员人选,被任命为教育总长。当日,黎、段分别来电,敦请克日来京就任。7月1日复电,以才力不足请辞。2日黎元洪来电,3日段祺瑞来电,均祈"不我遐弃,克日北来"。3日,电复黎氏"不敢滥竽",并告"国会集会伊迩,一俟诸事区处完竣,即当北来,面罄一切"。4日,谷钟秀等自北京来电,催"速来就职"。当日复电"此次辞不入阁,决非故作撝谦,自鸣高尚。惟现在情形,实难轻进。"7日,段祺瑞再度电请,称"教育一席,非先生莫属"。因见辞意甚坚,黎、段协商之下于12日决定调整阁员人选。被改任为内务总长,教育总长由范源濂接替。同日,张继自京抵沪,促北上就职。随后在沪国会议员又公推吴景濂、王正廷、王乃昌、周震鳞、彭介石、褚辅成为代表,敦劝"即日北上,发抒伟略,奠定国家"。在各方的一再劝请下,最终于21日自沪启程赴京。(《黎总统致孙洪伊电》《段总理致孙洪伊电》《孙洪伊复黎总统、段总理电》,《申报》1916年7月2日;《黎总统致孙洪伊电》,《申报》1916年7月3日;《段总理致孙洪伊电》,《申报》1916年7月5日;《孙洪伊致黎总统电》,《申报》1916年7月4日;《谷钟秀等致孙洪伊电》《孙洪伊复谷钟秀等电》,《申报》1916年7月6日;《段总理三致孙洪伊电》,《申报》1916年7月9日;《申报》1916年7月14日;《白坚武日记》,第32页;《议员团致唐少川孙洪伊函》,《申报》1916年7月16日。)

　　7月10日　宴请黄兴,发表演说。

　　是日,国会议员分省公推代表八十馀人,在大马路汇中饭店宴请新近返国的民党巨子黄兴,并邀唐绍仪、温宗尧、王宠惠、柏文蔚、于右任、胡汉民、钮永建等作陪。席间,首先代表议员全体致欢迎词,称誉黄兴为"当代实行政治家",并指出当前政治"不无隐忧",望同志诸人"为遇事协商之组织,每一问题发生,先行研究,庶在会场发议,不致步调不齐"。黄兴、唐绍仪、胡汉民等续有演说。(《国会议员欢宴黄克强》,《申报》1916年7月12日。)

7月15日　参加粤籍驻沪国会议员所开茶话会,发表演说。

是日午后2时,粤籍驻沪国会议员假法租界宝昌路尚贤堂召开茶话会,邀请孙中山、沪上名流及两院议员与会。与孙中山、黄兴、章太炎、唐绍仪、伍廷芳、褚辅成等均有演说。在演说中,对孙中山所论以县为单位实行自治,"绝端赞成"。认为地方行政官,"与其决于中央之任命,绝非能如地方人民选举之确当"。(《驻沪粤议员之茶话会》,《申报》1916年7月16日至17日;《粤议员之茶话会》,《申报》1916年7月18日。)

7月22日　抵宁,参加各种欢迎活动。

是月21日,乘沪宁夜车进京,22日早间7时抵南京下关车站。前来迎接之官吏"联络于途,金曰孙总长来,侍奉惟谨。"随后转乘江宁铁路火车入城,直至军署站。下车冯国璋迎接进署,至参谋厅晤谈。冯略谓:"公允入内阁,政治上进行,将有莫大之希望。"并询入长内务后之施政,以才力绵薄作答。11时乘汽车赴行政公署,晤江苏省长齐耀琳。午后1时仍回军署,政务厅长曹豫谦、财政厅长胡翔林、金陵道尹俞琦纪、省警察厅长王桂林、军署参谋长师景云、江宁镇守使王廷桢、第十九师师长杨春普等均来谒见,"一时车马往来不绝"。当晚,冯国璋在署内设宴款待,并邀齐耀琳作陪。23日上午,先后参加江宁军警联合会、南京地方公会举办的欢迎活动,发表演说。午后赴奉直会馆举办的欢迎会,又出席奉直同乡设于鸡鸣寺的宴会。(《白坚武日记》,第32页;《孙洪伊过宁

纪》,《申报》1916 年 7 月 24 日;《补述孙洪伊之政见》,《申报》1916
年 7 月 29 日。)

7 月 25 日　抵达天津,参加欢迎活动。

是日午后 3 时,车抵天津,津埠绅、商、学各界组织欢迎团到站
迎接。翌日上午 10 时,天津各界在安徽会馆举行欢迎会,到会者
有天津绅、商、学报各界人员约三百人,并有国会议员张书元、温世
霖、马仲文、张文澜、陈笃之等出席。发表演说。(《孙洪伊抵津纪
闻》,《申报》1916 年 7 月 29 日;《天津各界欢迎孙洪伊纪》,《申报》
1916 年 7 月 30 日。)

7 月 29 日　抵北京,谒黎元洪、段祺瑞。

是日上午 11 时抵达北京,总统府、内务部、警察总监均派员前
往车站迎接。下午 2 时晋谒黎元洪。黎赞以维持共和之功,答以
此次民国再造,"实大总统及段总理首先反对帝制所致。而南方将
士战斗之功,北洋军警维持秩序之力,尤有足多。总之,实中国人
心不死,故有今日"。同日又谒段祺瑞,晤谈历时三小时,"商议各
种要件,双方意见极为融和"。(《孙洪伊到京已谒总统》,《申报》
1916 年 7 月 31 日;《东方通信社电》,《申报》1916 年 7 月 30 日。)

8 月 1 日　国会复会,到部履职。

是日上午 10 时,国会在北京众议院举行开会式,参、众两院议
员共四百五十七人出席了会议。国会复会后,最重要的任务是制
定宪法。午后 2 时抵内务部,入署后在总长室外长廊向部员发表
讲话,告如有陈述,"尽可随时接谈,不必拘堂属观念"。(《孙洪伊
与谷钟秀》,《申报》1916 年 8 月 5 日。)

8 月 4 日　参加北京报界欢迎会,发表演说。

是日午后 4 时,出席北京报界在中央公园来今雨轩举行的欢

迎会,发表长篇演说,畅论内政外交。谈及此次出山的考虑,称"即在疏通意见,共维大局",执掌内务,"志在切实整顿"。而当前内政"前途所希望者,则在内阁问题与议会问题",外交重要主义,则在"朴实诚意,不尚手段"。(《北京报界欢迎孙伯兰纪事》,长沙《大公报》1916 年 8 月 11 日至 13 日。)

8 月 9 日　宴请进步党议员。

是日午后 6 时,与众议院议员彭介石、萧晋荣、王乃昌假长安饭店宴请旧进步党纯粹议员,到者六十馀人。担任主席。席间三次起立演讲,略论惩治附逆议员、议员转入政界诸事。(《孙洪伊宴会议员》,《申报》1916 年 8 月 12 日。)

8 月 18 日　因入阁任职,致函众议院议长辞众议院议员职。30 日呈黎元洪辞内务总长职后,复致函众议院议长,告已辞内务总长,前递辞职书应即取消。"经要人转圜,将答案撤回修正,已允照常供职。"(《国会议员辞职书三则》,《时报》1916 年 8 月 25 日;《申报》1916 年 8 月 30 日;《孙洪义辞职之底里》,《申报》1916 年 9 月 1 日。)

8 月 19 日　参加议员谈话会。

是日,旧进步党部分议员在畿辅先哲祠开谈话会,到者六十馀人。谈话主要围绕组织议员团体展开。席间发表意见,认为当前国会颇受外界攻击,同人尚须持冷静态度。讨论结果,先谋议员集合,拟设机关于石驸马大街。(《议员在先哲祠开谈话会》,《申报》1916 年 8 月 23 日。)

8 月 30 日　呈请黎元洪辞解内务总长职。

履职内务总长未久,与国务院秘书长徐树铮发生激烈冲突。徐专权擅势,未经国会讨论及各部总长同意,私自任命吉林省长、湘江道尹及某财政厅长，又擅自咨覆胡瑞霖案及发令赣、闽攻粤。不但严重违反制度，也侵蚀了内务总长的职权。忍无可忍之下，当面向段祺瑞提出质问，并于30日向黎元洪呈请辞职，以示抗议。段祺瑞命交通总长许世英登门说项，退还辞呈。言谈间告，不能行使职权，苟无正当办法，无返任之理。黎元洪也以"时局艰危，需贤共济"为言，劝勿萌退志。9月1日，又特招入总统府，当面加以慰留。

在各方慰留下，经慎重考虑提出旨在限制国务院秘书长职权的国务院办事办法五条，作为复职之条件。段祺瑞予以同意，遂重返内务部供职。（《申报》1916年8月30日；《北京特别通信》，《申报》1916年9月2日；《北洋军阀史》，第429页。）

9月1日　众议院投票追认国务院各部总长，获三百四十五票（一说三百四十票）通过。6日，参议院讨论阁员追认案，以一百五十八票通过。（《东方通信社电》，《申报》1916年9月3日；《阁员通过参院之情形》，《申报》1916年9月7日。）

9月10日　北海游园，成立宪法商榷会。

两院议员中旧国民党系、孙洪伊系及新共和党之一部，因半年以来政见主张一致，决定合组团体，讨论当前所急的宪法问题。是于当日午后集合各该派议员于北海举行游园会，到者三百八十馀人。众推张继为主席，说明开会缘由。次即发表演说，说明宪法问题之紧要及集合研究之不可缓，宜集合多数同志议员，设一讨论宪法机关。众皆赞成，取名为宪法商榷会。当场推定褚辅成、彭允彝、汪彭年等起草组织大纲，又推定牟琳、张大昕等十二人为临时筹备员。（《游北海组织宪法商榷会》，《申报》1916年9月12日。）

宪法商榷会组成后，因拥有议员近四百名，俨然成为国会主宰。但三系之结合,各有其背景主张,并无共同的权利义务作结合基础,未久即因对段内阁、选举副总统等问题的分歧而分道扬镳。客庐系的谷钟秀等成立政学会,吴景濂等成立益友社,丙辰俱乐部与韬园系则合并为民友社。(《北京政府时期的政治与外交》,第185页至186页。)

9月8日 将部员祝书元等停职,酿发与平政院之交涉。

因洪宪帝制时期,"大典处之拼命奔走人员以内部为最",上任后着力整顿部务,是日发布部令,将参与帝制的部员祝书元等六十四人停职。在徐树铮的怂恿下,19日祝书元等三十二名停职部员向平政院起诉内务总长,"违反法令,擅退部员,请予依法裁决,以维法治"。经过与平政院的反复争论,平政院最后裁定,撤销内务部原令,准被解职人员仍回内务部供职。因"《平政院编制令》与《行政诉讼法》,系根据袁氏之新约法总统制而来,非由正当之法定机关发生",故对平政院的裁决置之不理。(《内务部改组之由来》,《中华新报》1916年9月26日;《政治和法律的互动:孙洪伊与1916年平政院受理的内务部停职案》,《北京社会科学》2014年第8期。)

9月18日 在国务会议上与谷钟秀发生冲突。

是日上午国务会议时,因兴亚公司借款事件与农商总长谷钟秀颇起冲突。会上发言指出,谷与财政总长陈锦涛一经辞职,此问题立可解决。谷答以"我非不能辞职,但汝来教我辞职,我宁受议院弹劾,决不承教"。(《垫款与谷、陈两总长》,《申报》1916年9月22日。)

10月10日 黎元洪签发总统令,被授予二等大绶嘉禾章。(《申报》1916年10月12日。)

10月19日 宪法商榷会召开全体会议,到会报告部院冲突经过。(《申报》1916 年 10 月 20 日。)

11 月 20 日　被免内务总长职。

内务部与平政院争执发生后,段祺瑞与徐树铮借题发挥,图谋报复。徐急拟一道执行平政院裁决书的命令,呈送总统府盖印,为黎元洪拒绝。此后十多天里,府院双方围绕盖印问题发生激烈争执。10 月中旬,段、徐撇开此案,直接向黎元洪提出罢免内务总长职务的要求。自 18 日起的六七天间,徐树铮四度拜访黎元洪,纠缠在免职令上盖印,均遭拒绝。24 日,段祺瑞亲自出马,敦促黎元洪盖印,并以辞职相威胁。黎态度转软,提出主动辞职的折衷办法,继而又提出两种退路:一以专使名义出洋考察,二是调任他职(出任全国水利总监或外放省长)。孙洪伊拒绝接受。左右为难之下,黎遂邀徐世昌入京调停。在徐的调解下,11 月 20 日黎元洪下令免去内务总长职,以次长谢远涵代理部务。翌日又令准徐树铮辞职,以张国淦继任国务院秘书长。(《北洋军阀史》,第 430 页至 434 页。)

11 月 21 日　与《新支那报》记者谈话,告今后当“专备组织政党”,“在野尽力于改良政治”。(《政局纷争之第二段》,《申报》1916 年 11 月 25 日。)

1917 年　46 岁

1 月 14 日　住宅遭搜查,事前南下。

是日,步军统领江朝宗为段祺瑞唆使指控组织暗杀机关,家藏嫌犯八名,派兵搜查位于羊肉胡同的住宅,未获实据。事前离京,经由武汉抵达南京。当时报章纷传各种潜逃及被捕消息,或谓因为人告发图谋不轨,或称因长内务时亏空巨款。故特分函各大报刊及有关方面,说明此次南下,“只以闲散之身,作汗漫之游,初无政治臭味寓于其间"，请立予更正。16 日，国会议员龚焕辰等持报纸二种面谒黎元洪，告报章诬孙暗杀，且谓奉总统令搜查孙宅。黎云未发此令，责令步军统领查办。(《孙洪伊被拘传闻丛志》，《时报》1917 年 1 月 16 日；《孙伯澜出京之真相》，上海《民国日报》1917 年 1 月 18 日；《国内专电》，《时报》1917 年 1 月 17 日。)

2 月中旬　致函有关方面，反对加入欧战。

是月 1 日，德国为挽回欧战中的败局，宣布实行无限制潜艇战略。3 日，美国以德国违背国际公法、蹂躏人道为由，宣布对德绝交，同时照会各中立国采取一致行动。4 日，美驻华公使芮恩施照会北京政府，劝与德绝交。北京政府随即召开会议，商讨对策。因鉴参加欧战对中国有害无益，本月中旬致函韬园俱乐部，力言"今日之外交，惟有对于德国为一种文书上相当之劝告，作美、德间之调人而已"。稍后又致函各政团，详析今日中国"弭衅可也，启衅不可也"，绝交加入，无一利而贻大害。(《中德问题之要人商榷》，《申报》1917 年 2 月 17 日；《孙洪伊致各政团书》，《申报》1917 年 2 月 19 日。)

3 月 2 日　应上海地方自治研究会邀请发表演说，提倡地方自治。

是日午后一时，上海地方自治研究会在也是园事务所召开会议，与国货维持会会长王文典等受邀演说。演说中指出，地方自治早应恢复，但"须从实在上研究，万不可专务高远"，"吾辈欲办自治，须要在租界外计划，使商场与租界等，则自治乃不为虚设"。(《地方自治研究会开会记》，《申报》1917 年 3 月 3 日。)

4 月 12 日　派代表出席蔡锷将军殡葬大典。(《湘闻纪要》，《申报》1917 年 4 月 19 日。)

4 月下旬　与冯国璋信使往还。

日前托白坚武携函赴宁面呈冯国璋,冯随即遣张星桥来见。22 日与白坚武回拜,未遇,留刺而返。据白坚武记述,孙洪伊自言:"来沪后贫病交加,惟静中细察前尘,觉有种种误点,悟省几多见解,为先此所未知。祸兮福所移〔倚〕,尚复以此自慰。"白当日于日记中感叹:"孙为人根器既厚,得天独真。孟轲氏之所谓天之将降大人〔任〕,于是必先困心衡虑,其斯之谓欤? 彼其刚毅朴讷之气概,终非时髦政客纯盗虚声者比也。以彼之现境易而他人,将抑抑无以自处;乃彼处之泰然,且寻得安身立命之所。吾殊佩其超轶时流,而叹黄河流域土深质厚之人物,其精神不可及也。"(《白坚武日记》,第 65 页至 66 页。)

5 月 13 日　致电国会同人,声援对抗段氏暴行。

是月 10 日,众议院举行全院委员会审查参战案,在段祺瑞的导演下发生"公民团"围攻事件。本日特致电国会中民友会、益友社暨旧进步党同人,对国会抵御强暴,不为所屈,表示声援。(《孙洪伊至北京议员电》,上海《民国日报》1917 年 5 月 14 日。)

5 月 21 日　致电曹锟、王占元等,速与段祺瑞划清界限。

国会搁置对德宣战案,段祺瑞意欲解散国会。是月 19 日午后,督军团在北京召开紧急会议商讨对策。当晚,各督军与督军代表共二十二人联名呈文黎元洪,指责国会宪法会议所通过的部分宪法条文将导致议会专制,要求立予修改,否则"将参、众两院即日解散,另行组织"。本日致电曹锟、王占元、孟恩远等,批评参与督军团会议,"徒以为所劫持,待人分谤",吁请即日还镇,"以全令命,而安危局"。(《北洋军阀史》,第 452 页至 453 页;《孙洪伊致曹、王、孟、张、赵、李、蒋各督军电》,上海《民国日报》1917 年 5 月 24 日。)

6月　分电各督军及京畿将领等,呼吁即行讨伐倪嗣冲、雷震春。

上月 23 日,黎元洪发布命令,免去段祺瑞国务总理兼陆军总长职务。29 日,倪嗣冲通电宣布与中央脱离关系。随后奉天督军张作霖、河南督军赵倜等纷纷响应,宣布独立。本月 2 日,独立各省在天津设立军务总参谋处,推雷震春为总参谋长,筹谋另立政府与国会。为戡平督军叛乱,10 日致电曹锟、张怀芝、王占元、李纯等,12 日致京津临时警备总司令王士珍及京畿有关将领,14 日致电军界各方,26 日又致电曹锟、张绍曾等,呼吁"护法卫国","秉正拨乱"。(《北洋军阀史》,第 454 页至 455 页;《孙洪伊致曹锟、张怀芝、赵倜、张敬尧电》,《申报》1917 年 6 月 13 日;《孙洪伊致王、李两督军电》,《申报》1917 年 6 月 13 日;《孙洪伊致王士珍电》,《申报》1917 年 6 月 14 日;《孙伯兰卫国拨乱之呼吁》,上海《民国日报》1917 年 6 月 14 日;《孙伯兰劝军界誓师讨逆电》,上海《民国日报》1917 年 6 月 18 日;《孙洪伊致近畿各军电》,《申报》1917 年 6 月 28 日。)

7月 1 日　电促曹锟等速行讨逆。

是日,张勋复辟消息传来,即致电曹锟等畿辅将领,吁请速决大计,举兵讨逆。(《复辟实现后之上海》,《申报》1917 年 7 月 3 日。)2 日致电云南督军唐继尧、广东省长朱庆澜,阐明"靖乱讨逆,必须维持约法,恢复国会,庶将来一切大计,皆有途径可循",望即通电全国,声明此旨。(《孙洪伊致滇、粤军民两长电》,《申报》1917 年 7 月 5 日。)

7月 3 日　参加讨逆会议。

是日,民党及陆海军要人在上海召开会议,集议讨逆事宜,与会者有孙中山、孙洪伊、唐绍仪、章太炎、汪兆铭、前总统府秘书郭泰祺、英文《京报》记者陈友仁及海军总长程璧光、海军总司令萨镇冰、第一舰队司令林葆怿、卢永祥代表马鸿烈。会议结果，一致决定拥护共和，出师讨逆，并迎黎元洪南下。(《上海反对复辟会议之大计划》,《时报》1917 年 7 月 5 日。)

7 月 9 日　出席国会议员欢迎两总长集会，发表演说。

是日，旅沪国会议员假上海公共租界康脑脱路开会欢迎外交总长伍廷芳、海军总长程璧光，与会两会议员约计七八十人。到会并发表演说，纵论时局发展，指出："张勋之乱小而易平，段、梁之乱大而难定"，"吾人今日既以保障法治之共和国为责任，则当认共和政治一日未入法治之域，即一日认为乱事未定，以生命为奋斗，至死方休。"(《国会议员欢迎两总长纪事》,《申报》1917 年 7 月 10 日;《孙洪伊欢迎伍、程两总长之演说词》,《申报》1917 年 7 月 11 日。)

7 月中旬　致电南方要人，望继续靖难护法。

复辟丑剧虽已终结，但肇乱主谋尚未追究，因以致电唐继尧、陆荣廷、谭浩明、陈炯明等南方要人，直指此次事变主谋乃段祺瑞，望即"会合两粤、黔、湘，克日出师，靖难护法"。(《孙洪伊等致云南唐督军电》,《中华新报》1917 年 7 月 15 日;《孙洪伊等致西南各省电》,《申报》1917 年 7 月 18 日;《孙洪伊复广西省议会电》,上海《民国日报》1917 年 7 月 20 日。)

9 月 10 日　当选广东军政府内政部总长。

是月 1 日，孙中山被国会非常会议举为中华民国军政府大元帅，10 日就大元帅职。当日下午三时，军政府各部总长经选举产生，当选内政部总长。(《非常国会中之两要事》,《申报》1917 年 9 月 16 日)翌日，孙中山签署任命职务令。(《任命孙洪伊职务令》,

《孙中山全集》第4卷,第142页。)

11月5日　被任命为军政府驻沪全权代表,负责对北联络,分化皖系的武统政策。

因在北方政、军界人脉深厚,是日被孙中山改任为中华民国军政府驻沪全权代表,负责开展对北联络。(《任命孙洪伊职务令》,《孙中山全集》第5卷,第234页。)18日,孙中山来电指示工作方略,指出"当以取消非法机关恢复旧国会,为惟一无二之条件"。(《致孙洪伊电》,《孙中山全集》第4卷,第241页至242页。)

由于江苏督军李纯力主南北和议,运动其倒向南方成为这一阶段工作的重点。在与李纯的联络中,江苏督署顾问兼书记处交际股主任白坚武和外交参事及顾问温世珍为重要管道,二人对李纯颇有影响力。经过积极活动,12月初白坚武、李实忱、李登科等代表长江三督南下粤桂,与孙中山等作进一步接洽。期间,白坚武不时来信沟通情况。然因皖系再度掌控北方政局,南北关系重形紧张,借助李纯牵制北方的策略遭遇顿挫。(《孙洪伊与广州军政府(1917—1921)》,《孙中山研究》第5辑,第269页至289页。)

11月14日　与德富苏峰晤谈。

德富苏峰(1863—1957年),日本著名学者及报人,时在华游历。是日,德富苏峰前来上海孙中山寓所,与南方派见面。在座的除孙洪伊外,有戴季陶、柏文蔚、张人杰等。德富苏峰在《中国漫游记》一书中记下了对孙洪伊的印象:"孙洪伊是前内务总长。他眼睛细长却炯炯有神。他相貌堂堂,脸上的胡子长得恰到好处,是个稳重的人,让人一眼就能看出他是南方派中的泰斗。他的声音比较低沉,这是中国人少有的。先不谈他的论断是否正确,但他讲话条理清晰,紧扣主题。"(《中国漫游记》,第145页)

1918 年　47 岁

1月2日　白坚武来电,报告接洽孙中山、陆荣廷情形,并告北京政府遣王芝祥赴桂。(《白坚武日记》,第115页。)

1月30日　白坚武自桂返抵上海,随即来访,汪精卫、王法勤、温世霖在座。晚间又陪王芝祥前来会谈。(《白坚武日记》,第120页至121页。)

1月　发表长篇敬告国民书,辨明官僚政治之毒害,驱除官僚政治端在第一届国会,呼吁国民"秉正确之舆论,援助国会,以驱除官僚乱国之源"。(《孙洪伊胪举国会议员真相敬告国民书》,上海《民国日报》19118年1月18页至20日。)

2月4日　白坚武来访,述李纯之意,并陈南此相争解决之法,"以各守湘、鄂原境为主"。(《白坚武日记》,第122页。)

2月25日　通电全国,申明西南兴师,旨在护法,冀国人"念共和缔造之艰,怀匹夫有责之义务,使民众政治固其始基,议院政治微其实效,克竟护法之全功,永获和平之幸福"。(《孙洪伊申明护法之通电》,《申报》1918年2月26日。)

3月5日　致电南方要人,请毋在国会问题上率为让步。

因传有德兵入境之说,北京政府遂借资恫吓,欲使军政府放弃护法目的。是日,致电南方要人,告欲御外患,必在整理内政,而其关键实在恢复国会,恢复法治,请毋"误听危言,率为让步"。(《孙洪伊为国会问题之通电》,《申报》1918年3月6日。)10日复通电全国,重申此意,请"惩前毖后,深维始终,立议院政治之始基,奠民主国家之大本"。(《孙洪伊为国会问题之通电》,《申报》1918年3月11日。)

5月12日　白坚武来访,与云南代表李伯英"会议赣、粤仍守原境事"。(《白坚武日记》,第139页。)

5月20日 国会非常会议开会选举军政府总裁,一票之差未能当选。

因军政府成立后未能有效整合南方各势力,各方遂决行改组。事前吴景濂曾来函寻求支持,复函表示"尽力赞助",同时对改组后西南要人"能够水乳交融,协力一致",又心怀疑虑。是日,国会非常会议开会选举军政府总裁,因一票之差不足半数而未能当选。新当选的七总裁分别是孙中山、唐绍仪、唐继尧、陆荣廷、伍廷芳、岑春煊、林葆怿。然而孙中山虽然当选,但"去志甚坚,雅不欲就",翌日即离粤赴沪,置身于新组建的军政府之外。(《西南选举七总裁之详情》,《申报》1918年5月28日。)

7月10日前后 接受戊午编译社长篇访谈,明确表示:"国会不复,即法律亡;法律亡,则国家无可为矣。无论谁何,但能护法,余必表同情,以为赞助;否则无论谁何,余必反对。即对于西南,亦以此意定之。"(《孙洪伊君之谈话》,上海《民国日报》1918年7月13日。)

7月16日 与《民国日报》记者谈话,称不会离沪赴粤。

军政府改组后,传闻有孙洪伊拟任内政部长之说。是日,在接受《民国日报》记者访谈时指出:"绝对不能离沪,实不能为广东之行。"(《孙洪伊君之谈话》,上海《民国日报》1918年7月17日。)

7月30日 通电全国,呼吁国民速图自治。

通电指出:民元以来,专制徐蘖,人类公敌,层见叠出,翻云覆雨。当今民族自治主义之奋兴,已一发不可收拾。"苟大多数人豁然醒觉,知自治之不容已,则武力乱政之祸,必不戢而自消。我国民其速兴,我国民其毋馁,褫彼奸人之魄,还我神圣之权,此其时也。"(《孙洪伊致各团体之通电》,《申报》1918 年 8 月 6 日。)

8 月 19 日　致电全国各团体,再申民族自治。

该电重申民族自治之趋向及国内武人专横恣睢之情状,指出:"为今之计,惟有以我国民之自决心,扫去专制馀孽、人类蟊贼之武人政治,荡涤瑕秽,以回复此神圣之自治权。并望我最亲爱之邻邦,速脱除军阀范围,实行国民政治,然后以两国人民真实之利益,进而谋两国永久之亲交。"(《孙洪伊主张民族自治再致各团体电》,《时报》1918 年 8 月 21 日。)

9 月 7 日　通电全国,反对徐世昌当选总统。

是月 4 日,北京新国会选举徐世昌为大总统。本日发表通电指出,北方新国会为武力派之"私人机关",徐世昌为著名宗社党领袖,"今苟奉此人为总统,法律上不啻承认非法之机关,政治上且将为复辟之张本。现正式国会已依法集会广州,国家正统有托,此等紫色鼃声,当然在屏斥之列"。呼吁国人一致反对。(《孙洪伊通电》,《申报》1918 年 9 月 8 日。)

9 月 9 日　复电徐世昌,劝其"坚执冲退"。

徐世昌获选翌日,通电各方要人,表逊辞之意。报章分析,此举实在意料之中。"徐氏数日之内决不承认当选,必俟各省电到,察看形势,然后表示态度。"该电分致孙中山、孙洪伊、岑春煊等南方要人,"此数人复电如何,亦为徐氏所注重"。(《徐东海逊辞当选之文章》,《申报》1918 年 9 月 8 日。)本日复电徐世昌,敦劝其"坚执冲退,勿为浮议所动,珍重晚节,保惜令名"。(《孙洪伊复徐东海电》,《申报》1918 年 9 月 12 日。)

9 月 21 日　通电全国,力持护法救亡。

北京政府自武力统一政策遇挫,乃由新国会选举总统,并倡和平统一之说。徐世昌获选后,经过数日观望,于16日接受当选证书。本日通电指出:我国当前之不统一,"原因即肇于今日号召统一之人"。北政府所作所为,与统一目标根本背驰。"枉尺断难直寻,夺朱所以恶紫,即至事无可为,惟有玉碎而无瓦全,必不以苟且一时之为,遗国家百年之祸。护法救亡,争此几希。"(《孙洪伊关于时局之通电》,《申报》1918年9月23日。)

10月19日　发讨伐徐世昌通电。

10月21日　住宅遇警,两暴徒持枪意欲闯入。

是日晚六时半,位于法新租界麦赛而蒂罗路仁和里南弄口十号的住宅突来人敲门,管门人左金海启门,见两人各持手枪,见势不妙,急回身将二门关闭。来者见无门而入,连放五枪,击伤左氏左手手指。楼上之人听闻枪声,鸣笛示警,两暴徒始逃逸。(《阍人拒绝暴客》,《申报》1918年10月22日。)翌晨,有记者来宅询问详情,"据云此事早在意中。去年秋冬间,即屡有友人报告云,有人谋以汽车载运凶徒夺门而入,冀图戕害。当时颇忽视之,以为无有之事。继闻彼因孙宅房屋第一层门,系以铁制者,不易闯入,其谋已暂缓。及至迁居后数日前,又有友人报告,谓近日颇有形迹可疑之人,往来于左近各处。然亦未以为意,仅令侍役等略为戒备而已。不意竟有昨日之事,幸未入门,如入门则彼此互斗,必有死伤"。(《阍人拒绝暴客续纪》,《申报》1918年10月23日。)

12月7日　白坚武衔李纯之命来访。(《白坚武日记》,第170页。)

12月10日　白坚武来访,晚间设宴款待,戴季陶、沈定一、易次乾、欧阳荣之在座。(《白坚武日记》,第171页。)

1919 年　48 岁

1 月　发表《对南北和议条件之宣言》。针对"和议先决问题"、"善后问题"、"处置清室问题"等问题进行了分别说明。(《孙洪伊对于南北议和条件之宣言》,上海《民国日报》1919 年 1 月 3 日至 4 日。)白坚武在 4 日日记中详记上述条件,认为"各纲略均可行,惟南北各 1 师卫京不可行。盖能根本确立民治,无南一师之必要;若其不然,区区者宁能御多数之暴徒乎?空言虽可,按之实际,殊不然也"。并发表感喟道:"自辛亥以来,民气大进。孙洪伊氏以独身倡义上海,而应者四起,袁氏遂毙,固非仅蔡松坡之功也。黄陂被逐后,孙洪伊偕护法诸同人举师讨贼,先声所趋,遂有今日之局。遂鬼蜮佞幸之徒,忌孙如洪水猛兽,驱除暴力发扬民治之功,固不可没也。趋时之辈,乌足言人才?"(《白坚武日记》,第 178 页至 179 页。)

1 月 10 日　当晚 9 时,白坚武抵沪,随偕李实忱来访,谈至翌晨 5 时始归。(《白坚武日记》,第 179 页。)

1 月中旬　就南方派遣代表事发表意见。

是月 13 日萨福懋致朱启钤函告:日昨孙洪伊请客席散,询其南方代表几时可以正式发表,"据云彼及唐少川先生皆屡次有电到粤催派,并云如唐能对彼等表示明白,抱定护法宗旨及废主战派领袖并国防军与废督裁兵各事,彼必尽力提倡,予唐全权,其他九人或为代表,或为参赞,仅赞襄其事"。(《南北议和文献》,《一九一九年南北议和资料》,第 102 页。)

2 月 14 日　李纯遣白坚武、胡伯午常川驻沪,接洽和局。本日,白坚武、胡伯午联袂来访。(《白坚武日记》,第 183 页。)

2 月 19 日　午间设宴,徐绍桢、方寰如、彭汉遗、白坚武等在座。(《白坚武日记》,第 184 页。)

3月7日　请宴,白坚武及滇、黔、桂代表在座。(《白坚武日记》,第186页。)

3月11日　白坚武偕王乃昌来访。(《白坚武日记》,第187页。)

3月17日　晚间9时,邀白坚武"议大局前途"。(《白坚武日记》,第188页。)

3月25日　白坚武来访,告知南京方面情形。(《白坚武日记》,第188页。)

4月2日　白坚武偕李伯英来访,"商大局进行法"。(《白坚武日记》,第190页。)

4月22日　白坚武来访,焦易堂、张新吾、王法勤在座。(《白坚武日记》,第192页。)

5月4日　"五四"运动爆发,致电北京政府立即释放学生,惩办卖国贼首,拒签巴黎和约。

7月11日　白坚武来访,"谈奉、吉近状"。(《白坚武日记》,第203页。)

8月3日　请宴,戴季陶、牟琳、陈中孚、李艺圃、白坚武等在座。(《白坚武日记》,第205页。)

9月1日　致函白坚武,"多隐痛语"。翌日,白来函"宽慰兼告宁情"。(《白坚武日记》,第209页。)

9月8日　白坚武来访,谈李纯"注意广州李协和扰赣事",请函电质询。托白拟稿函复。(《白坚武日记》,第210页。)

1920年　49岁

1月1日　发表《民国九年的一宗大事》,指陈废督裁兵之必要及条件。文章认为,督军制及多兵制是国民八年来所受痛苦之根源。无论就国民自决、国家统一、财政，还是世界大势而论，废督裁兵都是中华民国第一要紧之事。然而废督裁兵不能依靠南北和会，因为"南北代表实在是督军的代表"，而必须由国人从监督借款、建设正式政府、决心不认督军制等方面切实做去，才能够真正实现。(《民国九年的一宗大事》，上海《民国日报》1920 年 1 月 1 日。)

1 月 24 日　昨接唐继尧电，请白坚武赴滇。本日约白讨论滇事，何成濬、王天木在座。何告以滇、川、黔日来消息。(《白坚武日记》，第 233 页。)

1 月 29 日　白坚武来寓"共议关于直隶新口借款开港事"。(《白坚武日记》，第 233 页。)

3 月初　函介河南代表鲍文若赴宁，面谒李纯。(《白坚武日记》，第 240 页。)

6 月 10 日　约白坚武，"商时局办法"。(《白坚武日记》，第 258 页。)

6 月 17 日　白坚武来访，"略谈京、宁近况及吾人应付主张"。(《白坚武日记》，第 260 页)

7 月 21 日　发表通电，促国民自决。

10 月　粤军攻克广州，莫荣新被迫取消自立，岑春煊、陆荣廷联名解除军政府职务。

11 月 4 日　出席在沪南方要人会议，讨论时局。

是日下午 1 时，孙中山、伍廷芳、唐绍仪召集旅沪西南要人王伯群等，及参、众两院议员五十馀人，在环龙路孙宅召开紧急会议。讨论良久，决定："(一)通告外交团，如中央假名统一押借巨款，西南誓不承认；(二)由孙等四总裁名义，各派干员一人，充代表兼程回粤,考察现在状况,以定进行;(三)顺从新潮流,废去广东督军,所有收束种种军事,归各司令负责;(四)桂军新挫,势力大衰,宜电令各军进攻桂、梧,以期灭此朝食,永绝后患;(五)军政府之名义与尊严,须继续维持。"上述五项由列席者全体认可签字,即付履行。(《上海孙宅会议汇总》,《香港华字日报》1920 年 11 月 13 日。)

11 月 21 日　出席中国国民党本部饯行宴会。

因孙中山等即将离沪赴粤及马素行将返美,中国国民党同志于是日晚在本部设宴饯行,出席者包括胡汉民、孙洪伊、居正、谢持、杨庶堪、徐谦、伍朝枢、马君武、郭泰祺、吕志伊、吕超、卢师谛、石青阳、程潜、蒋尊簋、吴忠信等。席间,孙中山并发表讲话。(《中华民国国父实录》第 5 册,第 3723 页。)

12 月 14 日　抵达广州。(《译电》,天津《大公报》1920 年 12 月 18 日。)

12 月 24 日　白坚武奉吴佩孚之命南来,是日晨抵达广州。随即偕张则民来访,转交所携函电,"略谈别后经过情况并南来宗旨"。(《白坚武日记》,第 288 页。)

12 月 25 日　陪白坚武拜访孙中山,白"道来意,并述北方近况"。(《白坚武日记》,第 288 页。)

1921 年　50 岁

4 月 7 日　在粤议员召开国会非常会议,选举孙中山为非常大总统。

6 月 15 日　出席广东政府联席会议,商决联省政府事宜。(《卢永祥倡自治之虚声与实际》,北京《晨报》1921 年 6 月 19 日。)

7 月 12 日　自穗乘车赴港,转道往沪。(《孙洪伊亦离粤》,《香港华字日报》1921 年 7 月 13 日)19 日,抵达上海。(《白坚武日记》,第 322 页。)外界推测,孙洪伊北行,系为联省政府事宜赴浙游说。(《西南会师武汉策续闻》,《申报》1921 年 8 月 5 日。)

8 月 5 日　请宴谭延闿,柏文蔚、杨庶堪等在座,"讨论鄂局"。(《白坚武日记》,第 324 页。)

8 月 9 日　请宴,出席者有川人王致堂、王少生、刘静九,黔人邓鸣阶,湘人李莼生,桂人王乃昌等,"论武汉均势之局"。(《白坚武日记》,第 324 页。)

8 月 24 日　由白坚武代复刘湘一函,"劝其注力于全局根本问题,出正名定罪之师,不宜以援鄂自治为限,常陷纠纷,资敌以口实。"(《白坚武日记》,第 326 页至 327 页。)

10 月 12 日　白坚武来访,谈近情。(《白坚武日记》,第 333 页。)

10 月 27 日　于宅邸请宴,白坚武、上海商报馆总经理汤节之在座。(《白坚武日记》,第 335 页。)

11 月 16 日　是日为农历寿辰,"周蕴吾倡同人公祝"。(《白坚武日记》,第 337 页。)

12 月 26 日　完成"警告国人书",呼吁拔除卖国政府。

是月 13 日,美、英、法、日在太平洋会议上签订《关于太平洋区域岛屿属地和领地的条约》,中国方面的诉求被无视,远东局势由原先的英、日共治一变而为四国共管。痛愤之馀,本日完成《警告国人书》,并于 29 日公开发表。警告书指出:军国主义未经铲除之前,所有国际会议均为强者处分弱者之会议,必无公理正义之可言。凡我国民,"应急打断希望华府会议之迷梦"。"我之病根",实在卖国之徐世昌政府。"我能将此亡国病根拔去,则一切卖国条约,胥失其据依,不废而自废。而民意政府成立,庶政蒸蒸日上,国内气象一变,世界各国皆当回易视听以待我,外交形势亦自随之一新。"(《孙洪伊为中国存亡大问题警告国人书》,《申报》1921 年 12 月 29 日。)

1922 年　51 岁

1 月 5 日　再告国人,望亟谋补救。

是日,完成《再警告国人书》,指出四国协定及中国保全协议,"是完全为日英同盟之继承者,直可谓之扩大的变相日英同盟",中国瓜分豆剖即在眼前。呼吁国人一面绝对否认四国协定及中国保全协议,一面"急起推倒北京政府,建设民意政府,以截断祸根"。(《孙洪伊为中国存亡问题再警告国人书》,《申报》1922 年 1 月 8 日至 11 日。)

梁士诒借日款续修胶济铁路,吴佩孚决心倒阁,通电反对,嘱白坚武函孙洪伊,"集合西南响应"。(《白坚武日记》,第 345 页。)

3 月 4 日　白坚武来访,"谈隔别两月状况"。(《白坚武日记》,第 350 页。)

5 月下旬　发表谈话,称解决时局当在进一步改造中央政府。

各方就恢复旧国会,意见趋于一致。谈话间指出,旧国会恢复后,时局解决仍多曲折,"此际吴佩孚等如能恢复旧国会,更进一步而承认孙氏(孙中山,引者注),则时局解决自属易易";总之,"今后问题在改造中央政府,确定地方制度"。(《孙洪伊之时局谈》,长沙《大公报》1922 年 5 月 29 日。)

6 月上旬　与吕复、李文熙谈话,反对强南从北。

上月 24 日,在津旧国会议员召开国会继续开会筹备处成立会,决定通知各省散处议员速行来津集会,并推举吕复、李文熙为代表赴沪接洽。(《旧国会筹备继续开会之津讯》,《申报》1922 年 5

月 27 日。)本月 4 日吕、李抵达上海后,往访在沪诸议员,劝即赴津。(《津旧议员代表到沪纪》,《申报》1922 年 6 月 6 日。)随即来访,具述徐世昌已去,黎元洪复职,国会将自由集会,行使职权,希望合力赞助,使南北早归统一。对于北方意欲强南从己,颇有异议,指出国会复会,实孙中山领导的护法战争有意促成。今欲广州政府应既听命于北京,西南万难承认。希望北方诸君详加考虑,找出国家统一的"公平办法"。(《吕、李两议员与孙洪伊之谈话》,《申报》1922 年 6 月 8 日。)

6 月 13 日　致函李文熙,辨正对北意见。

阅报悉李文熙回京后向黎元洪报告,称沪、粤议员除孙中山一派外均可北上,"足凑成法定人数",孙洪伊等均赞成恢复法统,"且对黎感情颇佳,复位以后,必能援助统一"。不胜骇异。本日致函李文熙,辨正当时"区区之意,以为黄陂不应复位,国会不应继续六年",望为明示何以与当时所谈大相悬殊。(《孙洪伊来函》,《申报》1922 年 6 月 14 日。)

6 月 18 日　致电李烈钧、许崇智等,望速平陈乱。

是月 16 日,陈炯明举兵叛乱,炮轰广州总统府。18 日致电李烈钧、许崇智等指出,陈氏此举,公谊私情,均在不宥,"望速旋师讨逆,以申大义,而定粤局"。(《孙洪伊主讨陈炯明电》,《申报》1922 年 6 月 18 日。)

7 月底　复电北京知交,表示与孙中山一致护法,拒绝北上。

数月以来,北京政府多次遣使并函电交驰,促即北上。在北知交亦来电劝行。复电,"洪伊与中山,始终一致护法","于中山地位未确定以前,本人未便北来,以维人格,而答知遇"。(《孙洪伊辞谢北上》,长沙《大公报》1922 年 8 月 7 日。)

8月15日　与王法勤邀集张继、汪精卫等十馀人宴叙,孙岳在座。(《孙中山莅沪后情形》,《申报》1922年8月16日。)

8月17日　出席孙宅宴会。

是日晚8时,孙中山在法租界莫利爱路29号寓所举行宴会,出席者有黎元洪代表黎澍、李繁昌、刘成禺,曹锟代表孙岳以及孙洪伊、汪精卫、蒋介石、陈策、张继、杨庶堪、陈群暨驻沪国会议员等三十馀人。"席间讨论良久",直至11时许始散。(《孙中山前晚宴客》,《申报》1922年8月19日。)

8月下旬　章太炎发表《儆告上海民党书》,攻击孙洪伊联直。

该函认为,曹锟使者孙岳南来,"实孙洪伊为之中诇"。孙、曹提携,招抚民党,已见其端倪。又攻击陈炯明叛乱,孙洪伊电促北伐军回师援救,谓:"此非亟于中山,其实欲为江西解围。北伐军误堕其术,致南昌垂得而弃之。李烈钧杖顺之师,奔窜无地,长江流域防御外侮之略,于此而终。洪伊为曹、吴谋亦忠矣。"(《章太炎儆告上海民党书》,《申报》1922年8月30日。)

8月　接受访问,谈与吴佩孚合作。

访谈间指出:与吴佩孚合作全国统一事业,非不可能,但目下稍有隔阂。余之意见,"即待全国统一后,征得各方面意见一致,然后恢复国会,制定宪法。而欲统一全国之条件:(一)须承认地方分权主义;(二)中央之政治组织采用执行委员制度,否则亦须维持现任总统,废止从来中央集权主义;(三)中央政府以拥护共和为最大宗旨,再参酌社会民主主义。以上三条必须具备,而后始可言统一"。(《孙洪伊最近之时局谈》,《顺天时报》1922年8月19日。)

9月2日　发表谈话,指出章太炎攻击实因同情黎元洪。

谈话略谓:"章炳麟攻击民党,尤攻击孙氏,此因章氏同情于黎元洪氏之故。至民党分裂为软硬两派之说,殊非事实。又孙文氏虽可云已与直隶派接近,然连络上认为已具体化,尚恐未必,盖孙氏与段、张(奉)之关系,深有考虑之必要。"(《孙洪伊在沪谈话》,《顺天时报》1922年9月2日。)

10月13日 黎元洪签颁总统令,特授孙洪伊以勋二位。(《申报》1922年10月16日。)

12月上旬 由沪赴宁,晤齐燮元。随即转车前往保定,为曹锟祝寿。稍事停留,即晚车回沪。(《南京快信》,《申报》1922年12月10日;《南京快信》,《申报》1922年12月14日。)

12月17日 出席伍廷芳追悼会。

是日正午12时,上海各团体假九亩地新舞台举行伍廷芳追悼大会,各方要人及各团体代表云集。敬送挽联,并报告生前事略,谓伍廷芳"最足使吾人崇仰者,为能以出世之精神,作入世之事业"。(《伍廷芳追悼大会纪》,《申报》1922年12月18日。)

1923年 52岁

2月7日 接受公平通信社记者访问,批评彭允彝为北方学潮祸首。(《孙洪伊对于学潮之谈话》,上海《民国日报》1923年2月8日。)

2月25日 发表宣言,揭破黎元洪假借约法之命令。

是月22日,黎元洪发布命令,称约法为立国根本,今国会已复,政府依法成立,在宪法未公布以前,凡属国民均应共遵约法。是日,发表宣言指出,黎氏向来只知利己,不忠国家,而今总统任期已满,以一平民冒窃总统,根本破坏约法。呼吁国人,一洗因循故习,努力促进国家革新大业。(《孙洪伊之宣言》,《申报》1923年2月27日至28日。)

2月28日　被孙中山任命为驻沪全权代表。

是年1月，新任北京政府国务总理张绍曾发表和平统一通电，主张就裁兵、财政、教育、实业诸端与各方商谈。孙中山对此颇表关注，随后发表《和平统一宣言》予以回应。2月21日，孙中山由沪抵穗，组织大元帅府。本日签署大元帅令，特派胡汉民、孙洪伊、汪精卫、徐谦为办理和平统一事宜全权代表。(《委派胡汉民等职务令》,《孙中山全集》第7卷,第145页。)对于全国统一新机,孙洪伊主张,先决问题"首在北方政府抛弃历来对西南派之两种误解,即第一扑灭西南派政策,第二招降西南派政策;否则无论如何,南北绝无接近之机会。"(《信使接洽中之统一问题》,《申报》1923年2月6日。)

3月11日　与项致中谈话，批评北京政府政策。

日前,曹锟遣项致中等二人携命南下,敦请孙洪伊北行。是日,项等来访,谈话中表示,"在大局未统一以前,未便在北方担任何种事务。"并指出:"北方蔑视中山地位,欲以命令式造成统一,实为数月来时局混沌之总因。张敬舆辞职通电所谓僭窃,实系代表北方一般人之心理。不变此种心理,统一必属无望。"(《保曹代表项致中昨日北上》,《申报》1923年3月13日。)又谓:中华民国安危,实系民党与北洋派之手,两派"能互相谅解,则国家举手可定"。(《张阁仍无转圜气象》,《申报》1923年3月19日。)

4月1日　会晤丁槐，谈南北合作。

日前,丁槐为黎元洪所遣以慰问使名义来沪,与南方代表商谈合作事宜。是日,约汪精卫、徐谦、张继等与丁接谈。丁转达了黎元洪、张绍曾邀请孙中山北上及倡开和平会议之意,南方代表答谓:北京政府此种意见,"殊无和平之诚意"。召开和平会议,必先解决黎氏代表北方资格问题。(《丁槐来沪与民党要人之谈话》,《申报》1923年4月2日。)丁随将南方意见电告张绍曾。18日,丁复来访,告接张回电,谓法统既复,有何和议可言? 南方主张对等和议,殊难揣测。针对北政府这一立场,明确指出:当前北方只是形式上恢复法统,西南护法事业并未完全达到。"故开平等会议,以融洽各方意见,使法律与政治并得一适当之解决,实为收拾时局所必经之途径。"望北方当局,以天下为公,实心为国,虚心平气,慎加考虑。(《孙洪伊君关于和议之意见》,上海《民国日报》1923年4月21日。)

4月10日前后　与王宠惠、杨天骥晤谈。

日前,王宠惠、杨天骥为黎元洪、张绍曾所遣来沪,并拟赴粤一行。报揭王、杨此行,"原出黎元洪之意,以对粤命令实与中山无涉",因托"往粤一谒中山,代达被迫下令之苦衷"。事为张绍曾所闻,乃力求王、杨"兼充国务院代表,敦劝中山离粤北上,或仍返沪商榷统一问题"。王、杨抵沪后,数度与胡汉民、徐谦、孙洪伊等晤谈。(《王杨南下使命之所闻》,《申报》1923年4月11日。)洽谈间明告:"南方实不能承认黎、张有代表北方能力。且一面遣使接洽,一面派兵入闽,滥发命令,扰乱粤局,可见并无和平诚意。现在如果真欲言和,须(一)自行取消闽、粤各令,(二)调回孙传芳入闽军队,(三)立停川战。如此三项不能先办到,则是黎、张殊无代表北方能力,无可言和。"(《中山代表对王、杨之表示》,《申报》1923年4月12日。)随后,王宠惠等电告黎、张,谓与胡、孙、徐接洽多次,"均能推诚相见,且极盼和平统一之早日实现",期望北京政府止息干戈,为言和创造条件。(《王宠惠电告与南方接洽情形》,《申报》1923年4月18日。)在沪盘桓数日后,王、杨启程赴粤。抵粤后,因战事复兴，接洽"毫无结果"，王当即赴欧，杨亦假道上海北返。5月10日午间，孙洪伊、谢持、张继等在徐谦私宅设宴，与杨氏饯别。（《杨天骥由粤来沪》，《申报》1923年5月11日。）

4月23日　出席王九龄返滇饯行宴会。

上年，王九龄奉唐继尧之命至各处接洽，旅沪甚久。因返滇在即，是日午后上海友人设宴送行，到者有章太炎、汪精卫、胡汉民、张继、孙洪伊等数十人。席间章太炎代表致辞，期望唐继尧与孙中山联合，俾"达到西南诸省爱护国家之初衷"。（《唐继尧代表行将返滇》，《申报》1923年4月24日。）

4月中下旬　易宗夔前来接洽。（《南京快信》，《申报》1923年4月25日。）

6月28日　章太炎致电孙中山，请撤上海议和代表，屏绝孙洪伊。

是月13日，北京政潮升级，黎元洪为直系所迫退职。黎氏挚友章太炎认为孙洪伊居南实北，系曹锟私党，种种计划，无不与闻。因阅报悉孙洪伊启程赴粤，是日致电孙中山，请速行屏绝。电谓："此次京都扰乱，冯玉祥、王怀庆、王承斌实为下手巨犯。冯、王之事，曹锟容可委为不知。至王承斌以直隶省长兼第三师师长，明是曹锟辖下属官，公行劫印，则曹实为主使。人心对于曹、冯，无不切齿，本非为黄陂一人雪愤也。公尚有议和代表在沪，如孙洪伊、徐谦辈，即应速予裁撤，示与曹、冯诸贼断绝关系。至孙洪伊素为曹氏私党，种种计画，无不与闻。其阳示尊崇我公者，正以牵公下水。去岁介绍孙岳，前来侮弄，已损我公名誉不小，然其时曹锟恶迹已往者人不复忆，未来者尚在难知，犹可模糊权與也。今则公为盗匪，觊觎篡窃，事实彰明。而孙洪伊所部议员王乃昌、牟琳等正奖盗媚贼不暇,曹锟所收买之议员,方以流言惑众,谓孙、曹已归调和,冀以解民党之心,惰西南之气。我公为是非计,为利害计,为名誉计,如孙洪伊辈,速应屏绝勿通,任彼归贼。何可曲意招致,受其间谍之术,自损正直之名。"(《章太炎致孙中山电》,《申报》1923年6月29日。)

6月30日　致电牟琳、王湘,反对议员南行。

黎元洪离任后,部分议员受外界促动,倡议南迁,国会面临分崩离析之虞。是日,致电牟琳、王湘并转民治社同仁指出,段派活动,意在"拆散国会","议员自有天职,保持已死初生之国会,完成将成未成之宪法,为国家立远大基础,勿因一时谣诼,遽尔气馁"。(《孙洪伊反对议员南行》,《申报》1923年7月9日。)

6月底7月初　谈北京政变,望直系觉悟,与孙中山携手。

报载,黎元洪下野后,"小孙派"议员牟琳、王湘等往来京、保间,甚为活跃。孙洪伊亦与保、洛信使往还。外间揣测,曹锟若获选总统,则孙有组阁之望。接受记者访问时表示,黎为七年来酿乱主要人物,且总统任期早满,是以被逐不能予以同情。直系之根本谬误在于坚持武力统一。期望直系能够觉悟,与孙中山携手,共谋和平;否则,"公同承认中山之护法政府,实为正当办法"。(《孙洪伊对时局之意见》,上海《民国日报》1923年7月4日。)

7月10日　曹锟来电,称愿与孙中山携手。

是日,曹锟来电,称孙中山"与国家同其休戚",恳不吝见教。随将该电转致孙中山。12日孙中山复电,斥曹锟言行相违,见诸事实者,无不"与和平为敌","徒务空言",实难采信。并请孙洪伊本此意复曹。(《孙中山答复曹锟齐电》,《申报》1923年7月20日。)

7月上旬　在沪民治社议员商讨应对时局方针。

孙洪伊集

在沪民治社议员协商应对时局方针,决定"(一)护法战争已历七年,时局有收拾之必要。认定和平统一为收拾时局之惟一办法,仍守此方针努力进行不少变易。(二)如和平统一目的不能达到,时局无正当之解决,则回复十一年六月以前之状态,以广东护法政府维持法统,不承认别设政府。"并决议王湘、彭介石、王乃昌等民治社议员十馀人来沪,与孙洪伊确定时局方针。(《国会移沪集会消息》,《申报》1923 年 7 月 10 日。)

章太炎发表谈话,批评孙洪伊主张。

章太炎在访谈间指出,孙洪伊主张护法,一以反对段祺瑞,一以否认黎元洪,目的在于为曹锟减去敌手。孙洪伊前者宣言孙、曹携手,其"制伏中山之策,最为凶狡"。盖"中山功望最高,而天性又极自负,孙日言奉戴中山为护法总统,中山未有不受也。处位愈高,其倒愈速,既倒则挟曹氏之势,以劫制中山,使其携手。中山急于求援,亦不得不受"。(《章太炎最近之时局意见》,《申报》1923 年 7 月 10 日。)

吕志伊发表谈话,称孙、曹联合绝无可能。

国会参议院议员吕志伊就孙、曹联合说发表谈话,谓:"此事在三个月前,容有实现之可能,至今日则断无能成之理。盖孙中山先生月前赴粤后,确曾委任孙洪伊君与直系接洽和平统一,迨第一次攻进韶关,发见曹、吴致沈鸿英密电多通,其破坏和平罪恶昭著,已无携手之馀地。经中山电令孙君与北方停止任何商榷,此电曾见各报。至北京骗黎事作,中山知系曹以武力、金钱压迫两院选举,即电孙君速促议员出京。讵意孙君违反中山意旨,反电劝议员留京,实令人不解所谓。至于叶夏声本为民党所屏弃,其在京言论行动,与民党毫无相干。若夫温世霖之徒,奔走保定,挟中山以为招摇,则更不足齿数。要之中山抱三民主义,曹氏则仍在北洋派武力统一之迷梦中,事实上万不能合作。"(《吕志伊之孙、曹联合观》,《申报》1923 年 7 月 10 日。)

7 月　李石曾来函,责"祖曹助曹"。

直人李石曾阅报悉孙洪伊及民治社动向,迭来两函相责。前函责孙洪伊难逃"祖曹助曹之嫌",认为孙等"惑于乡谊之迷信,在所不免,其影响所及,已甚重大"。后函望孙"自觉","能真正独立,与主张能彻底正确"。(《李石曾忠告孙洪伊》,《申报》1923 年 7 月 17 日。)

8 月 20 日　曹锟与日本记者谈大小孙。

是日上午 10 时,曹锟在保定接受东方通信社记者访问,在谈到南方政府时谓:"至对孙中山,余亦为和平统一故,间接有所语。彼目下非常困难,苛征租税,出卖公产,彼表面虽有饰词,其实苦人民也。孙洪伊对孙中山似不赞成,盖孙洪伊为爱国者,孙中山为祸国者也。"(《曹锟与日记者谈话》,《申报》1923 年 8 月 22 日。)

10 月　发表谈话,否认组阁。

是月 5 日,曹锟借助贿选当上总统。外界颇有孙洪伊组阁之说,报章并载孙遣代表吴伯林赴津,"观北方对孙空气"。(《国内专电》,《申报》1923 年 10 月 21 日。)因是发表谈话,谓:"友人曾有来邀北上,此不过私人周旋,外传组阁之说,实属无稽。至于派遣代表入京,或为时相过从者之北归,而为相识之误认,亦未可知。"(《孙洪伊否认从曹组阁》,上海《民国日报》1923 年 10 月 25 日。)

1924 年　53 岁

1 月 31 日　离开上海前往天津。临行前表示:宪法已经公布,护法事业"自兹结束,余于此事责任已告终了。"此次北上,因

"久居沪上,空气不宜,常苦多病。现拟稍事游历,即回天津,略资休养","并无何种政治意味"。(《孙洪伊北上》,《申报》1924 年 2 月 8 日。)然外界推断,此行"与副座事大有关系。国会提组织副座选举会,亦系民治派主动,孙早有组阁志愿"。(《国内专电》,《申报》1924 年 2 月 14 日。)

2 月 17 日 抵达安徽省城安庆。

是日晨,自南京乘轮溯江抵安庆。安徽军务督理兼省长马联甲派员迎至何宅下榻,随后赴省公署与马晤谈片刻。下午四时许,马亲赴何宅回拜,晤谈约一小时。翌日在接受安徽报界访谈时再次表示,"此行完全个人游历,毫无政治臭味"。(《皖马欢迎孙洪伊》,《申报》1924 年 2 月 21 日。)

2 月 22 日 抵达南昌。随后数日游览各处名胜,"馀暇则完全消磨于酒食场中"。(《孙洪伊离赣赴鄂》,《申报》1924 年 3 月 6 日。)

3 月 24 日 抵达武昌,寓督军署东花厅。(《国内专电二》,《申报》1924 年 3 月 26 日)翌日午间与萧晤谈,因"萧病稍愈,医嘱静养","仅谈数语"。(《国内专电》,《申报》1924 年 3 月 27 日。)

4 月 3 日 抵洛阳,与吴佩孚多次晤谈。吴建议即入京面见曹锟,但认为组阁"尚未至纯熟时机"。(《白坚武日记》,第 471 页;《国内专电》,《申报》1924 年 4 月 11 日。)10 日为吴寿辰之期,各方来贺者云集,并密商时局要件。12 日晚与王正廷赴吴氏宴请,"密商解决时局办法"。(《国内专电》,《申报》1924 年 4 月 15 日。)

4 月 23 日 抵达徐州,陈调元赴车站迎候。(《国内专电》,《申报》1924 年 4 月 25 日。)25 日上午,段书云、董伯云于商埠局设宴,陈调元等作陪。午后陈调元及地方官员在花园饭店公请,席间对于时事"颇有谈论"。晚间七时许乘津浦快车北上,陈调元亲送至站。(《徐州》,《申报》1924 年 4 月 27 日。)

5 月 15 日　当晚 7 时半由泰安抵达济南,随行者有国会议员张书元及秘书、随从等九人。山东军、政两界要人或亲自或派员赴车站欢迎。随赴省署,熊炳琦在东花厅设宴。席间历述此次游历曲阜、泰安之经过。九时许,宾主尽欢而散,熊亲送至津浦宾馆下榻。翌日下午二时,熊派政务厅长等邀往大明湖游玩。(《鲁官界欢迎孙洪伊》,《申报》1924 年 5 月 18 日。)17 日下午 3 时,在铁路宾馆与各新闻记者召开谈话会,就南北、宪法等问题阐述意见。(《济南报界与孙洪伊谈话》,《申报》1924 年 5 月 19 日。)18 日午后6 时,山东省议会副议长陈韵轩及议员二十馀人在津浦铁路宾馆设宴。筵间谈山东政团及期望。(《孙洪伊以新郑古物喻鲁省政团》,天津《益世报》1924 年 5 月 21 日。)

5 月 26 日下午 5 时,偕张书元抵达天津,杨以德、水钧韶等暨保安队在站迎迓。暂寓德义楼。(《国内专电二》,《申报》1924 年 5月 28 日。)在津期间,酬酢不断。6 月 2 日,吴景濂于日租界春日街本宅设宴欢迎,作陪者有直隶省长王承斌、前国务总理张绍曾、省议会议长边守靖,盐运使张调辰,国会议员陈笃之、宋桢、李燮阳,及省议员等。席间"协商大局",讨论良久,"互有意见",结果"尚称融洽"。(《国内专电》,《申报》1924 年 6 月 5 日;《三处宴请孙伯兰》,天津《大公报》1924 年 6 月 5 日。)

6 月 30 日　午间抵达北京,曹锟代表、国会议员及各界要人二百馀人赴站迎候。下车后驰往松树胡同民治社本部,宪兵司令车庆云在此设宴,陪席者九十馀人。席间对各位前来表示欢迎,并谓:此来"专为游览名胜,兼与故旧一叙契阔,绝不愿与闻政治。在京约勾留旬日,仍当遄返津门"。(《孙洪伊抵京》,《申报》1924 年 7 月 3 日。)

7 月 2 日　晨间入总统府面谒曹锟,曹谢"去年间接赞助大选,颇示感激"。晚间孙宝琦于本宅设宴款待,阁员作陪。(《国内专电》,《申报》1924 年 7 月 3 日。)

7 月 5 日　赴南苑与冯玉祥相谈"极欢"。(《国内专电》,《申报》1924 年 7 月 6 日。)

7 月 16 日　出席各自治团体欢迎会,演说市政。(《国内专电二》,《申报》1924 年 7 月 18 日。)

7 月 30 日　赴东陵。(《国内专电》,《申报》1924 年 7 月 31 日。)

8 月 14 日　晚间曹锟设宴延庆楼饯别。翌日晨离京赴津。(《国内专电》,《申报》1924 年 8 月 16 日。)

1925 年　54 岁

2 月 26 日　由天津乘车抵沪,寓法租界打铁浜某宅,随后"与蔡成勋、马联甲等晤谈一切"。(《孙洪伊抵沪》,《申报》1925 年 2 月 28 日。)

3 月 12 日　孙中山在北京病逝。

3 月 21 日　就孙中山逝世接受醒民通信社记者访问,指出:"此非独吾民党之痛,全国人士皆应痛苦者也。"年来道德堕落,而先生"至诚无私","故吾人与其颂扬先生之掀天揭地之事,毋宁崇拜先生大公至正之精神,以挽救每况愈下之人心,续成先生未竟之志愿,则先生虽死犹不死也。"(《小孙口中之大孙谈》,《盛京时报》1925 年 3 月 21 日。)

4 月 18 日　在河北安徽会馆举行的孙中山追悼会上率众公

祭。(《天津市民悼孙大会》,《申报》1925 年 4 月 23 日。)

4 月 29 日　发表通告全国电,批评执政府与法国签署金佛郎案协定,指出此后我国财政"将无不受其束缚",经济亡国之祸即在眼前,吁请全国民众速图应对。(《北洋军阀(1912－1928)》第 5 卷,第 163 页至 165 页。)

6 月中旬　发表沪案宣言。

上海英、日巡捕残杀工人、学生,消息传来,极为痛愤,发表宣言予以痛斥。宣言指出:"巡捕为奉法服务之人,草菅人命,至于如此,吾人为我国人民痛,亦为世界人类痛矣。"当前主政者固仰外人鼻息,"然吾民族非可侮之民族,尽力所至,以与英、日两国相周旋。公理不伸,奋斗不止,是在我国民自为之。"(《孙洪伊对沪案宣言》,上海《民国日报》1925 年 6 月 16 日。)

10 月　与记者谈话,称与直系反奉无关。

是月 15 日,直奉战争爆发。外界传言,孙传芳、萧耀南、吴佩孚等系由孙洪伊、吴景濂、唐绍仪等促动。接受日本新闻记者访问时表示,与直奉战争并无关系,彼等第一目标在反对张作霖,吾等第一目标则在段政府。执政府成立一年有馀,不仅"地位并不合法",且"旧恶复萌"。如段政府倒台,"必须依约法组织正当政府,并选举大总统"。(《孙洪伊对于时局之谈话》,天津《益世报》1925 年 10 月 29 日。)

1926 年　55 岁

1 月　与天津国会议员集议恢复法统。

是月,与在津国会议员韩玉辰、谷钟秀、王家襄等四十馀人在英租界张绍曾宅连开会议,主恢复法统,决定:(一)在津议员先列名签字;(二)派代表入京拉拢各派议员加入;(三)由张绍曾访黎元洪,表拥护之意;(四)到会各人分担向各方接洽。(《国内专电》,《申报》1926 年 2 月 2 日。)

3 月 22 日　通电全国,痛诋段祺瑞残杀学生。

是月 18 日,段祺瑞执政府残酷镇压游行学生,酿成惨案。是日,通电全国,痛诋段祺瑞政府罪行,呼吁"取彼凶残,鞫于司政,以平群众之冤气;恢复宪章,驱除狐鼠,以定全国之是非"。(《京内外各界对惨案之愤慨》,《京报》1926 年 3 月 24 日。)

4 月下旬　与民治派议员迭开会议,讨论恢复法统。

自本月中下旬以来,护法议员前来宅邸者络绎不绝,"纷纷高谈法统,通宵达旦,车马盈门"。(《张吴入京与法律问题》,《申报》1926 年 4 月 22 日。)又迭开会议,"主张惩办段祺瑞及安福要人,并恢复法统"。(《冯段两派之人物》,《申报》1926 年 4 月 27 日。)

9 月 16 日　致书孙传芳,建议息兵停战。

阅报悉五省联军总司令孙传芳将移节江西,对粤用兵,是日去函劝告,"战争非弭乱之方,和平为救国之策",请"共泯阋墙之竞争"。(《杂俎·孙洪伊致孙传芳书》,《五九月刊》1926 年第 13期。)10 月 1 日,孙氏复函,略谓:"倘粤军能撤退两粤原防,开诚布公,共谋建设,固芳所馨香祷祝,亦全国人民所昕夕渴望者也。先生久居沪渎,粤方当道故旧良多,际此一发千钧,如有挽救之策,尚祈有以教我。"(《孙、蒋对和平运动之表示》,《申报》1926 年 10 月7 日。)

10 月 14 日　出席欢迎日本前首相清浦奎吾宴会,发表讲话,指出"中日亲善之口头禅时代业已过去",两国无论在国际上还是文化上,"实有互相提携之必要",期望即行修改中日通商条约时,日方能将不平等条项撤除,缔结"友谊的对等条约"。(《清浦子爵今日下午抵京》，《顺天时报》1926年10月16日。）

1927年　56岁

4月1日　刺客闯入私宅，躲避得免。

是夜，有刺客五六人潜至位于意租界的私宅，意欲行刺，因避入日租界得免。有报道称："传该刺客系奉派所遣，因李景林派之阴谋发觉，孙氏亦有关连，故欲加以刺害。"（《孙洪伊几被刺》，《申报》1927年4月7日。）随后安国军以"与民党通气，谋破北方大局"为由发布通缉令，不得已避赴大连。（《本馆专电》，《申报》1927年4月9日；《褚玉璞侍母回津仍赴徐州》，《申报》1927年4月11日。）对于孙洪伊所遭受的针对性行动，有报纸分析："奉张计画，在先统一北方，则此等旧直系之阴谋，与奉张之在关内有所不利者，即不得不力图消弭。"《北京通信》，《申报》1927年5月1日。）

1928年　57岁

11月初　中国国民党天津市党部诬指河北同乡会系"土劣团体"，函请市政府查封，并请逮捕孙洪伊、边守靖等。（《平津近闻》，《申报》1928年11月6日。）

1930年　59岁

9月20日　结束四月馀的幽禁，恢复自由。

中原大战发动后，阎锡山因恐后方被扰，密令天津市长崔廷献将孙洪伊诱禁四阅月。迄张学良宣布支持蒋中正，举兵入关，形势一变。本日晚恢复自由，随后南下赴沪。（《孙洪伊恢复自由》，《申报》1930年9月22日；《孙洪伊谈脱险经过》，《申报》1930年10月29日。）

1931年　60岁

10月　发表《警告日本国民书》，批评日本政府倒行逆施，肆意侵略中国,期望日本国民"督促政府,收敛野心,立即退兵,速循正轨。共谋解决,宜务其大者远者,定百年大计;勿斤斤于急功近利,而贻后患于无穷"。(《孙洪伊警告日本国民》,《申报》1931 年 10 月 9 日。)

12 月下旬　发表《党政商榷书》,批评中国当前之危机实在"党治之无功",呼吁国民党及国民政府结束实无效率的训政,尽早实行宪政。(《孙洪伊对于党政商榷书》,天津《益世报》1931 年 12 月 28 日至 29 日。)

1932 年　61 岁

1 月 17 日　发起成立宪政促进会,当选理事。

鉴于国民党一党专制之弊,发起成立宪政促进会。是月 10 日下午 2 时,假座中社召集宪政促进会第一次谈话会,到会者有张耀曾、褚辅成、吴山等百馀人。被推为主席,并报告发起该会旨在促进宪政,俾国民有共赴国难之轨道;外交失败,在于内政不良,内政不良,在于国民党一党专政,所以救国必先从打倒一党专政始。(《孙洪伊等发起宪政促进会》,《申报》1932 年 1 月 11 日。)是日下午 3 时,假座中社召开成立大会,到会者有李烈钧、徐元诰、谢远涵等百馀人。与李烈钧等被推为主席,报告该会发起经过。在随后进行的理事选举中,与李烈钧、章炳麟等当选。(《宪政促进会昨日成立》,《申报》1932 年 1 月 18 日。)

4 月　被聘为国难会议会员,拒绝出席。

因国民政府严限国难会议讨论范围,上海会员以为赴会无益,无补艰危,决定集体拒绝出席,并于本月 5、6 两日致电国民政府及全国各界,陈明缘由,期望党政诸公"破除成见,与民合作"。10 日又致电国难会议,阐明对内对外主张。(《国难会议沪会员不赴洛》,《申报》1932 年 4 月 6 日至 4 月 7 日;《国难会议留沪会员蒸电》,《申报》1932 年 4 月 11 日。)

6 月 22 日　欢宴十九路军将士。

根据《淞沪停战协定》,国民政府军事委员会于 5 月 23 日下令将十九路军调离上海,派往福建"剿共"。是日下午 6 时,各团体救国联合会所属八十九团体在四马路大中华饭店大礼堂举行留别十九路军将士大会,蔡廷锴、区寿年、翁照垣等均出席。被推为主席团主席,并朗读《留别十九路军将士书》。翌日,蔡廷锴乘轮离沪赴港。(《昨晚各团体宴十九军将士》,《申报》1932 年 6 月 23 日。)

9 月 29 日　出席中华全国道路协会征求会员报告会,演讲道路建设之重要。(《道路会征求首次揭晓》,《申报》1932 年 9 月 30 日。)

1933 年　62 岁

10 月 28 日　参加文艺座谈社组织的文艺座谈,谈中西文化比较,认为中西文化之不同,前者注重精神,后者注重物质,但精神与物质应该是一致的,故复兴中国文化,"一方面应该保存旧有文化中之优点,另一方再吸收西洋文化的优点",并寄望青年们去努力。(《中西文化之比较》,《新时代》1933 年第 5 卷第 6 期。)

12 月 10 日　出席国际文化中国协会与文艺座谈社联合餐叙。(《国际文化中国协会》,《申报》1933 年 12 月 11 日。)

1934 年　63 岁

3 月 7 日　参加旅沪河北同乡会会员大会,担任主席,致开会词。(《河北同乡召开大会》,《申报》1934 年 3 月 8 日。)

1935 年　64 岁

10 月 20 日　东亚经济协会在天津成立,当选为理事。(《时事日志》,《中央时事周报》1935 年第 4 卷第 42 期。)

12 月 29 日　与陆宗舆、高凌霨、劳之常等组织成立的天津市公民协会,旨在"发扬民意,敦睦邦交",当选为理事。(《津市公民协会成立》,《申报》1935 年 12 月 30 日。)

1936 年　65 岁

3 月 26 日　于上海病逝。

自前岁徙居上海以来,因积劳成瘁,加上年事已高,潜伏之肝胃疾病时发时愈,"几无宁日"。本年以来,"以天时不正,势益增剧",医药罔效,于是晚十时溘然长逝,享年六十五岁。29 日下午 2 时,在马斯南路寓次大殓,上海市市长吴铁城、中央委员孙镜亚及朱庆澜、王一亭等均往吊唁。(《孙洪伊昨日大殓》,《申报》1936 年 3 月 30 日。)

9 月 7 日　出殡。

是月 6 日下午 2 时,为追哀孙氏功高起见,国民政府主席林森、行政院院长蒋中正及军、政界二百馀人在马斯南路孙寓内举行公祭。本日下午 2 时,举行出殡仪式,到场各方人士逾四百人。下午 3 时半,灵柩安抵平江公所。(《孙洪伊氏昨午出殡》,《申报》1936 年 9 月 8 日。)后由朋友们资助,安葬于杭州九溪十八涧徐村之小山上,与民主革命先行者秋瑾之墓隔丘相望。(《孙洪伊年谱》,《北郊文史资料》第 1 辑,第 80 页。)

征引文献

一、档案

环龙路档案

台北"国史馆"蒋中正总统文物

台北中国国民党党史馆馆藏档案

二、报刊

《北京日报》

北京《晨报》

天津《大公报》

长沙《大公报》

《道路月刊》

《国民先导月报》

《海潮音》

《河北月刊》

《京报》

《军政府公报》

《孔圣会星期报》

《孟晋》

上海《民国日报》

《民视日报五周纪念汇刊》

《民治评论》

《求是新报》

《三五》

《申报》

《盛京时报》

《时报》

《实业旬报》

《顺天时报》

《四民报》

《五九月刊》

《新时代》

大连《新文化》

《兴华》

《血汤》

北京、天津《益世报》

《震坛周报》

《政府公报》

《中华新报》

三、图书、论文

白坚武著,中国社会科学院近代史研究所编,杜春和、耿来金整理:《白坚武日记》,南京:江苏古籍出版社,1992年版。

北京大学图书馆、北京李大钊研究会编:《李大钊史事综录(1889年—1927年)》,北京:北京大学出版社,1989年版。

楚双志:《变革中的危机——袁世凯集团与清末新政》,北京:九州出版社,2008年版。

楚永全:《汤化龙与清末民初的政局》,复旦大学历史学系博士学位论文,2012年。

［日］德富苏峰著,张颖、徐明旭译:《中国漫游记》,南京:江苏文艺出版社,2014年版。

丁文江、赵丰田编:《梁启超年谱长编》,上海:上海人民出版社,1983年版。

甘厚慈辑:《北洋公牍类纂续编》,沈云龙主编:《近代中国史料丛刊三编》第86辑,台北:文海出版社,1999年版。

寒灰编纂:《金刚卖国记》,上海:上海大书馆,1919年版。

侯宜杰:《20世纪初中国政治改革风潮》,北京:人民出版社,1993年版。

华中师范大学中国近代史研究所、苏州市档案馆合编:《中国近代经济史资料丛刊 苏州商会档案丛编 第一辑(1905—1911年)》,武汉:华中师范大学出版社,1991年版。

来新夏等:《北洋军阀史》,天津:南开大学出版社,2000年版。

李帆、邱涛:《近代中国的民族国家建设》,北京:商务印书馆,2015年版。

李家璘、郭鸿林、郑华编辑:《天津市历史博物馆馆藏北洋军阀史料 吴景濂卷》,天津:天津古籍出版社,1996年版。

林家有主编:《孙中山研究》第5辑,广州:广东人民出版社,2016年版。

刘大伟、王水乔编:《护国运动文献史料汇编》第5卷,昆明:云南人民出版社,2015年版。

刘心皇辑注:《张学良进关密录》,台北:传记文学出版社,1990年版。

罗刚编著:《中华民国国父实录》,台北:财团法人罗刚先生三民主义奖学金基金会,1988年版。

马振犊、唐启华、蒋耘:《北京政府时期的政治与外交》,南京:南京大学出版社,2015年版。

民革中央宣传部编:《王葆真文集》,北京:团结出版社,1989年版。

裴国昌主编:《中国风俗对联辞典》,福州:海峡文艺出版社,1992年版。

清华大学国学研究院、中华书局编辑部编:《梁任公先生年谱长编稿本》第10—11册,北京:中华书局,2015年版。

邵飘萍:《实际应用新闻学》,北京:京报馆,1923年铅印本。

泰东图书局编:《湖南自治运动史》上编,1920年印。

覃寿公:《救危三策》,北京:华国印书局,1916年版。

谭人凤著,石芳勤编:《谭人凤集》,长沙:湖南人民出版社,1985年版。

天津社会科学院历史研究所、天津市城市科学研究会合编:《城市史研究》第2辑,天津:天津教育出版社,1990年版。

天津市档案馆、天津社会科学院历史研究所、天津市工商业联合会合编:《天津商会档案汇编(1903—1911)》下册,天津:天津人民出版社,1989年版。

王晓秋主编、北京大学图书馆馆藏稿本丛书编委会编辑:《北京大学图书馆馆藏稿本丛书》第18册,天津:天津古籍出版社,1991年版。

温世霖著、高成鸢编著:《昆仑旅行日记》,天津:天津古籍出版社,2005年版。

张超:《政治和法律的互动:孙洪伊与1916年平政院受理的内务部停职案》,《北京社会科学》2014年第8期。

张黎辉、蒋原寰、王文彬、岳宏、张茂鹏编辑:《天津市历史博物馆馆藏北洋军阀史料 黎元洪卷》,天津:天津古籍出版社,1996年版。

张朋园:《立宪派与辛亥革命》,长春:吉林出版集团有限责任公司,2007年版。

张荣华编校:《康有为往来书信集》,北京:中国人民大学出版社,2012年版。

张玉法:《民国初年的政党》,长沙:岳麓书社,2004年版。

中国第二历史档案馆、云南省档案馆合编:《护法运动》,北京:档案出版社,1993年版。

中国国民党中央委员会党史史料编纂委员会编、黄季陆主编:《革命文献》第49—51辑、台北:"中央"文物供应社,1969年版。

中国科学院近代史研究所近代史资料编辑组编辑:《一九一九年南北议和资料》,北京:中华书局,1962年版。

中国李大钊研究会编:《纪念李大钊诞辰120周年学术论文选集》,昆明:云南教育出版社,2011年版。

中国人民政治协商会议全国委员会文史资料研究委员会编:《文史资料选辑》第82辑,北京:文史资料出版社,1982年版。

中国人民政治协商会议天津市北郊区委员会文史资料研究委员会编:《北郊文史资料》第1辑,1988年版。

中国人民政治协商会议天津市委员会文史资料研究委员会编:《天津文史资料选辑》第16辑,天津:天津人民出版社,1981年版。

中国人民政治协商会议天津市委员会文史资料研究委员会编:《天津文史资料选辑》第35辑,天津:天津人民出版社,1986

年版。

中国人民政治协商会议天津市委员会文史资料研究委员会编:《天津文史资料选辑》第 37 辑,天津:天津人民出版社,1986年版。

吉迪整理:《大树堂来鸿集》,中国社会科学院近代史研究所近代史资料编辑组编:《近代史资料》总第 50 号,北京:中国社会科学出版社,1983 年版。

天津历史博物馆:《吴景濂函电存稿》,中国社会科学院近代史研究所近代史资料编辑组编:《近代史资料》总第 42 号,北京:中华书局,1980 年版。

中国史学会、中国社会科学院近代史研究所编,章伯锋、李宗一主编:《北洋军阀(1912—1928)》,武汉:武汉出版社,1990 年版。

中华新报馆编:《共和军纪事》,上海:中华新报馆,1916 年版。

中山大学历史系孙中山研究室、广东省社会科学院历史研究所、中国社会科学院近代史研究所中华民国史研究室合编:《孙中山全集》第 4—7 卷,北京:中华书局,1985 年版。